组织行为学新进展

施俊琦　汪　默　莫申江　房俨然　编著

科学出版社

北京

内 容 简 介

本书紧贴管理心理学领域研究前沿，仔细解读关键研究问题及相应研究方法，从个体特质、社会关系、资源与自我调控及职业发展四个研究领域探讨了组织行为学的最新理论和方法进展。个体特质理论介绍了主动性人格、核心自我评价、目标取向；社会关系理论介绍了感知到的社会支持、领导成员交换、联结点模型和渗透模型及辱虐式管理；资源与自我调控理论介绍了自我效能和目标设定、情绪劳动、员工退休的转变和调整及工作与老龄化；职业发展理论介绍了工作搜寻、新员工的适应、领导力发展与脱轨、团队研究。

本书可为管理心理和组织行为的研究者提供参考，作为参考教材满足相关专业学生了解前沿理论及方法的迫切需求，也为管理者提供实践指导。

图书在版编目（CIP）数据

组织行为学新进展 / 施俊琦等编著. —北京：科学出版社，2024.4
ISBN 978-7-03-076599-4

Ⅰ. ①组… Ⅱ. ①施… Ⅲ. ①组织行为学－研究 Ⅳ. ①C936

中国国家版本馆 CIP 数据核字（2023）第 185148 号

责任编辑：郝　悦 / 责任校对：王晓茜
责任印制：张　伟 / 封面设计：无极书装

科学出版社 出版
北京东黄城根北街 16 号
邮政编码：100717
http://www.sciencep.com
北京中科印刷有限公司印刷
科学出版社发行　各地新华书店经销

*

2024 年 4 月第 一 版　开本：720×1000　1/16
2024 年 4 月第一次印刷　印张：29 3/4
字数：600 000
定价：298.00 元
（如有印装质量问题，我社负责调换）

作 者 简 介

施俊琦，浙江大学管理学院求是特聘教授，国家自然科学基金委员会杰出青年基金获得者，珠江学者特聘教授，教育部青年长江学者，美国心理学会会员，美国工业与组织心理学会会员，美国人力资源管理协会会员，中国心理学会会员。长期从事管理心理学、组织行为学与人力资源管理等方面的教学与科研工作。担任多个顶级期刊的副主编和编委，2017 年至今担任 *Academy of Management Discoveries* 杂志副主编，2015 年至今担任国际期刊 *Work, Aging and Retirement*（牛津大学出版社）创刊副主编（SSCI 杂志），2016 年至今担任管理学顶级期刊 *Journal of Applied Psychology* 编委，并在 *Academy of Management Journal*、*Journal of Applied Psychology*、*Personnel Psychology* 等国际顶尖期刊上发表大量论文。

汪默，美国佛罗里达大学商学院 Lanzillotti-McKethan 杰出学者讲席教授，管理学系主任，人力资源研究中心主任，美国工业与组织心理学会主席（2022~2023 年），美国心理学会、美国心理科学学会和工业与组织心理学会的院士，曾担任职业健康心理学会主席（2014~2015 年）及美国国家科学基金会科学项目的主任（2014~2016 年）。长期从事领导力和团队过程、职业健康心理学、退休管理及中老年职业发展、外派人员及新员工入职调适及高级计量方法学等方面的教学与科研工作。获得过美国管理学会、美国工业与组织心理学会及多个学术期刊的学术成就奖。担任过《牛津退休全书》的主编，是学术期刊 *Work, Aging and Retirement* 的创刊主编，*Journal of Applied Psychology* 的副主编，以及多个其他学术期刊的编委会成员，并在 *Academy of Management Journal*、*Journal of Applied Psychology*、*Personnel Psychology* 等国际顶尖期刊上发表大量论文。

莫申江，浙江大学管理学院教授，美国管理学会会员，美国工业与组织心理学会会员。长期从事领导力与组织行为、商业伦理与社会责任等方面的教学与科研工作。担任 *Australian Journal of Management* 期刊副主编，*Journal of*

Organizational Behavior 期刊评审委员会委员，《管理学季刊》评审委员会委员，并在 *Organizational Behavior and Human Decision Processes*、*Journal of Organizational Behavior*、*Journal of Business Ethics* 等国际顶尖期刊上发表多篇论文。

房俨然，浙江大学管理学院百人计划研究员，美国管理学会会员，美国工业与组织心理学会会员。长期从事组织行为学、人力资源管理等方面的教学与科研工作，并在 *Personnel Psychology*、*Journal of Applied Psychology* 等国际顶尖期刊上发表多篇论文。

前　言

　　美国工业与组织心理学会（Society for Industrial and Organizational Psychology，SIOP）的年会是管理心理学界最具影响力的国际会议。本书的四位作者每次参加这个高水平的学术会议之后，总感觉这个领域研究的进展日新月异，主要体现在以下几个方面：①理论贡献越来越丰富。研究者们紧密跟进管理和心理学界前沿话题，并从不同研究角度来考察因果关系，产出极具说服力的新兴研究结论。②研究设计越来越严谨。研究者们采用计算模型（computational modeling）、纵向追踪等新兴研究范式，更好地验证因果关系，也大大增加了数据收集难度。③统计方法越来越完善。如果随时跟进最新研究成果就会发现，即使是五年之前在国际顶级期刊（如 *Academy of Management Journal* 或 *Journal of Applied Psychology*）上发表的文章所使用的方法在一段时间之后也会被发现是可以继续改进的。

　　过去20年中，国内管理心理学领域研究取得了长足进步，但与国际一流水平仍存在着明显差距。究其原因不外乎两个方面：一是国内的商学院或心理学系中专门从事统计分析的研究人员较少，难以快速跟进当前研究统计技术新要求；二是部分国内研究者对理论基础的重视度仍待加强，从研究设计开始就需要强化理论依据。要解决第一方面的缺陷，可能需要国内各大商学院和心理学系加大对这方面人才的引进力度，提升统计方法的教学质量和研究水平。就第二方面的缺陷而言，我们觉得可以通过我们的努力，为国内管理心理学领域持续推进尽自己的一些微薄之力，这也是我们编写本书的初衷。

　　本书从人-组织匹配的理论出发，主要探讨了四个研究领域。第一个领域是个体特质理论方面的新进展，其中介绍了主动性人格、核心自我评价（core self-evaluations，CSE）、目标取向三个方面的内容；第二个领域是社会关系理论方面的新进展，其中介绍了感知到的社会支持、领导成员交换（leader-member exchange，LMX）、联结点模型和渗透模型及辱虐式管理四个方面的内容；第三个领域是资源与自我调控理论方面的新进展，其中介绍了自我效能和目标设定、情绪劳动、员工退休的转变和调整及工作与老龄化四个方面的内容；第四个领域是职业发展理论方面的新进展，其中介绍了工作搜寻、新员工的适应、领导力发展与脱轨、团队研究四个方面的内容。读者在阅读本书的时候,不仅需要了解前人的一些研究成果,可能更加重要的是熟悉这些研究的发生背景和过程等,从而更好地理解其对理论发展及创新的探讨,这才有利于不同领域研究的深入和完善。

在本书的第一版和第二版编写过程中,我们的学生帮助我们完成了大量的文献整理工作,他们是周乐、刘漪昊、盛子桐、宋弋、黄阳、骆晶、王益婷、侯易宏、冉亚威、和悦、邵晓琳(第一版),张诗敏、孙丽、石梦欣、瞿通、李路炜、虞文清、苏逸(第二版)。没有他们的辛勤劳动,本书也不可能顺利完成第二版的修订更新。

在编写本书的过程中,有大量的文献整理工作,其中部分主题并不是我们最专长的研究领域,因此难免存在不足,敬请读者不吝赐教。

浙江大学管理学院、美国佛罗里达大学商学院

施俊琦　汪默　莫申江　房俨然

2023 年 2 月

目　　录

第一章 绪 论

　　工业与组织管理心理学关注的焦点是组织中个体的行为,这样的一些行为既可能会对组织的有效性产生影响,也会影响组织中个体的满意度和幸福感。因此,这个领域的一个研究重点就是去探究影响组织中个体行为的主要因素。

　　工业与组织管理心理学的研究已经有一百年左右的历史。随着社会的发展与进步,研究所关注的焦点也在发生着变化。20 世纪中期,工业与组织管理心理学的研究主要关注的是组织的特性对个体行为的影响;到了 20 世纪末和 21 世纪初,随着心理测量学科的不断完善,工业与组织管理心理学的研究逐渐将研究的重心转移到个体自身的特征,考察个体自身的因素对个体行为和工作结果的影响。

　　随着这两方面研究的不断深入,研究者也开始意识到组织的环境因素与个体本身的特性都有可能对个体的组织行为产生重要的影响。研究者提出组织中的个体行为及行为主体都存在于一个动态的开放系统中(Katz and Kahn, 1978)。我们在当下观察到的个体行为,既可能会受其过去行为和环境条件的影响,也可能会受其对于未来行为和环境预期的影响。个体作为一个系统,是嵌套在其他的系统中的,如团队或工作的小组。个体所在的团队或者工作小组又同时嵌套在更大的组织系统中。所有的这些系统都是开放的,可以与外界建立一定的联系,包括家庭成员、顾客或其他的潜在因素,这些外界的因素都会影响组织成员的行为。

　　尽管开放系统的观点能够体现心理学的复杂性,能够解释个体行为发生的具体条件,但是工业与组织管理心理学还是将关注的焦点放在个体和环境之间的交互作用上,这里所指的环境可以是物理性的(任务、工作内容、工作条件和组织结构等),也可以是社会性的(上级、下属或同事)。对这方面知识的了解有助于我们更好地对组织的有效性和员工的幸福感进行预测。

第一节　人–组织匹配的理论

从心理学上来讲，我们非常关注组织中的个体因素，包括个体的人格特质、动机水平和态度与情感因素等内容。我们对于这些个体特征变量的关注基于一个内隐的理论假设——当组织的目标、期望与环境条件和个体的特征有一个很好的匹配时，组织和个体才能够得到最佳的工作效果，我们一般称这样的理论是人–组织匹配的理论。

从这样一个观点出发，达到个体与组织之间的匹配的目的可以通过很多条途径。首先，可以考虑个体和组织在属性上是否是匹配的，我们可以通过测量的方法考察两者各自的属性，然后通过双向选择的过程来达到两者之间的匹配。也就是说，组织可以选择与其属性相匹配的员工，员工也可以选择与其属性相匹配的组织。其次，双方都可以为了与对方进行很好的匹配而进行适当的改变。从个体的角度而言，改变最好的方法就是培训和适应。从组织的角度而言，可以采取工作设计、组织发展、制定组织变革的政策或措施等相关的方法。就任何一个具体的例子而言，有很多因素可以影响个体与组织之间的匹配，而且这样的匹配是动态的，会随着时间发生变化。

人–组织匹配的模型认为，员工的个体特征与组织的特性之间的匹配对于个体的绩效、员工的保留，乃至整个组织的有效性都是非常重要的。支持人–组织匹配的模型的证据就来自个体特征与组织特性交互作用的研究中。例如，Cable 和 Judge（1994）的研究就发现在控制了薪酬系统特征这个主效应的基础上，员工的人格特征与薪酬体系特点之间的匹配性可以提高员工的薪酬满意度和工作的吸引力。Gustafson 和 Mumford（1995）的研究发现当个体的人格特征与工作条件相互匹配的情况下，员工的工作满意度和工作绩效更高，这样的研究结果支持了人–环境匹配的理论观点。

在描述人–组织匹配的模型中，最具影响力的是吸引–选择–流失（attraction-selection-attrition，ASA）模型（Schneider，1987）。持这种理论观点的研究者认为，个体会对现有组织中成员的人格、价值观和其他属性进行评估，如果发现这些属性与自己的属性是相类似的，则会认为这样的企业是有吸引力的；而组织则会将现有员工所拥有的知识、技能和能力作为挑选员工的标准，只有那些具备了类似属性的候选人才会被选中。如果企业给应聘者发出了邀请，越是与企业现有人员相似的候选人就越可能接受这份工作，也越可能成功地融入这个组织。经过一段时间以后，那些与企业环境没有很好匹配的员工会选择离职。

这样，一个基于员工和组织需求及期望之间的匹配性的吸引、同化和流失的连续过程就形成了。吸引-选择-流失理论中最重要的一个假设就是引力假设，这个假设认为经过一段时间之后，组织中的个体会趋向于组织所推崇的价值观和态度。实证研究的数据也证实了这样的观点。例如，Wilk 等（1995）的研究就发现员工的一般认知能力就能够很好地预测其五年之后的工作复杂性。Schneider 等（1995）也指出如果使用吸引-选择-流失理论来考虑人员选拔的问题，人-组织匹配的观点是非常重要的。因此，在工作分析的过程中必须包含组织诊断这个过程，而人格应该成为员工离职和工作绩效的一个很好的预测源。Schneider 等（1995）同时认为，在组织发展的初始阶段，组织成员的同质性（也就是组织成员拥有相类似的人格特征、价值观和态度）会有利于组织的发展，因为组织的同质性更加有利于组织成员之间的合作和沟通；但是经过一段时间之后，这样的同质性可能会对组织的发展造成一定的阻碍，让组织没有办法去适应外部环境的变化。

从前面的论述我们可以看到，人-组织匹配的理论是一个非常有说服力的理论，而且还得到了一些实证研究的证据，但是如果从实际研究的角度出发，这个理论还是会存在一定的局限性。

第一个问题，人-组织匹配这个概念的测量和指标选取的问题。有研究者（Kristof，1996）已经指出这个概念的测量存在很大的难度。首先，我们在实际测量人-组织匹配这个概念的时候，可能会和人-职业匹配或者人-工作匹配的概念混淆在一起。其次，就人-组织匹配这个概念而言，也存在着直接和间接测量两种不同的方法。如果使用直接的测量方法，就需要询问被访者对匹配度的感受；如果使用间接的测量方法，就需要分别测量个体的特征和组织的特征，然后计算两者之间的相似性和差异。最后，具体选择哪些特征或者指标来进行匹配呢？Edwards（1994）提出了一个有价值的指标体系，并建议使用多项式回归（polynomial regression）的方法来进行统计分析，但是也有研究者指出这样的方法存在着很大的局限性（Kristof，1996；Schneider et al.，1995）。

第二个问题，吸引-选择-流失理论中最重要的一个假设就是引力假设——组织中的个体会趋向于组织所推崇的价值观和态度。但是在这个理论中，我们并没有找到任何的理论解释来说明这个过程。为什么组织的员工会存在着这样的一种行为倾向？是什么样的一个过程促使员工发生改变来趋向于组织所推崇的价值观和态度？

第三个问题，在吸引-选择-流失理论中的第三个阶段，当组织和员工之间出现不匹配的情况时，员工就会离职。这里就存在着一定的逻辑问题，既然员工选择企业的时候是一个双向选择的过程，企业认为应聘者的特征与企业的特征之间是匹配的，才向应聘者发出工作的邀请；而应聘者也是评估了自己与企业之间的匹配度之后才接受某个工作的，怎么样才会出现不匹配的情况呢？其中的机制是怎么样的呢？

第四个问题，我们在本章最初的论述中就强调了人-组织之间的匹配，最终会影响组织的有效性。但是，组织的有效性具体是使用什么样的指标来进行衡量呢？人和组织之间的匹配过程是动态的，可能会随着时间发生变化。那么从组织有效性的角度出发，这样一种匹配的动态关系是如何体现的呢？

从现在的研究现状来看，仅仅使用人-组织匹配的理论是没有办法来解决上面的四个问题的，因此需要管理心理学从不同的角度去探讨个体与环境之间的互动问题。事实上，上述的四个问题也是现在管理心理学研究中的热点问题，管理心理学家从个体特质理论、社会关系理论、资源和目标设定理论与职业发展理论的角度，分别进行了大量的研究，得到了许多实证研究的结果。本书将从这四种不同的理论角度出发，介绍21世纪管理心理学的最新研究进展。

第二节　管理心理学在个体特质理论基础上的新进展

这方面的研究，部分解决了我们上面的第一个问题——我们需要找到一些个体特征的变量和一些组织的变量进行匹配，那么选择个体特征变量的标准是什么呢？从逻辑上来讲，我们所选择的个体特征变量如果能够证明与工作结果变量之间存在着某种联系，这样的变量当然是符合要求的。但是，传统心理学中的人格概念（如大五人格），与工作绩效这样关键的工作结果变量关系并不大（只有尽责性和工作绩效之间存在着正相关关系）。因此就需要管理心理学家从人格心理学的角度出发，找出一些全新的人格特质变量，它们与工作结果变量之间的关系是比较紧密的。

经过管理心理学家的不懈努力，这方面的研究有了一些新的进展。我们将分别介绍主动性人格（第三章）、核心自我评价（第四章）和目标取向（第五章）这三个个体特质概念。

主动性人格（Bateman and Crant, 1999）的定义是人们具有的不受环境限制并想要改变环境的特质。具备主动性人格的个体善于发现机会、创造机会，在面对困难的时候也具备了更高的坚持性，善于建立人际网络，最终达成更高的工作绩效。因此，主动个体的成就可以为组织带来更大的收益，如主动解决长期存在的问题，发现机会，坚持努力直到为组织做出建设性的贡献（Crant, 2000）。

核心自我评价是个体对自身能力和价值所持有的基本的评价（Judge et al., 1998）。核心自我评价是一种相对持久和基本的对自己作为一个个体的评价。在表征层面上，核心自我评价较高的个体具备了下面一些特征——自信、自我价值感，认为自己有能力，远离焦虑，总是对自己抱有积极的评价。Judge 等（1997）从众多的人格特质中筛选出四种特质来描述核心自我评价，它们分别是自尊、控制源、神经质和一般自我效能。Judge 和 Bono（2001）的研究就发现核心自我评价与工作绩效存在着一定的相关关系。

目标取向这一概念最初出现于教育心理学的文献中，用来解释学生学习行为的差异（Diener and Dweck，1978，1980；Dweck，1975）。Dweck（1975）发现由于学生所追求的目标不同，他们所采取的行为方式也是不同的。她的研究揭示了两种目标倾向：成绩目标取向（performance goal orientation），这样的个体通过寻求关于自身能力的肯定性评价、避免否定性评价来展示自身的能力；学习目标取向（learning goal orientation），这样的个体倾向于发展掌握新技能、适应新环境。这样的一个概念后来被运用到组织管理心理学的领域，用于解释新员工的适应能力和其在企业中的学习行为。

第三节 管理心理学在社会关系理论基础上的新进展

这方面的研究，部分解决了我们上面的第二个问题——个体与环境之间的直接交换关系。社会交换理论（social exchange theory，SET）是研究个体与社会环境的交换关系时应用最广的理论。

社会交换理论是多学科交叉的产物，将人类学、社会心理学、社会学等学科联系在了一起，是目前用来解释个体工作行为的最有影响力的理论之一。社会交换是指发生在两个或两个以上个体之间，伴随着一定的付出与回报的交换行为（Homans，1961）。这样的交换具有不确定性的特点，即尽管个体在帮助他人时期望有所回报，但是回报的时间和方式往往都是不确定的（Blau，1964）。不过，由于交换双方之间的一系列互动往往是相互联系的，即其中一方的行为会因为另一方在之前的交换中的行为而有所不同。因此，就工作环境而言，员工倾向于与同事、领导及组织建立长期社会交换关系，通过互惠在交换中找到平衡（Rousseau，1995）。

另外，组织中的社会交换往往会遵循某些交换规则，如互惠规则（Gouldner，1960）和商谈规则（Molm，2000，2003）等。交换资源也是社会交换理论中的重要方面，U. G. Foa 和 E. B. Foa（1974）曾提出社会交换中的六种资源，包括爱、地位、信息、金钱、商品和服务。现在，我们更倾向于将这六种资源简化为经济资源和社会情感资源两类。总之，社会交换关系的本身，再加上交换的规则和资源，构成了社会交换理论的核心内容。

在社会交换理论的背景下，诞生了许多重要的概念和理论，在这一部分，我们将介绍感知到的组织支持感（perceived organizational support，POS）（第六章）、领导成员交换（第七章）、联结点模型和渗透模型（第八章）及辱虐式管理（第九章）。

组织支持感涉及的是个体与组织之间的社会交换。组织支持感是指员工对组织如何评价他们的贡献及对他们幸福的关心程度的总体信念（Eisenberger et al.，1986）。根据社会交换理论，Eisenberger 等（1986）认为这种信念影响了员工对于组织对自己的承诺感的感知（即组织支持感），反过来就会影响员工对于组织的承诺感。较高的组织承诺感会产生责任感，它不仅会让员工觉得自己也应该忠于组织，还会让员工感到自己有义务用支持组织目标的行为回报组织。

个体不仅会与组织产生社会交换，还会与他们的上级进行社会交换，于是产生了领导成员交换的概念。领导成员交换是指领导与员工之间所发展出的社会性交换关系（Liden et al.，1997）。这一概念认为，由于领导只有有限的时间和资源，无法与他管理的所有下属都形成高质量的关系联结，因此会有差别地对待下属。

组织支持理论（organizational support theory）和领导成员交换理论也为理解组织中的联结点效应提供了新的理论视角。联结点是指在组织中存在着的一些跨越不同团队或部门的职位。它们对组织的运行起着关键的作用，并能影响整个组织的绩效和他们所领导的员工的组织行为（Likert，1961）。联结点模型的核心是组织中位于不同层级上级-下级对子中的个体（联结点），他们在联结起这些对子使组织成为一个有效的纵向多层系统中发挥着重要作用。与之相对应，还有一个重要的模型称为渗透模型，它刻画的是某一组织行为构念位于多个组织层次（如高层领导-部门领导——一般员工）或不同角色（领导-下级-顾客）时，它们之间的相互渗透关系。

第四节 管理心理学在资源和目标设定理论基础上的新进展

在本书的第三部分，我们将详细介绍与资源保存理论及目标设定理论有关的管理学课题，包括自我效能与目标设定的动态模型（第十章）、情绪劳动（第十一章）、员工退休的转变和调整（第十二章）及工作与老龄化（第十三章）。这方面的研究部分解决了我们上面的第三个问题——从资源和目标设定的角度来看待个体与环境之间的关系。

资源保存理论（Hobfoll，2001）的核心思想如下：人们具有保存、保护及建立其所重视的资源的基本动机。当个人面对工作负荷时，若遭到资源丧失的威胁、遭到实际资源的丧失，或在投入资源后却无法获得资源回报时，便会感到心理上的不适，因此人们会本能地努力去获取、保留、保护并促成有价值的资源，并努力使能导致资源损耗的任何威胁最小化。

Hobfoll（1989）将资源分为客体、条件、个人特征与能量四种类型，而在实际的工作中，通常资源损耗的威胁主要来自角色需求及为了合乎这些角色需求而花费的精力和努力。员工把自己一定的资源投资到工作需求的实现上，期望获得积极的结果作为奖励。在遭受损失之后，人们通常需要对资源进行补充，而补充资源的过程中，通常是需要消耗其他资源的。如果有价值的资源不能重新获取，员工就会感到压力，这时人们会倾向于投入更多的其他资源来弥补，最后造成资源损失的恶性循环（Hobfoll，1989）。我们可以看到这样的一个理论就是结合了个体的特征与环境特征两个方面的因素，因此在学界引起了广泛的关注。

除了资源保存理论之外，我们在这一部分还讨论了自我调节与目标设定理论相关的内容。调节指的是个体通过控制外界的干扰因素，使某一事物或进程维持有规律的运转状态的过程（Vancouver，2000）。这种所要保持的状态被称为期望状态。当调节的对象是自身行为时，上述调节过程则被称为自我调节。在自我调节框架中的期望状态属于一种心理表征，在心理学上被定义为目标（Austin and Vancouver，1996）。由于自我调节理论往往是用来描述目标导向行为的，因而目标和自我调节这两个概念是密不可分的（Kanfer，1990）。有关这一理论，我们主要在第十章进行详细介绍。

自我效能是指人们对自己实现特定领域行为目标所需能力的信心或信念，属于一种对自身行为信心的期望（Bandura，1986，1989）。自我效能的形成既来自信心的个体差异（不同个体对于完成特定任务的信心水平不同），也来自环境因素提供的反馈（如任务的完成情况）。然而，有关自我效能的理论解释，学者们存在诸多分歧，其中最主要的两派理论解释是控制理论和目标设定理论，它们都对自我效能如何影响行为动机做出了自己的解释，这些内容可以在第十章中找到。

自我效能涉及员工在工作中的动机和目标调节，而情绪劳动则涉及员工在服务过程中的情绪调节。情绪劳动这一概念以及其产生条件和引发的倦怠、工作压力等结果变量最早由学者 Hochschild（1983）提出。之后在此基础上，不同研究者从不同视角观点出发，对情绪劳动的定义给出了多种定义和模型；同时基于不同角度，研究者们亦将情绪劳动细分成了不同的种类（Grandey，2000；Brotheridge and Lee，2002）。在第十一章，我们将介绍情绪劳动的概念发展及与情绪劳动有关的其他变量。

退休是个体毕生发展的重要事件之一，在人口老龄化加剧的今天，这一问题也得到了管理学家的高度重视。在第十二章中，我们首先从不同的角度重新审视了退休这一概念，这些角度包括决策、适应过程、职业发展阶段和人力资源发展。另外，针对近20年的退休相关研究，我们选取了退休决策、过渡型就业和退休适应三个比较重要的课题，对相关研究进行了文献综述。另外，在第十三章中，我们深入探讨老龄化对于员工及组织产生的各类影响，并在此基础上，研讨应对老龄化的各类管理实践。

第五节　管理心理学在职业发展理论基础上的新进展

在这一部分中，我们主要介绍现在的管理心理学领域在职业发展理论基础研究方面的新进展——包括求职和求职干预（第十四章）、新员工组织社会化（第十五章）、领导力发展与脱轨（第十六章）及工作团队（第十七章）。

求职和求职干预是职业发展领域的重要议题。求职是指个体花费时间和精力来获取劳动力市场信息并创造就业机会的行为。在求职过程中，个体需要明确求职动机，开展自我调节和管理，不断调整求职目标和策略，最终实现职业发展。过程中，鉴于就业对于个体的重要性，求职干预非常重要。在第十四章中，我们主要关注求职干预的主要理论框架，并识别其中的关键成分。

与求职紧密关联，新员工的适应是下一个重要议题，受到企业管理者的广泛关注。新员工进入组织后，会因为陌生环境而产生不同程度的焦虑和压力，也会面临组织社会化过程中的众多挑战。在第十五章中，我们会基于组织情境和新员工个人两方面来对新员工如何有效实现组织社会化的理论视角和实证结论开展具体归纳阐述。

领导力提升对于员工职业发展具有重要意义。相应地，组织需要提供内部成员所需的资源来支持他们参与领导活动，这是领导力发展的关键活动之一。在第十六章中，我们主要关注哪些个体特征、经历、人际互动过程、青少年经历、组织培训等会与领导力发展紧密关联。与之相对的一个概念为"领导力脱轨"，即指组织中被认为有资格且有能力担任更高职位的管理者出现被开除、降职或停滞不前等情况而产生的一种现象。在此情形之下，该领导可能会因为各种内外部因素影响而无法适应并完成新角色的工作要求。在第十六章中，我们总结了领导力脱轨的主要原因，并进一步提出未来研究展望。

工作团队逐渐成为现代企业组织中完成工作任务和执行工作职能的主流组织形式。相应地，工作团队也成为管理学领域的热门研究领域。在第十七章中，我们主要关注工作团队的定义，解释团队有效性的投入-中介-输出模型，以及影响工作团队效能的各类调节因素。最后，我们研讨当前工作团队研究面临的各类新兴挑战。

第六节 管理心理学研究的实用性问题

近年来，管理心理学的研究受到了一些质疑。一方面，从事这一领域研究的研究者发现，在这一领域顶级杂志（如 *Academy of Management Journal*、*Journal of Applied Psychology* 及 *Personnel Psychology*）上发表文章的难度越来越大。想要在这样的杂志上发表自己的研究成果，不但需要非常严谨的研究设计，而且需要很强的理论贡献。另一方面，这一领域的实践人员发现，要读懂这样的文章的难度也越来越大，这样的文章往往是一个复杂的理论模型，里面还有艰涩难懂的统计分析过程。作为一个实践人员，很难将研究人员的研究成果转化成能够指导实践的具体措施。

另外一个很重要的趋势是，有越来越多的从事管理心理学研究的研究人员从心理学系转到了商学院。例如 Aguinis（2003）比较了 *Journal of Applied Psychology* 和 *Personnel Psychology* 这两本杂志 1977 年和 2002 年编委会成员的构成。结果发现，从 20 世纪 90 年代开始，有越来越多的编委会成员来自商学院。1977 年，*Journal of Applied Psychology* 杂志的编委会中 10%的成员是来自商学院的，而到了 2002 年，有 50%的编委会成员是来自商学院的。*Personnel Psychology* 杂志编委会的构成也存在着类似的情况。

总体而言，我们认为这是一个比较好的趋势，因为商学院的研究人员和企业接触的机会比较多，能够更多地了解企业的实际需求。这些研究人员在选择自己研究课题的时候，能够更多地考虑企业的实际需求，并将更多的研究成果直接运用到企业的管理实践中去。因此，我们希望在不久的将来，管理心理学理论与实践之间的鸿沟能够大大缩小。

参 考 文 献

Aguinis H. 2003. I/O psychologists in business schools. Panel Discussion Conducted at the Annual
  Meeting of the Society for Industrial and Organizational Psychology. Orlando.
Ashforth B E, Humphrey R H. 1993. Emotional labor in service roles: the influence of identity.

Academy of Management Review, 18（1）: 88-115.

Austin J T, Vancouver J B. 1996. Goal constructs in psychology: structure, process, and content. Psychological Bulletin, 120（3）: 338-375.

Bandura A. 1986. Social Foundations of Thought and Action: A Social Cognitive Theory. Englewood Cliffs: Prentice Hall.

Bandura A. 1989. Human agency in social cognitive theory. American Psychologist, 44: 1175-1184.

Bateman T S, Crant J M. 1999. Proactive behavior: meanings, impact, and recommendations. Business Horizons, 42（3）: 63-70.

Blau P M. 1964. Exchange and Power in Social Life. New York: Wiley.

Brotheridge C M, Lee R T. 2002. Testing a conservation of resources model of the dynamics of emotional labor. Journal of Occupational Health Psychology, 7（1）: 57-67.

Cable D M, Judge T A. 1994. Pay preferences and job search decisions: a person-organization fit perspective. Personnel Psychology, 47（2）: 317-348.

Colquitt J A, Lepine J A, Piccolo R F, et al. 2012. Explaining the justice-performance relationship: trust as exchange deepener or trust as uncertainty reducer? Journal of Applied Psychology, 97（1）: 1-15.

Crant J M. 2000. Proactive behavior in organizations. Journal of Management, 26（3）: 435-462.

Diener C I, Dweck C S. 1978. An analysis of learned helplessness: continuous changes in performance, strategy, and achievement cognitions following failure. Journal of Personality and Social Psychology, 36（5）: 451-462.

Diener C I, Dweck C S. 1980. An analysis of learned helplessness: II. the processing of success. Journal of Personality and Social Psychology, 39（5）: 940-952.

Dweck C S. 1975. The role of expectations and attributions in the alleviation of learned helplessness. Journal of Personality and Social Psychology, 31（4）: 674-685.

Edwards J R. 1994. The study of congruence in organizational behavior research: critique and a proposed alternative. Organizational Behavior & Human Decision Processes, 58（1）: 51-100.

Eisenberger R, Huntington R, Hutchison S, et al. 1986. Perceived organizational support. Journal of Applied Psychology, 71（3）: 500-507.

Foa U G, Foa E B. 1974. Societal Structures of the Mind. Springfield: Charles C Thomas Publisher.

Gouldner A W. 1960. The norm of reciprocity: a preliminary statement. American Sociological Review, 25（2）: 161-178.

Grandey A. 2000. Emotion regulation in the workplace: a new way to conceptualize emotional labor. Journal of Occupational Health Psychology, 5（1）: 95-110.

Gustafson S B, Mumford M D. 1995. Personal style and person-environment fit: a pattern approach. Journal of Vocational Behavior, 46（2）: 163-188.

Hobfoll S E. 1989. Conservation of resources: a new attempt at conceptualizing stress. American Psychologist, 44 (3): 513-524.

Hobfoll S E. 2001. The influence of culture, community and the nested-self in the stress process: advancing conservation of resources theory. Applied Psychology, 50 (3): 337-396.

Hochschild A R. 1983. The Managed Heart: Commercialization of Human Feeling. Berkeley: University of California Press.

Homans G C. 1961. Social Behavior: Its Elementary Forms. New York: Harcourt Brace.

Huelsman T J, Furr R M, Nemanick R C. 2003. Measurement of dispositional affect: construct validity and convergence with a circumplex model of affect. Educational and Psychological Measurement, 63 (4): 655-673.

Judge T A, Bono J E. 2001. Relationship of core self-evaluations traits—self-esteem, generalized self efficacy, locus of control, and emotional stability—with job satisfaction and job performance: a meta-analysis. Journal of Applied Psychology, 86 (1): 80-92.

Judge T A, Erez A, Bono J E. 1998. The power of being positive: the relation between positive self-concept and job performance. Human Performance, 11 (2/3): 167-187.

Judge T A, Locke E A, Durham C C. 1997. The dispositional causes of job satisfaction: a core evaluations approach. Research in Organizational Behavior, 19: 151-188.

Kanfer R. 1990. Motivation theory in I/O psychology//Dunnette M D, Hough L M. Handbook of Industrial and Organizational Psychology. 2nd ed. Palo Alto: Consulting Psychologists Press: 75-170.

Katz D, Kahn R L. 1978. The Social Psychology of Organizing. 2nd ed. New York: Wiley.

Kristof A L. 1996. Person-organization fit: an integrative review of its conceptualizations, measurement, and implications. Personnel Psychology, 49 (1): 1-50.

Liden R C, Sparrowe R T, Wayne S J. 1997. Leader-member exchange theory: the past and potential for the future. Research in Personnel and Human Resources Management, 15: 47-119.

Likert R. 1961. New Patterns of Management. New York: McGraw Hill.

Macey W H, Schneider B. 2008. The meaning of employee engagement. Industrial and Organizational Psychology, 1 (1): 3-30.

Molm L D. 2000. Theories of social exchange and exchange networks//Ritzer G, Smart B. Handbook of Social Theory. Thousand Oaks: Sage: 260-272.

Molm L D. 2003. Theoretical comparisons of forms of exchange. Sociological Theory, 21 (1): 1-17.

Morris J A, Feldman D C. 1996. The dimensions, antecedents, and consequences of emotional labor. Academy of Management Review, 21 (4): 986-1010.

Rousseau D M. 1995. Psychological Contracts in Organizations: Understanding Written and

Unwritten Agreements. Thousand Oaks: Sage.

Schneider B. 1987. The people make the place. Personnel Psychology, 40（3）: 437-453.

Schneider B, Goldstein H W, Smith D B. 1995. The attraction-selection-attrition framework: an update. Personnel Psychology, 48: 747-773.

Vancouver J B. 2000. Self-regulation in organizational settings: a tale of two paradigms//Boekaerts M, Pintrich P, Zeidner M. Handbook of Self-Regulation. San Diego: Academic Press: 303-341.

Weiss H M. 2002. Deconstructing job satisfaction: separating evaluations, beliefs and affective experiences. Human Resource Management Review, 12（2）: 173-194.

Weiss H M, Cropanzano R. 1996. Affective events theory: a theoretical discussion of the structure, causes and consequences of affective experiences at work. Research in Organizational Behavior, 18（3）: 1-74.

Wilk S L, Desmarais L B, Sackett P R. 1995. Gravitation to jobs commensurate with ability: longitudinal and cross-sectional tests. Journal of Applied Psychology, 80（1）: 79-85.

第二章　方法学上的新进展

近年来，在管理心理学领域研究方法突破方面，研究学者付出大量努力，取得了许多全新进展，特别是运用社会网络分析（social network analysis）、计算模型等前沿研究方法，来实现对各类管理心理问题的深入分析。在本章中，我们将着重对社会网络理论及社会网络分析法的应用和主要研究成果进行介绍，并据此提出当前社会网络研究的局限性及对未来社会网络研究的展望。此外，我们也将简要介绍计算模型等其他前沿研究方法。

第一节　社会网络理论

社会网络是由行动者及他们之间的特定联系构成的，反映了网络行动者之间的互动与依赖关系（Kilduff and Tsai，2004；Phelps et al.，2012）。行动者就是社会网络中的点，它可以是个体，也可以是团队、公司、社区、国家等集体。行动者之间存在特定的联系，也就是社会网络中的线，包括朋友关系、亲属关系、知识交换关系、建议交换关系、货物交易关系等（Knoke and Kuklinski，1982）。点和线共同组成了社会网络。

社会网络分析法已经被广泛应用于权力、绩效、国际化、知识管理、创新等诸多领域的研究中（Kilduff and Brass，2010）。社会网络研究最主要的特点是，它从关系概念（relational concept）和关系过程（relational process）的角度分析问题（Wasserman and Faust，1994）。社会网络研究最基本、最重要的部分是行动者之间关系，而不是行动者的属性（Kilduff and Tsai，2004）。社会网络研究有多个分析层次。研究者可以主要关注社会网络中的点，即行动者，可以主要关注社会网络中的二元关系，还可以聚焦于整个社会网络的特征（Borgatti and Foster，2003）。

一、社会资本理论

社会资本理论是研究社会网络结构，尤其是社会网络对社会行动者的积极影响的重要理论基础。社会资本即凝结在社会网络中的、有助于社会行动者特定的社会活动的社会资源（Baker，1990；Bourdieu，1986）。这种社会资源并非来源于社会行动者自身，也并非来源于生产活动，它来自社会行动者之间的资源交换关系（Coleman，1988）。社会资本对个体求职（Granovetter，1973）、绩效评估（Jokisaari，2013）、晋升（Burt，1995）和企业竞争（Tsang，1998）都有至关重要的影响。

强关系与弱关系。社会网络中的关系可以被划分为强关系与弱关系。强关系代表着更高的互动频率、情感投入与亲密程度（相互信任）；弱关系所连接的社会行动者往往互动频率低、情感投入低、几乎没有互惠经历（Granovetter，1973）。强关系及其构成的紧密联系的社会网络可以向社会行动者提供一个互信与互惠的交换环境，进而促进社会行动者之间的协作与相互支持（Coleman，1988；Uzzi，1997），某些特定类型的强关系还有助于复杂知识的传播（Hansen，1999）。弱关系理论认为，强关系一般存在于那些在很多方面有相似性的社会行动者之间，其所连接的社会行动者所拥有的信息和资源往往非常相似；在强关系组成的圈子之间，弱关系具有桥梁的作用。人们可以通过弱关系获得他们无法从强关系中获得的多样化的资源（Granovetter，1973）。之后的实证研究也证明了，弱关系在知识交换、建议交换等方面扮演着重要的角色（Constant et al.，1996；Hansen，1999）。

结构洞。在强关系与弱关系理论的基础上，Burt（1995）提出了结构洞的概念。同属于某一个群体、具有较多相似性的行动者之间会形成较多、较强的联系，而不同群体之间往往只有较少的、松散的联系。这样，不同子群之间就形成了结构洞。处于这些结构洞的位置上、作为中间人联系不同群体的行动者，会从中获得信息优势。这种信息优势包括对异质的、非冗余信息的掌握和对信息流向的控制（Burt，1995，1997，2005）。在图 2-1 中，群体 A、B、C 之间产生了结构洞，而 Robert 正好占据了这个优势位置。例如，他与点 6 之间的强关系就是群体 A 与群体 B 获得群体 C 所掌握的信息的唯一途径。James 虽然拥有与 Robert 相同数量的联系（6 个强关系，1 个弱关系），由于他仅仅与群体 B 中的行动者直接联系，则无法获得 Robert 一样的信息优势。Burt（2001）认为，在社会网络中的有利位置是行动者社会资本的主要来源，而结构洞的存在是社会网络价值增加的源泉。

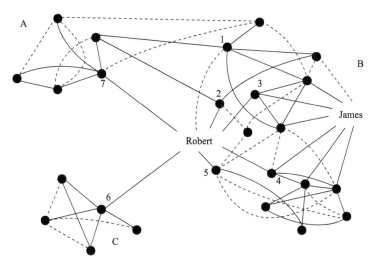

图 2-1　结构洞

资料来源：Burt（2000）

　　社会资源理论。区别于结构主义的视角，社会资源理论将社会网络视为信息、帮助等资源传播的渠道，尤其关注通过社会联系传递的资源（Lin，2002）。社会资源理论认为，社会资本是投资在社会关系中并希望在市场上得到回报的一种资源，它嵌入在社会结构之中，行动者可以通过有目的的行动摄取或动员这些资源（Lin，1999，1982；Lin et al.，1981）。社会资源理论对社会资本的界定包含了三个方面的内容。其一，社会资本是在群体的互动中通过某些程序认定的、有价值的、可以带来增值的资源，包括财富、地位、声望、权力、与他人的联结等。其二，社会资本嵌入在社会网络或者行动者的社会联系中。其三，社会资本还包含行动者为了获得各种效益的投资活动。只要有机会行动者都会主动维持和获取有价值的资源，以达到自身的目的。

二、嵌入性理论

　　嵌入性，即社会联系及社会网络对网络参与者的行动的影响，是社会网络研究中另一个重要的概念（Granovetter，1985）。它是社会网络为行动者提供结构优势和社会资源的主要机制（Moran，2005；Walker et al.，1997）。

　　根据嵌入性理论，所有的经济行为都嵌入在更大的社会背景中——经济学实际上是社会学的一个分支（Granovetter，1985）。具体而言，对社会网络的嵌入形成了信任机制，构成了持续性的社会联系，而个体和企业的行为都受到所嵌入的社会网络或社会联系的影响和制约。根据这一观点，组织内外的资源流动很可能不同于传统经济模型所预测的情况。与传统的理性人和经济人假设不同，嵌入性理论认为，行动者更愿意选择那些与自己有友谊或血缘联系的行动者合作和进行长期的生意往来，企业不是在完全自由竞争的公开市场上开展经济活动（Uzzi，1996，1999；Uzzi and Gillespie，2002）。个体职业发展也嵌入在社会联系中。人们更愿意向朋友或亲属提供有价值的信息和有利于其职业发展的机会。个体所拥有的社会关系会极大地影响其求职的结果（Fernandez and Weinberg，1997）。

嵌入性被分为结构嵌入性（structural embeddedness）和关系嵌入性（relational embeddedness）。结构嵌入性是指行动者之间社会联系的客观结构（Nahapiet and Ghoshal，1998）。它关注社会网络的结构特征，如结构洞（Burt，1995）、对行动者的影响。关系嵌入性是指行动者通过交往和互动所建立的联系（Nahapiet and Ghoshal，1998）。它涉及行动者之间的互信与情感依赖。关系嵌入性可以促进行动者之间的合作与相互支持（Coleman，1988；Uzzi，1997），同时也会制约行动者的自由（Granovetter，1973；Portes，1998）。

第二节　社会网络分析法的应用

一、社会网络的边界

进行社会网络研究时，研究人员首先应该选择合适的方法来明确所研究的社会网络的边界（Creswell，2009），即明确所研究的社会网络中包含哪些行动者、行动者之间存在哪种联系（Laumann et al.，1983）。行动者之间存在哪种联系往往与所研究的问题密切相关，所以我们主要关注如何选择合适的社会行动者。这也是社会网络边界界定问题中最重要和最具挑战的部分（Wasserman and Faust，1994）。在一些研究中，社会网络的边界非常明确，如某个团队的所有成员。然而，在另一些研究中，社会网络的边界则非常模糊。例如，当研究组织的社会网络时，我们将很难找到组织之间联系的明确指标。此时，社会网络的边界界定将会是一个非常复杂和棘手的问题（Carpenter et al.，2012）。无论研究对象如何，社会网络边界界定的基本原则如下：互动频率相对高、联系相对紧密的社会行动者应当被认为属于一个社会网络；互动频率相对低、联系相对松散的社会行动者则被认为属于不同的社会网络（Wasserman and Faust，1994）。

Laumann 等（1983）提出了两种界定社会网络边界的方法。第一种界定方法是现实主义方法（realist approach）。这种方法是根据社会行动者的感知来界定社会网络的边界。例如，在 Morrison（2002）的实证研究中，研究者要求被调查者罗列出（本公司中）为他们提供有价值的信息的人，用这种方法确定每一个被调查者的社会网络的边界。Ibarra（1993）则使用迭代的方式确定一家广告公司中社会网络的边界。具体而言，研究者们选取了 73 名员工作为初始样本，并要求他们报告自己与公司中的哪些员工具有社会联系，当某一个员工被初始样本中两个以上的员工提及时，他就会被包含进所研究的社会网络中并接受问卷调查。每当有员工被已有样本中的员工提及两次以上时，就将该员工囊括进来，直到没有更多的员工被提及两次以上。第二种界定方法被称为名义主义方法（nominalist approach）。这种方法以理论为基础来界定社会网络的边界。例如，Ahuja（2000）参考了权威的行业期刊来确定其所研究的化学公司社会网络中有哪些行动者。当所研究的社会网络中的行动者是企业或其他集体时，研究者们更多地使用名义主义方法来界定社会网络的边界。

二、社会网络分析的抽样方法

在明确了社会网络的边界后，社会网络研究者还需要选择合适的抽样方法（Creswell，2009；Leedy and Ormrod，2010）。事实上，大多数社会网络研究中，社会网络中的点已经预先明确，研究人员往往会采取群体中心取样法（Barnes，1972；Laumann et al.，1983），聚焦于网络中的所有行动者及他们之间的关系。这类方法中一个典型的例子是整体网络设计（Scott，2000）。Venkataramani 等（2016）的研究就采用了整体网络设计：研究者根据整个公司的花名册来确定每一个员工在公司的友谊网络（friendship network）和回避网络（avoidance network）中的位置。群体中心取样法可以获得较高信度的社会网络数据（Marsden，1990；Scott，2000）。但是，由于每一个被试都被要求回答结构化的问题，这种方法常常会丢失社会行动者之间二元关系的细节（Carpenter et al.，2012）。

在另外一些社会网络研究中，研究者无法获得社会网络中行动者的名单，或者网络行动者的边界并不清晰。此时，自我中心取样法（Barnes，1972；Mitchell，1969）将会是比较合适的抽样方法，研究者会在收集数据的同时逐渐确定所研究的社会网络的边界。采取这类方法的研究会首先选定一些符合要求的行动者，并聚焦于与他们有联系的点及这些点之间的联系。最初被选定的行动者被称为自我（Hanneman and Riddle，2011）。Goodman（1961）提出的滚雪球抽样法就是自我中心取样法的一种。在 Starkey 等（2000）的研究中，研究者首先选出了一些符合要求的被试进行采访，再由被试推荐其他符合要求的被试接受采访，研究者通过这种方式建立了英国电视公司之间的社会网络。自我中心取样法能够很好地捕捉到这一社会网络的特征，但是，只有与最初选定的行动者有直接或间接联系的行动者会被纳入最终形成的社会网络中，研究者对整个社会网络的认识可能会有偏差（Marsden，1990）。

还有一类社会网络研究，研究者主要关注单个行动者对其所在社会网络的运用或者社会网络中的二元关系。这类研究无须界定社会网络的边界，因此研究者可以从目标群体中选取相互独立的行动者进行研究。此时，研究者可以采用简单随机取样法或方便取样法。例如，Ahuja 等（2009）根据信息的可达性在特定产业中选取被研究的企业和企业联盟。

三、社会网络分析的数据来源

社会网络数据的来源有问卷调查或采访、档案查询、追踪观察、实验、日志研究等。在这一部分，我们主要介绍三种最常使用的数据收集方式。

问卷调查或采访。以这种方式收集社会网络数据时，研究人员会通过问卷或采访的方式询问被调查者与其他社会行动者之间的关系（Batjargal and Liu，2004；Wang et al.，2015）。问卷调查所需的人力、物力成本比较低，但是，有时候企业的高级管理人员更倾向于接受采访，而不是问卷调查（Wasserman and Faust，1994）。当社会网络中的行动者是一个集体（如企业）时，研究人员一般会选择一个代表来报告集体的网络联系（Galaskiewicz，1985）。

问卷调查或采访有两种形式：第一种是固定名单法，被调查者会逐一报告他们与花名册中每一个社会行动者之间的联系。第二种是自由回忆法，被调查者会回忆与他们有特定联系的个体或组织（Methot et al.，2016）。在社会网络规模较大时，前者会花费被调查者较长的时间，难以得到满意的问卷回收率（Reagans et al.，2004）。后者则容易导致某些有价值的数据丢失，因为回忆起所有与自己有特定联系的社会行动者有时是非常困难的（Brewer and Webster，2000）。一般而言，群体中心取样的研究倾向于使用固定名单法，自我中心取样的研究倾向于使用自由回忆法（Carrington et al.，2005）。有时候，研究者也将两种方法结合起来，以同时获得两种方法的优势（Reagans et al.，2004；Sparrowe and Liden，2005）。

问卷调查或采访中的问题可以分为三类：被调查者可能被要求回答是或否的二元问题，即询问他们与某个行动者之间是否存在特定的联系（Song et al.，2020；Mehra et al.，2001），可能被要求对他们与其他行动者的关系强度进行打分（Peng and Luo，2000），也可能被要求根据关系强度将其他社会行动者进行排序（Bernard et al.，1980）。这三种问题对被调查者的要求依次提高，二元问题是最容易回答的问题。Ferligoj 和 Hlebec（1999）则发现，相比较二元问题获得的数据，打分的方式获得的数据具有更高的信度。总体而言，问卷调查或采访是最常见的社会网络数据收集方法。相比较其他数据收集方法，它的实操性比较强。当然，问卷调查或采访高度依赖被调查者自我报告数据的有效性。

档案查询法。档案查询法是指从数据库、学术论文、报刊、会议记录、法庭笔录等渠道获取信息，以分析社会网络结构和特征（Hargens，2000；Rosenkopf and Padula，2008）。Burt 和 Lin（1977）曾经对档案查询法进行了详细的介绍。这是一种成本较低的数据收集方式。当社会行动者不愿意接受问卷调查或采访时，档案查询法可以帮助研究者更方便地研究社会行动者之间的联系。另外，档案查询法还经常被用于获得纵向数据，或者研究发生在过去的联系（Burt，1983）。

追踪观察法。社会网络研究者有时候会直接观察社会行动者之间的互动来研究社会网络的结构（Gibson，2003，2005）。这种方法成本较高，操作较为复杂，主要用于研究小规模的社会网络，或者用于社会行动者无法参加问卷调查或采访的情况。

四、社会网络构念内涵及测量

社会网络构念大体上可以分为两类，一类是网络应用构念（network application constructs），另一类是网络结构构念（network structure constructs）。使用网络应用构念的研究聚焦于行动者对社会网络中凝结的社会资源的应用，而不关注社会网络本身的结构，将社会网络视为社会资源的载体（Lin，2002；Podolny，2001）。使用网络结构构念的研究则主要关注社会网络的结构，认为社会网络的结构是社会资源的主要来源（Coleman，1990；Burt，1995）。

（一）网络应用构念

社会网络研究者主要用以下两个构念来捕捉行动者对社会网络中蕴含的社会资源的应用。

网络占有（network possession）。它反映了行动者拥有有价值的社会联系的程度。在 Bian（1997）的研究中，作者很大程度上假设行动者总是有意愿使用他们所拥有的社会联系，而主要关注求职者所拥有的社会联系对其求职的影响。同样地，Batjargal 和 Liu（2004）要求风险投资人报告他们与企业家之间直接和间接的联系，以此代表企业家及其所在企业所拥有的社会资本。该研究的一个基本假设即企业家总是有意愿充分利用他们与风险投资人之间的社会联系。

网络利用（network utilization）。它反映了行动者主动运用有价值的社会联系的程度。例如，Acquaah（2007）用 11 个项目组成的 7 级利克特量表测量了企业高级管理者对他们与其他公司的高级管理者、政府官员、社区领导者之间的社会联系的运用。

（二）网络结构构念

接下来我们将分点、线、网络三个层次介绍网络结构构念。首先是常见的点层次的构念。

中心性（centrality）。中心性是指行动者处于网络中心的程度，反映了某个行动者在社会网络中的重要性（Kilduff and Tsai，2004）。度中心性（degree centrality）反映了某个网络节点与其他节点之间直接联系的总数（Freeman，1979；Burkhardt and Brass，1990）。入度中心性（indegree centrality）是指其他行动者指向某个行动者的直接联系的总数，往往体现为其他行动者对某个行动者提名的次数。出度中心性（outdegree centrality）是指某个行动者指向其他行动者的直接联系的总数，往往体现为某个行动者所提名的其他行动者的个数。特征向量中心性（eigenvector centrality）是指行动者与处于社会网络最中心位置的行动者相联系的程度（Bonacich，1987）。这一构念体现行动者所拥有的社会联系的数量的同时，还考虑每个社会联系的重要性。也就是说，具有相同数量社会联系的行动者，与他们直接联系的节点的中心性越高，他们本身的中心性也就越高。中介中心性（betweenness centrality）反映了行动者在不直接联系的行动者之间发挥结构洞的桥梁作用的程度，通常表示为某个节点处于网络中任意两个节点之间（最短）路径上的次数或者比率（Freeman，1979；Freeman et al.，1991；Sparrowe and Liden，2005；Venkataramani et al.，2016）。接近中心性（closeness centrality）是指某个行动者与网络中其他所有节点相联系的难易程度，往往表示为行动者与网络中节点相联系所需要经过的社会联系的平均数（Burkhardt and Brass，1990；Freeman，1979）。

网络约束性（network constraint）。网络约束性是指行动者所拥有的社会联系的冗余程度（Burt，1995）。高网络约束性意味着更少的结构洞和更低的社会资本（Burt，1997）。

结构对等性（structural equivalence）。结构对等性是指两个行动者所拥有的社会联系的相似性（Burt，1995）。

社会网络线层次中的构念主要有以下两个。

关系强度。关系强度是线层次一个非常重要的构念。它描述了两个行动者之间的互动频率与强度、关系持续时间、亲密程度（Granovetter，1973）。在实证研究中，交流频率与情感亲密度常常被视为关系强度测量中的两个重要维度（Reagans，2005）。

多重性（multiplexity）。多重性是指两个行动者之间的关系满足多维兴趣点的程度（Barnes，1979），即他们被多种社会联系所联系的程度（Beckman and Haunschild，2002）。例如，如果两个行动者既是朋友又是工作伙伴，那么他们就具有多重关系。

网络层次的构念主要有以下几个。

网络规模（network size）。网络规模是由网络中行动者的数目所决定的（Parker and Welch，2013）。网络规模还常常被作为社会网络研究中的控制变量。

网络密度（network density）。网络密度是指一个社会网络的连通性（Scott，2000），往往表示为行动者之间实际的社会联系数目与行动者之间可能存在的最大社会联系数目的比值（Wasserman and Faust，1994；Song et al.，2020）。这一比值越高，网络密度就越高。

网络凝聚力（network cohesion）。这一构念所衡量的是社会网络中行动者之间的亲密程度（Scott，2000），可以表示为子群体内社会联系的平均强度与子群体成员和子群体外成员社会联系的平均强度的比值（Wasserman and Faust，1994）。

网络集中度（network centralization）。网络集中度反映了某一个社会网络围绕一个或少数几个行动者发生联系的程度（Kilduff and Tsai，2004）。它可以体现为社会网络中所有行动者网络中心性的范围或变异性（Tröster et al.，2014；Wasserman and Faust，1994）。

网络异质性（heterogeneity）。网络异质性反映了一个社会网络中的行动者与不同特征（如不同性别、不同年龄）的行动者发生联系的程度，网络层次的网络异质性是网络中所有行动者与不同特征的行动者发生联系的程度的平均数（Reagans and Zuckerman，2001）。

第三节 社会网络的影响

根据因果关系的方向，社会网络研究可以分为两类（Borgatti and Foster，2003；Carpenter et al.，2012）。第一类是社会资本研究（social capital research），这类研究将社会网络视为已然存在的条件，主要关注社会网络及其结构对社会网络中的行动者的影响。第二类是网络构建研究（network development research），主要关注社会网络建立或发展的前因变量。图 2-2 展示了两类社会网络研究的成果。本小节主要介绍社会资本研究的主要研究成果。

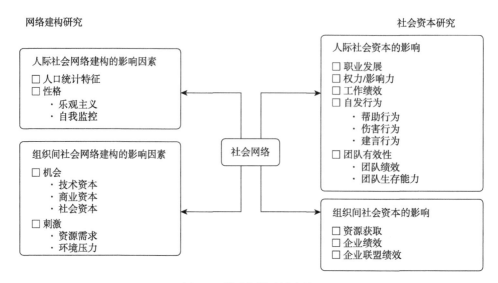

图 2-2　社会网络研究框架

一、人际社会资本的影响

社会资本研究又可以根据社会网络中社会行动者所处的层次划分为人际社会资本研究与组织间社会资本研究。人际社会资本研究聚焦于个体及个体之间的关系所组成的社会网络对个体及个体所在的集体产生的影响，主要有以下几个方面。

职业发展。职位更高、地位更高及更受喜爱的员工的推荐对个体求职和职业发展有重要的作用。有价值的社会联系往往可以增加个体找到心仪工作的机会（Fernandez and Weinberg，1997），还可以帮助求职者在薪资谈判中占据有利地位（Seidel et al.，2000）。另外，与同事及领导的社会联系还可以提高个体晋升至正式的领导岗位的可能性（Collier and Kraut，2012；Parker and Welch，2013）。

权力/影响力。社会网络研究的一个重要观点是，在社会网络中占据有利位置的个体可以从社会网络中获得有价值的资源，这种资源将帮助个体获得权力和影响力（Brass，1984；Podolny and Baron，1997）。实证研究表明，员工的正式工作关系（如在组织工作流网络中的中心地位）和非正式工作关系（如在组织建议网络和友谊网络中的中心地位）都会极大地影响个体获取工作相关信息的能力，进而影响个体相对于其他组织成员的权力和影响力（Brass，1984；Sparrowe and Liden，2005）。

工作绩效。一般来说，处于社会网络中心位置的个体更容易获得有关工作任务、资源、危机事件的信息，也更容易获得社会网络中其他人的帮助和支持，因而他们更容易取得更高的绩效（Mehra et al.，2001）。社会网络研究还关注不同社会网络对个体绩效的共同作用。研究发现，一方面，非正式与正式工作联系的重叠会增强个体从社会网络中获得和验证有效信息的能力，以及获得情感支持的能力，从而提高个体工作绩效（Methot et al.，2016；Soda and Zaheer，2012）。另一方面，相互重叠的社会网络需要个体付出更多的资源来维持，减少员工在工作中投入的时间和精力，从而降低个体工作绩效（Methot et al.，2016）。

自发行为。除了工作绩效以外，不能被正式的奖惩系统捕捉的自发行为也是社会网络研究中重要的结果变量。员工之间积极/消极的情感联系会显著影响员工之间自发的帮助和伤害行为；员工在积极/消极情感网络中的位置也会显著影响他人对该员工的帮助和伤害行为（Venkataramani and Dalal，2007）。另外，在团队社会网络中处于中心地位的员工有机会了解团队中不同成员所拥有的信息及所经历的挑战（Borgatti，2005），能够从多个角度分析团队的处境（Brass，1984），因此，他们更倾向于得到并提出针对团队面临问题的建议（Venkataramani et al.，2016）。

团队有效性。一个团队中人际社会网络的特征还会对整个团队的有效性产生重要影响。团队可以从两种社会网络特征获益。第一种是内部网络密度（internal network density）。从网络闭环的视角来看，内部网络密度高的团队具有较高的团队认同感（Portes and Sensenbrenner，1993）和互信氛围（Coleman，1988）。这样的团队可以更有效地利用内部资源，有更高的凝聚力和协作水平，从而拥有更高的绩效和生存能力（Balkundi and Harrison，2006）。第二种是外部网络异质性（external network heterogeneity）。从结构洞的视角来看，团队内的信息往往是冗余的，与不同的外部团队相联系的结构洞会给团队带来信息优势（Burt，1995），使得团队可以接触更多元的观点和机会（Granovetter，1973），从而提高团队绩效。这两种视角分别关注不同范围的社会网络：前者聚焦团队内部的社会联系，而后者聚焦团队外部的社会联系。内部和外部联系对团队有效性的积极影响相互独立、同时存在（Reagans and Zuckerman，2001；Reagans et al.，2004）。

二、组织间社会资本的影响

社会资本研究中的另外一类是组织间社会资本研究，主要关注由组织和组织间的关系所组成的社会网络的影响。组织间的互动往往发生在两个或少数几个组织之间，不同的组织很少以团队的形式集体行动。因此，组织间社会资本研究主要关注社会网络对社会网络中的点和线的影响，较少涉及社会网络层面的影响。

　　资源获取。获得足够的资金支持是实现企业尤其是初创企业生存和发展的重要前提之一（Evans and Jovanovic，1989）。然而，外部投资者常常缺少与潜在投资对象有关的信息（Amit et al.，1990）。如果创业团队成员与潜在投资者之间存在直接或间接的私人关系，投资者与创业团队之间的信息不对称和不信任将会被打破。这将提高外部投资者对创业公司的估值（Batjargal and Liu，2004）、增加创业团队获得投资的机会（Shane and Cable，2002）。

　　企业绩效。绩效是企业成功与否的一个重要评价指标。组织间社会网络深刻地影响着企业任务绩效与创新绩效（Baum et al.，2000；Goerzen and Beamish，2005；Phelps，2010；Zhang et al.，2019）。另外，企业领导者扮演着联系企业与外部利益相关者的重要角色（Geletkanycz and Hambrick，1997）。社会网络研究认为，企业领导者与上下游企业、竞争企业的领导者及政府部门之间的联系所产生的社会资本可以有效地提高企业绩效（Acquaah，2007；Peng and Luo，2000）。与上游供应商的领导者之间的联系可以帮助企业获得及时且高质量的原材料和服务；与下游购买企业的领导者之间的联系可以提高顾客忠诚度、减少坏账；与竞争企业的领导者之间的联系可以促进合作、减少冲突；与政府部门之间的联系可以使企业获得各级政府的支持。企业的竞争策略、所有权、企业规模、竞争强度、所处行业、产业发展速度等被认为对组织间社会网络-企业绩效之间的关系有调节作用（Acquaah，2007；Peng and Luo，2000）。

　　企业联盟绩效。组织间社会网络还对企业间的二元关系产生重要的影响。研究发现，企业过去的结盟经历，尤其是与同领域企业的结盟经历、与同一家企业的结盟经历，会促进企业与当前企业间联盟的知识共享与合作，进而提高企业联盟的绩效（Zollo et al.，2002）。

第四节　社会网络建构的影响因素

　　另外一类社会网络研究是网络建构研究，这一类研究着力于探索引起社会网络建立和发展的前因变量。我们同样讨论人际社会网络与组织间社会网络两种社会网络的建立与发展（Carpenter et al.，2012）。相比较组织间社会网络，人际社会网络更加稳定。组织间的社会网络联系往往持续特定的时间（Franko，1971；Reuer and Zollo，2005），而一旦两个个体之间建立了社会联系，他们几乎不会再失去这些联系，虽然这些联系的性质会发生变化（Fei，1992）。因此，人际社会网络的建构常常表现为社会联系的建立或对现有联系的改变（Luo，2000）；组织间社会网络的建构则包含社会联系的建立、终止和重建（Hallen，2008）。

一、人际社会网络建构的影响因素

人口统计特征。人口统计特征的相似性会提高行动者之间的联系强度（Reagans，2005）。当选择潜在的朋友时，人们也倾向于与具有相似人口统计学特征的个体建立友谊（McPherson，1983）。少数群体尤其倾向于与本群体内的个体建立友谊，而不是在整个社会网络中选择朋友（Mehra et al.，1998）。另外，由于少数群体可选择的具有相同人口统计特征的潜在朋友数量较少，且少数群体会在绩效评价等方面受到偏见的负面影响，基于人口统计特征的少数群体更容易在友谊网络中处于不利位置（Mehra et al.，1998）。

性格。社会网络研究者还关注稳定的性格特征对人际社会网络建构的影响。例如，乐观主义者看起来更有吸引力，有更高的社交能力，所以乐观主义者拥有更大规模的友谊网络（Brissette et al.，2002）。此外，有高自我监控倾向（self-monitoring orientation）的个体会有意识地根据社会线索调整自己的行为、塑造良好的社会形象，以实现个人目标（Snyder，1974，1979；Gangestad and Snyder，2000）。高自我监控倾向的个体更容易与领导建立联系，更容易与不同社会群体的个体建立联系（Wang et al.，2015）。因此，他们常常拥有更大规模的社会网络和更高的网络中心性，并在社会网络中占据结构洞的有利位置（Mehra et al.，2001；Wang et al.，2015）。

二、组织间社会网络建构的影响因素

Ahuja（2000）所提出的刺激-机会模型（inducements-opportunities framework）认为，组织间社会网络的建立与发展来源于两种推动力量：一种是企业所处环境中蕴含的机会，反映了企业对潜在合作者的吸引力；另一种是组织内部的刺激因素，反映了组织基于自身需要的战略选择。

机会。企业建立社会联系的机会依赖于它可以向潜在合作者提供的资源。Ahuja（2000）将企业所拥有的资源分为技术资本、商业资本和社会资本三类。

技术创新能力、制造与销售的能力反映了企业的技术资本与商业资本，它们是企业非常宝贵的资源，而获得这些资源往往需要更多的时间和资金投入（Mitchell and Singh，1992；Teece，1986）。因此，一些企业希望与拥有这些资源的企业合作，以获取相关的知识，或者直接获得自己所缺乏的资源的使用权（Baum et al.，2000；Mitchell and Singh，1996）。因此，企业以往的成就所体现出来的技术资本与商业资本很大程度上影响着企业对潜在合作者的吸引力及建立企业联盟的机会（Ahuja，2000，Hallen，2008）。

企业的社会资本是指企业在社会网络中的位置及其可以从社会网络中获取的

社会资源。社会资本对组织社会网络建构的影响可以归结为一个原则：嵌入在社会网络中的组织倾向于跟曾经或现在与其有社会联系的组织建立或重建联系（Gargiulo and Benassi，2000；Walker et al.，1997）。曾经有过结盟关系的公司更容易重新建立联盟（Chung et al.，2000；Gulati，1995）。对于初创企业而言，创始人的人际联系也会极大地促进组织间联盟的建立（Hallen，2008）。值得注意的是，组织在行业社会网络中的嵌入性，即其可以从行业社会网络中获得的社会资本，对组织未来社会网络的建构具有双刃剑的作用。一方面，在社会网络中处于中心地位的组织有更多的机会与已经建立过联系的企业建立联盟，其网络中心地位也象征着企业的声誉和能力，为企业带来宝贵的信息（Ahuja，2000）。另一方面，企业也会失去建立新的企业联盟的动力和能力，在面对新的任务环境时更难对自己的社会网络做出及时的调整（Gulati，1995）。因此，Ahuja（2000）认为中等嵌入程度的企业在建立新的联盟关系时最具优势。

刺激。企业对各类资源的需求会成为企业联盟建立的内部诱因（Rothaermel and Boeker，2008；Xia et al.，2018）。企业常常会和那些与他们资源互补的企业建立联盟（Mindruta et al.，2016）。此外，环境压力也会促使企业主动寻求与其他企业联盟的机会。例如，环境不确定性、竞争压力、行业发展速度、行业发展阶段、行业规制程度等都会影响企业建立联盟的意愿（Luo，2003）。

第五节　社会网络方法的未来应用

当前社会网络研究很大程度上忽视了网络中行动者的能动性，较少涉及行动者对社会网络的建构和利用（Borgatti and Foster，2003）。这种现象主要来源于结构主义范式（Wellman，1988）在社会网络研究中所占据的中心地位。结构主义者极力弱化社会网络中的行动者的地位和他们所起的作用。在这种情况下，社会网络常常被视为行动者开展社会活动的环境，刺激或制约着行动者的活动。然而，研究行动者在建立、发展和利用社会网络的过程中发挥的能动作用将使我们更深入地了解社会网络建构与被利用的过程中的促进与限制因素（Kilduff and Tsai，2004）。

首先，我们呼吁更多的社会网络研究者关注社会网络的建构，尤其是人际社会网络的建构。最近有关社会网络建构的研究大多聚焦于组织联盟的建立与发展（Gargiulo and Benassi，2000；Hallen，2008；Mindruta et al.，2016），也已经关注了接近性和同质性（McPherson et al.，2001）对人际社会网络建构的影响（McPherson，1983）。在此基础上，未来社会网络研究者还可以探索不同类型的个体所关联的社会网络有何不同，不同类型的个体建立与维护社会网络的策略有何不同。另外，工作场所的设计（Sailer and McCulloh，2012）和人力资源实践（Hatala，2006）等因素被证明与组织中社会联系的建立有密切的关系。企业已经在尝试使用新的技术平台来促进组织成员的联系。然而，这种技术平台有时候也会导致合作过载（collaborative overload）等负面结果（Cross et al.，2016）。未来的研究可以进一步探索组织如何利用各类创新管理实践促进内部社会网络的建构与发展，以及这些方法在实践中发挥正向作用的边界。

其次，我们希望未来的研究更多地关注行动者对社会网络或社会联系的利用。我们发现，相比较网络结构构念，网络应用构念较少成为社会网络研究的中心构念。而且，网络利用常常与另外一个网络应用构念网络占有相混淆（Carpenter et al.，2012）。例如，在早期有关社会联系对个体职业发展的影响的研究中，研究者常常默认行动者所拥有的社会联系等价于他们所利用的社会联系（Lin et al.，1981；Marsden and Hurlbert，1988）。然而，利用社会网络会产生一定的成本，减少行动者在其他活动中的投入，不同社会联系的利用与维护还会产生一定的冲突（Portes，1998）。因此，网络利用并不等价于网络占有。在这个意义上，研究者应该更加关注行动者对不同社会联系的利用，并帮助行动者更好地理解和利用他们所拥有的社会网络（Cullen-Lester et al.，2017）。

最后，关于社会资本研究，已有的研究侧重于社会网络的积极影响，而较少讨论社会网络的阴暗面。当前社会网络研究已经发现，在一些情况下，社会联系对个体绩效和企业发展新的合作伙伴的能力有负面影响（Ahuja，2000；Gargiulo and Benassi，1999；Gulati，1995；Methot et al.，2016）。研究者可以进一步探索社会网络对行动者其他行动的影响。例如，Methot 等（2016）发现，职场友谊网络与情绪耗竭（emotional exhaustion）相关联，考虑到情绪耗竭与工作满意度、组织承诺度、组织偏差行为等变量的关系（Kong et al.，2020；Mulki et al.，2006），未来研究可以进一步探索社会网络对这些变量的影响。除了对那些拥有社会联系的行动者的影响，研究者还应该关注社会网络对缺乏社会联系或没有能力利用社会联系的行动者的影响。对处于社会网络中心位置的行动者而言，社会网络常常会产生正面的影响，对于其他人来说一个依赖社会联系来分配资源的社会则是一种惩罚（Kilduff and Tsai，2004）。社会网络甚至可能催生非法活动（Baker and Faulkner，1993）。未来研究者应该更加关注社会网络对不同主体的潜在负面影响，以求更加全面地理解社会网络运作的真实画面。

第六节　其他方法学新进展

除了社会网络分析研究方法，近年来计算模型方法在管理心理学领域中越来越受学者们关注，也被运用到许多实证研究中去。

具体而言，计算模型方法是运用数学公式或正式逻辑来表征理论，进而开展模拟分析的研究方法。通过计算建模，研究者需要建立起数字模型，去拟合实证观测数据，模拟出现象的发展轨迹（如现象如何随着时间的变化而变化），找到适配模型，从而评估特定理论对观察的管理现象具有多大的解释力。进一步地，研究者还可以结合模型结果修正理论，并对现有理论做出延伸发展。在运用计算模型的过程中，研究者还可以开展特定预测，从而更深入地理解所聚焦现象的本质。此外，通过计算建模也能够展现出不同理论间的重叠，联结分散的理论和元理论。

Vancouver 等（2020）具体论述了计算模型方法的独特价值，提出它可以对一系列不太成熟的理论做出数字化建模处理，进而尝试得出更加有效的正式理论。更进一步地，他们针对工作动机模型开展动态计算建模，提出了许多在静态模型下并未识别的重要发现，从而更好地拓展了工作动机整合模型。此外，Zhou 等（2019）运用动态计算模型，针对领导者与下属构建有效动态目标追求体系的关键过程机制，开展了建模分析。依据计算模型结果，他们主要发现时间因素对于领导力行动具有显著影响。这些研究发现对于当前团队目标追求及领导者行为研究领域具有明显的推动延展价值，展现了动态计算模型方法的独特魅力。

在未来研究中，我们期待有更多研究学者尝试运用计算模型方法，来针对现有管理心理学领域中存在着的一系列相对零散、独立的理论，开展数字化建模及分析，得出更正式化、更具可信度的理论。

参 考 文 献

Acquaah M. 2007. Managerial social capital，strategic orientation，and organizational performance in an emerging economy. Strategic Management Journal，28（12）：1235-1255.

Ahuja G. 2000. The duality of collaboration：inducements and opportunities in the formation of interfirm linkages. Strategic Management Journal，21（3）：317-343.

Ahuja G，Polidoro F，Mitchell W. 2009. Structural homophily or social asymmetry? The formation of alliances by poorly embedded firms. Strategic Management Journal, 30 (9): 941-958.

Amit R, Glosten L, Muller E. 1990. Entrepreneurial ability, venture investments, and risk sharing. Management Science, 36 (10): 1232-1245.

Baker W E. 1990. Market networks and corporate behavior. American Journal of Sociology, 96 (3): 589-625.

Baker W E, Faulkner R R. 1993. The social organization of conspiracy: illegal networks in the heavy electrical equipment industry. American Sociological Review, 58 (6): 837-860.

Balkundi P, Harrison D A. 2006. Ties, leaders, and time in teams: strong inference about network structure's effects on team viability and performance. Academy of Management Journal, 49 (1): 49-68.

Barnes J A. 1972. Social Networks. Module in Anthropology 26. Reading: Addison-Wesley.

Barnes J A. 1979. Network analysis: orienting notion, rigorous technique or substantive field of study?//Holland P W, Leinhardt S. Perspectives on Social Network Research. New York: Academic Press: 403-423.

Batjargal B, Liu M. 2004. Entrepreneurs' access to private equity in China: the role of social capital. Organization Science, 15 (2): 159-172.

Baum J A, Calabrese T, Silverman B S. 2000. Don't go it alone: alliance network composition and startups' performance in Canadian biotechnology. Strategic Management Journal, 21 (3): 267-294.

Beckman C M, Haunschild P R 2002. Network learning: the effects of partners' heterogeneity of experience on corporate acquisitions. Administrative Science Quarterly, 47 (1): 92-124.

Bernard H R, Killworth P D, Sailer L. 1980. Informant accuracy in social network data Ⅳ: a comparison of clique-level structure in behavioral and cognitive network data. Social Networks, 2 (3): 191-218.

Bian Y. 1997. Bringing strong ties back in: indirect ties, network bridges, and job searches in China. American Sociological Review, 62 (3): 366-385.

Bonacich P. 1987. Power and centrality: a family of measures. American Journal of Sociology, 92 (5): 1170-1182.

Borgatti S P. 2005. Centrality and network flow. Social Networks, 27 (1): 55-71.

Borgatti S P, Foster P C. 2003. The network paradigm in organizational research: a review and typology. Journal of Management, 29 (6): 991-1013.

Bourdieu P. 1986. The forms of capital//Richardson J G. Handbook of Theory and Research for the Sociology of Education. New York: Greenwood: 241-258.

Brass D J. 1984. Being in the right place: a structural analysis of individual influence in an organization. Administrative Science Quarterly, 29 (4): 518-539.

Brewer D D, Webster C M. 2000. Forgetting of friends and its effects on measuring friendship networks. Social Networks, 21（4）: 361-373.

Brissette I, Scheier M F, Carver C S. 2002. The role of optimism in social network development, coping, and psychological adjustment during a life transition. Journal of Personality and Social Psychology, 82（1）: 102-112.

Burkhardt M E, Brass D J. 1990. Changing patterns or patterns of change: the effects of a change in technology on social network structure and power. Administrative Science Quarterly, 35（1）: 104-127.

Burt R S. 1983. Network data from archival records//Burt R S, Minor M J. Applied Network Analysis. Beverly Hills: Sage: 158-174.

Burt R S. 1995. Structural Holes: The Social Structure of Competition. Cambridge: Harvard University Press.

Burt R S. 1997. A note on social capital and network content. Social Networks, 19（4）: 355-373.

Burt R S. 2000. The network structure of social capital. Research in Organizational Behavior, 22: 345-423.

Burt R S. 2001. Structural holes versus network closure as social capital//Lin N, Cook K, Burt R S. Social Capital: Theory and Research. New York: Aldine de Gruyter: 31-56.

Burt R S. 2005. Brokerage and Closure: An Introduction to Social Capital. New York: Oxford University Press.

Burt R S, Lin N. 1977. Network time series from archival records. Sociological Methodology, 8: 224-254.

Carpenter M A, Li M, Jiang H. 2012. Social network research in organizational contexts: a systematic review of methodological issues and choices. Journal of Management, 38（4）: 1328-1361.

Carrington P J, Scott J, Wasserman S. 2005. Models and Methods in Social Network Analysis. Cambridge: Cambridge University Press.

Chung S, Singh H, Lee K. 2000. Complementarity, status similarity and social capital as drivers of alliance formation. Strategic Management Journal, 21（1）: 1-22.

Coleman J S. 1988. Social capital in the creation of human capital. American Journal of Sociology, 94: S95-S120.

Coleman J S. 1990. Foundations of Social Theory. Cambridge: Belknap Press.

Collier B, Kraut R. 2012. Leading the collective: social capital and the development of leaders in core-periphery organizations. Collective Intelligence 2012: Proceedings.

Constant D, Sproull L, Kiesler S. 1996. The kindness of strangers: the usefulness of electronic weak ties for technical advice. Organization Science, 7（2）: 119-135.

Creswell J W. 2009. Research Design: Qualitative, Quantitative, and Mixed Methods Approaches. 3rd ed. Thousand Oaks: Sage.

Cross R, Rebele R, Grant A. 2016. Collaborative overload. Harvard Business Review, 94（1）: 74-79.

Cullen-Lester K L, Maupin C K, Carter D R. 2017. Incorporating social networks into leadership development: a conceptual model and evaluation of research and practice. The Leadership Quarterly, 28（1）: 130-152.

Evans D S, Jovanovic B. 1989. An estimated model of entrepreneurial choice under liquidity constraints. Journal of Political Economy, 97（4）: 808-827.

Fei X. 1992. From the Soil: The Foundations of Chinese Society. Berkeley: University of California Press.

Ferligoj A, Hlebec V. 1999. Evaluation of social network measurement instruments. Social Networks, 21（2）: 111-130.

Fernandez R M, Weinberg N. 1997. Sifting and sorting: personal contacts and hiring in a retail bank. American Sociological Review, 62（6）: 883-902.

Franko L G. 1971. Joint Venture Survival in Multinational Corporations. New York: Praeger.

Freeman L C. 1979. Centrality in social networks conceptual clarification. Social Networks, 1（3）: 215-239.

Freeman L C, Borgatti S P, White D R. 1991. Centrality in valued graphs: a measure of betweenness based on network flow. Social Networks, 13（2）: 141-154.

Galaskiewicz J. 1985. Social Organization of an Urban Grants Economy: A Study of Business Philanthropy and Nonprofit Organizations. Orlando: Academic Press.

Gangestad S W, Snyder M. 2000. Self-monitoring: appraisal and reappraisal. Psychological Bulletin, 126（4）: 530-540.

Gargiulo M, Benassi M. 1999. The dark side of social capital//Leenders R, Gabbay S. Corporate Social Capital and Liability. Norwell: Kluwer: 298-322.

Gargiulo M, Benassi M. 2000. Trapped in your own net? Network cohesion, structural holes, and the adaptation of social capital. Organization science, 11（2）: 183-196.

Geletkanycz M A, Hambrick D C. 1997. The external ties of top executives: implications for strategic choices and performance. Administrative Science Quarterly, 42（4）: 654-681.

Gibson D R. 2003. Participation shifts: order and differentiation in group conversation. Social Forces, 81（4）: 1335-1380.

Gibson D R. 2005. Taking turns and talking ties: networks and conversational interaction. American Journal of Sociology, 110（6）: 1561-1597.

Goerzen A, Beamish P W. 2005. The effect of alliance network diversity on multinational enterprise performance. Strategic Management Journal, 26（4）: 333-354.

Goodman L A. 1961. Snowball sampling. The Annals of Mathematical Statistics, 32（1）: 148-170.

Granovetter M S. 1973. The strength of weak ties. American Journal of Sociology, 78（6）: 1360-1380.

Granovetter M. 1985. Economic action and social structure: the problem of embeddedness. American Journal of Sociology, 91（3）: 481-510.

Gulati R. 1995. Social structure and alliance formation patterns: a longitudinal analysis. Administrative Science Quarterly, 40（4）: 619-652.

Hallen B L. 2008. The causes and consequences of the initial network positions of new organizations: from whom do entrepreneurs receive investments? Administrative Science Quarterly, 53（4）: 685-718.

Hanneman R A, Riddle M. 2011. Concepts and measures for basic network analysis//Scott J, Carrington P J. The SAGE Handbook of Social Network Analysis. London: Sage: 340-369.

Hansen M T. 1999. The search-transfer problem: the role of weak ties in sharing knowledge across organization subunits. Administrative Science Quarterly, 44（1）: 82-111.

Hargens L L. 2000. Using the literature: reference networks, reference contexts, and the social structure of scholarship. American Sociological Review, 65（6）: 846-865.

Hatala J P. 2006. Social network analysis in human resource development: a new methodology. Human Resource Development Review, 5（1）: 45-71.

Ibarra H. 1993. Network centrality, power, and innovation involvement: determinants of technical and administrative roles. Academy of Management Journal, 36（3）: 471-501.

Jokisaari M. 2013. The role of leader–member and social network relations in newcomers' role performance. Journal of Vocational Behavior, 82（2）: 96-104.

Kilduff M, Brass D J. 2010. Job design: a social network perspective. Journal of Organizational Behavior, 31（2/3）: 309-318.

Kilduff M, Tsai W. 2004. Social Networks and Organizations. Thousand Oaks: Sage.

Knoke D, Kuklinski J H. 1982. Network Analysis. Newbury Park: Sage.

Kong D T, Ho V T, Garg S. 2020. Employee and coworker idiosyncratic deals: implications for emotional exhaustion and deviant behaviors. Journal of Business Ethics, 164（2）: 593-609.

Laumann E O, Marsden P V, Prensky D. 1983. The boundary specification problem in network analysis//Freeman L C, White D R, Romney A K. Research Methods in Social Network Analysis. Fairfax: George Mason University Press: 61-87.

Leedy P D, Ormrod J E. 2010. Practical Research: Planning and Design. 9th ed. Upper Saddle River: Prentice Hall.

Lin N. 1982. Social resources and instrumental action//Marsden P, Lin N. Social Structure and

Network Analysis. Beverly Hills：Sage：131-146.

Lin N. 1999. Building a network theory of social capital. Connections，22（1）：28-51.

Lin N. 2002. Social Capital：A Theory of Social Structure and Action. Cambridge：Cambridge University Press.

Lin N，Ensel W M，Vaughn J C. 1981. Social resources and strength of ties：structural factors in occupational status attainment. American Sociological Review，46（4）：393-405.

Luo Y. 2000. Guanxi and Business. River Edge：World Scientific.

Luo Y. 2003. Industrial dynamics and managerial networking in an emerging market：the case of China. Strategic Management Journal，24（13）：1315-1327.

Marsden P V. 1990. Network data and measurement. Annual Review of Sociology，16（1）：435-463.

Marsden P V，Hurlbert J S. 1988. Social resources and mobility outcomes：a replication and extension. Social Forces，66（4）：1038-1059.

McPherson M. 1983. An ecology of affiliation. American Sociological Review，48：519-532.

McPherson M，Smith-Lovin L，Cook J M. 2001. Birds of a feather：homophily in social networks. Annual Review of Sociology，27：415-444.

Mehra A，Kilduff M，Brass D J. 1998. At the margins：a distinctiveness approach to the social identity and social networks of underrepresented groups. Academy of Management Journal，41（4）：441-452.

Mehra A，Kilduff M，Brass D J. 2001. The social networks of high and low self-monitors：implications for workplace performance. Administrative Science Quarterly，46（1）：121-146.

Methot J R，Lepine J A，Podsakoff N P，et al. 2016. Are workplace friendships a mixed blessing？Exploring tradeoffs of multiplex relationships and their associations with job performance. Personnel Psychology，69（2）：311-355.

Mindruta D，Moeen M，Agarwal R. 2016. A two-sided matching approach for partner selection and assessing complementarities in partners' attributes in inter-firm alliances. Strategic Management Journal，37（1）：206-231.

Mitchell J C. 1969. The Concept and Use of Social Networks. Manchester：Manchester University Press.

Mitchell W，Singh K. 1992. Incumbents' use of pre-entry alliances before expansion into new technical subfields of an industry. Journal of Economic Behavior & Organization，18（3）：347-372.

Mitchell W，Singh K. 1996. Survival of businesses using collaborative relationships to commercialize complex goods. Strategic Management Journal，17（3）：169-195.

Moran P. 2005. Structural vs. relational embeddedness：social capital and managerial performance.

Strategic Management Journal, 26（12）: 1129-1151.

Morrison E W. 2002. Newcomers' relationships: the role of social network ties during socialization. Academy of Management Journal, 45（6）: 1149-1160.

Mulki J P, Jaramillo F, Locander W B. 2006. Emotional exhaustion and organizational deviance: can the right job and a leader's style make a difference? Journal of Business Research, 59（12）: 1222-1230.

Nahapiet J, Ghoshal S. 1998. Social capital, intellectual capital, and the organizational advantage. Academy of Management Review, 23（2）: 242-266.

Parker M, Welch E W. 2013. Professional networks, science ability, and gender determinants of three types of leadership in academic science and engineering. The Leadership Quarterly, 24（2）: 332-348.

Peng M, Luo Y. 2000. Managerial ties and firm performance in a transition economy: the nature of a micro-macro link. Academy of Management Journal, 43（3）: 486-501.

Phelps C C. 2010. A longitudinal study of the influence of alliance network structure and composition on firm exploratory innovation. Academy of Management Journal, 53（4）: 890-913.

Phelps C C, Heidl R, Wadhwa A. 2012. Networks, knowledge, and knowledge networks: a critical review and research agenda. Post Print, 116（3）: 239-257.

Podolny J M. 2001. Networks as the pipes and prisms of the market. American Journal of Sociology, 107（1）: 33-60.

Podolny J M, Baron J N. 1997. Resources and relationships: social networks and mobility in the workplace. American Sociological Review, 62（5）: 673-693.

Portes A. 1998. Social capital: its origins and applications in modern sociology. Annual Review of Sociology, 24（1）: 1-24.

Portes A, Sensenbrenner J. 1993. Embeddedness and immigration: notes on the social determinants of economic action. American Journal of Sociology, 98（6）: 1320-1350.

Reagans R. 2005. Preferences, identity, and competition: predicting tie strength from demographic data. Management Science, 51（9）: 1374-1383.

Reagans R, Zuckerman E W. 2001. Networks, diversity, and productivity: the social capital of corporate R&D teams. Organization Science, 12（4）: 502-517.

Reagans R, Zuckerman E, McEvily B. 2004. How to make the team: social networks vs. demography as criteria for designing effective teams. Administrative Science Quarterly, 49（1）: 101-133.

Reuer J J, Zollo M. 2005. Termination outcomes of research alliances. Research Policy, 34（1）: 101-115.

Rosenkopf L, Padula G. 2008. Investigating the microstructure of network evolution: alliance formation in the mobile communications industry. Organization Science, 19（5）: 669-687.

Rothaermel F T, Boeker W. 2008. Old technology meets new technology: complementarities, similarities, and alliance formation. Strategic Management Journal, 29（1）: 47-77.

Sailer K, McCulloh I. 2012. Social networks and spatial configuration: how office layouts drive social interaction. Social Networks, 34（1）: 47-58.

Scott J. 2000. Social Network Analysis: A Handbook. 2nd ed. Thousand Oaks: Sage.

Seidel M D L, Polzer J T, Stewart K J. 2000. Friends in high places: the effects of social networks on discrimination in salary negotiations. Administrative Science Quarterly, 45（1）: 1-24.

Shane S, Cable D. 2002. Network ties, reputation, and the financing of new ventures. Management Science, 48（3）: 364-381.

Snyder M. 1974. Self-monitoring of expressive behavior. Journal of Personality and Social Psychology, 30（4）: 526-537.

Snyder M. 1979. Self-monitoring processes//Berkowitz L. Advances in Experimental Social Psychology. New York: Academic Press: 85-128.

Soda G, Zaheer A. 2012. A network perspective on organizational architecture: performance effects of the interplay of formal and informal organization. Strategic Management Journal, 33（6）: 751-771.

Song Y, Fang Y, Wang M, et al. 2020. A multiplex view of leadership structure in management teams. Personnel Psychology, 73（4）: 615-640.

Sparrowe R T, Liden R C. 2005. Two routes to influence: integrating leader-member exchange and social network perspectives. Administrative Science Quarterly, 50（4）: 505-535.

Starkey K, Barnatt C, Tempest S. 2000. Beyond networks and hierarchies: latent organizations in the U. K. television industry. Organization Science, 11（3）: 299-305.

Teece D J. 1986. Profiting from technological innovation: implications for integration, collaboration, licensing and public policy. Research Policy, 15（6）: 285-305.

Tröster C, Mehra A, van Knippenberg D. 2014. Structuring for team success: the interactive effects of network structure and cultural diversity on team potency and performance. Organizational Behavior and Human Decision Processes, 124（2）: 245-255.

Tsang E W. 1998. Can guanxi be a source of sustained competitive advantage for doing business in China? The Academy of Management Perspectives, 12（2）: 64-73.

Uzzi B. 1996. The sources and consequences of embeddedness for the economic performance of organizations: the network effect. American Sociological Review, 61（4）: 674-698.

Uzzi B. 1997. Social structure and competition in interfirm networks: the paradox of embeddedness. Administrative Science Quarterly, 42（1）: 35-67.

Uzzi B. 1999. Embeddedness in the making of financial capital: how social relations and networks benefit firms seeking financing. American Sociological Review, 64（4）：481-505.

Uzzi B, Gillespie J J. 2002. Knowledge spillover in corporate financing networks: embeddedness and the firm's debt performance. Strategic Management Journal, 23（7）：595-618.

Vancouver J B, Wang M, Li X. 2020. Translating informal theories into formal theories: the case of the dynamic computational model of the integrated model of work motivation. Organizational Research Methods, 23（2）：238-274.

Venkataramani V, Dalal R S. 2007. Who helps and harms whom? Relational antecedents of interpersonal helping and harming in organizations. Journal of Applied Psychology, 92（4）：952-966.

Venkataramani V, Zhou L, Wang M, et al. 2016. Social networks and employee voice: the influence of team members' and team leaders' social network positions on employee voice. Organizational Behavior and Human Decision Processes, 132：37-48.

Walker G, Kogut B, Shan W. 1997. Social capital, structural holes and the formation of an industry network. Organization Science, 8（2）：109-125.

Wang M, Zhou L, Zhang Z. 2016. Dynamic modeling. Annual Review of Organizational Psychology and Organizational Behavior, 3：241-266.

Wang S, Hu Q, Dong B. 2015. Managing personal networks: an examination of how high self-monitors achieve better job performance. Journal of Vocational Behavior, 91：180-188.

Wasserman S, Faust K. 1994. Social Network Analysis: Methods and Applications. Cambridge: Cambridge University Press.

Wellman B. 1988. Structural analysis: from method and metaphor to theory and substance//Wellman B, Berkowitz S D. Social Structures: A Network Approach. New York: Cambridge University Press: 19-61.

Xia J, Wang Y, Lin Y, et al. 2018. Alliance formation in the midst of market and network: insights from resource dependence and network perspectives. Journal of Management, 44（5）：1899-1925.

Zhang J, Jiang H, Wu R, et al. 2019. Reconciling the dilemma of knowledge sharing: a network pluralism framework of firms' R&D alliance network and innovation performance. Journal of Management, 45（7）：2635-2665.

Zhou L, Wang M, Vancouver J. 2019. A formal model of leadership goal striving: development of core process mechanisms and extensions to action team context. Journal of Applied Psychology, 104（3）：388-410.

Zollo M, Reuer J J, Singh H. 2002. Interorganizational routines and performance in strategic alliances. Organization Science, 13（6）：701-713.

第三章　主动性人格

在全球竞争激烈化的背景之下，员工的工作主动性对组织繁荣和个人发展越来越重要（Frese et al., 2007；Grant and Ashford, 2008；Morrison and Phelps, 1999）。对于组织来说，由于新的管理机制弱化了对员工的监督，因而凸显了员工自主去发现和解决问题的重要性（Frese and Fay, 2001；Frese et al., 1997）。对于员工来说，如果想取得更高的职位，仅仅完成公司布置的任务是不够的，他们必须主动争取才能超过别人得到晋升（Chan, 2006；Erdogan and Bauer, 2005；Frese and Fay, 2001；Parker et al., 2010）。

工作中的主动性一般体现在与工作相关的主动性行为上，如反馈寻求、向组织提出建议、对现状进行挑战等（Crant, 2000）。这些行为可以显著地提高组织效率（Bateman and Crant, 1999），因而无论是公司还是学者都非常关注主动性行为的前因变量，而主动性人格就是其中之一。已有研究表明，主动性人格可以通过促进主动性行为带来很多积极的工作结果（Bateman and Crant, 1993；Brown et al., 2006；Chan, 2006；Crant, 2000；Kim et al., 2005）。在本章中，我们会从概念、测量、实证研究与理论解释等几个方面对这个概念进行介绍，希望读者能对该领域有更深一步的了解。

第一节　主动性人格的概念

一、主动性行为

虽然本章的主题是主动性人格，但是为了更好地了解这一概念，我们需要先对更加基础的部分——主动性行为进行介绍。研究者认为，个体并不只是消极地接受当前状况，而是会通过主动性行为对现状进行挑战（Bateman and Crant, 1993）。Crant（2000）将主动性行为定义为个体为了改变现有环境或者创造新环境而主动进行的行为。对于工作中的员工来说，他们在角色内行为（in-role behavior）和角色外行为（extra-role behavior）中都可以体现主动性。例如，在角色内行为中，为了提高绩效，销售代理可以在结束销售的时候主动寻求客户在技术方面的反馈。在角色外行为中，个体通过参加职业管理方面的活动可以找到扩展自己工作范围的机会，或是投身到更加感兴趣的其他领域中。

　　主动性行为也可以在团队的水平上发挥作用。在一个组织中，主动性可以在一系列行为中有所体现，主要有以下几个方面：员工会主动提出自己的意见（Graham，1986），为想法寻找支持（McCall and Kaplan，1985），并对任务进行修正（Staw and Boettger，1990）；员工会勇于创新并承担相应的风险（Hirschman，1970；Dutton et al.，2001）；员工会有更多的组织公民行为（organizational citizen behavior，OCB）（Organ，1988），更愿意鼓励他人（Hornstein，1986），并且会进行自我的行为管理（Saks and Ashforth，1996）。由此可知，主动性高的个体总是会去积极地寻找机会来解决问题，并强调创新和改变的重要性，进而促进了组织的发展。然而主动性低的个体则通过强调稳定性或者缩减组织（如裁员和削减开支）来适应外部的环境变化（Miles and Snow，1978），因而最终可能会给组织带来不利的影响。

二、主动性行为的理论模型

　　在介绍了主动性行为的基本概念之后，我们将为大家介绍两个有关主动性行为的理论模型。希望读者可以通过这两个模型，了解与主动性行为有关的关键变量，并由此加深对主动性人格概念的理解。

　　Crant（2000）的主动性行为模型（图 3-1）：该模型中包含了六个主要的部分：主动性行为结构用来描述个体做出主动性行为的倾向和潜能，具有一般性；其他个体因素包括另外一些特质变量，与特殊情境中的行为相关；一般性的行为包含了一般性的主动性行为，在任何一种工作相关的情境中都可能出现；具体情境下的行为描述了在一些具体领域或情境中发生的主动性行为；背景因素中的变量会影响个体决定是否进行主动性行为；结果是指主动性行为可能带来的一些影响。下面我们会对其中所包含的具体变量进行简单的介绍。

　　主动性行为结构共包括四个概念：主动性人格，是指个体倾向于采取行动以改变环境的特质（Bateman and Crant，1993）；个人主动性，是指个体在工作需求之外所体现的自主性（Frese et al.，1996，1997）；角色拓展自我效能，是指个体对于完成本职工作之外任务的能力感知（Parker，1998）；负责，是指员工在工作的过程中勇于承担改善任务的责任（Morrison and Phelps，1999）。以上四个概念虽然在行为层面有所重叠，但是它们共同描述了个体做出主动性行为的倾

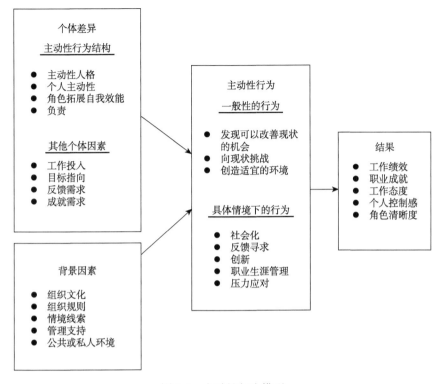

图 3-1   主动性行为模型

资料来源：Crant（2000）

向，涉及了个体主动改变工作环境的不同方面（Crant，2000），因此缺一不可。

一般性的行为。根据主动性行为的定义可知，主动的个体都善于发现机会来改善环境、挑战现状，并为自己的发展创造出适宜的环境条件（Bateman and Crant，1993；Morrison and Phelps，1999）。这三种行为是主动性人格一般性体现，不会受环境的限制。

具体情境下的行为共包括五种行为：社会化，是指新员工为了成为高效的组织成员而采取的行为（Fisher，1986）；反馈寻求，是指员工为了得到反馈而直接询问或间接从环境中推断（Ashford and Cummings，1983）；创新，是指个体直接产生或借鉴得到有价值的想法（Kanter，1988；Van de Ven，1986）；职业生涯管理，是指个体主动地对职业发展进行干预（Fryer and Payne，1984）；压力应对，是指在可能的压力事件发生之前，个体通过采取行为防止其发生或减弱其带来的影响（Aspinwall and Taylor，1997）。这些行为都是在特定情境之下发生的，补充了一般的主动性行为，丰富了人们对这一概念的理解。

其他个体因素包括工作投入、目标指向、反馈需求和成就需求。下面我们以主动性行为中的反馈寻求为例，简要介绍这些差异对主动性行为的影响。工作投入指个体在心理上对于工作的认同感。高工作投入者对自己从事的工作更加满意，他们不会只把工作当成赚钱的工具，而是把它看作生命乐趣的体现。相比于低工作投入者，高工作投入者更看重自己的工作表现，他们需要反馈以进一步提高工作绩效，因此工作投入可以促进反馈寻求（Ashford and Cummings，1985）。目标指向中的学习目标指向指个体通过积极的技能学习来提高竞争力。由于反馈有利于对技能的掌握，因此学习目标指向的个体倾向于主动地寻求反馈（VandeWalle and Cumings，1997）。另外，个体的反馈需求越高，对于反馈的寻求也就越多（Fedor et al.，1992）。最后，由于反馈对于员工来说是一种珍贵的资源，可以帮助他们实现目标，因而高水平的成就需求能够促进个体寻求反馈（Vancouver and Morrison，1995）。

背景因素包括组织文化、组织规则、情境线索、管理支持及公共或私人环境。下面我们同样以主动性行为中的反馈寻求为例，简要介绍这些差异对主动性行为的影响。Festinger（1954）认为，人们在不确定的环境中通常会根据情境线索来决定是否要进行某一行为。当环境中出现了某种行为的情境线索，如组织规范了反馈寻求这一行为的频率，那么员工更有可能做出该行为（Ashford and Northcraft，1992）。

除了以上五个部分，图 3-1 模型中还包括了主动性行为带来的一些结果变量，我们将在本章后面的实证研究与理论解释中进行更为详细的介绍。

Parker 等（2006）的主动工作行为模型：该模型的很多成分和 Crant（2000）的模型相一致，但是在主动性人格和主动性行为这两个部分中加入了认知状态的部分，因而可以将其看作 Crant（2000）模型的扩展（Parker et al.，2006），如图 3-2 所示。下面我们将进一步介绍认知状态所包含的两个成分，即角色拓展自我效能和灵活的角色定位。

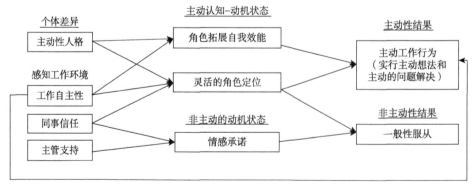

图 3-2　主动工作行为模型
资料来源：Parker 等（2006）

1. 角色拓展自我效能

在决定是否要进行主动性行为时，个体会先对该行为可能产生的结果进行细致的评估。例如，个体在决定是否要进行一项任务时，先要评估该任务所带来的风险是否大于可能获得的收益（Morrison and Phelps，1999）。研究者认为，一般性的自我效能会影响这种评估。自我效能是指个体相信自己有能力实现某一行为目标的信念，是一个很重要的动机变量（Gist and Mitchell，1992）。角色拓展自我效能所关注的行为目标与工作相关，包括由工作角色延伸出来的积极的、人际的和综合性的活动（Parker，1998）。自我效能高的个体相信自己有能力控制行为的结果，在完成任务的过程中更有效率（Barling and Beattie，1983）、能够坚持努力（Lent et al.，1987）、更好地应对变化（Locke and Latham，1990），并采取更有效的策略完成任务（Wood et al.，2001）。因此自我效能可以增大对任务的控制感和成功的可能性，进而促进了主动性行为的出现（Morrison and Phelps，1999）。已有研究证明了角色拓展自我效能可以促进主动性行为，如提出改善建议（Axtell et al.，2000）。

2. 灵活的角色定位

研究者认为，个体做出主动性行为是因为他们相信这种行为可以实现他们的目标或者理想。在实现这些目标的过程中，个体也会获得成就感，反过来增加了员工的主动性。因此目标的设定对于主动性行为有很重要的影响（Frese and Fay，2001；Parker，2000）。另外，目标设定的范围也会起到一定的作用。灵活的角色定位是指个体不会将自己的工作角色限定在组织要求的工作范围之内，在面对一项工作任务时，他们更倾向于接受而不会以这不是我的工作来拒绝（Parker et al.，1997）。相比于目标范围狭窄的员工，角色定位灵活的员工会更主动地参与问题解决、提出想法和建议（Howell and Boies，2004；Axtell et al.，2000），并在本职工作之外的领域中寻求进步。综上所述，灵活的目标指向会促进主动性行为。

在对以上两个模型进行介绍之后，我们清楚了主动性行为会受个体因素和环境因素的影响。在个体因素中，主动性人格这一概念描述了个体做出主动性行为的倾向和潜能（图 3-1），并且会通过主动的认知-动机状态影响主动性行为（图 3-2）。在接下来的部分，我们就从定义、测量、理论和实证研究几个方面对主动性人格进行更为细致的介绍。

三、主动性人格的定义

Bateman 和 Crant（1993）将主动性人格定义为个体主动采取行动以改变环境

的倾向。拥有主动性人格的个体善于发现并抓住机会，坚持采取行动直到产生有意义的改变。相比之下，不具有主动性人格的个体很难发现机会，更不用说抓住机会去改变现状，所以他们更倾向于去适应环境而不是改变环境（Crant，2000）。另外，由于主动性的个体关注并积极改善环境，因此会为组织带来很多结构性的重要改变，如解决组织中长期存在的问题。非主动性的个体则倾向于在被分配的任务中提高绩效，其所获成就都是属于个体的（Bateman and Crant，1993）。因此，无论是对于个体还是对于组织来说，主动性人格都是很重要的特质变量。

　　虽然大部分研究证明了主动性人格或者主动性行为可以带来积极的结果，但值得注意的是，并不是所有主动性行为的结果都是积极的——不适宜的主动性行为也会引发消极的后果。例如，当个体不能准确地发现、理解及有效回应工作的需求时，其主动性大多会体现在不适宜的行为上，如无意义批评、消极评价、无效抗议、不公正抱怨等（Li et al.，2010）。积极地做出这样的行为只会引起反效果，即拥有主动性人格的个体并不能改善环境，只能使情况越来越糟（Chan，2006）。

　　另外，既然主动性人格是一种稳定的人格特质，那么它与其他的特质有什么样的关系呢？Bateman 和 Crant（1993）发现，主动性人格与大五人格中的尽责性、外向性正相关，而与神经质、宜人性和开放性无关。Crant 和 Bateman（2000）则发现，主动性人格与外向性、责任心和开放性正相关，和神经质负相关，其中开放性和主动性人格的相关程度最高。研究者认为，主动性人格扩大了大五人格因素的内涵，使有关人格特质的研究能够更加全面（Crant，1995）。

第二节　主动性人格的测量

　　Bateman 和 Crant（1993）以美国大学生为被试，编制了第一个测量主动性人格的量表。该量表由 17 道题目组成，采用 7 级利克特量表计分。随后，他们通过实证研究证明了这个测量量表具有较高的内部一致性信度（3 个样本的内部一致性系数介于 0.87 和 0.89 之间）、合理的重测信度（3 个月之后的重测信度系数是 0.72）及显著的聚合效度、区分效度和效标关联效度。该量表在主动性人格的研究领域中得到比较广泛的应用。

　　之后，Seibert 等（1999）对主动性人格量表进行了修订，修订后的量表仍是单一维度，采用 7 级利克特量表计分。经过一系列统计分析后，他们将题目数量删减为 10 道。简化版的量表和原量表高度相关（相关系数为 0.96），删除的 7 道题目对量表的信度几乎没有影响（原量表的一致性系数为 0.88，而简化版量表的一致性系数为 0.86）。因此，主动性人格量表的简化版和原量表同样可靠，都具有较高的内部一致性信度、重测信度、聚合效度、区分效度和效标关联效度。

上述两个版本的主动性人格量表都是以美国大学生和 MBA（Master of Business Administration，工商管理硕士）为被试，在西方文化背景下测量的结果。为了考察主动性人格量表在中国文化背景下的适用性，国内 Zhou 和 Shi（2009）以中国 545 名员工及其上级为被试，考察了主动性人格量表中文版本的心理测量学特性，证实此量表是一元结构，并确定最终量表为 6 道题目。该量表同样具有较好的内部一致性信度、重测信度、聚合效度、区分效度和效标关联效度。

第三节　实证研究与理论解释

介绍了有关主动性人格的概念和测量之后，接下来我们会对已有的实证研究及相关理论进行回顾。在这一部分中，我们选择了一些工作相关的变量，介绍主动性人格和它们之间的关系，以及这些关系背后所蕴含的理论机制。

一、工作绩效

国内外学者的研究都证实了主动性人格和工作绩效之间的关系。Crant（1995）在一项长期研究中以职业销售者为被试，检验了主动性人格和工作绩效之间的关系。在控制了经验、一般心理能力（general mental ability）、尽责性、外向性和社会赞许性之后，主动性人格解释了工作绩效中 8%的变异。通过选择和改变销售环境，如关注熟悉的市场或积极招揽顾客，高主动性的个体提升了他们的工作绩效。近期国内的研究得到了类似的结论，温瑶和甘怡群（2008）发现，即便除去了大五人格和社会赞许性的影响，主动性人格还可以解释工作绩效中 8.5%的变异。

社会资本观点为主动性人格和工作绩效之间的关系提供了一个有力的解释。Lin（2001）将社会资本定义为嵌于社会结构中的资源，并且可以通过有目的的行为获取或转移。个体与他人的关系网络便是一种社会资本，它对于人际关系协调有着非常重要的作用（Putnam，1993；Bolino et al.，2002），决定了个体在组织中得到信息、施加影响及引起变化的能力（Brass，2001；Burt，1992；Coleman，1988）。主动性高的个体通过赢得关系网络中的支持以达到自己的目标，如提高工作绩效（Thompson，2005）。这一过程包括两个方面：一方面，主动性人格通过三种途径促进关系网络的发展：①员工可以为了相互帮助而完成一些超越了本身工作需求之外的任务；②员工可以为了集体的利益而降低个人的需求；③员工对于集体的活动和任务投入更多的精力（Bolino et al.，2002）。另一方面，关系网络（网络建设）可以通过两条途径影响工作绩效：①通过采取主动来影响工作绩效；②直接影响工作绩效（Thompson，2005）。

Thompson（2005）选择了 126 名公司的员工作为被试，用结构方程验证了关系网络影响工作绩效的模型，如图 3-3 所示。结果表明，模型的拟合度良好 $[\chi^2(32) = 43.0, p > 0.05; CFI = 0.988; SRMR = 0.057]$。Thompson（2005）在该研究中对这两条路径做了进一步的阐述。首先，主动的员工倾向于寻求可以支持他们进行主动行为的社会资源，因此会与拥有这些资源的人主动接触，进而促进了网络建设。另外，建立强有力的社会网络有利于员工发展自身的社会资本和名誉（Burt，1997），使个体在工作中更愿意采取主动，因此网络建设可以促进员工在组织中发挥主动性。员工在工作中采取主动进而促进了组织的发展，因此会提高上级对自己的绩效评价（Frese et al.，1996）。综上所述，网络建设可以通过采取主动间接影响工作绩效。

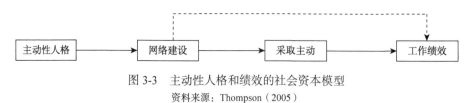

图 3-3　主动性人格和绩效的社会资本模型
资料来源：Thompson（2005）

其次，网络建设也可以直接影响工作绩效。在网络建设的过程中，主动性员工可以越来越熟练地使用一些技巧（如逢迎），在给领导留下积极形象的同时也可以得到更多的信息。这两点都会在工作绩效的评价中起到积极的作用，因而网络建设对于绩效存在一个直接的影响（Thompson，2005）。

除了一般意义上的工作绩效，组织公民行为也会受到主动性人格的影响。组织公民行为是工作绩效的行为维度之一，它与主动性人格有一个共同点，均通过关注工作角色需求之外的行为间接地对组织有效性做出贡献（Frese et al.，1996）。因此，当员工体现主动性的时候，为组织做出贡献的动机较高，最终可能会体现在组织公民行为上。例如，主动性较高的员工会积极地参与一些可以促进组织进步的活动（Parker，1998）。因此，研究者们认为主动性人格可以积极预测组织公民行为（Campbell，2000；Crant，2000）。Li 等（2010）以 200 名中国员工为被试，证明了主动性人格与组织公民行为之间存在显著的正相关关系。

这一领域的研究往往关注主动性人格带来的积极后果，而也有一些学者看到了主动性人格可能带来的消极影响。Sun 等（2021）关注到主动性人格造成的非伦理后果，他们通过三个实地研究证明拥有主动性人格的个体会因为拥有更高的相对领导成员交换关系和相对工作绩效而被同事嫉妒，最终会导致他们更少地得到同事的帮助、更多地被社会妨碍。积极主动的员工倾向于推动变革并获得对环境的更多控制，因而会更有动力与领导建立良好的关系；同时，他们也更愿意主动采取措施提升自己的工作绩效，所以主动性人格较高的成员往往对领导成员交换关系及相对工作绩效有着正向影响（Fuller and Marler，2009；Tornau and Frese，2013；Spitzmuller et al.，2015）。根据社会比较理论，这样的个体很可能被其他成员视为威胁，其他成员从而通过向上比较产生嫉妒的情绪。在这一过程中，当积极个体的亲社会动机较高时，他们更关心他人的福祉（Grant and Wrzesniewski，2010），被认为是为了造福他人而行动（Grant and Berg，2011），因而会更少地被嫉妒；反之，当积极个体的亲社会动机较低时，他们则更容易被其他成员嫉妒，从而导致其他成员减少帮助行为，甚至创造社会妨碍，最终造成消极后果。值得注意的是，当主动的个体因为相对工作绩效而被其他成员嫉妒时，只有在其亲社会动机较低的情况下才会导致消极后果。

Sun 和 van Emmerik（2015）探究了主动性人格与领导评价的关系（包括对员工任务绩效、帮助行为及学习行为的评价），员工的政治技能在其中起到调节作用。基于人格的社会分析理论，政治技能强的员工能够更好地理解组织的需要，使他们的主动性行为更容易被注意到，同时能将他们的政治技能和个人能力结合起来，使自己做出的努力看起来更加真诚、可信，能获得更多支持，同时更加符合组织需要（Ferris et al.，2005）。同时，政治技能强的员工还能够更加巧妙地向领导提出想法和建议，减少了领导感受到的威胁，因此他们的表现更受到领导的重视（Ferris et al.，2005）。因此，具体来说，当员工的政治技能低时，员工的主动性人格会对领导评价产生负向影响；当员工的政治技能高时，这种负向影响则会消失。

二、学习动机

工作中的学习动机是指个体参与工作相关训练的意愿。学习动机高的个体往往能得到更好的发展，而整体学习动机高的组织有更强的竞争优势（Appelbaum and Gallagher，2000；Major，2000）。在有关学习动机的理论中，需求-动机-价值理论认为个体的特质（如控制感、尽责性和焦虑）会影响个体的目标设置及对周围环境的认知构建，最终会影响动机（Kanfer，1992；Colquitt et al.，2000）。特别是当环境因素并不十分积极的情况下，稳定的人格特征对于激发学习动机尤为重要（Major et al.，2006）。由于主动性人格的表现包括设定更高的目标，并使用所有可获得的资源去达到这些目标（Crant，1996），因此主动性人格可以预测学习动机水平。在这样的理论背景下，Major等（2006）以183名公司员工作为被试，用结构方程模型证明了主动性人格可以预测员工发展性活动的参与情况。即便排除了外向性和开放性，主动性人格的积极作用依然存在。

三、工作满意度

早期的研究者已经从人格特质的角度来解释工作满意度的个体差异。他们认为工作满意度是一系列信息加工过程的结果，而特质差异会影响这些过程，如评估、回忆和报告等（Motowidlo，1996）。之后有研究认为工作满意度是一个跨时间和空间的相对稳定的变量，因此会被个体一个或更多持久的特质所影响（Ilies and Judge，2003；Staw et al.，1986；Staw and Cohen-Charash，2005）。由于主动性高的个体在工作中倾向于选择和创造出更有利于自己成功的环境（Seibert et al.，1999），同时也更容易得到他人的帮助（Bateman and Crant，1993），因此可以显著地提升工作满意度（Ng et al.，2005）。Chan（2006）以139名被试进行研究，通过自评的方式获得了主动性人格和工作满意度得分，经过统计分析之后发现高主动性的员工确实有更高水平的工作满意度。Li等（2010）的研究同样也得到了类似结论。

四、领导行为

研究表明，领导者在主动性人格上的得分可以正向预测其变革型领导行为和魅力型领导行为。根据变革型领导理论（Bass，1985，1996），变革型领导行为包括抓住工作重点、准确预期未来、改变整个组织的观念和鼓励员工等。魅力型领导理论指出（Conger and Kanungo，1987，1998），魅力型领导行为包括采取具有创意的策略、勇于冒险、善于定义及抓住机会等。追根究底，这些行为都来源于一些典型的主动性体现：不甘于被动地接受环境、善于在环境中发现机遇、主动采取行动并坚持直到有所改变改善等，因此主动性人格可以引发以上两种领导行为（Bateman and Crant，1993；Crant and Bateman，2000）。一项有趣的研究再次证明了以上观点，研究者阅读了从华盛顿到里根的所有美国总统的档案并且评价每位总统的主动性程度，发现其与魅力型领导得分呈正相关关系（Deluga，1998）。

同时，下属的主动性人格也能够对伦理型领导和服务型领导产生的影响起调节作用。Velez和Neves（2018）发现当下属的主动性人格较高时，伦理型领导会显著地对下属的消极工作情绪产生负面影响，而当下属的主动性人格较低时，则没有显著的负面影响，最终下属的工作情绪会影响组织公民行为的产生。因为具有主动性人格的人往往会主动地塑造和操纵工作环境来实现自己的目标（Major et al.，2006），这代表着他们拥有积极的情感状态、对能力的积极感受及自我决定感的内在资源，他们可能不需要领导的影响就能实施积极的行为（Li et al.，2010），并且能够很好地从消极情绪和消极情境中恢复过来。服务型领导能够通过领导成员交换促进员工的组织公民行为，在这一过程中，员工的主动性人格起到调节作用，由于员工的主动性人格能够提升领导成员交换关系，因此当员工的主动性人格更高时，服务型领导通过领导成员交换对组织公民行为的正向影响更大（Newman et al.，2017）。

也有研究将领导成员交换与主动性人格进行联系，如 Li 等（2010）证明了主动性员工和领导之间确实有着更高水平的领导成员交换。根据领导成员交换理论，领导和员工之间的关系会随时间而发展。在这个过程中双方通过互动来进行角色的协商，以便更好地承担职责并满足组织对他们的期望（Bauer and Green，1996；Dienesch and Liden，1986；Graen and Scandura，1987）。最终，领导和每一位员工之间都建立了独特的交换关系。由于主动性的个体想要在工作环境中发现潜在的问题和可以做出贡献的机遇，因此他们会更加积极地寻求与管理者之间的社会交换（Li et al.，2010）。同时，管理者也倾向于给更努力并且有远大目标的主动性员工以指导和支持，因此主动性人格得分高的员工与他们的管理者可以建立一个更好的交换关系（Campbell，2000）。

五、职业生涯

已有研究表明，主动性人格会影响个体的求职行为和求职结果。例如，Frese 等（1997）发现主动性高的失业者更容易找到工作；Claes 和 de Witte（2002）证明了主动性人格对大学生寻找工作的行为有积极的影响。近期研究发现，自我效能在主动性人格和求职结果之间起到了中介作用。例如，Brown 等（2006）证明了在控制了自尊和责任感的基础上，主动性人格通过自我效能影响大学毕业生的求职成功率。商佳音和甘怡群（2009）证明了主动性人格对大学生职业决策自我效能的影响。主动性人格能够解释职业决策自我效能感中15.3%的变异，证明了主动性人格在职业生涯初期所发挥的积极作用。

社会认知理论（social cognitive theory）为主动性人格和求职结果之间的关系提供了一种解释。该理论认为，人们可以发挥出的力量取决于个体的自我效能（Bandura，2001；Bandura and Locke，2003）。如前所述，自我效能指的是个体相信自己有能力完成某项工作的信念。这种信念越强，人们就越有可能坚持并获得成功。Frese 和 Fay（2001）认为个体所具有的积极特质（如主动性人格）会蔓延到特定的某一领域（如求职行为）中，进而影响个体在这一领域中的自我效能。因此，主动性人格可以通过自我效能对求职行为产生影响。

主动性人格不仅会影响求职行为，还会进一步影响整个职业生涯（Brown et al.，2006）。由于主动性的个体在求职过程中有更多的职业选择，因此最后投身的行业不仅使他们感到满意，也更符合他们个人偏好和价值观。进入这样的行业可以积极影响员工的态度、承诺及离职意愿（Cable and Judge，1996），最后决定了员工职业生涯的成功与否。Seibert 等（1999）的研究表明，即便控制了可以预测职业成就的变量（如人口学变量、动机及组织相关变量），主动性人格仍然可以显著地积极预测职业成就。长时研究同样验证了两者的关系：主动性人格能促进创新，获得政治知识并体现职业主动性，因而最后有利于事业进步及职业满意度的提升（Seibert et al.，2001）。

六、环境因素

虽然主动性人格可以引发一些积极的结果，但是也有研究表明，这一特质能否发挥作用还与环境因素有关。特质激活理论（trait activation theory）认为，行为是个体对环境中与特质相关的线索的回应（Tett and Guterman，2000）。该理论强调个人与环境之间的交互：当环境中呈现的线索与特质相关行为表达有关时，拥有该特质的人才会表现出特质相关的行为（Tett and Burnett，2003）。鉴于前文所述，主动的个体更有可能做出组织公民行为（Campbell，2000；Crant，2000），因此我们可以认为组织公民行为是主动性人格的一种表达形式。由此可以假设，主动性人格和组织公民行为之间的关系是否存在与环境中的线索有关。Li 等（2010）选择了程序性公正氛围（procedural justice climate）作为环境线索进行了验证。程序性公正氛围是指组织中的团队对其是否受到组织公平对待的感知，这一感知被团队成员所共享（Naumann and Bennett，2000）。Li 等（2010）认为，如果团队有着较高水平的程序性公正氛围，那么该团队的员工会认为组织重视这个团队，员工与组织的关系也会更好。因此，在这样的环境中，主动的员工会觉得更容易发挥主动性（Frese and Fay，2001）。另外，员工也会用自己的主动性行为来回报组织的公平对待。研究结果证明了该猜想，发现团队中的程序性公正氛围在主动性人格和组织公民行为的关系中起到了积极的调节作用。

除了组织公民行为，主动性人格和领导成员交换之间的关系同样受到环境因素的调节。根据特质激活理论，主动性的员工并不是在真空的环境中工作——在改变环境的过程中，他们需要从其他个体中得到社会支持来实现他们的目标（Erdogan and Bauer，2005）。因此，员工的主动性会被其他的工作个体所影响，而团队中的领导也许是影响中所占权重最大的部分（Campbell，2000）。当领导者和下属在主动性人格这方面拥有一致程度时，他们就会有相似的工作目标，因而在一同做出决策的过程中就会节省双方的时间和精力（Kristof-Brown，1996；Kristof-Brown et al.，2005）。另外，双方可以更好地理解对方的行为期许，即便在缺乏一致性的环境中，两者的行为依然不会有太大的偏离。因此从长期的角度考虑，这种相似的工作目标有利于改善员工和领导的关系，如高水平的领导成员交换。

在一项研究中，Zhang 等（2012）将 156 对领导-成员组作为被试，验证了领导和员工主动性的一致对于领导成员交换的影响。研究得出了两个结论：首先，即使领导和员工的主动性都处在较低的水平，但这种一致性仍然可以带来较高的领导成员交换。其次，在不一致的情况下，主动性水平的领导高-员工低比领导低-员工高对于领导成员交换的消极影响更大。如何解释这种不平衡的情况呢？研究者认为，在领导高-员工低的情况下，主动性低的员工往往会被主动性高的领导惩罚，而他们本身又没有什么动机去改善自己和领导之间的关系，因此导致了低水平的领导成员交换。但是，在领导低-员工高的情况下，员工通过主动性行为可以为领导提供更多的资源（Wilson et al.，2010），帮助领导更有效地进行工作。另外，主动性的员工往往有很高的政治技能（Seibert et al.，2001）并懂得如果想要控制资源就必定要建立强大的社会网络（Thompson，2005），因此他们会努力通过这些政治技能巧妙地减少领导对他们的不满。因此，即便领导会因为员工的主动性而感到威胁，但是这种不良好的感觉会被主动性所带来的益处削弱甚至完全抵消（Zhang et al.，2012）。Xu 等（2019）也针对领导和员工主动性的一致展开了研究，他们发现：领导和员工主动性人格的一致对于员工感知到的心理安全感产生积极影响，相比低主动性情况下的一致，领导和员工在高主动性情况下的一致能带给员工更高的心理安全感；同时，当员工感知到的心理安全感越高，则越容易产生建言行为。

七、团队主动性人格

除去个体层面的主动性人格，研究者们也关注了团队层面的主动性人格，即团队主动性人格。Williams 等（2010）认为一个团队内主动性人格的平均水平能够反映促进问题解决、自我管理和自我提升的集体倾向，最终提升整个团队的主动性。Chiu 等（2016）关注了团队主动性人格、领导谦虚、共享领导与团队任务绩效之间的关系，总的来说，团队主动性人格能够正向调节领导谦虚对共享领导的正向影响，同时当团队主动性人格和团队绩效能力都较高时，领导谦虚能够通过共享领导正向影响团队绩效。Owens 和 Hekman（2012）表明领导会通过承认错误和局限性，发现下属的闪光点并给予称赞，以及通过保持肯听取意见的态度或积极接纳下属的新观点、建议和反馈来表现出领导谦虚。共享领导是一个早已被提出的概念，但关于它的定义仍在不断更新，Pearce 和 Conger（2003）就将其定义为组织成员个体之间的一种活跃的、交互的影响过程，其目的是成员之间彼此领导以达成组织的目标。根据社会信息处理理论，领导的谦虚行为能够推动成员既愿意担当领导又愿意认可其他成员的领导，从而正向影响共享领导；在这一过程中，团队主动性人格越高，领导谦虚对共享领导的积极影响就越强（Chiu et al.，2016）。根据优势互补理论，当一方倾向表现出更强大的支配力时，其武断的行为与相对顺从的另一方所表现出的被动行为相匹配时，促进性互动和生产性互动就会产生（Carson，1969；Kiesler，1983）。当领导表现出谦虚的特征时，他们愿意承认他人的重要性，这表明主动性不会被看作对领导者地位的威胁，减少了成员在团队中发挥影响力并进行领导的顾虑，从而促进共同领导。同时，从适应性领导理论的角度来说，当团队中主动性高的成员积极去担任领导角色时，谦虚的领导可能会敦促这些人尊重他人的贡献并接受他人的反馈，从而主动性高的成员也会更加愿意接受其他成员的领导，最终促进共同领导（Chiu et al.，2016）。

团队主动性人格也被用于研究团队新旧领导交替的过程。Lam 等（2018）在研究团队成员对新领导的认同时，针对 155 名酒店员工和 51 名新任领导展开了四轮"前后连接"的调查研究，证实了新任领导和其团队主动性人格的一致能够促进成员对新领导的领导认同，从而影响成员对新领导变革举措的反应（如参与变革或针对变革表达观点）。值得注意的是，当新领导的主动性人格强于前任领导的主动性人格时，这种一致性对领导认同的促进作用最强烈。

董梅和井润田（2020）也对团队层面的主动性人格进行了研究，他们关注团队中主动性人格的平均水平和多样性水平，在对 12 家三甲医院的 178 个科室进行实证研究后，发现团队主动性人格的平均水平对团队心理安全感产生正向影响，多样性水平对团队心理安全感产生正向影响；团队心理安全感作为团队主动性人格的组成和团队绩效水平的中介变量，能够正向影响团队绩效；团队目标一致性则能够正向调节团队主动性人格对团队心理安全感的影响。这是因为，当团队中主动性人格的平均水平较高时，团队成员往往都倾向于主动提出问题并积极改进，从而在交流和合作中不断形成团队共识（Williams et al.，2010），最终使成员感知到团队对于个体主动性行为的包容性，从而敢于发表看法、采取主动行为，不用担心受到他人的批评或排挤。

综上所述，主动性人格在组织行为和结果相关的研究中得到了广泛的应用。这些研究证明了主动性人格是员工、团队和公司有效性的重要影响因素，它与很多企业所期望的结果有关，如较高水平的工作绩效、工作满意度及更多的组织公民行为等。

第四节　研究局限和未来研究方向

一、研究方法局限

在主动性人格这一领域，大多数研究仅从单一来源中获得数据，因此研究结果很有可能被共同方法偏差（common method bioses，CMB）所影响（Brown et al.，2006；Li et al.，2010；Parker et al.，2006）。首先，很多研究在测量主动性人格和工作结果变量（如工作绩效）时，采用的是自我报告的方法（Crant，1995；Crant and Bateman，2000；Seibert et al.，1999，2001）。但是由于存在社会赞许性的影响，员工可能并不会根据自己真实的主动性和绩效进行评分，而是过高地进行报告。因此，即便这两者在统计分析上显示出很高的相关，这一结果也缺乏可信度（Chan，2006）。另外，有很多研究采用他评的方法进行测量，如让领导对员工的主动性进行评分。但是这也存在一定的风险，因为领导并不会看到每一位员工的全部主动性尝试。Kim 等（2005）认为如果能使用多个数据源，如结合自评和他评的数据，共同方法偏差的影响就会减少。

其次，研究者还应该注意被试的选择是否具有代表性。每个职业有自己独特的主动性评价标准，工作的类型、级别及特定的工作背景和组织气氛对主动性人格和结果变量之间的关系都会有所影响，不可同一而论（Parker et al.，2006）。研究所得的结论应该具有普遍的适用意义，因此今后应该在不同工作类型、工作背景中重复和延伸相关的结果，为相关理论的完善做出贡献（Chan，2006）。

最后，研究者应该重视研究所得结论是否能进行因果推论。第一，虽然很多研究的数据是分两次收集的，但是这并不能使我们得到确定的因果关系（Parker et al.，2006；Thompson，2005；Zhang et al.，2012）。根据 Ployhart 和 Vandenberg（2010）的建议，今后的研究应该在多个时间点测量感兴趣的变量，并且使用时间序列分析来检验员工行为在一段时间内的变化情况，这样就可以从长远的角度对职业发展、员工绩效变化等问题进行研究（Li et al.，2011）。第二，研究者可以在实验室的情景中探究主动性人格如何影响行为。实验法主要有以下两个优势：一是可以操纵一个或多个变量，控制这些变量变化的方向和程度；二是通过随机将被试分配到实验条件和控制条件之下，实验法可以减少混淆变量对结果的影响，因此可以得到较为可靠的因果关系推论。一般认为，相比于限制较强的环境（如实验室进行实验），限制较弱的环境（如在公司填写问卷）更利于主动性的发挥（Ickes，1982；Mischel，1977；Monson et al.，1982；Weiss and Adler，1984）。

二、研究展望

第一，主动性人格和相似概念之间的关系仍然很不明确。例如，个体主动性与主动性人格间的差别就需要进一步进行探究。个体主动性指的是一种自发性的行为倾向，具有长期性、目标指向性和持久性的特点，与主动性人格很相似（Crant，2000；Frese and Fay，2001）。除此之外，成就努力与主动性人格也有概念上的重叠（Brown et al.，2006）。将这些概念包含在一个研究中可以帮助研究者分辨这些相似的概念。

第二，主动性人格与更多的结果变量有关（Crant，2000；Chan，2006）。可供选择的变量有印象管理、经理行为、生活满意度和亲密关系等。以印象管理为例，当个体认为自己的主动性行为会损害他在别人眼中的形象时，主动性人格的表达就会受到抑制。但是，当个体想要通过某些行为达到美化公众形象的目的时，主动性人格的表达就会得到增强（Crant，2000）。

第三，研究者可以关注情景因素在主动性人格和结果变量之间所起的调节作用。例如，虽然主动性人格可以积极预测个体的学习动机，但是当公司提供了学习的时间与资源并将学习结果和工资进行联系时，个体的主动性对于学习动机的影响就会减弱（Major et al.，2006）。其他一些情景因素如自我归因方式和自我概念，也会作为调节变量影响主动性人格的表达（Bell and Staw，1990；Swann and Ely，1984）。

第四，研究者还应该关注主动性和结果变量之间涉及的情感、动机、认知和行为的机制。例如，动机（如期望）和情绪（如愤怒）都可以作为主动性人格与工作满意度的中介变量存在（Chan，2006）。又如，虽然已有研究证明了主动性人格可以通过政治技能影响职业满意度（Seibert et al.，2001），但没有人探究主动性个体所采取的政治技能是否能影响其他的职业结果。这方面的研究可以在社会资本的理论指导下继续深入（Thompson，2005）。除了本章提到的一些行为，其他的典型主动性行为，如向领导提出意见、寻求反馈、修正任务、自我行为管理等，都可能成为主动性人格与工作绩效关系之间的中介变量（Thompson，2005）。

第五，主动性人格和工作结果的关系还应该在多种文化背景中得到验证（Li et al.，2010）。研究表明，文化的氛围和规则会影响主动性人格的表达（Frese et al.，1996）。中国的文化强调集体主义，希望个体更多地与集体保持一致，因此会给个体造成较强的限制，进而影响主动性人格的表达。另外，我们介绍了一些主动性人格和领导行为、领导成员交换关系的研究。中国领导的权力距离较大，因此员工更可能向同事寻求帮助而不是领导（Hofstede，1980）。同时，在评价工作环境的时候，员工会增加对领导行为评价所占的比重（Zhang et al.，2012）。这两点可能会影响该领域中涉及领导力和组织环境的研究。

　　经过本章的介绍，想必读者已经从概念、测量、实证研究与理论解释等方面对于主动性人格这个概念有了一个初步的了解。不难发现，主动性人格是一个较为新颖的概念，国外研究的某些结论尚且不能统一和解释，国内的研究就更是凤毛麟角。鉴于主动性人格本身的重要性及文化背景对于该领域研究的显著影响，国内学者也应该把目光集中于主动性人格的研究，并通过和国外研究结果的比较来深化对于主动性人格的了解。希望通过以上知识介绍和研究展望，本章能为国内研究者提供一些思路以供参考。

参 考 文 献

董梅，井润田. 2020. 协力方得同心：团队主动性人格对团队绩效的影响研究. 中国人力资源开发，37（2）：77-89.

商佳音，甘怡群. 2009. 主动性人格对大学毕业生职业决策自我效能的影响. 北京大学学报（自然科学版），45（3）：548-554.

温瑶，甘怡群. 2008. 主动性人格与工作绩效：个体-组织匹配的调节作用. 应用心理学，14（2）：118-128.

Appelbaum S, Gallagher J. 2000. The competitive advantage of organizational learning. Journal of Workplace Learning，12（2）：40-56.

Ashford S J, Cummings L L. 1983. Feedback as an individual resource：personal strategies of creating information. Organizational Behavior and Human Performance，32（3）：370-398.

Ashford S J, Cummings L L. 1985. Proactive feedback seeking：the instrumental use of the information environment. Journal of Occupational and Organizational Psychology，58（1）：67-79.

Ashford S J, Northcraft G B. 1992. Conveying more（or less）than we realize：the role of impression management in feedback-seeking. Organizational Behavior and Human Decision Processes，53（3）：310-334.

Ashford S J, Rothbard N P, Piderit S K, et al. 1998. Out on a limb：the role of context and impression management in selling gender-equity issues. Administrative Science Quarterly，43（1）：23-57.

Aspinwall L G, Taylor S E. 1997. A stitch in time：self-regulation and proactive coping.

Psychological Bulletin, 121（3）: 417-436.

Axtell C M, Holman D J, Unsworth K L, et al. 2000. Shop floor innovation: facilitating the suggestion and implementation of ideas. Journal of Occupational and Organizational Psychology, 73（3）: 265-285.

Bandura A. 2001. Social cognitive theory: an agentic perspective. Annual Review of Psychology, 52（1）: 1-26.

Bandura A, Locke E. 2003. Negative self-efficacy and goal effects revisited. Journal of Applied Psychology, 88（1）: 87-99.

Barling J, Beattie R. 1983. Self-efficacy beliefs and sales performance. Journal of Organizational Behavior Management, 5（1）: 41-51.

Bass B M. 1985. Leadership and Performance Beyond Expectations. New York: Free Press.

Bass B M. 1996. A New Paradigm of Leadership: An Inquiry into Transformational Leadership. Alexandria: U. S. Army Research Institute for the Behavioral and Social Sciences.

Bateman T S, Crant J M. 1993. The proactive component of organizational behavior: a measure and correlates. Journal of Organizational Behavior, 14（2）: 103-118.

Bateman T S, Crant J M. 1999. Proactive behavior: meanings, impact, and recommendations. Business Horizons, 42（3）: 63-70.

Bauer T N, Green S G. 1996. Development of leader-member exchange: a longitudinal test. Academy of Management Journal, 39（6）: 1538-1567.

Bell N, Staw B. 1990. People as sculptors versus sculpture: the roles of personality and personal control in organizations//Arthur M, Hall D, Lawrence B. Handbook of Career Theory. New York: Cambridge University Press: 232-251.

Bolino M C, Turnley W H, Bloodgood J M. 2002. Citizenship behavior and the creation of social capital in organizations. Academy of Management Review, 27（4）: 505-522.

Brass D J. 2001. Social capital and organizational leadership//Zaccaro S, Klimoski R. The Nature of Organizational Leadership: Understanding the Performance Imperatives Confronting Today's Leaders. San Francisco: Jossey-Bass/Pfeiffer: 132-152.

Brown D J, Cober R T, Kane K, et al. 2006. Proactive personality and the successful job search: a field investigation with college graduates. Journal of Applied Psychology, 91（3）: 717-726.

Burt R S. 1992. Structural Holes: The Social Structure of Competition. Cambridge: Harvard University Press.

Burt R S. 1997. The contingent value of social capital. Administrative Science Quarterly, 42: 339-365.

Cable D M, Judge T. 1996. Person-organization fit, job choice decisions, and organizational entry. Organizational Behavior and Human Decision Processes, 67（3）: 294-311.

Campbell D J. 2000. The proactive employee: managing workplace initiative. Academy of Management Executive, 14（3）: 52-66.

Carson R C. 1969. Interaction Concepts of Personality. Chicago: Aldine de Gruyter.

Chan D. 2006. Interactive effects of situational judgment effectiveness and proactive personality on work perceptions and work outcomes. Journal of Applied Psychology, 91（2）: 475-481.

Chiu C Y C, Owens B P, Tesluk P E. 2016. Initiating and utilizing shared leadership in teams: the role of leader humility, team proactive personality, and team performance capability. Journal of Applied Psychology, 101（12）: 1705-1720.

Claes R, de Witte H. 2002. Determinants of graduates' preparatory job search behaviour: a competitive test of proactive personality and expectancy-value theory. Psychologica Belgica, 42（4）: 251-266.

Coleman J S. 1988. Social capital in the creation of human capital. American Journal of Sociology, 94: 95-120.

Colquitt J A, LePine J A, Noe R A. 2000. Toward an integrative theory of training motivation: a meta-analytic path analysis of 20 years of research. Journal of Applied Psychology, 85（5）: 678-707.

Conger J A, Kanungo R. 1987. Toward a behavioral theory of charismatic leadership in organizational settings. Academy of Management Review, 12（4）: 637-647.

Conger J A, Kanungo R. 1998. Charismatic Leadership in Organizations. Thousand Oaks: Sage.

Crant J M. 1995. The proactive personality scale and objective job performance among real estate agents. Journal of Applied Psychology, 80（4）: 532-537.

Crant J M. 1996. The proactive personality scale as a predictor of entrepreneurial intentions. Journal of Small Business Management, 34（3）: 42-49.

Crant J M. 2000. Proactive behavior in organizations. Journal of Management, 26（3）: 435-462.

Crant J M, Bateman T S. 2000. Charismatic leadership viewed from above: the impact of proactive personality. Journal of Organizational Behavior, 21: 63-75.

Deluga R. 1998. American presidential proactivity, charismatic leadership, and rated performance. The Leadership Quarterly, 9（3）: 265-291.

Dienesch R M, Liden R C. 1986. Leader-member exchange model of leadership: a critique and further development. Academy of Management Review, 11（3）: 618-634.

Dutton J E, Ashford S J. 1993. Selling issues to top management. Academy of Management Review, 18（3）: 397-428.

Dutton J E, Ashford S J, O'Neill R M, et al. 1997. Reading the wind: how middle managers assess the context for selling issues to top managers. Strategic Management Journal, 18（5）: 407-423.

Dutton J E, Ashford S J, O'Neill R M, et al. 2001. Moves that matter: Issue selling and organizational change. Academy of Management Journal, 44 (4): 716-736.

Erdogan B, Bauer T N. 2005. Enhancing career benefits of employee proactive personality: the role of fit with jobs and organizations. Personnel Psychology, 58 (4): 859-891.

Fedor D B, Rensvold R B, Adams S M. 1992. An investigation of factors expected to affect feedback seeking: a longitudinal field study. Personnel Psychology, 45 (4): 779-802.

Ferris G R, Treadway D C, Kolodinsky R W, et al. 2005. Development and validation of the political skill inventory. Journal of Management, 31 (1): 126-152.

Festinger L. 1954. A theory of social comparison processes. Human Relations, 7 (2): 117-140.

Fisher C D. 1986. Organizational socializations//Giacalone R A, Rosenfeld P. Research in Personnel and Human Resources Management. Greenwich: JAI Press: 101-145.

Frese M, Fay D. 2001. Personal initiative: an active performance concept for work in the 21st century. Research in Organizational Behavior, 23: 133-187.

Frese M, Fay D, Hilburger T, et al. 1997. The concept of personal initiative: operationalization, reliability and validity in two German samples. Journal of Occupational and Organizational Psychology, 70 (2): 139-161.

Frese M, Garst H, Fay D. 2007. Making things happen: reciprocal relationships between work characteristics and personal initiative in a four-wave longitudinal structural equation model. Journal of Applied Psychology, 92 (4): 1084-1102.

Frese M, Kring W, Soose A, et al. 1996. Personal initiative at work: differences between East and West Germany. Academy of Management Journal, 39 (1): 37-63.

Fryer D, Payne R. 1984. Proactive behaviour in unemployment: findings and implications. Leisure Studies, 3 (3): 273-295.

Fuller B, Marler L E. 2009. Change driven by nature: a meta-analytic review of the proactive personality literature. Journal of Vocational Behavior, 75 (3): 329-345.

Gist M E, Mitchell T R. 1992. Self-efficacy: a theoretical analysis of its determinants and malleability. Academy of Management Review, 17 (2): 183-211.

Graen G B, Scandura T A. 1987. Toward a psychology of dyadic organizing. Research in Organizational Behavior, 9: 175-208.

Graham J W. 1986. Principled organizational dissent: a theoretical essay. Research in Organizational Behavior, 8: 1-52.

Grant A M, Ashford S J. 2008. The dynamics of proactivity at work. Research in Organizational Behavior, 28: 3-34.

Grant A M, Berg J M. 2011. Prosocial motivation at work: when, why, and how making a difference makes a difference//Cameron K, Spreitzer G. The Oxford Handbook of Positive

Organizational Scholarship. New York: Oxford University Press: 28-44.

Grant A M, Wrzesniewski A. 2010. I won't let you down ··· or will I? Core self-evaluations, other-orientation, anticipated guilt and gratitude, and job performance. Journal of Applied Psychology, 95 (1): 108-121.

Hirschman A O. 1970. Exit, Voice, and Loyalty: Responses to Decline in Firms, Organizations, and States. Cambridge: Harvard University Press.

Hofstede G. 1980. Culture's Consequences: International Differences in Work-related Values. Beverly Hills: Sage.

Hornstein H A. 1986. Managerial Courage: Revitalizing Your Company without Sacrificing Your Job. New York: Wiley.

Howell J M, Boies K. 2004. Champions of technological innovation: the influence of contextual knowledge, role orientation, idea generation, and idea promotion on champion emergence. The Leadership Quarterly, 15 (1): 123-143.

Ickes W. 1982. A basic paradigm for the study of personality, roles, and social behavior//Ickes W, Knowles S. Personality, Roles, and Social Behavior. New York: Springer-Verlag: 305-341.

Ilies R, Judge T A. 2003. On the heritability of job satisfaction: the mediating role of personality. Journal of Applied Psychology, 88 (4): 750-759.

Kanfer R. 1992. Work motivation: new directions in theory and research//Cooper C L, Robertson I T. International Review of Industrial and Organizational Psychology. London: John Wileg&Sons: 1-53.

Kanter R. 1988. When a thousand flowers bloom: structural, collective, and social conditions for innovation in organizations. Research in Organizational Behavior, 10: 169-211.

Kiesler D J. 1983. The 1982 interpersonal circle: a taxonomy for complementarity in human transactions. Psychological Review, 90 (3): 185-214.

Kim T, Cable D M, Kim. 2005. Socialization tactics, employees proactivity, and person-organization fit. Journal of Applied Psychology, 90 (2): 232-241.

Kristof-Brown A L. 1996. Person-organization fit: an integrative review of its conceptualizations, measurement, and implications. Personnel Psychology, 49 (1): 1-49.

Kristof-Brown A L, Zimmerman R D, Johnson E C. 2005. Consequences of individuals' fit at work: a meta-analysis of person-job, person-organization, person-group, and person-supervisor fit. Personnel Psychology, 58 (2): 281-342.

Lam W, Lee C, Taylor M S, et al. 2018. Does proactive personality matter in leadership transitions? Effects of proactive personality on new leader identification and responses to new leaders and their change agendas. Academy of Management Journal, 61 (1): 245-263.

Lent R W, Brown S D, Larkin K C. 1987. Comparison of three theoretically derived variables in predicting career and academic behavior: self-efficacy, interest congruence, and consequence thinking. Journal of Counseling Psychology, 34（3）: 293-298.

Levy P E, Albright M D, Cawley B D, et al. 1995. Situational and individual determinants of feedback seeking: a closer look at the process. Organizational Behavior and Human Decision Processes, 62（1）: 23-37.

Li N, Harris B, Bosewell W R, et al. 2011. The role of organizational insiders' developmental feedback and proactive personality on newcomers' performance: an interactionist perspective. Journal of Applied Psychology, 96（6）: 1317-1327.

Li N, Liang J, Crant J M. 2010. The role of proactive personality in job satisfaction and organizational citizenship behavior: a relational perspective. Journal of Applied Psychology, 95（2）: 395-404.

Lin N. 2001. Social Capital: A Theory of Social Structure and Action. New York: Cambridge University Press.

Locke E A, Latham G P. 1990. A Theory of Goal Setting and Task Performance. Englewood Cliffs: Prentice Hall.

Major D A. 2000. Effective newcomer socialization into high performance organizational cultures// Ashkanasy N M, Wilderom C, Peterson M F. The Handbook of Organizational Culture and Climate. Thousand Oaks: Sage: 355-368.

Major D A, Turner J E, Fletcher T D. 2006. Linking proactive personality and the Big Five to motivation to learn and development activity. Journal of Applied Psychology, 91（4）: 927-935.

McCall M, Kaplan R. 1985. Whatever It Takes: Decision Makers at Work. Englewood Cliffs: Prentice-Hall.

Miles R, Snow C. 1978. Organizational Strategy, Structure, and Process. New York: McGraw-Hill.

Mischel W. 1977. The interaction of person and situation//Magnusson D, Endler N S. Personality at the Crossroads: Current Issues in Interactional Psychology. Hillsdale: Lawrence Erlbaum: 333-352.

Monson T, Hesley J, Chernick L. 1982. Specifying when personality traits can and cannot predict behavior: an alternative to abandoning the attempt to predict single act criteria. Journal of Personality and Social Psychology, 43（2）: 385-399.

Morrison E W, Phelps C C. 1999. Taking charge at work: extrarole efforts to initiate workplace change. Academy of Management Journal, 42（4）: 403-419.

Motowidlo S J. 1996. Orientation toward the job and organization//Murphy K P. Individual Differences and Behavior in Organizations. San Francisco: Jossey Bass: 175-208.

Naumann S E, Bennett N. 2000. A case for procedural justice climate: development and test of a multilevel model. The Academy of Management Journal, 43（5）: 881-889.

Newman A, Schwarz G, Cooper B, et al. 2017. How servant leadership influences organizational citizenship behavior: the roles of LMX, empowerment, and proactive personality. Journal of Business Ethics, 145（1）: 49-62.

Ng T W H, Eby L T, Sorensen K L, et al. 2005. Predictors of objective and subjective career success: a meta-analysis. Personnel Psychology, 58（2）: 367-408.

Organ D W. 1988. Organizational Citizenship Behavior: The Good Soldier Syndrome. Lexington: Lexington Books.

Owens B, Hekman D. 2012. Modeling how to grow: an inductive examination of humble leader behaviors, contingencies, and outcomes. Academy of Management Journal, 55（4）: 787-818.

Parker S K. 1998. Enhancing role breadth self-efficacy: the roles of job enrichment and other organizational interventions. Journal of Applied Psychology, 83（6）: 835-852.

Parker S K. 2000. From passive to proactive motivation: the importance of flexible role orientations and role breadth self-efficacy. Applied Psychology, 49（3）: 447-469.

Parker S K, Bindl U K, Strauss K. 2010. Making things happen: a model of proactive motivation. Journal of Management, 36（4）: 827-856.

Parker S K, Wall T D, Jackson P R. 1997. That's not my job: developing flexible employee work orientations. Academy of Management Journal, 40: 899-929.

Parker S K, Williams H M, Turner N. 2006. Modeling the antecedents of proactive behavior at work. Journal of Applied Psychology, 91（3）: 636-652.

Pearce C L, Conger J A. 2003. Shared Leadership: Reframing the Hows and Whys of Leadership. Thousand Oaks: Sage.

Ployhart R E, Vandenberg R J. 2010. Longitudinal research: the theory, design, and analysis of change. Journal of Management, 36（1）: 94-120.

Putnam R. 1993. The prosperous community: social capital and public life. American Prospect, 13: 35-42.

Saks A M, Ashforth B E. 1996. Proactive socialization and behavioral self-management. Journal of Vocational Behavior, 48（3）: 301-323.

Seibert S E, Crant J M, Kraimer M L. 1999. Proactive personality and career success. Journal of Applied Psychology, 84（3）: 416-427.

Seibert S E, Kraimer M L, Crant J M. 2001. What do proactive people do? A longitudinal model linking proactive personality and career success. Personnel Psychology, 54（4）: 845-874.

Spitzmuller M, Sin H P, Howe M, et al. 2015. Investigating the uniqueness and usefulness of proactive personality in organizational research: a meta-analytic review. Human Performance, 28（4）: 351-379.

Staw B M, Bell N E, Clausen J A. 1986. The dispositional approach to job attitudes: a lifetime longitudinal test. Administrative Science Quarterly, 31（1）: 56-77.

Staw B M, Boettger R. 1990. Task revision: a neglected form of work performance. Academy of Management Journal, 33（3）: 534-559.

Staw B M, Cohen-Charash Y. 2005. The dispositional approach to job satisfaction: more than a mirage, but not yet an oasis. Journal of Organizational Behavior, 26（1）: 59-78.

Sun J, Li W D, Li Y, et al. 2021. Unintended consequences of being proactive? Linking proactive personality to coworker envy, helping, and undermining, and the moderating role of prosocial motivation. Journal of Applied Psychology, 106（2）: 250-267.

Sun S, van Emmerik H I. 2015. Are proactive personalities always beneficial? Political skill as a moderator. Journal of Applied Psychology, 100（3）: 966-975.

Swann W B, Ely R. 1984. A battle of wills: self-verification versus behavioral confirmation. Journal of Personality and Social Psychology, 46（6）: 1287-1302.

Tett R P, Burnett D D. 2003. A personality trait-based interactionist model of job performance. Journal of Applied Psychology, 88（3）: 500-517.

Tett R P, Guterman H A. 2000. Situation trait relevance, trait expression, and cross-situational consistency: testing a principle of trait activation. Journal of Research in Personality, 34（4）: 397-423.

Thompson J A. 2005. Proactive personality and job performance: a social capital perspective. Journal of Applied Psychology, 90（5）: 1011-1017.

Tornau K, Frese M. 2013. Construct clean-up in proactivity research: a meta-analysis on the nomological net of work-related proactivity concepts and their incremental validities. Applied Psychology, 62（1）: 44-96.

van de Ven A H. 1986. Central problems in the management of innovation. Management Science, 32（5）: 590-607.

Vancouver J B, Morrison E W. 1995. Feedback inquiry: the effect of source attributes and individual differences. Organizational Behavior and Human Decision Processes, 62（3）: 276-285.

VandeWalle D, Cummings L L. 1997. A test of the influence of goal orientation on the feedback-seeking process. Journal of Applied Psychology, 82（3）: 390-400.

Velez M J, Neves P. 2018. Shaping emotional reactions to ethical behaviors: proactive personality as a substitute for ethical leadership. The Leadership Quarterly, 29（6）: 663-673.

Weiss H M, Adler S. 1984. Personality and organizational behavior. Research in Organizational Behavior, 6: 1-50.

Williams H M, Parker S K, Turner N. 2010. Proactively performing teams: the role of work design, transformational leadership, and team composition. Journal of Occupational and Organizational Psychology, 83（2）: 301-324.

Wilson K S, Sin H-P, Conlon D E. 2010. What about the leader in leader-member exchange? The impact of resource exchanges and substitutability on the leader. Academy of Management Review, 35（3）: 358-372.

Wood R E, George-Falvy J, Debowski S. 2001. Motivation and information search on complex tasks//Erez M, Kleinbeck U, Thierry H. Work Motivation in the Context of a Globalizing Economy. Hillsdale: Erlbaum: 27-48.

Xu M, Qin X, Dust S B, et al. 2019. Supervisor-subordinate proactive personality congruence and psychological safety: a signaling theory approach to employee voice behavior. The Leadership Quarterly, 30（4）: 440-453.

Zhang Z, Wang M, Shi J. 2012. Leader-follower congruence in proactive personality and work outcomes: the mediating role of Leader Member Exchange. Academy of Management Journal, 55（1）: 111-130.

Zhou L, Shi J. 2009. Examination of psychometric properties of the proactive personality scale in Chinese. Psychological Reports, 105: 43-56.

第四章 核心自我评价

核心自我评价是管理学中的重要概念。它的出现为管理心理学提供了崭新的研究方向，有助于更好地理解人格特质与工作行为变量之间的关系。那么核心自我评价究竟是什么？它真的可以很好地预测工作结果吗？它又是如何预测工作结果的呢？除了这些基本问题以外，近年来学界还更多地关注了核心自我评价的中介路径和影响工作变量的边界条件，研究的结果变量也从传统的工作满意度、绩效等扩展到领导力、学习行为等其他变量，也有研究注意到了核心自我评价的可塑性和决定性因素。本章将从核心自我评价的概念、组成部分及与工作结果变量的关系等多个角度系统地对核心自我评价进行阐述。

第一节 核心自我评价的概念

核心自我评价是个体对自身所持有的基准的评价（Judge et al., 1998a），它是一种对自己作为一个个体、相对持久和基础的评价。

一直以来，工作满意度都是管理心理学研究的重要内容。特别是近年来，有关工作满意度的预测研究成为人们关注的热点问题。关于工作满意度的研究大致可以划分为以下三种取向：一是工作特征取向，认为工作满意度源于工作特征和工作环境（Hackman and Oldham, 1980）。二是人格取向，认为人们稳定的人格特征独立于工作特征或工作情境，影响着人们的工作满意度（Staw and Ross, 1985）。三是个体与环境相互作用的研究取向（Dawis and Lofquist, 1984），认为工作满意度是工作的属性与个体在具体情境中的需求相互作用的结果，是人格特质与工作环境相互匹配的结果（Holland, 1997）。工作满意度的人格取向研究受到很多研究者的重视（Arvey et al., 1989；Brief et al., 1995；Cropanzano et al., 1993；Ilies and Judge, 2003；Staw and Ross, 1985），并且在实证研究方面取得了一定的成果。但在很多研究中，这些人格特质只是作为完全独立的变量进行研究，而且这些独立的人格变量对工作结果（工作满意度、工作绩效等）的预测效果并不十分理想。在这种背景下，Judge 等（1997）综合了 8 个领域（哲学、临床心理学研究、临床心理学实践、工作满意度、压力、儿童发展、人格心理学及社会心理学）的研究结果，首次提出核心自我评价这一人格概念。

核心自我评价属于核心评价的一种，而核心评价这一概念的提出与评价理论密不可分。评价理论认为，情感是个体根据自身所觉察到的价值、需要或承诺而对客体、个人或事件进行潜意识评价的一种形态。Packer（1985）认为，不同的评价处于不同的水平，那些针对特定情境的评价受到更深层次、更为基本的评价的影响。这些基本的评价叫作核心评价，它是所有其他评价的基础，影响着其他的次要评价。Packer（1985）将核心评价定义为人们潜意识中持有的最基准的评价，这些评价可以分为三种类型：对自己的核心评价、对他人的核心评价和对现实的核心评价。Judge 等（1997）重点研究对自己的核心评价（即核心自我评价），并将其定义为个体对自身能力和价值所持有的最基本的评价。

第二节　核心自我评价的组成部分

核心自我评价是一种宽泛的、潜在的人格结构。那么它究竟包含怎样的人格特质呢？组成核心自我评价的特质需要满足三个条件：评价性的、根源性的和宽泛性的（Judge et al.，1997）。首先，该特质必须是评价性的，这是相对于描述性而言，不是对事实的陈述而是对程度的评价（Judge et al.，1997）。例如，一些人格特质如宜人性就是描述性的，因为它是对一系列行为（如乐于助人、同情心等）的描述。其他一些特质如自尊就是评价性的，因为它是个体对自我和自身价值的评价。Judge 等（1997，1998a）研究发现相对于描述性的特质而言，评价性的特质对工作满意度的影响更直接。其次，该特质必须是根源性的，是与个体的自我概念更为接近的特质。Cattell（1965）曾把特质划分为表面特质和根源特质两大类。根源特质是制约表面特质的潜在基础，与其他特质、知觉和态度等紧密联系。Judge 等（1997，1998a）的研究表明，相对于表面特质而言，根源性的特质对于工作满意度的影响更大。因为根源性特质可以通过更多的途径（如态度和表面特质等）影响到个体对于工作的评价（Judge et al.，1997）。最后，该特质还需要是宽泛性的，这是指特质的范围要广泛和全面。例如，一般自尊（general self-esteem）相对于组织自尊（organization-based self-esteem）而言就是较为宽泛的概念。前者反映的是以自我为基础的评价，而后者是以特定领域为基础的评价。特质越宽泛，包含的对象和实体越多，评价涉及的或可推广的工作领域也就越广泛（Judge et al., 1997）。

　　依据以上三条核心自我评价特质的选择标准，Judge 等（1997）从众多的人格特质中筛选出四种特质来描述核心自我评价。它们分别是自尊、控制源、神经质和一般自我效能。

　　（1）自尊（Rosenberg, 1965）是指个体对自身总体情况的评价。它是个体内在心理活动的动态系统，反映个体整体的自我接受程度、自我欣赏程度和自我尊敬程度。自尊是自我概念的一个评价性成分，与个体的认知、情感和行为过程有着广泛的联系（Blascovich and Tomaka, 1991）。

　　（2）控制源（Rotter, 1966）是指个体相信成功的结果源于自己的行为而不是命运或其他外界力量的程度。就心理控制源的结构而言，较为普遍的区分方法可分为内控和外控两种类型。内控者有强烈的自我信念，认为自己所从事的活动的结果是由自身所具有的内部因素决定的。他们认为成功和失败取决于个体的能力、技能和所做出的努力程度等，而不是外部的各种力量。与之相反，外控者习惯认为自己行为的结果是受外部力量控制的，这种外部力量可以是运气、机会、命运、权威人士的操控及周围其他复杂而无法预料的力量等。他们认为人无法掌握自己的命运。

　　（3）神经质（Eysenck, 1990）是情绪稳定性的反面，是大五人格特质的一个因素，主要是指个体情绪的波动情况。情绪稳定性低（高神经质）的个体容易担心、害怕、产生压力感和无助感，而情绪稳定性高（低神经质）的个体则倾向感到平静和安全。

　　（4）一般自我效能（Chen et al., 2001）是指在一个跨情境的综合水平上，个体对自己能够做得多好的判断，是对基本的应对能力、表现能力和成功能力的估计。

　　从四个特质的定义上可以看出，这些特质之间有很高的相似性。首先，自尊和一般自我效能之间都涉及对自己的能力、表现和价值的评价。其次，一般自我效能和控制源也有很强的相似性，从逻辑上说，那些认为自己在不同的情境中都能很好地展现能力的人通常认为他们可以控制自己所处的环境（Bono and Judge, 2003）。最后，自尊和神经质之间也存在密切联系。高自尊者通常表现出低神经质，而低自尊者会伴随高神经质（Rosenberg, 1965; Eysenck, 1990）。

　　Judge 等（2002）对127篇文章进行元分析发现这四个特质之间是有较高相关性的：控制源与情绪稳定性的相关系数为 0.40，控制源与自尊的相关系数为 0.52，控制源与一般自我效能的相关系数为 0.56，情绪稳定性与自尊的相关系数为 0.64，情绪稳定性与一般自我效能的相关系数为 0.62，自尊与一般自我效能的相关系数为 0.85。核心自我评价的四个特质间的平均相关系数为 0.60；去除控制源之后，平均相关系数为 0.70。

Judge（Judge and Bono，2001；Judge et al.，1998a）采用因素分析方法，企图了解特质之间关系的本质。例如，Erez 和 Judge（2001）对四个人格特质的得分进行验证性因素分析，结果表明自尊在高阶因子上的载荷为 0.91，控制源的载荷为 0.74，神经质的载荷为 0.73，一般自我效能的载荷为 0.81。这说明了单因素的模型是成立的，自尊、控制源、一般自我效能和神经质属于同一维度。

既然核心自我评价是对一些人格特质的整合，同时又与特质（尤其是自尊）联系相当紧密，那么为什么还要引入这个新的概念呢？首先，心理学概念的宽广程度影响着它的预测效度。Buss（1989）认为不同人格变量在跨时间、跨情境下的结合可以显著地提高预测效度。核心自我评价的概念宽于自尊等概念，因此核心自我评价能够更好或更一致地预测结果。其次，与其说核心自我评价是一个新的概念，倒不如说它是现有概念的一种综合。由相关成分整合构成的新的核心概念能够为研究带来很大的突破。核心自我评价综合了四种重要的人格特质，使得相关的研究更加深入，有助于理解人格倾向与行为变量之间关系的心理过程和机制，以及实现对工作结果更加有效的预测。

第三节　主要的测量方法

正如前文所讨论的，核心自我评价是由自尊、一般自我效能、控制源及神经质组成的多维人格结构。到目前为止，已有一些不同的方法被研究者用于测量核心自我评价。这些测量方法一个最基本的区别在于它测量的是核心自我评价结构本身（直接测量），还是测量的是核心自我评价的四个特质（间接测量）。

一、间接测量

间接测量是对核心自我评价的四个特质进行分别测量，然后推导出个体在潜在的核心自我评价结构上的得分。为了确保间接测量的有效性，所有适合的特质都应该被测量。但是在有些研究中，就存在相关的特质被漏测的情况。例如，Judge 等（1999）的研究中没有测量神经质；Rode（2004）的研究遗漏了控制源的测量；Sager 等（2006）漏测了自尊和神经质。既然核心自我评价代表着四个特质之间的共享方差，那么这四个特质都应被测量（Johnson et al.，2008），遗漏某些特质的测量可能会造成核心自我评价与其他变量关系的估计偏差（Chang et al.，2012）。

计算核心自我评价分数的一种方法是对所有题目的得分进行加总（Best

et al.，2005）或先计算出四个特质的得分，然后进行加总（Bono and Colbert，2005；Johnson et al.，2006）。也有研究者不计算核心自我评价的总分，只是把每个特质作为一个单独的变量进行分析（Avery，2003；Creed et al.，2009；Judge et al.，2008）。上述方法存在两方面的问题：第一，核心自我评价代表的是四个特质的共享方差，但是这样的方法将每个特质独特的方差也包含在内了；第二，这种方法赋予了每个特质相等的权重，但是实际上每个特质对于更高级结构的贡献是不均等的。Judge 等（1998a）的研究就发现自尊和一般自我效能对于核心自我评价的贡献要多于其他两个特质。

此外，还有一些更为复杂的计算方法：使用主成分分析法或探索性因素分析得到每个特质或每条题目的载荷，然后再根据不同的载荷计算出核心自我评价的分数（Piccolo et al.，2005）。这种方法的一个优点在于认识到了不同的特质对于核心自我评价的不同贡献。但是主成分分析法并不应该用来计算核心自我评价的分数，因为它还是没有区分特质的共享方差和独特方差（Fabrigar et al.，1999）。

最后一种间接的测量方法是用被试在题目水平或特质水平的得分建构一个高阶的核心自我评价结构（Boyar and Mosley，2007）。研究者如果使用间接的方法来测量核心自我评价，这应该是首选的测量方法（Chang et al.，2012）。首先，它明确地考察了特质间的共享方差，同时也考虑到了不同特质在高阶因子上的不同载荷。其次，它让研究者在研究高阶结构的效应之余，也可以研究每个特质的效应。这样做是非常有价值的，因为研究者可以区分观察到的效应是来源于高阶因子还是来源于低阶的特质（Johnson et al.，2012）。

间接测量最突出的优势在于它对核心自我评价所包含的特质进行了直接的测量，但是它也存在一些局限性：其一，四种分量表集合在一起造成测量题目数量过多，耗费过多的测验时间，容易造成应答者的疲劳效应，这可能会影响测量的效度。其二，采用问卷组合而成的量表是一种间接的测量方法，只从不同的侧面反映核心自我评价，而非直接测量。

二、直接测量

直接测量的方法是开发出专门测量核心自我评价的量表，不再使用四个特质的分量表进行测量。核心自我评价量表（core self-evaluations scale，CSES）是最常见的直接测量工具。到目前为止，已经有很多的研究验证了核心自我评价量表的效度（Pierce and Gardner，2009；Holt and Jung，2008）。Judge 等（2003）在仔细分析四个一阶因子量表（包括自尊、一般自我效能、控制源及神经质）、大五人格量表和生活满意度量表的题目后，筛选出一个由 65 道题目组成的题目库。

经过一系列的测量学检验之后，最终编制出由 12 道题目组成的核心自我评价量表。该量表在四种独立的样本中，内部一致性信度为 0.81~0.87，重测信度为 0.81（间隔 3 个月），验证性因素分析的结果表明 12 个项目在一个单一维度上具有较好的载荷（Judge et al., 2003）。Judge 等（2003）的研究还发现：相对于由四个特质集合而成的量表而言，核心自我评价量表对工作满意度和工作绩效有更高的预测效度。此外，该量表的跨文化研究也得到了较为一致的结果：在西班牙和荷兰选取大学生和雇员为被试，采用西班牙和荷兰版本的核心自我评价量表进行施测，结果发现量表的信度与效度指标及验证性因素分析的结果和英文版本的量表基本一致（Judge et al., 2004）。

与间接测量相比，直接测量最突出的优势在于测量的题目相对较少，节省测量的时间。但是总的来说，很难直接评判间接测量和直接测量孰优孰劣，二者各有利弊。

第四节　核心自我评价与工作结果变量的关系及其分析

核心自我评价概念诞生以后，大量的学者研究了核心自我评价与工作满意度及其他工作结果变量之间的关系（Bono and Colbert，2005；Dormann et al.，2006；Judge and Bono，2001；Judge et al.，2005；Judge et al.，1998a；Rode，2004；Schinkel et al.，2004；Wanberg et al.，2005）。过去十余年关于核心自我评价的研究表明它比单个的人格特质对于工作结果有更好的预测作用。

一、核心自我评价与工作结果变量的关系

（一）核心自我评价与工作满意度

Judge 等（1998b）最早对核心自我评价和工作满意度的关系做了研究，发现当个体自己报告时，核心自我评价与工作满意度的相关系数为 0.48；当由重要他人报告个体的核心自我评价时，两者的相关系数为 0.36。Judge 和 Bono（2001）对 169 项相关研究进行元分析时发现：自尊与工作满意度的相关系数为 0.26，控制源与工作满意度的相关系数为 0.32，神经质与工作满意度的相关系数为-0.24，一般自我效能与工作满意度的相关系数为 0.45。当把四种特质作为一种单一的、潜在的核心自我评价结构时，与工作满意度的相关系数为 0.41。Judge 等（2008）

的一个纵向研究发现：在 25 年的时间跨度里，低核心自我评价个体与高核心自我评价个体的工作满意度差距由 0.06 增加到了 0.18。这说明高核心自我评价个体的工作满意度最初就高于低核心自我评价个体，而且工作满意度的增长幅度也相对较快。Chang 等（2012）的元分析也显示核心自我评价与工作满意度的相关系数为 0.31。这些结果都表明核心自我评价水平高的个体，对自己的工作更为满意。

（二）核心自我评价与工作绩效

Judge 和 Bono（2001）的元分析结果表明：自尊与工作绩效的相关系数为 0.26、控制源与工作绩效的相关系数为 0.22、神经质与工作绩效的相关系数为 -0.19、一般自我效能与工作绩效的相关系数为 0.23。当把四种特质作为一种单一的、潜在的核心自我评价结构时，与工作绩效的相关系数为 0.23。Judge（2009）对 277 名工人进行核心自我评价和工作绩效调查，结果表明核心自我评价较高的被试的平均工作绩效显著高于核心自我评价较低的被试。Chang 等（2012）的元分析显示核心自我评价与任务绩效的相关系数为 0.16，与组织公民行为的相关系数为 0.19。这样的研究结果表明核心自我评价水平高的员工有较高的任务绩效，能够负责任、较好地完成本职工作，同时他们的关系绩效也较好，能够主动帮助同事，构建和谐的工作关系，推动组织发展，他们一般不会在工作场所中实施蓄意伤害组织利益或与组织利益有关的其他成员的行为。

（三）核心自我评价与工作压力

Best 等（2005）的研究发现核心自我评价水平高的个体压力较小，职业倦怠水平较低。Chang 等（2012）对核心自我评价的元分析显示核心自我评价与压力源的相关系数为 -0.25，与紧张的相关系数为 -0.35。压力源是指对员工产生威胁，并且需要员工付出努力来应对的环境刺激。紧张是指对压力源的不良应对，包括心理的压力（如消极情绪）、生理的压力（如抱怨）和行为的压力（如滥用药物）等（Lazarus and Folkman，1984）。高核心自我评价的个体更加关注工作环境中的积极因素，更为积极地对工作环境进行评价，因而感受到的工作压力会比较小。

（四）核心自我评价与组织承诺

Chang 等（2012）的研究表明核心自我评价与情感承诺呈显著的正相关关系，相关系数为 0.25。核心自我评价与继续承诺有显著的负相关关系，相关系数为 -0.17，这也就意味着员工的核心自我评价越高，越不会被目前的职位困扰，跳槽的意愿也越低。具有积极核心自我评价的人更关注他们周围环境的积极方面，而对于工作中消极的刺激（如工作缺少选择性）则不敏感。

（五）核心自我评价与目标设定

Chang 等（2012）的研究表明核心自我评价与目标水平的相关系数为 0.16、与目标承诺的相关系数为 0.33、与内在动机的相关系数为 0.27。这些结果表明核心自我评价越高的个体越会选择有挑战性的目标，他们有更强的内部动机去追求设定的目标。此外，高核心自我评价的个体倾向于设定来源于自我的兴趣、价值观、爱好及内心的认同程度高的目标，而且会非常执着地追求设定的目标（Gagne and Deci，2005）。

（六）核心自我评价与领导力

近年来，核心自我评价成为领导力研究中备受关注的变量，不仅领导的核心自我评价在领导力的形成和效力方面发挥了关键作用，员工的核心自我评价在领导-员工互动中也十分重要。核心自我评价可以有效地提升领导力（Dietl et al.，2018）。Hu 等（2012）发现核心自我评价高的领导可以提高员工感受到的变革型领导水平，这是因为良好的自我认知、自我效能感让他们能更加自信地向员工传递价值和愿景，鼓励员工创造性地挑战困难。在战略研究中，CEO（chief executive officer，首席执行官）的核心自我评价与公司的战略决策和未来表现有显著的正向关系（Wang et al.，2016），因此核心自我评价对于领导者而言是十分重要的个人特征。员工核心自我评价在与领导关系中的影响更为复杂，有学者认为核心自我评价对于员工是一种内在资源，对自身能力的良好认知使得他们对组织和领导提供的支持需求较低，因此核心自我评价高的员工对变革型领导的积极反应较小（Nübold et al.，2013），然而 Zhang 和 Peterson（2011）也发现成员核心自我评价均值高方差小的团队在变革型领导力的影响下能够发展出更为密集的建议社会网络。同时由于核心自我评价高的员工较少依靠外部因素对自己做出评价且更加关注积极面，辱虐型领导及与领导的冲突对他们的消极影响也较小（Zhang et al.，2014；Volmer，2015）。

（七）核心自我评价在特定场景中的负面影响

尽管现有的大部分研究将重点放在了核心自我评价的积极影响中，部分学者也关注了核心自我评价的消极面。现有研究一般认为核心自我评价高的个体能更好地面对各种压力源并且更多关注工作中的积极因素，然而在自我验证理论（self-verification theory）的指导下，有学者认为高核心自我评价的个体由于持有更高的自我评价，预期受到公正合理的对待，因此在自我价值和身份认同遭到伤害时，会做出更加激烈的负面反应。例如，在受到上级的社会伤害时会产生更大的心理压力（Booth et al.，2020），面对组织耻辱会做出更多的越轨行为（Shantz and Booth，2014）。

二、核心自我评价与工作结果关系的分析

那么核心自我评价究竟怎样影响工作结果呢？Judge 等（1997）认为核心自我评价通过直接和间接两种方式影响工作结果。第一，核心自我评价能够直接影响工作结果。因为拥有积极的核心自我观念的个体相信自己的能力，认可自己的价值。他们相信工作的结果是自己可以掌控的，依赖于个体自身的努力程度和能力。他们相信自己无论在什么样的情境下都能够很好地发挥自己的能力。此外，核心自我评价水平高的个体情绪稳定性高，能够友好地、真诚地对待他人，信任同事，这些人格特质都为个体取得更好的工作结果提供了可能（Judge et al.，1998a）。此外，Judge 等（1997）提出核心自我评价通过情感泛化直接影响工作满意度，Judge 等（1997）认为工作满意度是个体通过一系列的评价产生的情感体验，而核心自我评价是个体在具体情境里（包括工作情境）进行评价的基础。核心自我评价水平高的个体拥有积极的情感，而这种积极的情感能够影响个体在潜意识对其他的物体、人和事件做出的评价（Judge et al.，1998a）。Judge 等（1998a）把具体情境的评价类比成一个人离地的高度，个体的核心自我评价越高，他离地的高度就越高，他对具体情境的感觉就越好。核心自我评价水平高的个体就好像是站在高的舞台上，他们能够用更积极的态度来看待工作，对工作的情感越积极，因而满意度也越高。这并不是否认情境对于评价的影响，只是强调核心自我评价水平高的个体拥有更适合的人格特质。

第二，核心自我评价通过间接途径（中介和调节变量）影响个体的工作结果，下面具体分析核心自我评价与工作结果的关系中的中介机制和调节效应。首先，表 4-1 详细地列举了 21 个检验核心自我评价中介机制的研究。Judge 等（1997）提出核心自我评价通过两种类型的中介机制影响工作结果：情境评估和个体行为。情境评估包括对于工作（如工作特征）的知觉和认识、其他事情与自身的关系的判断和估计（如社会比较）。个体行为包括个体根据自己的核心评价采取的行动，如工作的选择、在挫折面前的坚持性等（Judge et al.，1997）。从表格中我们看到大约半数的研究都是关于工作满意度的，其中对工作特征的中介效应的研究是最频繁的。Judge 等（1998a）认为内在工作特征在核心自我评价与工作满意度之间起到了明显的中介作用。内在工作特征是指一些工作本身的属性，它包括工作重要性、复杂性、变化性、任务反馈及任务自主性等。Judge 等（1998a）研究发现对工作本质特征的知觉能够解释 37% 的核心自我评价对工作满意度的预测方差，具有积极核心自我评价的个体对工作特征的评价较高，总是认为他们的工作和工作环境都是那么具有吸引力。

表 4-1 核心自我评价中介机制

学者（年份）	中介变量	结果变量	中介变量类型
Judge 等（1998）	工作特征的感知 工作特征的感知和工作满意度	工作满意度 生活满意度	情境评估 情境评估
Judge 等（2000）	客观的工作特征和工作特征的感知	工作满意度	情境评估和个体行为
Erez 和 Judge（2001）	动机 设立目标的动机 设立目标的动机和销售行为 设立目标的动机、销售行为和销售额	任务绩效 销售行为 销售额 任务绩效	个体行为 个体行为 个体行为 个体行为
Best 等（2005）	职业倦怠	工作满意度	个体行为
Judge 等（2005）	自我目标一致性 自我目标一致性 自我目标一致性	生活满意度 工作满意度 目标获得	个体行为 个体行为 个体行为
Brown 等（2007）	社会比较 社会比较 社会比较、工作满意度、情感组织承诺	工作满意度 情感组织承诺 求职行为	情境评估 情境评估 情境评估
Salvaggio 等（2007）	服务质量定位	服务气氛	个体行为
Judge 和 Hurst（2008）	教育程度 教育程度 教育程度 健康状况 健康状况	工作满意度的增加 薪资的增长 职业地位的提高 工作满意度的增加 薪资的增长	个体行为 个体行为 个体行为 个体行为 个体行为
Garcia 等（2009）	自我提升	知觉的工作选择	个体行为
Judge 等（2009）	收入	经济负担	个体行为
Scott 和 Judge（2009）	声望	获得帮助	个体行为
Stumpp 等（2009）	任务重要性 任务重要性	工作满意度 情感组织承诺	情境评估 情境评估
Grant 和 Sonnentag（2010）	职业倦怠	任务绩效	个体行为
Kamer 和 Annen（2010）	员工自我表达 员工自我表达	对于绩效反馈的满意度 目标承诺	个体行为 个体行为
Rich 等（2010）	工作投入 工作投入	任务绩效 关系绩效	个体行为 个体行为
Srivastava 等（2010）	寻求复杂性 寻求复杂性和知觉的工作特征	知觉的工作特征 工作或任务满意度	个体行为 个体行为和情境评估
Ferris 等（2012）	避免动机 避免动机 避免动机 接近动机	任务绩效 关系绩效 工作场所偏离行为 工作场所偏离行为	个体行为 个体行为 个体行为 个体行为
Sears 和 Hackett（2011）	角色清晰度	领导成员交换	情境评估
Ferris 等（2013）	趋向动机 回避动机与工作成功的交互项	工作满意度	个体行为 个体行为和情境评估
Wang 等（2016）	公司战略行为	公司未来表现	个体行为

续表

学者（年份）	中介变量	结果变量	中介变量类型
Aryee 等（2017）	趋向动机 个人控制	建言行为	个体行为 个体行为

资料来源：Chang等（2012）

在考察核心自我评价与工作绩效关系的研究中，动机是被研究得最多的中介变量。Judge 等（1998a）发现个体的动机在核心自我评价与工作绩效之间起了中介作用。个体的核心自我评价水平越高，完成工作任务的动机越强烈，而动机又是工作绩效的主要决定因素。因此，具有积极核心自我评价的个体能够更加成功地完成他们的工作。Erez 和 Judge（2001）的研究也证明了这样的观点。首先，让受测者解字谜的实验室研究结果表明：核心自我评价与自我报告的任务动机的相关系数为 0.39，与坚持性的相关系数为 0.24，与任务绩效的相关系数为 0.35。其次，对保险销售员的现场研究表明，核心自我评价与自我设定目标的相关系数为 0.42，与目标承诺的相关系数为 0.59，与活动水平的相关系数为 0.32，与客观销售绩效的相关系数为 0.35，与主观销售绩效的相关系数为 0.44。在以上两种情境中，动机在核心自我评价与工作绩效之间起了中介作用，这种中介作用的效应大约占到 50%。纵观表 4-1 我们可以发现：关于核心自我评价与工作满意度和工作绩效的研究远远多于其他一些工作变量的研究。

Chang 等（2012）强调今后的研究需要注意以下两点：其一，研究者在进行新的中介研究之前，需要对该领域已有的研究有全面的了解。不管研究的是新的中介变量还是已经被研究过的变量，都需要在前人研究的基础之上进行，必要时应对已经研究过的中介变量加以控制。其二，研究者也有责任在研究中说明新的中介变量与旧的中介变量的区别，这样才能真正地推动核心自我评价研究的发展。另外，中介变量的选取及中介机制的解释都缺乏综合的理论基础，关于中介变量的研究虽然很多，可是都是从各自的研究角度进行解释，缺乏一个统一的理论基础。

我们再来分析一下与核心自我评价有关的调节效应，表 4-2 列举了 14 个核心自我评价通过与其他变量相互作用来预测工作结果的研究。从表格中我们可以看到研究者主要关注核心自我评价与压力源、个体特征、工作特征这些变量的相互作用（Chang et al., 2012）。因此，可以把调节变量分成四个类别，即压力源、工作特征、个体特征和其他。

表 4-2　核心自我评价的调节效应

学者（年份）	调节变量	结果变量	调节变量类型
Best 等（2005）	感知到的组织约束	职业倦怠	压力源

续表

学者（年份）	调节变量	结果变量	调节变量类型
Bono 和 Colbert（2005）	反馈的水平	发展性目标的承诺	其他
Judge 和 Hurst（2007）	父母的学历	收入	个体特征
	父母的职业声望	收入	个体特征
	免于家庭贫困	收入	个体特征
	教育年限	收入	个体特征
	高中的 GPA	收入	个体特征
	标准化测试的成绩	收入	个体特征
Tsaousis 等（2007）	积极情感	身体健康	个体特征
	消极情感	身体健康	个体特征
	生活满意度	身体健康	个体特征
Harris 等（2009）	感知到的社会压力	工作满意度	压力源
	感知到的社会压力	利他主义	压力源
	感知到的社会压力	离职倾向	压力源
Kacmar 等（2009）	感知到的办公室政治	工作绩效	压力源
	感知到的领导的效力	工作绩效	其他
Pierce 和 Gardner（2009）	工作特质感知	组织自尊	工作特征
Rosopa 和 Schroeder（2009）	认知能力	学术成就	个体特征
Grant 和 Sonnentag（2010）	感知到的亲社会影响	情绪耗竭	个体特征
Grant 和 Wrzesniewski（2010）	亲社会动机	工作绩效	个体特征
	宜人性	工作绩效	个体特征
	责任	工作绩效	个体特征
Ng 和 Feldman（2010）	年龄	情感组织承诺	个体特征
	个别协议	情感组织承诺	工作特征
	年龄×个别协议	情感组织承诺	个体特征和工作特征
Simsek 等（2010）	环境动态性	创业导向	其他
Tasa 等（2011）	团队水平的集体效能	绩效管理行为	其他
O'Neill 等（2015）	个人主义	工作绩效	个体特征

注：GPA，grade point average，平均成绩绩点

资料来源：Chang等（2012）

（1）核心自我评价与压力源的相互作用关系的研究结果比较不一致。部分研究者认为核心自我评价可以缓解压力源（如社会压力、组织约束等）与工作结果变量的负相关（Volmer，2015；Harris et al.，2009；Best et al.，2005；Deng and Leung，2014）。这主要是因为积极的核心自我评价作为一种心理资源，为个体提供了一种对工作的控制感，并且在面对负面反馈时不太可能责备自己或对自己做出消极评价，从而能更好地应对压力（Harris et al.，2009）。但是，有些研究者发现压力源（如办公室政治、工作家庭冲突等）反而削弱了核心自我评价与工作绩效、学习行为等变量的积极相关（Kacmar et al.，2009；Tews et al.，

2016）。此外，有些研究并没有证明核心自我评价与压力之间存在的相互作用
（Best et al.，2005；Luria and Torjman，2009）。

（2）核心自我评价与工作特征的相互作用关系。研究者发现工作特征和工
作结果的关系要依不同的核心自我评价而定（Pierce and Gardner，2009）。Judge
等（1997）提出核心自我评价能够影响员工对环境的评价，如对于核心自我评价
水平较高的员工来说，工作特征的积极方面更为突出（Judge et al.，1998a），因
而工作结果（如组织自尊等）也相对较好（Pierce and Gardner，2009）。但是 Ng
和 Feldman（2010）的研究却得到了相反的结论：当个体核心自我评价水平较低
时，有利的工作特征与积极的工作结果关系增强。所以，到目前为止核心自我评
价与工作特征的关系并不明朗。

（3）核心自我评价与个体特征之间的相互作用关系。研究发现核心自我评
价增强了部分个体特征（如社会经济地位和亲社会倾向等）与结果变量（如财富
和健康等）之间的正相关关系（Grant and Wrzesniewski，2010；Judge and
Hurst，2007；Rosopa and Shroeder，2009）。这可能是由于以下几个原因：①核
心自我评价水平较高的个体以较为积极的方式评价环境，能够更加有效地进行自
我调节，更好地发挥自身的优势；②核心自我评价水平较高的个体以积极的自我
观点进行自我验证和归因；③核心自我评价水平较高的员工较为积极地追求呈现
在他们面前的机会（Grant and Wrzesniewski，2010；Judge and Hurst，2007）。
此外，还有研究发现由于核心自我评价是一个关注个体自身的变量，对于个人主
义较强的个体而言能更好地发挥对工作绩效的积极影响（O'Neill et al.，2016）。

（4）核心自我评价与其他变量之间的相互作用关系。研究者发现在集体效
能高的团队里，核心自我评价与工作绩效的关系比较弱（Tasa et al.，2011）。此
外，员工感知到自己工作的亲社会影响能够缓解核心自我评价与情感枯竭的负相
关（Grant and Wrzesniewski，2010）。当自己和他人的反馈差异较大时，核心自
我评价与追求发展性的目标正相关增强（Bono and Colbert，2005）。

总的来说，压力源和工作特征与核心自我评价的关系比较混乱，还没有得出
统一的结论。核心自我评价与个体利用有益的条件的能力有关。具体来说，核心
自我评价与个体在机会出现时的动机和追求行为存在着一定的关系。工作环境制
约着高核心自我评价的积极作用，弥补低核心自我评价的消极作用（Grant and
Wrzesniewski，2010）。

无论是直接作用还是间接作用，研究者都尝试使用趋向-规避框架
（approach-avoidance framework）来整合和系统地解释核心自我评价的影响机制
（Chang et al.，2012）。趋向-规避框架理论认为人类的心理现象都可以按照对积
极和消极信息的不同敏感程度划分为趋向和规避两种类型（Elliot and McGregor，
1999）。有些人格特质对积极的刺激敏感（如外向等），有些人格特质对消极的

刺激敏感（如神经质等），也有些特质对积极和消极的刺激都敏感（如自恋、乐观等）（Carver and White，1994；Morf and Rhodewalt，2001）。态度、动机和情感等也都可以根据趋向积极刺激和规避消极刺激的程度进行不同的分类（Carver et al.，2000）。趋向-规避框架理论还能够解释人格、动机和情感之间的关系。例如，神经质是一种规避的特质，那么神经质的个体就更容易体验到以规避为基础的情绪（如害怕），同时个体也会更多地关注消极的信息。关于核心自我评价和趋向-规避框架理论的实证研究表明核心自我评价水平高的个体对积极的刺激（趋向）敏感，而对消极的刺激（规避）则相对不敏感（Ferris et al.，2012）。这种趋向（积极刺激）和规避（消极刺激）的差异影响了个体在具体评价情境中对于积极和消极信息不同的关注程度（Ferguson and Bargh，2008），影响着个体设立不同的目标（Elliot and McGregor，2001），影响个体体验不同的情绪（Carver et al.，2008）。实证研究表明核心自我评价水平较高的个体会采用趋向成功的目标（Judge et al.，2005），而核心自我评价水平低的个体则采用规避失败的目标（Srivastava et al.，2010）。核心自我评价水平不仅造成目标选择上的趋向-规避差异，还会在行为和策略层面造成促进定向（promotion focus）和预防定向（prevention focus）的差异（Ferris et al.，2013），使核心自我评价高的个体对工作成就反应更为强烈，而核心自我评价低的个体则更为关注工作的失败，在目标选择上的趋向和规避差异最终影响了特质和工作结果之间的关系。核心自我评价水平高的个体有较强的趋向动机，追求积极的工作目标，能获得更高的职业成功（Ferris et al.，2013），并且他们更多地关注工作环境中积极的方面，因而对工作结果比较满意（Chang et al.，2012）。趋向动机能促使员工积极地参与工作改进，因此还中介了核心自我评价对建言行为的积极影响（Aryee et al.，2017）。此外，使用趋向-规避框架理论能够使核心自我评价与很多变量（自我目标一致性、声望、控制等）之间的关系变得清晰。例如，Judge 等（2005）认为自我目标一致性本质上是趋向积极刺激，因而比较容易被核心自我评价水平较高的个体所采纳。同样地，获得声望（Scott and Judge，2009）、控制或改变环境（Aryee et al.，2017）本质上也是趋向积极社会目标，这也正是核心自我评价水平较高的个体所追求的。除了提供一个简洁的理论框架之外，使用趋向-规避框架理论解释核心自我评价也为未来的研究提供了方向。趋向-规避框架理论在很多心理学研究领域被讨论，如神经心理学（Cain and LeDoux，2008）、动机（Elliot and McGregor，1999）和决策（Higgins，2006）等。了解核心自我评价的趋向和规避的本质，可使核心自我评价理论被推广到新的领域进行研究成为可能。例如，Higgins（2006）认为个体做出的决策是符合自己趋向积极刺激还是规避消极刺激的倾向的；而 Miller 和 Nelson（2002）研究发现有高度规避倾向的个体，通常会对他人动机做出错误的判断。总之，趋向-规避框架理论能够帮助我们理解核心自我评价的本质和效应，是整合解释核心自我评价的很好的理论。

第五节　国内关于核心自我评价的研究现状

对于 Judge 等（1998a）提出的核心自我评价概念，国内的研究主要从以下理论角度和应用角度进行研究。理论角度的研究主要是验证核心自我评价在中国的实用性，提出中国的核心自我评价的理论构想及对核心自我评价的量表进行修订等。吴超荣和甘怡群（2005）检验了核心自我评价概念对中国人的适用性。二阶验证性因素分析结果显示：对于中国人来说二级结构仍然稳定地存在，核心自我评价水平高者拥有较高的自尊水平和一般自我效能，同时更多趋向于内控，情绪比较稳定。初步支持了核心自我评价这一建构的跨文化普遍性。甘怡群等（2007a）提出中国人核心自我评价的理论构想，包括四种核心特质，即善良、才干、处世态度和集体自尊。

应用角度的研究主要集中在三个领域，即工作领域、心理健康和学习行为。国内关于核心自我评价在工作背景下的研究表明核心自我评价与工作满意度正相关、与工作倦怠负相关、与工作绩效正相关（张翔和杜建政，2011）。王婷等（2009）研究发现加入集体自尊维度的核心自我评价对工作投入和工作倦怠均有较好的预测作用。但是，多数的国内研究只关注核心自我评价与工作结果变量的直接关系，较少探讨其中的作用机制。谢义忠等（2007）发现核心自我评价能有效调节经济困难和心理健康之间的关系。近年来，国内又出现了核心自我评价与学业行为的研究。甘怡群等（2007b）的研究表明：神经质与学业倦怠水平正相关，一般自我效能、自尊水平与学业倦怠水平负相关，内外控与学业倦怠的相关不显著。马利军和黎建斌（2009）研究发现：核心自我评价水平较高的大学生更少出现厌学情绪和厌学行为。

第六节　研究展望

一、核心自我评价的结构效度

尽管核心自我评价已经被广泛应用于不同领域的研究，但是它的结构效度还存在一些不确定性（Johnson et al.，2012）。这些不确定性源自核心自我评价特质的选择标准和核心自我评价特质之间共享方差的来源。解决上述的不确定因素，不仅为未来的研究提供了方向，也能帮助我们加深对核心自我评价的认识，从而帮助研究者和管理者关注到核心自我评价对于工作表现的预测作用。

关于核心自我评价结构效度的一个思考是核心自我评价特质的入选标准。核心自我评价的定义本身是比较模棱两可的，很多个人格特质似乎都符合这个要求。例如，当这个概念最早被提出的时候，积极情感、消极情感和乐观都被认为是核心自我评价的特质（Judge et al.，1997）。近年来，也有学者建议将外向加入核心自我评价的结构中，而将控制源剔除（Johnson et al.，2008，2011）。此外，核心自我评价的特质的三条筛选标准本质上也是概念性的，不容易检验。所以核心自我评价非常需要一些可以进行实证性检验的筛选标准（Johnson et al.，2011），如为特质在高阶因子上的载荷设立一个最小的临界值，为特质重测信度设立一个最小临界值等（Chang et al.，2012）。未来研究的一个重要方向就是为核心自我评价设立合适的入选标准，然后用于检验现有的特质及其他候选的特质（Johnson et al.，2011）。只有当特质同时符合理论的和实证的标准时，才能够将其作为高阶核心自我评价结构的一个指标。

关于结构效度的另一个思考是排除一些与研究无关却导致核心自我评价高阶因子出现的因素（Johnson et al.，2012）。尽管核心自我评价的特质之间存在着中度到高度的重叠（Judge et al.，2002），但其中的某些共享方差可能是由其他的因素而非特质引起的。在几乎所有的研究中，核心自我评价特质的数据都是在同一时间通过单一的来源搜集的。这就增加了得到的数据中出现共同方法偏差的可能性，共同方法偏差指的是由于测量方法而非所测构想造成的变异（Podsakoff et al.，2003）。此外，还有一些其他的变量（如一般认知能力）也可能增加核心自我评价特质间的共享方差（Johnson et al.，2008）。未来的研究需要以系统的方式排除共同方法变异和其他的混淆变量之后，再对核心自我评价的高阶结构进行检验。

二、个体内部核心自我评价水平的决定性因素

从实践的角度看，很多管理者都毫无疑问地对个体的核心自我评价是否具有可塑性十分感兴趣。虽然多数人格特质具有遗传性并能够保持相对的持久稳定性，但这并不意味着它们在人的一生中是一成不变的。随着生理的成熟和环境的变化，人格也会产生或多或少的变化（Roberts and Mroczek，2008）。虽然 Judge 等（1998a）认为核心自我评价的稳定性较高，但他们也承认这种稳定性并非不能改变（Judge et al.，2000）。事实上，研究也证明了核心自我评价的水平会随着时间而变化，Roberts 等（2006）发现神经质的平均水平是会发生变化的。随后，Orth 等（2010）也发现自尊的平均水平也会随时间而变化。有趣的是，研究

发现个体社会角色经验的增加（包括员工角色）与人格特质的变化是有关系的（Heller et al.，2009；Wood and Roberts，2006）。但是，关于社会角色经验究竟如何影响个体人格特质的理论机制还没有被论证。早期的理论关注的是社会角色经验如何影响目标选择和动机，而目标选择和动机又如何影响人格特质水平的变化等。例如，把积极的结果作为追求目标的个体更趋向于外向，而把避免消极的结果作为目标的个体更趋向于神经质（Heller et al.，2007）。

同时，学界还关注了一些与自我评价相关的个体特征，这些性格或特征在特定的情况下可以通过改变自我评价的某些维度来影响工作结果和心理健康，如自恋和完美主义，这些研究为核心自我评价的可塑性提供了一些依据。自恋在社会心理学与性格研究领域重新获得广泛关注很大程度上与它和自尊的紧密关系有关（Ferris et al.，2009）。尽管有研究者将核心自我评价和自恋分别视为领导者的积极人格特质和人格的"黑暗面"（Resick et al.，2009），研究普遍发现，自恋和核心自我评价的重要维度——自尊（Ackerman et al.，2011）及类似概念，如自信（Campbell et al.，2004）有显著的中等水平正相关性，进而有研究指出，自尊是自恋导致良好的心理健康和工作结果的中介变量或效应通道之一（Ferris et al.，2009）。然而，自恋与自尊的关系并非简单的、统一的，研究发现用社会心理学领域的自恋人格量表（narcissistic personality inventory，NPI）测量的自恋性格与自尊有中等水平的正相关（Zuo et al.，2016）；而使用临床的，同时也更多关注不良和极端的行为的自恋量表［如人格诊断问卷（personality diagnostic questionnaire-4）、病理自恋量表（pathological narcissism inventory）］所测量的自恋性格，则与自尊存在较弱到中等水平的负相关性（Maxwell and Bachkirova，2010；Miller and Campbell，2008）。研究也发现在自恋性格内部，不同的维度与自尊的相关性也有显著不同。较早期的四分法和三分法发现领导力/权威维度一般与自尊有较强的正相关，而权力感/剥削欲与自尊无显著关系甚至负相关[①]，更为近期的两分法也有类似的发现。例如，Ferris 等（2009）发现自尊能中介自我夸大（即较高的自我重要性）与心理健康之间的积极关系，却不能中介权力感（即在与他人的关系中对自我的体现）对心理健康的负面影响；Back 等（2013）也发现自恋中的自我崇拜与自尊正相关而敌对关系与自尊负相关。这些结果综合起来表明，自恋人格中只有较积极的那部分才与自尊正相关，并且自尊只能中介自恋人格与好的结果变量之间的关系。这些结果促使一部分学者对量表的可信度产生了怀疑，认为自恋在社会心理学的测量中混入了测量自尊的条目（Rosenthal and Hooley，2010）使自恋

---

① Emmons（1984）将自恋分为剥削欲/权力感、领导力/权威、优越感/傲慢、自我崇拜/自我关注，除了第一个维度外，自尊与其他三个维度都呈中等正相关关系。Ackerman等（2011）将自恋分为领导力/权威、过高的自我表现欲、权力感/剥削欲，自尊与三个维度的相关性分别是0.35、0.15与-0.12。

的测量偏离了原本的定义，而低自尊在概念上应当是自恋的特征之一（Maxwell and Bachkirova，2010）。另一部分学者则开始进行自恋对自尊影响的边界条件研究。例如，在特征激活理论的指导下，Liu 等（2017）提出领导所感知到的组织公平调节了他们的自恋人格与自利行为的关系，如果感知到的公平感强，会激活自恋人格中与自尊正相关的领导力/权威维度，减少他们的自利行为。但是目前还没有学者正式研究自恋和核心自我评价之间的关系。

完美主义，是指对表现有极高的要求并且对自己的行为有过于苛刻的评价（Frost et al.，1990；Harari et al.，2018）。虽然与自恋一样，没有学者明确研究过完美主义与核心自我评价的关系，但是过去的研究表明完美主义与核心自我评价的多个维度有紧密联系。由于完美主义者对完美的追求，他们无法从过去的成就中获得满足和自我效能感，而是会永不满足，给自己制定越来越高的目标，而一旦不能达到自己制定的目标，则会陷入沮丧焦虑。过往的研究发现，完美主义与自我批判相关的沮丧、自我责备有显著正向相关的关系（Frost et al.，1990；Hewitt et al.，1991），而自我批判和自我责备所反映出来的自我无用感、罪恶感与核心自我评价需要的高自尊、高自我效能相违背。与之相对应的，研究发现对完美的需求与自我接纳和自尊呈显著负相关（Lundh，2004），Cha（2016）也发现完美主义者认为外在世界并不在意他们因而自尊较低。由于完美主义者对错误、失败有过多的担忧而具有情绪和心理脆弱性（Hewitt et al.，1991），因此完美主义与神经质也有显著的正向关系（Harari et al. 2018；Dunkley et al.，2012）。此外，完美主义与抑郁、紧张等的正相关性（Ozbilir et al.，2015；Hewitt et al.，1991；Frost et al.，1990）也佐证了完美主义者易于受到压力源的影响而产生情绪波动。同时，在控制源方面，完美主义者也倾向于认为成败是由外部因素控制的（Suddarth and Slaney，2001；Hewitt et al.，1991）。总的来说，完美主义者可能有较低水平的核心自我评价。但是值得注意的是，很多学者认为完美主义是一个多维度的概念。早期的研究使用过按照行为区分的五维度模型（Frost et al.，1990）及按照完美主义针对的对象区分的三维度模型，即自我导向、他人导向和社会规定性的完美主义（Hewitt et al.，1991），一般来说五维度中的过于担忧犯错和三维度中社会规定性的完美主义（认为他人对自己有近乎完美的要求）与自尊、情绪稳定之间的负相关性更强（Frost et al.，1990；Dunkley et al.，2012；Cha，2016）。近期的许多研究将完美主义区分为两个维度甚至两个种类（Lundh，2004；Dunkley et al.，2012；Ozbilir et al.，2015；Harari et al.，2018），健康的完美主义，或称追求卓越、高标准，与不健康的完美主义，或称避免失败、担忧错误/评价、要求完美等，前者与自尊、神经质之间没有显著关系，而后者则有上述对核心自我评价各维度的负面影响（Rice et al.，1998；Suddarth and Slaney，2001；Ozbilir et al.，2015；Harari et al.，2018）。虽

然有学者认为健康的完美主义是与勤奋、成就动机、追求卓越等概念的混淆
（Greenspan，2000），并且也有实证研究表明不健康的完美主义贡献了更多的方
差（Ozbilir et al.，2015），但是大部分学者仍然采取多维度的研究角度。因此，
如果要对完美主义和核心自我评价的关系进行研究，将多维度的问题纳入考虑是
很有必要的。

但是，到目前为止还没有学者正式研究过核心自我评价水平的决定因素
（Chang et al.，2012）。这个课题有广阔的研究前景，同时也将使整个人格心理
学和管理心理学受益。

三、其他核心评价的研究

纵观有关核心评价的研究，不难发现研究者主要关注核心自我评价。但是最初
核心自我评价是与核心他人评价和核心现实评价一同被提出的。然而，相比核心自
我评价的研究，几乎没有关于核心他人评价和核心现实评价的研究。核心他人评
价是个体对其他人更为具体的核心评价（如信任与怀疑）。核心现实评价是个体对
于现实的一般的核心评价（仁慈、公正、恶毒和危险等）。很明显，核心他人评价
和核心现实评价的分类之间有一定的重叠，核心他人评价是核心现实评价的一个方
面，可以将二者合并为核心外部评价（core external evaluations）来进行研究（Judge
et al.，1998a）。核心现实评价与核心他人评价之间究竟存在怎样的关系（Chang
et al.，2012）？对他人的敌意与个体的消极世界观存在相关吗？信任他人和乐观对
于核心外部评价的作用一样吗？既然核心自我评价能更好地预测工作结果，那么核
心外部评价也有更好的预测效度吗？这些问题在之前的研究中都被忽视了（Chang
et al.，2012），也就意味着未来的研究还有更广的领域可以探索。同时，也有学者
对核心自我评价中的控制源这一维度提出了怀疑，认为控制源更符合核心现实评价
的定义，并且通过对因子结构的检验得到了一定的实证支持（Johnson et al.，
2015）。因此，研究核心外部评价不仅有助于我们更好地理解他人的评价，对于厘
清核心自我评价的内部结构及两者之间的关系也很重要，同时也是对 Packer
（1985）和 Judge 等（1997）最初提出的关于核心评价方法的很好的验证。

参 考 文 献

甘怡群，王纯，胡潇潇. 2007a. 中国人的核心自我评价的理论效度. 心理科学进展，15（2）：
217-223.

甘怡群, 奚庄庄, 胡月琴, 等. 2007b. 核心自我评价预测学业倦怠的新成分: 集体自尊. 北京大学学报 (自然科学版), 43 (5): 709-715.

马利军, 黎建斌. 2009. 大学生核心自我评价、学业倦怠对厌学现象的影响. 心理发展与教育, 25 (3): 101-106.

孙健敏, 王震, 胡倩. 2011. 核心自我评价与个体创新行为: 集体主义导向的调节作用. 商业经济与管理, (4): 27-33.

王婷, 高博, 刘君, 等. 2009. 科研技术人员核心自我评价与工作倦怠、工作投入的结构方程分析. 应用心理学, 15 (2): 148-154.

吴超荣, 甘怡群. 2005. 核心自我评价: 一个验证性因素分析. 北京大学学报 (自然科学版), 41 (4): 622-627.

谢义忠, 时勘, 宋照礼, 等. 2007. 就业动机因素与核心自我评价对失业人员心理健康的影响. 中国临床心理学杂志, 15 (5): 504-507.

许思安, 杨晓峰. 2009. 核心自我评价: 教师心理幸福感的重要影响因素. 中国特殊教育, (3): 90-96.

杨晓峰, 许思安, 郑雪. 2009. 大学生社会支持、核心自我评价与主观幸福的关系研究. 中国特殊教育, (12): 83-89.

张翔, 杜建政. 2011. 核心自我评价对员工心理与行为影响的实证研究. 心理研究, 4 (1): 44-48.

张翔, 赵燕. 2009. 师范专科生核心自我评价与心理健康状况的关系. 中国学校卫生, 30 (2): 129-130.

Ackerman R A, Witt E A, Donnellan M B, et al. 2011. What does the narcissistic personality inventory really measure? Assessment, 18 (1): 67-87.

Arvey R D, Bouchard T J, Segal N L, et al. 1989. Job satisfaction, environmental and genetic components. Journal of Applied Psychology, 74 (2): 187-192.

Aryee S, Walumbwa F O, Mondejar R, et al. 2017. Core self-evaluations and employee voice behavior: test of a dual-motivational pathway. Journal of Management, 43 (3): 946-966.

Avery D R. 2003. Personality as a predictor of the value of voice. Journal of Applied Psychology, 137 (5): 435-446.

Back M D, Küfner A C, Dufner M, et al. 2013. Narcissistic admiration and rivalry: disentangling the bright and dark sides of narcissism. Journal of Personality and Social Psychology, 105 (6): 1013-1037.

Bagozzi R P, Yi Y. 1990. Assessing method variance in multitrait-multimethod matrices: the case of self-reported affect and perceptions at work. Journal of Applied Psychology, 75 (5): 547-560.

Best R G, Stapleton L M, Downey R G. 2005. Core self-evaluations and job burnout, the test of alternative models. Journal of Occupational Health Psychology, 10（4）: 441-451.

Blascovich J, Tomaka J. 1991. Measures of self-esteem//Robinson J P, Shaver P R, Wrightsman L S. Measures of Personality and Social Psychological Attitudes. San Diego: Academic Press: 115-160.

Bollen K A, Ting K F. 2000. A tetrad test for causal indicators. Psychological Methods, 5（1）: 3-22.

Bono J E, Colbert A E. 2005. Understanding responses to multi-source feedback: the role of core self-evaluations. Personnel Psychology, 58（1）: 171-203.

Bono J E, Judge T A. 2003. Core self-evaluations: a review of the trait and its role in job satisfaction and performance. European Journal of Personality, 17（S1）: 5-18.

Booth J E, Shantz A, Glomb T M, et al. 2020. Bad bosses and self-verification: the moderating role of core self-evaluations with trust in workplace management. Human Resource Management, 59（2）: 135-152.

Bowling N A, Wang Q, Tang H Y, et al. 2010. A comparison of general and work-specific measures of core self-evaluations. Journal of Vocational Behavior, 76（3）: 559-566.

Boyar S L, Mosley D C. 2007. The relationship between core self-evaluations and work and family satisfaction: the mediating role of work-family conflict and facilitation. Journal of Vocational Behavior, 71（2）: 265-281.

Brief A P, Butcher A H, Roberson L. 1995. Cookies, disposition, and job attitudes: the effects of positive mood-inducing events and negative affectivity on job satisfaction in a field experiment. Organizational Behavior and Human Decision Processes, 62（1）: 55-62.

Buss A H. 1989. Personality as traits. American Psychologist, 44（11）: 1378-1388.

Cain C K, LeDoux J E. 2008. Brain mechanisms of Pavlovian and instrumental aversive conditioning. Handbook of Behavioral Neuroscience, 17: 103-124.

Campbell W K, Goodie A S, Foster J D. 2004. Narcissism, confidence, and risk attitude. Journal of Behavioral Decision Making, 17（4）: 297-311.

Carver C S, Johnson S L, Joormann J. 2008. Serotonergic function, two-mode models of self-regulation, and vulnerability to depression: what depression has in common with impulsive aggression. Psychological Bulletin, 134（6）: 912-943.

Carver C S, Sutton S K, Scheier M F. 2000. Action, emotion, and personality: emerging conceptual integration. Personality and Social Psychology Bulletin, 26（6）: 741-751.

Carver C S, White T L. 1994. Behavioral inhibition, behavioural activation, and affective responses to impending reward and punishment, the BIS/BAS scales. Journal of Personality and Social Psychology, 67（2）: 319-333.

Cattell R B. 1965. The Scientific Analysis of Personality. Baltimore: Penguin.

Cha M. 2016. The mediation effect of mattering and self-esteem in the relationship between socially prescribed perfectionism and depression: based on the social disconnection model. Personality and Individual Differences, 88: 148-159.

Chang C H, Ferris D L, Johnson R E, et al. 2012. Core self-evaluations: a review and evaluation of the literature. Journal of Management, 38（1）: 81-128.

Chen G, Gully S M, Eden D. 2001. Validation of a new generalized self-efficacy scale. Organizational Research Methods, 4（1）: 62-83.

Chen G, Gully S M, Eden D. 2004. General self-efficacy and self-esteem: toward theoretical and empirical distinction between correlated self-evaluations. Journal of Organizational Behavior, 25（3）: 375-395.

Crampton S M, Wagner J A. 1994. Percept-percept inflation in microorganizational research: an investigation of prevalence and effect. Journal of Applied Psychology, 79（1）: 67-76.

Creed P A, Lehmann K, Hood M. 2009. The relationship between core self-evaluations, employment commitment and well-being in the unemployed. Personality and Individual Differences, 47（4）: 310-315.

Cropanzano R, James K, Konovsky M A. 1993. Dispositional affectivity as a predictor of work attitudes and job performance. Journal of Organizational Behavior, 14（6）: 595-606.

Dawis R V, Lofquist L H. 1984. A Psychological Theory of Work Adjustment: An Individual-Differences Model and Its Applications. Minneapolis: University of Minnesota Press.

Deng H, Leung K. 2014. Contingent punishment as a double-edged sword: a dual-pathway model from a sense-making perspective. Personnel Psychology, 67（4）: 951-980.

Dietl E, Rule N, Blickle G. 2018. Core self-evaluations mediate the association between leaders' facial appearance and their professional success: adults' and children's perceptions. The Leadership Quarterly, 29（4）: 476-488.

Djurdjevic E, Rosen C C, Johnson R E. 2010. Enhancing the prediction of core self-evaluation by considering trait interactions. New Insights into Core Self-evaluations at Work.Paper Presented at the 70th Academy of Management Annual Meeting.

Dormann C, Fay D, Zapf D, et al. 2006. A state-trait analysis of job satisfaction: on the effect of core self-evaluations. Applied Psychology, 55（1）: 27-51.

Douglas E F, McDaniel M A, Snell A F. 1996. The validity of non-cognitive measures decays when applicants fake. Paper Presented at the Annual Conference of the Academy of Management. Cincinnati.

Duffy M K, Shaw J D, Scott K L, et al. 2006. The moderating roles of self-esteem and neuroticism in the relationship between group and individual undermining. Journal of Applied Psychology, 91（5）: 1066-1077.

Dunkley D M, Blankstein K R, Berg J L. 2012. Perfectionism dimensions and the five-factor model of personality. European Journal of Personality, 26（3）: 233-244.

Edwards J R. 2001. Multidimensional constructs in organizational behavior research: an integrative analytical framework. Organizational Research Methods, 4（2）: 144-192.

Elliot A J, McGregor H A. 1999. Test anxiety and the hierarchical model of approach and avoidance achievement motivation. Journal of Personality and Social Psychology, 76（4）: 628-644.

Elliot A J, McGregor H A. 2001. A 2×2 achievement goal framework. Journal of Personality and Social Psychology, 80（3）: 501-519.

Emmons R A. 1984. Factor analysis and construct validity of the narcissistic personality inventory. Journal of Personality Assessment, 48（3）: 291-300.

Erez A, Judge T A. 2001. Relationship of core self-evaluations to goal setting, motivation, and performance. Journal of Applied Psychology, 86（6）: 1270-1279.

Eysenck H J. 1990. Biological dimensions of personality//Pervin L A. Handbook of Personality: Theory and Research. New York: Guilford: 244-276.

Fabrigar L R, Wegener D T, MacCallum R C, et al. 1999. Evaluating the use of exploratory factor analysis in psychological research. Psychological Methods, 4（3）: 272-299.

Ferguson M J, Bargh J A. 2008. Immediacy and automaticity of evaluation evaluative readiness: the motivational nature of automatic evaluation//Elliot A J. Handbook of Approach and Avoidance Motivation. New York: Psychology Press: 287-299.

Ferris D L, Brown D J, Heller D. 2009. Organizational supports and organizational deviance, the mediating role of organizationally-based self-esteem. Organizational Behavior and Human Decision Processes, 108（2）: 279-286.

Ferris D L, Brown D J, Lian H, et al. 2009. When does self-esteem relate to deviant behavior? The role of contingencies of self-worth. Journal of Applied Psychology, 94（5）: 1345-1353.

Ferris D L, Johnson R E, Rosen C C, et al. 2013. When is success not satisfying? Integrating regulatory focus and approach/avoidance motivation theories to explain the relation between core self-evaluation and job satisfaction. Journal of Applied Psychology, 98（2）: 342-353.

Ferris D L, Spence J R, Brown D J, et al. 2012. Interpersonal in justice and workplace deviance: the role of esteem threat. Journal of Management, 38（6）: 1788-1811.

Franke G R, Preacher K J, Rigdon E E. 2008. Proportional structural effects of formative indicators. Journal of Business Research, 61（12）: 1229-1237.

Frost R O, Marten P, Lahart C, et al. 1990. The dimensions of perfectionism. Cognitive Therapy and Research, 14（5）: 449-468.

Gagne M, Deci E L. 2005. Self-determination theory and work motivation. Journal of Organizational Behavior, 26（4）: 331-362.

Grant A, Wrzesniewski A. 2010. I won't let you down … or will I? Core self-evaluations, otherorientation, anticipated guilt and gratitude, and job performance. Journal of Applied Psychology, 95（1）: 108-121.

Greenspan T S. 2000. "Healthy perfectionism" is an oxymoron! Journal of Secondary Gifted Education, 11（4）: 197-208.

Hackman J R, Oldham G R. 1980. Work Redesign. Reading: Addison-Wesley.

Harari D, Swider B W, Steed L B, et al. 2018. Is perfect good? A meta-analysis of perfectionism in the workplace. Journal of Applied Psychology, 103（10）: 1121-1144.

Harris K J, Harvey P, Kacmar K M. 2009. Do social stressors impact everyone equally? An examination of the moderating impact of core self-evaluations. Journal of Business and Psychology, 24（2）: 153-164.

Heine S J, Lehman D R, Markus H R, et al. 1999. Is there a universal need for positive self-regard? Psychological Review, 106（4）: 766-794.

Heller D, Ferris D L, Brown D J, et al. 2009. The influence of work personality on job satisfaction: incremental validity and mediation effects. Journal of Personality, 77（4）: 1051-1084.

Heller D, Komar J, Lee W B. 2007. The dynamics of personality states, goals, and well-being. Personality and Social Psychology Bulletin, 33（6）: 898-910.

Hewitt P L, Flett G L, Turnbull-Donovan W, et al. 1991. The multidimensional perfectionism scale: reliability, validity, and psychometric properties in psychiatric samples. Psychological Assessment: A Journal of Consulting and Clinical Psychology, 3（3）: 464-468.

Higgins E T. 2006. Value from hedonic experience and engagement. Psychological Review, 113（3）: 439-460.

Holland J L. 1997. Making Vocational Choices: A Theory of Vocational Personalities and Work Environments. Odessa: Psychological Assessment Resources.

Holt D T, Jung H H. 2008. Development of a Korean version of a core self-evaluations scale. Psychological Reports, 103（2）: 415-425.

Hough L M, Oswald F L, Ployhart R E. 2001. Determinants, detection and amelioration of adverse impact in personnel selection procedures: issues, evidence, and lessons learned. International Journal of Selection and Assessment, 9（1/2）: 152-194.

Hu J, Wang Z, Liden R C, et al. 2012. The influence of leader core self-evaluation on follower reports of transformational leadership. The Leadership Quarterly, 23（5）: 860-868.

Ilies R, Judge T A. 2003. On the heritability of job satisfaction: the mediating role of personality. Journal of Applied Psychology, 88（4）: 750-759.

Johnson R D, Marakas G M, Palmer J W. 2006. Differential social attributions toward computing technology: an empirical investigation. International Journal of Human-Computer Studies, 64（5）: 446-460.

Johnson R E, Rosen C C, Chang C H D, et al. 2012. Recommendations for improving the construct clarity of higher-order multidimensional constructs. Human Resource Management Review, 22（2）: 62-72.

Johnson R E, Rosen C C, Chang C H D, et al. 2015. Getting to the core of locus of control: is it an evaluation of the self or the environment? Journal of Applied Psychology, 100（5）: 1568-1578.

Johnson R E, Rosen C C, Djurdjevic E. 2011. Assessing the impact of common method variance on higher order multidimensional constructs. Journal of Applied Psychology, 96（4）: 744-761.

Johnson R E, Rosen C C, Levy P E. 2008. Getting to the core of core self-evaluations: a review and recommendations. Journal of Organizational Behavior, 29（3）: 391-413.

Judge T A. 2009. Core Self-evaluations and work success. Current Directions in Psychological Science, 18（1）: 58-62.

Judge T A, Bono J E. 2001. Relationship of core self-evaluation traits—self-esteem, generalized selfefficacy, locus of control, and emotional stability—with job satisfaction and job performance: a meta-analysis. Journal of Applied Psychology, 86: 80-92.

Judge T A, Bono J E, Erez A, et al. 2005. Core self-evaluations and job and life satisfaction: the role of self-concordance and goal attainment. Journal of Applied Psychology, 90（2）: 257-268.

Judge T A, Bono J E, Locke E A. 2000. Personality and job satisfaction: the mediating role of job characteristics. Journal of Applied Psychology, 85（2）: 237-249.

Judge T A, Erez A, Bono J E. 1998b. The power of being positive: the relation between positive self-concept and job performance. Human Performance, 11（2/3）: 167-187.

Judge T A, Erez A, Bono J E, et al. 2002. Are measures of self-esteem, neuroticism, locus of control, and generalized self-efficacy indicators of a common core construct? Journal of Personality and Social Psychology, 83（3）: 693-710.

Judge T A, Erez A, Bono J E, et al. 2003. The core self-evaluations scale: development of a measure. Personnel Psychology, 56（2）: 303-331.

Judge T A, Heller D, Klinger R. 2008. The dispositional sources of job satisfaction: a comparative test. Applied Psychology, 57（3）: 361-372

Judge T A, Hurst C. 2007. Capitalizing on one's advantages: role of core self-evaluations. Journal of Applied Psychology, 92（5）: 1212-1227.

Judge T A, Hurst C. 2008. How the rich（and happy）get richer（and happier）: relationship of core self-evaluations to trajectories in attaining work success. Journal of Applied Psychology,

93（4）：849-863.

Judge T A, Hurst C, Simon L S. 2009. Does it pay to be smart, attractive, or confident（or all three）? Relationships among general mental ability, physical attractiveness, core self-evaluations, and income. Journal of Applied Psychology, 94（3）：742-755.

Judge T A, LePine J A, Rich B L. 2006. Loving yourself abundantly：relationship of the narcissistic personality to self-and other perceptions of workplace deviance, leadership, and task and contextual performance. Journal of Applied Psychology, 91（4）：762-776.

Judge T A, Locke E A, Durham C C. 1997. The dispositional causes of job satisfaction：a core evaluations approach. Research in Organizational Behavior, 19：151-188.

Judge T A, Locke E A, Durham C C, et al. 1998a. Dispositional effects on job and life satisfaction：the role of core evaluations. Journal of Applied Psychology, 83（1）：17-34.

Judge T A, Thoresen C J, Pucik V, et al. 1999. Managerial coping with organizational change：a dispositional perspective. Journal of Applied Psychology, 84（1）：107-122.

Judge T A, van Vianen A E M, de Pater I E. 2004. Emotional stability, core self-evaluations, and job outcomes：a review of the evidence and an agenda for future research. Human Performance, 17（3）：325-346.

Kacmar K M, Collins B J, Harris K J, et al. 2009. Core self-evaluations and job performance：the role of the perceived work environment. Journal of Applied Psychology, 94（6）：1572-1580.

Kernis M H. 2003. Toward a conceptualization of optimal self-esteem. Psychological Inquiry, 14（1）：1-26.

Kluemper D H. 2008. Trait emotional intelligence：the impact of core self-evaluations and social desirability. Personality and Individual Differences, 44（6）：1402-1412.

Kwan V S Y, Bond M H, Singelis T M. 1997. Pancultural explanations for life satisfaction：adding relationship harmony to self-esteem. Journal of Personality and Social Psychology, 73（5）：1038-1051.

Law K S, Wong C S. 1999. Multidimensional constructs in structural equation analysis：an illustration using the job perception and job satisfaction constructs. Journal of Management, 25（2）：143-160.

Law K S, Wong C S, Mobley W H. 1998. Toward a taxonomy of multidimensional constructs. Academy of Management Review, 23（4）：741-755.

Lazarus R S, Folkman S. 1984. Stress, Appraisal, and Coping. New York：Springer.

Liu J, He X, Yu J. 2017. The relationship between career growth and job engagement among young employees：the mediating role of normative commitment and the moderating role of organizational justice. Open Journal of Business and Management, 5（1）：83-94.

Lundh L G. 2004. Perfectionism and acceptance. Journal of Rational-Emotive and Cognitive-Behavior

Therapy, 22（4）: 251-265.

Luria G, Torjman A. 2009. Resources and coping with stressful events. Journal of Organizational Behavior, 30（6）: 685-707.

MacCallum R C, Browne M W. 1993. The use of causal indicators in covariance structure models: some practical issues. Psychological Bulletin, 114（3）: 533-541.

Markus H R, Kitayama S. 1991. Culture and the self: implications for cognition, emotion, and motivation. Psychological Review, 98（2）: 224-253.

Maxwell A, Bachkirova T. 2010. Applying psychological theories of self-esteem in coaching practice. International Coaching Psychology Review, 5（1）: 16-26.

McCrae R R, Costa P T. 1994. The stability of personality: observations and evaluations. Current Directions in Psychological Science, 3（6）: 173-175.

Miller D T, Nelson L D. 2002. Seeing approach motivation in the avoidance behavior of others: implications for an understanding of pluralistic ignorance. Journal of Personality and Social Psychology, 83（5）: 1066-1075.

Miller J D, Campbell W K. 2008. Comparing clinical and social-personality conceptualizations of narcissism. Journal of Personality, 76（3）: 449-476.

Mischel W, Shoda Y, Mendoza R. 2007. Situation-behavior profile as a locus of consistency in personality//Morf C C, Ayduk O. Current Directions in Personality Psychology. Beijing: Beijing Normal University Press: 15-23.

Moorman R H, Podsakoff P M. 1992. A meta-analytic review and empirical test of the potential confounding effects of social desirability response sets in organizational behaviour research. Journal of Occupational and Organizational Psychology, 65（2）: 131-149.

Morf C C, Rhodewalt F. 2001. Unraveling the paradoxes of narcissism: a dynamic self-regulatory processing model. Psychological Inquiry, 12（4）: 177-196.

Ng T W H, Feldman D C. 2010. Idiosyncratic deals and organizational commitment. Journal of Vocational Behavior, 76（3）: 419-427.

Nübold A, Muck P M, Maier G W. 2013. A new substitute for leadership? Followers' state core self-evaluations. Leadership Quarterly, 24: 29-44.

O'Neill T A, McLarnon M J, Xiu L, et al. 2016. Core self-evaluations, perceptions of group potency, and job performance: the moderating role of individualism and collectivism cultural profiles. Journal of Occupational and Organizational Psychology, 89（3）: 447-473.

Orth U, Trzesniewski K H, Robins R W. 2010. Self-esteem development from young adulthood to old age: a cohort-sequential longitudinal study. Journal of Personality and Social Psychology, 98（4）: 645-658.

Ozbilir T, Day A, Catano V M. 2015. Perfectionism at work: an investigation of adaptive and maladaptive perfectionism in the workplace among Canadian and Turkish employees. Applied Psychology，64（1）：252-280.

Packer E. 1985. Understanding the subconscious. The Objectivist Forum，6：1-15.

Piccolo R F，Judge T A，Takahashi K，et al. 2005. Core self-evaluations in Japan：relative effects on job satisfaction，life satisfaction，and happiness. Journal of Organizational Behavior，26（8）：965-984.

Pierce J L，Gardner D G. 2004. Self-esteem within the work and organizational context：a review of the organization-based self-esteem literature. Journal of Management，30（5）：591-622.

Pierce J L，Gardner D G. 2009. Relationships of personality and job characteristics with organization-based self-esteem. Journal of Managerial Psychology，24（5）：392-409.

Podsakoff P M，MacKenzie S B，Lee J Y，et al. 2003. Common method biases in behavioral research：a critical review of the literature and recommended remedies. Journal of Applied Psychology，88（5）：879-903.

Resick C J，Whitman D S，Weingarden S M，et al. 2009. The bright-side and the dark-side of CEO personality：examining core self-evaluations，narcissism，transformational leadership，and strategic influence. Journal of Applied Psychology，94（6）：1365-1381.

Rice K G，Ashby J S，Slaney R B. 1998. Self-esteem as a mediator between perfectionism and depression：a structural equations analysis. Journal of Counseling Psychology，45（3）：304-314.

Richardson H A，Simmering M J，Sturman M C. 2009. A tale of three perspectives：examining post hoc statistical techniques for detection and correction of common method variance. Organizational Research Methods，12（4）：762-800.

Roberts B W，Mroczek D. 2008. Personality trait change in adulthood. Current Directions in Psychological Science，17（1）：31-35.

Roberts B W，Walton K E，Viechtbauer W. 2006. Patterns of mean-level change in personality traits across the life course：a meta-analysis of longitudinal studies. Psychological Bulletin，132（1）：1-25.

Rode J C. 2004. Job satisfaction and life satisfaction revisited：a longitudinal test of an integrated model. Human Relations，57（9）：1205-1230.

Rosenberg M. 1965. Society and the Adolescent Self-image. Princeton：Princeton University Press.

Rosenthal S A，Hooley J M. 2010. Narcissism assessment in social-personality research：does the association between narcissism and psychological health result from a confound with self-esteem? Journal of Research in Personality，44（4）：453-465.

Rosopa P J，Schroeder A N. 2009. Core self-evaluations interact with cognitive ability to predict academic achievement. Personality and Individual Differences，47（8）：1003-1006.

Rotter J B. 1966. Generalized expectancies for internal versus external control of reinforcements. Psychological Monographs, 80（1）: 1-28.

Sager J K, Strutton H D, Johnson D A. 2006. Core self-evaluations and salespeople. Psychology and Marketing, 23（2）: 95-113.

Schinkel S, van Dierendonck D, Anderson N. 2004. The impact of selection encounters on applicants: an experimental study into feedback effects after a negative selection decision. International Journal of Selection and Assessment, 12（1/2）: 197-205.

Scott B A, Judge T A. 2009. The popularity contest at work: who wins, why, and what do they receive? Journal of Applied Psychology, 94（1）: 20-33.

Shantz A, Booth J E. 2014. Service employees and self-verification: the roles of occupational stigma consciousness and core self-evaluations. Human Relations, 67（12）: 1439-1465.

Simsek Z, Heavey C, Veiga J. 2010. The impact of CEO core self-evaluation on the firm's entrepreneurial orientation. Strategic Management Journal, 31（1）: 110-119.

Srivastava A, Locke E A, Judge T A, et al. 2010. Core self-evaluations as causes of satisfaction: the mediating role of seeking task complexity. Journal of Vocational Behavior, 77（2）: 255-265.

Staw B M, Ross J. 1985. Stability in the midst of change: a dispositional approach to job attitudes. Journal of Applied Psychology, 70（3）: 469-480.

Suddarth B H, Slaney R B. 2001. An investigation of the dimensions of perfectionism in college students. Measurement and Evaluation in Counseling and Development, 34（3）: 157-165.

Taing M U, Johnson R E, Jackson E M. 2010. On the nature of core self-evaluation: a formative or reflective construct? Paper presented at the 70th Academy of Management Annual Meeting. Montreal.

Tan J A, Hall R J. 2005. The effects of social desirability bias on applied measures of goal orientation. Personality and Individual Differences, 38（8）: 1891-1902.

Tasa K, Sears G J, Schat A C. 2011. Personality and teamwork behavior in context: the cross-level moderating role of collective efficacy. Journal of Organizational Behavior, 32（1）: 65-85.

Tews M J, Noe R A, Scheurer A J, et al. 2016. The relationships of work-family conflict and core self-evaluations with informal learning in a managerial context. Journal of Occupational and Organizational Psychology, 89（1）: 92-110.

Volmer J. 2015. Followers' daily reactions to social conflicts with supervisors: the moderating role of core self-evaluations and procedural justice perceptions. The Leadership Quarterly, 26（5）: 719-731.

Wanberg C R, Glomb T M, Song Z, et al. 2005. Job-search persistence during unemployment: a 10-wave longitudinal study. Journal of Applied Psychology, 90（3）: 411-430.

Wang G, Holmes R M, Oh I S, et al. 2016. Do CEOs matter to firm strategic actions and firm performance? A meta-analytic investigation based on upper echelons theory. Personnel Psychology, 69（4）：775-862.

Wood D, Roberts B W. 2006. Cross-sectional and longitudinal tests of the personality and role identity structural model（PRISM）. Journal of Personality, 74（3）：779-809.

Zhang H, Kwan H K, Zhang X, et al. 2014. High core self-evaluators maintain creativity：a motivational model of abusive supervision. Journal of Management, 40（4）：1151-1174.

Zhang Z, Peterson S J. 2011. Advice networks in teams：the role of transformational leadership and members' core self-evaluations. Journal of Applied Psychology, 96（5）：1004-1017.

Zuo S, Wang F, Xu Y, et al. 2016. The fragile but bright facet in the Dark Gem：narcissism positively predicts personal morality when individual's self-esteem is at low level. Personality and Individual Differences, 97：272-276.

第五章 目标取向

　　组织快速变化的步伐给员工带来了越来越多的挑战，促使员工不断提升自己的技能，调整自己的行为，以适应组织新的变化。这样的变化引发了许多与组织行为有关的重要问题。为什么有些人在面对组织的变化时能表现出很强的适应性；有些人却拒绝任何改变，在他们需要改变自己行为时感到极大的压力？为什么有些人能在一生中不断努力去提升自己各方面的能力；有些人却满足于只使用一些基础的知识和技能而不求上进？为什么有些人能够克服那些很可能影响他们工作的行为，如吸烟、暴食、酗酒、赌博等；有些人却只是屈服于这些破坏性的行为？为什么有些人能全心全意地去迎接那些充满挑战的任务；有些人却逃避挑战，只去完成一些很简单的工作，甚至是一些会妨碍自己进步的工作？

　　目标取向为这些问题提供了一部分的答案。目标取向这一概念最初出现于教育心理学的文献中，用来解释学生学习行为的差异（Diener and Dweck，1978，1980；Dweck，1975；Dweck and Reppucci，1973），之后被引入应用心理学领域，成为与工作中的学习动机有关的变量，被研究者频繁使用（Farr，1993；Kanfer，1990）。在应用心理学领域中，目标取向被广泛用于理解和预测许多与学习和适应有关的行为，包括训练（Brown，2001；Cannon-Bowers et al.，1998；Fisher and Ford，1998；Ford et al.，1998；Stevens and Gist，1997）、销售业绩（VandeWalle et al.，1999）、寻求反馈（VandeWalle and Cummings，1997；VandeWalle et al.，2000；Gong et al.，2017）、目标设定（Phillips and Gully，1997）和行为适应（Kozlowski et al.，2001）等。

第一节　目标取向的概念

　　尽管在很多领域，已经对目标取向进行了广泛的研究，但是这一构想还没有在学术界形成一个一致的意见。有研究者指出（Elliot and Thrash，2001；Grant and Dweck，2003），目标取向的文献中存在许多概念上的模糊，这导致许多实证研究的结果不太一致。目标取向最初只关注于学生在学业中的成就，现在将其应用到更多领域中，这又导致了更多概念上的模糊（Button et al.，1996；Phillips and Gully，1997）。至今在研究中还存在着概念混淆的现象，以至于目标取向与其重要的结果变量（如学习成绩和工作绩效）之间的关系也变得不清晰。

在上述问题中，最主要的是目标取向没有统一的定义（Pintrich，2000；Elliot and Thrash，2001），尽管研究者采用相同的名称来表述目标取向，但不同研究者对于目标取向的定义不同。DeShon 和 Gillespie（2005）考察了实证研究文献中目标取向的定义方法，发现了五种不同类别的定义，即目标、特质、准特质、心理框架和信念，表 5-1 列举的是部分研究中对目标取向的定义方法。

表 5-1 部分研究中对目标取向的定义方法

作者	年份	定义类型	维度数量	稳定性*	研究方法	测量方法
Barron 和 Harackiewicz	2001	目标	2	不稳定	实验法、问卷法	自我报告
Elliot 和 Church	1997	目标	3	不稳定	问卷法	自我报告
Fisher 和 Ford	1998	目标	2	稳定	问卷法	Button 等（1996）
McGregor 和 Elliot	2002	目标	3	无	问卷法	Elliot 和 Church（1997）
Bell 和 Kozlowski	2002	特质	2	稳定	问卷法	Button（1996）
Holladay 和 Quinones	2003	特质	2	无	问卷法	Roedel 等（1994）
Towler 和 Dipboye	2001	特质	2	稳定	问卷法	Roedel 等（1994）
VandeWalle	1997	特质	3	稳定	问卷法	自我报告
Button 等	1996	准特质	2	不稳定	问卷法	自我报告
Gist 和 Stevens	1998	准特质	2	不稳定	实验法	无
Mangos 和 Steele-Johnson	2001	准特质	2	不稳定	实验法、问卷法	Button 等（1996）
Stevens 和 Gist	1997	准特质	2	不稳定	实验法	无
Ames 和 Archer	1987	心理框架	2	稳定	问卷法	自我报告
Lee 等	2003	心理框架	3	稳定	问卷法	Elliot 和 Church（1997）
Strage	1997	心理框架	2	稳定	问卷法	自我报告
Yeo 和 Neal	2004	心理框架	2	稳定	问卷法	Button 等（1996）
Brown	2001	信念	2	不稳定	问卷法	Button 等（1996）
Franken 和 Brown	1995	信念	2	稳定	问卷法	自我报告
Martocchio	1994	信念	2	不稳定	实验法	无
Plaks 等	2005	信念	2	稳定	问卷法	Dweck（1999）
Gong 等	2017	信念	2	稳定	问卷法	VandeWalle（1997）

注：稳定性*：指目标取向是稳定的（固定不变的），还是不稳定的（受个体和情境共同影响而发生改变）

第一种，也是最常见的定义方法认为，目标取向是个体在成就环境中，对某种特定目标的设置和追求（Barron and Harackiewicz, 2001; Elliot, 1999; Elliot and Church, 1997; Elliot and Harackiewicz, 1996; Elliot and Thrash, 2001; Grant and Dweck, 2003）。例如，Harackiewicz 等（2002）的研究提到，目标取向能在特定情境中测量个体的动机取向，即它能反映出个体成就行为的目的和意图——当个体追求成绩目标时，其目的就是表现出比他人更强的能力（Dweck and Leggett, 1988; Nicholls, 1984）。然而在这一种定义方式中，有关于成就目标的分类，研究者们的观点是不一致的。到目前为止，最常用的是二分的目标取向框架——掌握目标和成绩目标。然而，有些研究者（Elliot and Church, 1997; Elliot and Harackiewicz, 1996）将成绩目标进一步划分为成绩接近目标（performance approach goals）和成绩回避目标（performance avoidance goals），提出了三分的目标取向框架。随后，Elliot 和 McGregor（2001）再将掌握目标分为掌握接近目标（mastery approach goals）和掌握回避目标（mastery avoidance goals），提出了 2×2 目标取向框架。我们将在后面的部分详细论述这些相关的概念。

此外，关于个体采取特定目标的原因，至今也没有统一的研究结论。有些研究者（Elliot and Church, 1997; Elliot and Harackiewicz, 1994, 1996; Elliot and McGregor, 1999; Elliot et al., 1999; Elliot and Thrash, 2001）认为，个体采取不同目标取向的行为反映了个体对能力的不同解释：如果个体追求发展或提高自己的能力，他很可能采取掌握目标；如果个体追求向他人表现自己的能力，他很可能采取成绩目标。

第二种常见的定义方法是将目标取向视为一种特质或倾向，正是这种特质或倾向导致了个体不同的行为。在这一类别中，研究者认为目标取向是一种倾向（VandeWalle, 1997; VandeWalle et al., 2000）、人格变量（VandeWalle et al., 1999, 2001）、特质（Bell and Kozlowski, 2002; Phillips and Gully, 1997）、个体差异（Holladay and Quinones, 2003）或稳定的性格特征（Towler and Dipboye, 2001）。例如，Towler 和 Dipbooye（2001）的研究提到，目标取向是一种稳定的人格特质，能调节个体训练的效果（Button et al., 1996; Dweck and Leggett, 1988）。VandeWalle（1997）的研究使用了 Dweck（1986）的定义，认为目标取向是个体发展或表现自己能力的一种倾向。除此之外，DeShon 和 Gillespie（2005）的研究认为，还有一种情况下，研究者应该也是将目标取向定义为一种特质——有一些研究者并没有清晰地将目标取向定义为一种特质或是一种人格变量，而是将目标取向指代为一种个体类型（某种类型的人会采取某种特定的目标取向，如采取掌握目标取向的个体），并且在研究中没有提到情境或时间因素对个体目标取向会产生影响（Bembenutty, 1999; Madzar, 2001; Wolters,

2003）。另外，使用这一定义方法的研究者很少关注个体形成这种特质的原因，或者该特质的发展轨迹，他们更倾向于将目标取向视为整体人格的一部分。在成就情境中，个体的目标取向会由个体的行为模式表现出来（DeShon and Gillespie，2005）。

第三种常见的定义方法是将目标取向视为一种准特质。也就是说，在某种程度上，目标取向是稳定的特质，但是在某些特定的情境中，这种特质是能够被修正的（Button et al.，1996；Mangos and Steele-Johnson，2001）。例如，Button 等（1996）的研究中提到，个体自身的目标取向会预先决定个体行为的特定模式，然而情境特征可能会使个体采取一种不同的反应方式。在这一类别中，研究者将目标取向视为一种准特质，或是在某种程度上稳定的特质，或是一种个体类型（如采取掌握目标取向的个体），这与目标取向的特质定义比较相似。然而与特质定义不同的是，准特质定义强调了个体的目标取向在情境中的可变性；也就是说，目标取向是能够被特定的情境因素所修正的，情境是可以改变个体的目标取向的。具体来说，在较弱的情境中，只有很少的线索能指引行为，个体倾向于采用某种特定的目标取向去完成任务；相反地，在较强的情境中，即存在许多线索来指向合适的行为，而且当情境线索指向的目标取向与个体原本的目标取向不符时，个体还是会遵从情境所修正的目标取向来改变自己的行为（Hofmann and Strickland，1995）。但是，这一定义方法的不足之处在于，现在的研究结果还没有办法告诉我们，具体什么样的情境特征，以及相应特征需要达到什么样的强度和突出性时，才能对个体的目标取向进行修正（DeShon and Gillespie，2005）。

第四种常见的定义方法是将目标取向定义为一种心理框架，这种心理框架是由许多信念、情感、目标和认知所组成的，它们在成就情境中共同变化并发挥作用，最终引发相关的行为。在这一类别中，研究者很少关注目标取向的过程，而是将目标取向视为个体感知情境并做出反应的一种综合模式。例如，Ames 和 Archer（1987）的研究指出，目标取向应当被视为一个预先设定的框架，它描述了个体如何解释成就情境，如何解释和评估其中的信息，并产生行动（Dweck，1986）。Strage（1997）在研究中提到，目标取向代表了个体在成就情境中所表现出来的一系列态度和行为。

第五种定义目标取向的方法，关注的是个体对能力的信念或个体的内隐理论。在这一类别中，目标取向是来源于个体关于能力的信念——个体的能力是否具有可延展性的信念（Dweck and Leggett，1988）。具体来讲，研究者认为个体对能力的内隐理论会影响他们采取不同的目标取向（Dweck，1986，1999；Dweck and Leggett，1988；Heyman and Dweck，1992）。那些相信能力是固定的个体倾向于采取成绩目标，他们期望获得关于他们能力的良好评价，并且希望避免消极的评价。相反地，那些相信能力是可延展的个体关注于发展自己的能力，因此倾向于采取掌握目标。也就是说，对于能力是否具有可延展性的信念，会影响个体在任务中采用掌握目标还是成绩目标。Franken 和 Brown（1995）、Wood 和 Bandura（1989）、Hertenstein（2001）及 Gong 等（2017）的研究中都使用了这种目标取向的定义方法。

第二节 目标取向框架

一、二分的目标取向框架

Dweck（1986）最先提出，基于个体认为能力是否具有可延展性，可以将人们在成就情境中的目标取向分为两类：掌握目标和成绩目标。

掌握目标关注的是，在执行任务的过程中个人能力的提升（Dweck，1986）。具体来讲，具有掌握目标取向的个体倾向于寻求挑战，当面对困难或失败时，也能坚持不懈地努力。他们关注的是从成功或失败的经历中有所收获、有所学习，最终的目标是能掌握某项技能或完成任务（Ames，1992；Button et al.，1996；Dweck，1986；Elliot and Dweck，1988；VandeWalle et al.，2001）。研究者发现，掌握目标取向能明显影响个体在学习过程中投入的努力和坚持不懈的精神（Brown，2001；Fisher and Ford，1998；Towler and Dipboye，2001），并且能增强个体学习的动机（Klein et al.，2006）。Payne 等（2007）的元分析研究发现，掌握目标取向与学习成绩和工作绩效存在显著正相关关系。

成绩目标关注于个体展现出比别人更强的能力（Dweck，1986；VandeWalle，1997）。具有成绩目标取向的个体倾向于将更多的精力用于加强自我形象，他们将注意力集中于如何表现自己的能力，而不是完成任务本身（Brown，2001；Fisher and Ford，1998）。他们将错误视为一种危险信息（Martocchio，1994），所以在面临挫折时倾向于选择逃避（Button et al.，1996），并且会想办法使用策略，减少自己在任务中需要付出的努力（Fisher and Ford，1998；Mangos and Steele-Johnson，2001；Steele-Johnson et al.，2000）。

当获得成功时，掌握目标取向的个体倾向于将成功归因于自己的努力，而成绩目标取向的个体则会将成功归因于自己的能力（Creed et al.，2009）。相较于成绩目标取向来讲，掌握目标取向对个体的表现结果有更积极的影响（VandeWalle et al.，1999；Yeo and Neal，2004）。但也有少量学者持不同观点。Uy 等（2017）的研究发现成绩目标取向能缓冲高情绪波动的负面影响，而掌握目标取向会加剧其负面影响。

二、三分的目标取向框架

随后，Elliot（Elliot and Church，1997；Elliot and Harackiewicz，1996）对最初二分的掌握—成绩目标取向框架进行修正，将接近和回避这两种不同的动机包含于其中。接近动机是指个体希望朝向一个目标所在的方向移动，而回避动机是指个体希望朝远离一个目标的方向移动（Carver and Scheier，1998）。由此，他们提出了三分的目标取向框架，其中掌握目标保持不变，将成绩目标分为成绩接近目标和成绩回避目标。

成绩接近目标关注的是个体展现出自己的能力并且获得好的评价（Elliot and Harackiewicz，1996）。具有成绩接近目标取向的个体认为他们的表现能反映出他们的能力（Schraw et al.，1995），会更多寻求关于自己表现的积极反馈及关于同事表现的消极反馈（Gong et al.，2017），并且觉得任务的成功应当只需要他们很少的努力。有一些研究发现，成绩接近目标取向有助于个体使用自我管理策略（Porath and Bateman，2006），并且能提高他们在复杂任务中的表现（Heimbeck et al.，2003；Hofmann，1993；Uy et al.，2017）。Payne 等（2007）的元分析也表明，成绩接近目标取向与学习策略的使用和工作绩效存在正相关关系。

成绩回避目标关注的是避免别人否定自己的能力，或对自己做出负面的评价（Elliot and Harackiewicz，1996）。研究发现，具有成绩回避目标取向的个体更少主动地表现出能促进自我提高的行为（Porath and Bateman，2006），并且在学习或工作中的积极性和行动水平更低（Payne et al.，2007）。

三、2×2 目标取向框架

研究者（Pintrich，2000；Elliot et al.，1999；Elliot and McGregor，2001）在三分的目标取向框架基础上，将掌握目标进一步分为掌握接近目标和掌握回避目标，由此提出了 2×2 目标取向框架。下面针对这一框架进行介绍。

Elliot 和 McGregor（2001）认为，能力是目标取向概念的核心。因此，能力及目标取向有两个基本维度，即定义和效价。

定义这一维度依据的是，在评价个体的能力时所使用的参照物和标准。标准主要有三种：绝对的标准、个体自身的标准和规范的标准。绝对的标准是指任务本身的要求，个体自身的标准包括个体过去所获得的成就或潜在的能获得的最大成就，规范的标准是指其他人的表现。绝对的标准和个体自身的标准在概念上和实证上有一些相似之处，二者通常不作区分，视为一个统一的标准（Elliot and McGregor，2001）。例如，学习新知识既代表掌握了一个任务（绝对的标准），也代表了个人知识的提升（个体自身的标准）。因此，能力按照如何定义这一维度可以划分为绝对/个体自身的标准和规范的标准这两类，分别对应传统的二分目标取向框架中的掌握目标和成绩目标。

能力的另一个划分维度是效价，是指能力被认为是趋向成功的、能带给人积极情绪感受的，还是导致失败的、带给人消极情绪感受的（Elliot and McGregor，2001）。许多研究表明，人们大多数时候根据所遇到刺激的效价来迅速处理刺激，而不是具体的意图或清楚的认识（Bargh，1997；Zajonc，1998）。这种自动的、基于效价的处理能立刻引起个体的行为倾向——接近或回避（Cacioppo et al.，1993；Forster et al.，1998）。这种接近和回避的倾向出现在婴儿期，随着大脑神经解剖结构的发展而逐渐稳定下来（Cacioppo et al.，1993；Forster et al.，1998）。能力动机的两种形式（接近和回避）之间的差异，是传统的成就动机理论的核心内容（Atkinson，1962；Murray，1938）。然而，这种差异似乎在早期的目标取向框架中只有比较含蓄的表述，直到在三分的目标取向框架中接近动机和回避动机才被加以明确区分。

定义和效价对能力来说是缺一不可的，因此对与能力有关的调节活动——包括目标取向——也是很重要的。由此，Elliot 等（1999）提出了 2×2 目标取向框架，包含了定义和效价这两个维度及其形成的四种组合，如图 5-1 所示。

图 5-1 2×2 目标取向框架

三分的目标取向框架包含了 2×2 目标取向框架的 4 种组合中的 3 种：掌握接近目标（能力根据绝对/个体自身的标准和积极效价来定义）、成绩接近目标（能力根据规范的标准和积极效价来定义）及成绩回避目标（能力根据规范的标准和消极效价来定义）。尽管在二分和三分框架中都没有将掌握目标进行划分，但因为在这两个框架中掌握目标都被认为是积极效价的，因此将二分和三分框架中的掌握目标看作掌握接近目标。Elliot（1999）也提出，典型的掌握目标取向是一种接近目标，个体渴望能够掌握任务，因而他们采取了掌握接近目标。因此，在 2×2 目标取向框架中，新加入的第四个维度就是——掌握回避目标（能力根据绝对/个体自身的标准和消极效价来定义）。

在掌握回避目标的构想中，能力根据绝对的标准或个体自身的标准来定义，而调节活动关注的重心则是避免自己的无能，避免可能发生的消极事情。例如，努力避免自己无法理解课程材料、努力避免在商业交易中犯错、努力避免忘记自己已经学过的东西等（Elliot and McGregor，2001）。

掌握目标通常被看作一种接近形式而非回避形式的调节活动，而掌握回避目标似乎在以往的目标取向研究中被忽视了。原因可能是，一些理论者将掌握目标等同于内部动机，无形中都将掌握目标视为基于能力调节活动的一种完美形式，因此掌握回避目标从其概念上来讲似乎与我们的直觉有些相违。但有研究者认为（Pintrich，2000；Elliot and McGregor，2001），掌握回避目标是存在的，它表示个体努力不让自己掌握的任务达不到标准。Elliot（1999）也认为，尽管掌握回避目标不太常见，但个体在某些特定情况下，是会采用这种目标的，如一位专家希望能避免失去自己的技能。

综合掌握回避目标的这些特点来考虑，可以认为掌握回避目标比掌握接近目标更消极，而比成绩回避目标更积极。Elliot 和 McGregor（2001）的研究也证实了这一点，尽管掌握回避目标和成绩回避目标有一些高度相似的前因变量（如害怕失败、低自我决定），并且都与一些不好的加工过程（如考试的焦虑状态、担忧、杂乱无序的学习）相关，然而重要的是，采取掌握回避目标的个体倾向于认为成就环境（如课堂、工作环境）是值得投入的和充满乐趣的，这一点使掌握回避目标更接近于掌握接近目标而非成绩回避目标。掌握回避目标不会对学业表现或工作绩效有负向的预测作用，更不会对一些不好的结果变量（如考试期间去医院的次数）有正向的预测作用。事实上，Elliot 和 McGregor（2001）的研究还表明，掌握回避目标还能促进随后的接近形式的目标取向——掌握接近目标和成绩接近目标。这些结果都清晰地表明，不是所有的回避目标都是同样有害的。

四、目标取向量表

由于存在不同的目标取向框架，测量目标取向的量表也有所不同。下面介绍几种常用的测量目标取向的量表。

Button 等（1996）编制的量表中，采用的是二分的目标取向框架。掌握目标取向和成绩目标取向各由10道题来测量，共20道题。采用7级利克特量表评分，1代表完全不同意，7代表完全同意。题目如：掌握目标取向——"对我来说，拥有学习新东西的机会是很重要的"；成绩目标取向——"我倾向于去做那些我擅长的事，而不是我不善于做的事"。

VandeWalle（1997）采用的是三分的目标取向框架。他最初选取了 50 道题目，通过信度分析和探索性因素分析，最终确定了16道题目来测量三种目标取向（掌握目标、成绩接近目标和成绩回避目标）。掌握目标取向有 6 道题，题目如"我通常阅读与我工作有关的材料，来提高我的能力"；成绩接近目标取向有 5

道题，题目如"我喜欢完成那些能向他人证明我能力的任务"；成绩回避目标取向有 5 道题，题目如"我倾向于回避那些我可能会表现得不好的任务"。采用 6 级利克特量表评分，1 代表完全不同意，6 代表完全同意。

Elliot 和 Church（1997）的量表中，三种目标取向（掌握目标、成绩接近目标和成绩回避目标）各编制了 6 道题目，共 18 道题。采用 7 级利克特量表评分，1 代表完全不符合，7 代表完全符合。题目如：掌握目标取向——"我希望能完全掌握课堂上的材料"；成绩接近目标取向——"对我来说，比班里其他人表现得更好是很重要的"；成绩回避目标取向——"我只是想避免在班级里表现得不好"。

Elliot 和 McGregor（2001）提出了 2×2 目标取向框架，因此在之前量表的基础上，编制了一套新的目标取向量表。他们从 Elliot（1999）、Elliot 和 Church（1997）的量表中选择了掌握接近目标、成绩接近目标和成绩回避目标的题目，并且自己设计了新增加的掌握回避目标的题目，如"有时我会害怕自己不能完全理解课堂上所教的内容""我担心我没有学到所有我可以在课堂上学到的知识"。每种目标取向有 3 道题，共 12 道题。采用 7 级利克特量表评分，1 代表完全不符合，7 代表完全符合。

Elliot 和 McGregor（2001）使用自己编制的目标取向量表（基于 2×2 目标取向框架），运用探索性因素分析和验证性因素分析证明了 2×2 框架中的四种目标在实证上是相互分离的，具有较高的内部一致性且与数据有很好的拟合度。此外，研究还比较了 2×2 框架和其他一些模型与数据的拟合度指标，所比较的模型如下：①三分框架 A：将掌握接近目标和掌握回避目标结合成一个变量，另两个变量是成绩接近目标和成绩回避目标，即典型的目标取向三分框架；②三分框架 B：将掌握回避目标和成绩回避目标结合成一个变量，另两个变量是掌握接近目标和成绩接近目标；③二分框架 C：将掌握接近目标和掌握回避目标结合成一个变量，将成绩接近目标和成绩回避目标结合成一个变量；④二分框架 D：将掌握接近目标和成绩接近目标结合成一个变量，将掌握回避目标和成绩回避目标结合成一个变量，即最初的目标取向二分框架。验证性因素分析的结果见表 5-2。

表 5-2　验证性因素分析的结果

变量	χ^2（N=148）/ $\Delta\chi^2$	近似误差均方根	非规范拟合指数	比较拟合指数
2×2 框架	χ^2（48）=60.49, p=0.11	0.04	0.99	0.99
三分框架 A	χ^2（49）=210.93, p<0.001	0.15	0.80	0.86
三分框架 B	χ^2（49）=248.28, p<0.001	0.17	0.76	0.82
二分框架 C	χ^2（50）=402.54, p<0.001	0.22	0.58	0.68
二分框架 D	χ^2（50）=457.75, p<0.001	0.24	0.51	0.63

研究结果表明，这 4 个三分或二分的框架都与数据的拟合度较差，而 2×2 框架与数据的拟合度较好。

第三节 理 论 意 义

目标取向中接近—回避动机之间的差异是研究情感、认知、行为所不可缺少的部分，接近—回避动机的差异可以用来解释人格变量。Elliot 和 Thrash（2002）认为，接近—回避动机可以代表人格的几个基本维度，并且能将人格的不同水平（Emmons，1995）和维度（Little，1999）统合起来。

人格心理学的核心任务就是确定人格的基本结构维度，其中第一种方法是用不同的特质形容词来描述人格的基本维度。大五人格模型（Big Five personality model）和艾森克人格理论（Eysenck's personality theory）是近年来最主要的两个人格模型。在大五人格模型中，人格特质包括神经质、外向性、经验开放性、宜人性和尽责性（McCrae and Costa，1987；Goldberg，1993；John，1990）。艾森克人格理论包括神经质、内倾性—外向性和精神质（H. J. Eysenck and M. W. Eysenck，1985）。研究者普遍认同，大五人格模型中的神经质和外向性维度与艾森克人格理论中相同名称的两个维度是相一致的（Costa and McCrae，1992；Eysenck，1992）。神经质代表了个体在经历挫折时不同的性格倾向和典型行为，包括焦虑、抑郁、易激动、担心和无安全感（Barrick and Mount，1991）。外向性代表的是个体的外向—内向维度，外向个体的典型行为倾向包括过分自信、爱说话和好交际（Barrick and Mount，1991）。

第二种确定人格基本维度的方法关注的是情感倾向，主要有两个模型。第一个模型是 Tellegen（1985）提出的，包括积极情绪、消极情绪和情绪抑制；第二个模型是由 Watson 和 Clark（1993）提出，包括积极性情、消极性情和去抑制。积极情绪/性情是指个体倾向于体验积极情绪，并以积极的方式来面对生活；而消极情绪/性情是指个体倾向于体验消极情绪，并以消极的方式对待生活（Tellegen，1985；Watson and Clark，1993）。

第三种确定人格基本维度的方法关注于动机系统。许多理论者假定存在两个引发行为和情感的基本动机系统，一个促进行为或产生积极情绪，另一个抑制行为或产生消极情绪（Cacioppo and Berntson，1994；Dickinson and Dearing，1979；Konorski，1967；Lang，1995；Mackintosh，1983；Panksepp，1998；Schneirla，1959；Solomon and Corbit，1974）。Gray（1970）提出的理论尤其值得关注。他假定在个体间存在两种不同的神经系统，一个是行为激活系统

（behavioral activation system，BAS），它能促进行为并产生积极情感；另一个是行为抑制系统（behavioral inhibition system，BIS），能抑制行为并产生消极情感。

尽管特质形容词（神经质、外向性）、情感倾向（积极情绪、消极情绪）和动机系统（行为激活系统、行为抑制系统）这三种方法从不同方面描述了人格的基本维度，但是许多研究者都证明了它们之间是有重合的（Carver et al.，2000；Clark and Watson，1999；Cloninger，1987；Depue and Collins，1999；Gray，1988；Larsen and Ketelaar，1991；Lucas et al.，2000；Newman，1987；Tellegen，1985；Watson，2000；Watson and Clark，1993；Zuckerman，1991）。因此，无论是从概念上还是实证上来看，这些不同方法的构想之间存在重叠。然而，研究者对如何解释它们之间共享的变异并未达成一致。

不同学科领域的研究者都证明了基于效价的评价过程是普遍存在的，并且是实用的（Bargh and Chartrand，1999；Berntson et al.，1993；Schneirla，1959；Zajonc，1998）。同时，Carver等（2000）和Gable等（2000）都提出，不同人格维度的构想间共享的变异也许可以由接近和回避动机来解释。综上，Elliot 和Thrash（2002）提出，外向性、积极情绪和行为激活系统共享同样的基本核心——对趋向成功的、能带给人积极情绪感受的刺激具有敏感性和知觉警惕性，能产生相应的情感反应，并导致朝向这些刺激的行为倾向；相似地，神经质、消极情绪和行为抑制系统也共享同一个基本核心——对导致失败的、带给人消极情绪感受的刺激具有敏感性和知觉警惕性，能产生相应的情感反应，并导致远离这些刺激的行为倾向。这两个基本核心分别是接近性情（approach temperament）和回避性情（avoidance temperament），前者是积极性格（由外向性来评定）、积极情感取向（由积极情绪来评定）及行为促进和冲动（由行为激活系统来评定）的基础；后者是消极性格（由神经质来评定）、消极情感取向（由消极情绪来评定）及行为抑制和焦虑（由行为抑制系统来评定）的基础，接近性情和回避性情代表了接近和回避动机的基本形式。Elliot 和 Thrash（2002）用探索性因素分析和验证性因素分析进行研究，探索性因素分析产生了一个两因素的模型，第一个因素能解释 49.4%的变异，第二个因素能解释 26.0%的变异。这说明，外向性、神经质、积极情绪、消极情绪、行为激活系统、行为抑制系统构成了一个两因素的结构——接近性情（包括外向性、积极情绪、行为激活系统）和回避性情（包括神经质、消极情绪、行为抑制系统）。验证性因素分析的结果也证明这个两因素的模型与数据有很好的拟合度，χ^2（8，N=167）=16.67，$p<0.05$，IFI=0.98，TLI=0.96，CFI=0.98，RMSEA=0.08。

与性情相同，目标在自我调节过程中也扮演着很重要的角色——目标和性情共同作用影响着个体的情绪。具体来讲，性情和目标在动机过程中有着不同的功能——性情的作用是激发个体的情绪倾向，而目标的作用是关注这些倾向，并为它们提供引导。Elliot 和 Thrash（2002）的研究表明，接近性情、回避性情和目标之间存在着关联。具体来讲，表现接近性情的外向性、积极情绪和行为激活系统各自都能很好地预测掌握目标和成绩接近目标，且和成绩回避目标无关；表现回避性情的神经质、消极情绪和行为抑制系统各自都能很好地预测成绩接近目标和成绩回避目标，且与掌握目标无关。

由此可见，尽管存在不同的人格基本维度，但它们在概念上有着相似之处，并且有共享的深层结构——接近性情和回避性情，而性情又与目标有着联系，因此可以用接近和回避目标来对性情进行解释（Elliot and Thrash，2002）。

有一些实证研究的结果可以证明上述的观点。例如，Wang 和 Takeuchi（2007）研究了大五人格模型中的外向性和神经质这两个维度与目标取向之间的关联。研究者认为，外向性与目标设置和自我效能感等动机概念显著相关（Judge and Ilies，2002）。外向者倾向于设定高目标并去实现该目标，同时基于他们过分自信且富有野心的性格特点，外向者渴望获得奖赏（Stewart，1996）。因此，外向性与掌握目标取向和成绩接近目标取向存在正相关关系。此外，由于神经质者的焦虑本质，他们倾向于质疑自己的想法和行为（Digman，1990），他们更可能尽力去回避失败。成绩接近目标取向反映了一种试图避免他人负面评价的动机，而成绩回避目标取向更是一种回避性质的动机取向，因而这两种成绩目标取向都与神经质正相关。

第四节 实 证 研 究

一、目标取向与任务绩效

任务绩效通常被认为是组织行为领域最为重要的研究构想之一（Campbell et al.，1996）。已有许多研究考察了影响个体任务绩效的因素，包括认知能力（J. E. Hunter and R. F. Hunter，1984）、责任心（Barrick and Mount，1991）和动机（Ambrose and Kulik，1999）等。当然，目标取向对个体的任务绩效也起到了很大的影响作用（Button et al.，1996）。不同的目标取向会影响个体获得技能的质量（Dweck，1986）。Fisher 和 Ford（1998）认为这是因为目标取向影响了个体在完成任务的过程中，付出努力的多少及努力所指向的重心。

Yeo 和 Neal（2004）使用空中交通管制（air traffic control，ATC）实验任务（Ackerman et al.，1995），研究了在习得技能的过程中，目标取向和练习的次数对任务绩效的影响。结果发现,成绩目标取向作为调节变量,影响了练习和任务绩效之间的关系,而掌握目标取向没有这样的作用。具体来讲,低成绩目标取向的个体比高成绩目标取向的个体习得技能的速度更快。这可能是由于高成绩目标取向的个体倾向于回避挑战,在面临挫折时容易放弃任务。这也说明了,成绩目标取向对个体的学习过程有消极影响(Button et al., 1996;Dweck, 1986;Dweck and Leggett, 1988)。

Yeo 等(2009)也使用空中交通管制实验任务,研究了目标取向与完成任务绩效之间的关系。不同于往常的实验室研究都在个体间水平上(即任务完成的结果与他人进行比较)对被试的任务绩效进行测量(Earley et al., 1989;Seijts et al., 2004;Winters and Latham, 1996;Steele-Johnson et al., 2000;Zimmerman and Kitsantas, 1997, 1999),研究者同时在个体内水平(即只比较自己在执行任务过程中绩效的变化)和个体间水平上进行了考察。研究发现,在个体内水平上,掌握接近目标取向与任务绩效正相关,成绩接近目标取向和成绩回避目标取向与任务绩效无关;而在个体间水平上,成绩接近目标取向和任务绩效显著正相关,成绩回避目标取向与任务绩效显著负相关,掌握接近目标取向与任务绩效无关。

研究还发现,随着完成任务中练习次数的增加,目标取向和任务绩效的关系也随之变化。具体来讲,在个体内水平上,在执行任务的初始阶段,成绩接近目标取向与任务绩效负相关,而在任务的后期阶段,成绩接近目标取向与任务绩效变为正相关;但掌握接近目标取向始终与任务绩效正相关,成绩回避目标取向与任务绩效无关。这可能是由于,随着练习次数的增加,执行任务所需的认知加工要求减少了。研究中以被试自身的表现作为完成任务绩效的参照,这在高认知要求的情况下显得特别有利,因此掌握接近目标取向和任务绩效之间的联系在任务初期非常显著,随着任务的进行,关系强度稍有减弱,但仍然显著。成绩接近目标关注于个体与别人比较之下的表现情况,在高认知要求情况下会对任务绩效有所损害,但在低认知要求情况下却会变得有利(Yeo et al., 2009)。

Dierdorff 等(2010)的研究针对参加参照框架(frame-of-reference,FOR)训练项目的员工,考察了动机因素(目标取向和自我效能感)对受训者在情感(如自信心)、认知(如在工作中面临困难时的态度)和行为(如训练后测验分数的提高)上的学习结果的影响。结果发现,掌握目标取向与情感和行为结果正相关,成绩接近目标取向与认知和行为结果正相关,成绩回避目标取向与认知和行为结果负相关。表明掌握目标取向和成绩接近目标取向都有助于训练结果的提高,但成绩回避目标取向却对结果有消极作用。同时,自我效能感和目标取向之间有交互作用,具体表现为高的自我效能感能减轻成绩回避目标取向对训练结果的负面影响。

　　金杨华（2005）通过问卷测量，考察了目标取向和工作经验对工作绩效的影响。工作经验的测量包含时间成分、数量成分和定性成分，其中工作经验的定性成分尤为重要，它主要反映工作任务的挑战性和复杂性（Quinones et al.，1995；Tesluk and Jacobs，1998）。研究表明，掌握目标取向和工作经验的定性成分都与工作绩效存在正相关关系。此外，掌握目标取向对工作绩效具有正向预测作用。

　　Gong（2017）通过问卷测量，考察了个体的目标取向对反馈寻求的影响及反馈寻求的不同类型对工作绩效、角色明确性、社会融合的影响。Gong 等（2017）按照关注点（自我或同伴）和反馈效价（积极或消极）两个维度将寻求反馈类型概念化，分为寻求自我表现的积极反馈、寻求自我表现的消极反馈、寻求他人表现的积极反馈、寻求他人表现的消极反馈四种类型。研究结果发现，具有掌握目标取向的个体更多地寻求有关自我表现的消极反馈与他人表现的积极反馈，具有成绩接近目标取向的个体更多地寻求有关自我表现的积极反馈与他人表现的消极反馈。在进一步探究寻求反馈的四种类型对绩效的影响时，研究发现自我表现的消极反馈寻求与工作绩效、角色明确性和社会融合正相关；自我表现的积极反馈寻求与工作绩效负相关，他人表现的积极反馈寻求与工作绩效正相关。研究结果间接证明了掌握目标取向能正向预测工作绩效。

二、目标取向与团队适应

　　团队适应力是指团队在执行任务的过程中，通过成员间的相互交流获得了有关于这个团队的特点等信息，从而有助于团队进行调整，形成新的人员结构（LePine，2005）。团队在完成任务的过程中，有时会突然遭遇无法预想的改变或危机，使得团队常规的工作规则或流程不再合适，团队需要做出调整以适应新的变化，而团队通常缺少应对这种情况的经验或训练。如何在这样的情况下增强团队的适应力，从而促进团队的工作效率，是值得探讨的问题（Kozlowski et al.，1999；Waller，1999）。团队的目标取向是将团队成员各自的目标取向综合起来，如高掌握目标取向的团队是指团队中的大部分成员采取的都是掌握目标取向（LePine，2005）。

　　Zhu 等（2019）研究了成绩接近目标取向对知识隐藏、创造力的影响。研究结果发现，绩效反馈更多地（而不是更少地）关注个人绩效时，成绩接近目标取向与知识隐藏呈正相关关系，而当绩效反馈更多地（而不是更少地）关注团队绩效时，成绩接近目标取向与知识隐藏呈负相关关系。这表明，绩效反馈的关注点（如以个人和群体为中心的反馈）决定了成绩接近目标取向（即群体内和群体间取向）竞争性表达的本质。研究还将创造力作为知识隐藏的结果，并说明了绩效反馈关注个人或群体产生调节效应的最终结果。

Porter 等（2010）研究了在团队合作中，目标取向对提高团队任务绩效的影响。在实验研究中设定了团队工作任务量突然出现不平衡的情境，即团队中某一人的工作量突然比团队其他成员多。在此情境下，又分为工作资源充足（能够应对突然增加的工作量）和工作资源不足（较难应对突然增加的工作量）这两种情况。研究结果发现，目标取向与工作资源存在着交互作用，具体来讲，当工作资源不足时，掌握目标取向和成绩目标取向都与团队任务绩效的提高无显著相关关系；当工作资源充足时，团队任务绩效的提高与掌握目标取向存在正相关关系，与成绩目标取向存在负相关关系。这表明，在工作资源充足的情况下，掌握目标取向和成绩目标取向对团队的影响是独立的。成绩目标取向的团队在后期的提高越来越少，很可能是由于在突然出现了团队工作任务量不平衡的情况后，他们仍然继续使用之前的策略和规则，这可能最终变成团队的负担，甚至导致他们回避这个任务（Bell and Kozlowski, 2002; Porter, 2005）。

LePine（2005）研究了当团队面临难以预料的改变并妨碍他们继续完成任务时，目标的难度、团队的目标取向及团队适应力之间的关系。研究发现，掌握目标取向和成绩目标取向都与团队适应力没有直接的相关关系。但是，目标取向作为调节变量，能影响目标难度和团队适应力之间的关系。具体来说，当团队中成员的掌握目标取向较高时，目标难度和团队适应改变的速度之间存在着更高的正相关关系，即掌控目标取向团队在困难任务中的适应速度比在简单任务中更快；而当团队中成员的成绩目标取向较高时，目标难度和团队适应力之间的正相关较低，与掌握目标取向相反。这表明，较难的任务能促进高掌握目标取向团队的适应力，但会妨碍高成绩目标取向团队的适应力。进一步探讨发现，其原因为两种目标取向的团队在面临改变后，讨论的重心和关注点不同：高掌握目标取向的团队始终关注团队的目标，团队会积极地分析当前的情况，并计划如何有效地应对；然而，高成绩目标取向的团队却更多地讨论改变会如何影响团队的表现，而较少讨论他们应当如何采取行动来应对。

Pearsall 和 Venkataramani（2015）研究了在团队成员目标不对称的情况下，团队认同和团队掌握目标取向的交互作用对团队绩效的影响。在实验研究中设定了团队成员目标不一致且有冲突的场景，团队中的每个实验者都被分配了不同的角色身份和个人目标，且不知道团队内其他成员的目标。研究结果发现，当团队认同感不高时，团队掌握目标取向与团队绩效无显著相关关系；当团队认同感高时，团队掌握目标取向与团队绩效存在正相关关系，且团队认同感越高，团队掌握目标取向与团队绩效的相关性越强。进一步探讨发现，团队目标模型（团队对成员个人目标的整体理解程度）和团队计划过程（分析情况，确定折中方案和解决方案，并规划行动方案）在其中起中介作用。具体来说，当具有高掌握目标取向和强烈的团队认同感时，团队成员不但愿意分享有关自己目标的信息，而且更开放地听取他人的意见，从而通过了解彼此的利益，分析情况，确定权衡和解决方案及之后的计划行动方案以提高团队绩效。

三、目标取向与文化适应

外派者是指那些到国外去实现一个与工作相关的目标的个体（Sinangil and Ones，2001）。由于在国外的工作对组织的利益和外派者自身的发展都有很大影响，外派者较快地适应国外的工作环境是很重要的（Kraimer and Wayne，2004；Shaffer and Harrison，1998）。外派者的这种跨文化适应可以看作一个社会学习过程，外派者从中获得知识、技能、规范及在新环境中适宜的行为表现，从而更有效地工作（Black and Mendenhall，1991；Porter and Tansky，1999；Brislin et al.，1983；Earley and Ang，2003）。在这个过程中，外派者的不同目标取向会影响他们在学习和适应过程中的表现，尤其是当外派者遭遇挫折时（Elliot and McGregor，2001；VandeWalle et al.，2001）。

Wang 和 Takeuchi（2007）研究了目标取向对跨文化适应过程的影响。研究使用问卷测量了外派者的目标取向和三种不同种类的跨文化适应（工作适应、人际交往适应和整体适应）情况。结果发现，目标取向对不同种类的跨文化适应产生不同的影响。具体来讲，掌握目标取向、成绩接近目标取向都与工作适应、人际交往适应正相关，成绩回避目标取向与工作适应、人际交往适应负相关，另外，掌握目标取向与整体适应正相关，而成绩接近目标取向和成绩回避目标取向都与整体适应无相关关系。表明掌握接近目标取向和成绩接近目标取向能促进外派者的跨文化适应，但成绩回避目标取向却有一定的阻碍作用。

进一步研究发现，目标取向还会影响外派者与工作相关的行为，包括他们的工作绩效。研究者将三种不同类型的跨文化适应（工作适应、人际交往适应和整体适应）及工作压力作为中介变量，考察了其对前因变量（不同的目标取向和感知到的组织支持）和结果变量（外派者的工作绩效）之间关系的影响。结果表明，目标取向和工作压力能通过跨文化适应来影响外派者的工作绩效。这说明适应过程可能是联结目标取向和外派者工作绩效的关键（Black and Mendenhall，1991）。也就是说，成绩目标取向会影响外派者的跨文化适应过程，而这一适应过程也会影响外派者的工作绩效和提早回国的意图（Bhaskar-Shrinivas et al.，2005）。

Gong 和 Fan（2006）也研究了目标取向在外派者的跨文化适应中的作用。他们通过问卷测量，考察了目标取向与特定类别的自我效能感（学术自我效能感、社交自我效能感）之间的关系。结果发现，掌握目标取向与学术自我效能感和社交自我效能感正相关，而成绩目标取向与社交自我效能感负相关。这表明在外派者的跨文化适应过程中，掌握目标取向对外派者形成和维持自我效能感很有帮助（Gist and Mitchell，1992），相反地，成绩目标取向可能会妨碍外派者形成和维持自我效能感，甚至导致低自我效能感（Bandura，1986；Dweck and Leggett，1988）。此外，研究还发现，学术自我效能感、社交自我效能感分别与学术、社交适应存在显著相关关系，而掌握目标取向能通过自我效能感的中介作用来影响学术和社交适应。

四、失业者的目标取向

在当今社会，失业是一个很普遍的问题，并且会对失业者自身和他们的家庭产生不利的影响（McKee-Ryan et al.，2005）。因此，对于失业者来说，努力寻找工作是很重要的。失业者的目标取向会对他们寻找工作过程中的任务选择（即寻找工作的意图）、任务追求（即寻找工作的行为）和任务表现（即就业后的表现）产生很大的影响（van Hooft and Noordzij，2009；Dweck，1986；Dweck and Leggett，1988）。

van Hooft 和 Noordzij（2009）研究了情境的目标取向在失业者寻找工作的过程中的作用。研究中设置了三种不同类型的工作室，为失业者提供三种不同目标取向的再就业指导——分别是掌握目标取向（提高寻找工作的技能）、成绩目标取向（在竞争中表现得比别人更好）和控制组（了解自己的人格），通过再就业指导来进行实验操纵，影响失业者采取的目标取向，以帮助他们寻找工作。结果发现，掌握目标取向工作室比另两个工作室更能促进失业者寻找工作的意图、行为和重新就业后的工作绩效。这样的研究结果表明，掌握目标取向对任务选择、任务追求和实际的任务表现起到积极作用（Elliot and Church，1997；VandeWalle et al.，1999；Wolters，2004；Rawsthorne and Elliot，1999；Stevens and Gist，1997；Utman，1997）。研究还进一步考察了个体自身的性格的目标取向对情境的目标取向的影响，结果表明二者之间不相关，说明情境的目标取向能独立于性格的目标取向，对失业者寻找工作产生影响（van Hooft and Noordzij，2009）。

Creed 等（2009）通过问卷测量，研究了失业者的目标取向、自我管理策略（情绪控制、动机控制和工作承诺）与寻找工作的强度（如为寻找工作而花费的时间、努力、资源等）之间的关系。结果发现，掌握目标取向与寻找工作的强度存在显著正相关关系，而成绩接近目标取向和成绩回避目标取向都与其无关。这表明，尽管在那些常规的、能够通过反复演练而掌握任务的情境中，成绩接近目标取向被认为是很合适的（Davis，2005），但在寻找工作的过程中，个体需要很强的自我恢复能力来面对拒绝和失败，这诸多的挑战阻止了成绩接近目标取向产生作用。

此外，研究还发现掌握目标取向和成绩接近目标取向与自我管理策略正相关，而成绩回避目标取向与三种自我管理策略都无关。这表明了接近形式的目标取向能帮助失业者设定更清晰准确的就业目标，并且有助于失业者维持动机及控制消极情绪（Creed et al.，2009）。同时，这也表明尽管两种成绩目标取向存在一定的相似之处，但是成绩接近目标取向比成绩回避目标取向拥有更大的优点（Elliot and Thrash，2002；Harackiewicz et al.，2002；Sideridis，2005）。

第五节　研　究　展　望

在这一部分中，针对目标取向领域尚未明晰、可进一步探索的部分，对未来该领域的研究方向提出一些展望。

成就情境中的动机是相当复杂的，而目标取向只是影响动机的众多因素中的一个。个体在成就情境中的一些动机因素与能力没有太大关系（如自我呈现、自我验证等），但这些因素也会影响与成就相关的过程和结果（Dweck，1999）。因此，接下来研究者可以进一步考察，在其他变量的影响下目标取向是如何作用的。

关于目标取向对人格变量的解释作用，未来的研究可以更多地考察人格其他的一些基本维度与接近和回避目标取向之间的关系，如感觉寻求（Zuckerman，1991）、伤害回避（Cloninger，1987）、大五人格模型中的其他三个特质（宜人性、尽责性和经验开放性）等。另外，还有许多调节变量会影响目标取向和人格变量之间的关系，如情境强度（情境对任务的要求）、测量变量的时间、工作类型和工作复杂性等（Schneider et al.，1996）。这些调节变量对目标取向—人格之间的联系亟待更多的研究。

在目标取向理论中，发展性问题一直是很重要的（Anderman et al.，2002）。一些研究主要关注在儿童早期个体目标取向差异的起源（Burhans and Dweck，1995），这样的研究需要继续下去，尤其应当关注其在思维加工成熟过程中所发生的变化。同时，研究者应当探索在不同文化环境中，目标取向发展情况的相似性和不同之处（Markus and Kitayama，1991；Triandis，1989）。此外，前人的研究很少关注目标取向随着时间流逝而发生的改变（Maehr and Braskamp，1986；Maehr and Kleiber，1981），甚至很少关注在进行一项任务的过程中目标取向的改变。这导致我们对于在人的一生中，或是个体完成某项任务的过程中，目标取向在不同时间点的可能发展轨迹了解得很少。

在 2×2 目标取向框架中，定义和效价作为能力的两个基本维度，较为全面地阐释了目标取向。对于这样一个框架来说，唯一较为合理的改进就是将能力定义中的绝对的标准和个体自身的标准区分开来（Elliot and McGregor，2001）。绝对的标准和个体自身的标准在概念上是可以区分开的，剩下的疑问就是他们在实证中是否是可分离的，是否具有不同的预测作用，这样的区分是否有意义。这些问题解决后，我们也许可以提出一个更为成熟的 3×2 目标取向框架。

参 考 文 献

金杨华. 2005. 目标取向和工作经验对绩效的效应. 心理学报，37（1）：136-141.

Ackerman P L, Kanfer R, Goff M. 1995. Cognitive and noncognitive determinants and consequences of complex skill acquisition. Journal of Experimental Psychology: Applied, 1（4）: 270-304.

Ambrose M L, Kulik C T. 1999. Old friends, new faces: motivation research in the 1990s. Journal of Management, 25（3）: 231-292.

Ames C. 1992. Classrooms: goals, structures, and student motivation. Journal of Educational Psychology, 84（3）: 261-271.

Ames C, Archer J. 1987. Mothers' beliefs about the role of ability and effort in school learning. Journal of Educational Psychology, 79（4）: 409-414.

Anderman E M, Austin C C, Johnson D M. 2002. The development of goal orientation//Wigfield A, Eccles J S. Development of Achievement Motivation. San Diego: Academic Press: 197-220.

Atkinson J. 1962. Motivational determinants of achievement motivation. British Journal of Social and Clinical Psychology, 1: 107-120.

Bandura A. 1986. Social Foundations of Thought and Action: A Social Cognitive Theory. Englewood Cliffs: Prentice Hall.

Bargh J. 1997. The automaticity of everyday life//Wyer R S. The Automaticity of Everyday Life: Advances in Social Cognition. Mahwah: LEA: 1-61.

Bargh J A, Chartrand T L. 1999. The unbearable automaticity of being. American Psychologist, 54（7）: 462-479.

Barrick M R, Mount M K. 1991. The Big Five personality dimensions and job performance: a meta-analysis. Personnel Psychology, 44（1）: 1-26.

Barron K E, Harackiewicz J M. 2001. Achievement goals and optimal motivation: testing multiple goal models. Journal of Personality and Social Psychology, 80（5）: 706-722.

Bell B S, Kozlowski W J. 2002. Goal orientation and ability: interactive effects on self-efficacy, performance, and knowledge. Journal of Applied Psychology, 87（3）: 497-505.

Bembenutty H. 1999. Sustaining motivation and academic goals: the role of academic delay of gratification. Learning and Individual Differences, 11（3）: 233-257.

Berntson G G, Boysen S T, Cacioppo J T. 1993. Neurobehavioral organization and the cardinal principle of evaluative bivalence. Annals of the New York Academy of Sciences, 702: 75-102.

Bhaskar-Shrinivas P, Harrison D A, Shaffer M A, et al. 2005. Input-based and time-based models of international adjustment: meta-analytic evidence and theoretical extensions. Academy of Management Journal, 48（2）: 257-281.

Black J S, Mendenhall M. 1991. Cross-cultural training effectiveness: a review and a theoretical framework for future research. Academy of Management Review, 15（1）: 113-136.

Brett J F, Vandewalle D. 1999. Goal orientation and goal content as predictors of performance in a training program. Journal of Applied Psychology, 84（6）: 863-873.

Brislin R W, Landis D, Brandt M E. 1983. Conceptualizations of intercultural behavior and training//Landis D, Brislin R W. Handbook of Intercultural Training. New York: Pergamon Press: 1-35.

Brown K G. 2001. Using computers to deliver training: which employees learn and why? Personnel Psychology, 54（2）: 271-296.

Bunderson J S, Sutcliffe K M. 2003. Management team learning orientation and business unit performance. Journal of Applied Psychology, 88（3）: 552-560.

Burhans K, Dweck C. 1995. Helplessness in early childhood: the role of contingent worth. Child Development, 66（6）: 1719-1738.

Button S B, Mathieu J E, Zajac D M. 1996. Goal orientation in organizational research: a conceptual and empirical foundation. Organizational Behavior and Human Decision Processes, 67（1）: 26-48.

Cacioppo J T, Berntson G G. 1994. Relationship between attitudes and evaluative space: a critical review, with emphasis on the separability of positive and negative substrates. Psychological Bulletin, 115（3）: 401-423.

Cacioppo J T, Priester J, Berntson G. 1993. Rudimentary determinants of attitudes II: arm flexion and extension have differential effects on attitudes. Journal of Personality and Social Psychology, 65（1）: 5-17.

Campbell J P, Gasser M B, Oswald F L. 1996. The substantive nature of job performance variability//Murphy K R. Individual Differences and Behavior in Organizations. San Francisco: Jossey-Bass: 258-299.

Cannon-Bowers J A, Rhodenizer L, Salas E, et al. 1998. A framework for understanding pre-practice conditions and their impact on learning. Personnel Psychology, 51（2）: 291-320.

Carver C S, Scheier M F. 1998. On the Self-Regulation of Behavior. Cambridge: Cambridge University Press.

Carver C S, Sutton S K, Scheier M F. 2000. Action, emotion, and personality: emerging conceptual integration. Personality and Social Psychology Bulletin, 26（6）: 741-751.

Clark L A, Watson D. 1999. Temperament: a new paradigm for trait psychology//Pervin L A, John O P. Handbook of Personality: Theory and Research. New York: Guilford Press: 399-423.

Cloninger C R. 1987. A systematic method for clinical description and classification of personality variants: a proposal. Archives of General Psychiatry, 44（6）: 573-588.

Costa P T, McCrae R R. 1992. Four ways five factors are not basic. Personality and Individual Differences, 13（6）: 653-665.

Creed P A, King V, Hood M, et al. 2009. Goal orientation, self-regulation strategies, and job-seeking intensity in unemployed adults. Journal of Applied Psychology, 94（3）: 806-813.

Davis W. 2005. The interactive effects of goal orientation and feedback specificity on task performance. Human Performance, 18（4）: 409-426.

Depue R A, Collins P F. 1999. Neurobiology of the structure of personality: dopamine, facilitation of incentive motivation, and extraversion. The Behavioral and Brain Sciences, 22（3）: 518-569.

DeShon R P, Gillespie J Z. 2005. A motivated action theory account of goal orientation. Journal of Applied Psychology, 90（6）: 1096-1127.

Dickinson A, Dearing M F. 1979. Appetitive-aversive interactions and inhibitory processes// Dickinson A, Boakes R A. Mechanisms of Learning and Motivation: a Memorial Volume to Jerzy Konorski. Hillsdale: Erlbaum: 203-231.

Diener C I, Dweck C S. 1978. An analysis of learned helplessness: continuous changes in performance, strategy, and achievement cognitions following failure. Journal of Personality and Social Psychology, 36（5）: 451-462.

Diener C I, Dweck C S. 1980. An analysis of learned helplessness: II. the processing of success. Journal of Personality and Social Psychology, 39（5）: 940-952.

Dierdorff E C, Surface E A, Brown K G. 2010. Frame-of-reference training effectiveness: effects of goal orientation and self-efficacy on affective, cognitive, skill-based, and transfer outcomes. Journal of Applied Psychology, 95（6）: 1181-1191.

Digman J M. 1990. Personality structure: emergence of the five factor model. Annual Review of Psychology, 41: 417-440.

Dweck C S. 1975. The role of expectations and attributions in the alleviation of learned helplessness. Journal of Personality and Social Psychology, 31（4）: 674-685.

Dweck C S. 1986. Motivational processes affecting learning. American Psychologist, 41 (10):
1040-1048.

Dweck C S. 1999. Self-Theories: Their Role in Motivation, Personality, and Development.
Philadelphia: Psychology Press.

Dweck C S, Leggett E L. 1988. A social-cognitive approach to motivation and personality.
Psychological Review, 95 (2): 256-273.

Dweck C S, Reppucci N D. 1973. Learned helplessness and reinforcement responsibility in children.
Journal of Personality and Social Psychology, 25 (1): 109-116.

Earley P C, Ang S. 2003. Cultural Intelligence: Individual Interactions Across Cultures. Stanford:
Stanford Business Books.

Earley P C, Connolly T, Ekegren G. 1989. Goals, strategy development, and task performance:
some limits on the efficacy of goal setting. Journal of Applied Psychology, 74 (1): 24-33.

Elliot A J. 1999. Approach and avoidance motivation and achievement goals. Educational
Psychologist, 34 (3): 169-189.

Elliot A J, Church M A. 1997. A hierarchical model of approach and avoidance achievement
motivation. Journal of Personality and Social Psychology, 72 (1): 218-232.

Elliot A J, Harackiewicz J M. 1994. Goal setting, achievement orientation, and intrinsic
motivation: a mediational analysis. Journal of Personality and Social Psychology, 66 (5):
968-980.

Elliot A J, Harackiewicz J M. 1996. Approach and avoidance achievement goals and intrinsic
motivation: a mediational analysis. Journal of Personality and Social Psychology, 70 (3):
461-475.

Elliot A J, McGregor H A. 1999. Test anxiety and the hierarchical model of approach and avoidance
achievement motivation. Journal of Personality and Social Psychology, 76 (4): 628-644.

Elliot A J, McGregor H A. 2001. A 2×2 achievement goal framework. Journal of Personality and
Social Psychology, 80 (3): 501-519.

Elliot A J, McGregor H A, Gable S. 1999. Achievement goals, study strategies, and exam
performance: a mediational analysis. Journal of Educational Psychology, 91 (3): 549-563.

Elliot A J, Sheldon K M, Church M A. 1997. Avoidance personal goals and subjective well-being.
Personality and Social Psychology Bulletin, 23 (9): 915-927.

Elliot A J, Thrash T M. 2001. Achievement goals and the hierarchical model of achievement
motivation. Educational Psychology Review, 13 (2): 139-156.

Elliot A J, Thrash T M. 2002. Approach-avoidance motivation in personality: approach and
avoidance temperaments and goals. Journal of Personality and Social Psychology, 82 (5):
804-818.

Elliott E S, Dweck C S. 1988. Goals: an approach to motivation and achievement. Journal of Personality and Social Psychology, 54（1）: 5-12.

Emmons R A. 1995. Levels and domains in personality: an introduction. Journal of Personality, 63（3）: 341-364.

Eysenck H J. 1992. A reply to Costa and McCrae: P or A and C—the role of theory. Personality and Individual Differences, 13（8）: 867-868.

Eysenck H J, Eysenck M W. 1985. Personality and Individual Differences: A Natural Science Approach. New York: Plenum.

Farr J L. 1993. Informal performance feedback: seeking and giving//Schuler H, Farr J L, Smith M. Personnel Selection and Assessment: Individual and Organizational Perspectives. New York: Psychology Press: 163-180.

Fisher S L, Ford J K. 1998. Differential effects of learner effort and goal orientation on two learning outcomes. Personnel Psychology, 51（2）: 397-420.

Ford J K, Smith E M, Weissbein D A, et al. 1998. Relationships of goal orientation, metacognitive activity, and practice strategies with learning outcomes and transfer. Journal of Applied Psychology: 83（2）: 218-233.

Forster J, Higgins E, Idson L. 1998. Approach and avoidance strength during goal attainment: regulatory focus and the "goal looms larger" effect. Journal of Personality and Social Psychology, 75（5）: 1115-1131.

Franken R E, Brown D J. 1995. Why do people like competition? The motivation for winning, putting forth effort, improving one's performance, performing well, being instrumental, and expressing forceful/aggressive behavior. Personality and Individual Differences, 19（2）: 175-184.

Gable S L, Reis H T, Elliot A J. 2000. Behavioral activation and inhibition in everyday life. Journal of Personality and Social Psychology, 78（6）: 1135-1149.

Gist M E, Mitchell T R. 1992. Self-efficacy: a theoretical analysis of its determinants and malleability. Academy of Management Review, 17（2）: 183-211.

Gist M E, Stevens C K. 1998. Effects of practice conditions and supplemental training method on cognitive learning and interpersonal skill generalization. Organizational Behavior and Human Decision Processes, 75（2）: 142-169.

Goldberg L R. 1993. The structure of phenotypic personality traits. American Psychologist, 48（1）: 26-34.

Gong Y, Fan J. 2006. Longitudinal examination of the role of goal orientation in cross-cultural adjustment. Journal of Applied Psychology, 91（1）: 176-184.

Gong Y, Wang M, Huang J C, et al. 2017. Toward a goal orientation-based feedback-seeking typology: implications for employee performance outcomes. Journal of Management, 43（4）: 1234-1260.

Grant H, Dweck C S. 2003. Clarifying achievement goals and their impact. Journal of Personality and Social Psychology, 85（3）: 541-553.

Gray J A. 1970. The psychophysiological basis of introversion-extroversion. Behavior Research and Therapy, 8（3）: 249-266.

Gray J A. 1988. The Psychology of Fear and Stress. New York: Cambridge University Press.

Harackiewicz J M, Barron K E, Tauer J M, et al. 2002. Predicting success in college: a longitudinal study of achievement goals and ability measures as predictors of interest and performance from freshman year through graduation. Journal of Educational Psychology, 94（3）: 562-575.

Heimbeck D, Frese M, Sonnentag S, et al. 2003. Integrating errors into the training process: the function of error management instructions and the role of goal orientation. Personnel Psychology, 56（2）: 333-361.

Hertenstein E J. 2001. Goal orientation and practice condition as predictors of training results. Human Resource Development Quarterly, 12（4）: 403-419.

Heyman G D, Dweck C S. 1992. Achievement goals and intrinsic motivation: their relation and their role in adaptive motivation. Motivation and Emotion, 16（3）: 231-247.

Hofmann D A. 1993. The influence of goal orientation on task performance: a substantively meaningful suppressor variable 1. Journal of Applied Social Psychology, 23（22）: 1827-1846.

Hofmann D A, Strickland O J. 1995. Task performance and satisfaction: evidence for a task-by ego-orientation interaction. Journal of Applied Social Psychology, 25（6）: 495-511.

Holladay C L, Quinones M A. 2003. Practice variability and transfer of training: the role of self-efficacy generality. Journal of Applied Psychology, 88（6）: 1094-1103.

Hunter J E, Hunter R F. 1984. Validity and utility of alternative predictors of job performance. Psychological Bulletin, 96（1）: 72-98.

John O P. 1990. The "Big Five" factor taxonomy: dimensions of personality in the natural language and in questionnaires//Pervin L A. Handbook of Personality: Theory and Research. New York: Guilford Press: 66-100.

Judge T A, Ilies R. 2002. Relationship of personality to performance motivation: a meta-analytic review. Journal of Applied Psychology, 87（4）: 797-807.

Kanfer R. 1990. Motivation theory and industrial and organizational psychology. Handbook of Industrial And Organizational Psychology, 1（2）: 75-130.

Klein H J, Noe R A, Wang C. 2006. Motivation to learn and course outcomes: the impact of delivery mode, learning goal orientation, and perceived barriers and enablers. Personnel Psychology, 59（3）：665-702.

Konorski J. 1967. Integrative Activity of the Brain：an Interdisciplinary Approach. Chicago：University of Chicago Press.

Kozlowski S J, Gully S M, Brown K G, et al. 2001. Effects of training goals and goal orientation traits on multidimensional training outcomes and performance adaptability. Organizational Behavior and Human Decision Processes, 85（1）：1-31.

Kozlowski S J, Gully S M, Nason E R, et al. 1999. Developing adaptive teams：a theory of compilation and performance across levels and time//Ilgen D R, Pulakos E D. The Changing Nature of Performance：Implications for Staffing, Motivation and Development. San Francisco：Jossey-Bass：240-292.

Kraimer M L, Wayne S J. 2004. An examination of perceived organizational support as a multidimensional construct in the context of an expatriate assignment. Journal of Management, 30（2）：209-237.

Lang P J. 1995. The emotion probe：studies of motivation and attention. American Psychologist, 50（5）：372-385.

Larsen R J, Ketelaar T. 1991. Personality and susceptibility to positive and negative emotional states. Journal of Personality and Social Psychology, 61（1）：132-140.

Lee F K, Sheldon K M, Turban D B. 2003. Personality and the goal-striving process：the influence of achievement goal patterns, goal level, and mental focus on performance and enjoyment. Journal of Applied Psychology, 88（2）：256-265.

LePine J A. 2005. Adaptation of teams in response to unforeseen change：effects of goal difficulty and team composition in terms of cognitive ability and goal orientation. Journal of Applied Psychology, 90（6）：1153-1167.

Little B R. 1999. Personality and motivation：personal action and the conative evolution//Pervin L A, John O P. Handbook of Personality：Theory and Research. New York：Guilford Press：501-524.

Lucas R E, Diener E, Grob A, et al. 2000. Cross-cultural evidence for the fundamental features of extraversion. Journal of Personality and Social Psychology, 79（3）：452-468.

MacKintosh N J. 1983. Conditioning and Associative Learning. Oxford：Clarendon Press.

Madzar S. 2001. Subordinates' information inquiry：exploring the effect of perceived leadership style and individual differences. Journal Occupational and Organizational Psychology, 74（2）：221-232.

Maehr M L, Braskamp L A. 1986. The Motivation Factor：A Theory of Personal Investment. Lexington：Lexington Books.

Maehr M L, Kleiber D A. 1981. The graying of achievement motivation. American Psychologist, 36 (7): 787-793.

Mangos P M, Steele-Johnson D. 2001. The role of subjective task complexity in goal orientation, self-efficacy, and performance relations. Human Performance, 14 (2): 169-185.

Markus H R, Kitayama S. 1991. Culture and the self: implications for cognition, emotion, and motivation. Psychological Review, 98 (2): 224-253.

Martocchio J J. 1994. Effects of conceptions of ability on anxiety, self-efficacy and learning in training. Journal of Applied Psychology, 79 (6): 819-825.

McClelland D. 1987. Human Motivation. Cambridge: Cambridge University Press.

McCrae R R, Costa P T. 1987. Validation of the five-factor model of personality across instruments and observers. Journal of Personality and Social Psychology, 52 (1): 81-90.

McGregor H A, Elliot A J. 2002. Achievement goals as predictors of achievement-relevant processes prior to task engagement. Journal of Educational Psychology, 94 (2): 381-395.

McKee-Ryan F M, Song Z, Wanberg C R, et al. 2005. Psychological and physical well-being during unemployment: a meta-analytic study. Journal of Applied Psychology, 90 (1): 53-76.

Middleton M, Midgley C. 1997. Avoiding the demonstration of lack of ability: an underexplored aspect of goal theory. Journal of Educational Psychology, 89 (4): 710-718.

Murray H. 1938. Explorations in Personality. New York: Oxford University Press.

Newman J P. 1987. Reaction to punishment in extraverts and psychopaths: Implications for the impulsive behavior of disinhibited individuals. Journal of Research in Personality, 21 (4): 464-480.

Nicholls J G. 1984. Achievement motivation: conceptions of ability, subjective experience, task choice, and performance. Psychological Review, 91 (3): 328-346.

Panksepp J. 1998. Affective Neuroscience, The Foundations of Human and Animal Emotions. New York: Oxford University Press.

Patrick H, Ryan A M, Pintrich P R. 1999. The differential impact of extrinsic and mastery goal orientations on males' and females' self-regulated learning. Learning and Individual Differences, 11 (2): 153-171.

Payne S C, Youngcourt S S, Beaubien J M. 2007. A meta-analytic examination of the goal orientation nomological net. Journal of Applied Psychology, 92 (1): 128-150.

Pearsall M J, Venkataramani V. 2015. Overcoming asymmetric goals in teams: the interactive roles of team learning orientation and team identification. Journal of Applied Psychology, 100 (3): 735-748.

Phillips J M, Gully S M. 1997. Role of goal orientation, ability, need for achievement, and locus of control in the self-efficacy and goal-setting process. Journal of Applied Psychology, 82（5）: 792-802.

Pintrich P R. 2000. Multiple goals, multiple pathways: the role of goal orientation in learning and achievement. Journal of Educational Psychology, 92（3）: 544-555.

Plaks J E, Grant H, Dweck C S. 2005. Violations of implicit theories and the sense of prediction and control: implications for motivated person perception. Journal of Personality and Social Psychology, 88（2）: 245-262.

Porath C L, Bateman T S. 2006. Self-regulation: from goal orientation to job performance. Journal of Applied Psychology, 91（1）: 185-192.

Porter C O. 2005. Goal orientation: effects on backing up behavior, performance, efficacy, and commitment in teams. Journal of Applied Psychology, 90（4）: 811-833.

Porter C O, Webb J W, Gogus C I. 2010. When goal orientations collide: effects of learning and performance orientation on team adaptability in response to workload imbalance. Journal of Applied Psychology, 95（5）: 935-943.

Porter G, Tansky J W. 1999. Expatriate success may depend on a "learning orientation": considerations for selection and training. Human Resource Management, 38（1）: 47-60.

Quinones M A, Ford J K, Teachout M S. 1995. The relationship between work experience and job performance: a conceptual and meta-analytic review. Personnel Psychology, 48（4）: 887-910.

Rawsthorne L J, Elliot A J. 1999. Achievement goals and intrinsic motivation: a meta-analytic review. Personality and Social Psychology Review, 3（4）: 326-344.

Roedel T D, Schraw G, Plake B S. 1994. Validation of a measure of learning and performance goal orientations. Educational and Psychological Measurement, 54（4）: 1013-1021.

Schneider R J, Hough L M, Dunnette M D. 1996. Broadsided by broad traits: how to sink science in five dimensions or less. Journal of Organizational Behavior, 17: 639-655.

Schneirla T C. 1959. An evolutionary and developmental theory of biphasic processes underlying approach and withdrawal//Jones M. Nebraska Symposium on Motivation. Lincoln: University of Nebraska Press: 1-42.

Schraw G, Horn C, Thorndike-Christ T, et al. 1995. Academic goal orientations and student classroom achievement. Contemporary Educational Psychology, 20（3）: 359-368.

Seijts G, Latham G, Tasa K, et al. 2004. Goal setting and goal orientation: an integration of two different yet related literatures. Academy of Management Journal, 47（2）: 227-239.

Shaffer M A, Harrison D A. 1998. Expatriates' psychological withdrawal from international assignments: work, nonwork, and family influences. Personnel Psychology, 51（1）: 87-118.

Sideridis G D. 2005. Goal orientation, academic achievement, and depression: evidence in favor of a revised goal theory framework. Journal of Educational Psychology, 97（3）: 366-375.

Sinangil H K, Ones D S. 2001. Expatriate management: personnel psychology//Ones D S, Anderson N, Viswesvaran C, et al. The SAGE Handbook of Industrial, Work & Organizational Psychology. London: Sage: 424-443.

Skaalvik E. 1997. Self-enhancing and self-defeating ego orientations: relations with task and avoidance orientaion, achievement, self-perceptions, and anxiety. Journal of Educational Psychology, 89（1）: 71-81.

Solomon R L, Corbit J D. 1974. An opponent-process theory of motivation: I. temporal dynamics of affect. Psychological Review, 81（2）: 119-145.

Steele-Johnson D, Beauregard R S, Hoover P B, et al. 2000. Goal orientation and task demand effects on motivation, affect, and performance. Journal of Applied Psychology, 85（5）: 724-738.

Stevens C K, Gist M E. 1997. Effects of self-efficacy and goal-orientation training on negotiation skill maintenance: what are the mechanisms? Personnel Psychology, 50（4）: 955-978.

Stewart G L. 1996. Reward structure as a moderator of the relationship between extraversion and sales performance. Journal of Applied Psychology, 81（6）: 619-627.

Strage A. 1997. Agency, communion, and achievement motivation. Adolescence, 32（126）: 299-312.

Sulsky L M, Day D V. 1992. Frame-of-reference training and cognitive categorization: an empirical investigation of rater memory issues. Journal of Applied Psychology, 77（4）: 501-510.

Tellegen A. 1985. Structures of mood and personality and their relevance to assessing anxiety, with an emphasis on self-report//Tuma A H, Maser J. Anxiety and the Anxiety Disorders. Hillsdale: Erlbaum: 681-706.

Tesluk P E, Jacobs R R. 1998. Toward an integrated model of work experience. Personnel Psychology, 51（2）: 321-355.

Towler A J, Dipboye R L. 2001. Effects of trainer expressiveness, organization, and trainee goal orientation on training outcomes. Journal of Applied Psychology, 86（4）: 664-673.

Triandis H C. 1989. The self and social behavior in differing cultural contexts. Psychological Review, 96（3）: 506-520.

Utman C H. 1997. Performance effects of motivational state: a meta-analysis. Personality and Social Psychology Review, 1（2）: 170-182.

Uy M A, Sun S, Foo M D. 2017. Affect spin, entrepreneurs' well-being, and venture goal progress: the moderating role of goal orientation. Journal of Business Venturing, 32（4）: 443-460.

van Hooft E A, Noordzij G. 2009. The effects of goal orientation on job search and reemployment: a field experiment among unemployed job seekers. Journal of Applied Psychology, 94（6）: 1581-1590.

VandeWalle D. 1997. Development and validation of a work domain goal orientation instrument. Educational and Psychological Measurement, 57（6）: 995-1015.

VandeWalle D, Brown S P, Cron W L, et al. 1999. The influence of goal orientation and self-regulation tactics on sales performance: a longitudinal field test. Journal of Applied Psychology, 84（2）: 249-259.

VandeWalle D, Cron W L, Slocum J W. 2001. The role of goal orientation following performance feedback. Journal of Applied Psychology, 86（4）: 629-640.

VandeWalle D, Cummings L L. 1997. A test of the influence of goal orientation on the feedback-seeking process. Journal of Applied Psychology, 82（3）: 390-400.

VandeWalle D, Ganesan S, Challagalla G N, et al. 2000. An integrated model of feedback-seeking behavior: disposition, context, and cognition. Journal of Applied Psychology, 85（6）: 996-1003.

Waller M J. 1999. The timing of adaptive group responses to nonroutine events. Academy of Management Journal, 42（2）: 127-137.

Wang M, Takeuchi R. 2007. The role of goal orientation during expatriation: a cross-sectional and longitudinal investigation. Journal of Applied Psychology, 92（5）: 1437-1445.

Watson D. 2000. Mood and Temperament. New York: Guilford Press.

Watson D, Clark L A. 1993. Behavioral disinhibition versus constraint: a dispositional perspective// Wegner D M, Pennebaker J W. Handbook of Mental Control. New York: Prentice Hall: 506-527.

Winters D, Latham G. 1996. The effect of learning versus outcome goals on a simple versus a complex task. Group and Organization Management, 21（2）: 236-250.

Wolters C A. 2003. Understanding procrastination from a self-regulated learning perspective. Journal of Educational Psychology, 95（1）: 179-187.

Wolters C A. 2004. Advancing achievement goal theory: using goal structures and goal orientations to predict students' motivation, cognition, and achievement. Journal of Educational Psychology, 96（2）: 236-250.

Wood R, Bandura A. 1989. Impact of conceptions of ability on self-regulatory mechanisms and complex decision making. Journal of Personality and Social Psychology, 56（3）: 407-415.

Yeo G B, Loft s, Xiao T, et al. 2009. Goal orientations and performance: differential relationships across levels of analysis and as a function of task demands. Journal of Applied Psychology, 94（3）: 710-726.

Yeo G B, Neal A. 2004. A multi-level analysis of effort, practice and performance: effects of ability, conscientiousness, and goal orientation. Journal of Applied Psychology, 89（2）: 231-247.

Zajonc R. 1998. Emotion//Gilbert D, Fiske S, Lindzey G. The Handbook of Social Psychology. 4th ed. New York: McGraw-Hill: 591-632.

Zhu Y, Chen T, Wang M, et al. 2019. Rivals or allies: how performance-prove goal orientation influences knowledge hiding. Journal of Organizational Behavior, 40（7）: 849-868.

Zimmerman B, Kitsantas A. 1997. Developmental phases in self-regulation: shifting from process goals to outcome goals. Journal of Educational Psychology, 89（1）: 29-36.

Zimmerman B, Kitsantas A. 1999. Acquiring writing revision skill: shifting from process to outcome self-regulatory goals. Journal of Educational Psychology, 91（2）: 241-250.

Zuckerman M. 1991. Psychobiology of Personality. Cambridge: Cambridge University Press.

第六章　组织支持感

在现代社会中，为了创造出企业的竞争优势以实现长远的发展，学者（Pfeffer，2005）与行业专家（Cohen et al.，2005）一致认为，为员工提供一个有支持力的工作环境非常重要。理论研究也表明，当员工感觉到组织的支持时，他们会有更强的组织承诺，甚至自愿地承担超出职责范围的工作来回报组织（Coyle-Shapiro and Kessler，2000）。因此，组织支持感成为现今组织管理中十分重要的研究热点，也是社会交换理论在工作场所中的直接体现，而社会交换理论则是组织支持感领域大量研究的理论基础（Wayne et al.，1997）。本章在社会交换理论的基础上，从组织支持感的概念内涵、相关变量和理论机制等方面，较为全面地介绍组织支持感已有的研究成果和最新的发展方向。

第一节　社会交换理论

社会交换理论起源于 20 世纪 20 年代（Malinowski，1922；Mauss，1925），将人类学（Firth，1967；Sahlins，1972）、社会心理学（Gouldner，1960；Homans，1958；Thibaut and Kelley，1959）和社会学（Blau，1964）等学科联系在了一起，是用来理解个体工作行为的最有影响力的理论之一。社会交换是指发生在两个或两个以上个体之间，伴随着一定的付出与回报的交换行为（Homans，1961）。Blau（1964）也指出，社会交换通常伴随着不确定的责任和义务，即当一个人帮助他人时，期望能够在将来获得回报，尽管回报的时间和方式都是不确定的。同时，交换双方之间的一系列互动又都是相互联系的，其中一方的行为会因为另一方在之前的交换中的行为而获得不同。就工作环境而言，员工倾向于长期与同事、领导及组织建立社会交换关系，通过互惠在交换中找到平衡（Rousseau，1989）。此外，人们也已经意识到社会交换理论在社会力量（Molm et al.，1999）、网络（Brass et al.，2004；Cook et al.，1993）、组织公正

（Konovsky，2000）、心理契约（Rousseau，1995）和领导力（Liden et al.，1997）等相关领域的解释力。接下来，我们将分别介绍为社会交换理论提供了解释力的三个基本概念：交换规则、交换资源和交换关系。

一、交换规则

社会交换理论认为如果想通过交换产生高质量的关系，如信任、忠诚和道德互信等，关系双方就必须遵从一定的交换规则。交换规则是指交换关系的双方所接受的，在交换中形成的基于交换情境的交换标准（Emerson，1976）。因此，交换规则可以为交换过程提供指导。在组织行为学模型中，社会交换理论的应用就是以交换规则为基础的。在大多数研究中，研究者仅关注了交换规则中的互惠规则，然而社会交换理论中还包括了商谈规则和一些较少被研究的交换规则（Rhoades and Eisenberger，2002）。下面我们将一一做出讨论。

（一）互惠规则

互惠规则或称为等值回报规则是最著名的交换规则之一。Gouldner（1960）发表了一篇有关社会交换理论的跨学科综述，从社会交换的角度阐述了互惠的本质并将互惠分为三种：①相互依赖的交换中的互惠；②作为民间信仰的互惠；③作为道德规范的互惠。

相互依赖的交换中的互惠。为了理解相互依赖的含义，我们首先要排除一些不是相互依赖的情况。通常来说，关系双方之间可以有三种状态（Blau，1964；Homans，1961）：独立的（结果完全取决于自己的努力）、依附的（结果完全取决于对方的努力）和相互依赖的（双方的努力综合决定了结果）。我们知道完全的独立或完全的依附都不会产生社会交换，交换需要的是一个双向的过程——有所付出并且有所回报，因此相互依赖就被定义为社会交换的特质之一（Molm，1994）。

在社会交换理论中，相互依赖的互惠尤其重要，它强调有条件的人际交易。也就是说，如果一个人给予利益，受惠的那一方应该给予等同的回报（Gergen，1969）。在这种交易中，互惠交换意味着不包括任何外在的讨价还价（Molm，2000，2003），一方的行为会决定另一方的回应。因此，相互依赖会减少风险并且鼓励合作（Molm，1994）。依据Gouldner（1960）的模型可知，当双方中至少一方开始行动时，交换过程开始；如果另一方也给予回报，一个新的交换环路形成；一旦交换环路形成，每一次交换的结果都会加强这个环路。这一系列的交换是连续的，很难分成离散的步骤。目前为止，很多研究对相互依赖的交换进行了探究，所得研究结果均符合这个模型（Alge et al.，2003；Uhl-Bien and Maslyn，

2003）。

作为民间信仰的互惠。这种互惠作为一种民间信仰包含了善恶到头终有报的文化预期（Gouldner，1960）。Malinowski（1932）曾在农民与渔民的交易关系中描述这种互惠，互惠的双方都持有这样的信念：①久而久之，所有的交换终将达到一个公平的平衡点；②那些不合作、没有贡献的人会得到惩罚；③那些乐于助人的人在将来也会得到别人的帮忙。简言之，善恶终有报。

有关这种信念的一个著名的例子就是 Lerner（1980）在他的研究中提到的公平世界。一些人相信世界上的一切都是公平的，这就是公平世界的信仰，尽管没有足够的证据可以证明公平的普遍性。但是，一些研究已经表明了这种信仰的积极作用，如 Bies 和 Tripp（1996）的研究发现，命运在某些人看来也是一种复仇的手段，使得这些人放弃人为的报复，因为他们相信恶有恶报，因此这种信仰至少在某些情境中可以减少破坏性行为发生的可能性。但是，组织学研究者对于这种互惠的研究却少之又少。

作为道德规范的互惠。互惠也可以被看作一种文化的要求，不遵从的人就要受到处罚（Malinowski，1932；Mauss，1925）。道德规范和民间信仰之间最大的区别就在于，道德规范中包括应该这个特质，即道德规范指明了一个人应该怎么做，遵从互惠道德规范的人有义务做出互惠的行为。在民间信仰下，人们的互惠行为只是因为相信善恶终有报而已，并没有一定的道德规范来约束。

Gouldner（1960）甚至推断互惠是一种普遍性的道德规范，并且有很多研究者同意这一论述（Tsui and Wang，2002；Wang et al.，2003）。但是，即便互惠的道德规范普遍存在于人类社会中，每一种文化、每个人之间对于该道德规范的认同度也是不同的（Parker，1998；Rousseau and Schalk，2000；Shore and Coyle-Shapiro，2003）。例如，一些社会心理学家扩展了认同互惠道德规范的个体差异概念（Clark and Mills，1979；Murstein et al.，1977），将其定义为交换意识。有的雇员认为，自己对组织利益的关心和工作努力程度，都是要根据组织是否善待自己决定的，这种信念就称为交换意识（Eisenberger et al.，1986）。Eisenberger 等（1986）最早对交换意识进行了研究，他们发现交换意识是员工组织支持感和旷工之间的调节变量，交换意识较高的员工，其组织支持感和旷工之间的负相关更强；稍后的研究还证明交换意识可以调节组织支持感与责任感（Eisenberger et al.，2001）、公民行为（Witt，1991）及绩效之间的关系（Orpen，1994）。不仅如此，交换意识的调节作用还体现如下：参与决策对组织规范接受程度和晋升机会满意度的影响（Witt，1992）、收入充足感对员工态度（工作满意度和承诺）的影响（Witt and Wilson，1990）及机会均等性和员工态度对离职倾向的影响等（Witt，1991）。最后，交换意识还可以显著增强员工对培训的满意度（Witt and Broach，1993）、管理者评价的组织承诺（Witt et al., 2001）及对组织政治的敏感性（Andrews et al., 2003）。

此外，研究者还对互惠的概念做出了进一步的描述（Eisenberger et al., 2004；Perugini and Gallucci, 2001；Uhl-Bien and Maslyn, 2003），他们认为互惠代表着一种双方的交换倾向，不管是积极的还是消极的。消极的互惠取向是用消极对待回报消极对待的倾向；积极的互惠取向则是用积极对待回报积极对待的倾向。实验研究证明个体的互惠偏好会影响其对行为和信息的选择（Gallucci and Perugini, 2003；Perugini et al., 2003），进一步的研究表明，高度消极互惠偏好的个体更容易认为他人充满恶意、更容易对他人生气，因此他们通常以发泄的方法进行交换（Eisenberger et al., 2004）。

（二）商谈规则

有时，为了达到利益分配的目的，交换双方也可能会商谈出一些规则（Cook and Emerson, 1978；Cook et al., 1983）。商谈达成的协议一般要比互惠交换更加明确和具有回报性，且交换的责任与义务更加细节化并容易被理解。值得注意的还有，商谈的交换可能在短期协议之后仍然会持续，且商谈规则下的交换可能会受到法律或合约的保护，但互惠规则下，交换的责任与义务通常是不确定的（Flynn, 2005）。此外，商谈的交换经常是经济交换的一部分，如当一个人接受一份工作时，他通常要商谈一下工资水平。但是，关系亲近的人之间（社会交换）也可能会需要商谈，如同事之间约定好相互帮忙代班一天，他们之间可能关系亲密，但却仍然需要商谈（Flynn, 2005）。

很多研究对商谈与互惠交换进行了比较，Molm（2000, 2003）的文章对此进行了很好的总结。总的来说，互惠与商谈相比可以促进更良好的工作关系，使得人与人之间更加相互信任、相互认同（Molm et al., 2000），而商谈则可能导致更多无效的权力使用和更少的公平（Molm, 1997；Molm et al., 1999）。

（三）其他规则

除了以上两种最主要的交换规则之外，社会学家与人类学家还关注着其他的交换规则，而管理学家对此的研究却较少。在众多相关理论模型中，以 Meeker（1971）提出的体系最有影响力。Meeker（1971）认为人与人之间的交换可以被看作每个人的决策，因此需要一些规则来指导决策。他提出了五种交换规则：互惠、理性、利他、集体收益和竞争。由于我们在前文中已经详细介绍了互惠的规则，我们就简单来描述一下剩下的四种规则。

理性意味着通过逻辑思维考虑所有可能的方法和最后的结果，以及如何达到想要的目标。理性行为通常包括两个部分：有逻辑的、合理的方法和利益最大化的结果。即在理性规则下，人们总会在考虑了所有的方法和结果之后，追求自己利益的最大化。当然, Meeker (1971) 也意识到人们并不总是会理性地行动, 因此提出了其他的交换规则 (Shafir and LeBoeuf, 2002)。

利他规则是指人们追求对他人有利, 甚至不惜牺牲自己的利益。Meeker (1971) 认为利他规则指导着人们, 在某些情况下追求对方利益的最大化, 而不求回报。相当于即使没有实际交换的发生, 社会交换还是发生了 (Befu, 1977)。但是, 正由于利他规则下没有付出-回报的交换, 心理学家对于利他规则在社会交换理论中的合理性一直争论不休。虽然大部分的研究者都承认, 个体的某些付出是不求回报, 甚至是不求感恩的, 如单纯的赠予、无偿献血等利他行为 (Blau, 1964; Malinowski, 1922; Titmuss, 1971)。大多数人也认为, 这种利他行为并不是一种社会交换, 因为这种付出既不是对过去收益的回报, 也不是为了将来的收益, 而仅来自某种利他意识或者说是想帮助别人的愿望 (Heath, 1976; Gregory, 1975)。Simpson (1972) 则从另一个角度认为, 利他行为中个体的回报并不是来自对方, 而是来自内心利他动机的满足感, 因此利他并不是社会交换理论中需要讨论的问题。

在集体收益规则下, 利益被放在一个大家共同享有的 "罐子" 中, 不管自己为此做了多大的贡献, 人们都可以从中获得自己需要的东西; 同样地, 当有能力的时候他们也会为此做出贡献。因此, 在这里交换并不是在个体之间进行的, 个体的行为都是为了追求集体收益的最大化。

竞争可以被看作与利他恰恰相反的规则, 利他是指即使损害了自己的利益也要帮助他人; 而竞争是指即使自己的利益可能受损, 也要伤害别人 (Meeker, 1971)。经济学认为这种行为是非理性的, 但是它又确实发生在现实生活的社会交换中。一个著名的例子就是报复, 即便那样会使自己遭受损失, 人们也往往会选择进行报复 (Cropanzano and Baron, 1991; Kahneman et al., 1986; Turillo et al., 2002)。

在过去的研究中, 构成社会交换理论的基本概念并没有被准确地定义, 像 Liden 等 (1997) 提到的那样, 极少有研究直接检验交换的过程, 这一过程也被称作社会交换的 "黑箱"。因此, 我们对社会交换的具体过程了解得很少, 而目前交换规则的研究已经相对最充分地体现了社会交换理论的基本概念。但是, 大多数的社会交换理论模型仅关注互惠规则, 而忽视了利他规则、集体收益规则等其他重要的交换规则。另外, 他们对于多种交换规则同时起作用的可能情况研究甚少, 如人们可以同外团队的一方竞争, 从而为内团队获得资源。今后的研究应该试图揭开社会交换的 "黑箱", 探究在多种交换规则中, 哪些交换规则会对个体起决定性作用, 即决定个体是否参与某种交换关系。

二、交换资源

由于社会交换理论的本质来源于人类学领域的研究，通常人们仅从经济价值的角度看待交换，然而交换也会有一定的象征性意义，即交换不仅是单纯物质资产的交易。U. G. Foa 和 E. B. Foa（1974，1980）的资源理论提出了六种可以交换的资源：爱、地位、信息、金钱、商品和服务。这六种资源可以被放到一个二维矩阵中（图 6-1）。第一个维度代表着资源的排他性，排他即资源的价值根据其来源有所不同。金钱是一种排他性相对低的资源，不管来自谁，金钱本身的价值是恒定的。爱就是一种排他性很高的资源，爱来自谁是非常重要的。服务和地位的排他性要次于爱，但高于商品和信息。第二个维度代表着资源的具体性，即资源是否是有形的、特定的。大多数的商品和服务是比较具体的，而地位和信息则一般通过语言或伴随语言的行为进行传递，更加具有象征性。爱和金钱则处于中间位置，因为两者既能以具体形式，也能以抽象的形式进行交换，如爱的定义是深情、热情或安慰的表达，而表达形式可以是语言、肢体动作或物品等；而金钱包括硬币、流通货币和任何具有一定交换价值（以标准单位计）的筹码（Donnenwerth and Foa，1974）。

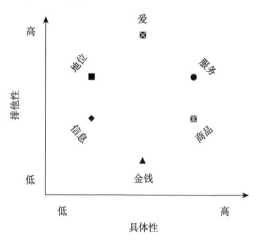

图 6-1　资源的分类

资料来源：Donnenwerth 和 Foa（1974）

资源理论不仅对可以交换的内容进行了定义，U. G. Foa 和 E. B. Foa（1974，1980）还指出不同类型的资源很有可能采用不同的方式交换。总的来说，资源的排他性越低、越具体，则越有可能进行一个短期回报性的交换；相反地，高排他性和象征性的资源则会以更自由的方式交换，以金钱购买商品的现象很常见，但爱情和地位的交换则相对稀少。

在组织学中，我们通常把 U. G. Foa 和 E. B. Foa（1974，1980）的六种资源简化为两种形式：经济成果（economic outcomes）和社会情感成果（socio-emotional outcomes）。经济成果一般较为实际，用来应对财务需要；而社会情感成果则是象征性的，表明个体是有价值的和被尊敬的，处理的是个体的社会和自尊需求。Tsui 等（1997）根据相互之间交换资源的类型将雇员–雇主之间的关系策略分成 2×2 的矩阵——其中包含四种类型。雇主的资源分为短期报酬与长期报酬两种，雇员的资源分成具体的、短期的贡献和抽象的、广泛的贡献。交换关系就被分为四种类型，分别如下：①准现货交易，代表了单纯的经济交换；②相互投资，代表了社会交换；③投资不足，雇员提供象征性资源，而雇主只给予短期报酬；④投资过度，雇员提供特定具体的资源，但雇主给予了长期报酬，如图6-2所示。

	短期报酬	长期报酬
具体的、短期的贡献	准现货交易	投资过度
抽象的、广泛的贡献	投资不足	相互投资

图 6-2　雇员–雇主关系策略分类

资料来源：Tsui 等（1997）

交换资源的这些不同的理论模型表明，经济成果与社会情感成果的影响机制可能是以交换规则为基础的。例如，美国人倾向于平均分配社会情感资源，而经济利益则是按绩效分配（Martin and Harder，1994），但是 Chen（1995）却发现中国的管理者对社会情感资源和经济资源都是按绩效分配的。

总的来说，尽管在社会交换理论中有六种不同的资源，但大多数还并未被组织学家充分地重视起来，所以仅比较经济资源与社会情感资源是有局限性的。我们并不清楚对于某种资源都可以应用哪些交换规则，而商品看起来可以以任何形式在任何时间进行交换，有关这方面的课题还有待于进一步的研究。

三、交换关系

通常来说，交换关系被研究者定义为双方（无论是个体还是团体）之间的联系，是由一系列的相互交换所产生的人们之间的联结（Cropanzano and Mitchell，2005）。在现代管理学有关社会交换理论的研究中，被研究者关注最多的概念就是工作场所的关系（Shore et al.，1999，2004）。社会交换理论认为某些工作场所的前因变量导致了个体之间的联系，这种联系就是社会交换关系（Cropanzano et al.，2001）。公平正面的交易能使双方之间产生良好牢固的关系，这些关系又促使雇员产生了有效的工作行为和积极的工作态度，社会交换关系在中间起到了中介的作用。这一系列推论受到了研究者的大量关注，其中大多数人采用 Blau（1964）的理论模型对社会交换关系进行描述。

Blau（1964）对社会交换模型的贡献在于他区分了经济交换和社会交换，他指出两者之间最根本也是最重要的区别就在于社会交换必然伴随着不确定的义务，也只有在社会交换中，一方给予的帮助换来的可能是另一方在将来不确定的回报，并且交换双方不能对回报的形式讨价还价。此外，社会交换还倾向于让个体产生感激和信任等情感，而单纯的经济交换并不会；相对地，社会交换带来的利益（如情感）并不能量化，它带来的是某种长久的社会模式。再者，Blau（1964）认为交换关系与交换是两个不同的概念，但两者之间存在着因果联系，只不过因果的方向还并不确定：交换双方之间的关系特点可能会影响交换的过程，而一次成功的交换也可以使双方之间的承诺性增强。

然而，Blau（1964）的理论模型也存在着一定的局限性。一方面，他没有明确指出社会交换关系的中介作用，即双方之间的一系列积极交换产生了社会交换关系，这一关系又引发了双方一系列的积极态度和行为。另一方面，特别重要的是，Blau（1964）似乎是将社会交换和经济交换作为两种类型的交换，而不是两种交换关系。但相比之下，Mills 和 Clark（1982）的工作似乎更加符合社会交换关系的概念，尽管他们的命名系统有点儿特别。他们认为经济交换和社会交换更适合被称为交换关系和共有关系。交换关系要求在一定时间内的，以经济性的或者准经济商品的形式给予回报，是由个人利益驱使的；而共有关系在交换上更加自由且没有时间的限制，是社会情感利益的交换，更加强调对方的需求（Clark and Mills，1979；Mills and Clark，1982）。这样的观点得到了 Organ（Organ，1988，1990；Organ and Konovsky，1989）的承认。在研究中，他们也区分了经济交换关系与社会交换关系的不同，并且指出交换关系反映了双方之间契约的质量。在 Organ 和 Konovsky（1989）看来，社会交换理论不仅是一系列的交换规则，更让研究者从两人或多人之间联结的角度，重新阐述了相关概念，打开了一扇通往多种人际关系概念的大门。

在工作背景下，目前的管理学研究已经广泛地检验了多种形式的人际交换，它们的区别在于交换关系的双方不同。普遍的假设是员工会和直接领导（Liden et al.，1997）、同事（Cox，1999；Deckop et al.，2003；Ensher et al.，2001；Flynn，2003）、组织（Moorman et al.，1998）、顾客（Houston et al.，1992；Sheth，1996）及供应商（Perrone et al.，2003）之间形成有所区别的社会交换关系，这些不同的关系会和员工的行为有所关联（Malatesta，1995；Malatesta and Byrne，1997；Masterson et al.，2000）。具体来说，这些关系变量包括组织支持感、领导成员交换和组织承诺等。下面我们将对组织支持感进行更加细致的论述。

第二节　组织支持感与社会交换理论

　　长期以来，研究者都在社会交换理论的框架下，对组织支持感的概念进行阐述。组织支持感，就是发生在雇员和雇佣组织之间的社会交换的"质量"（Eisenberger et al.，1986；Eisenberger et al.，2002）。组织支持感的积极作用则通常用互惠规则加以解释——当员工认为组织支持自己时，他可能会给予回馈。例如，当组织支持感较高时，员工（某些情境下）更可能产生组织公民行为（Lynch et al.，1999；Moorman et al.，1998）、更好的工作绩效（Eisenberger et al.，2001；Randall et al.，1999）及更少的缺勤（Eisenberger et al.，1986）。

　　Eisenberger 等（1986）为了解释员工组织承诺的发展，对组织支持感的概念进行了扩展。组织承诺即员工对组织的承诺感，某种程度上来说，组织承诺与组织支持感是类似的，社会交换理论认为员工倾向于用组织承诺交换组织支持感（Eisenberger et al.，1986，1990）。他们指出员工对组织如何评价他们的贡献及对他们幸福的关心程度有一个总体的信念，这一信念就被称作组织支持感。根据社会交换理论模型，Eisenberger 等（1986）认为这种信念影响了员工对于组织对自己的承诺感的感知（即组织支持感），反过来就会影响员工对于组织的承诺感。较高的组织承诺感会产生责任感，它不仅会让员工觉得自己也应该忠于组织，还会让员工感到自己有义务用支持组织目标的行为回报组织。也就是说，员工会根据组织对于其个人的支持程度决定自己的工作态度与行为，以追求个体与组织之间交换的平衡。例如，研究发现组织支持感和员工的工作责任意识、组织承诺及创新性正相关（Eisenberger et al.，1990），当员工感知到自身被组织认为是有价值、被关心时会增强其对组织的信任，会促使员工相信组织拥有知道并奖励个体理想的态度和行为。这种奖励的形式既可能是正式（升职、加薪）的，也有可能是不正式（表扬、指导）的。

第三节　组织支持感的前因变量

　　Rhoades 和 Eisenberger（2002）通过元分析和路径分析，总结了研究中出现的影响组织支持感的前因变量，认为组织给予的三种形式的对待（公平、领导支持、组织奖赏和工作条件）可以增加组织支持感，此外本节还将讨论人格变量、人口统计学变量（年龄、性别等）和组织支持感之间的关系。

一、公平

程序公正（procedural justice）是指用来决定员工中资源分配的方法的公平性。L. M. Shore 和 T. H. Shore（1995）认为在资源分配的决策中始终保证公平性会表现出组织对员工福利的关心，从而每一次决策的公平都对组织支持感有着很强的叠加影响。Cropanzano 和 Greenberg（1997）将程序公正分为结构性公正和社会性公正两方面。结构性公正涉及一些和分配决策有关的正式的规则和政策，包括在决策之前引起员工的足够重视，让员工获得准确的信息和发言权等（如让员工参与决策过程）。社会性公正有时叫作人际公正（interactional justice），包括资源分配中人际关系处理的质量，如尊重每个员工并让员工了解结果是如何决定的。在许多研究中，研究者仅报告了程序公正作为一个综合变量和组织支持感之间的相关，但也有足够的研究表明作为结构性公正的发言权及社会性公正都和组织支持感有着显著的相关关系（Rhoades and Eisenberger，2002）。

和程序公正相关的另一个概念是组织政治。组织政治是指为了满足自己的私心而企图影响他人。政治感知量表（perceptions of politics scale）中体现了三种普遍的个人导向的政治行为：通过自私的行为获得有价值的结果；同意错误的管理决策以确保有价值的结果；依靠偏袒而非自己的功绩获得加薪和升职（Kacmar and Carlson，1997）。这种广义上的组织政治与程序公正有着强烈的冲突，因此会降低组织支持感。但这两个不同的变量都可以归到同一个一般范畴——公平对待。元分析的研究表明，不管是作为整体的公平对待，还是分开来看程序公正与组织政治，都与组织支持感有着极强的相关性（Rhoades and Eisenberger，2002）。

二、领导支持

正如组织支持感是员工关于组织对其评价的总体感知，员工关于领导对其贡献的评价及对其幸福的关心程度，也会发展出一个一般的看法，我们称作领导支持感（Kottke and Sharafinski，1988）。一方面，领导某种程度上是组织的代理人，负责指导并评价下属的绩效，因此员工不仅会将领导的行为归因于领导个人，还会将其归因成组织的意图（Eisenberger et al.，1986；Levinson，1965）。另一方面，员工也明白领导对下属的评价往往会上报到更高级别的管理者，从而影响组织对员工的看法。因此，领导支持对组织支持感有着显著的积极影响。Eisenberger 等（2002）的研究还证明，在组织中非正式地位较高的领导通常被认为更能代表组织的特性，所以领导支持对组织支持感的影响也更大。

三、同事接触质量

高质量的同事接触有利于激发员工理解他人思维过程的动机（Ku et al.，2015），尤其是那些与同事进行积极互动的员工能通过观念、态度、信仰上的相似性而与他们的同事更亲近。此外高质量的同事接触解放了人们的认知能力，使他们能够进行观点选择，因为愉快的社会交往限制了负面情绪对认知资源的消耗。高质量的接触作为令人愉悦的经历能够驱动员工采纳同事观点，因为当员工处于积极的心理状态时更容易认可他人。高质量接触能让员工对同事更敏感，这有可能提升他们理解、关心同事感受的意愿，增进对同事的移情关怀。Fasbender等（2020）的研究表明，高质量的同事接触能通过社会性动机促进同事支持行为。

四、组织奖赏和工作条件

L. M. Shore 和 T. H. Shore（1995）指出，人力资源的实践表明对员工贡献的认可作为一种组织奖赏，与组织支持感呈显著正相关关系。此外，还有多种组织奖赏、工作条件和组织支持感之间的关系也受到了研究者关注，如认可、加薪和升职、自主性、工作保障、角色压力源和工作培训等。

根据组织支持理论，在恰当时机给予奖赏可以传达出组织对员工贡献的积极评价，从而提高组织支持感。大量研究也表明，认可、加薪和升职等组织奖赏方式都能有效提高员工的组织支持感（Rhoades and Eisenberger，2002）。此外，在组织支持感的发展过程中，员工对组织自行决定的，未受外界影响（如国家政策）的行为更加留意，因为这种组织行为可以归因于组织对员工的态度，而不是其他外部因素。Eisenberger 等（1997）就发现，在高行动自由的工作条件下，组织的赞许和组织支持感之间的相关要比低行动自由的工作条件下强六倍。

工作保障则表现了组织希望员工可以在未来一直保持组织成员身份，这也会提升员工对于组织支持的感知，这一效应在裁员比较普遍的情境中往往更加明显（Allen et al.，1999）。

自主性即员工对于如何完成工作的控制感，如日程安排、工作流程和任务类型等。自主性在西方文化中一直受到极高的评价（Geller，1982；Hogan，1975），它体现了组织相信自己的员工可以明智地决定如何完成工作，从而使员工感到较高的组织支持感（Eisenberger et al.，1999）。

角色压力源是指个体感觉无法应对的环境需求（Lazarus and Folkman，

1984）。当员工认为这些工作相关压力源来源于组织，而不是工作自身固有的属性时，组织支持感就会受到压力源的消极影响。研究者认为，员工角色的三方面压力源可以作为组织支持感的前因变量：角色过载，工作需求超出了员工在一定时间内可以完成的合理范围；角色模糊，对员工的职责缺乏清楚的信息说明；角色冲突，个体的工作职责相互冲突。

Wayne 等（1997）认为，工作培训是一种组织自发式行为，表现了组织对员工的一种投资，从而使得员工的组织支持感增加。

总的来说，以上组织奖赏和工作条件变量都对组织支持感有着显著的影响，但 Rhoades 和 Eisenberger（2002）的元分析表明，只有控制了公平与领导支持两类变量之后，组织奖赏和工作条件才会与组织支持感显著相关。在四类前因变量中，公平与组织支持感的相关性最强，领导支持次之，组织奖赏和工作条件最弱。

五、员工特质

除了以上四种组织支持感的前因变量之外，许多研究还探讨了人格变量和人口统计学变量与组织支持感之间的关系。研究发现，积极情感和消极情感的特质量表得分与组织支持感之间有较强的相关性，因为这种体验积极/消极情感的倾向，会影响员工将组织的行为感知为善意或是恶意的（Aquino and Griffeth，1999；Witt and Hellman，1992）。此外，积极/消极情感特质也可以通过影响员工的行为，从而改变组织对待员工的方式（Aquino and Griffeth，1999）。积极情感特质较高的员工更加健谈友好，可以给周围人都留下良好的印象，从而和同事、上级都建立起良好的交换关系。

另一个与组织支持感相关的人格变量是大五人格中的尽责性。尽责性包括可靠、认真、有始有终、有责任心和有毅力等品质（Costa and McCrae，1985），较高的尽责性会产生良好的工作绩效，从而让组织更好地对待员工，增加员工的组织支持感。

在组织支持感的相关研究中，人口统计学变量通常作为控制变量而出现，包括年龄、受教育程度、性别、任期等。例如，对组织不满的员工更有可能会离职，而任期较长的员工由于无法离职，更倾向于认为组织对自己较好，从而有较高的组织支持感。Rhoades 和 Eisenberger（2002）的元分析研究表明，年龄、受教育程度和任期均与组织支持感有显著的正相关关系，而男性的组织支持感要显著地高于女性。

第四节　组织支持感的结果变量

一、组织承诺

Meyer 和 Allen（1991）提出了组织承诺的三要素模型，将组织承诺分成情感承诺、规范承诺和持续承诺。情感承诺反映的是员工对自己组织身份的认同和对组织的卷入程度；规范承诺代表了一种留在组织中的责任感；持续承诺则是一种继续留在组织中的需要。在之后的研究中，持续承诺又被分成了两个独立的要素：离开的损失感（the perceived sacrifice associated with leaving）和职业选择的缺乏感（the perceived lack of employment alternatives）（Bentein et al., 2005；McGee and FordTwo, 1987）。

在众多研究中，组织承诺几乎与组织支持感如影随形。基于互惠规则，组织支持感应该使员工产生一种关心组织利益的义务感，以关心换关心的义务感会加强员工对拟人化了的组织的情感承诺和规范承诺（U. G. Foa and E. B. Foa, 1980）。此外，组织支持感也能通过满足员工的归属感和情感支持等社会情感需要来提高员工的情感承诺（Eisenberger et al., 1986）。这种满足会极大地提高员工对于组织的归属感，使员工将他们的组织身份和组织角色地位整合到他们的社会身份中去。

持续承诺则更多地代表一种留在组织中的经济方面的需要，包括但不仅限于离开组织的代价太昂贵。也就是说，持续承诺更多地意味着留在组织中会有更大的收益，如养老金、更高的资历等，而到一个新的组织中这些利益可能会受损。Shore 和 Tetrick（1991）的研究表明，当员工因为离开的代价太昂贵而被强迫留在一个组织中时，组织支持感能减少员工被限制的感觉（如持续承诺）。Rhoades 和 Eisenberger（2002）的元分析研究也表明组织支持感与持续承诺之间的负相关系数为-0.15（$p<0.001$）。但实际上，组织支持感与持续承诺之间的关系并未得到研究者一致的承认。Khurram（2009）的研究则发现组织支持感与持续承诺之间的相关并不显著。

Panaccio 和 Vandenberghe（2009）的研究证明，组织支持感与持续承诺之间的负相关是职业选择的缺乏感导致的，而离开的损失感与组织支持感之间呈显著的正相关关系。因为当员工与组织的关系终止时，组织支持感也是员工要失去的优势之一，因此组织支持感会对离开的损失感产生积极的影响，两者之间是正相关的关系。职业选择的缺乏感实际上取决于组织外机会的存在感，组织支持感可以通过提高员工的自我价值感，来增加员工对组织外机会存在的感知，从而减少职业选择的缺乏感，因此两者之间是负相关的关系。

二、工作满意度

工作满意度反映了员工对工作整体的情绪态度（Witt，1991）。研究证明，工作满意度和组织支持感是两个不同却高度相关的变量（Eisenberger et al.，1997）。组织支持感不仅可以满足个体的社会情感需要，还能增加员工对绩效奖励的预期，并且让员工知道组织会在自己需要时给予帮助，从而提高员工的整体工作满意度。Rhoades 和 Eisenberger（2002）的元分析也表明，工作满意度与组织支持感之间的平均相关系数为 0.62（$p<0.001$）。

三、积极心境

积极心境是一种不针对特定客体的总的情绪状态（George，1989）。Watson 等（1988）将其描述为热情、兴奋和机敏等多种情绪。组织支持感因为反映了组织对员工价值的肯定和对员工幸福的关心，从而会对员工的积极情绪产生积极影响（Eisenberger et al.，2001）。

四、工作卷入

工作卷入是指对个体所做工作的认同和兴趣（Cropanzano et al.，1997；O'Driscoll and Randall，1999）。研究发现员工对自己能力的感知与他对任务的兴趣呈正相关关系（Eisenberger et al.，1999），因此，通过增加员工对自身能力的感知，组织支持感可以增加员工对其工作的兴趣。

五、绩效

员工的绩效分为角色内绩效（in-role performance）和角色外绩效（extra-role performance）两种。角色内绩效是指和正式的任务、职责有关的行为，如职位说明书中包括的行为（Williams and Anderson，1991）；角色外绩效是指对组织效率有益却是自发的行为（Moorman et al.，1993；Organ，1988）。George 和 Brief（1992）指出这种超越工作角色的表现包括帮助同事、保护组织远离风险、提供建设性建议和增加对组织有益的知识与技能等。元分析表明，组织支持感对两种

绩效均有显著的积极影响，且角色外绩效与组织支持感之间的相关性更强
（Rhoades and Eisenberger，2002）。

在角色外绩效的基础上，Smith 等（1983）首先提出了组织公民行为的概
念。Organ（1988）对其的定义如下：由员工自发进行的，在组织正式的薪酬体
系中尚未得到明确的或直接的承认，但就整体而言有益于同事或组织运作的行
为。随后，Borman 和 Motowidlo（1993）又提出将绩效分为任务绩效和关系绩效
两种，其中任务绩效为角色内绩效，而关系绩效与组织公民行为所代表的行为也
极其相似（Motowidlo，2000）。

Eisenberger 等（1986）发现，在社会交换理论下，组织支持感较高的员
工会基于互惠规则，产生有利于组织的态度和行为，如努力达到组织目标
等。研究也证明，较高的组织支持感会使得员工与组织之间的联结更加紧
密，从而增加员工的组织公民行为（Cardona et al.，2004；Moorman et al.，
1998；Shore and Wayne，1993）。Kaufman 等（2001）及 Wayne 等（2002）
则指出，组织支持感只和针对组织的组织公民行为相关，和针对同事的组织
公民行为无关。

此外，Gouldner（1960）还指出员工回报组织的责任感，会随着组织给予的
利益价值而变化，这种价值中就包括了利益与员工的特定需求之间的相关程
度。也就是说，组织支持感-责任感之间的关系，还受到员工需求的调节。因
此，较高社会情感需求的个体，用更好的绩效表现回报组织支持感的倾向性较
强。例如，一个有着高赞许、自尊、社会情感或归属需求的巡逻交警，他对酒
后驾车和超速行驶的阻止力度与他的组织支持感呈更强的正相关关系（Armeli
et al.，1998）。

六、压力感

当员工需要面对高需求的工作时，组织支持感可以为其指出可用的资源及情
感支持，从而减少员工的厌恶性心理和对压力源的身心反应（如压力感）
（George et al.，1993；Robblee，1998）。组织支持理论认为组织支持感满足了
个体对情感支持、归属、自尊和赞许的需要，因此可以在压力源-压力感关系中
起缓冲作用。例如，它能减弱护士与艾滋病病人接触程度和护士的消极情绪之间
的关系（George et al.，1993）；也能减弱英国酒吧的员工受到的威胁和暴力与其
幸福感之间的关系（Leather et al.，1998）。此外，一些研究还证明当压力感是疲
倦（Cropanzano et al.，1997）、耗竭（Cropanzano et al.，1997）、焦虑
（Robblee，1998；Venkatachalam，1995）和头痛（Robblee，1998）时，组织支持
感可以作为自变量起主效应，而不是起缓冲作用。因此我们可以相信，无论是否高

度暴露在压力源之下，组织支持感都能降低员工的总体压力水平（Viswesvaran et al., 1999）。

七、退缩行为

退缩行为是指员工在组织中主动参与行为的减少，包括离职倾向和其他实际的退缩行为，如拖延、旷工和自愿离职等（Rhoades and Eisenberger, 2002）。一方面，组织支持感可以增加员工在工作中的积极情绪体验（March and Simon, 1958），这些体验使得员工与组织之间建立起积极情绪联结，从而使得员工对组织的情感承诺和工作满意度（Allen et al., 2003）增加，离职倾向与离职行为减少（Mathieu and Zajac, 1990; Maertz et al., 2007）。另一方面，Eisenberger 等（2001）认为通过互惠规则，组织支持感会让员工产生帮助组织的义务感，而帮助组织的前提就是留在组织之中，因此组织承诺会升高从而降低离职倾向。这种组织承诺更多的是一种规范承诺，即员工可能并不喜欢这个组织，但仍然有留在组织中的义务感（Maertz and Griffeth, 2004）。事实上，组织身份的保留、高出勤率和准时性都是被公开认可的员工回报组织支持感的行为。

许多研究者都证明了组织支持感与离职倾向之间的相关关系（Allen et al., 1999; Aquino and Griffeth, 1999; Guzzo et al., 1994; Wayne et al., 1997），而情感承诺（Rhoades et al., 2001; Allen et al., 2003）、规范承诺（Maertz et al., 2007）、工作满意度（Allen et al., 2003; Tekleab et al., 2005）和自我牺牲（Dawley et al., 2010）等变量可能在中间起完全中介作用。Witt（1992）还检验了组织支持感和员工留在组织中的意愿之间的关系，并发现组织支持感越高，员工越愿意留在组织中（Nye and Witt, 1993; Witt, 1991; Witt and Nye, 1992）。这种留职意愿是指当员工面对更高的薪水、更高的地位或更友好的同事时，留在组织中的倾向（Hrebiniak and Alutto, 1972），而不是因为离开的代价太高被迫留在组织之中。

Rhoades 和 Eisenberger（2002）通过元分析发现，在众多研究中员工的组织支持感和留职意愿、离职倾向、离职行为及其他退缩行为之间的平均相关系数分别为 0.66（$p<0.001$）、-0.51（$p<0.001$）、-0.11（$p<0.001$）和 -0.26（$p<0.001$）。

总的来说，组织支持感与其相关变量的关系如图 6-3 所示。

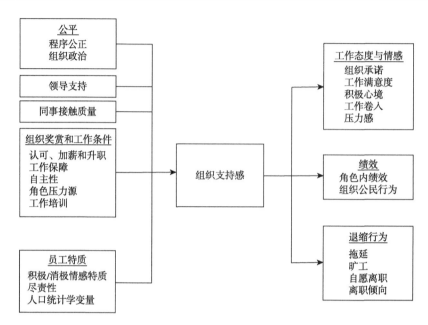

图 6-3　组织支持感与其相关变量的关系

第五节　组织支持感的结构与测量

一、单维度组织支持感

组织支持理论认为，员工倾向于给组织赋予拟人化的个性特征，将组织的积极/消极行为，都看作对自己喜欢与否的表现（Levinson，1965）。在此基础上，Eisenberger 等（1986）提出，为了判断组织奖励更高的工作绩效、满足员工被认可与赞赏等需要的意愿，员工会对组织对自己工作的评价及对自己幸福的关心程度形成一个总体的信念，即组织支持感。

于是，Eisenberger 等（1986）编制了一个 36 条目的组织支持感量表（survey of perceived organizational support，SPOS），并通过数据分析证明，组织支持感可以解释总方差中的 48.3%，而第二位的因子只有 4.4%，因此组织支持感确实是一个单维度的概念。之后的研究也表明，该量表具有较高的内部信度和单维度（Armeli et al.，1998；Lynch et al.，1999）。此外，Eisenberger 等（1986）还检验了组织支持感对旷工行为的影响，结果表明组织支持感与每年旷工天数之间的相关系数为 -0.20（$p<0.05$），和每年旷工段数之间的相关系数为 -0.28（$p<0.01$），这里一天或连续多天的旷工计为一段。目前，组织支持感已经被发

现与组织情感承诺（Eisenberger et al.，1990；Rhoades et al.，2001；Shore and Tetrick，1991）、领导支持（Kottke and Sharafinski，1988；Malatesta，1995；Shore and Tetrick，1991）和工作满意度（Aquino and Griffeth，1999；Eisenberger et al.，1997；Shore and Tetrick，1991）等多个变量相关，但有所不同。

现有的组织支持感相关研究中，大多数使用的是原始组织支持感量表问卷（36 个条目）中负载较高的 17 个条目（Eisenberger et al.，1986），甚至出于实用的考量，许多研究还使用了更短的版本。因为最初的问卷具有很好的内部信度和单维度，所以简版问卷的使用并不会成为问题。但是出于严谨的科学态度，在简版问卷的题目中至少要体现出组织支持感的定义：对员工贡献的评价及对员工福利的关心（Rhoades and Eisenberger，2002）。

二、组织支持感的三个维度

在对外派人员的研究中，研究者指出组织提供给外派员工的支持要比内部员工丰富很多，如生活费津贴、紧急休假和外语培训课程等（Guzzo et al.，1993，1994）。相应地，研究者对外派背景下许多特定的组织支持类型进行了探究，其中包括出发前的支持和适应性的支持（Aryee and Stone，1996；Caligiuri et al.，1998，1999；Guzzo et al.，1994）、财政支持（Florkowski and Fogel，1999；Guzzo et al.，1994）及职业支持（Arvey et al.，1991；Aryee and Stone，1996；Feldman and Bolino，1999；Feldman and Thomas，1992；Florkowski and Fogel，1999；Selmer，2000）等。在此基础上，Kraimer 和 Wayne（2004）更加详细地检验了组织支持感的结构，提出了对外派员工和内部员工均适用的综合组织支持感，共有三个维度：适应性组织支持感、职业性组织支持感和财务性组织支持感。同时，Kraimer 和 Wayne（2004）还编制了 12 个条目的 SPOS，每个维度的分量表包括 4 个条目。在该研究中，各分量表的内部一致性系数分别如下：适应性组织支持感为 0.87、职业性组织支持感为 0.88、财政性组织支持感为 0.92。

（一）适应性组织支持感

适应性组织支持感是指工作变动之后，组织对员工及其家庭适应情况的关心程度。在外派任务的背景下，组织的相关政策和实际行动使得员工能够更好地适应国外的生活与工作，被称作组织的适应支持（Kraimer and Wayne，2004）。

（二）职业性组织支持感

我们将职业性组织支持感定义为组织对员工职业需求的关心程度。对外派人员来说，职业支持就是组织的政策与实践允许外派人员在国外依然可以得到职业发展的机会（Kraimer and Wayne，2004）。这些实践包括在外派时有一名有经验的、值得信任的顾问（Feldman and Bolino，1999；Florkowski and Fogel，1999）、长期的职业规划（Selmer，2000）和职业导向（career-oriented）的绩效评估（Feldman and Thomas，1992）等。van der Heijden 等（2009）在他们的研究中进一步突出了员工的感受，将职业支持定义为内部/外派员工认为的，组织对其职业需求的关心程度。

（三）财务性组织支持感

财务性组织支持感是指组织对员工的财务需求的关心程度，以及根据员工的贡献给予员工补偿或报酬（Kraimer and Wayne，2004）。对外派人员来说，财政支持就是和报酬、外派津贴等财政动机相关的组织政策（Florkowski and Fogel，1999；Guzzo et al.，1994）。例如，外派奖金、生活费津贴、休假时间及其他与外派有关的奖赏都会反映在员工的财务性组织支持感中。

第六节　研究局限与研究展望

首先，在组织支持感的大部分研究中，研究者都使用了自我报告法和横断研究设计，导致共同方法偏差对研究结果产生了影响。简单的双变量横断研究还使得研究者无法得到变量间的因果关系，也不能确定是否存在着研究之外的第三方变量与研究中的两个变量都相关，从而造成了研究中变量之间显著相关。但是，通过在研究中增加协变量（如任期和教育年数）、对中介作用的探讨及固定样本的长期追踪研究，研究者已经找到了一些更有说服力的证据。

Wayne 等（1997）研究发现组织支持感在人力资源实践（如晋升）和情感承诺、离职倾向、组织公民行为之间起中介作用；相似地，Allen 等（1999）发现在参与决策、工作安全、奖赏公平性和情感承诺之间，组织支持感也担任着中介的角色；Rhoades 等（2001）也发现组织支持感中介了工作经历变量（组织奖赏、程序公正和领导支持）与情感承诺之间的关系。以上的研究都说明，组织支持感引导了情感承诺的发展。运用固定样本的长期追踪研究设计，Rhoades 等（2001）在两个样本中重复测量了员工的组织支持感和情感承诺，结果表明在两个样本中，组织支持感都和员工情感承诺的暂时性改变有关，说明组织支持感确实影响了情感承诺的产生。

但是还有很多变量与组织支持感之间的因果关系有待于进一步的研究。例如，奖励的有利时机传达了组织对于员工贡献的积极评价，从而促进了组织支持感（Gaertner and Nollen，1989），但组织支持感又反过来增加了员工对因良好表现而受到嘉奖的预期。因此，绩效奖励预期与组织支持感之间的关系并不明确。Rhoades 和 Eisenberger（2002）在总结组织支持感研究成果和理论机制的综述末尾提出：①在各种积极待遇和对员工及组织有利的结果之间，组织支持感的中介角色；②组织支持感及其相关变量之间的因果关系；③这些相关关系背后的作用机制。为了进一步有效评估和解释组织与员工之间关系，以上三个方面是组织支持感的研究者应该加以重视的研究方向。

其次，有研究者指出个体会更多地被工作中的消极事件影响（Kiewitz，2002），而现有的研究大多关注于组织支持感的积极前因变量和结果变量，却忽视了对相关的消极变量的探究（Kiewitz et al.，2009）。所以，接下来的研究中需要更多地使用纵向的或多水平的研究设计，并逐渐地关注组织支持感相关的消极变量。

最后，组织学研究的日益国际化，使得各种社会科学模型在不同社会之间的适用性成为问题（Tsui，2004）。中国自从加入世界经贸组织（World Trade Organization，WTO）以来，便受到了研究者的广泛关注（Tsui et al.，2004）。以中国员工或领导为样本，研究者已经证明：组织支持感对员工的组织承诺（情感承诺和规范承诺）、工作绩效有着显著的积极影响（Hui et al.，2007；He et al.，2011），而对员工的离职意愿有显著的消极影响（Hui et al.，2007），组织承诺在组织支持感与离职意愿中起中介作用（Loi et al.，2006），离职意愿还在组织支持感和工作绩效中起中介作用（Hui et al.，2007）。对外派任务的研究则表明，对母公司和当地子公司来说，组织支持感均能显著地提高员工的组织公民行为，而情感承诺在其中起中介作用（Liu，2009；Liu and Ipe，2010）。此外，中国传统性是指在中国传统社会中最常见到，并且在现代中国社会中也能发现的，和动机、评价、态度及气质相关的典型特质（Yang，2003）。Farh 等（2007）的研究发现，中国传统性在组织支持感与员工的组织承诺之间起调节作用，传统性越低，组织支持感对组织承诺的积极影响越强。

然而，在中国背景下对组织支持感的前因变量的探究相对较少。Zhang 等（2012）的研究发现，在中国组织支持感的前因变量不仅包括常见的程序公正和领导支持，还包括了对困难员工的关心、对员工家庭的关心等具有文化特殊性的因素。此外，一些学者运用社会正念的视角解读组织成员为他人提供支持行为的动机机制。研究发现，同事间高质量接触所产生的社会性动机，能够转化为认知需求活动，如以同事为导向的观点采纳与移情关怀，进而为其他同事提供工具性和情感性的支持行为（Fasbender et al.，2020）。Song 等（2018）的研究表明，换位思考和亲社会行为唤起等干预措施也能够在一定程度上减轻客户苛责行为对员工情绪和工作健康造成的不良影响。

　　综合来看，有关组织支持感在中国文化下的探究大约在近十年才刚刚起步，与西方文化下的研究相比缺乏系统性，未来需要更多的研究者对中国文化下及跨文化的组织支持感相关机制进行探究。

参 考 文 献

Alge B J, Wiethoff C, Klein H J. 2003. When does the medium matter? Knowledge-building experiences and opportunities in decision-making teams. Organizational Behavior and Human Decision Processes, 91（1）: 26-37.

Allen D G, Shore L M, Griffeth R W. 1999. A model of perceived organizational support. Unpublished Manuscript, University of Memphis and Georgia State University.

Allen D G, Shore L M, Griffeth R W. 2003. The role of perceived organizational support and supportive human resource practices in the turnover process. Journal of Management, 29（1）: 99-118.

Andrews M C, Witt L A, Kacmar K M. 2003. The interactive effects of organizational politics and exchange ideology on manager ratings of retention. Journal of Vocational Behavior, 62: 357-369.

Aquino K, Griffeth R W. 1999. An exploration of the antecedents and consequences of perceived organizational support: a longitudinal study. Unpublished Manuscript, University of Delaware and Georgia State University.

Armeli S, Eisenberger R, Fasolo P, et al. 1998. Perceived organizational support and police performance: the moderating influence of socioemotional needs. Journal of Applied Psychology, 83（2）: 288-297.

Arvey R D, Bhagat R S, Salas E. 1991. Cross-cultural and cross-national issues in personnel and human resources management: where do we go from here. Research in Personnel and Human Resource Management, 9: 367-407.

Aryee S, Stone R J. 1996. Work experiences, work adjustment and psychological well-being of expatriate employees in Hong Kong. International Journal of Human Resource Management, 7（1）: 150-164.

Befu H. 1977. Social exchange. Annual Review Anthropology, 6: 255-281.

Bentein K, Vandenberghe C, Vandenberg R J, et al. 2005. The role of change in the relationship between commitment and turnover: a latent growth modeling approach. Journal of Applied Psychology, 90（3）: 468-482.

Bies R J, Tripp T M. 1996. Beyond distrust: getting even and the need for revenge//Kramer R M, Tyler T. Trust in Organizations: Frontiers of Theory and Research. Thousand Oaks: Sage: 246-260.

Blau P M. 1964. Exchange & Power in Social Life. New York: Wiley.

Borman W C, Motowidlo S J. 1993. Expanding the criterion domain to include elements of contextual performance//Schmitt N, Borman W C. Personnel Selection in Organizations. San Francisco: Jossey-Bass: 71-98.

Brass D J, Galaskiewicz J, Greve H R, et al. 2004. Taking stock of networks and organizations: a multilevel perspective. Academy of Management Journal, 47（6）: 795-817.

Caligiuri P M, Hyland M M, Joshi A, et al. 1998. Testing a theoretical model for examining the relationship between family adjustment and expatriates' work adjustment. Journal of Applied Psychology, 83（4）: 598-614.

Caligiuri P M, Joshi A, Lazarova M. 1999. Factors influencing the adjustment of women on global assignments. The International Journal of Human Resource Management, 10（2）: 163-179.

Cardona P, Lawrence B S, Bentler P M. 2004. The influence of social and work exchange reladonships on organizational citizenship behavior. Group and Organization Management, 29（2）: 219-247.

Chen C C. 1995. New trends in rewards allocation preferences: a Sino-U.S. comparison. Academy of Management Journal, 38（2）: 408-428.

Clark M S, Mills J. 1979. Interpersonal attraction in exchange and communal relationships. Journal of Personality and Social Psychology, 37（1）: 12-24.

Cohen A, Watkinson J, Boone J. 2005. Southwest airlines CEO grounded in real world. Search CIO, com.

Cook K S, Emerson R M. 1978. Power, equity and commitment in exchange networks. American Sociological Review, 43（5）: 721-739.

Cook K S, Emerson R M, Gillmore M R, et al. 1983. The distribution of power in exchange networks: theory and experimental results. American Journal of Sociology, 89（2）: 275-305.

Cook K S, Molm L D, Yamagishi T. 1993. Exchange relations and exchange networks: recent developments in social exchange theory//Zelditch J B. Theoretical Research Programs: Studies in the Growth of Theory. Stanford: Stanford University Press: 296-322.

Costa P T, McCrae R R. 1985. The NEO Personality Inventory. Odessa: Psychology Assessment Resources.

Cox S A. 1999. Group communication and employee turnover: how coworkers encourage peers to voluntarily exit. Southern Communication Journal, 64（3）: 181-192.

Coyle-Shapiro J A, Kessler I. 2000. Consequences of the psychological contract for the employment relationship: a large scale survey. Journal of Management Studies, 37（7）: 904-930.

Cropanzano R, Baron R A. 1991. Injustice and organizational conflict: the moderating effect of power restoration. International Journal of Conflict Management, 2（1）: 5-26.

Cropanzano R, Byrne Z S, Bobocel D R, et al. 2001. Moral virtues, fairness heuristics, social entities, and other denizens of organizational justice. Journal of Vocational Behavior, 58（2）: 164-209.

Cropanzano R, Greenberg J. 1997. Progress in organizational justice: tunneling through the maze// Cooper C L, Robertson I T. International Review of Industrial and Organizational Psychology. New York: Wiley: 317-372.

Cropanzano R, Howes J C, Grandey A A, et al. 1997. The relationship of organizational politics and support to work behaviors, attitudes, and stress. Journal of Organizational Behavior, 18（2）: 159-180.

Cropanzano R, Mitchell M S. 2005. Social exchange theory: an interdisciplinary review. Journal of Management, 31（6）: 874-900.

Dawley D, Houghton J D, Bucklew N S. 2010. Perceived organizational support and turnover intention: the mediating effects of personal sacrifice and job fit. The Journal of Social Psychology, 150（3）: 238-257.

Deckop J R, Cirka C C, Andersson L M. 2003. Doing unto others: the reciprocity of helping behavior in organizations. Journal of Business Ethics, 47（2）: 101-113.

Dekker I, Barling J. 1995. Workforce size and work-related role stress. Work & Stress, 9（1）: 45-54.

Donnenwerth G V, Foa U G. 1974. Effect of resource class on retaliation to injustice in interpersonal exchange. Journal of Personality and Social Psychology, 29（6）: 785-793.

Eisenberger R, Armeli S, Rexwinkel B, et al. 2001. Reciprocation of perceived organizational support. Journal of Applied Psychology, 86（1）: 42-51.

Eisenberger R, Cummings J, Armeli S, et al. 1997. Perceived organizational support, discretionary treatment, and job satisfaction. Journal of Applied Psychology, 82（5）: 812-820.

Eisenberger R, Fasolo P, Davis-LaMastro V. 1990. Perceived organizational support and employee diligence, commitment, and innovation. Journal of Applied Psychology, 75（1）: 51-59.

Eisenberger R, Huntington R, Hutchison S, et al. 1986. Perceived organizational support. Journal of Applied Psychology, 71（3）: 500-507.

Eisenberger R, Lynch P, Aselage J, et al. 2004. Who takes the most revenge? Individual differences in negative reciprocity norm endorsement. Personality and Social Psychology

Bulletin, 30（6）：787-799.

Eisenberger R, Rhoades L, Cameron J. 1999. Does pay for performance increase or decrease perceived self-determination and intrinsic motivation? Journal of Personality and Social Psychology, 77（5）：1026-1040.

Eisenberger R, Stinglhamber F, Vandenberghe C, et al. 2002. Perceived supervisor support: contributions to perceived organizational support and employee retention. Journal of Applied Psychology, 87（3）：565-573.

Emerson R M. 1976. Social exchange theory. Annual Review of Sociology, 2（1）：335-362.

Ensher E A, Thomas C, Murphy S E. 2001. Comparison of traditional, step-ahead, and peer mentoring on protégés' support, satisfaction, and perceptions of career success: a social exchange perspective. Journal of Business and Psychology, 15（3）：419-438.

Farh J, Hackett R D, Liang J. 2007. Individual-level cultural values as moderators of perceived organizational support-employee outcome relationship in China: comparing the effects of power distance and traditonality. Academy of Management Journal, 50（3）：715-729.

Fasbender U, Burmeister A, Wang M. 2020. Motivated to be socially mindful: explaining age differences in the effect of employees' contact quality with coworkers on their coworker support. Personnel Psychology, 73（3）：407-430.

Feldman D C, Bolino M C. 1999. The impact of on-site mentoring on expatriate socialization: a structural equation modelling approach. The International Journal of Human Resource Management, 10（1）：54-71.

Feldman D C, Thomas D C. 1992. Career management issues facing expatriates. Journal of International Business Studies, 23（2）：271-293.

Fernet C, Gagne M, Austin S. 2010. When does quality of relationships with coworkers predict burnout over time? The moderating role of work motivation. Journal of Organizational Behavior, 31（8）：1163-1180.

Firth R. 1967. Themes in Economic Anthropology. London: Tavistock.

Florkowski G W, Fogel D S. 1999. Expatriate adjustment and commitment: the role of host-unit treatment. The International Journal of Human Resource Management, 10（5）：783-807.

Flynn F J. 2003. How much should I give and how often? The effects of generosity and frequency of favor exchange on social status and productivity. Academy of Management Journal, 46（5）：539-553.

Flynn F J. 2005. Identity orientations and forms of social exchange in organizations. Academy of Management Review, 30（4）：737-750.

Foa U G, Foa E B. 1974. Societal Structures of the Mind. Springfield: Charles C Thomas Publisher.

Foa U G, Foa E B. 1980. Resource theory: interpersonal behavior as exchange. Social Exchange:

Advances in Theory and Research: 77-94.

Gaertner K N, Nollen S D. 1989. Career experiences, perceptions of employment practices, and psychological commitment to the organization. Human Relations, 42（11）: 975-991.

Gallucci M, Perugini M. 2003. Information seeking and reciprocity: a transformational analysis. European Journal of Social Psychology, 33（4）: 473-495.

Geller L. 1982. The failure of self-actualization therapy: a critique of Carl Rogers and Abraham Maslow. Journal of Humanistic Psychology, 22（2）: 56-73.

George J M. 1989. Mood and absence. Journal of Applied Psychology, 74（2）: 317-324.

George J M, Brief A P. 1992. Feeling good-doing good: a conceptual analysis of the mood at work-organizational spontaneity relationship. Psychological Bulletin, 112（2）: 310-329.

George J M, Reed T F, Ballard K A, et al. 1993. Contact with AIDS patients as a source of work-related distress: effects of organizational and social support. Academy of Management Journal, 36（1）: 157-171.

Gergen K J. 1969. The Psychology of Behavioral Exchange. Reading: Addison-Wesley.

Gouldner A W. 1960. The norm of reciprocity: a preliminary statement. American Sociological Review, 25（2）: 161-178.

Gregory J R. 1975. Image of limited good, or expectation of reciprocity? Current Anthropology, 16（1）: 73-92.

Guzzo R A, Noonan K A, Elron E. 1993. Employer influence on the expatriate experience: limits and implications for retention in overseas assignments//Ferris G R, Rowland K M. Research in Personnel and Human Resource Management. Greenwich: JAI Press: 323-338.

Guzzo R A, Noonan K A, Elron E. 1994. Expatriate managers and the psychological contract. Journal of Applied Psychology, 79（4）: 617-626.

He Y, Lai K K, Lu Y. 2011. Linking organizational support to employee commitment: evidence from hotel industry of China. The International Journal of Human Resource Management, 22（1）: 197-217.

Heath A F. 1976. Rational Choice and Social Exchange: A Critique of Exchange Theory. Cambridge: Cambridge University Press.

Hogan R. 1975. Theoretical egocentrism and the problem of compliance. American Psychologist, 30（5）: 533-540.

Homans G C. 1958. Social behavior as exchange. American Journal of Sociology, 63（6）: 597-606.

Homans G C. 1961. Social Behavior: Its Elementary Forms. New York: Harcourt Brace.

Houston F S, Gassenheimer J B, Maskulka J M. 1992. Marketing Exchange Transactions and Relationships. Westport: Quorum Books.

Hrebiniak L G, Alutto J A. 1972. Personal and role-related factors in the development of organizational commitment. Administrative Science Quarterly, 17（4）: 555-573.

Hui C, Wong A, Tjosvold D. 2007. Turnover intention and performance in China: the role of positive affectivity, Chinese values, perceived organizational support and constructive controversy. Journal of Occupational and Organizational Psychology, 80（4）: 735-751.

Kacmar K M, Carlson D S. 1997. Further validation of the perceptions of politics scale（POPS）: a multiple sample investigation. Journal of Management, 23（5）: 627-658.

Kahneman D, Knetsch J L, Thaler R H. 1986. Fairness and the assumptions of economics. Journal of Business, 59（4）: 285-300.

Kaufman J D, Stamper C L, Tesulk P E. 2001. Do supportive organizations make for good corporate citizens? Journal of Managerial Issues, 13（4）: 436-449.

Khurram S. 2009. Perceived organizational support' antecedents and consequences proposing and testing a model in a public sector university of Pakstan. South Asian Journal of Management, 16（1）: 7-26.

Kiewitz C. 2002. The work anger model（WAM!）: an inquiry into the role of anger at work. Dissertation Abstracts International, Section A, Humanities and Social Sciences, 63: 5-8.

Kiewitz C, Restubog S L D, Zagenczyk T, et al. 2009. The interactive effects of psychological contract breach and organizational politics on perceived organizational support: evidence from two longitudinal studies. Journal of Management Studies, 46（5）: 806-834.

Konovsky M A. 2000. Understanding procedural justice and its impact on business organizations. Journal of Management, 26（3）: 489-511.

Kottke J L, Sharafinski C E. 1988. Measuring perceived supervisory and organizational support. Educational and Psychological Measurement, 48（4）: 1075-1079.

Kraimer M L, Wayne S J. 2004. An examination of perceived organizational support as a multidimensional construct in the context of an expatriate assignment. Journal of Management, 30（2）: 209-237.

Ku G, Wang C S, Galinsky A D. 2015. The promise and perversity of perspective-taking in organizations. Research in Organizational Behavior, 35（1）: 79-102.

Lam C K, Huang X, Walter F, et al. 2016. Coworkers' relationship quality and interpersonal emotions in team-member dyads in China: the moderating role of cooperative team goals. Management and Organization Review, 12（4）: 687-716.

Lazarus R S, Folkman S. 1984. Stress, Appraisal, and Coping. New York: Springer.

Leather P, Lawrence C, Beale D, et al. 1998. Exposure to occupational violence and the buffering effects of intra-organizational support. Work & Stress, 12（2）: 161-178.

Lerner M J. 1980. The Belief in a Just World: A Fundamental Delusion. New York: Plenum.

Levinson H. 1965. Reciprocation: the relationship between man and organization. Administrative Science Quarterly, 9（4）: 370-390.

Liden R C, Sparrowe R T, Wayne S J. 1997. Leader-member exchange theory: the past and potential for the future. Research in Personnel and Human Resources Management, 15: 47-119.

Lind E A. 1995. Justice and authority in organizations//Cropanzano R, Kacmar M K. Organizational Politics, Justice and Support: Managing the Social Climate of the Workplace. Westport: Quorum Books: 83-96.

Liu Y. 2009. Perceived organizational support and expatriate organizational citizenship behavior: the mediating role of affective commitment towards the parent company. Personnel Review, 38（3）: 307-319.

Liu Y, Ipe M. 2010. The impact of organizational and leader-member support on expatriate commitment. The International Journal of Human Resource Management, 21（7）: 1035-1048.

Loi R, Hang-Yue N, Foley S. 2006. Linking employees' justice perceptions to organizational commitment and intention to leave: the mediating role of perceived organizational support. Journal of Occupational and Organizational Psychology, 79（1）: 101-120.

Lowe M A, Prapanjaroensin A, Bakitas M A, et al. 2020. An exploratory study of the influence of perceived organizational support, coworker social support, the nursing practice environment, and nurse demographics on burnout in palliative care nurses. Journal of Hospice and Palliative Nursing, 22（6）: 465-472.

Lynch P D, Eisenberger R, Armeli S. 1999. Perceived organizational support: inferior versus superior performance by wary employees. Journal of Applied Psychology, 84（4）: 467-483.

Maertz C P, Griffeth R W. 2004. Eight motivational forces and voluntary turnover: a theoretical synthesis with implications for research. Journal of Management, 30（5）: 667-683.

Maertz C P, Griffeth R W, Campbell N S, et al. 2007. The effects of perceived organizational support and perceived supervisor support on employee turnover. Journal of Organizational Behavior, 28（8）: 1059-1075.

Malatesta R M. 1995. Understanding the dynamics of organizational and supervisory commitment using a social exchange framework. Michigan: Wayne State University.

Malatesta R M, Byrne Z S. 1997. The impact of formal and interactional procedures on organizational outcomes. 12th Annual Conference of the Society for Industrial and Organizational Psychology. Louis.

Malinowski B. 1922. Argonauts of the Western Pacific: An Account of Native Enterprise and Adventure in the Archipelagoes of Melansian New Guinea. London: Routledge.

Malinowski B. 1932. Crime and Custom in Savage Society. London: Paul, Trench, Trubner.

March J G, Simon H A. 1958. Organizations. New York: Wiley.

Martin J, Harder J W. 1994. Bread and roses: justice and the distribution of financial and socioemotional rewards in organizations. Social Justice Research, 7（3）: 241-264.

Masterson S S, Lewis K, Goldman B M, et al. 2000. Integrating justice and social exchange: the differing effects of fair procedures and treatment on work relationships. Academy of Management Journal, 43（4）: 738-748.

Mathieu J E, Zajac D. 1990. A review and meta-analysis of the antecedents, correlates, and consequences of organizational commitment. Psychological Bulletin, 108（2）: 171-194.

Mauss M. 1925. The Gift: Forms and Functions of Exchange in Archaic Societies. New York: The Norton Library.

McGee G W, FordTwo R C. 1987. Two（or more?）dimensions of organizational commitment: reexamination of the affective and continuance commitment scales. Journal of Applied Psychology, 72（4）: 638-642.

Meeker B F. 1971. Decisions and exchange. American Sociological Review, 36（3）: 485-495.

Meyer J P, Allen N J. 1991. A three-component conceptualization of organizational commitment. Human Resource Management Review, 1（1）: 61-89.

Mills J, Clark M S. 1982. Exchange and communal relationships. Review of Personality and Social Psychology, 3: 121-144.

Molm L D. 1994. Dependence and risk: transforming the structure of social exchange. Social Psychology Quarterly, 57（3）: 163-176.

Molm L D. 1997. Coercive Power in Social Exchange. Cambridge: Cambridge University Press.

Molm L D. 2000. Theories of social exchange and exchange networks//Ritzer G, Smart B. Handbook of Social Theory. Thousand Oaks: Sage: 260-272.

Molm L D. 2003. Theoretical comparisons of forms of exchange. Sociological Theory, 21（1）: 1-17.

Molm L D, Peterson G, Takahashi N. 1999. Power in negotiated and reciprocal exchange. American Sociological Review, 64（6）: 876-890.

Molm L D, Takahashi N, Peterson G. 2000. Risk and trust in social exchange: an experimental test of a classical proposition. American Journal of Sociology, 105（5）: 1396-1427.

Moorman R H, Blakely G L, Niehoff B P. 1998. Does perceived organizational support mediate the relationship between procedural justice and organizational citizenship behavior? Academy of Management Journal, 41（3）: 351-357.

Moorman R H, Niehoff B P, Organ D W. 1993. Treating employees fairly and organizational citizenship behavior: sorting the effects of job satisfaction, organizational commitment, and procedural justice. Employee Responsibilities and Rights Journal, 6（3）: 209-225.

Motowidlo S. 2000. Some basic issues related to contextual performance and organizational citizenship behavior in human resource management. Human Resource Management Review, 10（1）: 115-126.

Murstein B I, Cerreto M, MacDonald M G. 1977. A theory and investigation of the effect of exchange-orientation on marriage and friendship. Journal of Marriage and the Family, 39: 543-548.

Nye L G, Witt L A. 1993. Dimensionality and constructvalidity of the perceptions of organizational politics scale（POPS）. Educational and Psychological Measurement, 53（3）: 821-829.

O'Driscoll M P, Randall D M. 1999. Perceived organizational support, satisfaction with rewards, and employee job involvement and organizational commitment. Applied Psychology, 48: 197-209.

Organ D W. 1988. Organizational Citizenship Behavior: The Good Soldier Syndrome. Lexington: Lexington Books.

Organ D W. 1990. The motivational basis of organizational citizenship behavior. Research in Organizational Behavior, 12（4）: 43-72.

Organ D W, Konovsky M. 1989. Cognitive versus affective determinants of organizational citizenship behavior. Journal of Applied Psychology, 74（1）: 157-164.

Orpen C. 1994. The effects of exchange ideology on the relationship between perceived organizational support and job performance. Journal of Social Psychology, 134（3）: 407-408.

Panaccio A, Vandenberghe C. 2009. Perceived organizational support, organizational commitment and psychological well-being: a longitudinal study. Journal of Vocational Behavior, 75（2）: 224-236.

Parker B. 1998. Globalization: Managing across Boundaries. London: Sage.

Perrone V, Zaheer A, McEvily B. 2003. Free to be trusted? Organizational constraints on trust in boundary spanners. Organization Science, 14（4）: 422-439.

Perugini M, Gallucci M. 2001. Individual differences and social norms: the distinction between reciprocators and prosocials. European Journal of Personality, 15（S1）: 19-35.

Perugini M, Gallucci M, Presaghi F, et al. 2003. The personal norm of reciprocity. European Journal of Personality, 17（4）: 251-283.

Pfeffer J. 2005. Producing sustainable competitive advantage through the effective management of people. The Academy of Management Executive, 19（4）: 95-108.

Randall M L, Cropanzano R, Bormann C A, et al. 1999. Organizational politics and organizational support as predictors of work attitudes, job performance, and organizational. Journal of Organizational Behavior, 20（2）: 159-174.

Rhoades L, Eisenberger R. 2002. Perceived organizational support: a review of the literature.

Journal of Applied Psychology, 87（4）: 698-714.

Rhoades L, Eisenberger R, Armeli S. 2001. Affective commitment to the organization: the contribution of perceived organizational support. Journal of Applied Psychology, 86（5）: 825-836.

Robblee M. 1998. Confronting the threat of organizational downsizing: coping and health. Carleton University Doctor of Philosophy Dissertation.

Rousseau D M. 1989. Psychological and implied contracts in organizations. Employee Responsibilities and Rights Journal, 2（2）: 121-139.

Rousseau D M. 1995. Psychological Contracts in Organizations: Understanding Written and Unwritten Agreements. Thousand Oaks: Sage.

Rousseau D M, Schalk R. 2000. Psychological Contracts in Employment: Cross-National Perspectives. Thousand Oaks: Sage.

Sahlins M. 1972. Stone Age Economics. New York: Aldine.

Selmer J. 2000. Usage of corporate career development activities by expatriate managers and the extent of their international adjustment. International Journal of Commerce Management, 10（1）: 1-23.

Shafir E, LeBoeuf R A. 2002. Rationality. Annual Review of Psychology, 53（1）: 491-517.

Sheth J N. 1996. Organizational buying behavior. Past performance and future expectations. Journal of Business and Industrial Marketing, 11（3/4）: 7-24.

Shore L M, Coyle-Shapiro J A M. 2003. Newdevelopments in the employee-organization relationship. Journal of Organizational Behavior, 24: 443-450.

Shore L M, Shore T H. 1995. Perceived organizational support and organizational justice// Cropanzano R S, Kacmar K M. Organizational Politics, Justice, and Support: Managing the Social Climate of the Workplace. Westport: Quorum: 149-164.

Shore L M, Tetrick L E. 1991. A construct validity study of the survey of perceived organizational support. Journal of Applied Psychology, 76（5）: 637-643.

Shore L M, Tetrick L E, Barksdale K. 1999. Measurement of transactional and exchange relationships. Annual Meeting of the Society for Industrial and Organizational Psychology. Atlanta.

Shore L M, Tetrick L E, Taylor M S, et al. 2004. The employee-organization relationship: a timely concept in a period of transition//Martocchio J J. Research in Personnel and Human Resources Management. Amsterdam: Elsevier: 291-370.

Shore L M, Wayne S J. 1993. Commitment and employee behavior: comparison of affective commitment and continuance commitment with perceived organizational support. Journal of Applied Psychology, 78（5）: 774-780.

Simpson R L. 1972. Theories of Social Exchange. Morristown: General Learning Press.

Smith C A, Organ D W, Near J P. 1983. Organizational citizenship behavior: its nature and antecedents. Journal of Applied Psychology, 68（4）: 653-663.

Song Y, Liu Y, Wang M, et al. 2018. A social mindfulness approach to understanding experienced customer mistreatment: a within-person field experiment. Academy of Management Journal, 61（3）: 994-1020.

Takeuchi R, Yun S, Wong K F E. 2011. Social influence of a coworker: a test of the effect of employee and coworker exchange ideologies on employees' exchange qualities. Organizational Behavior and Human Decision Processes, 115（2）: 226-237.

Tekleab A G, Takeuchi R, Taylor M S. 2005. Extending the chain of relationships among organizational justice, social exchange, and employee reactions: the role of contract violations. Academy of Management Journal, 48（1）: 146-157.

Thibaut J W, Kelley H H. 1959. The Social Psychology of Groups. New York: John Wiley.

Titmuss R M. 1971. The Gift Relationship: From Human Blood to Social Policy. New York: Random House.

Trottier M, Bentein K. 2019. Coworker support as a moderator in the relationship between daily experience of workload and an individual's experience of same-day WFC: a buffer or an intensifier? Community, Work and Family, 22（5）: 569-588.

Tsui A S. 2004. Contributing to global management knowledge: a case for high quality indigenous research. Asia Pacific Journal of Management, 21（4）: 491-513.

Tsui A S, Pearce J L, Porter L W, et al. 1997. Alternative approaches to the employee-organization relationship: does investment in employees pay off? Academy of Management Journal, 40（5）: 1089-1121.

Tsui A S, Schoonhoven C B, Meyer M W, et al. 2004. Organization and management in the midst of societal transformation: The People's Republic of China. Organization Science, 15（2）: 133-144.

Tsui A S, Wang D X. 2002. Employment relationships from the employer's perspective: current research and future directions//Cooper C L, Robertson I T. International Review of Industrial and Organizational Psychology. Hoboken: Wiley: 77-114.

Turillo C J, Folger R, Lavelle J J, et al. 2002. Is virtue its own reward? Self-sacrificial decisions for the sake of fairness. Organizational Behavior and Human Decision Processes, 89（1）: 839-865.

Uhl-Bien M, Maslyn J. 2003. Reciprocity in manager-subordinate relationships: components, configurations, and outcomes. Journal of Management, 29（4）: 511-532.

van der Heijden J A V, Engen M L, Paauwe J. 2009. Expatriate career support: predicting expatriate turnover and performance. The International Journal of Human Resource Management, 20（4）：831-845.

Venkatachalam M. 1995. Personal hardiness and perceived organizational support as links in the role stress-outcome relationship: a person-environment fit model. Dissertation Abstracts International, 56：2328.

Viswesvaran C, Sanchez J I, Fisher J. 1999. The role of social support in the process of work stress: a meta-analysis. Journal of Vocational Behavior, 54（2）：314-334.

Wang D, Tsui A S, Zhang Y, et al. 2003. Employment relationships and firm performance: evidence from an emerging economy. Journal of Organizational Behavior, 24（5）：511-534.

Watson D, Clark L A, Tellegen A. 1988. Development and validation of brief measures of positive and negative affect: the PANAS scales. Journal of Personality and Social Psychology, 54（6）：1063-1070.

Wayne S J, Shore L M, Bommer W H, et al. 2002. The role of fair treatment and rewards in perceptions of organizational support and leader-member exchange. Journal of Applied Psychology, 87（3）：590-598.

Wayne S J, Shore L M, Liden R C. 1997. Perceived organizational support and leader-member exchange: a social exchange perspective. Academy of Management Journal, 40（1）：82-111.

Williams L J, Anderson S E. 1991. Job satisfaction and organizational commitment as predictors of organizational citizenship and in-role behaviors. Journal of Management, 17（3）：601-617.

Witt L A. 1991. Exchange ideology as a moderator of job-attitudes organizational citizenship behaviors relationships. Journal of Applied Social Psychology, 21（8）：1490-1501.

Witt L A. 1992. Exchange ideology as a moderator of the relationships between importance of participation in decisionmaking and jobattitudes. Human Relations, 45（1）：73-85.

Witt L A, Broach D. 1993. Exchange ideology as a moderator of the procedural justice-satisfaction relationship. The Journal of Social Psychology, 133（1）：97-103.

Witt L A, Hellman C. 1992. Effects of Subordinate Feedback to the Supervisor and Participation in Decision-Making in the Prediction of Organizational Support. Washington: Federal Aviation Administration, Office of Aviation Medicine.

Witt L A, Kacmar K M, Andrews M C. 2001. The interactive effects of procedural justice and exchange ideology on supervisor-rated commitment. Journal of Organizational Behavior, 22（5）：505-515.

Witt L A, Nye L G. 1992. Organizational Goal Congruence and Job Attitudes Revisited. Washington: Federal Aviation Administration, Office of Aviation Medicine.

Witt L A, Wilson J W. 1990. Income sufficiency as a predictor of job satisfaction and organizational commitment: dispositional differences. The Journal of Social Psychology, 130（2）：

267-268.

Yang J S R. 2003. Motivational orientations and selected learner variables of East Asian language learners in the United States. Foreign Language Annals, 36（1）: 44-56.

Yang K S, Yu A B, Yeh M H. 1989. Chinese individual modernity and traditionality: construction definition and measurement in Chinese. Proceedings of the Interdisciplinary Conference on Chinese Psychology and Behavior.

Zhang Y, Farh J, Wang H. 2012. Organizational antecedents of employee perceived organizational support in China: a grounded investigation. International Journal of Human Resource Management, 23（2）: 422-446.

第七章　领导成员交换

　　领导成员交换理论是基于社会交换理论提出的描述型模型，以一种动态的、交互的眼光看待领导与下属的相互关系，对以往只重视领导对下属单方面影响的领导理论提出了挑战。经过几十年的发展，领导成员交换在理论研究和实证研究的领域均取得了丰硕的成果，成为领导学研究中不可或缺的重要分支。在理论研究方面，社会交换理论成为领导成员交换研究的主流理论；在实证研究方面，大量研究发现领导成员交换对于工作绩效和组织承诺等重要组织结果有稳定的影响，同时领导成员交换也受到领导和下属特征的影响。在本章中，我们将会首先从理论上梳理领导成员交换与社会交换理论的关系，然后对几十年来领导成员交换研究中涉及的重要的前因变量和结果变量进行综述。

　　领导成员交换是指领导与员工之间所发展出的社会性交换关系（Liden et al., 1997）。这一概念认为，领导只有有限的时间和资源，无法与他管理的所有下属都形成高质量的关系联结，因此会有差别地对待下属（Graen and Cashman, 1975; Liden and Graen, 1980; Graen et al., 1982; Graen and Scandura, 1987）。对于一部分下属，领导会与他们建立高质量的交换关系，他们受到领导更多的信任，得到领导更多的关照，也更有可能享有特权，成为领导的圈内成员；而对于另一部分下属，领导只会与他们建立低质量的交换关系，领导在他们身上投入的时间较少，他们获得令人满意的奖励机会也较少，成为领导的圈外人员。

　　在领导成员交换提出之前，对领导行为的研究主要聚焦于领导对下属的作用。研究者通过检验领导特定的行为及他们与下属、组织等的关系来解释领导行为，并且基于这样一个假设：领导者以同样的交换方式对待他的所有下属。然而，领导成员交换的理论将组织情景中领导与下属的关系视作双向的、动态的交换过程，并指出了这一关系存在异质性，这对当时静态地、等同式地理解领导行为的观点提出了挑战（Graen and Cashman, 1975）。此后，领导成员交换的理论和实证研究层出不穷，研究者十分热衷于探讨领导者和下属之间的动态交换到底是通过什么样的机制完成的，会对组织产出产生什么样的影响，这种交换关系又受到什么因素的影响。经过多年的发展，领导成员交换已经成为组织行为学领导研究中的一个热点与重点领域，受到了人们的广泛关注。本章将对领导成员交换的理论发展和实证研究结果进行详细的综述，其中理论发展以社会交换理论为重点，实证研究的结果按照 Dulebohn 等（2012）提出的模型进行阐述。

第一节　领导成员交换的理论框架

早期对于领导成员交换的理论解释主要是角色扮演理论（role playing theory），这是 Graen 和 Cashman（1975）最初的理论框架。该理论认为，新员工在组织的社会化过程中，要经过三个角色变化阶段：角色获得、角色扮演和角色习惯化。在角色获得阶段，领导通过一系列事件来检验和评价下属的动机和能力。在角色扮演阶段，领导会为下属提供一些值得尝试、没有明确要求下属必须完成的任务，如果下属把握住机会并完成任务，便有可能与领导发展成高质量关系。在角色习惯化阶段，领导和下属的行为互相依赖，从此之后领导和下属的关系便会保持相对稳定。相反，如果在三个阶段中下属均没有积极的回应，就会与领导发展成低质量的关系。

到了 20 世纪 50 年代至 60 年代，社会交换的观点逐渐被引入了对领导成员交换的解释，认为领导与下属之间的关系是一种社会性交换，这一观点成为解释领导成员交换的主流观点，至今仍保持着较高的活力（Blau，1964；Gouldner，1960；Homans，1958；Sahlins，1972；Thibaut and Kelley，1959）。交换是指交换的双方必须提供另一方认为是有价值的东西；必须在交换的双方认为交换是合理的、平等的情况下，交换才能进行（Graen and Scandura，1987）。根据交换的内容和数量的不同，领导会与下属发展出不同质量的关系，交换的内容包括物质资源、信息和支持等。当领导与下属感受到进行交换的有形或无形的物品对自己在组织中的发展更有用时，他们便更有可能会形成高质量的领导成员关系。Liden 和 Graen（1980）依据社会交换理论对领导成员交换的质量给出了更明确的分类，他们认为领导下属交换的性质通常表现为两种截然不同的形式：一种是发生在领导与下属之间的、不超出雇佣合同要求范围的经济性或合同性交换，这些下属会成为领导的圈外人员；另一种则是发生在领导与下属之间的、超出了雇佣合同要求范围的社会性交换，这种交换关系是建立在领导与部属之间相互信任、忠诚和责任的基础上，这些下属会成为领导的圈内人员。

Dienesch 和 Liden（1986）与 Liden 等（1997）为领导与下属之间的社会交换的形成过程给予了一个概括性的阐释。首先，领导与下属之间会进行最开始的社会互动，紧接着交互的一方会对彼此进行测试，通过进行一些社会交换，来看对方是否具有可以建立高质量交换关系的一些必需要素，如信任、尊重和责任等（Uhl-Bien et al.，2000）。如果一方提出的交换行为得到了令人满意的反应（即另一方给予了积极的回馈，如令人满意的信息或工作绩效），那么交换便会持续进行，并且很有可能发展出高水平的社会交换关系。如果首先给予对方资源的一方没有得到理想的资源回馈，或是根本没有得到对方的回应，那么双方在今后发展出高质量交换关系的难度便会加大（Dienesch and Liden，1986；Graen and Scandura，1987；Uhl-Bien et al.，2000）。

在社会交换的理论背景下，有关领导成员交换的结构的研究也有所进展。由于社会交换涉及的内容很多，如工作中有用的信息、社会支持、晋升机会、更多的薪酬和福利等，不难想象领导成员交换的结构应该也是多维的。最早提出领导成员交换的多维度结构并进行实证研究的是 Dienesch 和 Liden（1986），他们提出了情感、贡献和忠诚三维度的解释模型。这一分类方法是基于对社会交换理论中交换这一字眼的理解。贡献是指在双方关系中，个体对彼此投注到工作活动中的量、质和方向的知觉。忠诚表现了在双方关系中，对彼此的目标和个人特长所表现出的公开支持。情感则是在双方关系中，一方由于人际吸引，而非工作或专业价值对另一方所产生的情感。这三个维度围绕交换这一概念，对领导与下属之间的关系所包含的内容给出了比较全面的解释，因为个体对于贡献、忠诚和情感的感知对双方交换行为的影响是有差异的（任孝鹏和王辉，2005）。

除了上述模型，还有许多研究者对于领导成员交换结构提出了自己的看法，如 Graen 和 Uhl-Bien（1995）在研究领导成员交换和领导理论发展关系的综述中认为，领导成员交换包含相互信任、尊重和义务三个维度。Schriesheim 等（1999）则认为领导成员交换包含六个维度：信任、喜爱、感激、注意、支持和忠诚。不论这些理论如何对领导成员交换进行划分，我们可以看到社会交换理论中对资源的交换这一概念是每一种划分方法的核心。

第二节　领导成员交换的前因变量和结果变量

一、Dulebohn 等（2012）的领导成员交换影响机制概念模型

Dulebohn等（2012）总结了领导成员交换领域20多年来的实证研究，并针对领导成员交换的前因变量和结果变量提出了一个概念模型，如图 7-1 所示。这一模型认为，尽管在决定领导成员交换关系质量的过程中领导发挥主要作用，下属也可以在一定程度上影响这一过程（Dienesch and Liden，1986；Lapierre et al.，

2006；Martin et al.，2005；Schyns and von Collani，2002）。这一观点与传统的领导研究的观点不同。传统观点认为，领导的特征和行为直接影响下属的态度和行为。然而，这一传统观点受到了越来越多的挑战，如 Engle 和 Lord（1997）与Lord 和 Maher（1991）强调领导下属关系的双方都会对对方有所感知，这一感知会影响领导和下属对他们之间关系的反应。

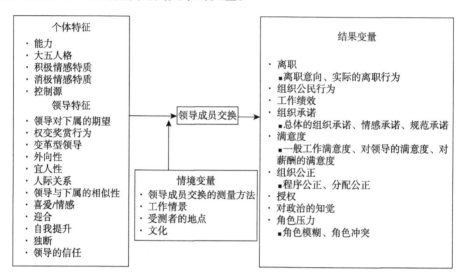

图 7-1　领导成员交换影响机制的概念模型

资料来源：Dulebohn 等（2012）

　　实际上，工作关系的一个重要特点就是组织中各等级人群之间持续的相互影响（Ferris et al.，2009），这种在社会交换关系中存在的相互依赖被研究者称作互惠式相互依赖（Cropanzano and Mitchell，2005；Molm，1994）。根据Snodgrass 等（1998）的观点，尽管领导与员工的关系是相互的，员工对领导的依赖要强于领导对员工的依赖，这是由于两者权力的差距导致的。当个体的工作结果依赖其他个体时，他们便会具有强烈的动机与依赖对象的特征保持协调一致，并会主动地评价依赖对象（Dépret and Fiske，1992），以此发展依赖关系。因此，为了建立良好的关系，下属会在与他们的领导的工作过程中保持与领导特征和行为的协调性，并对领导进行评价，根据评价结果改变自己的行为。领导也会在完成工作任务的过程中依赖他们的下属，使得他们具有评价下属的迫切需求，根据评价而对员工进行有选择性的对待。因此，Dulebohn 等（2012）认为在领导成员交换的形成过程中，领导评价下属、下属评价领导这样一个双向过程贯穿其中。

　　基于领导与员工之间的双向互动的观点，Dulebohn 等（2012）提出了图 7-1的概念模型，并根据模型对其中的关系进行了元分析。具体来说，领导成员交换的前因变量包括下属的特征、领导的特征（包括行为、知觉和人格）与人际关系变量，这一关系中的调节变量也在元分析的范畴之内，包括领导成员交换的测量方法、工作情景、受测者的地点和文化；领导成员交换的结果则包括离职意向、组织公民行为、工作绩效、组织承诺、满意度、组织公正、角色压力等重要的组织结果。以下我们来详细分析模型中的前因变量和结果变量与领导成员交换之间的关系。

二、领导成员交换的前因变量

（一）个体特征

能力。早期的领导成员交换理论认为，领导选择自己的圈内人员时在很大程度上关注下属的技巧、能力和他们承担较大责任的动机（Liden and Graen，1980）。领导成员交换研究中对能力的测量大多数包含领导对下属一般能力或经验的评定。Graen 和 Scandura（1987）认为领导根据对下属能力的测评来决定分配给他们什么样的任务。因此，下属在工作早期展现出的能力更有可能成为领导对下属能力感知的标准（Dienesch and Liden，1986；Graen，1976）。那些表现出较高工作能力的下属更有可能与领导建立高质量的关系，而在任务完成中表现出能力不足的下属则更有可能与领导建立低质量的关系，对他们以后的工作表现造成持续的不利影响（Graen and Scandura，1987）。Dulebohn 等（2012）的元分析结果显示，下属能力与领导成员交换之间的相关系数为 0.38。

人格。在目前的领导成员交换研究中，人格因素也是经常被提到的领导成员交换的前因变量，包括大五人格、控制源、积极情感、消极情感等。首先来看大五人格。让人吃惊的是，在为数众多的领导成员交换实证研究中，有关大五人格（即尽责性、外向性、宜人性、开放性和神经质）与领导成员交换关系的研究却并不多见。Dulebohn 等（2012）的元分析结果显示，宜人性、尽责性和外向性三个人格特质与领导成员交换之间有显著的相关关系，相关系数分别为 0.19、0.20 和 0.16，而开放性和神经质与领导成员交换的相关关系则不显著。我们依次来看这三种显著的人格特质。

在这几种人格中，尽责性已经被证实与工作绩效有最稳定的关系（Barrick and Mount，1991）。对于领导成员交换，研究者发现领导成员交换不仅与领导对下属能力的感知有关，还与领导对下属在工作中表现出的可靠性，以及取得的工作成就有关（Graen and Scandura，1987；Liden and Graen，1980），而这些恰恰是尽责性人格的表现（Mount and Barrick，1995）。由上面的元分析结果也可以看到，尽责性在大五人格中与领导成员交换的关系是最强的。

对于外向性，Phillips 和 Bedeian（1994）认为外向的个体比内向的个体更有可能去主动寻求与他人的沟通和建立人际关系。另外 Hogan（1986）认为这一人格特质包含两个成分：社交性和抱负心。基于这一点，外向的下属更有可能追求与领导建立高水平的沟通，进而建立高质量的领导成员交换。

宜人性则与沟通、助人行为和适应性社会行为等有正相关关系（Graziano et al.，2007）。另外，研究还发现宜人性与互惠行为之间有显著的正相关关系（Perugini et al.，2003），而互惠行为被认为是社会交换理论（Gouldner，1960）和领导成员交换（Erdogan and Liden，2002）的核心内容。因此，宜人性与领导成员交换之间的关系也是合理的。

接下来我们来看控制源。内控的个体倾向于认为自己的行为及结果的控制主要掌控在自己手中；而外控的个体则倾向于认为自己的行为及结果主要受到外界因素的影响，自己无法控制（Rotter，1966）。与外控的员工相比，内控的员工相信他们能更好地控制工作中发生的事情，并且能更好地与他人沟通和互动（Martin et al.，2005；Phillips and Bedeian，1994）。这种控制感会驱使内控的员工在工作环境中表现得更加主动和活跃。因此，内控员工更有可能表现出自发的行为来控制工作中的各类事件，而非对这些事件进行消极应对（Blau，1993；Phillips and Bedeian，1994）。这些自发的行为包括寻求反馈、沟通、增加交流次数等。下属的这些行为会涉及与领导沟通，因此会对下属与领导之间的关系起到促进作用。Graen 和 Scandura（1987）也认为，角色形成（即形成领导成员交换的过程）中个体主动与领导对工作角色和职责进行沟通是一个重要的环节。内控的下属更有可能表现出自发的行为，因此他们更有可能在组织中与领导进行沟通，最终会帮助他们获得更高质量的领导成员交换。Dulebohn 等（2012）的元分析结果显示控制源与领导成员交换的关系是显著的，相关系数为 0.26。

积极情感是指个体感受到的积极的、热情的、乐观的情绪的程度（Watson et al.，1988）。人们通常使用一些能够反映个体较高能量水平、积极情绪、热情、兴趣和决心的词语来描述高积极情感。领导倾向于将高积极情感与工作参与度和工作动机视为等同，因此他们更有可能分配给高积极情感的下属比较理想的工作任务，进而与这些下属建立质量较高的关系（Kinicki and Vecchio，1994；Phillips and Bedeian，1994）。

与积极情感相反，消极情感描述的是个体感受到的恐惧、焦虑、愤怒、敌意、疲倦等情绪状态的程度（Watson et al.，1988）。高消极情感的个体倾向于以一种负面的眼光看待世界（Bernerth et al.，2007；Watson and Clark，1984）。因此，在工作情境中，高消极情感的下属更倾向于对他们的领导及与领导的关系持有消极的知觉。所以，有的研究者认为高消极情感的下属在工作中建立有效的社会关系时常常会遇到困难（Bernerth et al.，2007；Hui et al.，1999）。再加上高消极情感的个体在社交中倾向于表现出恐惧情绪，高消极情感的下属很难与领导建立高质量的社会关系，因为这一关系的建立需要相互的信任与喜爱。Dulebohn等（2012）的元分析结果显示，积极情感和消极情感均与领导成员交换有显著相关关系，相关系数分别为 0.31 和-0.19。

（二）领导特征

接下来我们来看领导的行为、知觉和人格作为领导成员交换的前因变量所起的作用。首先，由于领导下属关系中存在的权力差距，在领导成员交换的形成过程中，领导的行为和特征会对下属施加更多的作用（Dienesch and Liden，1986；Liden et al.，1997）。研究认为，领导的行为会影响下属对领导的知觉及对领导的反应（Lord and Maher，1991；Nahrgang et al.，2009；Snodgrass et al.，1998）。在领导成员交换文献中得到关注最多的两类领导行为是权变奖赏行为（contingent reward behavior）和变革型领导。

权变奖赏行为。权变奖赏行为是指领导根据下属的努力状况和绩效水平，为下属提供的反馈、奖励和认可等。这一行为表明了领导对下属的期望，以及下属达到领导期望时可以获得的奖赏（Avolio et al.，1999；Bass and Avolio，1993）。尽管有研究指出领导与下属间高质量的交换关系是建立在社会交换之上，而非经济交换（Graen and Uhl-Bien，1995），另一些学者则认为有效率的领导往往在这两种交换中均有所参与，并且在研究中进行了证实（Avolio et al.，1999）。在这一点上学者们似乎没有达成共识，在这里我们认为，权变奖赏行为是交易行为或是经济行为的一种，对于低质量领导成员交换的形成也许已经足够了，但是对于高质量领导成员交换的形成，权变奖赏行为只是一个必要非充分条件。

不仅如此，为那些明确强调工作行为与相应奖赏之间挂钩的领导工作的下属，往往会对工作要求形成更清楚的知觉，这可以为下属指明工作努力的方向，从而使下属达成领导的期望（Waldman et al.，1990）。另外，高质量领导成员交换是建立在信任、尊重和相互的义务的基础之上的（Brower et al.，2009；Graen and Uhl-Bien，1995），而这些都是基于这样一个前提：领导能够对下属的高绩效进行认可和奖励，并且能够向下属明确自己的期望。因此，那些能够从领导那里获得自己所做工作相应的反馈、认可和奖赏的下属（即领导具有权变奖赏行为）更容易对领导产生责任感，也就更有可能与领导建立高质量的关系（Wayne et al.，2002）。Dulebohn 等（2012）的元分析结果显示，权变奖赏行为与领导成员交换之间的关系是显著的，相关系数为 0.73。

变革型领导。变革型领导在领导过程中能够为下属清晰地展现出具有吸引力的组织愿景，能够表现出与这一愿景相一致的行为，并能够为团队目标的实现而做出有效的努力（Kuhnert and Lewis，1987）。研究者认为，变革型领导能够在团队中创造出适宜高质量领导成员交换产生的氛围（Anand et al.，2011；Wang et al.，2005）。下属会对那些鼓舞和激励他们的领导表现出更好的反应（Judge and Piccolo，2004），这一积极的反应还会激发下属付出努力与领导建立高质量的关系（Maslyn and Uhl-Bien，2001）。Dulebohn 等（2012）的元分析结果显示，变革型领导与领导成员交换之间的关系是显著的，相关系数为0.73。

仁爱型领导。仁爱型领导会对下属表现出关心和关怀，包括关注下属家庭幸福、维护声誉和避免羞辱行为等（Pellegrini and Scandura，2007；Tsui and Farh，1997），因此仁爱型领导易于和下属建立良好的人际关系。下属感知到关怀会更主动地做出积极回应，从而形成高质量关系。Chan 和 Mak（2012）的研究结果显示，仁爱型领导与领导成员交换之间的关系是显著的，相关系数为0.40。

X、Y理论思维领导。X、Y理论来源于McGregor（1960）的激励假设，X理论假设人们基本上不喜欢工作，需要指导，逃避责任；Y 理论则假设人们都喜欢工作，有创造力，并且乐于承担责任。因此持X理论态度的领导者倾向于对下属持消极、悲观的看法，并通过外部控制手段（如威胁和惩罚）表现出更具强制性、专制的领导风格（McGregor，1960，1966；McGregor and Cutcher-Gershenfeld，2006）。这时下属可能会认为他们的领导和自己之间存在社会情感距离，从而导致正式的、非个人的和低质量的交换关系（Graen and Uhl-Bien，1995；Liden et al.，1997）。相反，持 Y 理论态度的领导者倾向于对下属持积极、乐观的看法，并通过内部激励和奖励表现出更具参与性的领导风格（McGregor，1960，1966；McGregor and Cutcher-Gershenfeld，2006）。这时下属会更多感知到工作的自主权和责任感（McGregor，1960，1966；McGregor and Cutcher-Gershenfeld，2006），认为领导提供了有形和无形的资源，从而形成高质量的交换关系（Liden et al.，1997）。Sahin（2012）的研究结果显示，X 理论思维领导与领导成员交换的关系不显著，Y 理论思维领导与领导成员交换的关系是显著的，相关系数为0.41。

领导对下属的期望。领导对下属的期望也是影响领导成员交换形成的重要前因变量。如果领导认定一些下属是更有希望成功的，他们便更有可能与这些下属建立社会交换关系，包括在重要任务上授予下属权力和提供更多的帮助等，领导在资源上的这些付出会使得得到资源的下属更有可能在工作中表现优秀，并与领导建立高质量领导成员交换。这种由领导对下属的期望带来的自我实现预言与领导成员交换及下属工作行为的正相关关系已经在实验室研究（McNatt，2000；McNatt and Judge，2004）和现场研究（Liden et al.，1993；Wayne et al.，1997）中都得到了证实。Dulebohn 等（2012）的元分析结果显示，领导对下属的期望与领导成员交换之间的关系是显著的，相关系数为0.37。

　　领导的人格。尽管有许多领导研究从特质的角度考察了领导的有效性（B. M. Bass and R. Bass，2008），领导成员交换研究者却很少研究领导的人格对领导成员交换的影响。在为数不多的研究中，有两个方面的人格特质得到了研究者的关注：外向性和宜人性。Judge 等（2002）的元分析研究认为在大五人格中外向性与领导风格的关系最稳定，他们发现高外向性的领导更有可能被下属知觉为是有效率的。同样，Bono 和 Judge（2004）发现了外向性是预测变革型领导的最佳人格变量。另外，领导的外向性还与领导有效性、领导的社会性和对他人的关心等变量有正相关关系（Bono and Judge，2004）。与此相反，领导的内向性则与员工感受到的领导的自私、保守和冷漠等有关（Nahrgang et al.，2009）。因此，领导的外向性被认为与领导成员交换之间有正向关系。Dulebohn 等（2012）的元分析结果显示，领导的外向性与领导成员交换之间的关系是显著的，相关系数为0.18。

　　宜人性。高宜人性的领导在下属看来是更容易接近的。宜人性还与合作和助人行为有正相关关系（Hogan and Holland，2003；LePine and van Dyne，2001）。Tjosvold（1984）发现下属认为那些待人温和的领导是很愿意帮助他人的。另外，下属更愿意与那些让人感到温暖的领导，而非与冷冰冰的领导进行社会互动并为他们工作。最后，宜人性还与互惠行为有关，而这一行为恰恰是社会交换关系（Gouldner，1960）和领导成员交换（Erdogan and Liden，2002）的核心。因此，领导的宜人性被认为与领导成员交换之间有正向关系。Dulebohn 等（2012）的元分析结果显示，宜人性与领导成员交换之间的关系是显著的，相关系数为0.18。

　　依恋风格。依恋风格描述了个体与重要的人建立关系的方式（Mikulincer and Shaver，2005），分为安全依恋风格和不安全依恋风格。安全依恋风格的个体在与他人亲近时很少遇到问题，并且能够在人际关系中信任他人，因此安全依恋风格的领导较易于和下属建立积极的领导成员交换关系。不安全依恋风格又分为两种类型：回避型，个体通过情感上远离他人来应对不安全感；焦虑型，个体通过依赖和黏着来应对不安全感（Shaver and Mikulincer，2007）。缺乏安全感的领导很难与下属建立和维持高质量的领导成员交换关系（Schyns et al.，2012）。回避型领导更喜欢独自工作，避免社会关系和冲突，甚至会拒绝下属与他们建立关系的企图，因此不太可能与下属建立高质量的关系（Richards and Hackett，2012）。焦虑型领导者在开始时可能会对下属进行积极评价，因为希望能与下属建立关系，但同时他们又不太信任下属（Keller and Cacioppe，2001），这种低信任机制及其引发的后续行为（如缺乏授权等）从长远来看也会导致低质量的领导成员交换关系（Richards and Hackett，2012）。

（三）人际关系变量

除了下属和领导本身的特征外，下属与领导之间的人际关系也会对领导成员交换造成影响。这些人际关系变量会影响下属和领导对彼此的知觉，进而影响领导成员交换。

领导与下属的相似性。社会心理学中的一个重要发现是个体之间的相似性会促成个体间的相互吸引和喜欢（Byrne，1971）。在与他人的社会互动中，个体与那些和自己有相似兴趣、价值观和态度的人相处会感到更加舒服。在工作情景下，在工作问题上态度的相似性（如如何最好地完成工作任务）及非工作问题上态度的相似性（如对社会事件的看法）均可以促进领导与下属之间的交流，帮助他们建立更好的社会关系（Fairhurst，2001）。相反，领导与下属之间的差异则会导致人际交往中的障碍、距离和冲突，此时建立高质量人际关系便困难重重（Uhl-Bien，2006）。尽管实际上的相似性与人际吸引和关系质量有正向关系（Graen and Schiemann，1978），研究者认为对相似性的感知在人际吸引和高质量领导成员交换的形成过程中更加重要（Liden et al.，1993；Turban and Jones，1988）。Dulebohn 等（2012）的元分析结果显示，领导和下属的感知相似性与领导成员交换之间的关系是显著的，相关系数为 0.50。

喜爱/情感。由于人们倾向于对他们喜欢的人示好，因此喜爱或情感在领导下属关系形成中起到重要的作用也就不足为奇了（Murphy and Ensher，1999）。实际上，情绪判断会影响个体对他人的评价（Zajonc，1980）。人们倾向于与他们喜欢的人建立友好的关系，领导成员交换这种关系也不例外。在一项实验室研究中，Wayne 和 Ferris（1990）发现领导的喜好对领导成员交换的形成有正向的影响，而之后的一项纵向现场研究中也重复得到了这样的结果（Liden et al.，1993）。由于领导成员交换已经被证实在人际关系的进入前阶段（pre-entry stage）或是预期社会化阶段（anticipatory socialization stage）就开始形成，我们有理由相信人际喜爱扮演着领导成员交换的重要前因变量。Dulebohn 等（2012）的元分析结果显示，喜爱/情感与领导成员交换之间的关系是显著的，相关系数为 0.49。

向上影响行为。向上影响行为是另一类影响领导成员交换关系的人际关系变量（Dienesch and Liden，1986；Schriesheim et al.，2000）。下属会通过主动参与一些可以改变他们在领导心中的印象和知觉的行为，来提高他们与领导的关系质量。下属使用的影响策略会影响领导对他们的评价，进而帮助提高领导成员交换质量和领导的情感反应（Lord，1985）。这些影响策略主要有三种：迎合，即通过表现出友善来努力使自己被喜欢；自我提升，即通过强调自己的成就来努力使自己被认为是有能力的；独断，即在表明看法时表现得有攻击性并坚持己见。

迎合和自我提升都旨在改变别人对自己的态度，前者是要改变别人对自己的喜欢程度，而后者则是改变别人对自己能力的认可程度。因此，成功的迎合和自我提升策略的实施会让领导对下属有更积极的评价（Jones，1964，1990），而这种积极的评价往往可以作为人际关系建立的基础（Kraimer et al.，2005）。因此，迎合和自我提升应该与领导成员交换之间有正相关关系（Colella and Varma，2001；Farmer et al.，1997）。

相反地，对于下属表现出的具有过度攻击性的影响策略（如独断），领导则会形成负面的印象（Kipnis et al.，1980）。例如，为了追求自己的利益，表现出过多独断或是强迫行为的下属，很可能得不到领导的信任，因为领导很可能会将下属的这些影响策略视为是别有用心的（Lam et al.，2007）。由此，领导与员工间的领导成员交换质量便会受损（Deluga and Perry，1991；Krishnan，2004）。

Dulebohn 等（2012）的元分析结果显示，迎合与自我提升两种影响策略与领导成员交换之间的关系均是显著的，相关系数分别为 0.27 和 0.45，独断影响策略与领导成员交换的关系不显著。

信任。信任在领导与下属形成交换关系的过程中也起到重要作用（Brower et al.，2009；Gomez and Rosen，2001）。早期的领导成员交换理论认为领导根据下属的技巧和能力、可以信任的程度及下属承担更大责任的动机来选定自己的圈内人员（Liden and Graen，1980；Scandura et al.，1986）。之后，有很多的研究发现领导对下属的信任与领导成员交换之间有积极联结（Gomez and Rosen，2001；Pelled and Xin，2000；van Dam et al.，2008；Wat and Shaffer，2005）。信任的研究者认为，在人际关系形成的最初阶段，个体根据对方的可靠性和能力，使用认知的、理性的手段判断一个人是否可以信任（Lewicki et al.，2006；McAllister，1995）。随着关系的成熟，信任逐渐开始依赖情感、相互的照料及关心（McAllister，1995），这意味着领导的信任与领导成员交换之间的关系可能出现反转，即领导对下属的信任形成是基于两者的较高质量关系。不过，在发展出高质量的关系之前，领导依然要通过下属的能力来判断他们是否值得信任。Dulebohn 等（2012）的元分析结果显示，领导对下属的信任与领导成员交换之间的关系是显著的，相关系数为 0.73。

三、领导成员交换的结果变量

在 Dulebohn 等（2012）的理论模型中所涉及的领导成员交换的结果变量一部分是基于 Gerstner 和 Day（1997）及 Ilies 等（2007）这两篇元分析文献所涉及的变量，另一部分则是以前的元分析研究中没有考察过的变量。

先来看 Gerstner 和 Day（1997）的元分析文献。在这篇文献中，作者对

1974~1996 年的 164 篇涉及领导成员交换的实证研究进行了元分析考察，发现领导成员交换与领导评定的工作绩效的相关系数为 0.41；与下属自评的工作绩效的相关系数为 0.28；与客观的工作绩效的相关系数为 0.10；与对上级的满意度的相关系数为 0.62；与一般工作满意度的相关系数为 0.46；与一般组织承诺的相关系数为 0.35；与角色清晰度的相关系数为 0.34。另外，领导成员交换与角色冲突的相关系数为-0.26，与离职意向的相关系数为-0.28。然而，该研究发现领导成员交换与实际离职意向的相关是不显著的（$r = 0.03$）。从这篇元分析的结果可以看出，受到领导成员交换影响最大的结果变量是工作满意度，无论是一般工作满意度还是对领导的满意度，与领导成员交换都有很强的相关性。同时，这一研究对领导成员交换与工作绩效的关系进行了三种不同的考察，我们能看出在避免了同源误差（即领导成员交换与工作绩效均为领导评定的情况）之后，领导成员交换与工作绩效仍保持有中等程度的相关性。对于组织承诺，这一研究仅考察了员工对雇佣组织的总体承诺，包括态度上的和行为上的，并没有分维度进行考察。

Ilies 等（2007）的元分析文献则专门考察了领导成员交换与组织公民行为之间的关系。通过对 50 个样本的元分析处理，作者发现领导成员交换与组织公民行为之间有中等强度的正相关（$r = 0.37$）。这一结果是对 Gerstner 和 Day（1997）元分析结果的补充，将领导成员交换对角色内绩效的影响扩展到角色外绩效的影响上。

Dulebohn 等（2012）则在上述两个研究的基础之上，补充了一些新的结果变量，对 247 个实证研究中的结果变量进行了总结。结果发现：对于研究中涉及的 16 个结果变量，领导成员交换与它们之间的相关关系均显著。领导成员交换与离职意向、实际离职行为、总体组织公民行为和工作绩效 4 个行为结果的相关系数分别为-0.39、-0.17、0.34 和 0.30。领导成员交换与总体组织承诺、情感承诺、规范承诺、一般工作满意度、对领导的满意度及对薪酬的满意度 6 个态度结果的相关系数分别为 0.47、0.41、0.33、0.49、0.68 和 0.27。领导成员交换与程序公正、分配公正、授权和对政治的知觉 4 个知觉结果的相关系数分别为 0.55、0.44、0.67 和-0.49。领导成员交换与角色模糊和角色冲突 2 个角色状态的相关系数分别为-0.42 和-0.33。

由于领导成员交换与工作绩效、离职意向、组织公民行为、一般工作满意度、角色模糊、角色冲突等的相关关系已经得到广泛验证，我们对这些变量与领导成员交换的关系仅进行简要的概述。之后，我们会主要阐述领导成员交换与 Dulebohn 等（2012）的元分析中新加入的及更新后的结果变量之间的关系。

高质量的领导成员交换具有高水平的信任、沟通、支持及正式或非正式的奖赏等特征（Dienesch and Liden，1986），这种交换关系中包含的有形和无形的物质已经超越了正式的工作描述中规定的内容（Liden et al.，1997；Liden and

Graen，1980）。因此，根据社会交换理论，为了对高质量的领导成员交换进行回报，下属会在工作中更加努力，更有可能创造出高工作绩效（Gerstner and Day，1997）。不仅如此，下属还更有可能超越角色内行为的要求，表现出公民行为，以此来保持社会交换的平衡（Wayne et al.，2002）。不仅是在绩效方面（不论是角色内绩效还是角色外绩效），高水平领导成员交换还会为下属带来工作满意感，因为领导成员交换为他们带来的好处让他们不论在情感还是认知上都会对从事的工作持有积极的态度。同时，高质量领导成员交换具有的高水平沟通为领导和下属提供了明确角色期望、协商潜在冲突的机会，也就减少了角色模糊和角色冲突情况的发生。

低质量的领导成员交换则会让下属从领导那里得不到足够的信任、交流及奖赏，这会让下属对他们的领导产生消极的情感反应（Harris et al.，2005）。由于领导是组织选出的代言人，他们的行为会对下属对组织的认知和情感造成影响（Schneider，1987）。因此，低质量领导成员交换之下的下属更有可能对组织产生消极情感反应。当这种情感反应积累到一定水平时，为了避免这种不舒服不愉快的体验，下属便会产生离职意向，甚至采取离职行为。因此，领导成员交换与离职意向之间有负相关关系。

情感承诺与规范承诺。情感承诺是指员工对组织的情感依恋、认同感和投入度。员工由于情感承诺而表现出来的忠诚和努力主要是源于对组织有深厚的感情，而非物质利益（Mowday et al.，1982；Porter et al.，1974）。规范承诺是指员工对继续留在组织中的义务感的感知，由于长期受到社会影响产生了社会责任，员工做出这种继续留在组织中的承诺（Allen and Meyer，1990）。

有许多理由可以解释领导成员交换与组织承诺之间存在着相关关系（Wayne et al.，2009）。首先，Graen（1976）认为在角色形成过程中（即高质量关系形成的过程），领导会鼓励下属对组织保持忠诚。在高质量的关系中，领导会使下属相信，组织是值得他去效忠的（Wayne et al.，2002）。另外，在高质量的关系中，由于下属对领导有依恋性和忠诚性，他们更有可能对组织保持忠诚。这是因为领导是组织的重要代理人（Eisenberger et al.，1986），对领导保持依恋和忠诚可以提高下属对组织的依恋感（即情感承诺）和责任心（即规范承诺）（Kinicki and Vecchio，1994）。

其次，组织承诺受到工作挑战、社会互动的机会及反馈的影响。总的来说，领导对工作的分配和反馈的提供负主要责任。与领导有高质量关系的下属更可能被分配到超越工作合同要求的工作任务，给予他们更多的工作挑战（Brouer and Harris，2007；Liden et al.，1997；Liden and Graen，1980）。另外，由于这些下属与领导保持较亲密的关系，他们得到工作反馈的机会也将增加。最后，这些下属与领导之间的亲密关系会给他们更多与领导进行互动的机会（Cogliser and

Schriesheim，2000；Dienesch and Liden，1986）。上述这些要素都会使得与领导
有高质量领导成员交换的下属表现出更多的组织承诺。

对薪酬的满意度。薪酬满意度是指员工对于薪酬的总体积极或消极情感或感
受的总和（Miceli and Lane，1991）。决定薪酬满意度的最重要因素是员工得到
的实际报酬与他们觉得应该得到的报酬之间的差别（Williams et al.，2006）。在
高质量的关系中，这些下属会得到许多其他下属得不到的福利和特权（Roch and
Shanock，2006），包括更多的支持、沟通和奖赏（Cogliser and Schriesheim，
2000；Dienesch and Liden，1986），这会使得员工拥有更多的积极态度
（Cropanzano and Mitchell，2005）。因此，我们可以认为在高质量关系中，下属
会感受到更少的薪酬差别，进而感受到更多的薪酬满意度。

程序公正和分配公正。下属感受到的程序公正和分配公正也会受到领导成员
交换的影响。需要指出的是，程序公正和分配公正看上去也可以当作领导成员交
换的前因变量，如我得到公正的奖赏，而且这一奖赏的决策是通过公正的步骤实
现的，因此我会对我的上级表现出更亲密的关系，然而，这里将它作为结果变量
是出于以下考虑。第一，根据观察，领导成员交换的形成过程往往很快（Bauer
and Green，1996；Dansereau et al.，1975；Liden et al.，1993），因此有理由相信
下属对于程序公正和分配公正的评价是在这一关系形成一段时间后才进行的。第
二，目前在领导成员交换的实证研究中，大部分是将程序公正和分配公正作为结
果变量来看（Dulebohn et al.，2012）。第三，Adams（1963）的公平理论和参照
认知理论（Folger，1986）都指出了个体对分配结果和过程的质量评价可以产生
不同的公正感受，而领导成员交换本身便可以视作不平等的分配手段。对于与领
导只有低质量关系的下属，他们可能会感受到领导在对待他们和对待圈内成员时
表现出了不一致性和偏向性，因此更有可能对程序公正和分配公正的评价较低。
那些与领导有高质量关系的下属由于在工作中得到更好的待遇，并且更有机会了
解关于结果的分配过程，因此有可能感受到更高的程序公正和分配公正。总之，
领导成员交换和组织公正间应该存在正相关的关系。

授权。心理授权包括个体对于他们工作角色的认知，如工作的意义、自己的
能力、自我决定的程度及工作的影响力（Spreitzer，1995）。与领导有高质量关
系的下属往往能从领导那里得到支持、有挑战性的任务、更多的责任、决策的机
会和更多的信息，这些都会提高下属对工作意义、自身能力、自我决定程度及自
身影响力的感知（Gomez and Rosen，2001；Keller and Dansereau，1995）。具体
来说，工作意义的提高可以通过获得更多信息和更有挑战性的工作机会来达成
（Aryee and Chen，2006）。领导给予下属的帮助可以提高下属的自我效能感，
进而提高对自身能力的感知。领导成员交换带来的与领导的更多交流、在决策过
程中的参与及决定自己工作的机会则可以提高下属的自我决定感和对自身能力的

感知（Aryee and Chen，2006）。另外，拥有高质量领导成员交换的下属往往承担更多的责任，并认为自己对团队的贡献更大，这些可以提高他们对自身影响力和能力的感知。总之，高领导成员交换的下属应该会表现出更高的心理授权。

对政治的知觉。许多研究开始关注组织政治与工作态度和行为的关系（Chang et al.，2009）。领导成员交换与下属对组织政治的知觉之间存在负相关关系的原因如下：一方面，具有低质量领导成员交换的下属会认为具有高质量领导成员交换的下属更受领导喜爱，因此会认为他们得到的更高的绩效评价和更多的奖赏及与领导更多的互动都是通过政治手段而非客观因素得到的（Davis and Gardner，2004）。另一方面，具有高质量领导成员交换的下属由于拥有更多的领导支持和决策自由，他们对自己的境遇有更强的控制力（Andrews and Kacmar，2001），这种高度的控制感会降低他们对组织政治的知觉（Ferris et al.，2002）。

工作-家庭互动。通常，一个领域（如工作）的经历会影响另一个领域（如家庭）的经历，反之亦反（Eby et al.，2010）。工作和家庭间的互动有消极的方面（如工作-家庭冲突），也有积极的方面（如工作-家庭促进）。工作-家庭冲突是指一个领域的需求难以满足另一个领域的需求产生的内部冲突（Greenhaus and Beutell，1985），工作-家庭促进则意味着一个领域的经历会对另一个领域产生积极促进的影响（Greenhaus and Powell，2006）。高领导成员交换能最大限度地降低下属的工作压力，因为他们觉得自己更受重视（Major and Morganson，2011），这种工作压力的减少就会减少工作-家庭冲突。同时，高领导成员交换的下属也会在工作中感受到更多的积极情绪，并认为工作非常有意义，当这种积极的情绪和能量传递到家庭生活中，就形成了工作对家庭的促进（Voydanoff，2004）。Tummers 和 Bronkhorst（2014）的研究结果显示，领导成员交换和工作-家庭冲突、工作-家庭促进均有显著相关关系，相关系数分别为-0.18 和 0.25。

创造力。许多研究以多种方式探讨了领导成员交换对创造力的作用，领导成员交换也被认为是培养员工创造力的天然催化剂（Tierney，2008）。领导成员交换与下属创造力之间存在正相关关系的原因如下：一方面，高领导成员交换的下属往往从事更具挑战性的任务，当感知到工作存在一定程度的困难，同时又有意义和成就感时，往往会受到激励，并增加对创造性所必需的任务的努力水平（Amabile，1988）。另一方面，创造性工作需要耗费一定的时间和资源，高质量领导成员交换的下属能得到领导更多有形（如原材料、设备）和无形（如时间）资源的支持（Sparrowe and Liden，2005），并且能从领导处获得更多的关键信息（Sparrowe and Liden，2005），这有利于他们更精准和有效地提出新想法。

第三节　领导成员交换的测量

领导成员交换的测量工具可以分为两类：单维度测量工具和多维度测量工具。需要注意的是，虽然领导成员交换在理论上是多维度的，但是绝大多数的实证研究在测量时还是选择了单维度的测量工具。

单维度的领导成员交换测量工具中最常用的是 Scandura 和 Graen（1984）提出的 7 条目领导成员交换量表。这一量表的构想主要来自由于领导成员交换而在同一个领导手下形成的圈内人和圈外人所享有的不同质量的社会交换。在领导成员交换量表中，受测者需要对工作关系的有效性、对工作中问题和需求的理解、对潜在问题的认知、对帮助他人的意愿等进行测量，这些都是领导与下属之间的工作关系的特征（Scandura and Graen，1984）。Gerstner 和 Day（1997）的元分析发现，领导成员交换量表的内部一致性信度比较理想，一般在 0.80~0.90。

多维度的领导成员交换测量工具中，比较有代表性的是 Liden 和 Maslyn（1998）开发的领导成员交换四维度量表。这一量表的理论基础是，领导成员交换的高低会随着双方交换内容的不同而变化，因此领导成员交换应该是多维度的结构。在领导成员交换四维度量表中，他们区分出四个维度：情感指领导与下属之间的基于个人相互吸引而非工作或专业知识方面的彼此间的情感体验；忠诚指领导与下属中对彼此的目标和品质公开表示支持；贡献指领导与下属对彼此为共同目标而付出的努力；专业尊敬指领导与下属对彼此所在的工作领域中的声誉的知觉。以上每个维度有 3 个条目，共有 12 个条目。这些分量表的信度在 0.66~0.86（Liden and Maslyn，1998）。

至于在实证研究中究竟应该选择单维度还是多维度的量表，我们认为这取决于研究的具体目的。如果研究关注领导成员交换的具体形成过程，那么领导成员交换中不同维度的形成及对其他组织结果变量的影响可能是有区别的，此时应该使用多维度的测量工具。如果研究是从更宏观的角度考察领导成员交换在组织运行中的作用，那么使用单维度的测量工具会更加方便。

第四节　总　　结

一、国内研究概述

我国对于领导成员交换的实证研究大多从社会交换理论的角度出发，探讨影响领导成员交换的前因变量和结果变量。例如，吴继红和陈维政（2010）的研究发现，领导和下属报告的领导成员交换对于组织投入与员工贡献之间的关系有调节作用；周明建和宝贡敏（2005）的研究则以员工的组织情感承诺和工作满意度为中介变量，考察组织支持和领导成员交换对员工工作产出的间接影响。从这些研究中可以看出，社会交换理论的观点在国内的领导成员交换研究中也占据着主流地位。

另外，对于领导成员交换的结构和测量上的问题，国内也不乏优秀的研究出现，这方面以港澳学者的研究居多。例如，Law 等（2000）、Chen 和 Tjosvold（2007）、Cheung 等（2009）把领导成员关系操作化地界定为与工作无关的交换关系，而把领导成员交换作为与工作有关的交换关系。Law 等（2000）从 49 份开放式问卷中提取 6 种代表性行为，编制了领导下属关系量表，并发现领导成员交换对绩效评估和工作分配有着直接影响，而领导下属关系则影响奖金分配和员工晋升。Cheung 等（2009）则编制了 3 个题目测量领导下属关系，发现工作满意度在领导下属关系和结果变量之间起中介作用。

二、研究展望

尽管领导成员交换的研究已经有了几十年的发展历史，还是有一些问题是可以在今后的研究中继续探讨的。

第一，在领导成员交换的概念上，仍有许多地方需要进行操作化的界定。圈外人员和圈内人员是否有一个明确的界定？圈内人员和圈外人员是否可以进行身份的转换？另外，既然领导成员交换是领导和下属之间的相互关系，领导对员工的交换关系和员工对领导的交换关系是否具有不同的特点？特别是在中国这种高权力距离和集体主义社会中，这两条关系是否呈现出异质性有十分重要的理论意义。最后，有关领导成员交换的维度问题一直在研究者中争论不休，这在今后的研究中也需要进一步的思考。

第二，领导成员交换的实证研究在方法上可以有进一步的创新，如 Zhang 等（2012）的研究发现员工与领导在主动性人格上的一致性程度对领导成员交换及组织产出产生影响。他们使用横断多项式回归（cross-level polynomial regression）的方法发现员工与领导在主动性人格上表现出的一致性越高，他们的领导成员交换也越高；与员工和领导的主动性人格都低时相比，两者的主动性人格都高时他们会表现出更多的领导成员交换；而员工的主动性人格高于领导时，他们之间的领导成员交换要比领导的主动性人格高于员工时要强。另外，使用多水平分析在个体、团队和组织等不同层面上考察领导成员交换的作用也应该是研究者可以关注的方向，毕竟领导成员交换至少涉及个体和团队这两个层次，因此使用多水平的分析方法对领导成员交换进行考察是十分必要的。

第三，对于领导成员交换的衍生概念也应该给予重视，如团队成员交换（team-member exchange，TMX）和领导领导交换（leader-leader exchange，LLX）。这些概念都是在社会交换理论框架下的，因此如果能融合在一起，将会对理解团队过程和领导过程有非常重要的意义。Zhou 等（2012）的研究便使用多水平分析的统计技术对领导领导交换（即领导与其上级之间的关系）进行了系统的考察，发现领导成员交换在组织中起到三种作用：帮助领导维持本团队内领导成员交换；促进团队授权的形成，为员工创造良好的激励环境；加强领导成员交换带来的积极的组织产出。这一发现为将领导成员交换理论扩展到更广泛的组织环境中做出了贡献。

参 考 文 献

任孝鹏，王辉. 2005. 领导–部属交换（LMX）的回顾与展望. 心理科学进展，13（6）：788-797.

吴继红，陈维政. 2010. 领导–成员关系对组织与员工间社会交换的调节作用研究. 管理学报，7（3）：363-372.

周明建，宝贡敏. 2005. 组织中的社会交换：由直接到间接. 心理学报，37（4）：535-541.

Adams J S. 1963. Toward an understanding of inequity. Journal of Abnormal Psychology，67：422-436.

Allen N J, Meyer J P. 1990. The measurement and antecedents of affective, continuance and normative commitment to the organization. Journal of Occupational and Organizational Psychology，63（1）：1-18.

Amabile T M. 1988. A model of creativity and innovation in organizations. Research in Organizational Behavior，10（1）：123-167.

Anand S, Hu J, Liden R C, et al. 2011. Leader-member exchange: recent research findings and prospects for the future//Bryman A, Collinson D, Grint K, et al. The Sage Handbook of Leadership. Thousand Oaks：Sage：311-325.

Andrews M C, Kacmar K M. 2001. Discriminating among organizational politics, justice, and support. Journal of Organizational Behavior，22（4）：347-366.

Aryee S, Chen Z X. 2006. Leader-member exchange in a Chinese context：antecedents, the mediating role of psychological empowerment and outcomes. Journal of Business Research，59（7）：793-801.

Avolio B J, Bass B M, Jung D I. 1999. Re-examining the components of transformational and transactional leadership using the multifactor leadership questionnaire. Journal of Occupational and Organizational Psychology, 72: 441-462.

Barrick M R, Mount M K. 1991. The Big Five personality dimensions and job performance: a meta-analysis. Personnel Psychology, 44（1）: 1-26.

Bass B M, Avolio B J. 1993. Transformational leadership: a response to critiques//Chemers M M, Ayman R. Leadership Theory and Research: Perspectives and Directions. San Diego: Academic Press: 49-88.

Bass B M, Bass R. 2008. The Bass Handbook of Leadership: Theory, Research, and Managerial Applications. 4th ed. New York: Free Press.

Bauer T N, Green S G. 1996. Development of a leader-member exchange: a longitudinal test. Academy of Management Journal, 39（6）: 1538-1567.

Bernerth J B, Armenakis A A, Feild H S, et al. 2007. Is personality associated with perceptions of LMX? An empirical study. Leadership and Organization Development Journal, 28（7）: 613-631.

Blau G. 1993. Testing the relationship of locus of control to different performance dimensions. Journal of Occupational and Organizational Psychology, 66（2）: 125-138.

Blau P M. 1964. Exchange and Power in Social Life. New York: John Wiley.

Bono J E, Judge T A. 2004. Personality and transformational and transactional leadership: a meta-analysis. Journal of Applied Psychology, 89（5）: 901-910.

Brouer R, Harris K. 2007. Dispositional and situational moderators of the relationship between leader-member exchange and work tension. Journal of Applied Social Psychology, 37（7）: 1418-1441.

Brower H H, Lester S W, Korsgaard M A, et al. 2009. A closer look at trust between managers and subordinates: understanding the effects of both trusting and being trusted on subordinate outcomes. Journal of Management, 35（2）: 327-347.

Byrne D. 1971. The Attraction Paradigm. New York: Academic Press.

Chan S, Mak W M. 2012. Benevolent leadership and follower performance: the mediating role of leader-member exchange（LMX）. Asia Pacific Journal of Management, 29（2）: 285-301.

Chang C, Rosen C C, Levy P E. 2009. The relationship between perceptions of organizational politics and employee attitudes, strain, and behavior: a meta-analytic examination. Academy of Management Journal, 52（4）: 779-801.

Chen N Y, Tjosvold D. 2007. Guanxi and leader member relationships between American managers and Chinese employees: open-minded dialogue as mediator. Asia Pacific Journal of Management, 24（2）: 171-189.

Cheung M, Wu W P, Chan A, et al. 2009. Supervisor-subordinate guanxi and employee work outcomes: the mediating role of job satisfaction. Journal of Business Ethics, 88: 77-89.

Cogliser C C, Schriesheim C A. 2000. Exploring work unit context and leader-member exchange: a multi-level perspective. Journal of Organizational Behavior, 21 (5): 487-511.

Colella A, Varma A. 2001. The impact of subordinate disability on leader-member exchange relationships. Academy of Management Journal, 44 (2): 304-315.

Cropanzano R, Mitchell M S. 2005. Social exchange theory: an interdisciplinary review. Journal of Management, 31 (6): 874-900.

Dansereau F, Graen G, Haga W J. 1975. A vertical dyad linkage approach to leadership within formal organizations: a longitudinal investigation of the role making process. Organizational Behavior and Human Performance, 13 (1): 46-78.

Davis W D, Gardner W L. 2004. Perceptions of politics and organizational cynicism: an attributional and leader-member exchange perspective. The Leadership Quarterly, 15 (4): 439-465.

Deluga R J, Perry J T. 1991. The relationship of subordinate upward influencing behaviour, satisfaction and perceived superior effectiveness with leader-member exchanges. Journal of Occupational and Organizational Psychology, 64 (3): 239-252.

Dépret E M, Fiske S T. 1992. Social cognition and power: some cognitive consequences of social structure as a source of control deprivation//Weary G, Gleicher F, Marsh K. Control, Motivation, and Social Cognition. New York: Springer: 176-202.

Dienesch R M, Liden R C. 1986. Leader-member exchange model of leadership: a critique and further development. Academy of Management Review, 11 (3): 618-634.

Dulebohn J H, Bommer W H, Liden R C, et al. 2012. A meta-analysis of antecedents and consequences of leader-member exchange: integrating the past with an eye toward the future. Journal of Management, 38 (6): 1715-1759.

Eby L T, Maher C P, Butts M M. 2010. The intersection of work and family life: the role of affect. Annual Review of Psychology, 61 (1): 599-622.

Eisenberger R, Huntington R, Hutchison S, et al. 1986. Perceived organizational support. Journal of Applied Psychology, 71 (3): 500-507.

Engle E M, Lord R G. 1997. Implicit theories, self-schemas, and leader-member exchange. Academy of Management Journal, 40 (4): 988-1010.

Erdogan B, Liden R C. 2002. Social exchanges in the workplace: a review of recent developments and future research directions in leader-member exchange theory//Neider L L, Schriesheim C A. Leadership. Greenwich: Information Age: 65-114.

Fairhurst G T. 2001. Dualisms in leadership research//Putnam L L, Jablin F M. The New Handbook of Organizational Communication. Newbury：Sage：379-439.

Farmer S M，Maslyn J M，Fedor D B，et al. 1997. Putting upward influence strategies in context. Journal of Organizational Behavior，18（1）：17-42.

Ferris D L，Brown D J，Heller D. 2009. Organizational supports and workplace deviance：the mediating role of organizationally-based self-esteem. Organizational Behavior and Human Decision Processes，108：279-286.

Ferris G R，Perrewé P L，Douglas C. 2002. Social effectiveness in organizations：construct validity and research directions. Journal of Leadership and Organizational Studies，9（1）：49-63.

Folger R. 1986. Rethinking equity theory：a referent cognitions model//Bierhoff H W，Cohen R L，Greenberg J. Justice in Social Relations. New York：Plenum：145-162.

Gerstner C R，Day D V. 1997. Meta-analytic review of leader-member exchange theory：correlates and construct issues. Journal of Applied Psychology，82（1）：827-844.

Gomez C，Rosen B. 2001. The leader-member exchange as a link between managerial trust and employee empowerment. Group and Organization Management，26（1）：53-69.

Gouldner A W. 1960. The norm of reciprocity：a preliminary statement. American Sociological Review，25（2）：161-177.

Graen G B. 1976. Role making process within complex organizations//Dunnette M D. Handbook of Industrial Organizational Psychology. Chicago：Rand-McNally：1201-1245.

Graen G B，Cashman J. 1975. A role-making model of leadership in formal organization：a development approach//Hung J G，Larson L L. Leadership Frontiers. Kent：Kent State University Press：143-165.

Graen G B，Novak M A，Sommerkamp P. 1982. The effects of leader-member exchange and job design on productivity and satisfaction：testing a dual attachment model. Organizational Behavior and Human Performance，30（1）：109-131.

Graen G B，Scandura T A. 1987. Toward a psychology of dyadic organizing. Research in Organizational Behavior，9：175-208.

Graen G B，Schiemann W. 1978. Leader-member agreement：a vertical dyad linkage approach. Journal of Applied Psychology，63（2）：206-212.

Graen G B，Uhl-Bien M. 1995. Relationship-based approach to leadership：development of leader-member exchange（LMX）theory of leadership over 25 years：applying a multi-level multi-domain perspective. The Leadership Quarterly，6（2）：219-247.

Graziano W G，Habashi M M，Sheese B E，et al. 2007. Agreeableness，empathy，and helping：a person × situation perspective. Journal of Personality and Social Psychology，93（4）：583-599.

Greenhaus J H，Beutell N J. 1985. Sources of conflict between work and family roles. Academy of

Management Review, 10（1）: 76-88.

Greenhaus J H, Powell G N. 2006. When work and family are allies: a theory of work-family enrichment. Academy of Management Review, 31（1）: 72-92.

Harris K J, Kacmar K M, Witt L A. 2005. An examination of the curvilinear relationship between leader-member exchange and intent to turnover. Journal of Organizational Behavior, 26（4）: 363-378.

Hogan J, Holland B. 2003. Using theory to evaluate personality and job-performance relations: a socioanalytic perspective. Journal of Applied Psychology, 88（1）: 100-112.

Hogan R. 1986. Manual for the Hogan Personality Inventory. Minneapolis: National Computer Systems.

Homans G C. 1958. Social behavior as exchange. American Journal of Sociology, 63（6）: 597-606.

Hui C, Law K S, Chen Z X. 1999. A structural equation model of the effects of negative affectivity, leader-member exchange, and perceived job mobility on in-role and extra-role performance: a Chinese case. Organizational Behavior and Human Decision Processes, 77（1）: 3-21.

Ilies R, Nahrgang J D, Morgeson F P. 2007. Leader-member exchange and citizenship behaviors: a meta-analysis. Journal of Applied Psychology, 92（1）: 269-277.

Jones E E. 1964. Ingratiation. New York: Appleton-Century-Crofts.

Jones E E. 1990. Interpersonal Perception. New York: Freeman.

Judge T A, Bono J E, Ilies R, et al. 2002. Personality and leadership: a qualitative and quantitative review. Journal of Applied Psychology, 87（4）: 765-780.

Judge T A, Piccolo R F. 2004. Transformational and transactional leadership: a meta-analytic test of their relative validity. Journal of Applied Psychology, 89（5）: 755-768.

Keller T, Cacioppe R. 2001. Leader-follower attachments: understanding parental images at work. Leadership & Organization Development Journal, 22（2）: 70-75.

Keller T, Dansereau F. 1995. Leadership and empowerment: a social exchange perspective. Human Relations, 48（2）: 127-146.

Kinicki A J, Vecchio R P. 1994. Influences on the quality of supervisor-subordinate relations: the role of time-pressure, organizational commitment, and locus of control. Journal of Organizational Behavior, 15（1）: 75-82.

Kipnis D, Schmidt S M, Wilkinson I. 1980. Intraorganizational influence tactics: explorations in getting one's way. Journal of Applied Psychology, 65（4）: 440-452.

Kraimer M L, Wayne S J, Liden R C, et al. 2005. The role of job security in understanding the relationship between employees' perceptions of temporary workers and employees' performance.

Journal of Applied Psychology，90（2）：389-398.

Krishnan V R. 2004. Impact of transformational leadership on followers' influence strategies. Leadership and Organization Development Journal，25（1）：58-72.

Kuhnert K W，Lewis P. 1987. Transactional and transformational leadership：a constructive/ developmental analysis. Academy of Management Review，12（4）：648-657.

Lam W，Huang X，Snape E. 2007. Feedback-seeking behavior and leader-member exchange：do supervisor-attributed motives matter? Academy of Management Journal，50（2）：348-363.

Lapierre L M，Hackett R D，Taggar S. 2006. A test of the links between family interference with work，job enrichment and leader-member exchange. Applied Psychology，55（4）：489-511.

Law K S，Wong C，Wang D，et al. 2000. Effect of supervisor-subordinate guanxi on supervisory decisions in China：an empirical investing. International Journal of Human Resource Management，11（4）：751-765.

LePine J A，van Dyne L. 2001. Voice and cooperative behavior as contrasting forms of contextual performance：evidence of differential relationships with Big Five personality characteristics and cognitive ability. Journal of Applied Psychology，86（2）：326-336.

Lewicki R J，Tomlinson E C，Gillespie N. 2006. Models of interpersonal trust development：theoretical approaches，empirical evidence，and future directions. Journal of Management，32（6）：991-1022.

Liden R C，Graen G. 1980. Generalizability of the vertical dyad linkage model of leadership. Academy of Management Journal，23（6）：451-465.

Liden R C，Maslyn J M. 1998. Multidimensionality of leader-member exchange：an empirical assessment through scale development. Journal of Management，24（1）：43-72.

Liden R C，Sparrowe R T，Wayne S J. 1997. Leader-member exchange theory：the past and potential for the future//Ferris G R. Research in Personnel and Human Resources Management. Greenwich：JAI：47-119.

Liden R C，Wayne S J，Stilwell D. 1993. A longitudinal study on the early development of leader-member exchanges. Journal of Applied Psychology，78（4）：662-674.

Lord R G. 1985. An information processing approach to social perceptions，leadership and behavioral measurement in organizations. Research in Organizational Behavior，7：87-128.

Lord R G，Maher K J. 1991. Leadership and Information Processing：Linking Perceptions and Performance. New York：Routledge.

Major D A，Morganson V J. 2011. Coping with work-family conflict：a leader-member exchange perspective. Journal of Occupational Health Psychology，16（1）：126-138.

Martin R，Thomas G，Charles K，et ak. 2005. The role of leader-member exchanges in mediating the relationship between locus of control and work reactions. Journal of Occupational and

Organizational Psychology, 78（1）: 141-147.

Maslyn J M, Uhl-Bien M. 2001. Leader-member exchange and its dimensions: effects of self-effort and other's effort on relationship quality. Journal of Applied Psychology, 86（4）: 697-708.

McAllister D J. 1995. Affect- and cognitive-based trust as foundations for interpersonal cooperation in organizations. Academy of Management Journal, 38（1）: 24-59.

McGregor D M. 1960. The Human Side of Enterprise. New York: McGraw-Hill.

McGregor D M. 1966. Leadership and Motivation. Cambridge: MIT Press.

McGregor D M, Cutcher-Gershenfeld J. 2006 . The Human Side of Enterprise. Annotated Edition. New York: McGraw Hill.

McNatt D B. 2000. Ancient Pygmalion joins contemporary management: a meta-analysis of the result. Journal of Applied Psychology, 85（1）: 314-322.

McNatt D B, Judge T A. 2004. Boundary conditions of the Galatea effect: a field experiment and constructive replication. Academy of Management Journal, 47（4）: 550-565.

Miceli M P, Lane M C. 1991. Antecedents of pay satisfaction: a review and extension. Research in Personnel and Human Resources Management, 9: 235-309.

Mikulincer M, Shaver P R. 2005. Attachment theory and emotions in close relationships: exploring the attachment-related dynamics of emotional reactions to relational events. Personal Relationships, 12（2）: 149-168.

Molm L D. 1994. Dependence and risk: transforming the structure of social exchange. Social Psychology Quarterly, 57（3）: 163-176.

Mount M K, Barrick M R. 1995. The Big Five personality dimensions: implications for research and practice in human resources management. Research in Personnel and Human Resource Management, 13: 152-200.

Mowday R T, Porter L W, Steers R M. 1982. Employee-Organization Linkages: The Psychology of Commitment, Absenteeism, and Turnover. New York: Academic Press.

Murphy S E, Ensher E A. 1999. The effects of leader and subordinate characteristics in the development of leader-member exchange quality. Journal of Applied Social Psychology, 29（7）: 1371-1394.

Nahrgang J D, Morgeson F P, Ilies R. 2009. The development of leader-member exchanges: exploring how personality and performance influence leader and member relationships over time. Organizational Behavior and Human Decision Processes, 108（2）: 256-266.

Pelled L H, Xin K R. 2000. Relational demography and relationship quality in two cultures. Organization Studies, 21（6）: 1077-1094.

Pellegrini E K, Scandura T A. 2007. Paternalistic leadership: a review and agenda for future research. Journal of Management, 34（3）: 566-593.

Perugini M, Gallucci M, Presaghi F, et al. 2003. The personal norm of reciprocity. European Journal of Personality, 17（4）: 251-283.

Phillips A S, Bedeian A G. 1994. Leader-follower exchange quality: the role of personal and interpersonal attributes. Academy of Management Journal, 37（4）: 990-1001.

Porter L W, Steers R M, Mowday R T, et al. 1974. Organizational commitment, job satisfaction, and turnover among psychiatric technicians. Journal of Applied Psychology, 59（5）: 603-609.

Richards D A, Hackett R D. 2012. Attachment and emotion regulation: compensatory interactions and leader-member exchange. The Leadership Quarterly, 23（4）: 686-701.

Roch S G, Shanock L R. 2006. Organizational justice in an exchange framework: clarifying organizational justice distinctions. Journal of Management, 32（2）: 299-322.

Rotter J B. 1966. Generalized expectancies for internal versus external control of reinforcement. Psychological Monographs, 80（1）: 1-28.

Şahin F. 2012. The mediating effect of the leader-member exchange on the relationship between theory X and Y management styles and affective commitment: a multilevel analysis. Journal of Management & Organization, 18（2）: 159-174.

Sahlins M. 1972. Stone Age Economics. New York: Aldine De Gruyter.

Scandura T A, Graen G B. 1984. Moderating effects of initial leader-member exchange status on the effects of a leadership intervention. Journal of Applied Psychology, 69（3）: 428-436.

Scandura T A, Graen G B, Novak M A. 1986. When managers decide not to decide autocratically: an investigation of leader-member exchange and decision influence. Journal of Applied Psychology, 71: 579-584.

Schneider B. 1987. The people make the place. Personnel Psychology, 40（3）: 437-453.

Schriesheim C A, Castro S L, Cogliser C C. 1999. Leader-member exchange（LMX）research: a comprehensive review of theory, measurement, and data-analytic practices. The Leadership Quarterly, 10（1）: 63-113.

Schriesheim C A, Castro S L, Yammarino F J. 2000. Investigating contingencies: an examination of the impact of span of supervision and upward controllingness on leader-member exchange using traditional and multivariate within-and between-entities analysis. Journal of Applied Psychology, 85（5）: 659-677.

Schyns B, Maslyn J M, van Veldhoven M P. 2012. Can some leaders have a good relationship with many followers? The role of personality in the relationship between leader-member exchange and span of control. Leadership and Organization Development Journal, 33（5/6）: 594-606.

Schyns B, von Collani G. 2002. A new occupational self-efficacy scale and its relation to personality constructs and organizational variables. European Journal of Work and Organizational

Psychology, 11（2）: 219-241.

Shaver P R, Mikulincer M. 2007. Adult attachment strategies and the regulation of emotion. Psychopharmacology, 103（1）: 67-73.

Snodgrass S E, Hecht M A, Ploutz-Snyder R. 1998. Interpersonal sensitivity: expressivity or perceptivity? Journal of Personality and Social Psychology, 74（1）: 238-249.

Sparrowe R T, Liden R C. 2005. Two routes to influence: integrating leader-member exchange and social network perspectives. Administrative Science Quarterly, 50（4）: 505-535.

Spreitzer G M. 1995. Psychological empowerment in the workplace: dimensions, measurement, and validation. Academy of Management Journal, 38（5）: 1442-1465.

Thibaut J W, Kelley H H. 1959. The Social Psychology of Groups. New York: John Wiley Sons.

Tierney P. 2008. Leadership and employee creativity. Handbook of organizational creativity, 95123.

Tjosvold D. 1984. Effects of leader warmth and directiveness on subordinate performance on a subsequent task. Journal of Applied Psychology, 69（3）: 422-427.

Tsui A S, Farh J L .1997. Where guanxi matters: relational demography and Guanxi in the Chinese context. Work & Occupations, 24（1）: 56-79.

Tummers L G, Bronkhorst B. 2014. The impact of leader-member exchange（LMX）on work-family interference and work-family facilitation. Personnel Review, 43（4）: 573-591.

Turban D B, Jones A P. 1988. Supervision-subordinate similarity: types, effects on mechanism. Journal of Applied Psychology, 73: 228-234.

Uhl-Bien M. 2006. Relational leadership theory: exploring the social processes of leadership and organizing. The Leadership Quarterly, 17（6）: 654-676.

Uhl-Bien M, Graen G, Scandura T A. 2000. Implications of leader-member exchange（LMX）for strategic human resource management systems: relationships as social capital for competitive advantage. Research in Personnel and Human Resources Management, 18: 137-185.

van Dam K, Oreg S, Schyns B. 2008. Daily work contexts and resistance to organizational change: the role of leader-member exchange, development climate, and change process characteristics. Applied Psychology, 57（2）: 313-334.

Voydanoff P. 2004. Implications of work and community demands and resources for work-to-family conflict and facilitation. Journal of Occupational Health Psychology, 9（4）: 275-285.

Waldman D A, Bass M, Yammarino F J. 1990. Adding to contingent-reward behavior: the augmenting effect of charismatic leadership. Group and Organization Management, 15（4）: 381-394.

Wang H, Law K S, Hackett R D, et al. 2005. Leader-member exchange as a mediator of the relationship between transformational leadership and followers' performance and organizational citizenship behavior. Academy of Management Journal, 48（3）: 420-432.

Wat D，Shaffer M A. 2005. Equity and relationship quality influences on organizational citizenship behaviors：the mediating role of trust in the supervisor and empowerment. Personnel Review，34（4）：406-422.

Watson D，Clark L A. 1984. Negative affectivity：the disposition to experience aversive emotional states. Psychological Bulletin，96（3）：465-490.

Watson D，Clark L A，Carey G. 1988. Positive and negative affectivity and their relation to anxiety and depressive disorders. Journal of Abnormal Psychology，97（3）：346-353.

Wayne S J，Coyle-Shapiro J A，Eisenberger R，et al. 2009. Social influences//Klein H J，Becker T E，Meyer J P. Commitment in Organizations：Accumulated Wisdom and New Directions. Mahwah：Lawrence Erlbaum：253-284.

Wayne S J，Ferris G R. 1990. Influence tactics，affect，and exchange quality in supervisor-subordinate interactions：a laboratory experiment and field study. Journal of Applied Psychology，75（5）：487-499.

Wayne S J，Liden R C. 1995. Effects of impression management on performance ratings：a longitudinal study. Academy of Management Journal，38（1）：232-260.

Wayne S J，Shore L M，Bommer W H，et al. 2002. The role of fair treatment and rewards in perceptions of organizational support and leader-member exchange. Journal of Applied Psychology，87（3）：590-598.

Wayne S J，Shore L M，Liden R C. 1997. Perceived organizational support and leader-member exchange：a social exchange perspective. Academy of Management Journal，40（1）：82-111.

Williams M L，McDaniel M，Nguyen N T. 2006. A meta-analysis of the antecedents and consequences of pay level satisfaction. Journal of Applied Psychology，91（2）：392-413.

Zajonc R B. 1980. Feeling and thinking：preferences need no inferences. American Psychologist，35（2）：151-175.

Zhang Z，Wang M，Shi J. 2012. Leader-follower congruence in proactive personality and work outcomes：the mediating role of leadermember exchange. Academy of Management Journal，55：111-130.

Zhou L，Wang M，Chen G，et al. 2012. Supervisors' upward exchange relationships and subordinate outcomes：testing the multilevel mediation role of empowerment. Journal of Applied Psychology，93（3）：668-680.

第八章　联结点模型和渗透模型

在组织行为学文献中，联结点模型和渗透模型曾经是两个相对独立的研究课题。对联结点模型的理论描述源于 Likert（1961）解释组织管理结构时提出的联结点概念。对渗透模型的研究则来自研究者观察到的组织中的各种角色的行为和态度相互影响的现象（Masterson，2001；Weiss，1977）。但是，随着这两个研究领域的不断成熟，它们在研究对象和理论基础上有着较大的重合：它们都关注组织中的不同层级的角色之间的相互作用；它们都以社会交换理论作为主要的理论视角之一；它们都对多个组织行为理论，尤其是领导力理论，起到了推动作用。如今，随着联结点模型在战略领域的扩展，二者的研究重点又偏向了不一样的组织结构，并采用了相异的理论基础。由于二者在发展过程中相互影响，在本章中，我们同时介绍联结点模型和渗透模型的研究进展。

联结点模型和渗透模型的研究对理论和实践都具有重要的价值。在发展组织行为理论方面，这两个研究课题与多个组织行为学研究领域的进展有关，包括领导力理论、工作动机理论和组织公正感理论等。在指导实践方面，这两个研究课题为培养和发展企业中层和基层管理者的领导力、提高顾客服务质量、增强管理者和员工的道德和公正意识等实践提供了重要的参考。

本章首先按照研究发展顺序回顾联结点模型的研究，然后介绍近期在社会交换理论和社会学习理论基础上发展出的对渗透模型的研究。最后比较和总结这两个方面的研究，并提出未来研究方向。

第一节　联结点模型的研究进展

一、联结点概念的提出和早期研究

在现代管理理论中，Likert（1961）最早提出了联结点职位（linking-pin

position）的概念，并指出联结点对组织运行的重要性。在组织中存在着一些跨越不同团队或部门的职位，这些职位被称为联结点职位，它们对组织的运行起着关键的作用。处于这些职位上的个体，可以被称为联结点，他们的行为能影响整个组织的绩效和他们所领导的员工的组织行为。Likert（1961）的这个联结点概念可以用一个简单的例子来说明。假设某个公司的组织结构由三个层级构成：一个总经理、一些部门经理和各个部门经理下的一般非管理层员工。在这个三层的组织管理结构中，总经理和某一个部门经理构成一对上级—下级对子，这个部门经理和他管理的某个一般员工构成另一对上级—下级对子。这个部门经理就可以被看作一个联结点，因为他既是总经理—部门经理这个上级—下级对子里的下级，又是部门经理——一般员工这个对子里的上级。通过这个部门经理，这两个对子就被联系起来，使指令、资源和反馈能够从上向下或从下往上进行传输。例如，将来自下级的任务完成进度、下级在工作中遇到的困难和下级对组织的期望等信息传达给上级和组织，或将从上级或组织那里获得的有助于下级完成任务的信息和资源传达给下级。

对联结点职位的早期实证研究考察了，处于联结点上的中层管理者对高层管理者的影响力是否会限制他们对下级的领导力的有效性。例如，中层管理者对下属的支持行为及对下属工作态度的正面作用是否取决于中层管理者对高层管理者的影响力（House et al.，1971；Wager，1965）。根据 Likert（1961）的理论，中层管理者对高层管理者的影响力会加强中层管理者的领导行为，从而对下属工作态度和行为产生积极的作用，但这些早期实证研究的结果并没有对这一理论假设提供一致的支持。

二、垂直对子联结理论对联结点的研究

随着管理学理论，尤其是领导力理论的进展，Cashman 等（1976）和 Graen 等（1977）在他们的垂直对子联结理论中，对联结点的形成和效应做了进一步的分析。

垂直对子联结理论的基本分析单元是上级和下级两人构成的一个垂直对子。一个垂直对子由三个基本成分构成：一个上级、一个下级及这两个角色间的关系。组织中的单元，如一个部门或一个团队，可以看作由一些垂直对子构成。这些垂直对子都有一个共同的上级。在同一个组织单元中，不同的垂直对子在上级—下级关系质量上可能有好坏的相对差异，即存在单元内的关系质量分化。例如，同一个部门领导与部门里的部分下级间的关系相对平等互利，把这些下级看作自己的内部成员；而和部分下级间的关系仅限于正式的上级和下级本职工作的角色要求，上级就把这些下级看作外部成员。作为联结点，这些部门领导同时也

是组织管理层里的一个上级—下级垂直对子里的一个下级。对同一个高层领导和多个中层领导构成的多个垂直对子来说，它们也存在关系质量上的差异。这种差异被看作组织单元间的关系质量分化。因此，在整个管理人员里，取决于他们和高层领导的关系，中层领导也可以分为内部成员和外部成员。将上述关系用图表示出来（图 8-1），就可以将组织看作一个由多层上下级对子构成的系统，那些参与不同层级的上下级对子的个体就是联结点。

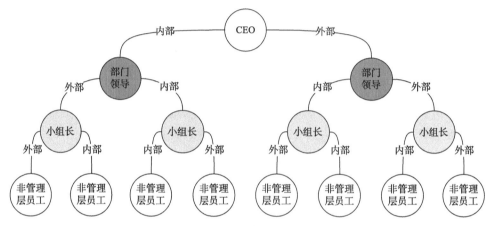

图 8-1　基于上下级对子关系的组织多层系统

资料来源：Cashman 等（1976）

对垂直对子联结理论进行实证研究发现，一般员工和直接上级的关系质量差异，能影响一般员工的组织适应过程（Dansereau et al.，1975）。此外，一般员工的工作相关结果，还受到直接上级和再上级交换关系质量的影响（Cashman et al.，1976；Graen et al.，1977）。这种联结点上的领导和自己上级的交换关系质量影响普通下级的组织生活的现象，被看作一种联结点效应。为了对这些处于联结点上的领导的人际关系（包括与上级的和与下级的）进行深入研究，Graen 等（1977）将联结点与上级的关系质量操作化定义为联结点自我感知到的与其上级之间的社会交换行为。在实证研究中，根据所有身处联结点上的领导们的自我报告、他们与上级的社会交换行为，可将这些领导分成两组。然后他们比较了这两组领导在多项指标上的差别，包括领导自我报告的自主决策程度、自己对下级的支持及下级报告的领导行为、下级的工作态度和解决问题的表现等。结果发现，这两组领导在自己的领导行为及下级的工作行为和态度上存在显著差异。当联结点上的领导和自己的上级关系质量较高（相对于较低组）时，自己的领导行为更有效，下级的工作态度和行为也更积极。

三、从社会交换角度对联结点的研究

在社会交换理论基础上发展出的感知到的组织支持（Eisenberger et al.,
1986）理论和领导成员交换（Graen and Uhl-Bien, 1995）理论，为理解组织中的
联结点效应提供了新的理论视角。随着多水平建模分析这一分析方法的发展和成
熟，对联结点的实证研究也在最近几年重新兴起。

（一）联结点与上级和组织的交换关系市质

基于社会交换理论发展出的领导成员交换理论认为，当上级和下级间的交换
关系质量较高时，下级会感到对上级和上级所代表的组织有回报的义务，并做出
相应的回报。同样，当上级和下级的交换关系质量较高时，下级会认为自己是组
织中被重视的内部成员，还会被其他同事认为是组织中的重要成员。因此，与上
级交换质量较高的下级更倾向于发展出对组织的认同（Tangirala et al., 2007）。
尤其是对那些在组织中处于较低层级的员工来说，直接上级往往被他们认为是组
织的代表，因此与直接上级的交换关系质量较高时，这些下级感知到的来自组织
的支持也会随之增加（Tangirala, et al., 2007；Wayne, et al., 1997）。此外，
与上级的高质量交换关系还会提高下级的工作满意度（Gerstner and Day,
1997）、工作绩效（Bauer and Green, 1996）和组织公民行为（Anand et al.,
2018）。

领导成员交换理论的上述描述同样适用于处于联结点职位上的中低层管理者
（Zhou et al., 2012）。为了将中低层领导和自己上级的交换关系与他们和下级的
交换关系区分，研究者一般使用领导领导交换来标记中低层领导和自己上级的关
系。与领导成员交换对一般员工的影响类似，中低层领导和自己的上级的交换关
系质量好坏会影响到中低层领导对组织的认同和感知到的组织支持。Tangirala 等
（2007）认为，当中低层领导和自己上级的交换关系质量较高时，他们会更倾向
于向下级传达组织的价值观，从而使那些与他们有高质量交换关系的一般员工的
工作态度变得更为积极。与高层领导交换质量较高的中低层领导也会被其他同事
认为是组织中的重要成员，与他们有高质量交换关系的一般员工会更加强烈地感
觉到自己是组织的内部成员。此外，与自己上级关系较好的中低层领导能获得更
多的资源，因此他们传递给下级的资源也更为丰富。

对于处于联结点职位的领导来说，他们获得的资源除了来自自己的上级，还
可能直接来自组织。同样基于社会交换理论，感知到的组织支持理论对中低层领
导和组织间的关系本质进行了解释。感知到的组织支持理论假设组织和员工（包
括管理层和非管理层员工）之间遵照互惠的原则进行社会交换。员工为组织付出
时间、努力和贡献，希望组织回报以有形的激励，如工资和工资外福利及社会情

感上的利益，如尊重、认可、关怀和促进职业生涯发展的机会等（Eisenberger et al., 1986）。当员工感知到的组织支持增加时，他们的回报行为还会延伸到帮助工作中的其他人。这是因为组织支持使员工感到帮助他人的义务增加，这种义务感在感知到的组织支持与帮助同事或上级的角色外行为的关系中起到中介作用（Eisenberger et al., 2001；Wayne et al., 1997）。具体到处于联结点上的中、低层管理者而言，感知到的组织支持使这些管理层员工试图通过增加对下级的支持来回报组织。因此，中低层领导感知到的组织支持会与他们的下级感知到的来自直接上级的支持（perceived supervisor support, PSS）有正向的相关关系（Shanock and Eisenberger, 2006）。因此，从感知到的组织支持理论的角度看，联结点效应表现如下：联结点上的领导（即中低层领导）和组织之间通过社会交换获得更多资源，资源的多少和交换关系的质量可以用感知到的组织支持来描述；联结点上的领导通过和下级（即一般非管理层员工）的社会交换将这种资源传递给下级，他们之间的交换资源多少和交换关系好坏，可以用下级感知到的来自上级的支持来描述，下级感知到的来自上级的支持进而增强下级的工作绩效和对组织的积极态度。

（二）来自实证研究的支持

Shanock 和 Eisenberger（2006）就组织支持感展开了研究，测量了中低层领导感知到的来自组织的支持、一般员工感知到的来自上级的支持及一般员工的工作相关结果，考察这些变量之间的相互关系。针对他们收集到的数据的嵌套结构，他们的研究采用多水平分析的方法进行数据分析。结果发现中低层领导感知到的来自组织的支持确实对一般员工感知到的来自组织的支持和一般员工的绩效有正向的效应。一般员工感知到的来自上级的支持在中低层领导感知到的来自组织的支持和一般员工感知到的来自组织的支持的关系中起到中介作用。

Tangirala 等（2007）对中层领导与上级的交换关系和中层领导与下级的交换关系之间的交互作用进行了研究。他们的研究结果发现，中层领导与下级的交换关系对一般员工的工作结果变量（如对组织的认同感、感知到的组织支持及对顾客的消极态度）的主效应受到中层领导与自己上级的交换关系的影响。具体而言，中层领导与自己的上级的社会交换关系越好，他们与下级的交换关系就越能够对下级的工作产生积极的作用（如更有效地提高下级对组织的认同感和感知到来自组织的支持，降低对顾客的消极态度）。换一句话说，对于那些与上级的关系质量相当的一般员工，他们的上级与自己的领导关系越好，这些一般员工的工作相关结果越好。

Erdogan 和 Enders（2007）对中层领导感知到的来自组织的支持、中层领导与一般员工的交换关系和一般员工的工作满意度之间的关系进行了研究。他们的研究证实，中层领导感知到的来自组织的支持在中层领导与下级的关系和下级的工作满意度之间起到了调节作用。具体而言，中层领导感知到的来自组织的支持越高，中层领导和一般员工的关系对一般员工工作满意度的积极作用越强。他们的研究还发现，中层领导感知到的来自组织的支持对中层领导和一般员工的交换关系与一般员工工作绩效间的关系也存在类似的调节作用。也就是说，只有当中层领导感知到的来自组织的支持较高时，中层领导和一般员工的关系对一般员工的工作绩效才有积极的作用。值得注意的是，Sluss 等（2008）同样对中层领导与上级的交换关系、中层领导与一般员工的交换关系及一般员工的工作态度的关系进行了研究。他们的研究结果尽管支持了中层领导与上级的关系在中层领导与下级的关系和一般员工工作态度之间有调节作用，但结果模式与 Tangirala 等（2007）的结果模式相反，即中层领导与上级的关系越好，中层领导与下级的关系对一般员工工作态度的积极作用越弱。他们的研究采用了一个跨国企业中以男性为主的员工作为样本，而 Tangirala 等（2007）使用的是来自美国一所医院以白人女护士为主的样本。这两个样本的差异可能导致了结果的不同。这样两个矛盾的研究结果提示我们，将来的研究如果想要进一步检查中层领导与上级、下级关系之间交互作用的机制，还需要考虑更多的边界条件。

Venkataramani 等（2010）也进行了类似的研究，他们考察了联结点与上级的交换关系质量如何影响他们培养和下级的交换关系。他们采用社会网络的研究方法，调查了联结点上的领导与自己的上级和同等级别的同事之间的关系。他们的研究发现，联结点与自己的上级关系越好，并且在与同级别的其他领导的接触中越处于意见网络的中心，即能对较多的其他领导提供建议，他们越容易与自己的下级发展和保持高质量的关系。

Zhou 等（2012）将对联结点领导与上级的交换关系质量的研究与工作团队和工作动机的研究结合起来。他们的研究发现，处于联结点上的团队领导能够通过三条途径对一般员工产生影响：第一，联结点领导与上级的交换关系质量可以通过影响团队的授权感来影响个别成员的授权感和工作结果；第二，联结点领导与上级的交换关系质量可以通过影响团队领导和一般员工的交换关系质量来影响一般员工的授权感和工作结果；第三，联结点领导与上级的交换关系质量可以通过加强团队领导和一般员工的关系对员工个人授权感的效应来进一步提高一般员工的工作结果。

四、战略领域对联结点模型的扩展

近年来，组织行为学领域对联结点模型的研究日趋与渗透模型合并，成为渗透模型的一部分。战略领域则对联结点模型进行了进一步扩展，使用信息传播与信号理论重点研究了公司各部门之间的联结点，即同时在多于一个部门任职的管理者在公司决策等方面的作用。例如，Brandes 等（2006）研究发现，由于董事会各部门之间交流信息的正式渠道不畅，董事们经常要通过隐性知识的传播（transfer of tacit knowledge）来了解公司的风险与财务状况和监督 CEO 的履职情况，如果有董事在公司的薪酬委员会和监事会同时任职，他们就能发挥联结点的作用将监事会有关财务、风险和 CEO 表现等信息传递给薪酬委员会，使薪酬委员会制定较低的、工资占比更高而期权占比更低即对公司更合理的 CEO 薪酬。另外，Essman 等（2021）发现同时担任 CEO 任命和制定高管薪酬的职责的联结点对于 CEO 继任有重要的信号作用，由于这些联结点同时掌握了高管成为未来 CEO 的资质信息和制定薪酬的权力，如果他们认为现有高管中有潜在的 CEO 继任者，他们就会更倾向于使用与现任 CEO 相差较小的薪酬去激励高管提高工作绩效，因此在这类联结点较多的公司，CEO 和非 CEO 高管之间的薪酬差越小，就越强烈地暗示了内部继任者的存在，反之则暗示了外部继任者的存在。

第二节　渗透模型

联结点模型的核心是组织中位于不同层级上级—下级对子中的个体（联结点），他们在联结起这些对子使组织成为一个有效的纵向多层系统中发挥着重要作用。传统的渗透模型刻画的是某一组织行为构念位于多个组织层次（如高层管理者—部门领导——般员工）或不同角色（领导—下级—顾客）时，它们之间的相互渗透关系。核心概念只有一个，只是被不同层次或角色的个体反映出来。例如，不管是高层管理者、部门领导，还是一般员工的组织公民行为，都有类似的结构和功能，即便他们处于组织中的不同层次。已有研究发现，渗透模型存在于员工和顾客之间的组织公正感的相互影响，组织公民行为在上级和下级之间的相互影响，以及辱虐型管理在组织高层领导者到中低层领导的影响等组织行为现象中（Masterson，2001；Tepper and Taylor，2003）。

但是伴随着渗透模型研究领域的发展和联结点模型的影响，也有另一些学者开始关注渗透过程中高层领导的态度和行为通过中级领导对下属其他工作变量的影响，即在渗透过程中出现多个核心概念。例如，Liu 等（2012）发现高层领导的辱虐式管理通过中层领导的辱虐式管理削弱了下属的创造力，创造力显然与辱虐式管理不属于同一个核心概念。Wo 等（2019）在对主要管理学期刊的渗透模型研究进行梳理后，认为前述两种思路均受学界采纳，并将核心概念保持不变的渗透过程称为同形渗透效应（homeomorphic trickle effects），将核心概念变化的渗透过程称为异形渗透效应（heteromorphic trickle effects），他们发现异形渗透效应的检验在研究中更为普遍。正是由于渗透模型研究范围的广度，Wo 等（2019）将渗透模型定义为一个包含源头影响中间传递者而中间传递者继而影响接收者的过程，他们认为间接影响才是渗透模型的关键所在。

一、渗透模型的理论基础

（一）社会交换理论

Wo 等（2019）经过文献梳理发现了 11 篇使用社会交换理论作为基础理论的渗透模型研究。社会交换理论的核心概念之一是互惠原则，即社会交换的双方通过不断地交换资源来维持他们之间的长期交换关系（Gouldner，1960）。这个互惠原则适用于积极的社会交换，也适用于消极的社会交换。当个体接收到一个有价值的资源时，他们会向对方回报一个有价值的资源来平衡他们之间的社会交换，从而保证自己在将来还可以获得有价值的资源。相反，当个体受到负面的对待时，他们会以直接或间接的方式报复对方，从而使对方的资源也有所损失。放到组织的情境中，组织中的一个个体对另一个个体发出的行为可能会引发对方类似的行为反应，如一名员工帮助另一名员工，对方回报以帮助。这样，特定的行为就从组织中的一个角色渗透到了另一个角色。类似地，组织中个人的特定态度可以引发与态度一致的行为，这个行为影响到其他人，其他人的态度也会相应地发生变化。例如，上级感到组织对自己的结果分配过程不公正，从而导致他们对下级采取不公正的结果分配过程，下级感知到的结果分配过程的公正度也就降低了。这样，某一特定的态度也就从一个组织角色渗透到了另一个组织角色。

（二）社会学习理论

除了从社会交换理论的角度外，也有研究者从社会学习理论（Bandura，1977）的角度对渗透模型进行解释。社会学习理论的核心概念是模仿学习。个体对周围环境中的其他个体发出的信息进行加工，模仿那些与积极结果相联系的其他个体行为。那些具有较高的地位、能力或权力的个人（如领导），更容易被其他个体（如下级）视为模仿学习的对象。将社会学习理论应用到渗透模型上，领导的组织公民行为和下级的组织公民行为之间的关系可以认为是下级社会学习的结果。领导的组织公民行为传达给下级，似乎在向下级阐述组织中的行为规范及自己对下级的期望，下级从而努力做出更多的组织公民行为来符合组织行为的规范和上级的预期（Weiss，1977）。Simons 等（2007）对言行一致的研究认为，中层管理人员可能将高层管理人员作为学习的榜样，在行为上试图赶上他们知觉到的高层管理人员的言行一致程度。中层管理者通过模仿高层管理者的言行一致，提高自己的言行一致水平。渗透模型表现为中层管理者知觉到的高层管理者的言行一致对一般雇员知觉到的中层管理者的言行一致有正向的预测作用。Mayer 等（2009）对道德型领导的渗透模型的研究也采用了社会交换理论和社会学习理论的观点。他们认为，一方面一般员工的反常行为和组织公民行为受到道德型领导的积极影响。基于社会交换理论假设的互惠原则，员工知觉到道德型领导中的信任和公平等成分，倾向于以减少反常行为和增加组织公民行为回报上级或组织。另一方面，一般员工的道德行为会在角色塑造过程中受到道德型领导的影响，一般员工会模仿上级的行为来提高自己的道德行为。

（三）替代攻击理论

在 Wo 等（2019）的文献梳理中，他们发现有八篇文章使用替代攻击（displanced aggression）理论来解释行为和态度的渗透。替代攻击理论认为，由于组织架构上的权力不对称性，下属在遭到上级粗鲁或不公正的对待后无法将负面情绪发泄在上级身上，因此倾向于攻击在权力架构上比自己更低等级的人（如下属、家人）来表达自己的愤怒、不满和失望。例如，Hoobler 和 Brass（2006）发现领导感知的心理契约违反增加了下属在工作场所中受到的辱虐式管理，并间接影响了下属对家人的负面情绪，这完整地体现了领导将受到的不公正对待迁移到下属，而下属又替代攻击到家人的过程。与前述两个理论相区别的是，替代攻击更加强调情绪而非认知发挥的作用。

（四）理论比较与小结

除了上述理论以外，研究者还使用了如信号理论（Walker and Yip，2018）、相似吸引（Gould et al.，2018）等其他理论来解释接收者如何理解、处理上级（即信息发布者）的行为、态度并产生间接影响的过程。另外，部分研究，尤其是与领导力相关的渗透模型研究，从核心概念的具体行为和表现出发来论证渗透模型的路径，并不适于划分入上述理论之中。例如，Johnson 等（2017）研究认为领导方式中介了领导调节定向和员工调节定向之间的关系。具体而言，促进定向较强的领导关注更高的工作绩效，愿意冒险，鼓励员工追求更好的表现，因此变革型领导力更强，也会使用权变性奖励激励员工。预防定向较强的领导则更加关注是否完成了最低限度的工作，是否违反安全准则等方面，因此更有可能使用例外管理、权变性惩罚与奖励等管理方式。这些管理方式又会相应地对员工的调节定向产生影响，中介领导调节定向的间接作用。类似地，Schuh 等（2013）认为变革型领导中介了领导的组织身份认同和员工组织身份认同的关系，由于更具有组织身份认同的领导更有可能展现出对工作目标的热情，为组织投入更多的努力，甚至会表现出自我牺牲精神，这些行为有助于提高员工对上级变革型领导力的评价，而变革型领导会引导员工感受个人价值和组织价值的统一，提高身份认同感。

虽然渗透模型的研究大多具有成熟的理论框架，但是少有研究对这些理论所暗示的过程进行直接检验，这一缺失不仅降低了理论框架的效力，并且也使研究者难以判断这些理论适用的具体条件。Wo 等（2015）在组织公平感的渗透模型研究中，使用感知到的组织支持代表社会交换理论，榜样代表社会学习理论，愤怒代表替代攻击理论，对三个变量的中介效应进行了检验。他们发现，人际不公平更多地通过替代攻击向下级渗透，而信息不公平则更多地通过社会交换理论向下渗透（trickle-down effects）。他们的研究暗示了社会交换理论偏向于解释社会关系中认知信息的处理，而替代攻击理论则更能解释会引起强烈负面情绪的核心概念在等级中的传递。Wo 等（2019）所划分的同形渗透效应和异形渗透效应也许对社会学习理论的解释效力区分有所帮助，由于社会学习理论强调的是将上级作为榜样并模仿其行为，对于部分核心概念变化较大的异形渗透效应研究并不适用。例如，Wang 等（2018）在使用社会学习理论解释服务性领导对员工服务绩效的影响时指出，社会学习理论适用于影响方和接收方的行为具有同样内核的框架，因此适用于高层领导对员工服务绩效的间接影响研究。在渗透模型的不同阶段和层级，这些理论也可能发挥了不同的作用。未来，研究者可以通过直接检验渗透模型发生的过程，继续对不同理论解释效力的边界条件进行研究。

二、组织公正感的渗透模型

Masterson（2001）最早在员工和顾客关系（employee-customer relationship）的研究中提出渗透模型的概念。这之前的实践和理论研究提示员工和顾客的组织公正感之间会有正向的相关。例如，Rucci 等（1998）报告的 Sears 公司成功变革走出危机的案例就展示了在他们公司信奉的管理模型中员工、顾客和利润之间是步步相关的。员工对工作和企业的态度会影响他们对顾客的行为，顾客感知到的服务质量会影响顾客对商场的印象、返回购物的频率及是否向他人推荐该商场，并最终影响到企业和投资方的收益和潜在投资人的信心。以这一案例为代表的组织管理实践一般假设，顾客的行为和态度受到员工行为和态度的影响。Schneider 等（1994）在理论研究中提出，员工以组织对待他们的方式对待顾客。为了进一步解释这一现象，Masterson（2001）在社会交换理论和组织公正感研究的基础上，发展出了关于员工的组织公正感如何渗透顾客的组织公正感的理论模型。

具体而言，基于社会交换理论，当员工将组织的公正待遇看作来自组织的有价值的资源时，他们的组织情感承诺会提高，并带给他们回报组织的义务感。在服务性行业中，回报的对象很可能是顾客，即组织情感承诺增加员工服务的努力程度和对顾客的亲社会行为，包括更努力地去满足顾客的需要，在顾客身上花费工作外的时间等，这些行为有的并不是组织薪酬体系内的工作角色要求的（Masterson，2001）。当顾客感到员工对自己的服务付出极大努力并热情投入地帮助他们的时候，他们会倾向于认为自己受到了公正的对待，进而对表现出该行为的员工感到满意并做出行为上的肯定（如再次购买他的服务）。由于一线服务人员代表着企业，这些感到被公正对待的顾客会对企业有更积极的态度和行为（Masterson，2001）。

　　将上述模型总结于图 8-2，可以看到组织公正感的渗透模型表现如下：员工感知到的组织公正感影响他们对组织的情感承诺，进而影响他们对顾客的服务的努力程度和亲社会行为水平，顾客感知到这些行为后，感到自己受到的待遇公正度提高，最后提高对员工和组织的积极行为与态度（Masterson，2001）。Masterson（2001）利用 187 名教员及其学生的样本成功检验了这一模型。结果发现，除了顾客感知到的公正待遇对企业的反应之间的关系没有得到支持外，其他假设的关系都得到了支持。组织公正感的渗透模型提示服务性行业的管理者，提高员工的组织公正感，是提高顾客对服务质量的满意度和积极行为（包括再次惠顾和口头传播）的有效途径。

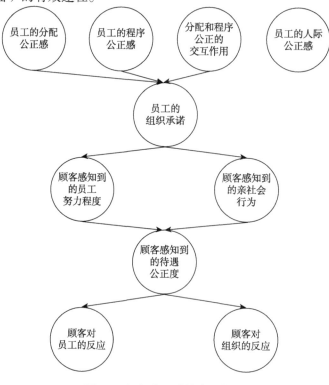

图 8-2　组织公正感的渗透模型

资料来源：Masterson（2001）

Ambrose 等（2013）在此基础上，研究了领导所感受到的组织公平的渗透模型。他们发现领导所感受到的组织公平感对员工的组织公民行为和越轨行为有显著的负面影响，并且这一关系是由互动公平氛围中介的。基于社会学习理论，领导从他们上级的行为、决策、与下属的互动中感知和学习如何做一个领导及什么样的领导行为被组织允许和认可，而直接领导又往往被认为是组织的代表，因此在遭到上级领导的不公平对待时，他们感受到的组织公平感降低，并且有可能通过自己与员工的直接互动、对团队内不公平互动的默许、对团队互动准则的明确表态等方式，将学习到的社会准则和领导风格施加到所领导的团队中，形成团队内成员对互动公平的共识。如果团队成员都认为团队中互动公平较低，也没有可以保障互动公平的程序或奖惩措施，那么其就会降低组织公民行为，产生更多的越轨行为。

三、领导力的渗透模型

近年来，渗透模型被广泛应用到领导力领域以探究高层领导的领导力对中层领导和下属的影响，延伸了领导力的影响范围，探究了在组织嵌套框架下领导力产生的影响因素。

Stollberger 等（2019）研究了服务型领导的渗透模型，他们认为，服务型领导传递了一种关怀他人，将他人和团队利益置于自身利益之上的价值导向。根据社会学习理论，由于服务型领导较强的高层领导很容易被中下级领导视为榜样，模仿学习他们关怀员工、自我牺牲的领导行为，这样一种由社会学习传递的服务型领导，会鼓励非管理员工提高亲社会动机和其他工作表现。Wang 等（2018）也有类似的发现，他们认为中层领导通过社会学习提高的服务型领导的特质表现等可以进一步延伸至员工的服务表现中，员工会以更好的服务表现展现出他们通过日常观察领导、与领导互动所习得的服务导向，他们的假设均得到了实证数据的支持。

Mayer 等（2009）将渗透模型应用到道德型领导的研究中。道德型领导是指领导通过个人行为表现出合乎道德规范的举止，并将这些举止通过双向沟通、强化和决策等手段向下级推行。道德型领导概念基于社会学习理论，强调上级通过奖惩等手段强化和塑造下级的商业道德行为，下级对上级的行为进行学习和模仿（Brown et al.，2005）。道德型领导研究面对的一个问题是，不同层级的领导对一般员工的影响效果是否相同。Mayer 等（2009）认为，直接上级和下级的相互作用方式不同。一般员工和直接上级的相互作用较与企业高层更频繁也更亲密，所以直接上级对下级行为的监控和奖惩也更有效。因此，高层管理者对一般员工的道德行为的影响是通过直接上级的道德行为实现的。道德型领导的渗透模型表现如下：高层管理者的道德型领导影响直接上级的道德型领导，直接上级的道德型领导影响普通员工的反常行为和组织公民行为。他们的实证研究结果支持了道德型领导从企业高层管理者渗透到中低层管理者的假设。Schaubroeck 等（2012）通过对三层模型的检验，细致地刻画了道德型领导如何通过影响团队道德文化从而影响士兵和军官的道德行为能力。在每一层内部，由于领导在团队内的主导地位，道德型领导可以通过多种方式建立良好的团队道德文化。在跨层关系上，通过社会学习行为，上级领导的道德型领导可以提升下级领导的道德型领导，并间接地影响团队道德文化，而团队内道德文化作为一种团队共识，能够给予成员道德相关的社会支持，提高士兵和军官对自己履行道德义务的能力的认知。同时，上级团队和下级团队的团队道德文化也存在渗透关系，这是因为下级团队会通过社会学习行为学习上级的团队文化，或者下级团队的领导曾经在上级团队中，这样，上级的道德型领导还能通过上级团队道德文化影响下级团队道德文化。他们还发现上层的团队道德文化还能够加强下级道德型领导和团队道德文化之间的正向关系，这种复杂的嵌套关系体现了渗透模型在领导力研究中的价值。

除了上述这些能带来良好结果的领导力之外，辱虐式管理也是研究者关注的重点。辱虐式管理是指员工感知到的管理人员在多大程度上持续表现出有攻击性的口头或非口头（除了身体接触的）行为，包括威胁使下级丢掉工作、扣留必需信息、攻击性的目光接触、冷战及在他人面前侮辱或讽刺下级等（Tepper，2000）。Aryee 等（2007）认为根据替代攻击的观点，当感知到来自自己上级的人际不公正时，其可能将报复转化为对下级的辱虐式管理（Aryee et al.，2007），因此辱虐式管理会降低下级的人际公正和程序公正感（Tepper，2000）。针对非管理层员工的反生产行为（counterproductive work behavior）展开的研究发现，人际不公正感与反生产行为有关（Ambrose et al.，2002）。根据社会交换理论，当下级感到自己受到不公正待遇时，会降低自己回报组织的义务感，表现为不发出组织公民行为或降低对组织的承诺。Aryee 等（2007）从一个中国东南部的电信公司收集了数据，数据分析的结果支持专制型领导风格在上级感知的人际公正感和辱虐式管理关系中起到了调节作用。结果还支持了下级的人际公正感在下级感知到的辱虐式管理与下级的组织承诺和公民行为之间起中介作用的假设。他们的研究是对渗透模型发生的边界条件的初步探索，提示我们渗透模型可能受到组织成员的个体特质的调节作用（如领导风格）。Mawritz 等（2012）也有类似的发现，他们根据社会学习理论和社会信息处理理论，认为上级感受到的辱虐式管理提供了可供模仿的榜样，并且暗示了他们所处的组织环境对辱虐式管理的包容。因此感受到的辱虐式管理越高，领导就越有可能对下属实施辱虐式管理。同时，对待同事和下属的辱虐本身就是一种越轨行为，直接领导的辱虐行为也会激励非管理员工效仿，通过社会学习增加越轨行为。

四、其他渗透模型

在 Masterson（2001）对组织公正感的渗透模型的研究基础上，近年来有一些研究将渗透模型的思想应用到了其他组织行为的研究中。例如，Tepper 和 Taylor（2003）提出并检验了组织公民行为从上级到下级的渗透模型。他们认为，当员工感知到的组织程序公正感提高时，他们会倾向于认为雇主能够保障自己的利益，因此产生一种回报雇主的义务感。当员工感到自己受到不公正的程序对待时，他们不会做出对组织有价值的行为，即降低组织公民行为（Organ，1988）。对于上级来说，针对下级的组织公民行为的成分之一是导师行为（mentoring behavior），包括帮助下级完成较困难的任务，表达对下级的尊重及帮助下级培养职业发展技能等。这些导师行为能促进下级在企业中的社会化和职业发展。当上级的导师行为频率增加时，下级的组织程序公正感会随之提高。上级发起导师行为要付出相应的时间和精力，因此这些行为也让下级觉得自己是组织中受到赏识和尊重的成员，并且他们会获得较高的物质回报。与上级的组织程序公正感对上级的组织公民行为有正向预测关系类似，当下级的组织程序公正感增加时，下级的组织公民行为也随之增加。总结上述过程，上级的程序公正感会促进上级的导师行为，导师行为增强下级的程序公正感，进而使下级增加组织公民行为。这样上级的组织公民行为就渗透到了下级的组织公民行为，上级的组织公正感就渗透到了下级的组织公正感（Tepper and Taylor，2003）。类似的还有Bordia 等（2010）对心理契约违反的研究。心理契约指的是那些员工认为组织对他们所承担的不成文的义务，根据社会交换理论，如果上级受到了不公正的对待或其他与之期望相悖的对待，他会感受到组织违反了心理契约，并会相应地减少对组织的义务感，转移到员工身上则体现为投入减少或不公正对待，进而员工也会感受到来自上级的支持减少，由于上级是组织的直接代表，员工更有可能会感知到组织未满足他的预期，违背了心理契约的义务，实现渗透效应。他们还进一步发现，这种感知到的违背会降低员工对工作的投入，因而减少组织公民行为，顾客体会到的满意度也会下降。更近期的还有 Walker 和 Yip（2018）对职业发展投资的研究，他们发现得到了公司更多职业发展投资的 CEO 会对下属展现出更多的导师行为。

另外，Gould 等（2018）从信号理论、社会关系网的视角研究了性别多样性的渗透模型。他们发现董事会的女性占比会以非线性的方式渗透到高管团队中。从信号理论的角度，董事会中的女性占比传递了公司对性别多样性重视程度的信息，董事会中的女性占比越高，求职者就越有可能会认为公司为女性提供了较为平等的升值机会，公司就越能吸引女性求职者。从社会关系网的角度，男性和女性的社会关系网存在一定程度的割裂，董事会中女性的关系网中更有可能涵盖了公司内外能胜任高管职务的女性，她们能为有潜力的女管理者提供升职的机会。另外，董事会中的女性占比越高，得到的社会支持越多，她们呼吁提拔女性所感受到的威胁也就会越小，因此呈现出非线性的渗透模型。

此外，还有将渗透模型应用到对管理者的职业脱轨（Gentry and Shanock，2008）、非工作支持（Wu et al.，2014）、信任（de Cremer et al.，2018）、言行一致和对言行一致的敏感度（Simons et al.，2007）等现象的研究。

五、渗透模型的调节变量

随着渗透模型研究的发展，渗透模型存在的边界条件也受到很多研究者关注。尤其是类似辱虐式管理、越轨行为等对工作结果带来不良影响的概念，研究者和管理实践都比较关心什么样的情况能够阻止渗透模型的发生。Wo 等（2019）的文献梳理将渗透模型的主要调节变量归为三类：传递者（如上级）特征、环境特征、接收者（如雇员）特征（表 8-1）。

表 8-1　渗透模型的调节效应

学者（年份）	核心概念	层次	调节变量	调节变量类型
Ambrose 等（2013）	互动公平	经理 主管 雇员	团队结构	环境特征
Aryee 等（2007）	互动公平	经理 主管 雇员	专制型领导风格	传递者特征
Byun（2016）	赋权型领导	高阶领导 直接领导 雇员	绩效压力 交换观念	传递者特征
Hoobler 和 Brass（2006）	心理契约违反	经理 主管 雇员 雇员家庭成员	敌意归因偏差	传递者特征
Lemmon（2016）（dissertation）	心理契约违反	经理 主管 雇员	身份认同 归因	传递者特征
Li 和 Sun（2015）	专制型领导	经理 主管 雇员	身份认同 权力距离	传递者特征 环境特征
Liu 等（2012）	辱虐式管理	经理 主管 雇员	绩效追求动机 工伤减少动机	传递者特征
Mawritz 等（2012）	辱虐式管理	经理 主管 雇员	敌对氛围	环境特征

续表

学者（年份）	核心概念	层次	调节变量	调节变量类型
Rafferty 等（2010）	互动公平	经理 主管 雇员	主管压力 员工的自尊	传递者特征 接收者特征
Restubog 等（2011）	辱虐	主管 雇员 雇员配偶	性别	传递者特征
Simons 等（2007）	行为诚信	经理 主管 雇员	种族	传递者特征
Tepper 和 Taylor （2003）	程序公平	主体 主管 雇员	主管的组织公民行为 定义	传递者特征
Wu 等（2014）	感知到的非工作支持	经理 主管 雇员	内部/外部成员身份	接收者特征
Yang 等（2010）	变革型领导	经理 主管 雇员	权力距离 主管的价值取向	环境特征 传递者特征

资料来源：Wo等（2019）

对传递者特征的研究包括领导风格（Aryee et al.，2007）、道德身份认同（Taylor et al.，2019）、种族（Simons et al.，2007）等。例如，Aryee 等（2007）发现，上级的专制型领导风格这一个体差异变量在上级感知到的人际公正感和辱虐式管理间的关系起调节作用，即当个体的专制型领导风格倾向较高时，上级感知到的人际公正感（越是不公正）对辱虐式管理的作用较强。因此，辱虐式管理传递的渗透模型表现如下：上级感知到的人际公正和自身的专制型领导风格交互作用于辱虐式管理，辱虐式管理影响下级感知到的人际公正，公正感再作用于下级的组织情感承诺和组织公民行为。Taylor 等（2019）发现道德身份认同和对领导的不认同感可以打破辱虐式管理的渗透模型甚至产生相反的效应。根据 Bandura（1977）的社会学习理论，引发社会学习行为要同时满足三个条件：①关注被模仿的行为；②记住该行为；③有动力去重复该行为。辱虐式管理对于下级来说是高度相关和高度可见的，因此前两个条件很容易满足。但是根据社会身份理论，如果下级领导对上级领导的辱虐行为产生强烈的不认同感，他们就没有动力去重复，甚至会做出相反的事情，即展现出道德型领导来摆脱与上级领导之间的心理联系，表达自己的身份。Taylor等（2019）通过两次实验和一次调查发现道德身份认同调节了不认同感对上级领导辱虐式管理和下级领导道德型领导关系的中介效应，即道德身份认同越高的领导越容易对上级的辱虐式管理产生不认同感，而这种不认同感继而促使他们展现出更多的道德型领导行为。

对环境特征的研究包括有机团队结构（Ambrose et al.，2013）和团队氛围等（Mawritz et al.，2012）。例如，Ambrose等（2013）发现在有机的团队结构（即灵活、松散、去中心化的团队结构）中，领导者感知到的组织不公平到下属的越轨行为的渗透模型更强，这是因为在这样的团队结构中，领导者自身的行为对于塑造团队氛围和影响成员行为发挥了更大的作用。

对接收者特征的研究是最少的，包括外部群体身份（Wu et al.，2014）和自尊（Rafferty et al.，2010）等。这些研究所涉及的发生在接收端的调节作用与非渗透模型中的调节作用区别较小，在此不再赘述。

第三节　小　　结

从理论发展的角度看，联结点模型和渗透模型的思想帮助我们将组织行为学理论的层次扩展到多个水平。从具体组织行为现象的研究和实践的角度来说，对它们的探讨从现象描述到量化检验内部机制，依赖于组织行为学理论的不断发展。下面对联结点模型和渗透模型的已有研究进行总结，并在此基础上提出未来研究展望。

一、联结点模型和渗透模型的比较

联结点模型的研究提示，联结点与自己上级或组织等更高层级的社会交换关系质量，直接影响到他们与下级的社会交换关系质量（Shanock and Eisenberger，2006；Venkataramani et al.，2010）及下级工作相关结果（Erdogan and Enders，2007；Sluss et al.，2008；Tangirala et al.，2007）。渗透模型的研究则提示，某些行为和认知（如组织公民行为和组织公正感）可能从组织中的一个层级渗透到另一个层级（如从上级到下级），或从一个个体渗透到与他相关的其他个体（如从员工到顾客）。联结点模型和渗透模型，都是描述组织中人际相互作用的过程。模型涉及的前因和结果变量，发生于多个组织层次或组织和外界的交互面（员工-顾客）。对两种模型的理论研究，都在相当程度上依赖于社会交换理论及其基本假设。但是，联结点模型和渗透模型也存在一些理论和研究方法上的区别。第一，从研究关注的对象看，联结点模型的核心在于位于联结点职位的个体，一般是组织中的中低层领导。渗透模型是在对员工—顾客关系的组织公正感问题的研究中提出的，随后尽管被应用到领导力研究中，但其关注的对象不仅限于组织中的中低层领导及其下属。第二，从所依据的理论基础看，联结点模型的研究一直与在社会交换理论基础上提出来的领导力理论的进展相伴随，因此联结点模型主要用社会交换理论的观点来解释不同层级间的相互作用。在渗透模型的研究中，不仅有社会交换理论的观点，也有社会学习理论等其他理论观点。第三，从研究方法看，联结点模型的实证研究在最近几年的重新兴起，与多层分析技术的成熟有相当的关系。基于联结点效应的理论模型，当上级自身的社会交换关系影响的是下一层级的内部过程时，同一上级对应着多个上级—下级关系对。这种形式的数据，用多层分析技术能进行较好的模型参数估计。渗透模型主要是考察不同组织行为角色（如同事、员工和顾客）之间的效应，数据不一定存在嵌套的情况，与之相适应的统计分析方法也可能是结构方程模型法。

二、联结点模型和渗透模型研究的理论贡献

对联结点模型和渗透模型的研究，在多个方面推动了组织管理理论的进展。首先，这些研究为社会交换理论和社会学习理论在组织行为学研究中的应用提供了更为具体的理论扩展和实证研究支持。通过研究联结点上领导与上级的社会交换关系和他们与下级的关系的交互作用，这些研究为社会交换理论的机制描述了边界条件。通过研究联结点上的领导与上级和下级的交换关系的相互联系，将社会交换理论扩展到了同时对多个层次的交换进行研究。通过对渗透模型的研究，社会交换理论被扩展到了组织与边界的关系的理解中。渗透模型的研究还提供了结合社会交换理论和社会学习理论的契机。

其次，联结点模型和渗透模型的研究对领导力理论的发展做出了贡献。联结点模型和渗透模型关注组织中多个层次的管理者之间的相互影响，以及多个层次的领导同时对一般员工的作用。通过研究联结点上的领导，领导力研究从一个简单的仅研究上级、下级或上级—下级关系的范式，发展到了同时研究多个角色和他们之间关系的范式（Graen and Uhl-Bien，1995）。通过研究领导力的渗透模型，社会学习的机制和社会交换的机制进一步整合进领导力理论，从而为领导如何影响下级这个复杂的过程提供了进一步的理论说明。

此外，渗透模型的研究对组织公正感理论的发展做出了贡献。组织公正感理论中的结果变量往往局限于组织中的成员。通过研究组织公正感从员工到顾客的渗透，组织公正感理论的适用范围被扩大了，认识到的组织公正感影响的结果也增加了（Masterson，2001）。通过研究组织公正感的渗透过程，其他组织行为（如组织公民行为）不再被简单地看作组织公正感的结果，而发现了其可能扮演中介变量的角色。

三、研究展望

联结点模型和渗透模型的研究还在发展之中，以往研究没有澄清，或者可以深入探讨的问题主要有以下几点。第一，联结点模型和渗透模型的内部机制需要进一步检查。这两个模型的提出都是以社会交换理论为基础，将渗透模型的思路应用到其他组织行为现象的研究时，有的研究者还采用了社会学习等其他理论观点。这些不同于社会交换理论的观点在解释联结点模型和渗透模型所刻画的组织行为现象时，也表现出了一定的适用性。在组织行为研究中，理论之间不一定是相互排斥的关系，关键是要寻找到理论适用的边界范围。例如，言行一致和道德型领导这两个研究领域本身强调外显可观察的行为，并且上级可以利用奖惩系统直接对行为进行塑造，所以应用社会学习理论来解释这两个领域中的渗透模型也是有效的。除了已经从社会交换理论和社会学习理论提出的内部机制外，今后的研究还可以试图从其他理论角度来解释联结点模型或渗透模型。例如，已有研究将领导和下级的社会交换与心理授权这一工作动机状态联系起来，从工作动机的角度解释联结点上的领导对一般员工工作相关结果的影响过程（Chen et al.，2007）。

第二，渗透模型不应仅仅包含向下渗透，还应包含向上渗透效应（trickle-up effects）、向外渗透效应（trickle-out effects，指组织内部的行为和态度影响到组织外部，如上级对下属的辱虐最终影响了客户满意度）和向里渗透效应（trickle-in effects，指组织外部的行为通过某传递者影响到组织内部）等多种效应（Wo et al.，2019）。渗透模型的思路被广泛应用到新出现的领导力概念的研究中，如道德型领导（Mayer et al.，2009）和辱虐式管理（Aryee et al.，2007）。这些新出现的领导力理论，有的仍然是仅关注上级或下级，而忽视了上级与下级之间的关系。在研究领导力这一必然涉及多个组织角色的行为过程时，可以利用联结点模型的核心和优势，将领导向上和向下的关系和行为串联起来。因此，如果将联结点模型和渗透模型的思路结合起来去研究新出现的领导力理论所试图解释的组织现象，如组织中的道德行为、反生产行为等，可能会为我们提供更多深入本质的理论解释，从而推进领导力理论的进展。

第三，研究方法方面，渗透模型的研究中，尽管有的研究假设涉及不同层级的预测变量对结果变量的效应，或研究所收集的数据存在嵌套的情况，但由于研究设计的局限，或其他一些原因，并没有采用多层分析对参数进行估计，或者采用的是部分分解检验的策略（Aryee et al.，2007）。随着多层模型分析和结构方程模型等统计分析技术的逐步成熟和推广（Preacher et al.，2010），今后的研究应该根据研究的理论模型选择更合理的统计分析方法对参数进行更为准确的估计，并采用更为合理的假设检验程序。另外，如果研究者要对联结点模型和渗透模型发生的机制和理论基础进行直接检验，可能需要将实验与调查的方法结合起来，现有的大部分研究采取的是调查问卷的设计（Wo et al.，2019），实验的缺失是影响机制检验的重要阻碍。Wo 等（2019）还呼吁研究者在研究设计中关注时间这一变量的存在，因为某些渗透效应的发生是相对迅速而不稳定的，如会影响下属情绪的辱虐行为，而有些渗透效应的发生则需要更多时间供接收者处理信息、改变行为和态度，需要防止研究设计提供的时间过短而效应来不及发生。最后，由于大部分研究目前仍使用横截面的数据收集方法（Wo et al.，2019），对渗透模型的因果链解释力度不够，领导和下属展现出相似的特征或行为有可能是组织层面的因素导致的，或者出于相似性吸引而非社会学习行为和社会交换。近年来也有一些研究使用了更加严谨的设计，如使用新雇员作为研究对象（Johnson et al.，2017）、衡量并控制公司层面的变量（Johnson et al.，2017）、采用实验与调查研究相结合的方式（Johnson et al.，2017；Taylor et al.，2019）等。

参 考 文 献

Ambrose M L，Schminke M，Mayer D M. 2013. Trickle-down effects of supervisor perceptions of interactional justice：a moderated mediation approach. Journal of Applied Psychology，98（4）：678-689.

Ambrose M L，Seabright M A，Schminke M. 2002. Sabotage in the workplace：the role of organizational injustice. Organizational Behavior and Human Decision Processes，89（1）：947-965.

Anand S，Vidyarthi P，Rolnicki S. 2018. Leader-member exchange and organizational citizenship behaviors：contextual effects of leader power distance and group task interdependence. The Leadership Quarterly，29（4）：489-500.

Aryee S，Chen Z X，Sun L Y，et al. 2007. Antecedents and outcomes of abusive supervision：test of a trickle-down model. Journal of Applied Psychology，92（1）：191-201.

Bandura A. 1977. Social Learning Theory. Englewood Cliffs：Prentice-Hall.

Bauer T N，Green S G. 1996. Development of leader-member exchange：a longitudinal test. Academy of Management Journal，39（6）：1538-1567.

Bettencourt L A，Brown S W，MacKenzie S B. 2005. Customer-oriented boundary-spanning behaviors：test of a social exchange model of antecedents. Journal of Retailing，81（2）：141-157.

Bordia P，Restubog S L D，Bordia S，et al. 2010. Breach begets breach：trickle-down effects of

psychological contract breach on customer service. Journal of Management, 36（6）:
1578-1607.

Brandes P, Hadani M, Goranova M. 2006. Stock options expensing: an examination of agency and
institutional theory explanations. Journal of Business Research, 59（5）: 595-603.

Brown M E, Trevino L K, Harrison D A. 2005. Ethical leadership: a social learning perspective for
construct development and testing. Organizational Behavior and Human Decision Processes,
97（2）: 117-134.

Cashman J, Dansereau F D, Graen G, et al. 1976. Organizational understructure and leadership: a
longitudinal investigation of the managerial role-making process. Organizational Behavior and
Human Performance, 15（2）: 278-296.

Chan D. 1998. Functional relations among constructs in the same content domain at different levels of
analysis: a typology of composition models. Journal of Applied Psychology, 83（2）:
234-246.

Chen G, Kirkman B L, Kanfer R, et al. 2007. A multilevel study of leadership, empowerment,
and performance in teams. Journal of Applied Psychology, 92（2）: 331-346.

Dansereau F, Graen G, Haga W J. 1975. A vertical dyad linkage approach to leadership within
formal organizations: a longitudinal investigation of the role making process. Organizational
Behavior and Human Performance, 13（1）: 46-78.

de Cremer D, van Dijke M, Schminke M, et al. 2018. The trickle-down effects of perceived
trustworthiness on subordinate performance. Journal of Applied Psychology, 103（12）:
1335-1357.

Eisenberger R, Armeli S, Rexwinkel B, et al. 2001. Reciprocation of perceived organizational
support. Journal of Applied Psychology, 86（1）: 42-51.

Eisenberger R, Huntington R, Hutchison S, et al. 1986. Perceived organizational support. Journal
of Applied Psychology, 71（3）: 500-507.

Erdogan B, Enders J. 2007. Support from the top: supervisors' perceived organizational support as a
moderator of leader-member exchange to satisfaction and performance relationships. Journal of
Applied Psychology, 92（2）: 321-330.

Essman S M, Schepker D J, Nyberg A J, et al. 2021. Signaling a successor? A theoretical and
empirical analysis of the executive compensation-chief executive officer succession relationship.
Strategic Management Journal, 42（1）: 185-201.

Gentry W A, Shanock L R. 2008. Views of managerial derailment from above and below: the
importance of a good relationship with upper management and putting people at ease. Journal of
Applied Social Psychology, 38（10）: 2469-2494.

Gerstner C R, Day D V. 1997. Meta-analytic review of leader-member exchange theory: correlates and construct issues. Journal of Applied Psychology, 82（6）: 827-844.

Gould J A, Kulik C T, Sardeshmukh S R. 2018. Trickle-down effect: the impact of female board members on executive gender diversity. Human Resource Management, 57（4）: 931-945.

Gouldner A W. 1960. The norm of reciprocity: a preliminary statement. American Sociological Review, 25（2）: 161-178.

Graen G B. 1975. Role making processes within complex organizations//Dunnette M D. Handbook of Industrial and Organizational Psychology. Chicago: Rand McNally: 1201-1245.

Graen G B, Cashman J F, Ginsburg S, et al. 1977. Effects of linking-pin quality on the quality of working life of lower participants. Administrative Science Quarterly, 22（3）: 491-504.

Graen G B, Uhl-Bien M. 1995. Relationship-based approach to leadership: development of leader-member exchange（lmx）theory of leadership over 25 years: applying a multi-level a multi-domain perspective. The Leadership Quarterly, 6（2）: 219-247.

Hoobler J M, Brass D J. 2006. Abusive supervision and family undermining as displaced aggression. Journal of Applied Psychology, 91（5）: 1125-1133.

House R J, Filley A C, Gujarati D N. 1971. Leadership style, hierarchical influence, and the satisfaction of subordinate role expectations: a test of Likert's influence proposition. Journal of Applied Psychology, 55（5）: 422-432.

Jex S M, Bliese P D. 1999. Efficacy beliefs as a moderator of the impact of work-related stressors: a multilevel study. Journal of Applied Psychology, 84（3）: 349-361.

Johnson R E, King D D, Lin S H J, et al. 2017. Regulatory focus trickle-down: how leader regulatory focus and behavior shape follower regulatory focus. Organizational Behavior and Human Decision Processes, 140: 29-45.

Liden R C, Wayne S J, Sparrowe R T. 2000. An examination of the mediating role of psychological empowerment on the relations between the job, interpersonal relationships, and work outcomes. Journal of Applied Psychology, 85（3）: 407-416.

Likert R. 1961. New Patterns of Management. New York: McGraw Hill.

Liu D, Liao H, Loi R. 2012. The dark side of leadership: a three-level investigation of the cascading effect of abusive supervision on employee creativity. Academy of Management Journal, 55（5）: 1187-1212.

MacKinnon D P, Lockwood C M, Hoffman J M, et al. 2002. A comparison of methods to test mediation and other intervening variable effects. Psychological Methods, 7（1）: 83-104.

Masterson S S. 2001. A trickle-down model of organizational justice: relating employees' and customers' and customers' perceptions of and reactions to fairness. Journal of Applied Psychology, 86（4）: 594-604.

Mawritz M B, Mayer D M, Hoobler J M, et al. 2012. A trickle-down model of abusive supervision.

    Personnel Psychology, 65（2）: 325-357.

Mayer D M, Kuenzi M, Greenbaum R, et al. 2009. How low does ethical leadership flow? Test of a
    trickle-down model. Organizational Behavior and Human Decision Processes, 108（1）: 1-13.

Organ D. 1988. Organizational Citizenship Behavior: The Good Soldier Syndrome. Lexington:
    Lexington Books.

Preacher K J, Zyphur M J, Zhang Z. 2010. A general multilevel SEM framework for assessing
    multilevel mediation. Psychological Methods, 15（3）: 209-233.

Rafferty A E, Restubog S L D, Jimmieson N L. 2010. Losing sleep: examining the cascading
    effects of supervisors' experience of injustice on subordinates' psychological health. Work &
    Stress, 24（1）: 36-55.

Rucci A J, Kirn S P, Quinn R T. 1998. The employee-customer-profit chain at Sears. Harvard
    Business Review, 76（1）: 82-97.

Schaubroeck J M, Hannah S T, Avolio B J, et al. 2012. Embedding ethical leadership within and
    across organization levels. Academy of Management Journal, 55（5）: 1053-1078.

Schneider B, Hanges P J, Goldstein H W, et al. 1994. Do customer service perceptions generalize?
    The case of student and chair ratings of faculty effectiveness. Journal of Applied Psychology,
    79（5）: 685-690.

Schuh S C, Zhang X, Tian P. 2013. For the good or the bad? Interactive effects of transformational
    leadership with moral and authoritarian leadership behaviors. Journal of Business Ethics,
    116（3）: 629-640.

Shanock L R, Eisenberger R. 2006. When supervisors feel supported: relationships with
    subordinates' perceived supervisor support, perceived organizational support, and performance.
    Journal of Applied Psychology, 91（3）: 689-695.

Simons T, Friedman R, Liu L A, et al. 2007. Racial differences in sensitivity to behavioral
    integrity: attitudinal consequences, in-group effects, and "trickle-down" among black and
    non-black employees. Journal of Applied Psychology, 92（3）: 650-665.

Sluss D M, Klimchak M, Holmes J J. 2008. Perceived organizational support as a mediator between
    relational exchange and organizational identification. Journal of Vocational Behavior, 73（3）:
    457-464.

Stollberger J, Las Heras M, Rofcanin Y, et al. 2019. Serving followers and family? A trickle-down
    model of how servant leadership shapes employee work performance. Journal of Vocational
    Behavior, 112: 158-171.

Tangirala S, Green S G, Ramanujam R. 2007. In the shadow of the boss's boss: effects of
    supervisors' upward exchange relationships on employees. Journal of Applied Psychology,
    92（2）: 309-320.

Taylor S G, Griffith M D, Vadera A K, et al. 2019. Breaking the cycle of abusive supervision: how disidentification and moral identity help the trickle-down change course. Journal of Applied Psychology, 104（1）: 164-182.

Tepper B J. 2000. Consequences of abusive supervision. Academy of Management Journal, 43（2）: 178-190.

Tepper B J, Taylor E C. 2003. Relationships among supervisors' and subordinates' procedural justice perceptions and organizational citizenship behaviors. Academy of Management Journal, 46（1）: 97-105.

Venkataramani V, Green S G, Schleicher D J. 2010. Well-connected leaders: the impact of leaders' social network ties on LMX and members' work attitudes. Journal of Applied Psychology, 95（6）: 1071-1084.

Wager L W. 1965. Leadership style, hierarchical influence, and supervisory role obligations. Administrative Science Quarterly, 9（4）: 391-420.

Walker D O, Yip J. 2018. Paying it forward? The mixed effects of organizational inducements on executive mentoring. Human Resource Management, 57（5）: 1189-1203.

Wang Z, Xu H, Liu Y. 2018. Servant leadership as a driver of employee service performance: test of a trickle-down model and its boundary conditions. Human Relations, 71（9）: 1179-1203.

Wayne S J, Shore L M, Liden R C. 1997. Perceived organizational support and leader-member exchange: a social exchange perspective. Academy of Management Journal, 40（1）: 82-111.

Weiss H M. 1977. Subordinate imitation of supervisor behavior: the role of modeling in organizational socialization. Organizational Behavior and Human Performance, 19（1）: 89-105.

Wo D X, Ambrose M L, Schminke M. 2015. What drives trickle-down effects? A test of multiple mediation processes. Academy of Management Journal, 58（6）: 1848-1868.

Wo D X, Schminke M, Ambrose M L. 2019. Trickle-down, trickle-out, trickle-up, trickle-in, and trickle-around effects: an integrative perspective on indirect social influence phenomena. Journal of Management, 45（6）: 2263-2292.

Wu C H, Parker S K, de Jong J P. 2014. Need for cognition as an antecedent of individual innovation behavior. Journal of Management, 40（6）: 1511-1534.

Zhou L, Wang M, Chen G, et al. 2012. Supervisors' upward exchange relationships and subordinate outcomes: testing the multilevel mediation role of empowerment. Journal of Applied Psychology, 97（3）: 668-680.

第九章　辱虐式管理

自 Tepper（2000）正式提出并定义了辱虐式管理这一概念后，近年来在领导行为研究领域它逐渐成为学者关注的重点。基于组织公正理论、资源理论、社会交换理论和社会学习理论等基础，学者对辱虐式管理的前因后果及调节变量进行了约二十年的研究。随着研究成果的积累和学界对这一概念了解的深入，研究重点逐渐从辱虐式管理对下属的消极影响向更为复杂的话题转变，如什么导致了辱虐式管理、辱虐式管理可能的积极影响、从调节变量和前因的角度探索如何降低辱虐式管理的水平及其消极影响等，也有学者对辱虐式管理定义中主观感受和客观行为的区别展开了讨论。这一领域仍然有许多问题未得到解答，本章从辱虐式管理的定义及测量、辱虐式管理的影响、辱虐式管理的前因等方向逐一介绍该领域目前的研究成果与未来研究方向。

第一节　辱虐式管理的定义及测量

辱虐式管理的概念由 Tepper（2000）正式提出，他将辱虐式管理定义为下属感知到的领导表现出的恶意的行为（包括语言和非语言），包括公开羞辱或辱骂员工、将员工的工作成果占为己有、因自己的过错责备员工等。Tepper（2000）对传统的领导印象中专制、暴虐的形象进行反思，基于组织公正理论，提出了辱虐式管理的概念。他强调辱虐式管理是下属主观上感知到的领导辱虐行为，并且与定义相一致的是，Tepper（2000）开发的量表（包含 15 个问题）通过让下属汇报直接领导参与辱虐式管理行为的频次来衡量辱虐式管理的程度。

后续也有研究使用领导自我汇报的方式测量辱虐式管理（Johnson et al.，2012；Lin et al.，2016），但是一般认为个人可能会对自己的辱虐行为有所隐瞒，自我汇报会降低测量的效度，大部分研究依然依赖下属汇报的辱虐式管理。然而，近年来有研究者对于定义中的下属感知及由下属进行汇报的操作化定义产生了质疑。首先，下属的感知受到个人特征、信息处理偏见、对辱虐式管理的定义的影响。某些行为对于部分下属来说是辱虐的，然而对于另外一些下属却反映了领导严格的特征，因此下属的汇报是有主观偏差的。一些学者对于文献中不刻意强调辱虐式管理的主观性表达了担忧，他们认为如果文献研究的重点是较为客观的领导行为，在测量上就需要提供主观偏差性更小的来源，如使用多个测量者汇报的数据以抵消个人差异的影响（Chan and McAllister，2014；Martinko et al.，2013）。对于这种解决方法，Tepper 等（2017）认为，多个测量者汇报的一致性并不能说明测量的客观性，由于辱虐式管理经常发生在领导与某一个下属之间，不同下属之间的汇报的不一致性是正常的，并不一定由认知偏见造成。另外，像反生产工作行为一样，某些辱虐的发生如将员工的工作成果占为己有是私密的，只有领导自己才知道。因此盲目地追求不同下属对同一领导评价的一致性对于辱虐式管理来说是不合理的，在数据允许的情况下，将领导自我汇报和下属汇报的辱虐式管理都考虑在数据分析中能够减轻数据来源的主观性。同时研究者也要根据自己的研究重点来选择测量方式，如果要探究作为领导个人行为特征的辱虐式领导的前因和后果，综合考虑多个下属的汇报是有意义的；如果要探究辱虐式领导对个体的影响，则必须考虑个体之间的差异性。

其次，下属对领导的特定行为是否应打上辱虐式管理的标签可能没有一致的看法，这意味着辱虐式管理的标准对于不同的下属有不同的含义，在不同的场景中、由不同的领导，甚至由同一领导以不同方式做出的同一辱虐行为也可能并非均会被看作辱虐式管理。既然这种感知差异广泛存在，Tepper 等（2017）呼吁学界对其存在的前因进行理论与实证上的探讨，他们将可能的前因分为三类：领导的行为方式、下属特征与环境因素。他们假设表现得更为恶意、冷淡的领导、辱虐行为更高的领导更容易被认为是辱虐的而非严格的，然而研究这类特征必须区别施行辱虐行为的前因和感知到辱虐的前因，即区别什么样的特征使领导施行更多辱虐行为和什么特征使领导的行为更容易被下属看作辱虐行为。同样的区别也适用于下属特征、环境特征的研究，必须厘清遭受辱虐行为的前因和感知到辱虐的前因、施行辱虐行为的前因和感知到辱虐的前因。例如，虽然 Mackey 等（2017）假设员工感知到的组织公平是感知到辱虐的前因，并且他们的元分析结果提供了显著相关性的支持，但是他们的结果无法用来区别感知到的组织公平是通过领导真实施加的辱虐行为产生影响，还是通过下属的认知来产生影响。Wang 等（2019）通过对 479 个研究进行元分析发现个体的差异（如性别、性格）与他们对领导行为的评价（如辱虐式管理、变革型领导）有显著的相关性，他们后续通过一个问卷调查研究发现员工的认知和真实的领导行为相比解释了同等甚至更多的评价差异，员工的认知差异与某些个体特征相关，领导也确实会因下属有某种特征（如合群性）而改变对该下属的行为，因此下属的个体特征既会从领导真实行为的角度也会从下属感知的角度影响下属对领导的评价。这些研究结果表明未来从员工评价的角度来研究领导的辱虐式管理的前因需综合考虑员工认知差异和领导真实行为。目前，辱虐式管理的感知差异还是一个未经充分研究的领域，Chan 和 McAllister（2014）在他们关于下属的偏执对辱虐式管理的影响的中介模型中，强调了偏执认知对经历的辱虐式管理和感知的辱虐式管理分别的影响，但是他们仅提出了理论设想，还未经实证检验。研究感知差异的前因可以为学界和管理实践干预辱虐式管理造成的负面影响提供新的思路，具有较高的理论和实践价值。

关于定义中下属感知的另一个担忧如下：辱虐式管理是否一定要通过下属的感知发挥作用呢？如果某些行为在特定场合下或者对于特定的员工并不构成认知上的辱虐，是否会产生通常情况下辱虐式管理的后果呢？Tepper 等（2017）引用了职场性骚扰领域的研究成果说明即便受害者不认为侵害者的行为构成性骚扰，那些满足性骚扰定义的行为也会给受害者造成伤害。但是，目前并没有实证研究在辱虐式管理领域内考虑这一问题。感兴趣的学者可以对相关理论问题进行思考和检验，这将对探索辱虐式管理的影响路径大有裨益，但是研究这一话题似乎要对辱虐式管理做出客观的定义，还需要研究者的进一步探索。

第二节　辱虐式管理的影响

一、辱虐式管理影响的理论基础

对辱虐式管理研究影响最为深刻的是公正理论，Tepper（2000）提出辱虐式管理是对组织公正的三个维度的违反：人际公正要求下属受到领导的尊重，要求领导关注下属的个人感受，诚实真诚地对待下属，而辱虐式领导则会羞辱下属，忽视他们的个人感受；程序公正要求领导对所有员工一视同仁，不以领导的个人利益和意见而改变，而遭受辱虐的员工则会认为他们比其他人得到了更不公正的待遇；分配公正要求员工得到与他们的投入相匹配的回报，而辱虐的领导则可能将员工的工作成果占为己有，或者给他们的工作造成额外的困难。公正理论表明，辱虐式管理会减少员工感知到的组织公平和社会支持，增加员工的越轨和攻击行为，使团队中出现恶意氛围。长此以往，由辱虐式管理而产生的组织不公平感会致使员工更多地关注工作中威胁他们自身的信息和事件（Chan and McAllister，2014），改变下属对于威胁信息的处理过程，更容易将他人的行为视为攻击和伤害，从而改变他们的行为和态度。在 Tepper（2000）首次针对辱虐式管理的研究中，他发现下属感知到的公平显著地中介了辱虐式管理、组织承诺和工作满意度的负面影响及对工作家庭冲突的正向影响。

另一个被广泛采用的理论视角是资源视角。下属要处理辱虐式管理带来的伤害需要额外的资源，辱虐式管理带来的领导员工关系紧张使得员工在工作中会面临更多的困难，如与领导沟通不畅、得不到足够的领导帮助等。同时，辱虐式管理会带来负面情绪，造成工作场所中的不确定性及员工的不安（Tepper et al., 2007）。对于员工来说辱虐式管理是重要的压力源（Aryee et al., 2008），辱虐式管理的长期存在会消耗他们认知资源、心理资源与情感资源，使得他们无法正常完成部分资源消耗型的工作，如组织公民行为，甚至使他们做出反生产工作行为。由于组织公民行为和反生产工作行为是辱虐式管理研究中十分重要的结果变量，并且很多学者分别从两个角度进行了研究，Zhang 等（2019）的元分析研究比较了工作压力（代表资源视角）和感知到的组织公平两个变量，对于辱虐式管理对上述两个结果变量影响的中介效应。他们发现工作压力更好地中介了辱虐式管理对反生产工作行为的影响，而组织公平则更好地解释了辱虐式管理和组织公民行为之间的关系。

社会交换理论也被广泛应用于辱虐式管理的影响研究中。社会交换理论的核心是互惠性，领导的举动会被员工认为是对互惠规则的遵守或违反。领导的辱虐出于恶意，给员工带来工作压力和心理伤害，违背了心理合同中员工应该受到尊重、信任、公平对待的规则，使员工和领导之间产生负面的社会交换，降低员工与领导之间的关系质量，降低员工对领导的信任和沟通效率，影响他们的工作投入和工作表现。负面的社会交换还会减少员工完成任务外工作的义务感，对包括组织公民行为在内的职责外表现造成负面影响。例如，Klaussner（2014）基于社会交换理论提出，辱虐式管理的产生是领导和员工双方在社会交换中没有及时修复员工感知到的不公正，由于权力结构的不平等领导难以感知到员工的反应，无法纠正辱虐行为，致使负面的社会交换不断进行，辱虐式管理长期存在。另外，在研究辱虐式管理的渗透作用时，社会学习理论和替代攻击理论等渗透模型常用理论也会为学者所用，以解释上级领导的辱虐式管理对中级领导的辱虐式管理的影响，相关内容将在辱虐式管理的前因部分介绍。也有学者在研究辱虐式管理与情绪、心理健康等变量关系时使用了情绪视角，如用情绪的社会功能等理论基础来解释辱虐式管理的影响（Lian et al., 2014a），在不同情况下辱虐式管理会造成不同的情绪，可能会给下属造成负面情感及情感资源的消耗，引发愤怒、情感耗竭等结果，也可能让员工感受到羞愧等情绪，激励员工提高工作表现。

二、辱虐式管理对员工造成的影响

在辱虐式管理造成的影响中，研究最为充分的是给下属造成的负面影响。如上述理论基础梳理所指出的，无论是公正理论、资源理论还是社会交换理论，都认为辱虐式管理对于员工的工作态度、工作表现、心理健康等结果变量的负面影响占主导，根据这些理论所提出的假设也在实证研究中得到了证实，这里我们将综合元分析研究和非元分析研究对相关结果进行梳理。

在工作态度与工作满意度方面，辱虐式管理造成的不公正感、额外资源消耗、负面社会交换均会降低员工的工作态度和工作满意度。Mackey 等（2017）的元分析表明，辱虐式管理和员工的情感性组织承诺（$r = -0.23$）、工作满意度（$r = -0.31$）显著负相关。同时也与员工感知到的人际公正（$r = -0.51$）、分配公正（$r = -0.23$）、程序公正（$r = -0.33$）有不同程度的显著负相关关系，这与 Tepper（2000）提出的感知公正与辱虐式管理的关系相一致。Zhang 和 Liao（2015）的元分析研究也发现，辱虐式管理和员工的工作满意度（$r = -0.35$）、情感性组织承诺（$r = -0.3$）、组织认同感（$r = -0.22$）与离职倾向（$r = 0.3$）等工作态度、工作满意度变量有显著负相关关系。由辱虐式管理带来的领导员工关系紧张不仅会带来工作场所中的压力源，还会使员工把压力带回到家庭中造成工作家庭冲突，影响他们的家庭满意度（Aryee et al.，2008；Carlson et al.，2011）。

在工作行为与工作表现方面，辱虐式管理造成的不公正感让员工更多地关注工作场所中的威胁，让员工更容易做出攻击性行为；处理辱虐造成的负面影响消耗了员工的认知资源，让他们难以处理复杂的工作任务，负面的社会交换减少了员工付出额外努力和完成职责外工作的义务感，降低他们职责内和职责外的表现。Mackey 等（2017）发现辱虐式管理与反生产工作行为（$r = 0.37$）、人际越轨行为（$r = 0.31$）有中等程度的显著正相关关系，与工作表现（$r = -0.17$）、组织公民行为（$r = -0.21$）有显著负相关关系。Zhang 和 Liao（2015）的元分析也发现辱虐式管理与针对组织的越轨行为（$r = 0.38$）、人际越轨行为（$r = 0.37$）、针对领导的越轨行为（$r = 0.51$）有中等程度的显著正相关关系。另外，Yang 等（2020）发现辱虐式管理会通过减少下属的安全工作行为来降低下属的安全工作表现。这是因为辱虐式管理作为团队权威（即管理者）对下属的不公平对待，会减少下属对所属工作团队的心理联结（psychological bonding），而团队归属感影响了下属做出有利于团队职能的行为的意愿，而安全行为和安全表现很多情况下是团队导向的，因此辱虐式管理造成的归属感降低会减少员工的安全行为。区别于公正理论，Greenbaum 等（2017）从特征激活理论的角度分析了辱虐式管理和下属的马基雅维利主义对下属不道德行为的交互影响，辱虐式管理给下属造成了恶意的环境、紧张而充满威胁的人际关系，激活了下属的操控欲、控制欲、不信任等特征，引发下属更多的不道德行为。

在员工的心理健康方面，不公正会引发负面情绪，造成工作场所中的不确定性和员工的心理威胁感，长期辱虐造成的压力会造成情感耗竭和心理健康问题，而与领导的负面社会交换也会引发愤怒、焦虑和其他负面情绪。Mackey 等（2017）发现辱虐式管理与员工的抑郁（$r = 0.21$）、情感耗竭（$r = 0.32$）等不健康的心理状态显著正相关，与感知到的组织支持（$r = -0.34$）显著负相关。Zhang 和 Liao（2015）的元分析发现辱虐式管理与员工的愤怒（$r = 0.15$）、焦虑（$r = 0.3$）和抑郁（$r = 0.29$）等情感及情感耗竭（$r = 0.35$）、心理健康（$r = -0.34$）、身体不健康症状（$r = 0.24$）有显著相关关系。Carlson 等（2012）发现辱虐式管理和下属职业倦怠之间也存在显著的正相关关系。

同时基于社会学习理论，领导可以通过自身行为影响团队内成员的行为，还可以通过奖惩制度、团队决策激励某些特定行为的出现，团队内成员通过沟通、交往会形成对类似行为的共识，在团队内形成社会规范。领导的管理方式引导了员工处理信息的方式和关注点，对于团队的文化、氛围和准则有较强的影响。辱虐式管理是领导针对下属做出的恶意行为，违反了公正的原则，向团队其他成员传递了领导对人际越轨行为的包容和对社会规范的漠视。团队成员可能会学习领导的辱虐行为伤害其他同事，在团队中形成恶意氛围，增加团队成员的不道德行为。因此，有部分学者关注了辱虐式领导对团队氛围的影响，如 Schaubroeck 等（2012）通过一个复杂的三层模型发现，辱虐式管理对团队的道德氛围有显著的负面影响，并且这种影响还会沿着军队结构向下渗透影响普通士兵的道德行为。Priesemuth 等（2014）提出的辱虐式管理氛围（abusive supervision climate）的概念，基于社会信息处理过程，他们认为团队成员通过观察领导的辱虐式管理，在人际互动中交流彼此的观点和感受，形成对团队中辱虐式管理存在的集体认知。辱虐式管理氛围传递了团队中不公正、不尊重个体的价值，会伤害下属的团队身份认同，团队对于不道德行为的包容会减少下属对团队的信任，使团队成员处于充满威胁的环境中，降低了团队的心理安全感和集体效能感。团队身份认同和集体效能感进一步中介了辱虐式管理氛围对团队的组织公民行为、团队合作和团队表现的负面影响。

三、辱虐式管理对领导自身的影响

虽然大部分学者将注意力集中到辱虐式管理对下属的影响，仍有少量研究关注了辱虐式管理对领导自身的影响。如果正如转移攻击理论和自我调节失败理论所预测的，辱虐式管理是领导对负面情绪的转移和发泄，那么辱虐式管理是否能对领导的情绪、态度和行为有所影响呢？Qin 等（2018）则基于资源保存理论，发现通过辱虐式管理领导能从资源耗竭的状态中恢复，并且恢复水平中介了辱虐式管理和工作投入之间的正向关系。然而他们进一步发现，这种正向的影响是非常短暂的，一周以后，辱虐式管理会对恢复水平和工作投入造成负面影响。他们认为这种从正向影响到负向影响的转变是由于发泄负面情绪给领导带来的恢复是即时的，而施加辱虐式管理的领导会受到员工的不信任、攻击行为等，由于权力的不对等，紧张的领导员工关系被领导所感知需要更长的时间，而一旦被感知，就会给领导造成额外的压力源。他们还发现对于同理心较强或工作需求较低的领导来说辱虐式管理的正向影响是很弱的，这是因为同理心较强的领导能更及时地感觉到给员工造成的伤害，并且这种伤害是违背他们个人价值的；在工作需求较低的时候，领导并不需要消耗大量的资源，因此辱虐式管理给领导带来的资源恢复并不明显。Priesemuth 和 Bigelow（2020）发现施加辱虐式管理作为伤害他人的行为会引发负面的社会反应（如下属的反感）进而降低领导的社会价值感，对于反社会人格的领导来说这种效应更弱。Liao 等（2018）也发现辱虐式管理会使领导感到羞愧和自己道德信用的减少。Priesemuth 和 Bigelow（2020）、Liao 等（2018）均认为辱虐式管理给领导带来的心理上的负面影响会使领导在后续行为上做出补偿，降低辱虐式管理。Liao 等（2018）还通过每日调查发现羞愧和道德信用中介了辱虐式管理对后续建设型领导的正向影响。总体而言现有研究认为辱虐式管理对于领导自身仍然是负面影响占主导，但是现有研究所研究的结果变量还较少，并且理论中使用的影响路径是比较单一的，多是从员工的反应来解释对领导的影响，却并没有在研究中直接验证这一路径。研究辱虐式管理对领导造成的影响可以扩展辱虐式管理后果的研究成果，为组织和领导限制与干预辱虐式管理提供更多理论依据，因此该领域需要更多研究者的关注。

四、辱虐式管理影响的调节变量

由于辱虐式管理既能对员工的表现、行为态度、心理健康和团队氛围造成负面影响，又有对工作结果产生正面影响的可能性，那么产生不同结果的边界调节又是什么呢？辱虐式管理结果的调节变量已经有相当的研究积累，这里我们将梳理几个较主要的调节变量。

首先，归因在辱虐式管理的影响中扮演了重要的调节作用。Yu 和 Duffy（2020）认为上级的辱虐行为并非出于相同的原因，而下属对上级辱虐行为的归因调节了辱虐式管理的影响。基于情感的社会功能视角，不同的归因会引发下属不同种类的情感，进而导致不同的结果。他们通过问卷调查和实验发现，如果下属认为上级的辱虐是为了制造伤害，那么辱虐式管理会更容易引起下属的愤怒而引发负面工作影响，如减少组织公民行为；然而如果下属认为上级的辱虐更多的是为了提高工作表现，那么辱虐式管理更有可能引起下属的愧疚情绪，而降低辱虐式管理对组织公民行为和越轨行为的负面影响。同样，Liu 等（2012）也在渗透作用中发现了归因的调节作用，他们发现虽然上级领导的辱虐式管理会通过中级领导的辱虐式管理降低下属的创造力，而中级领导和下属对辱虐式管理的归因将调节这种渗透作用。具体而言，根据社会学习理论中级领导学习上级领导辱虐行为的程度取决于中级领导是否记得辱虐行为、是否有能力复刻辱虐及是否有动力去模仿这种行为。如果中级领导认为上级的辱虐式管理是为了提高工作表现，那么他们将更有动力去模仿辱虐式管理，加强辱虐行为从上级领导到下级领导的渗透效应。如果普通员工认为直接领导的辱虐式管理是为了提升表现而非造成伤害，他们的负面情绪会相对较小，内在激励和对工作的兴趣不会遭受过大的打击，辱虐式管理对创造力的负面影响则会受到削弱。Bowling 和 Michel（2011）从另一个角度对归因进行了分类，他们将下属对辱虐式管理的归因分为自我指向的归因（即认为自己的行为导致了辱虐）和领导指向的归因（即领导的行为导致了辱虐），与他们的预测相反，结果表明自我指向的归因会削弱辱虐式管理给下属身心健康带来的不良影响。这是因为如果员工认为是自己的行为导致了辱虐式管理，那么他们会认为辱虐是可以预测和控制的，对工作会有更强的控制感和安全感，这样辱虐给他们的心理健康造成的负面影响较小。

　　其次，个体特征也对辱虐式管理的影响有重要的调节作用。辱虐式管理对领导自身的影响中领导的个体特征具有重要的调节作用，亲社会性的领导更容易对自己的辱虐式管理产生愧疚的情绪，或受到辱虐带来的关系紧张的影响，对辱虐式管理进行反思甚至主动停止这种行为，具体的研究总结于前述影响部分。更多的研究关注了下属的个人特征如何调节辱虐式管理对下属的影响。逃离现有工作的可能性已经被多位研究者证明对辱虐式管理的影响有重要调节作用，如 Tepper（2000）发现员工感知的工作流动性显著调节了辱虐式管理对工作满意度的影响，当工作流动性更低时，由于员工认为自己无法通过离职逃避辱虐，辱虐式管理对工作满意度的负面影响更高。类似地，Allen 等（2016）发现工作嵌入调节了辱虐式管理对员工身体健康、睡眠质量、情感耗竭的影响，嵌入一个有辱虐式管理的环境会给员工造成更强烈的负面影响。Vogel 和 Mitchell（2017）也发现对于离职倾向更高的员工，辱虐式管理对自尊的负面影响更低。另外，核心自我评价（Booth et al.，2020；Zhang et al.，2014）、自我控制能力（Lian et al.，2014b）等员工个人特征也有重要调节作用。例如，Lian 等（2014b）基于自我控制理论，发现员工的自我控制能力调节了辱虐式管理对员工针对领导的攻击行为的影响，自我控制能力较强的员工在面临辱虐式管理时能够调节自己针对领导的恶意和控制实施报复行为的冲动，减少对领导的攻击行为。同时，他们也发现员工的报复行为在领导拥有更多强制性权力时也更少。

　　最后，组织和产业的环境影响也会改变辱虐式管理的影响强度，组织文化影响了下属对工作场合中威胁的敏感性，组织结构和政策影响了下属用于处理和应对辱虐式管理的资源和方法，也影响了领导的辱虐式管理能造成的伤害程度。辱虐式管理的组织和产业环境已经得到了学界的关注，如 Mawritz 等（2012）发现辱虐式管理会增加下属的越轨行为，并且这种影响在恶意气氛中更强，因为恶意气氛会使得领导的辱虐行为更为明显，让下属更容易做出恶意的推测。Aryee 等（2008）发现机械的结构（高度中心化的结构）是自上而下的沟通占主导的，因此在这种结构中辱虐式管理能给员工的工作、情绪造成更大的困扰，对下属的情感耗竭的影响更强。工作单位中的其他人受到的辱虐式管理作为环境的一部分也会影响下属自身受到的影响（Ogunfowora，2013；Peng et al.，2014）。Peng 等（2014）结合归因对辱虐式管理的调节作用，发现如果工作单位的其他同事受到的辱虐式管理较低，下属更可能认为自己受到的辱虐式管理是自己的原因造成的（如未能达到工作表现预期），因而辱虐式管理和羞愧之间的正向关系更强，进一步降低员工的建言行为。如果工作单位的其他同事受到的辱虐式管理水平较高，下属更可能认为辱虐是由领导的原因引发而感到未来的工作被领导控制，因此辱虐式管理和恐惧的正向关系更强，进而提高员工的辞职意愿。

　　目前，针对辱虐式管理调节变量的研究虽然较多，但是还尚未形成统一的理论基础。Ferris 等（2016）提议对于包括辱虐式管理在内的工作场所的攻击，可以使用趋向-回避理论框架（approach-avoidance framework）分析对个体情感和行为的影响，他们认为大量相关领域的研究使用情感作为攻击和结果变量之间的中介变量，却忽略了这些情感之间的重大区别，即趋向-回避倾向的区别。传统的正面-负面情绪区分限制了研究者对某些情感的功能的解读（如攻击造成的愤怒和焦虑虽同属负面情绪，愤怒却常常具有趋向倾向而焦虑则是回避情绪）。虽然调节变量并非他们模型的重点，但他们认为辱虐式管理的调节变量研究与他们的模型相契合。辱虐式管理在特定情况下引发趋向动机，造成趋向导向的情感或行为，而反之在某些情况下引发回避动机，造成回避导向的情感或行为，对工作行为造成不同的影响。他们提到 Liu 等（2012）关于归因的研究，认为不同归因造成的趋向-回避动机有重大区别，现有的调节变量的研究能很好地融入他们的趋向-回避理论框架，感兴趣的学者可以尝试将这一框架运用到未来的实证研究中。

五、辱虐式管理的应对方法

　　鉴于辱虐式管理对员工造成的种种负面影响，学界已经开始关注个体如何应对辱虐式管理的伤害。Tepper 等（2017）将相关研究分为三类：第一类研究了下属采取哪些方式应对辱虐式管理；第二类研究了这些方式的相对有效性；第三类主要研究了下属的个体差异如何影响应对方式的有效性。第一类研究最多，Tepper 和 Almeda（2012）的文献综述表明通过针对家人、同事，甚至领导的恶意行为来转移辱虐式管理的伤害是一种常见的应对措施，员工也会采取退缩行为来减少受到的伤害（Greenbaum et al.，2013；Mawritz et al.，2014）。也有学者研究了较为积极的应对措施，如员工可能会通过建言行为来表达自己对辱虐式管理的不满（Greenbaum et al.，2013）。常见的针对领导的应对方式还包括对领导施以攻击行为（Tepper et al.，2015）、讨好领导（Harvey et al.，2007）等，Shoss 等（2013）还发现如果员工认为领导的组织代表性比较高，即员工认为领导代表了组织的意志和决定，那么员工还会有更多的针对组织的越轨行为。

第二类研究发现，主动的应对方式（如直面领导的攻击性行为、建言行为等）比回避的应对方式（如躲避领导）能更有效地帮助员工减少伤害（Frieder et al.，2015；Nandkeolyar et al.，2014；Tepper et al.，2007）。Nandkeolyar 等（2014）认为采取主动的应对方式的员工会更积极地找到压力源，对自己的情绪和行为有更强的控制，避免受到更多负面情绪的伤害；会在工作中付出更多的努力以避免领导找到理由对自己施加辱虐，会更积极地寻求社会支持以消解负面情绪，转移注意力。这些影响虽然可能不足以转变辱虐式管理的影响方向，却能显著减轻辱虐式管理的负面影响。Wee 等（2017）基于权力理论，认为辱虐式管理的起源是权力依赖结构的不对等，员工可以通过采取趋向平衡策略（approach balancing operations）来改变依赖关系中的弱势地位，包括与重要员工结成同盟和提升自己对领导的价值（展现自己的技能、能力），他们的研究表明这两个策略可以有效地降低后续的辱虐式管理。Kiewitz 等（2016）研究了下属反抗性的沉默（defensive silence）这一回避的应对方式，他们发现由于沉默难以让领导认识到辱虐的负面影响，还会让领导由于得不到回应进一步施加更多的辱虐以提高控制，这一效应对于专断的领导显著成立。

Tepper 等（2017）认为现有的第三类研究往往把个人特征作为辱虐式管理和结果变量之间关系的调节变量以研究应对方式有效性在个体之间的差异，但是这类研究并不能直接视为应对方式的研究，因为他们并未明确指出应对方式是什么，是否真的存在。个体差异是否真的通过应对方式调节辱虐式管理和结果变量的关系，还是辱虐式管理对不同个体的影响本身就不同？个体差异是通过引起不同的应对方式而引发应对效率的不同还是同样的应对方式对不同的个体效果不同？目前的研究还难以回答这些问题，然而这一问题可以帮助个体更有效地应对辱虐式管理的负面影响，的确具有很高的现实价值，值得更多的关注与研究。

员工不仅会对自身遭遇的辱虐式管理进行应对，还会作为第三人面对同事遭遇的辱虐式管理，已有部分研究探索了员工如何应对针对他人的辱虐式管理。例如，Mitchell 等（2015）发现员工如果认为遭遇辱虐式管理的员工被领导不公正地对待，他们会产生愤怒的情绪并有可能做出针对领导的越轨行为并为受辱虐的员工提供支持，而如果员工认为辱虐是同事应得的，那么他们会感到满足并且排挤该同事。Priesemuth 和 Schminke（2019）基于道义理论、公正理论和社会认知理论，发现在组织公正较高的环境中，员工会期待每个人受到公正的对待，观察到同事被施以辱虐会引发员工道义的愤怒，道义的愤怒会进一步中介观察到的辱虐和员工对同事的保护之间的正向关系。组织公正会增强员工的道德效能感（即相信自己能够做出道德行为），因而不仅加强了观察到的辱虐和道义愤怒之间的正向关系，还增强了道义愤怒这一情感反应和保护行为的行为反应之间的正向关系。

第三节　辱虐式管理的前因

　　虽然研究辱虐式管理的学者更多地将目光投向了其后果，探究辱虐式管理的前因的文献却在过去的十年内迅速增加（Tepper et al.，2017）并且取得了较多研究成果。由于前因类的研究对于减少工作场所中的辱虐式管理有重要实践意义，对于扩展管理学对领导行为的理解也有显著理论意义，未来的学者也应该将研究重心向前因倾斜。基于现有的研究结果，辱虐式管理的前因大致可以分为环境特征、领导者个人特征、员工个人行为与特征及其他因素，现有文献主要采用了身份威胁（identity threat）理论、社会交换理论与社会学习理论、自我调节失败理论等去解释这些前因的影响（Tepper et al.，2017）。

一、环境特征

　　环境特征中研究较多的前因包括上级领导的行为、组织文化、国家文化等。社会学习理论认为领导和员工在工作场所中通过观察其他人的行为和组织的决策来判断什么样的行为是合理的、被认可的（Bandura，1973），因而能够较好地解释这些环境因素如何促使或者抑制领导做出辱虐式管理的行为。

　　有部分学者基于社会学习理论研究了辱虐式管理的渗透作用，即上级领导的辱虐式管理对中级领导的辱虐式管理的正向影响（Liu et al.，2012；Mawritz et al.，2012）。在社会学习过程中，榜样发挥了较大的作用，个体对榜样有较强的身份认同感，因此个体更有动力去观察和学习榜样的行为。上级领导由于具有较高的权力等级，其行为也会被中级领导反复观察，比较容易被中级领导视为行为规范的榜样，因此中级领导可能会学习模仿上级的辱虐式管理，使辱虐式管理渗透到组织的下级。同时，另外一部分学者认为替代攻击理论也可以解释辱虐式管理沿着组织权力结构向下传递的现象，中级领导在受到上级辱虐行为的伤害后很难将负面情绪发泄在权力地位高于自己的领导身上，因而可能会选择下级作为攻击的对象施以辱虐（Hoobler and Brass，2006）。但是，渗透作用的发生也受到领导个人特征的限制，如 Liu 等（2012）发现，如果中级经理认为上级经理的辱虐基于提升工作绩效的目的，那么中级经理对于上级经理辱虐式管理的模仿就会增强，反之如果中级经理认为上级的辱虐是在有意造成伤害，那么渗透效应会被削弱。Taylor 等（2019）也发现如果中级领导不认同上级领导的辱虐式管理，那么这种恶性渗透会被打破，中级领导甚至会为了表现身份的不认同而做出完全相反的举动，即提高自己的道德型领导行为。

除了上级领导的影响以外，组织的文化与规范是否为领导的辱虐式管理提供了包容的环境也非常重要，领导从组织的文化及对于辱虐或攻击行为的处理中学习对于辱虐式管理的态度。Zhang 和 Bednall（2016）的元分析研究发现组织对于攻击行为的惩罚与辱虐式管理呈现显著的负向相关，而包容攻击的组织规范则与辱虐式管理呈现显著的正向相关。组织的文化氛围不仅与辱虐式管理有直接相关关系，还调节了辱虐式管理在上级和中级领导之间的渗透作用。例如，在恶意氛围越强的环境中，领导能更明显地感受到辱虐的存在，更容易想到用攻击性的方法转移辱虐带来的负面影响，因而辱虐式管理的渗透作用更强（Mawritz et al.，2012）。

领导、员工与组织都受到更大的环境——国家与社会文化的影响，辱虐式管理的跨文化研究也逐渐受到学者的关注。Vogel 等（2015）比较了盎格鲁文化的国家与儒家文化的国家对于管理者恶意的接受程度，他们发现儒家文化的国家由于具有较大的权力距离，对于领导的恶意接受程度较高。他们的结果一定程度上得到了元分析结果的支持，Mackey 等（2017）的元分析发现相比于美国，辱虐式管理在亚洲国家出现得更为频繁，这一现象背后具体的文化社会因素还有待学者的进一步研究。

二、领导者个人特征

部分研究关注了什么样的领导更容易对下属施行辱虐式管理，Tepper 等（2017）认为某些特征的影响可以通过身份威胁理论来解释。身份威胁理论认为，如果个人实现某种自我或社会身份的需求遭受阻碍，那么他们可能会采用表现出恶意行为的方式来应对这种威胁（Tedeschi and Felson，1994），而某些人格特征会让领导对于潜在的身份威胁尤为敏感，或者促使他们更有可能采取辱虐的行为应对威胁。现有文献研究过的特征包含个人身份感（Johnson et al.,2012）、心理权力（Whitman et al., 2013）等。领导的个人身份感越强，越容易将自身的利益凌驾于下属之上，将注意力过多地投入在自身的利益上和有可能促使他们感受到对自身的威胁上，从而采取辱虐式管理的方式对待员工。心理权力较强的领导认为自己高人一等，因而使用辱虐式管理伤害员工是可以接受的，并且他们可能通过辱虐下属的方式证明自己较高的权力地位。

Waldman 等（2018）则从自我控制理论的角度分析这一问题，自我控制能够帮助个体抑制冲动而将注意力集中到更高的目标上，如帮助个体克制攻击行为、情绪爆发等。某些人格特征则会让个体感受到更强的攻击冲动或削弱个体的控制能力，从而引发更多的辱虐行为。例如，政治手段可以帮助领导更好地处理维持人际关系和实现职业成功的冲突，帮助他们减少因目标冲突带来的辱虐冲动，他们的研究发现对于政治技能比较强的领导，自恋与辱虐式管理之间的关系不再显著，同时神经的执行控制能力也可以减轻自恋对辱虐式管理的影响，同样是因为神经执行控制较强的领导克制冲动的能力较强。Liang 等（2016）同样也从自我控制理论的角度探索了什么样的领导更容易对表现不佳的下属施加辱虐式管理。他们发现恶意归因倾向较高的领导更容易经历较高程度的恶意，因而更可能向下属施加辱虐，而正念较低的领导难以限制自己把恶意情绪转化为攻击行为的冲动，因而辱虐式管理程度较高。

心理学关于黑暗三角（自恋、马基雅维利主义与精神病态）的研究也暗示了由于这些人格特征使得个人过分关注自身的权力和对他人的控制，因而与辱虐式管理可能有密切的关系。例如，Waldman 等（2018）发现自恋的领导由于经常性地面临目标的冲突：既要和下属维持良好的关系又要实现以个人为中心的成功，因而面对下属的不服从时非常敏感，会更加经常性地产生辱虐的冲动。Cheng 等（2004）发现在马基雅维利主义特征上得分较高的领导更有可能实行专制型领导风格，而专制型领导中介了马基雅维利主义这一特征对辱虐式管理的影响，Zhang 和 Bednall（2016）的元分析也指出辱虐式管理和专制型领导风格有显著的正向相关关系。

还有一些学者基于社会学系理论研究了领导个人的成长经历对辱虐式管理水平的影响。Raymund 等（2014）认为家庭经历塑造了领导对于恶意攻击行为的认知和情感倾向，遭受过或观察到更多家庭辱虐的个体倾向于将信息处理为攻击性的，他们也会学习使用攻击性的行为面对冲突，并且期待辱虐能带来控制、服从等结果。他们发现领导在家庭中遭受辱虐的经历会增加他们的恶意情感而使他们成年后施加更多的辱虐式管理。

三、员工个人行为与特征

在某些情况下，辱虐式管理是领导对员工个人行为和态度的反应，在领导与员工的互动关系中，员工一端的特征也同样重要。Tepper 等（2017）认为员工的某些行为因为阻碍领导目标的实现或威胁了领导的权力和权威，从而引发领导的身份威胁感，如下属较差的工作表现或对工作场所行为规范的违反。从四种理论角度可以解释为什么领导会采取辱虐式管理来对待有这类行为的员工：受害者沉淀理论（victim precipitation theory）、道德排除理论（moral exclusion theory）、对人际威胁的多动机反应模型（multi-motive model of reactions to interpersonal threat）、自我耗竭理论（ego depletion theory）。被害人引发理论认为当下属展现出脆弱、无力抵抗、无法保护自己的特征时或违反社会规则以至于不被人喜欢与接受时，他们更有可能引发别人（包括领导）的恶意而成为攻击的对象（Tepper et al., 2006）。道德排除理论则认为领导会形成心理边界以判断通常的道德标准适用于哪些员工，而哪些员工被排除在道德的心理边界以外，该边界的重要形成标准是员工的有用性（Walter et al., 2015）。多动机反应模型认为领导员工关系中的负面经历会让双方认为自己不被对方所接受和认可，从而引发一方对另一方的愤怒和攻击，实证研究已经得到了与这三个理论视角相一致的结论。自我耗竭理论认为表现较差、不遵守组织内社会规则的员工更多地耗竭了领导的认知和情感资源，领导在与他们的互动中更难控制自己的态度和行为，有可能造成对员工的辱虐。

Liang 等（2016）、Tepper 等（2011）、Walter 等（2015）和 Wang 等（2015）均发现表现较差的员工更有可能遭到领导的辱虐对待，因为较低的工作表现与追求效率的工作规范和目标相违背，使这些员工成为领导的攻击对象，较低的工作表现或针对组织的越轨行为会让领导认为员工对于组织和工作没有意义，使领导认为对待普通员工的道德标准，如人际交往的公正，不适用于这些员工。Wang 等（2015）还发现不勤奋的员工和情绪不稳定的员工更符合受害者的形象，即自身脆弱并违反了社会规则，因而受到领导更多的辱虐对待。Neves（2014）发现核心自我评价比较低、同事的支持也比较少的员工更容易被领导辱虐，同样是因为他们更符合难以反抗、面对攻击比较脆弱的特征。

但是，表现较好的员工同样可能因为使领导感到威胁而受到领导的辱虐对待。基于情绪的社会理论视角，Yu 等（2018）发现如果领导认为下属有能力却很冷淡，那么领导对于下属的嫉妒情绪会降低领导的自尊心、控制感并提高他们感受到的威胁，促使他们使用辱虐式管理提高自己对下属的控制。同样地，Khan 等（2018）发现对于社会支配倾向较高的领导而言，高表现的下属会提高他们感知到的对权威的威胁，感知到的对权威的威胁会进一步中介下属的高表现与辱虐式管理的正向关系。在前述辱虐式管理的影响部分，我们提到社会交换理论认为下属的越轨行为是针对领导辱虐行为的负面反馈，然而受害者引发理论和道德排除理论却提出了相反的影响方向，因而有学者认为下属的越轨行为和领导的辱虐式管理之间存在互为因果的关系。例如，Lian 等（2014b）通过两个时间跨度分别长达 20 个月和 6 个月的研究发现自我控制能力较低和离职意向较高的员工与其上级领导之间的确会形成辱虐式管理和越轨行为的恶性因果循环，但是自我控制能力较强、离职意向较低的员工则不会选择用越轨行为报复辱虐式管理。

除了表现较差以外，针对领导的反生产工作行为和针对领导的负面反馈也会给领导造成威胁，这是因为这些行为使领导感到失去了下属的尊重，并认为下属对自身的权力与地位、自尊产生了威胁，愤怒和威胁感也会促使领导用辱虐式管理对待员工。例如，魅力型领导虽然一般情况下被认为是积极的领导行为，可以提高员工的工作表现和工作满意度。但是 Pundt（2014）发现如果领导试图展现出有魅力的行为而得到了下属负面的回应，他们会将这种回应视为对自己的威胁，因而产生愤怒，并会使用辱虐式管理将这种愤怒发泄到下属身上。这些研究与前述下属对辱虐式管理应对方式的有效性研究结果是一致的，反抗性的沉默、躲避等方式无法有效应对辱虐式管理可能部分是因为激起或无法缓解领导的威胁感而致使持续的辱虐伤害。

Tepper 和 Simon（2015）提出部分员工需要领导付出更多的心理资源使他们完成工作任务、执行既定的工作职能，如对工作投入较少、违反工作准则、在人际交往中造成冲突的员工。他们就像总是需要维修的机器一样，消耗领导作为维修者的资源，因此 Tepper 和 Simon（2015）将他们称为高养护员工（high maintenance employees）。前述元分析研究中与辱虐型领导正向相关的特征，如低勤奋、高情绪不稳定性均符合高养护的标准，但是目前高养护特征—领导资源消耗—辱虐型领导的理论模型还未得到直接的实证支持，未来感兴趣的学者可以沿着这条理论路径进行探索。

最后，基于社会分类理论，关系中双方的相似性有利于提高双方对彼此的认同，减少人际冲突和威胁，而不相似性则会增加冲突，造成人际关系的负面经历，增加双方的对立和攻击性。Tepper 等（2011）发现在领导和下属的关系中，领导和下属的深层次不相似性会让领导认为与下属的关系里存在更多的冲突，也会降低领导对下属工作绩效的主观评价。当下属表现较差时，领导感受到的关系冲突则会中介不相似性对辱虐式管理之间的冲突正向影响。

四、其他因素

Tepper 等（2017）认为辱虐式管理的另一种解释是领导自我调控失败的后

果。领导实现各种自我调控需要一定的资源，包括社会支持、认知资源、体力等。自我耗竭理论认为人所能运用的资源是有限的，反复高强度的自我调控可能会造成个体的自我耗竭，无法实现正常的调控功能。当领导可以运用的资源不足以支撑他们解决较高的工作需求，如解决复杂的工作问题、协调下属工作、消除工作干扰时，他们可能会出现自我调控失败，使他们无法控制情绪、将注意力集中在工作上，而出现负面情绪的爆发、攻击他人等行为。学者主要关注了领导工作中复杂需求造成的调控困扰，Tepper 等（2017）总结了包括工作中的竞争需求（Collins and Jackson，2015）、面临工作的时间压力（Burton et al.，2012）、伪装自己的情绪（Yam et al.，2016）、表现出道德行为（Lin et al.，2016）等其他工作场所中的压力源，都会一定程度上引发领导资源的枯竭，提高辱虐式管理的程度。

还有学者关注了工作场所之外的压力源通过造成资源的消耗而对辱虐式管理的影响。例如，Courtright 等（2016）发现家庭-工作冲突也会消耗领导的认知资源并增加他们对下属的辱虐，并且自我耗竭的中介效应对于女性领导和控制更强的领导更显著，这可能是因为女性领导对于家庭事务更为看重因而更容易受到家庭压力的影响，而控制更强的领导认为自己对于员工有更大的权限，因而实施辱虐式管理时受到的心理阻碍和限制更小。Barnes 等（2015）发现自我耗竭中介了睡眠质量对每天辱虐式管理的影响，睡眠质量低的领导面对工作需求更容易出现自我耗竭而无法控制自己的负面情绪。

五、基于辱虐式管理前因的干预

基于上述有关辱虐式管理前因的研究，部分学者思考并探究了是否能用领导端的干预减少辱虐式管理的发生。Gonzalez-Morales 等（2018）运用组织支持理论设计了针对辱虐式管理的干预并且得到了实证研究的证据支持。组织支持理论认为，对于下属而言，直接领导者是组织的代表，领导对员工的支持能让员工感受到组织对他们的认可和关怀。因此给领导提供支持型管理的培训，可以有效地提高领导为员工提供支持的意识和技能，他们的培训包括四个策略：仁爱（即承认员工的努力、尽可能接受失误、提供支持与帮助、在顾客面前弥补员工的过失）、真诚（即信守承诺、沟通中保持诚实、尊重员工、基于建设性的反馈）、公正（包括过程中信息公开、一视同仁、不偏不倚、听取建言等）与用心（包括积极收集工作表现的信息、合理区分公共和私人沟通场所、积极倾听等）。在他们的准实验中，实验组的辱虐式管理显著减少了15%左右。

第四节　研究展望

尽管对辱虐式管理的结果变量研究已经积累了大量的研究成果,辱虐式管理的影响机制仍然有待进一步的挖掘。目前的研究中所验证的公正、情绪、资源等中介机制已被证明具有相应的解释效力,然而却很少有研究将多个中介机制放在一起比较相对效力。厘清什么中介机制对于某一具体的结果变量更有解释效力,以及不同中介机制存在的边界条件,对进一步探索辱虐式管理的其他结果变量和辱虐式管理的干预都大有裨益。同时,辱虐式管理与其他相似概念相比产生影响时是否有机制上的区别,如是否与未能满足道德型领导的影响机制相似,也有待进一步的研究。

在方法论方面,辱虐式管理的研究大部分采用调查问卷的研究方式,其中部分设计更为严谨的研究采用了跨时间重复采样的设计、多样本的数据来源等方法来增强结论的可信度,然而实验设计的缺失使辱虐式管理领域因果关系的证明存疑。正如前述,辱虐式管理与下属行为之间理论上存在互为因果的关系,相关性关系是不能证明因果方向的,同时领导的行为和下属的行为、态度均受到组织特征的影响,也影响了研究的因果推论。实验研究能够较好地弥补调查研究内部效度不足的问题(Tepper et al., 2017),同时某些研究问题需要更为严格的控制,更加适合实验设计,如要探索辱虐式管理的感知差异,在实验室内可以精准地控制实验参加者受到的客观辱虐行为的水平,观察不同实验参加者的感知差异。对下属的应对策略和组织的干预手段进行有效性的验证或比较时,实验设计也较为合适。目前辱虐式管理领域已经积累了一些实验研究,但是部分实验研究在对辱虐式管理进行操作化时要求实验参加者想象遭受领导的辱虐,或者让实验参与者想象自己承担领导的角色并用书面文字提供一个情景要求他们做出行为选择,这样的实验设计可能较难体现现实场景中个体的真实选择(Tepper et al., 2017)。

相较于辱虐式管理的影响,针对辱虐式管理的前因和辱虐式管理及其影响进行干预的研究依然占少数。虽然这部分研究在近十年来数量显著提升,但是还有许多尚未解决的问题。例如,目前研究过的干预手段主要是从下属如何应对的角度来研究的,基于辱虐式管理的前因和调节变量研究,由于社会学习行为的存在,组织或团队的政策、文化对于领导的辱虐式管理都有重要影响,而根据自我控制理论,领导自身可以通过策略缓解资源耗竭状态,避免自我调控失败,从这类视角出发的研究目前还较少。另外,干预与应对方法的研究中,研究单个干预方式的有效性的研究较多,而多种应对方法有效性的比较目前有许多空白有待进一步探索。干预方式有效性的边界条件是另一个尚未充分研究过的重要话题，不同的应对方法可能在不同的场景中、面对不同特质的领导具有不同的效果，这些研究数量少并且目前还缺少统一的理论基础。

虽然辱虐式管理的影响目前已经积累了大量的研究成果，但是 Tepper 等（2017）指出目前的辱虐式管理的影响研究没有把辱虐式管理置于领导行为的整体框架中，即对于辱虐式管理如何与其他领导行为交互产生影响，或辱虐式管理如何影响其他领导行为的结果缺乏关注。领导的行为并不是割裂的，一个领导也不可能只展现出某一种行为，把多种领导行为结合起来研究不仅更加符合现实工作场景中的状况，也可以使领导力领域的学说变得更加完整。除了辱虐式管理以外，其他备受学界和管理实践关注的领导行为多是积极的领导力，如变革型领导、服务型领导等。辱虐式管理如何影响这些积极行为的结果呢？其他积极行为是否可以缓解辱虐式管理的消极影响呢？和这些传统的领导行为相比，辱虐式管理对于结果变量的相对预测力有多强呢？这些问题都有待进一步的解决。

参 考 文 献

Allen D G, Peltokorpi V, Rubenstein A L. 2016. When "embedded" means "stuck": moderating effects of job embeddedness in adverse work environments. Journal of Applied Psychology, 101 (12): 1670-1686.

Aryee S, Sun L-Y, Chen Z X G, et al. 2008. Abusive supervision and contextual performance: the mediating role of emotional exhaustion and the moderating role of work unit structure. Management and Organization Review, 4 (3): 393-411.

Bandura A. 1973. Aggression: A Social Learning Analysis. Englewood Cliffs: Prentice Hall.

Barnes C M, Lucianetti L, Bhave D P, et al. 2015. You wouldn't like me when I'm sleepy: leaders' sleep, daily abusive supervision, and work unit engagement. Academy of Management Journal, 58 (5): 1419-1437.

Booth J E, Shantz A, Glomb T M, et al. 2020. Bad bosses and self-verification: the moderating role of core self-evaluations with trust in workplace management. Human Resource Management, 59 (2): 135-152.

Bowling N A, Michel J S. 2011. Why do you treat me badly? The role of attributions regarding the cause of abuse in subordinates' responses to abusive supervision. Work & Stress, 25 (4): 309-320.

Burton J P, Hoobler J M, Scheuer M L. 2012. Supervisor workplace stress and abusive supervision: the buffering effect of exercise. Journal of Business and Psychology, 27（3）: 271-279.

Carlson D S, Ferguson M, Hunter E, et al. 2012. Abusive supervision and work-family conflict: the path through emotional labor and burnout. The Leadership Quarterly, 23（5）: 849-859.

Carlson D S, Ferguson M, Perrewe P L, et al. 2011. The fallout from abusive supervison: an examination of subordinates and their partners. Personnel Psychology, 64（4）: 937-961.

Chan M E, McAllister D J. 2014. Abusive supervision through the lens of employee state paranoia. Academy of Management Review, 39（1）: 44-66.

Cheng B S, Chou L F, Wu T Y, et al. 2004. Paternalistic leadership and subordinate responses: establishing a leadership model in Chinese organizations. Asian Journal of Social Psychology, 7（1）: 89-117.

Collins M D, Jackson C J. 2015. A process model of self-regulation and leadership: how attentional resource capacity and negative emotions influence constructive and destructive leadership. The Leadership Quarterly, 26（3）: 386-401.

Courtright S H, Gardner R G, Smith T A, et al. 2016. My family made me do it: a cross-domain, self-regulatory perspective on antecedents to abusive supervision. Academy of Management Journal, 59（5）: 1630-1652.

Ferris D L, Yan M, Lim V K, et al. 2016. An approach-avoidance framework of workplace aggression. Academy of Management Journal, 59（5）: 1777-1800.

Frieder R E, Hochwarter W A, DeOrtentiis P S. 2015. Attenuating the negative effects of abusive supervision: the role of proactive voice behavior and resource management ability. The Leadership Quarterly, 26（5）: 821-837.

Gonzalez-Morales M G, Kernan M C, Becker T E, et al. 2018. Defeating abusive supervision: training supervisors to support subordinates. Journal of Occupational Health Psychology, 23（2）: 151-162.

Greenbaum R L, Hill A, Mawritz M B, et al. 2017. Employee machiavellianism to unethical behavior: the role of abusive supervision as a trait activator. Journal of Management, 43（2）: 585-609.

Greenbaum R L, Mawritz M B, Mayer D M, et al. 2013. To act out, to withdraw, or to constructively resist? Employee reactions to supervisor abuse of customers and the moderating role of employee moral identity. Human Relations, 66（7）: 925-950.

Harvey P, Stoner J, Hochwarter W, et al. 2007. Coping with abusive supervision: the neutralizing effects of ingratiation and positive affect on negative employee outcomes. The Leadership Quarterly, 18（3）: 264-280.

Hoobler J M, Brass D J. 2006. Abusive supervision and family undermining as displaced aggression.

Journal of Applied Psychology, 91（5）: 1125-1133.

Johnson R E, Venus M, Lanaj K, et al. 2012. Leader identity as an antecedent of the frequency and consistency of transformational, consideration, and abusive leadership behaviors. Journal of Applied Psychology, 97（6）: 1262-1272.

Khan A K, Moss S, Quratulain S, et al. 2018. When and how subordinate performance leads to abusive supervision: a social dominance perspective. Journal of Management, 44（7）: 2801-2826.

Kiewitz C, Restubog S L D, Shoss M K, et al. 2016. Suffering in silence: investigating the role of fear in the relationship between abusive supervision and defensive silence. Journal of Applied Psychology, 101（5）: 731-742.

Klaussner S. 2014. Engulfed in the abyss: the emergence of abusive supervision as an escalating process of supervisor-subordinate interaction. Human Relations, 67（3）: 311-332.

Lian H, Brown D J, Ferris D L, et al. 2014a. Abusive supervision and retaliation: a self-control framework. Academy of Management Journal, 57（1）: 116-139.

Lian H, Ferris D L, Morrison R, et al. 2014b. Blame it on the supervisor or the subordinate? Reciprocal relations between abusive supervision and organizational deviance. Journal of Applied Psychology, 99（4）: 651-664.

Liang L H, Lian H, Brown D J, et al. 2016. Why are abusive supervisors abusive? A dual-system self-control model. Academy of Management Journal, 59（4）: 1385-1406.

Liao Z, Yam K C, Johnson R E, et al. 2018. Cleansing my abuse: a reparative response model of perpetrating abusive supervisor behavior. Journal of Applied Psychology, 103（9）: 1039-1056.

Lin S-H, Ma J, Johnson R E. 2016. When ethical leader behavior breaks bad: how ethical leader behavior can turn abusive via ego depletion and moral licensing. Journal of Applied Psychology, 101（6）: 815-830.

Liu D, Liao H, Loi R. 2012. The dark side of leadership: a three-level investigation of the cascading effect of abusive supervision on employee creativity. Academy of Management Journal, 55（5）: 1187-1212.

Mackey J D, Frieder R E, Brees J R, et al. 2017. Abusive supervision: a meta-analysis and empirical review. Journal of Management, 43（6）: 1940-1965.

Martinko M J, Harvey P, Brees J R, et al. 2013. A review of abusive supervision research. Journal of Organizational Behavior, 34: 120-137.

Mawritz M B, Folger R, Latham G P. 2014. Supervisors' exceedingly difficult goals and abusive supervision: the mediating effects of hindrance stress, anger, and anxiety. Journal of Organizational Behavior, 35（3）: 358-372.

Mawritz M B, Mayer D M, Hoobler J M, et al. 2012. A trickle-down model of abusive supervision. Personnel Psychology, 65（2）: 325-357.

Mitchell M S, Vogel R M, Folger R. 2015. Third parties' reactions to the abusive supervision of coworkers. Journal of Applied Psychology, 100（4）: 1040-1055.

Nandkeolyar A K, Shaffer J A, Li A, et al. 2014. Surviving an abusive supervisor: the joint roles of conscientiousness and coping strategies. Journal of Applied Psychology, 99（1）: 138-150.

Neves P. 2014. Taking it out on survivors: submissive employees, downsizing, and abusive supervision. Journal of Occupational and Organizational Psychology, 87（3）: 507-534.

Ogunfowora B. 2013. When the abuse is unevenly distributed: the effects of abusive supervision variability on work attitudes and behaviors. Journal of Organizational Behavior, 34（8）: 1105-1123.

Peng A C, Schaubroeck J M, Li Y. 2014. Social exchange implications of own and coworkers' experiences of supervisory abuse. Academy of Management Journal, 57（5）: 1385-1405.

Priesemuth M, Bigelow B. 2020. It hurts me too!（or not?）: exploring the negative implications for abusive bosses. Journal of Applied Psychology, 105（4）: 410-421.

Priesemuth M, Schminke M. 2019. Helping thy neighbor? Prosocial reactions to observed abusive supervision in the workplace. Journal of Management, 45（3）: 1225-1251.

Priesemuth M, Schminke M, Ambrose M L, et al. 2014. Abusive supervision climate: a multiple-mediation model of its impact on group outcomes. Academy of Management Journal, 57（5）: 1513-1534.

Pundt A. 2014. A multiple pathway model linking charismatic leadership attempts and abusive supervision. Zeitschrift Fur Psychologie, 222（4）: 190-202.

Qin X, Huang M, Johnson R E, et al. 2018. The short-lived benefits of abusive supervisory behavior for actors: an investigation of recovery and work engagement. Academy of Management Journal, 61（5）: 1951-1975.

Raymund P, Garcia J M, Restubog S L D, et al. 2014. Roots run deep: investigating psychological mechanisms between history of family aggression and abusive supervision. Journal of Applied Psychology, 99（5）: 883-897.

Schaubroeck J M, Hannah S T, Avolio B J, et al. 2012. Embedding ethical leadership within and across organization levels. Academy of Management Journal, 55（5）: 1053-1078.

Shoss M K, Eisenberger R, Restubog S L D, et al. 2013. Blaming the organization for abusive supervision: the roles of perceived organizational support and supervisor's organizational embodiment. Journal of Applied Psychology, 98（1）: 158-168.

Taylor S G, Griffith M D, Vadera A K, et al. 2019. Breaking the cycle of abusive supervision: how disidentification and moral identity help the trickle-down change course. Journal of Applied

Psychology, 104（1）: 164-182.

Tedeschi J T, Felson R B. 1994. Violence, Aggression, and Coercive Actions. American Psychological Association.

Tepper B J. 2000. Consequences of abusive supervision. Academy of Management Journal, 43（2）: 178-190.

Tepper B J, Almeda M. 2012. Negative exchanges with supervisors//Eby L, Allen T. Personal Relationships at Work: The Effect of Positive and Negative Work Relationships on Employee Attitudes, Behavior, and Well-Being. New York: Routledge Press: 67-93.

Tepper B J, Duffy M K, Henle C A, et al. 2006. Procedural injustice, victim precipitation, and abusive supervision. Personnel Psychology, 59（1）: 101-123.

Tepper B J, Mitchell M S, Haggard D L, et al. 2015. On the exchange of hostility with supervisors: an examination of self-enhancing and self-defeating perspectives. Personnel Psychology, 68（4）: 723-758.

Tepper B J, Moss S E, Duffy M K. 2011. Predictors of abusive supervision: supervisor perceptions of deep-level dissimilarity, relationship conflict, and subordinate performance. Academy of Management Journal, 54（2）: 279-294.

Tepper B J, Moss S E, Lockhart D E, et al. 2007. Abusive supervision, upward maintenance communication, and subordinates' psychological distress. Academy of Management Journal, 50（5）: 1169-1180.

Tepper B J, Simon L S. 2015. Employee maintenance: examining employment relationships from the perspective of managerial leaders. Reserch in Personnel and Human Resources, 33: 1-50.

Tepper B J, Simon L S, Park H M. 2017. Abusive supervision. Annual Review of Organizational Psychology and Organizational Behavior, 4: 123-152.

Vogel R M, Mitchell M S. 2017. The motivational effects of diminished self-esteem for employees who experience abusive supervision. Journal of Management, 43（7）: 2218-2251.

Vogel R M, Mitchell M S, Tepper B J, et al. 2015. A cross-cultural examination of subordinates' perceptions of and reactions to abusive supervision. Journal of Organizational Behavior, 36（5）: 720-745.

Waldman D A, Wang D, Hannah S T, et al. 2018. Psychological and neurological predictors of abusive supervision. Personnel Psychology, 71（3）: 399-421.

Walter F, Lam C K, van der Vegt G S, et al. 2015. Abusive supervision and subordinate performance: instrumentality considerations in the emergence and consequences of abusive supervision. Journal of Applied Psychology, 100（4）: 1056-1072.

Wang G, Harms P D, Mackey J D. 2015. Does it take two to tangle? Subordinates' perceptions of and reactions to abusive supervision. Journal of Business Ethics, 131（2）: 487-503.

Wang G, van Iddekinge C H, Zhang L, et al. 2019. Meta-analytic and primary investigations of the Role of Followers in ratings of leadership behavior in organizations. Journal of Applied Psychology, 104（1）: 70-106.

Wang M, Sinclair R R, Deese M N. 2010. Understanding the causes of destructive leadership: a dual process model//Hansbrough T, Schyns B. When Leadership Goes Wrong: Destructive Leadership, Mistakes and Ethical Failures. Arizona: IAP Information Age Publishing: 73-97.

Wee E X M, Liao H, Liu D, et al. 2017. Moving from abuse to reconciliation: a power-dependence perspective on when and how a follower can break the spiral of abuse. Academy of Management Journal, 60（6）: 2352-2380.

Whitman M V, Halbesleben J R B, Shanine K K. 2013. Psychological entitlement and abusive supervision: political skill as a self-regulatory mechanism. Health Care Management Review, 38（3）: 248-257.

Yam K C, Fehr R, Keng-Highberger F T, et al. 2016. Out of control: a self-control perspective on the link between surface acting and abusive supervision. Journal of Applied Psychology, 101（2）: 292-301.

Yang L-Q, Zheng X, Liu X, et al. 2020. Abusive supervision, thwarted belongingness, and workplace safety: a group engagement perspective. Journal of Applied Psychology, 105（3）: 230-244.

Yu L, Duffy M K. 2020. The whiplash effect: the（moderating）role of attributed motives in emotional and behavioral reactions to abusive supervision. Journal of Applied Psychology, 106（5）: 754-773.

Yu L, Duffy M K, Tepper B J. 2018. Consequences of downward envy: a model of self-esteem threat, abusive supervision, and supervisory leader self-improvement. Academy of Management Journal, 61（6）: 2296-2318.

Zhang H, Kwan H K, Zhang X, et al. 2014. High core self-evaluators maintain creativity: a motivational model of abusive supervision. Journal of Management, 40（4）: 1151-1174.

Zhang Y, Bednall T C. 2016. Antecedents of abusive supervision: a meta-analytic review. Journal of Business Ethics, 139（3）: 455-471.

Zhang Y, Liao Z. 2015. Consequences of abusive supervision: a meta-analytic review. Asia Pacific Journal of Management, 32（4）: 959-987.

Zhang Y, Liu X, Xu S, et al. 2019. Why abusive supervision impacts employee OCB and CWB: a meta-analytic review of competing mediating mechanisms. Journal of Management, 45（6）: 2474-2497.

第十章　自我效能与目标设定的
动态模型

　　最近，随着组织结构越来越复杂化，工作设计越来越多样化、动态化及员工变得更加自主化的趋势，个体动机因素对于个人和组织结果变量的决定性作用越来越多地得到关注。因此，无论是为了更好地对员工进行选拔和绩效评价，还是为了完善工作设计以达到更好的组织绩效和员工满意度，在这样一个动态背景下，我们都需要更好地去了解个体是如何管理和调节自身行为的。由于自我调节理论能够对这一过程进行描述，因而得到研究者的广泛关注。自我调节理论关注个体如何去追寻目标这一过程（Vancouver，2000），这一理论能够将动机理论和行为整合在一起（Boekaerts et al.，2005），因此成为组织行为学、管理心理学等多个分支中对工作动机进行解释的最热门的理论。自我效能则是自我调节理论中的一个核心概念，它与目标和动机紧密相关（Karoly et al.，2005），也受到了研究者的广泛关注。

　　下面将首先介绍自我调节理论的基本观点和自我效能的概念，然后分别叙述自我效能在控制理论和目标设定理论两大阵营中所起到的不同作用，随后总结了自我效能与动机关系的四种模型，介绍了工作动机的整合模型（integrative model of work motivation，IMWM），最后提出目前研究的不足和对未来研究题目的展望。通过这些方面的介绍，试图对自我效能与目标设定的动态模型加以阐述。

第一节　自我调节理论与自我效能的概念

一、自我调节与目标导向行为

为了更好地理解调节的概念，我们先来看一个有关零件生产和销售的例子。

在这一过程中同时涉及生产和销售，生产使得零件数目增加，而销售使得零件的数目减少。生产者可能会设定一个每天生产多少零件的目标，生产的行为会持续到完成目标为止，这就类似于目标的设定；店主也可以实时监控架子上零件的数目，如他可能设定一个保持零件充满货架的目标，顾客买得越多，就需要生产越多零件，但是也仅生产到可以装满货架为止，这类似于目标的保持。在这个例子中，外界环境会有一些干扰因素阻碍目标的完成（顾客的购买），目标也可能发生变化（如将每天生产 100 个零件的目标提高到每天生产 200 个零件）。这些情况下个体都需要采取行动（即目标引导的行为）以达到或保持所设定的目标。这个简单的例子中涉及调节的概念。总体上来说，调节指的是个体通过控制外界的干扰因素，使某一事物或进程维持有规律的运转状态的过程（Vancouver，2000）。这种所要保持的状态即被称为期望状态。

当调节的对象是自身行为时，上述调节过程则被称为自我调节。在自我调节框架中的期望状态属于一种心理表征，在心理学上被定义为目标（Austin and Vancouver，1996）。由于自我调节理论往往是用来描述目标导向行为的，因而目标和自我调节这两个概念是密不可分的（Kanfer，1990）。也有学者将自我调节定义为个体对自身的思维、情绪、行为或注意等方面进行调整，从而引导自身的目标导向行为，以适应时间和环境的变化。

个体的自我调节的能力也不是一成不变的。它会受到任务的注意拉力（task attentional pull）、监控资源（regulatory resource）和偏离任务的注意需求（off-task attentional demands）三方面的影响。例如，Zhou 等（2017）发现通勤压力（commuting strain）会影响个体的监控资源而削弱工作中的自我调节能力，且二者的关系受到每日任务重要性（代表任务的注意拉力）和家庭对工作的干扰（代表偏离任务的注意需求）等因素的调节。

通常状况下，自我调节并不仅指行为本身，还包括和这些行为相关的机制和进程。研究者普遍认为，自我调节是一个循环反复的过程（Austin and Vancouver，1996；Johnson et al.，2006），其中涉及两个主要部分：一为目标设定的过程，二为目标获取（或称目标达成）的过程。目标设定关注的是个体如何形成关于目标的心理表征（Austin and Vancouver，1996）。研究发现，更具体、更具有挑战性、更加时间导向的目标对行为有促进作用，因为这一过程能够帮助个体引导注意、调动心理资源及激发个体对于任务目标的坚持（Latham and Locke，1991）。目标获取则更关注之前设定好的目标实际上怎样引导个体的计划和行为，以达到期望目标的结果（Austin and Vancouver，1996）。自我调节的循环过程如图 10-1 所示。

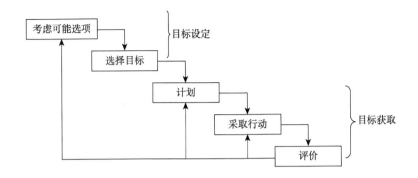

图 10-1　自我调节的循环过程

资料来源：Austin 和 Vancouver（1996）

根据图 10-1 我们可以进一步了解个体是如何完成目标设定和目标获取过程的。个体在考虑所有可能选项的基础上选择特定的目标，从而完成目标的设定；接下来根据这一目标制订行为计划，然后根据计划采取行动，最后对自己的行为和结果进行评价，这属于目标获取的过程。评价又会反过来影响下一阶段的可能选择、行为计划和实际行动，从而构成了目标设定和目标获取的动态回路。

二、自我效能

在目标导向行为的研究框架中，自我效能是另一个不可回避的概念。进一步关注图 10-1 所示的自我调节反馈回路，我们可以发现行为结果又可以反过来作为前因变量而对行为产生影响。自我效能正是在这一反馈过程中起到作用的，它与目标和动机紧密相关，从而成为自我调节理论的核心概念（Boekaerts et al.，2005）。

自我效能的概念是由期望的概念发展而来的，指人们对自己实现特定领域行为目标所需能力的信心或信念，属于一种对自身行为信心的期望（Bandura，1986，1989）。很多关于个体行为的理论指出，个体对于未来事件发生可能性的信心对于决定个体行为的程度和方向是非常关键的，尤其是当个体感到事件只有通过自身努力才能实现时，这种信心的重要性就更加显著（Olson et al.，1996）。研究者由此提出了期望的概念（Lewin，1951）。对于 Lewin（1951）及其他早期认知取向的心理学家（Edwards，1954；Tolman，1932）来说，期望（或称为个体主观上对结果可能性的评估）是指个体对于某些特定事件结果发生的可能性的信心。后续研究者在进一步分析和拓展已有概念的基础上完善了期望的定义，如 Vroom（1964）区分了两种不同的信心，第一种是行为努力能否提升绩效（如增加工作时间能否提高绩效考核得分），第二种是绩效能否引发目标结果的实现（如升职、加薪等）。Naylor 等（1980）随后又将"评估者对自己将行为转化为结果的可能性的信心"纳入期望的概念之中。

　　自我效能的概念最早是由 Bandura（1977）提出来的，定义为个体对自己能否有能力去组织和执行达到特定水平的表现所必需的行为信心。由此我们可以看出自我效能属于一种期望，而且是与自身信念相关的期望。自我效能的形成既来自信心的个体差异（不同个体对于完成特定任务的信心水平不同），也来自环境因素提供的反馈（如任务的完成情况）。Bandura（1986）的后续研究对这一概念进行进一步细化，指出自我效能的水平反映了个体的意愿性（即个体有多大可能会采取行为）、努力性（在目标追寻的过程中个体愿意付出多少努力）及坚持性（面临困难时个体能够坚持多久而不放弃）这三个方面。

　　Bandura（1986）还指出，在测量自我效能时应关注三个方面：第一是目标水平，这一维度上的差别导致不同个体倾向于选择不同难度的任务；第二是强度，相对而言，低自我效能的个体容易受到外界因素的影响而造成自身信念的动摇，而高自我效能的个体不会因一时的失败而自我怀疑和否定，从而在面对困难时更可能不放弃努力；第三是广度，个体在面对来自不同领域的任务时，自我效能是不同的。有些个体只在很小的领域内判断自己是有效能的，而另一些人则在大部分情况下都具有良好的自我效能。同时他还提出了一种测量自我效能的方法，即让被试评估完成各个难度目标的期望值，再综合取平均而得出总体的自我效能值。按照这一方法，无论个体面临的任务难度处于哪个水平，进行期望值评价的参照都是相同的（各个难度水平都纳入考虑），因此能够有效地避免测量误差（Locke et al.，1986）。实证研究表明，相对于许多其他对于期望信心的测量而言，这一测量方法对行为的预测作用更显著（Lee and Bobko，1992）。

　　按照 Bandura（1986）最先提出的定义，自我效能应该是一个领域特异性的概念。因为不同任务和领域之间存在差异性，所需要的能力也千差万别，即使是同一个体，面对不同的领域时自我效能也是不同的，因此并不存在一般的自我效能。然而也有部分研究者认为存在不以领域为转移的一般自我效能，如 Sherer 等（1982）、Chen 等（2000）和 Schwarzer 等（1997）。这些人格心理学家认为，可以将自我效能看作状态的，也可以看作特质的，因此一般自我效能是存在的。一般自我效能作为一种稳定的个体特质，用来表示个体应对各种挑战或新事物的总体信心。目前对于自我效能到底是领域相关的还是一般性的依然存在争议，Bandura 等（2001）认为所测量的一般自我效能实际上反映的是个体的自尊水平，而且对绩效的预测力并不显著。Woodruff 和 Cashman（1993）的研究表明，一般自我效能主要是通过影响特定领域的自我效能，进而对工作相关的结果变量产生影响。

第二节　不同理论模型中的自我效能

对自我效能的研究主要关注其与行为（或行为动机）和绩效之间的关系，然而，自我效能是如何对行为动机产生影响的？现在对于这一问题有诸多的理论解释，也存在着很多争议，包括控制理论（Powers，1973，1978；Carver and Scheier，1981，1998）、目标设定理论（Locke and Latham，1990a）、社会认知理论（Bandura，1986，1991）、期望理论（Vroom，1964）和计划行为理论（Ajzen，1991）等。实证研究也发现了看似矛盾的结果：一些研究发现，自我效能和动机或绩效之间呈显著正相关关系（Bandura，1997）；同样也有一些研究者发现了负相关（Vancouver et al.，2001）或非单调的关系（Wright and Brehm，1989）。不同的理论模型就这一问题给出了不同的观点。下面选择两种主要的理论阵营——控制理论和目标设定理论，分别对自我效能所扮演的角色进行阐述。

一、控制理论与自我效能

（一）控制理论的观点

在关注自我调节过程的一系列理论中，控制理论因为具有更好的解释力而成为目前领域中的主流观点（Vancouver，2005）。自我调节的控制理论观点起源于工程学中的控制系统范式（Vancouver，2000），这一系统属于一种反馈回路，包括输入、参照标准、比较器、输出和反馈五个主要成分（Carver and Scheier，1998）。控制系统范式本身是用来讨论在外部环境不稳定因素的作用下，如何使系统保持稳定这一问题的（Richardson，1991）。如果将这一结构应用到目标获取过程中，相对应地，输入即个体从环境中知觉到的信息，参照标准即个体的目标，比较器即个体对目标现实差距和进展速度的实时监控，输出即个体的行为或认知结果，反馈则是从输出指向输入的过程（Vancouver，2005）。解释自我调节的控制理论结构如图 10-2 所示。

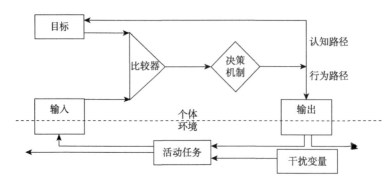

图 10-2　自我调节的控制理论结构

资料来源：Lord 等（2010）

根据图 10-2，个体将目标与知觉到的信息（即输入）进行比较，然后进行决策。个体从环境中收集的信息主要包括差距和速度这两方面的因素。差距指的是输入（目前状态）与目标之间的差异，决定了动机的方向（Kernan and Lord，1990；Schmidt and DeShon，2007）。速度指的是朝向目标方向的进展速率（或称差距随时间的变化程度），其决定了动机的强度，并且能够影响个体的情绪反应和对成功的期待（Hsee et al.，1991；Lawrence et al.，2002）。决策的结果通过两种方式进行输出：一是行为输出，或称外在的输出，指的是通过改变自己的行为，使目前状态更加接近目标而缩小差距；二是认知输出，或称内在的输出，指的是放弃或修改目标（Vancouver，2005）。相对应地，这一反馈回路涉及两个动态过程：第一，行为的持续输出使得输入与目标之间的差异不断缩小，对这一差异的知觉会影响个体的决策和接下来的行为输出，这一过程往往存在于目标获取的过程中；第二，认知输出使得个体不断调整自己的目标或设定新的目标，新目标的设定则产生了新的差距，进而引发新一轮的反馈回路，这一过程往往存在于目标设定的过程中。

在控制理论中目标是具有层次性的，大致分为低、中、高三层（Lord and Levy，1994）。高层次的目标是和理想自我相关的，如"我要成为一名好的员工"；中层次的目标是和实际行为相关的，如"帮助同事共同完成工作"；低层次的目标指的是每一个具体的行为发动，如"每天起床后就去上班"。每个层次还包括多个不同的目标，这些目标还可以按照亚层次进行排列。目标的层次越高，越关注目标的起因，即人们为什么会从事特定行为。例如，正是因为想成为一名好员工，才需要"帮助同事共同完成工作"，以及"每天起床后就去上班"等。目标的层次越低，越关注目标的执行方式，如成为一名好员工的终极目标正是通过"帮助同事共同完成工作""每天起床后就去上班"等方式一步步完成的。相对而言，目标层次越高，则越抽象、对个体来说越重要、涉及的时间框架越长，并且多是个体有意识设定的；相反地，目标层次越低，则越具体、对个体来说越次要、涉及的时间框架越短，并且可能属于无意识层面（如机械地打字等）。较高层次的目标能够控制低层次的目标，如图 10-3 中"成为一个好领导"的较高层次目标能够引发较低层次的"公平处事"行为，然后具体化到再低一层的"尊重下属"行为，"尊重下属"还可以被进一步具体化到更低层次的目标等。同时，较低层次的比较和输出结果可以给上一层次提供反馈，且不同的反馈信息进行反馈调节的速度不同，其中差距感的反馈最快，速度的反馈次之，让个体意识到加速的需要这一反馈信息的时间进程最长（Johnson et al.，2006）。

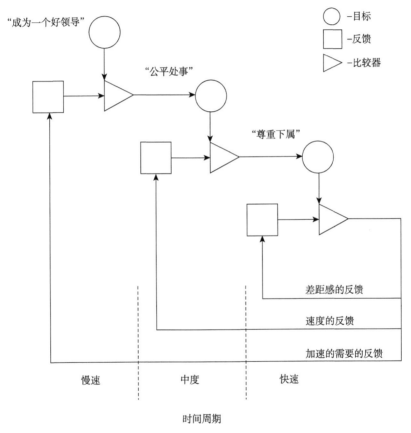

图 10-3　目标层次与反馈回路

资料来源：Johnson 等（2006）

总体上来说，根据控制理论的观点，在目标获取过程中的反馈控制回路主要有以下几个特点：其一，目标可以根据层次进行划分；其二，无论属于哪一层次，目标获取的行为都是被消极的反馈回路所引导的，即个体的行为目标旨在缩小目前任务绩效和目标状态之间的差异。个体会不断搜集和任务相关的反馈信息，并在此基础上对差距进行检测。一旦检测到差距的存在，控制机制会试图消除这一差距，进而采取行动排除阻碍目标达成的干扰因素（Lord and Levy，1994）。也就是说，差距越大，行为动机越高。

（二）自我效能在控制理论中的角色

在 Bandura（1977）提出自我效能的概念之后，大部分的研究都认为自我效能与行为之间呈正相关关系，如期望理论的观点（Vroom，1964）、社会认知理论的观点（Bandura，1982）和目标设定理论的观点等（Locke and Latham，1990a）。Powers（1991）等控制理论学派的研究者则对这一观点进行质疑，认为并不是自我效能越高，行为动机越强，行为频率越高；相反地，自我效能对行为应是负向的预测作用。

按照控制理论的观点，行为动机与目标-现实差距感相关，差距感越大，行为动机越强。在面对同样的情境时，不同自我效能的个体对差距感的知觉有所差异。当自我效能水平较高时，个体更倾向于按照乐观的方式进行知觉，认为已经快要完成目标了，此时所感受到的差距感较少，由差距感引发的行为动机就相对较低；自我效能水平较低时，个体所知觉到的目标与实际之间的差距则相对较大，觉得还需进一步付出努力才可能完成目标，因此付出行为努力的动机较强。由此看来，高自我效能能够通过降低行为努力的必要性，进而降低行为动机和行为；低自我效能则能够通过增加进一步分配资源（时间或精力）的必要性，进而增加行为动机和行为（Carver，2003）。自我效能的增加还会导致自满感觉和行为惰性，由此看来也会导致行为的减少（Vancouver et al.，2002）。值得注意的是，此时的差异来自不同自我效能状态导致的知觉差异，而并不是实际情况的差异。例如，某一项工作必须投入特定的努力程度才能达到好的效果，在高自我效能状态下个体更倾向于不付出努力，最后得到的绩效也就相对较差；低自我效能状态下个体会引发更多的行为，也就进而得到更好的绩效。由此可见，自我效能与绩效之间也可能呈负相关关系（Powers，1973）。

二、目标设定理论与自我效能

（一）目标设定理论的观点

目标设定理论（Locke，1968）认为大部分的人类行为都是目标引导的，并且有意识设定的目标是个体行为最直接和即时的调节器。目标能够将需求转化为动机，使个体的行为朝着一定的方向努力，并为自身行为结果提供对照，使个体能够及时对目标和行为进行调整和修正，从而最终实现目标，因此目标往往被看作行为动机的外在表现形式。由于个体在不同的动机水平下会设定不同的目标，动机越高，设定的目标水平越高，因此个体所设定的目标水平（通常用难度来表示）往往作为动机产生作用的中介变量，即动机水平通过影响目标的设定进而影响绩效等结果变量（Locke and Latham，1990a）。Locke 和 Henne（1986）也指出，与需要、价值或态度这些变量相比，目标和行为的关系更紧密。目标能够引导个体注意并努力趋近与目标有关的行为，而远离与目标无关的行为，从而提升与目标有关的任务绩效。例如，Rothkopf 和 Billingto（1979）的研究发现，有具体学习目标的学生对与目标有关的文章的注意和学习效果均好于与目标无关的文章。

目标设定理论的主要观点如下：与较模糊、较简单的目标（如全力以赴做到最好）或没有目标的情况相比，较具体的和较难（或挑战性更强）的目标（如本次考试中取得优）能引发较好的任务绩效。因为这一理论指出，目标本身就具有激励作用，挑战性的目标是激励的来源，因此在有反馈的情况下，困难的目标和具体的目标都会增进绩效（Locke and Latham，1990a）。具体来说，在认知资源和能力允许的前提下：①所付出的努力与目标难度正相关，这很好理解，越难的目标需要个体付出越多的努力才可完成。②目标难度影响对任务的坚持。当允许被试自行分配用于任务上的时间时，困难的目标使他们增加了努力的时间（LaPorte and Nath，1976）。③具体的目标比泛泛的目标更能促进绩效，因为在任务具体的情况下，个体更明确应该采取哪些行为以完成目标。④反馈在这一过程中是必要的，因为反馈提供了关于目标与现实之间差距的信息，也与个体自我效能的建立有关（Bandura，1986）。Kluger 和 DeNisi（1996）指出，有效的反馈具有以下几个特点：及时、提供方向、指向行为而不是指向个体本身。

Latham（2002）根据目标设定理论提出了高绩效循环回路，如图 10-4 所示。这一循环回路开始于明确的、有难度的目标，目标的设定对随后的绩效有直接的影响。虽然在这一关系中存在着很多的调节变量，如反馈、任务策略、满意度、个体能力（实际上能否完成目标）、目标承诺（有多大的愿望想要完成目标）、自我效能等，然而总体上均发现目标越高绩效越好。高绩效通过奖赏的方式增加了个体的满意度，满意度又进一步强化了对目标的承诺，使得个体更愿意坚持该项任务。此外，满意度还能提升了自我效能，这些都使得个体增加努力进而导致绩效的进一步提高。自我效能高的个体还会倾向于设定新的更难的目标，从而引发新一轮的高绩效循环回路。相反地，如果没有满足高绩效循环的要求，如目标的挑战性较低或由低绩效引发的低满意度等，则会导致低绩效循环。实证研究同样支持了高绩效循环回路的观点，如 Brown 和 Latham（2000）通过对接线员的研究发现，当设定具体的高目标时，员工的绩效更高、工作满意度更高，自我效能也与之后的绩效呈正相关关系。Zetik 和 Stuhlmacher（2002）的元分析研究发现，和没有目标的谈判者相比，那些设定具体的、挑战的目标的谈判者会获得更高的收益。

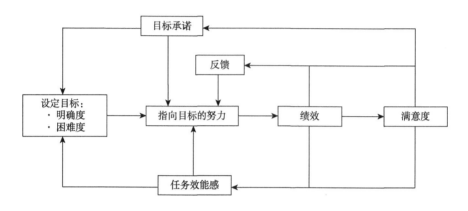

图 10-4　目标设定理论的高绩效循环回路
资料来源：Latham（2002）

（二）自我效能在目标设定理论中的角色

目标设定理论与社会认知理论的观点（Bandura，1977，1986，1989）一致，认为自我效能与行为动机和行为绩效呈正相关关系。目标设定理论同样接受目标-现实差距的观点，即新目标的设定产生了新的差距，个体行为的动机是来自为了减少由于差距引发的不满意感（Bandura，1986）。这种减少差异的机制和控制理论家所描述的机制是相似的（Carver and Scheier，1981；Powers，1973），只是目标设定理论的研究者更关注具有不同自我效能的个体对不同水平目标的选择倾向性（自我效能高的个体越倾向于选择难度高的目标）；控制理论的研究者更关注目标-现实差距对行为的激发以使差距感不断减少（Carver and Scheier，1990）。具体来说，自我效能较高的个体倾向于设定较高的目标，而较高的目标一方面反映出个体此时的行为动机较高；另一方面则产生了较大的差距感从而激发了较多的行为。在完成目标之前，个体的自我效能水平决定了个体是会进一步付出努力还是消沉放弃，自我效能更高的个体更有可能继续坚持任务。除此之外，高自我效能属于一种积极自我反应，此时个体具有较高的情绪水平和满意度，从而激发了高水平的行为动机；而低自我效能属于一种消极自我反应，此时个体的行为动机水平较低，并进一步引发行为的减少（Bandura，1986，1991）。

目标设定理论还指出了自我效能和绩效之间的相关，总体上来说，过去绩效和自我效能呈正相关关系，这很好理解，因为个体正是从高绩效中不断建立起高自我效能的；此外，与控制理论不同，目标设定理论认为自我效能与之后绩效呈正相关关系。由于自我效能高的个体倾向于设置更高的目标，而一旦目标得以完成，目标越难则绩效越好，即目标的难度水平与绩效呈正相关关系（Locke and Latham，1990a）。同时，绩效也受到目标难度与自我效能水平交互项的影响，即当高自我效能的个体设定较困难目标时，比设定较简单目标取得的绩效更好（Locke and Latham，1990a）。同时，研究者还发现了自我效能的中介作用（Locke et al.，1984），他们指出过去绩效通过影响随后的自我效能，进而对个体之后的目标设定和任务绩效产生影响。过去的绩效越好，个体建立起的自我效能就越高，也就越有可能在之后设定更高难度的目标、取得更好的绩效。相比较而言，自我效能与过去绩效之间的关系比与随后绩效之间的相关关系更强（Vancouver et al.，2001）。Sadri 和 Robertson（1993）、Stajkovic 和 Luthans（1998）的元分析研究都支持了自我效能对行为动机和行为绩效的影响是正向的。

不过，目标设定理论也并不是认为自我效能越高越好，Whyte 等（1997）认为，高自我效能可能导致个体对任务过分的、不必要的坚持，特别是当目标是绩效导向而非学习导向时。

三、控制理论与目标设定理论：争论与实证研究证据

个体的自我效能到底是对绩效有积极的预测作用还是负性的预测作用？不同的研究得出了不同的结论。例如，大部分研究者发现了自我效能和动机或绩效之间的正相关关系（Bandura，1997）。最近的一篇元分析研究在 109 个相关研究的基础上，发现了自我效能在多种情境下（既有简单任务也有困难任务）均对绩效有积极的预测作用，他们认为 28%的绩效提升是由自我效能导致的（Stajkovic and Luthans，1998）。然而也有一些研究者发现了这两个变量之间的负相关关系（Vancouver et al.，2001）或非单调的关系（Wright and Brehm，1989）。

Vancouver 等（2008）对这一争议试图加以整合，他们指出自我效能对行为的影响之所以会出现有争议的结果，主要有两个原因：第一，自我效能在不同的目标进程中可能起到不同的作用（Austin and Vancouver，1996）；第二，不同的实验设计、测量和分析方法可能会对结果有一定的影响。下面分别对这两个方面进行具体论述。

一方面，社会认知理论、目标设定理论和控制理论这两大理论阵营之所以会出现争议，其中一个原因就是他们所关注的目标阶段各有侧重。社会认知理论（Bandura et al.，2001）和目标设定理论（Locke and Latham，1990a）更关注目标设定或修正的阶段，在这一过程中个体会积极地创造更多的目标-现实差异；而控制理论则更关注目标获取的阶段，在这一过程中个体的行为动机是不断消除

目标-现实差异。这些不同的进程混淆在一起导致了自我效能和动机之间看似复杂的结果。Vancouver 等（2001）指出，目标设定理论可以被整合在控制理论的大框架下，因为这两个理论并不是相互矛盾而是相互补充的（Phillips et al.,1996）。实际上，Bandura（1997）的研究也认可了 Powers（1991）关于自我效能对行为影响的理论解释。按照控制理论的基本观点，自我效能反映了从输出信息中获得的信息是如何被个体评价的，这使得在信号强度相同时，个体对实际情况的知觉有所差异（Vancouver et al., 2001）。当涉及目标的计划或重新评价时（即目标设定或修正），较高的自我效能会使得个体预期完成目标的信心相对较高，进而使得个体更有可能接受正在计划的目标，或面临挫折时依然坚持对目标的追求，此时自我效能应与个体行为或行为动机呈正相关关系。当这种信号信息被用来评价目标追寻过程中的状态（即目标获取过程）时，和高自我效能相关的高预期会使得个体觉得已经快要完成目标了，因而没有必要继续付出行为努力，此时自我效能则与行为或行为动机之间呈负相关关系。在此基础上，Liu 等（2014）指出自我效能与动机的关系取决于目标阶层的高低。具体而言，目的目标（较高层目标）的自我效能与动机呈负相关关系，而手段目标（较低层目标）的自我效能与动机呈正相关关系。这是因为现实情况下目的目标往往是既定的，个体更多使用目的目标的自我效能来评价目标达成情况（目标获取过程）。但在达成目的目标的过程中，个体会不断地根据手段目标的自我效能来选择或修改达成目的的手段（目标设定或修正过程）。两个目标水平的不同导致自我效能发挥作用的阶段不同。Liu 等（2014）使用就业的情境证明了他们的猜想：工作搜索行为（手段目标）的自我效能与工作搜索行为呈正相关关系，而就业（目的目标）的自我效能与工作搜索行为呈负相关关系。

另一方面，Stajkovic 和 Luthans（1998）的元分析研究结论在研究方法和实验设计方面同样受到质疑。Vancouver 等（2001）认为这一元分析研究中所涉及的相关关系均是由横断研究得到的，并不能排除反向因果或第三方变量的可能，因此目前发现的自我效能与随后绩效的正相关关系，很有可能是由于混淆了过去绩效导致的。很多实证研究都支持了这一观点，如 Mitchell 等（1994）的研究发现，在控制了过去绩效的基础上，自我效能对随后绩效的预测作用并不显著。Feltz（1982）采用多序列的研究也发现：过去绩效对自我效能的预测作用随时间的发展逐渐增强，即自我效能在一次次的积极结果基础上不断得到强化；而当把过去绩效纳入模型中时，自我效能对随后绩效的预测作用却随时间逐渐减弱。目前对于目标的测量大多采用自我报告的方式，可能并不能很好地反映针对当前任务的目标。特别地，如果来自个体内的方差在很短的时间内变化很大，自我报告的结果就无法敏感地捕捉目标水平的即时变化，从而对结果有一定的影响（Vancouver et al., 2001）。

Vancouver 等（2001）认为，通过对个体间和个体内的作用机制分别进行讨论，可以解释两种理论的差异。他们认为，Powers（1991）结论的得出是通过比较个体内的绩效高低，而 Bandura（1997）和其他大部分研究者则是通过个体间比较得出结论的，这就能够对实证研究的矛盾结果加以解释。大部分横断研究中得出的绩效与自我效能之间的正相关关系应该是由于过去的绩效提高了个体的自我效能，因为在测量个体目标变化时，个体所报告出的目标水平更可能受过去取得成就的影响，而不能代表个体目标正在追寻的期望状态（Vancouver，1997）。根据控制理论的观点（Powers，1973），自我效能与绩效之间应呈较弱但显著的负相关关系，即高水平的自我效能能够降低随后的绩效。综合起来看，过去绩效与自我效能之间这一较强的正相关关系抵消了自我效能与随后绩效的微弱的负相关关系，从而在整体上显示出正相关的趋势。

Vancouver 等（2001）的研究通过多水平的追踪研究设计，发现了个体间和个体内水平的分离结果，并提出了自我效能和绩效之间的循环模型（图 10-5）。研究中需要完成的任务是，确定四个按顺序排列的位置上分别是什么颜色的图标。每个被试需要先完成 2 个练习试次，然后完成 8 个实验试次。在每个试次中，被试首先猜测排列，之后会收到电脑的自动反馈，反馈的结果包括被试同时猜对了颜色和位置的图标个数和只猜对了颜色的图标个数。然后被试继续尝试，直到猜出正确结果（成功）或 10 次之后依然没有得到正确结果（失败）。在练习试次和实验试次之间进行对自我效能和个人目标的测量。自我效能采用两种方式进行测量，第一种为直接让被试回答他们认为在下一次游戏中自己需要尝试多少次就能完成任务；第二种测量方式采用 6 级量表，让被试回答自己在下一次游戏中，第一次至第十次尝试时成功猜出正确结果的可能性分别有多大，然后对十道题目的答案取平均。个人目标使用单条目的问题进行测量，问被试下一次游戏中，给自己设定的目标是在尝试多少次时完成任务；绩效则通过被试在第几次尝试时成功猜出正确答案来反映，数目越大则绩效越差。

图 10-5　自我效能和绩效之间的循环模型

资料来源：Vancouver 等（2001）

研究同时采用个体间和个体内的分析方式。在个体间水平上，将每个被试 10 次试次的结果取平均进行分析，结果显示自我效能与绩效之间呈显著正相关关系，即自我效能越高的个体绩效越好。在个体内水平上，过去的绩效与个体自我效能（两种测量方式）和目标之间均呈显著正相关关系，个人目标和自我效能与随后的绩效之间均呈显著负相关关系。自我效能在过去绩效和目标设定之间起到部分中介作用。这一研究设计和分析方式能更好地排除反向因果的干扰，分别呈现出自我效能与之前绩效和随后绩效之间的因果关系。

如图 10-6 所示，自我效能和随后绩效的关系在个体间和个体内水平上出现了分离。图中的虚线表示在个体间水平上，自我效能对绩效是正向的预测作用；两个实心点的横纵坐标分别表示自我效能和绩效分别在两个群体中的均值水平；两条实线表示在个体内水平上，自我效能对绩效是负向的预测作用。

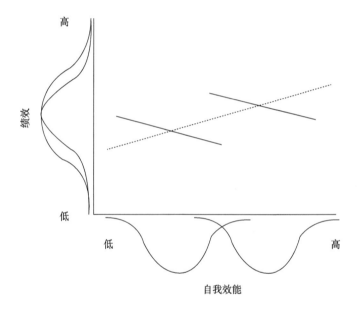

图 10-6　个体间与个体内自我效能-绩效关系的分离
资料来源：Vancouver 等（2001）

第三节　自我效能与动机关系的四种模型

上面分别阐述了控制理论和目标设定理论两大阵营关于自我效能与行为（动机）和绩效之间关系的不同观点，以及 Vancouver 等（2001）通过个体内水平和个体间水平的实验结果分离对这两个阵营的理论所进行的整合。更进一步，Vancouver 等（2008）试图对自我调节的理论框架进行梳理，他们将目前涉及的自我效能和行为动机之间的关系整理成四种模型，如图 10-7 所示。下面——进行阐述。

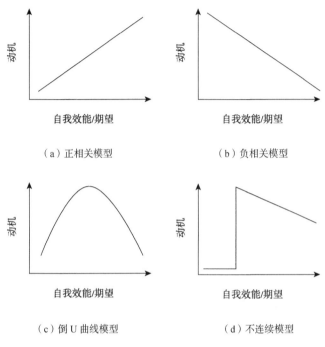

（a）正相关模型　　　　　　　　　　（b）负相关模型

（c）倒 U 曲线模型　　　　　　　　　（d）不连续模型

图 10-7　自我效能和动机的关系示意

资料来源：Vancouver 等（2008）

1. 正相关模型

通过关注 Bandura（1977）对自我效能的原始定义，期望信心和动机之间应该是呈正相关关系的，即信心越高行为动机越高，如图 10-7（a）所示。这也是大部分实证研究所得出的结论。在这里提到的正相关模型并不仅指行为动机是自我效能的一次函数，而表示它们之间是一种单调递增的趋势。

正相关模型与社会认知理论的观点（Bandura，1977，1986，1989）和目标设定理论（Locke and Latham，1990a）的观点是一致的，也得到了这一阵营研究者的大量实证研究支持。例如，Bandura 和 Locke（2003）引用了 9 篇讨论自我效能和 7 个结果变量之间关系的元分析结果，包括工作绩效（Sadri and Robertson，1993；Stajkovic and Luthans，1998）、心理社会功能（Holden et al.，1990）、学业成就和坚持不懈（Multon et al.，1991）、身体健康（Holden，1991）、运动绩效（Moritz et al.，2000）、实验情境中的任务绩效（Boyer et al.，2000）及团队功能（在这里讨论的是集体效能）（Gully et al.，2002；Stajkovic and Lee，

2001）。结果显示，虽然有一些调节变量在这些关系中起到作用，影响了关系的强弱，但整体上自我效能与这些结果变量之间都是呈显著正相关关系的。

2. 负相关模型

然而，与正相关模型正好相反，有一些实证证据揭示了在某些特定情况下自我效能与行为动机之间呈负相关关系，如图 10-7（b）所示。例如，Bandura（1997）指出，在有准备的情况下自我效能更有可能与动机之间存在负相关关系。Bandura 和 Locke（2003）将有准备操作性定义为个体已经下定决心为某一挑战性的目标付出努力，从而排除了那些因为怀疑自身能力而选择不从事目标的情况。他们指出，在一个技能获取（skill acquisition）的环境中，学习是最终目的，此时自我效能与动机之间应存在负相关关系。因为在这一情况下，个体对自身能力的一些怀疑（即低自我效能）更能激发他们主动去学习和提高自己的知识和技能，以克服这些挑战。如果个体处于高自我效能状态下，会觉得自身的知识技能已经足够，没有进一步完善的必要，此时个体的行为动机较低。

支持单纯负相关模型的实验证据相对较少。Salomon（1984）的研究发现，和学习比较困难的情况（文字作为指导材料）相比，被试在学习比较简单的环境下（录像作为指导材料）会有比较高的自我效能，然而此时被试还报告说在任务上付出的努力更少。另外 Salomon（1984）还发现，在困难学习情境下个体的自我效能和阅读时间呈负相关关系，即个体的自我效能越高，花费在阅读学习上的时间就越少。与之相似，Mann 和 Eland（2005）发现和具有低自我效能的人相比，那些具有较高自我效能的人会花费较少的时间去尝试一个新的学习任务。Bandura 和 Jourden（1991）也发现了自我效能和绩效的负相关关系。Vancouver（Vancouver and Kendall，2006；Vancouver et al.，2002；Vancouver et al.，2001）和一些其他的研究者（Yeo and Neal，2006）运用个体内的研究范式，发现了自我效能和随后绩效之间存在着微弱的负相关关系（如前所述）。Vancouver 和 Kendall（2006）也发现了自我效能对资源分配量（即计划学习时间）的消极预测作用，即个体对于某一任务的自我效能越高，在之后的过程中分配到任务上的资源就越少。

通过比较正相关模型和负相关模型我们可以发现，两种模型均在一定情境下得以成立。虽然 Bandura（1997）指出负相关模型是存在于有准备的背景下，此时个体是以学习和发展技能为目的的。然而后续研究者也指出了 Bandura（1997）对于有准备的解释是很模糊的，如在有准备情况下到底是什么因素导致了自我效能对绩效产生消极的影响？由此研究者指出，自我效能与动机之间的关系很有可能是非线性的（也就是说既有正相关的部分，又有负相关的部分），后面将具体叙述这样的模型。

3. 倒 U 曲线模型

支持这一模型的实证研究并不是很多，Atkinson（1957）提出的成就动机理论可以作为这一模型的典型例子。按照成就动机理论的观点，自我效能与动机之间是一种曲线的、非单调的关系，如图 10-7（c）所示。根据这一理论，曲线是期望的二次函数，如果设预期可能性的概率为 p，动机水平是由 p 和（$1-p$）的乘积项预测的，即 $p \times (1-p)$。这里的（$1-p$）可以用来表示任务有多大的吸引力，因为在较难任务（那些期望信心较低的任务）上取得的成功能够带来较高水平的成就感（没有挑战也就没有了乐趣）。Atkinson（1957）的研究发现，三种水平的期望（在这一研究中被分别量化为 0.1、0.5 和 0.9）分别能够预测 0.09、0.25 和 0.09 水平的动机（或称期望效用），大体上呈倒 U 曲线的形式。

这种理论总体上并不是很受研究者的推崇，因为它被看成是期望理论的一种特殊情况（Campbell and Pritchard，1976）。在得出这一结论时，对期望效用的测量仅包括成功和失败这两种可能性结果，成功记为 1，失败则记为 0。按照期望理论的普遍观点，结果往往并不是按照成功失败二分的，而应该有多样化的结果，每一种都对应着一定的效价。由此看来，倒 U 曲线并不能很好地解释多样化的结果。

大部分与成就理论相关的研究都比较关注个体差异（如成就需要动机）在决定曲线峰值位置中所扮演的角色，也有实证研究的证据支持这种倒 U 曲线模型（Kanfer，1990）。同时，这一模型在当代动机理论（Kanfer and Ackerman，2004）及一些更关注总体动机的理论（Beck et al.，2000）中仍然继续发挥着其重要的作用。近些年，Tasa 和 Whyte（2005）在讨论集体效能（团队水平效能）和问题解决的关系时，也发现了倒 U 曲线的结论。他们借鉴了个体水平的自我效能理论来论证团队效能的曲线关系，并指出之所以会出现倒 U 曲线关系，是因为自我效能在积极地激发动机和行为的同时，也激发了个体自满的感觉。

4. 不连续模型

尽管倒 U 曲线这一非单调模型能够为自我效能与动机之间相互矛盾的结果提供一定的解释，然而依然有研究者指出非单调模型的出现并不是由于正相关关系和负相关关系两相抵消而导致的（Vancouver et al.，2008），而是由于自我效能与动机之间具有一种非单调的、不连续的关系。这一自我效能-动机不连续模型最初是由 Kukla（1972）提出的，如图 10-7（d）所示。Kukla（1972）认为，如果一个人认为成功是不可达到的，他可能甚至根本就不会尝试。也就是说，当自我效能很低时，个体并没有任何行为动机，因为此时个体并不会从事这一目标。然而，如果个体将自己的任务绩效归因于自己的投入（如努力或能力）时，个体会按照自己所感知到的自身能力对应地分配努力水平。个体对于任务所感知到的能力越大，付出的努力就越少，如果个体觉得努力是必要的，他们会积极调动努力和资源去弥补感知到能力的不足。也就是说，随着感知到的能力的提高，会出现动机水平从无到有的突然增加，因为此时个体认为行为是能够完成的。在个体已经选择了目标的基础上，努力的程度与自我效能呈负相关关系。

这一模型能够很好地解释正相关模型与负相关模型之间的争议，也得到了很多研究者的支持，如 Gollwitzer（1996）指出特定的目标动机最初是由积极的期望引发的，即个体认为自己能很好地完成任务时更倾向于选择从事目标。然而在接下来的计划过程中，在结果的不确定性较高时，个体则倾向于付出较多的资源和努力，因为只有这样才能保证目标的完成。

根据目标设定理论，努力程度与目标的困难程度正相关，而目标的困难程度与低期待（即低自我效能）正相关，并且当自我效能高时个体更有可能接受目标（Locke et al., 1986）。同样地，Bandura（1986）根据社会认知理论的观点也提出了类似的结论。Carver 和 Scheier（1998）提出的控制理论的观点认为，个体会使用对自己能力的信心（即自我效能）来判断达到某一特定目标所需要付出的资源（时间或精力）。如果此时的预期超过了个体内心的阈限，个体就不会从事这些目标（或者离开正在追求的目标）。选择从事或不从事目标行为的分界点即为图 10-7（d）中的断点。如果个人选择从事目标行为，资源分配的最大值会随着自我效能的升高逐渐降低，因为高自我效能的信心使得个体认为需要较少资源。目标设定理论和控制理论的观点在不连续模型上也得到了整合。

第四节　工作动机的整合动态模型

Vancouver 等（2020）根据工作动机的整合模型（Locke，1997；Locke and Latham，2004）提出了一个工作动机的计算模型，通过刻画目标设定和自我调节的动态过程，展示了自我效能和绩效的动态关系。相比于一般的理论，计算模型给出了自变量和因变量之间的函数形式，这使得理论更加清晰明确，并能被更严格地检验（Adner et al., 2009；Edwards and Berry，2010）。计算模型能用来评价理论提出的成分和过程能否解释相应的现象，并识别出关键的理论成分（Davis et al., 2007）。计算模型能预测构念随时间发展的轨迹，预测变量之间的关系，而这些又能在实践中得到检验（Vancouver et al., 2020）。使用计算模型考察动态的组织现象时，往往能得到具有启发性的结果（Hintzman，1990）。

如图 10-8 所示，Vancouver 等（2020）计算模型的外生变量为指定目标的难度、目标明确度、人格、价值、反馈、能力、任务复杂度，以及权重、衰减系数和 K 三个系数。内生变量为个人目标、自我效能、努力和绩效。

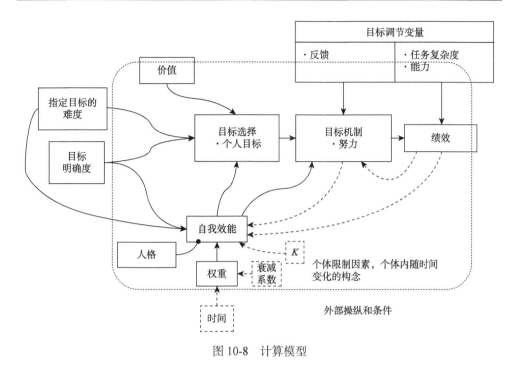

图 10-8　计算模型

　　在外生变量中，目标明确度被简单地用有或无（1/0）目标来表征。价值代表目标绩效的吸引力或重要性，与期望理论中的效价相仿。人格代表个体自我效能水平的一般倾向，或者说自我效能的初始水平。对于反馈，尽管实际情境下的反馈可能存在多种形式并具有不同程度的明确度，考虑到目标设定的研究中多将反馈操作化为有反馈或无反馈（Locke and Latham，1990a），本模型中反馈用有或无（1/0）来表征。权重代表指定目标的难度对自我效能的影响，会随着时间衰减，后文将进一步阐述。其余外生变量的设定和范围如表 10-1 所示。

表 10-1　计算模型的构念和函数形式

构念	变量设定和/或范围
外生变量	
指定目标的难度	0.1 = 简单；0.5 = 中等；0.9 = 困难
目标明确度	0 或 1
人格	0.5；0~1
价值	0~2
反馈	1；0~1
能力	0~1

续表

构念	变量设定和/或范围
任务复杂度	0~1
权重	0.5 /（1+ 衰减系数×时间）
衰减系数	1；0~2
K	0.5；0~1
内生变量	
努力	个人目标 +∫（个人目标 –[绩效 +（反馈 –1）× 自我效能]）dt
绩效	MIN[努力 ×（1 – 任务复杂度）×能力，能力]
个人目标	IF THEN ELSE（自我效能×价值×目标明确度≥指定目标的难度，指定目标的难度，自我效能×价值）
自我效能	人格 +∫[K ×（绩效 / 努力 – 自我效能）+ 权重×指定目标的难度×目标明确度]dt

注：IF THEN ELSE（参数1、参数2、参数3）表示如果参数1为真，输出参数2，否则输出参数3。MIN（参数1、参数2）表示输出参数1和参数2中的较小值

在内生变量中，个人目标是个体想要达到的绩效水平。个人目标的设定取决于两个过程。首先，如果存在明确指定的目标，个体决定是否接受该目标。其次，如果不存在明确指定的目标，或个体拒绝指定的目标，个体将设定自己的目标。在这两个过程中，工作动机的整合模型等动机理论都强调了期望和价值的作用。因此，本模型设定，如果自我效能和价值的乘积大于指定目标的难度，个体选择指定目标作为个人目标，否则就以自我效能和价值的乘积为个人目标。

自我效能取决于人格、指定目标的难度和来自绩效的反馈三部分，且随着任务的进行，人格、指定目标的难度的影响逐渐减小，来自绩效的反馈的影响逐渐占据主导。第一，人格决定了初始水平的自我效能。第二，目标设定理论认为当个体被分配高难度的目标时，个体会认为自己能有更高水平的表现，因此随着指定目标的难度的增加，个体的自我效能也会增加，但这样的效应会随着时间衰减。因为当个体获得越来越多的反馈后，对自己能力的认知也越来越清晰，指定目标的难度产生的效应也越来越小，这在模型中表现为权重随时间衰减。第三，个体的绩效除以努力代表了个体对自我能力的认知外，它与自我效能之差代表了反馈对自我效能的动态调节作用。当绩效与努力之商低于先前自我效能时，个体的自我效能相应地动态减小；反之，当绩效与努力之商高于先前自我效能时，个体自我效能提升。

个体的努力一方面取决于绩效与个人目标的差异，另一方面也与反馈有关。其一，当绩效超过个人目标时，个体会减少努力；相反，当绩效未达到个人目标时，会增加努力。其二，当缺乏反馈时，个体对自己表现的估计会产生积极的偏

差。此时，自我效能越高积极偏差就越强，个体付出的努力也就越少。

个体的绩效取决于个体的能力、努力和任务复杂度。当个体的能力越强、付出的努力越多，且任务越简单时，个体的绩效越高。考虑到个体的绩效不可能随努力的增加而无止境地提升，能力被设定为绩效的上限。

该计算模型整合了控制理论和目标设定理论两大阵营对于自我效能与绩效关系的争议。在控制理论方面，该模型指出随着绩效的提升，目标–现实差异减小，付出的努力减少，而自我效能提高。在缺乏反馈的条件下，自我效能的提高还会以积极偏差的形式进一步降低努力。在目标设定理论方面，该模型设定更困难的指定目标会给个体带来更高水平的自我效能，并使个体树立更高的个人目标，目标–现实差异增大。更高的个人目标使得个体付出更多努力，最终取得更高的绩效。

第五节　研究展望

以上我们回顾了自我调节理论和自我效能的概念，以及比较了自我效能在不同理论中所扮演的角色，总结了自我效能与动机的四种模型，最后还介绍了工作动机的整合模型。然而，目前关于自我效能的研究依然有一些局限，这也为以后的研究提供了可能的课题。下面我们就来分析一下目前领域内的研究现状和对未来研究的展望。

一、采用追踪数据研究和个体内设计的研究范式

以往关于自我效能的大部分研究都是利用个体间设计，以及横断数据的研究而得出结论，而 Vancouver 等（2001）指出，过度依赖横断数据的研究和相关研究的设计容易忽略自我调节这一概念本身的复杂性。在这一问题上，Dalal 和 Hulin（2008）指出，如果将总方差分解为个体内方差和个体间方差，即可发现很多变量本身是具有个体内变异性的，也就是说个体本身的状态是不断变化的。例如，任务绩效、目标水平和情绪状态分别有 29%~78%、31%~38% 和 47%~78% 的个体内方差变异。Vancouver 等（2001）的研究指出，关注的角度不同（个体间或个体内）则会得出不同的研究结论。Donovan 和 Williams（2003）通过关注自我调节过程中的时间因素，发现了个体在起初阶段更容易被较大的差距激发行为动机，而随着慢慢地进展，个体的行为更容易会被较小的差距所激发。这就提出了一个新的课题，即自我效能在个体间比较和个体内的目标修正中扮演的角色有

何区别。Vancouver 等（2001）的研究已经发现了自我效能对绩效的预测作用在个体间和个体内水平上的分离，然而他们也指出，这只是一个关于个体间和个体内差异比较的初步讨论。今后的研究可以采用追踪数据研究的实验范式，对自我效能与目标设定和修正的动态变化进行更精确的探究。

二、关注内隐层面的自我调节行为

自我调节行为（self-regulatory acts）不仅在外显水平起作用，也同样在内隐水平起作用。Johnson 等（2010）的研究指出，自我调节行为涉及内隐加工的可能性，因为自我调节行为关注目标导向行为，在目标追寻的过程中，往往需要在某些特定时刻提取记忆中相关的信息而抑制无关信息，这往往属于无意识加工的层面。内隐加工和外显加工具有不同的作用机制。首先，内隐加工和外显加工属于两种不同的信息加工形式，内隐加工往往涉及联结记忆系统，而外显加工往往涉及符号记忆系统（Smith and DeCoster，2000）。现在工作中的高认知负担要求和模式化情境也容易激活内隐加工的可能性。目前内隐测量已经涉及多个个体因素，包括自我概念（Haines and Sumner，2006）、自尊（Bosson et al.，2000）和控制源（Johnson and Steinman，2009），还并没有研究对自我效能进行外显和内隐的分离。由于现在关于自我调节行为的研究多采用问卷方式，关注的也多是外显层面，这就指出了对内隐层面自我调节行为进行关注的必要，这也和最近管理心理学领域将实验工具与问卷工具相结合的研究趋势是相一致的。

三、讨论多目标的研究情境

目前对于目标和自我效能的讨论很少关注当个体需要同时达到多个目标时，个体是如何安排优先级及在目标之间进行转换的（Schmidt and DeShon，2007）。Schmidt 和 Dolis（2009）的研究提出了目标优先级的概念，他们指出起初目标的选择和资源分配是根据动机强弱、差距大小或如果不完成目标的损失大小来综合评估选择的，动机越强、差距越大、损失越大，则越有可能选择完成该目标。当截止日期临近或个体自己评估同时完成全部目标的效能感较低时，个体会对目标的优先级进行重新评估，此时个体会转向完成那些具有较小差距的目标。由于应用心理学最关心的是如何将理论应用到实际中解释日常行为，个体在实际生活中面对的大多不是单一目标的情境，而是多目标的情境，甚至有时个体需要完成的目标是跨多个领域的（如工作-家庭平衡），因此在多目标的研究情境下对自我调节行为进行讨论是非常具有实际意义的。在这方面的研究成果还较少，因此今后的研究可以继续关注多目标的情境，进一步讨论自我效能和目标选择与转换的关系。

参 考 文 献

Adner R, Polos L, Ryall M, et al. 2009. The case for formal theory. Academy of Management Review, 34（2）: 201-208.

Ajzen I. 1991. The theory of planned behavior. Organizational Behavior and Human Decision Processes, 50（2）: 179-211.

Ambrose M L, Kulik C T. 1999. Old friends, new faces: motivation research in the 1990s. Journal of Management, 25（3）: 231-292.

Atkinson J W. 1957. Motivational determinants of risk-taking behavior. Psychological Review, 64（6）: 359-372.

Austin J T, Vancouver J B. 1996. Goal constructs in psychology: structure, process, and content. Psychological Bulletin, 120（3）: 338-375.

Bandura A. 1977. Self-efficacy: toward a unifying theory of behavioral change. Psychological Review, 84（2）: 191-215.

Bandura A. 1982. Self-efficacy mechanism in human agency. American Psychologist, 37（2）: 122-147.

Bandura A. 1986. Social Foundations of Thought and Action. Englewood Cliffs: Prentice Hall.

Bandura A. 1989. Human agency in socialcognitive theory. American Psychologist, 44（9）: 1175-1184.

Bandura A. 1991. Social cognitive theory of self-regulation. Organizational Behavior and Human Decision Processes, 50（2）: 248-287.

Bandura A. 1997. Self-Efficacy: The Exercise of Control. New York: Freeman.

Bandura A, Barbaranelli C, Caprara G V, et al. 2001. Self-efficacy beliefs as shapers of children's aspirations and career trajectories. Child Development, 72（1）: 187-206.

Bandura A, Jourden F. 1991. Self-regulatory mechanisms governing the impact of social comparison on complex decisionmaking. Journal of Personality and Social Psychology, 60: 941-951.

Bandura A, Locke E. 2003. Negative self-efficacy and goal effects revisited. Journal of Applied Psychology, 88（1）: 87-99.

Bandura A, Wood R E. 1989. Effect of perceived controllability and performance standards on self-regulation of complex decision making. Journal of Personality and Social Psychology, 56（5）: 805-814.

Beach L R, Connolly T. 2005. The Psychology of Decision Making: People in Organizations. 2nd ed. Thousand Oaks: Sage.

Beck T, Levine R, Loayza N. 2000. Finance and the source of growth. Journal of Financial Economics, 58 (1): 261-300.

Bjork R A. 1989. Retrieval inhibition as an adaptive mechanism in human memory//Roediger H L, Craik F I M. Varieties of Memory and Consciousness: Essays in Honour of Endel Tulving. Hillsdale: Erlbaum: 309-330.

Boekaerts M, Maes S, Karoly P. 2005. Self-regulation across domains of applied psychology: is there an emerging consensus? Applied Psychology, 54 (2): 149-154.

Bosson J K, Swann W B, Pennebaker J W. 2000. Stalking the perfect measure of implicit self-esteem: the blind men and the elephant revisited? Journal of Personality and Social Psychology, 79: 631-643.

Boyer D A, Zollo J S, Thompson C M, et al. 2000. A quantitative review of the effects of manipulated self-efficacy on performance. Poster Session Presented at the Annual Meeting of the American Psychological Society. Miami.

Brown T C, Latham G P. 2000. The effects of goal setting and self-instruction training on the performance of unionized employees. Industrial Relations, 55 (1): 80-94.

Campbell J P, Pritchard R D. 1976. Motivation theory in industrial and organizational psychology// Dunnette M D. Handbook of Industrial and Organizational Psychology. Chicago: Rand McNally: 63-130.

Campion M A, Lord R G. 1982. A control systems conceptualization of the goal-setting and changing processes. Organizational Behavior and Human Performance, 30 (2): 265-287.

Carver C. 2003. Pleasure as a sign you can attend to something else: placing positive feelings within a general model of affect. Cognition and Emotion, 17 (2): 241-261.

Carver C S, Scheier M F. 1981. Attention and Self-Regulation: A Control Theory Approach to Human Behavior. New York: Springer.

Carver C S, Scheier M F. 1982a. An information processing perspective on self-management// Kanfer F H, Karoly C. Self-Management and Behaviour Change. New York: Pergamon: 93-128.

Carver C S, Scheier M F. 1982b. Control theory: a useful conceptual framework for personality-social, clinical, and health psychology. Psychological Bulletin, 92 (1): 111-135.

Carver C S, Scheier M F. 1990. Origins and functions of positive and negative affect: a control-process view. Psychological Review, 97 (1): 19-35.

Carver C S, Scheier M F. 1998. On the Self-Regulation of Behavior. Cambridge: Cambridge University Press.

Cervone D, Wood R. 1995. Goals, feedback, and the differential influence of self-regulatory processes on cognitively complex performance. Cognitive Therapy and Research, 19 (5):

519-545.

Chen G, Gully S M, Whiteman J, et al. 2000. Examination of relationships among trait-like individual differences, state-like individual differences, and learning performance. Journal of Applied Psychology, 85（6）: 835-847.

Dalal R S, Hulin C L. 2008. Motivation for what? A multivariate dynamic perspective of the criterion//Kanfer R, Chen G, Pritchard. Work Motivation: Past, Present, and Future. New York: Taylor & Francis: 63-100.

Davis J P, Eisenhardt K M, Bingham C B. 2007. Developing theory through simulation methods. Academy of Management Review, 32（2）: 480-499.

Diefendorff J M, Lord R G, Hepburn E T, et al. 1998. Perceived self-regulation and individual differences in selective attention. Journal of Experimental Psychology: Applied, 4（3）: 228-247.

Donovan J J. 2002. Work motivation//Anderson N, Ones D S, Sinangil H K, et al. The Handbook of Industrial, Work and Organizational Psychology. Newbury Park: Sage: 53-76.

Donovan J J, Williams K J. 2003. Missing the mark: effects of time and causal attributions on goal revision in response to goal-performance discrepancies. Journal of Applied Psychology, 88（3）: 379-390.

Edwards J R, Berry J W. 2010. The presence of something or the absence of nothing: increasing theoretical precision in management research. Organizational Research Methods, 13（4）: 668-689.

Edwards W. 1954. The theory of decision making. Psychological Bulletin, 51（4）: 380-417.

Feltz D L. 1982. Path analysis of the causal elements in Bandura's theory of self-efficacy and an anxiety-based model of avoidance behavior. Journal of Personality and Social Psychology, 42（4）: 764-781.

Frese M, Sabini J. 1985. Goal Directed Behavior: The Concept of Action in Psychology. Hillsdale: Erlbaum.

Garland H. 1984. Relation of effort-performance expectancy to performance in goal setting experiments. Journal of Applied Psychology, 69（1）: 79-84.

Gilovich T, Vallone R, Tversky A. 1985. The hot hand in basketball: on the misperception of random sequences. Cognitive Psychology, 17（3）: 295-314.

Gist M E. 1987. Self-efficacy: implications for organizational behavior and human resource management. Academy of Management Review, 12（3）: 472-485.

Gist M E, Mitchell T R. 1992. Self-efficacy: a theoretical analysis of its determinants and malleability. Academy of Management Review, 17（2）: 183-211.

Gollwitzer P M. 1996. The volitional benefits of planning//Gollwitzer P M, Bargh J A. The

Psychology of Action. New York: Guilford Press: 287-372.

Goschke T, Kuhl J. 1993. Representation of intentions: persisting activation in memory. Journal of Experimental Psychology: Learning, Memory, and Cognition, 19 (5): 1211-1226.

Gully S M, Incalcaterra K A, Joshi A, et al. 2002. A meta-analysis of team-efficacy, potency, and performance: interdependence and level of analysis as moderators of observed relationships. Journal of Applied Psychology, 87 (5): 819-832.

Haines E L, Sumner K E. 2006. Implicit measurement of attitudes, stereotypes, and self-concepts in organizations: teaching old dogmas new tricks. Organizational Research Methods, 9 (4): 536-553.

Hintzman D L. 1990. Human learning and memory: connections and dissociations. Annual Review of Psychology, 41 (1): 109-139.

Holden G. 1991. The relationship of self-efficacy appraisals to subsequent health related outcomes: a meta- analysis. Social Work in Health Care, 16 (1): 53-93.

Holden G, Moncher M S, Schinke S P, et al. 1990. Self-efficacy of children and adolescents: a meta-analysis. Psychological Reports, 66 (3): 1044-1046.

Hsee C K, Abelson R P, Salovey P. 1991. The relative weighting of position and velocity in satisfaction. Psychological Science, 2 (4): 263-266.

James L R, Brett J M. 1984. Mediators, moderators, and tests for mediation. Journal of Applied Psychology, 69 (2): 307-321.

Johnson R E, Chang C H, Lord R G. 2006. Moving from cognition to behavior: what the research says. Psychological Bulletin, 132 (3): 381-415.

Johnson R E, Steinman L. 2009. The use of implicit measures for organizational research: an empirical example. Canadian Journal of Behavioural Science, 41 (4): 202-212.

Johnson R E, Tolentino A L, Rodopman O B, et al. 2010. We (sometimes) know not how we feel: predicting job performance with an implicit measure of trait affectivity. Personnel Psychology, 63 (1): 197-219.

Kanfer R. 1990. Motivation theory in I/O psychology//Dunnette M D, Hough L M. Handbook of Industrial and Organizational Psychology. 2nd ed. Palo Alto: Consulting Psychologists Press: 75-170.

Kanfer R, Ackerman P L. 2004. Aging, adult development, and work motivation. Academy of Management Review, 29 (3): 440-458.

Karoly P, Boekaerts M, Maes S. 2005. Toward consensus in the psychology of self-regulation: how far have we come? How far do we have yet to travel? Applied Psychology, 54 (2): 300-311.

Kernan M C, Lord R G. 1990. Effects of valence, expectancies, and goal-performance discrepancies in single and multiple goal environments. Journal of Applied Psychology, 75 (2):

194-203.

Kluger A N, DeNisi A. 1996. The effects of feedback interventions on performance: a historical review, a meta-analysis, and a preliminary feedback intervention theory. Psychological Bulletin, 119（2）: 254-284.

Kukla A. 1972. Foundations of an attributional theory of performance. Psychological Review, 79（6）: 454-470.

LaPorte R E, Nath R. 1976. Role of performance goals in prose learning. Journal of Educational Psychology, 68（3）: 260-264.

Latham G P, Locke E A. 1991. Self-regulation through goal setting. Organizational Behavior and Human Decision Processes, 50（2）: 212-247.

Latham G P, Locke E A, Fassina N E. 2002. The high performance cycle: standing the test of time. Psychological Management of Individual Performance, 5（6）: 201-228.

Latham G P, Pinder C C. 2005. Work motivation theory and research at the dawn of the twenty-first century. Annual Review of Psychology, 56（1）: 485-516.

Lawrence J W, Carver C S, Scheier M F. 2002. Velocity toward goal attainment in immediate experience as a determinant of affect. Journal of Applied Social Psychology, 32（4）: 788-802.

Lee C, Bobko P. 1992. Exploring the meaning and usefulness of measures of subjective goal difficulty. Journal of Applied Social Psychology, 22（18）: 1417-1428.

Lewin K. 1951. Field Theory in Social Science. New York: Harper.

Liu S, Wang M, Liao H, et al. 2014. Self-regulation during job-search: the opposing effects of employment self-efficacy and job search behavior self-efficacy. Journal of Applied Psychology, 99（6）: 1159-1172.

Locke E A. 1968. Toward a theory of task motivation and incentives. Organizational Behavior and Human Peformance, 3（2）: 157-189.

Locke E A. 1994. The emperor is naked. Applied Psychology, 43（3）: 367-370.

Locke E A. 1997. The motivation to work: what we know//Maehr M, Pintrich P. Advances in Motivation and Achievement. Greenwich: JAI Press: 375-412.

Locke E A, Bryan J F. 1967. Goal setting as a means of increasing motivation. Journal of Applied Psychology, 51（3）: 274-277.

Locke E A, Frederick E, Lee C, et al. 1984. Effect of self-efficacy, goals, and task strategy on task performance. Journal of Applied Psychology, 69（2）: 241-251.

Locke E A, Henne D. 1986. Work motivation theories//Cooper C, Robertson I. International Review of Industrial and Organizational Psychology. New York: Wiley: 1-35.

Locke E A, Latham G P. 1990a. A Theory of Goal-Setting and Task Performance. Englewood

Cliffs: Prentice Hall.

Locke E A, Latham G P. 1990b. Work motivation and satisfaction: light at the end of the tunnel. Psychological Science, 1（4）: 240-246.

Locke E A, Latham G P. 2002. Building a practically useful theory of goal setting and task motivation. American Psychologist, 57（9）: 705-717.

Locke E A, Latham G P. 2004. What should we do about motivation theory? Six recommendations for the twenty-first century. Academy of Management Review, 29（3）: 388-403.

Locke E A, Motowidlo S, Bobko P. 1986. Using self-efficacy theory to resolve the conflict between goal-setting theory and expectancy theory in organizational behavior and industrial/organizational psychology. Journal of Social and Clinical Psychology, 4（3）: 328-338.

Lord R G, Diefendorff J M, Schmidt A M, et al. 2010. Self-regulation at work. Annual Review of Psychology, 61（1）: 548-568.

Lord R G, Diefendorff J M. 1996. Control theory: past contributions, future promise. Meeting of the Society for Industrial and Organizational Psychology. San Diego.

Lord R G, Levy P E. 1994. Moving from cognition to action: a control theory perspective. Applied Psychology, 43（3）: 335-367.

Mann D D, Eland D C. 2005. Self-efficacy in mastery learning to apply a therapeutic psychomotor skill. Perceptual and Motor Skills, 100（1）: 77-84.

Mento A J, Steel R P, Karren R J. 1987. A meta-analytic study of the effects of goal setting on task performance: 1966-1984. Organizational Behavior and Human Decision Processes, 39（1）: 52-83.

Mitchell T R, Hopper H, Daniels D, et al. 1994. Predicting self-efficacy and performance during skill acquisition. Journal of Applied Psychology, 79: 506-517.

Mizruchi M S. 1991. Urgency, motivation, and group performance: the effect of prior success on current success among professional basketball teams. Social Psychology Quarterly, 54（2）: 181-189.

Moritz S E, Feltz D L, Fahrbach K R, et al. 2000. The relation of self-efficacy measures to sport performance: a meta-analytic review. Research Quarterly for Exercise and Sport, 71（3）: 280-294.

Multon K D, Brown S D, Lent R W. 1991. Relation of self-efficacy beliefs to academic outcomes: a meta-analytic investigation. Journal of Counseling Psychology, 38（1）: 30-38.

Naylor J C, Ilgen D R. 1984. Goal-setting: a theoretical analysis of a motivational technology. Research in Organizational Behavior, 6（1）: 95-140.

Naylor J C, Pritchard R D, Ilgen D R. 1980. A Theory of Behavior in Organizations. New York: Academic Press.

Newell A. 1990. Unified Theories of Cognition. Cambridge：Harvard University Press.

Oettingen G. 1996. Positive fantasy and motivation//Gollwitzer P M，Bargh J A. The Psychology of Action. New York：Guilford Press：236-259.

Oettingen G，Gollwitzer P M. 2001. Goal setting and goal striving//Tesser A，Schwarz N. Blackwell Handbook of Social Psychology：Intraindividual Processes. Oxford：Blackwell：329-347.

Olson J M，Roese N J，Zanna M P. 1996. Expectancies//Higgins E E，Kruglanski A W. Social Psychology：Handbook of Basic Principles. New York：Guilford Press：211-238.

Phillips J M，Hollenbeck J R，Ilgen D R. 1996. Prevalence and prediction of positive discrepancy creation：examining a discrepancy between two self-regulation theories. Journal of Applied Psychology，81（5）：498-511.

Podsakoff P M，Farh J. 1989. Effects of feedback sign and credbility on goal setting and task performance. Organizational Behavior and Human Decision Processes，44（1）：45-67.

Powers W T. 1973. Behavior：The Control of Perception. Chicago：Aldine.

Powers W T. 1978. Quantitative analysis of purposive systems：some spadework at the foundations of scientific psychology. Psychological Review，85（5）：417-435.

Powers W T. 1991. Commentary on bandura's "human agency". American Psychologist，46（2）：151-153.

Richardson G P. 1991. Feedback Thought in Social Science and Systems Theory. Philadelphia：University of Pennsylvania Press.

Rothkopf E Z，Billington M J. 1979. Goal-guided learning from text：inferring a descriptive processing model from inspection times and eye movements. Journal of Educational Psychology，71（3）：310-327.

Sadri G，Robertson I T. 1993. Self-efficacy and work-related behavior：a review and meta-analysis. Applied Psychology，42（2）：139-152.

Salomon G. 1984. Television is "easy" and print is "tough"：the differential investment of mental effort in learning as a function of perceptions and attributions. Journal of Educational Psychology，76（4）：647-658.

Schmidt A M，DeShon R P. 2007. What to do? The effects of discrepancies，incentives，and time on dynamic goal prioritization. Journal of Applied Psychology，92（4）：928-941.

Schmidt A M，Dolis C M. 2009. Something's got to give：the effects of dual-goal difficulty，goal progress，and expectancies on resource allocation. Journal of Applied Psychology，94（3）：678-691.

Schwarzer R，Babler J，Kwiatek P，et al. 1997. The assessment of optimistic self-beliefs：comparison of the German，Spanish，and Chinese version of the general self-efficacy scale. Applied Psychology，46（1）：69-88.

Shah J Y, Friedman R, Kruglanski A W. 2002. Forgetting all else: on the antecedents and consequences of goal shielding. Journal of Personality and Social Psychology, 83 (6): 1261-1280.

Sherer M, Maddux J E, Mercandante B, et al. 1982. The self-efficacy scale: construction and validation. Psychological Reports, 51 (2): 663-671.

Smith E R, DeCoster J. 2000. Dual process models in social and cognitive psychology: conceptual integration and links to underlying memory systems. Personality and Social Psychology Review, 4 (2): 108-131.

Stajkovic A D, Lee D S. 2001. A meta-analysis of the relationship between collective efficacy and group performance. Meeting of the National Academy of Management. Washington.

Stajkovic A D, Luthans F. 1998. Self-efficacy and work-related performance: a meta-analysis. Psychological Bulletin, 124 (3): 240-261.

Stone D N. 1994. Overconfidence in initial self-efficacy judgments: effects on decision processes and performance. Organizational Behavior and Human Decision Processes, 59 (3): 452-474.

Tasa K, Whyte G. 2005. Collective efficacy and vigilant problem solving in group decision making: a non-linear model. Organizational Behavior and Human Decision Processes, 96 (2): 119-129.

Tolman E C. 1932. Purposive Behavior in Animals and Men. New York: Century Co.

Tomarken A J, Kirschenbaum D S. 1982. Self-regulatory failure: accentuate the positive? Journal of Personality and Social Psychology, 43 (3): 584-597.

van Eerde W, Thierry H. 1996. Vroom's expectancy models and work-related criteria: a meta-analysis. Journal of Applied Psychology, 81 (5): 575-586.

Vancouver J B. 1997. The application of HLM to the analysis of the dynamic interaction of environment, person and behavior. Journal of Management, 23 (6): 795-818.

Vancouver J B. 2000. Self-regulation in organizational settings: a tale of two paradigms//Boekaerts M, Pintrich P R, Zeidner M. Handbook of Self-Regulation. San Diego: Academic Press: 303-341.

Vancouver J B. 2005. The depth of history and explanation as benefit and bane for psychological control theories. Journal of Applied Psychology, 90 (1): 38-52.

Vancouver J B, Kendall L. 2006. When self-efficacy negatively relates to motivation and performance in a learning context. Journal of Applied Psychology, 91 (5): 1146-1153.

Vancouver J B, More K M, Yoder R J. 2008. Self-efficacy and resource allocation: support for a nonmonotonic, discontinuous model. Journal of Applied Psychology, 93 (1): 35-47.

Vancouver J B, Thompson C M, Tischner E C, et al. 2002. Two studies examining the negative effect of self-efficacy on performance. Journal of Applied Psychology, 87 (3): 506-516.

Vancouver J B, Thompson C M, Williams A A. 2001. The changing signs in the relationships among self-efficacy, personal goals, and performance. Journal of Applied Psychology, 86（4）: 605-620.

Vancouver J B, Wang M, Li X. 2020. Translating informal theories into formal theories: the case of the dynamic computational model of the integrated model of work motivation. Organizational Research Methods, 23（2）: 238-274.

Vroom V H. 1964. Work and Motivation. New York: Wiley.

Waldersee R, Luthans F. 1994. The impact of positive and corrective feedback on customer service performance. Journal of Organizational Behavior, 15（1）: 83-95.

Whyte G, Saks A M, Hook S. 1997. When success breeds failure: the role of self-efficacy in escalating commitment to a losing course of action. Journal of Organizational Behavior, 18（5）: 415-432.

Wood R E, Bandura A. 1989. Impact of conceptions of ability on self-regulatory mechanisms and complex decision making. Journal of Personality and Social Psychology, 56（3）: 407-415.

Woodruff S L, Cashman J F. 1993. Task, domain, and general efficacy: a reexamination of the self-efficacy scale. Psychological Reports, 72（2）: 423-432.

Wright R A. 1996. Brehm's theory of motivation as a model of effort and cardiovascular response// Gollwitzer P M, Bargh J A. The Psychology of Action: Linking Cognition and Motivation to Behavior. New York: Guilford Press: 424-453.

Wright R A, Brehm J W. 1989. Energization and goal attractiveness//Pervin L A. Goal Concepts in Personality and Social Psychology. Hillsdale: Erlbaum: 169-210.

Yeo G B, Neal A. 2006. An examination of the dynamic relationship between self-efficacy and performance across levels of analysis and levels of specificity. Journal of Applied Psychology, 91（5）: 1088-1101.

Zetik D C, Stuhlmacher A. 2002. Goal setting and negotiation performance: a meta-analysis. Group Processes and Intergroup Relations, 5（1）: 35-52.

Zhou L, Wang M, Chang C, et al. 2017. Commuting stress process and self-regulation at work: moderating roles of daily task significance, family interference with work, and commuting means efficacy. Personnel Psychology, 70（4）: 891-922.

第十一章 情 绪 劳 动

随着国内外服务业的迅速发展，服务业在现代社会中扮演着越来越重要的角色。2017 年，服务业占据全球产业总值的 63% 之多，并且在欧美地区有超过三分之二的劳动力从事这一行业（Agency，2013）。同时，中国的服务业同样发展迅猛。2013~2021 年，我国服务业增加值年均增长 7.4%。2021 年，服务业增加值占国内生产总值比重为 53.3%，对经济增长的贡献率为 54.9%①。以呼叫中心为例，近年来我国呼叫中心的投资规模呈快速上升趋势，2010 年仅为 594 亿元，2017 年上升至 1 800 亿元，增长了近三倍，年复合增长率达17%左右，2018 年达到 2 185 亿元（中国产业信息网，2019）。近年来，呼叫中心的规模一直在持续快速增长。

然而，虽然伴随着如此快速的发展和规模的扩大，餐饮、保安、技工、保洁人员等服务业却出现了用工荒的现状（李银，2011）。即使服务人员的工资得到了普遍上涨，然而还是未能满足工人们的预期。我们可以发现，市场的需求和科技的进步使得组织对服务从业者的要求越来越高，如呼叫中心的服务方式已经从第一代的热线电话呼叫发展到了今天的第四代多媒体呼叫，这就对呼叫中心从业人员尤其是话务人员提出了更多的要求（赵蕊，2003）。工作的高要求会导致员工的疲劳，并由此引发工作效率下降、工作失误增加等。同时，这一负面状况也会损害员工的自我价值感，从而引发消极的工作态度等（黄敏儿等，2010）。服务业中出现的这一问题亟待管理者和学者的关注。

服务行业中一个重要的组成部分就是表达恰当的情绪。这也就意味着，从事服务型工作的员工除了要付出体力劳动和脑力劳动以外，还需要付出一种新的劳动，也就是情绪劳动。对于服务业组织的成功，员工能否传递恰当情绪起到重要的作用。因此对于员工来说，如何在工作中成功地调节情绪表达就得十分必要了。对情绪劳动进行讨论，不但具有理论价值，在当前社会环境下还具有实践意义，近几十年来也有越来越多的研究者开始关注这一话题。对这一领域的研究主

---

① 数据来源：党的十八大以来经济社会发展成就系列报告。

要考察在不同的工作情境下，员工是如何表达情绪的。同时，有越来越多的理论和实证研究讨论了情绪劳动和员工效用及组织结果变量之间的关系（Hochschild，1983；Rafaeli and Sutton，1989；Sutton，1991；Brotheridge and Grandey，2002）。

为了对情绪劳动的研究有一个总结和回顾，下面将从情绪劳动的定义发展、理论取向、情绪劳动的前因变量和结果变量、在情绪劳动过程中涉及的中介变量和调节变量、国内研究现状及研究展望等方面分别进行叙述。

第一节　情绪劳动的定义发展

情绪劳动是工作中重要的一部分，它涉及员工在服务过程中的情绪调节过程（Beal et al.，2005）。对于情绪劳动这一概念，不同研究者从不同角度给出了多种定义：Hochschild（1983）是最早提出情绪劳动概念的，并提出了情绪劳动产生的三个条件及由情绪劳动引发的倦怠、工作压力等结果变量；Ashforth 和 Humphrey（1993）在 Hochschild（1983）的基础上，更加强调情绪劳动这一行为的可观测性，关注的结果变量也与 Hochschild（1983）不同，他们弱化了情绪劳动带来的压力感而更强调其对行为绩效的影响。与前两种理论观点不同，Morris 和 Feldman（1996）是以一种相互作用的观点来看待情绪劳动这一话题的，认为情绪是在环境中表达的，也会受到社会环境的影响。他们还提出了四维度模型，并试图对情绪劳动进行测量。Grandey（2000）试图对前三种理论加以整合，提出了将情绪劳动分为前因聚焦的情绪调节和反应聚焦的情绪调节两种的观点。Brotheridge 和 Grandey（2002）则是从与前人完全不同的角度，将情绪劳动分为工作焦点的情绪劳动和员工焦点的情绪劳动。下面将对每种定义进行具体叙述。

一、Hochschild（1983）对情绪劳动的定义

社会学家 Hochschild（1983）通过对飞机上乘务人员进行的调查研究，提出了情绪劳动的概念。按照 Hochschild（1983）的定义，情绪劳动是指个体为了获得工资，在工作中管理自己的情绪体验，从而展现出可被公众观察到的面部表情和身体姿势。这一定义将顾客看作观众、员工看作演员，而工作环境就是舞台（Goffman，1959；Grove and Fisk，1989）。按这一观点来看，从事情绪劳动的前提是需要与他人进行面对面或声音对声音互动；员工的绩效涉及印象管理的过程，这些演员必须使用表达技巧（Grove and Fisk，1989），以满足组织的目标和

计划（Grandey，2000）。

　　为了更好地理解情绪劳动，Hochschild（1983）还指出，情绪工作的产生需要具备三个条件：①从事情绪劳动的个体必须与他人进行面对面或声音对声音的接触；②进行情绪劳动的目的是使消费者/顾客产生某种情绪状态或情绪反应；③雇主能够对员工的情绪活动进行监控（Morris and Feldman，1997）。

　　Hochschild（1983）关于情绪劳动这一概念的主要观点如下：情绪劳动是一种对自身情绪的管理，包括两种不同的策略即表层动作和深层动作。表层动作是指通过抑制或伪造情绪表达来改变行为（Brotheridge and Lee，2002），是情绪调节过程的反应聚焦阶段。这一过程注重调节情绪的外在表现，属于情绪调节中的反应调节模式。这一调节模式是在情绪出现之后才产生作用的，并不涉及对个体真实感受的调整，而是对情绪表达的调节。进行表层动作的个体相当于戴上了一个表情面具，他们通过压抑、夸大或伪装等形式来调节情绪反应。这样做的结果是情绪表达和情绪体验之间就出现了不一致性（Grandey，2000；Gross，1998；Totterdell and Holman，2003），因此表层动作也被称为欺骗的伪装（Grandey，2003）。

　　深层动作是指通过重新评估情境或将注意力集中到积极正面的事情上等方法来改变内部认知，从而从内部获得与组织期望相一致的情感感受（Gross，1998），因此属于情绪调节中的认知调节模式（Gross，1998），也被称作情绪调节过程的前因聚焦阶段。这一调节模式出现在情绪被唤起之前，影响对情绪线索的加工，目标是改变环境或对环境的知觉。也就是说，在行为、感觉或生理反应倾向被唤起之前就对情绪认知产生了调节（Grandey，2000；Gross，1998）。在进行深层动作时，个体试图调和需要表达的情绪和自己的真实感受之间的矛盾，由于是从认知层面进行调节，进行深层动作的个体在表达所需情绪时往往具有真实感，因此深层动作也被称为真诚的伪装（Grandey，2003）。

　　但是，Hochschild（1983）认为无论是表层动作还是深层动作，都是需要有意识地付出努力的。同时她还认为，当情绪劳动被看作工作的一部分时，个体对情绪的管理就被当作劳动力的一部分参与买卖过程了，即个体会感觉自己的情绪被商品化了。在这种情况下，组织就会为了更好地出售员工情绪这种商品而对员工的情绪表达加以控制，因而员工会有不愉快感。Hochschild（1983）指出，这种不愉快感与付出的努力共同导致了倦怠和工作压力。

二、Ashforth 和 Humphrey（1993）对情绪劳动的定义

　　Ashforth 和 Humphrey（1993）提出，情绪劳动是员工根据组织中一定的情绪表达规则而表现出适当情绪的行为。他们认为，情绪劳动是一种印象管理形式，

从事情绪劳动的个体有意识地调节自己的情绪表达行为，是为了让他人对自己形成特定的社会感知。与 Hochschild（1983）的观点不同，他们的定义更关注情绪劳动作为一种行为的可观测性，认为能够影响顾客反应的并不是员工感受到的情绪如何，而是顾客所观察到的员工情绪劳动这一行为。他们的研究首次将对真实情绪的表达与表层动作和深层动作并列提出，并弱化了通过表层动作和深层动作进行情绪管理的重要性，认为情绪劳动很可能是一种常规的、不需要刻意付出努力的行为。从这一观点看，情绪劳动有时可能仅是例行公事，是工作内容中的一部分而并不构成压力源。因而在结果变量方面，与 Hochschild（1983）的研究不同的是，他们主要关注这种可观测的行为与任务有效性或绩效之间的关系。他们提出，如果顾客把员工的情绪劳动知觉为真诚的，则此时情绪劳动与任务有效性呈正相关关系；而如果员工表达出的不是其真实的感受，情绪劳动则会造成员工的自我分离，造成个体任务有效性和绩效的降低。在这一观点上 Ashforth 和 Humphrey（1993）的观点是与 Hochschild（1983）相同的。但是，Ashforth 和 Humphrey（1993）的研究并没有进一步探讨这一影响机制在个体内部是如何发生的。

三、Morris 和 Feldman（1996）对情绪劳动的定义

Morris 和 Feldman（1996）对 Hochschild（1983）、Ashforth 和 Humphrey（1993）的研究结论进行了拓展，他们在认同前人观点，即情绪由个体调节控制的基础上，将环境因素也纳入研究框架，认为情绪劳动是在人际交互中，为了表达组织期望的情绪所需要的努力、计划和行为控制。他们还从四个维度上对已有的情绪劳动概念进行拓展：①恰当的情绪表达的频率；②情绪表达规则所需注意力的大小；③要求表达的情绪的多样性；④情绪失调是指由于需要服从组织要求，从而表达并非真实感受到的情绪所产生的失调。Morris 和 Feldman（1996）认为，这四个维度决定了员工在工作中，为了满足组织预期所需付出的情绪劳动的大小。

（一）情绪表达的频率

情绪表达的频率是在情绪劳动研究中最常被考察的内容，很多以往研究在界定工作是否属于情绪劳动工作时，都将服务人员与顾客间的交往频率作为一个关键的因素。在以服务为主导的行业里，员工是顾客接触到最直接的企业代表。因此，当工作角色要求员工表达恰当情绪的频率更高时，为了自身的营利，企业就会更加要求员工调节自身的情绪表达。然而 Morris 和 Feldman（1996）认为，虽然情绪表达的频率是情绪劳动的核心因素，但如果仅从这个方面定义情绪劳动，

则忽略了情绪劳动这一概念本身的复杂性。因为情绪表达频率并不能涵盖情绪管理和情绪表达所需的计划、控制和技巧这几方面，所以还需考虑情绪劳动的其他三个维度。

（二）情绪表达规则所需注意力

情绪劳动的第二个维度是为了满足工作要求设定的情绪表达所需要耗费的注意程度的大小。情绪表达规则所需要的注意越多，对服务业员工的心理能量和努力程度的需求也就越高，因而所需要的情绪劳动也就越多。情绪表达规则所需要的注意力包含两个方面：情绪表达的持续时间和情绪表达的强度。

情绪表达的持续时间。Morris 和 Feldman（1996）总结了两个原因来解释情绪表达持续时间与努力程度之间的关系：首先，情绪表达持续的时间越长，员工情绪表达就越倾向于主动控制而非自动化控制。因此，长时间的情绪表达就需要员工主动投入更多的注意力和情绪耐力（Hochschild，1983）。其次，互动时间较长时，服务人员就会了解到关于顾客的更多信息，这种进一步的了解使得员工更难去避免表达自己的真实感受，从而更容易违背组织要求或职业规范（Smith，1992）。因此在这种情况下进行调控更加困难，所要付出的努力就更多。Sutton 和 Rafaeli（1988）及 Rafaeli（1989）对便利店售货员工作的研究支持了这一结论，即情绪表达的持续时间越长，所需要的努力水平越高。

情绪表达的强度。情绪表达的强度既包括所体验到的情绪强弱，也包括需要表达的情绪强弱。根据 Hochschild（1983）的观点，员工在进行情绪劳动时会采用表层动作或深层动作这两种策略中的一种。Morris 和 Feldman（1996）认为，强烈的情绪常常很难伪装，所以当工作角色要求表达很强烈的情绪时，个体为了达到表达期望情绪的效果则需要进行更多的深层动作。按照 Ashforth 和 Humphrey（1993）的观点，深层动作要求更多的努力，因为角色的扮演者必须积极努力地去调用思维、想象及记忆来引发相应的情绪（Ashforth and Humphrey，1993）。所以，情绪表达的强度越大，所需的情绪劳动也应该越多。

（三）要求表达的情绪的多样性

情绪劳动的第三个主要维度是工作角色所要求表达的情绪的多样性。需要表达的情绪的种类越多，角色扮演者的情绪劳动也就越多。因为如果服务人员必须改变自己所要表达的情绪种类，以适应特定的情境时，他们就不得不对自身行为采取更为积极的计划和有意识的监控。例如，假如一个收税员在周一要处理过期30天的账单、在周二要处理过期90天的账单、在周三要处理过期6个月的账单，在这种情况下，他们的情绪表达就具有多样性，因为面对不同类型的账单拖欠客户时，他们需要表达出不同程度的劝导、同情或气愤等情绪（Sutton，1991）。

如果这三种工作需要在一天之内完成，则会引发更强烈的情绪调节，因为很有可能他们每接一个电话都需要表达一种不同的情绪。因此，在有限的时期内，需要表达的情绪种类越多，即情绪多样性越高时，员工就需要进行越多的情绪劳动。

（四）情绪失调

情绪劳动的第四个维度是情绪失调。Middleton（1989）将情绪失调定义为真实感受到的情绪与在组织中所需要表达的情绪之间的冲突。之前对情绪劳动的研究往往把情绪失调当作情绪劳动的结果变量之一（Adelmann，1989），但是 Morris 和 Feldman（1996）认为，除了作为结果变量之外，情绪失调也应被看作情绪劳动这一概念的第四个维度。因为当员工被期望表达的情绪与真实感受到的情绪一致时，似乎就没有必要采用大量的控制行为或表达技巧（Leary and Kowalski，1990）；但当真实感受到的情绪与组织期望表达的情绪不匹配时，员工就需要更多的控制、情绪表达技巧及注意力，这就意味着付出的情绪劳动更多。目前关于情绪失调在情绪劳动中所扮演的角色存在很多争议，后面将具体论述。

Morris 和 Feldman（1996）还指出了在这一定义中，情绪劳动的四个维度之间的关系，总结如图 11-1 所示。

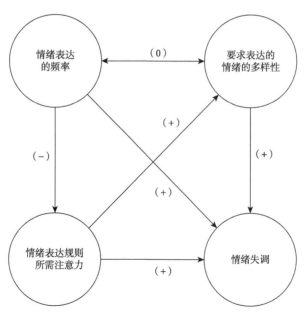

图 11-1 情绪劳动四个维度之间的关系

资料来源：Morris 和 Feldman（1996）

我们对上面这个模型进行一个简单的阐述：①情绪表达的频率和情绪表达规则所需注意力之间应为负相关关系，因为在任何给定的时间段内，当情绪表达需要保持的时间更长、强度更高时，员工所能提供服务的对象数量就更少。Hochschild（1983）关于飞机乘务人员的研究和 Leidner（1989）关于餐馆服务生的研究都支持了这一结论，结果显示当顾客数量增加时，服务人员更可能模式化、缩短情绪表达，并限制情绪表达的强度。②情绪表达的频率与要求表达的情绪的多样性之间应该没有直接的关系，而工作特性和情境因素则可能对要求表达的情绪的多样性有更显著的影响。③情绪表达的频率和情绪失调之间总体上应该呈正相关关系，因为当员工需要更多地进行情绪表达时，他们遇到内心真实情绪体验与情绪表达规则之间产生分歧的可能性就更大，Kuenz（1995）的研究证实了这一结论。④情绪表达规则所需注意力与要求表达的情绪的多样性之间应为正相关关系。随着情绪表达的持续时间的增加和情绪表达强度的提高，员工被要求表达的情绪范围越来越广，因为在进行长时间持续性沟通时，员工往往需要即时对顾客的情绪和行为进行反应以选择最合适的情绪（Sutton，1991）。⑤情绪表达规则所需注意力与情绪失调之间也应该为正相关关系，与前类似，当员工需要表达的情绪时间更长、强度更大时，他们内心真实情绪体验与情绪表达规则之间产生分歧的可能性也更大。⑥要求表达的情绪的多样性与情绪失调应为正相关关系，在员工需要服从多种情绪表达规则时，感受到的真实情绪与期望表达的情绪之间出现不一致的概率就相应地增加了。

Morris 和 Feldman（1996）的研究仅是理论推导，缺乏实证的支持。因此，一年后他们又提出将情绪劳动分为三个维度，分别是互动频率、互动持续度和情绪失调，并以此编制了情绪劳动量表（Morris and Feldman，1997）。

四、Grandey（2000）对情绪劳动的定义

Grandey（2000）认为无论是将情绪劳动定义为工作特性［按照 Morris 和 Feldman（1997）提出的观点］，还是可被观测的员工行为［按照 Ashforth 和 Humphrey（1993）提出的观点］，都并不完善。因为前者更多地关注引发情绪劳动的情境，而后者更多地关注情绪劳动引发的结果。因此 Grandey（2000）为了从整体上对情绪劳动进行把握，试图关注前人研究的共通之处对情绪劳动的定义进行整合。

她指出，尽管之前的定义是基于不同的角度，关注的也是不同的结果变量，他们之间还是存在共通的观点的：第一，个体能够管理自己在工作中的情绪表达。因此，情绪劳动是为了完成组织目标而对情绪和情绪表达实施管理的过程。第二，每个定义都把表层动作和深层动作（或类似的定义）作为管理情绪的方式。通过关注表层动作和深层动作的概念，我们能够明确实施情绪劳动的方法。因此，Grandey（2000）认为表层动作和深层动作这两个方面共同构成了情绪劳

动的概念。根据上述观点及 Gross（1998）提出的关于情绪调节的过程模型，Grandey（2000）提出了情绪劳动的投入–产出模型（input-output model）。在这一模型中，环境变量作为情绪线索，个体从环境中接受刺激并用自身的情绪表达对刺激加以反应，这一情绪反应即为产出，能够向周围环境提供关于个体本身的信息。在整个过程中，情绪调节可以在两个时间点上产生作用，第一种称为前因聚焦的情绪调节，此时个体可以改变环境或对环境的认知；第二种属于反应聚焦的情绪调节，此时个体只能够调节可以被观测到的情绪或生理反应。这两种情绪调节模式刚好与情绪劳动定义中的深层动作和表层动作定义是一致的。因此Grandey（2000）认为情绪劳动的定义应为前因聚焦的情绪调节和反应聚焦的情绪调节这两个方面。她认为，运用这种整合的情绪劳动定义，既可以很好地描述情绪劳动是如何发生的，又可以很好地预测情绪劳动的结果变量。她在研究中指出了员工倦怠、工作满意度、任务绩效、离职行为等都是情绪劳动的结果变量。

五、Brotheridge 和 Grandey（2002）对情绪劳动的定义

Brotheridge 和 Grandey（2002）的研究与以往研究者的关注点不同，他们更关注情绪劳动作为工作倦怠的前因变量之一是如何产生作用的。Brotheridge 和 Grandey（2002）对情绪劳动的分类借鉴了 Karasek（1979）提出的压力的要求–控制模型（demands-control model）。和之前研究中对要求–控制模型的应用不同，他们认为在情绪劳动领域，要求指的仅是存在于员工-顾客交互过程中的要求，即工作焦点的情绪劳动；而控制指的是员工对自己工作中涉及的情绪表达过程具有的自主性，即他们提出的员工焦点的情绪劳动。具体来说：工作焦点的情绪劳动主要描述特定职业的情绪要求，主要从交流的频率、强度、种类、持续时间等方面对情绪工作进行测量；员工焦点的情绪劳动描述满足组织和工作情绪要求的员工心理行为过程，主要根据员工的情绪调节过程、情绪失调等来研究情绪劳动。下面分别介绍。

（一）工作焦点的情绪劳动

工作焦点的情绪劳动用来表示在某种特定职业中对情绪表达要求的水平，可以理解为由工作本身的因素所决定的情绪劳动的大小。这一点是很好理解的，行业的划分决定了工作内容对员工情绪表达的要求高低，有些行业对员工情绪表达的要求较高，属于高情绪劳动职业（如话务人员、销售员等），有些行业则对员工情绪表达要求很少或没有要求（如体力劳动者、文案等）（Hochschild，1983）。研究者通过对不同行业员工的比较发现，和其他行业员工相比，服务业员工所需表达的情绪强度和频率都更高，在情绪表达方面受到的限制也更多（Cordes and Dougherty，1993；Hawthorne and Yurkovich，1994；Rafaeli and

Sutton，1989；Smith，1991）。

工作焦点的情绪劳动包括工作中的人际工作需求（interpersonal work demands）和情绪控制两个方面。对人际工作需求的定义借鉴了前人研究中发现的，对工作倦怠有显著影响的工作特性变量，包括和顾客交往频率的高低（Cordes and Dougherty，1993），情绪表达所持续的时间、强度、多样性（Cordes and Dougherty，1993；Morris and Feldman，1996）这几个方面。情绪控制是指在工作中个体感知到自己表达情绪的自主性，类似于感知情绪表达规则（后面会提到感知情绪表达规则的定义）。多项研究表明情绪控制（或感知情绪表达规则）能够显著预测工作倦怠（Best et al.，1997；Schaubroeck and Jones，2000）。

（二）员工焦点的情绪劳动

情绪劳动可以被看作一种过程，在这一过程中个体管理情绪的行为能够预测工作倦怠（Hochschild，1979，1983）。情绪要求和表达规则之所以能构成压力源，是因为它们引发了为了组织目标而管理自身情绪状态的需要（Grandey，2000）。员工焦点的情绪劳动侧重于员工管理情绪和表达符合组织情绪表达规则要求的情绪的过程或体验，这一取向更加偏向于员工如何面对情绪表达规则的主动过程。对它的测量主要是通过对情绪失调（Abraham，1998；Morris and Feldman，1997）及对个体试图通过改变表达以满足工作需求时所进行的情绪调节过程（Grandey，2000；Hochschild，1983）两方面的考察而进行的。情绪调节过程所使用的两种主要策略就是前面我们所提到的表层动作和深层动作。

按照员工焦点的情绪劳动这一角度，表层动作能够显著预测工作倦怠的三个维度（情绪耗竭、人格解体和个人成就感丧失），是因为需要表达的情绪与真实感受到的情绪不一致时产生的不真实感（Abraham，1998；Brotheridge，1999；Erickson and Wharton，1997；Pugliesi，1999；Pugliesi and Shook，1997），以及因为内在的紧张感而付出努力压抑真实情绪的需要（Gross and Levenson，1997；Morris and Feldman，1997；Pugliesi，1999）。深层动作能够降低情绪失调，并且如果情绪表达有效还能够提高员工的成就感。由此看来，深层动作与工作倦怠中的情绪耗竭维度并不相关，与人格解体维度和个人成就感丧失维度呈负相关关系（Brotheridge and Grandey，2002）。

第二节　情绪劳动的理论取向

情绪劳动的研究一般会采用以下四种理论取向中的一种或多种。下面将分别阐述。

一、情境理论：工作要求取向

工作要求取向强调工作岗位对情绪劳动的要求。该取向认为，情绪劳动与情绪表达规则和工作特性密不可分。一方面，高情绪劳动的工作会向员工明确地传达情绪表达规则，以激励人际和情绪绩效（Diefendorff et al., 2006）。另一方面，工作本身的特性，如情绪表达的频率和持续时间，会决定情绪劳动对员工心理上的要求。下面我们将具体介绍这两方面。

情绪表达规则是指组织在特定工作情境下，对所要表达的恰当情绪制定的一个标准，即用来指明在一个特定的情境下何种情绪是恰当的，以及这些情绪应该被如何转递或公开地表达（Ekman, 1973）。情绪表达规则被公认为是引发情绪劳动的前提条件，因为只有存在表达规则的时候，个体才需要主动地去管理自己的情绪表达。除了极个别的服务业（如医护人员等），情绪表达规则都是需要个体表达积极情绪的。

服务人员会对组织内的情绪表达规则形成一定的认知，即感知情绪表达规则。在情绪劳动的研究领域中，对于情绪表达规则的讨论大多并不是关注客观的规则，而是员工对情绪表达规则的感知。大量研究显示，对表达规则的知觉会受到很多因素的影响，包括组织规范（Ashforth and Humphrey, 1993）、工作对人际交往的要求（Diefendorff and Richard, 2003）、上级对情绪表达需求的感知（Diefendorff and Richard, 2003）及人格变量，如外向性、神经质等（Diefendorff and Richard, 2003）。多项研究表明，感知情绪表达规则与表层动作和深层动作之间存在显著正相关关系（Grandey, 2002；Brotheridge and Grandey, 2002；Brotheridge and Lee, 2003）。

除了情绪表达规则，多种工作特性变量都被看作情绪劳动的前因变量，其中常见的包括情绪表达频率、交流的持续时间、任务的常规性和多样性（Diefendorff et al., 2005）。在情绪表达频率方面，Brotheridge 和 Lee（2003）、Brotheridge 和 Grandey（2002）的研究均发现，与消费者接触频率和表层动作及深层动作均呈正相关关系。这是由于与消费者接触的频率越高，员工产生情绪失调的可能性也就越大，也更可能需要员工采用情绪调节策略控制自身情绪表达。然而在之后 Diefendorff 等（2005）的研究中，并没有发现接触频率与情绪调节策略之间的相关。

在交流持续时间方面，Morris 和 Feldman（1996）提出，与顾客接触的持续时间越长，随着信息的增加，员工抑制表达自己真实情绪的难度也越大，所以个体就更加需要主动调节自身的情绪表达，也就是需要付出更多的情绪劳动。

Brotheridge 和 Lee（2003）、Brotheridge 和 Grandey（2002）发现，持续时间与深层动作正相关，而与表层动作不相关。Diefendorff 等（2005）的研究发现，持续时间与表层动作负相关，而与深层动作正相关。这些实证研究结论均表明：与消费者间的接触时间越长，员工越倾向于采用深层动作这一策略进行情绪劳动。

在任务常规性方面，当员工所从事的任务较为常规时，组织会要求员工采用更为机械化和程序化的方式来提高工作效率，并且此时消费者对服务质量的知觉更多取决于服务的速度，而不是员工情绪表达的真实性。由此可以推测，在这种情况下，员工更可能采用表层动作，而不是深层动作。Diefendorff 等（2005）的研究结论也证实了这一观点，任务的常规性与表层动作正相关，与深层动作负相关。也就是说，任务越常规化，个体在进行情绪劳动时越不倾向于采用深层动作。

在任务多样性方面，由于任务的不同，需要员工表达的情绪类型也就不同，所以当员工所要完成的任务的类型越多样化时，他们所要表达的情绪的种类可能也越多样化。例如，Hackman 和 Oldham（1975）提出的工作的多样性有以下几个来源：所服务的顾客的类型不同、所要担负的职责的类型不同、所面对的工作条件的类型不同及在完成工作时所要使用的技能的类型不同。Morris 和 Feldman（1996）指出，更丰富的任务多样性要求更多样化的情绪表达，这会导致员工的情绪耗竭。

二、个体间理论：社会互动取向

社会互动取向关注从事情绪劳动的个体的行为表现和这种行为表现对社会互动对象（如顾客）的影响。如前所述，该取向强调相比于个体的情绪调节方式，其情绪调节的结果——情绪表达行为才是应重点关注的对象（Ashforth and Humphrey，1993）。这是因为情绪表达行为具有重要的印象管理意义：员工通过情绪劳动向顾客传达了自己的情感和态度，这会影响顾客对员工的印象和喜爱程度（van Kleef，2009）。因此，情绪劳动会影响互动对象对个体的社会感知，并塑造个体和互动对象之间的互动模式，最终反作用于个体（Côté，2005）。

社会交互模型（Côté，2005）指出，情绪调节不仅包含个体内过程，也包含个体间过程。个体在社会互动中表现出的情绪为互动对象提供了强有力的信号。同时，个体和互动对象之间存在一个反馈环路。首先，个体的情绪调节影响其情绪的表达；其次，个体表达的情绪作为情绪事件被互动对象注意并加工；最后，互动对象做出回应，而这样的回应又作为情绪事件影响个体。

社会互动取向特别强调表层动作和深层动作在真实性上的差异。研究表明，即使是未接受过训练的个体，也能够觉察出表层动作和深层动作在情绪表达真实性上的不同，而这种真实感会影响互动对象的知觉（Grandey et al.，2002a）。具体而言，情绪信息接收者会将不真实的情绪表达解释为对方不信任自己（Collins and Miller，1994），没有关注自己（Grandey et al.，2002a），对自己不感兴趣（Grandey，2003），或是企图操纵、控制自己（Rafaeli and Sutton，1989）。实验室研究也表明，使用表层动作的个体更不容易被人喜欢，并会被认为是难以交往的（Butler et al.，2003）。相应地，互动对象更可能给予使用表层动作的人消极的社交反馈。相反，深层动作使个体的情绪表达更为真实，更容易获得互动对象的积极响应。例如，研究表明服务员工积极情绪表达的真实性与顾客感知的员工友好程度呈正相关关系（Grandey et al.，2005a）。采用深层动作的员工更可能被评价为是顾客指向的，并且当深层动作被准确知觉到时，这种关系更强（Groth et al.，2009）。

同时，社会交互理论指出了交互对象的特征对交互过程的影响。如果交互对象能准确理解个体表达的情绪，或者交互对象倾向于对个体的情绪表达做出更强的情绪回应，那么个体初始的情绪调节通过人际过程反过来影响自身的效应就更强。

三、个体内理论：情绪调节取向

情绪调节取向的核心是建立情绪劳动策略和情绪调节策略的对应关系，以利用情绪调节这个更宽泛的框架研究情绪劳动。如前所述，Grandey（2000）指出情绪劳动中的深层动作可以与前因聚焦的情绪调节策略（即认知重评，重新解释事件代表的意义以改变情绪体验）相对应，而情绪劳动中的表层动作可以与反应聚焦的情绪调节策略（即压抑，抑制情绪的外在表现）相对应（Gross，1998）。

情绪调节取向认为，情绪劳动的工作要求没有好坏之分，关键在于员工是如何应对这些工作要求的。深层动作能够产生更真诚的情感表达，改善员工的情绪并提高绩效，对员工具有积极意义。相反，表层动作由于压抑了真实的情绪，会对员工的绩效和幸福感产生负面影响（Grandey and Melloy，2017）。

然而，该理论取向存在一定的局限性。第一，情绪调节和情绪劳动的概念并不完全重合（Grandey，2015）。情绪劳动是员工工作角色的一部分，涉及人际交互的目标。情绪调节不只出现社会交互中，个体独处的时候也可能使用情绪调节策略来改善自己的情绪体验或控制情绪带来的生理反应。因此，情绪调节可以是一个纯粹的个体内过程。

第二，情绪调节领域涉及的其他调节策略在情绪劳动领域没有体现。具体而言，Gross（1998）的情绪调节过程模型提出了情境选择、情境修正、注意分配、认知重评和反应调整五种策略，而情绪劳动领域仅有后两种策略的对应物。

第三，深层动作和表层动作的效应不能简单地用"好"和"坏"来概括。研究证据表明，对于外向者而言，表层动作与绩效正相关（Chi et al., 2011）。当表层动作受到奖赏时，员工会有更好的工作态度（Grandey et al., 2013）。结合第一点，情绪劳动作为个体间的过程，其效应会受到关系、奖励等情境变量的调节，因此简单地套用情绪调节策略的研究结果来理解情绪劳动是不合适的。

四、个体内理论：自我调节取向

自我调节取向将情绪劳动视作一个目标导向的过程，而调节的对象是员工自身的情绪体验和情绪表达行为。根据控制理论的观点，情绪劳动包含着一个动态的负反馈循环：员工在与顾客的交互中会不断评价自己的情绪表达行为，并将其与情绪表达规则相比较。如果行为和表达规则之间存在差异，员工会通过认知和情感上的调节减少这种差异。Gabriel 和 Diefendorff（2015）使用呼叫中心模拟情境考察了这种自我调节过程。实验中，他们操纵了顾客的无礼行为，并在短时间内连续多次测量了个体感知到的情绪、表层动作、深层动作和表达的语调，展现了四者间的动态变化关系，揭示了情绪劳动中的自我调节过程。

和其他自我调节过程一样，情绪劳动也会消耗个体的自我调节资源以控制或改变与顾客互动中自然出现的情绪、行为和心理状态（Baumeister and Vohs, 2003；Beal et al., 2005；Muraven and Baumeister, 2000）。但个体的自我调节资源是有限的（Beal et al., 2005）。当个体面临苛刻的工作要求或有较多的情绪调节需要时，自我调节资源会耗尽，随之而来的就是情绪耗竭（Wright and Cropanzano, 1998；Grandey et al., 2005a）。

自我调节取向认为，深层动作和表层动作的一个重要区别是消耗自我调节资源的多少。当员工采用深层动作的方式进行情绪调节时，情绪表达与情绪体验较为一致，消耗自我调节资源较少；如果采用表层动作的方式，由于情绪表现与情绪体验的背离，会消耗更多自我调节资源来压抑情绪体验。众多的研究证实了这一结论，即表层动作与情绪耗竭正相关，而深层动作与情绪耗竭不相关（Brotheridge and Grandey, 2002；Chau et al., 2009；Grandey, 2003；Grandey et al., 2005b；Johnson and Spector, 2007）。表层动作产生的情绪耗竭会进一步增加压力感、降低幸福感（Côté, 2005；Grandey, 2003；Martínez-Iñigo et al., 2007）。另外，表层动作和深层动作也能调节情绪事件的效应，如 Baranik 等（2017）发现深层动作能减轻顾客虐待对认知反刍和社会分享的影响，但表层动作不行。

第三节　情绪劳动的整合模型

综合工作要求、社会互动、情绪调节和自我调节四种理论取向，我们总结了情绪劳动的整合模型，如图 11-2 所示。该模型考虑了情境、个体、个体内和事件四个层面的因素。情绪劳动的前因变量包括工作要求、情绪事件和个体差异。特别地，当工作要求的情绪和情绪事件引发的情绪相冲突时，个体会知觉到情绪失调，需要进行情绪调节。同时，个体之后还会比较情绪表达与要求的情绪的差异，并重复该过程，表现为自我调节。

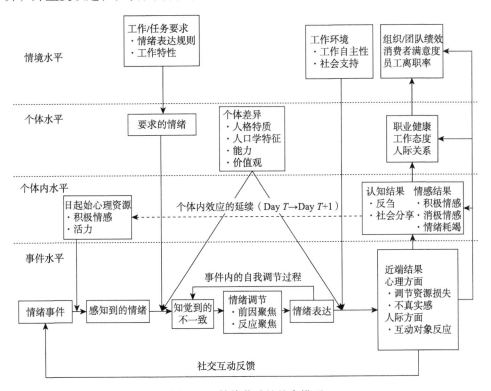

图 11-2　情绪劳动的整合模型

结果变量方面，情绪劳动会引发调节资源缺失、不真实感等近端的心理反应。同时，情绪劳动还会影响互动对象的反应，而互动对象的反应又作为情绪事件参与情绪劳动的循环中。更进一步，这些事件层面的近端结果变量会上升到更高的层面，表现为反刍、情绪耗竭等个体内结果，职业健康、工作态度和人际关系等个体间结果，以及绩效、消费者满意度和员工离职率等组织结果。下面，我们将从前因变量、作用机制、结果变量和调节变量四个方面详细阐述该模型。

一、情绪劳动的前因变量

（一）工作要求：情绪表达规则和工作特性

如前所述，情绪表达规则被认为是情绪劳动的前提条件。只有当情绪表达规则存在时，个体才会去管理情绪表达。多项研究表明，感知情绪表达规则与表层动作和深层动作之间存在显著正相关关系（Grandey，2002；Brotheridge and Grandey，2002；Brotheridge and Lee，2003）。

此外，多种工作特性变量都被看作情绪劳动的前因变量，其中常见的包括情绪表达频率、交流的持续时间、任务的常规性和多样性（Diefendorff et al.，2005）。与消费者接触频率和表层动作及深层动作均正相关，和消费者的持续时间及深层动作正相关，而和表层动作不相关（Brotheridge and Lee，2003；Brotheridge and Grandey，2002）。任务的常规性与表层动作正相关，与深层动作负相关（Diefendorff et al.，2005）。另外，Morris和Feldman（1996）指出，更丰富的任务多样性要求更多样化的情绪表达，这会导致员工的情绪耗竭。

除以上因素外，被接待者的权力和社交互动的形式也会影响情绪劳动。其一，情绪表达的类型在一定程度上取决于目标对象的权力和地位。例如，Hochschild（1983）发现许多乘务人员认为他们应该为那些在头等舱和商务舱的乘客提供更为持久和真挚的积极情绪表达，并且他们实际上也确实是为这类顾客给予更多的关注。Morris和Feldman（1996）的研究还提出，当处理更有权力的被接待者时，服务的提供者将把表达的情绪类型的范围限制在积极情绪的表达内。另外，Kipnis等（1980）的研究发现向下级表达愤怒要比向上级表达愤怒更常见。

其二，社交互动的形式会影响情绪调节的难度。DePaulo（1992）、Ekman（1985）及Saarni和von Salisch（1993）的研究指出，非言语的行为比言语行为更难控制。由此推知，涉及面对面交流的情绪劳动会比非面对面交流需要更多的情绪控制，因为此时员工既要管理语言表达，也要管理面部表情。当服务人员不必与顾客面对面交流的时候，他们表达自己真实情绪的空间更大（如在纸上乱写、向同事做鬼脸等）。

（二）积极/消极情绪事件

目前已经有大量研究支持了消极事件对情绪劳动的影响。例如，当经历与顾

客的消极交互事件或消极情绪事件时，个体会更多地采用表层动作和深层动作
（Diefendorff et al.，2008；Grandey et al.，2002b）。实验室研究也发现，顾客虐
待会引起后续更多的表层动作和深层动作（Gabriel and Diefendorff，2015），更
进一步证明了消极事件和情绪劳动之间的因果关系。另外，当经历辱虐式管理
时，员工也会做出更多的表层动作，但深层动作会减少（Carlson et al.，2012）。

但积极事件对情绪劳动的影响尚不明确。有研究表明，与顾客之间的互动过
程越积极，员工越有可能采取深层动作（Totterdell and Holman，2003）。然而，
员工与同事之间的积极互动对其使用的情绪劳动策略没有显著影响。同样地，另
一个研究发现收到来自同事的帮助对员工的表层动作和深层动作没有影响，不论
是在个体内还是个体间层面（Uy et al.，2017）。这样的不一致可能是由于积极
事件的效应较小，难以迁移到其他对象，导致积极事件的效应仅在积极事件与交
互对象有关时才存在。

值得一提的是，情绪事件对情绪的影响受到心理资源的调节。这是因为当个
体拥有更多心理资源时，会将情绪事件评价为可控的，相应地，情绪事件对个体
的威胁性也就越小，根据情绪的认知评价理论，个体感受到的消极情绪也会越
少。另外，充足的心理资源也能确保自我调节过程的顺利进行，减少了情绪耗竭
的可能。研究支持了这一观点，如 Liu 等（2017）的研究发现员工晚上的高质量
睡眠（即较好的心理资源恢复）能预测第二天早上的活力，而活力能缓解顾客虐
待产生的消极情绪。

（三）工作要求和情绪事件的交互作用：情绪失调

工作要求规定了员工所需要呈现的情绪表达，而情绪事件会让员工产生自发
的情绪。当员工感知到的情绪与组织情绪表达规则要求的情绪之间存在差异时，
员工会体验到情绪失调（Hochschild，1983；Rafaeli and Sutton，1987），进而员
工会采用情绪调节策略来应对失调。在进行表层动作时，个体内部的情绪感受并
不发生变化，仅对情绪的外在表达进行控制，因此无法改变既有的情绪失调状况
（Kruml and Geddes，2000）；而深层动作是通过从内部改变认知而获得与组织
期望一致的情绪体验，所以可以减弱个体所体验到的情绪失调（Kruml and
Geddes，2000）。

值得一提的是，一直以来关于情绪失调在情绪劳动过程中的作用一直存在争
议。一种观点是将情绪失调看作表达规则要求的情绪与实际感知到的情绪之间的
差异（Morris and Feldman，1996；Zapf and Holz，2006），从这一角度来看，情
绪失调也可以被称作情绪–规则失调，是情绪劳动的前因变量；另一种观点则将
情绪失调看作员工实际表出的情绪与感知到的情绪之间的差异（Côté，2005；
van Dijk and Brown，2006），从这一角度看，情绪失调也可以被称作伪装情绪表

达，是情绪劳动的结果变量。本章采取第一种观点，这与大多数研究是一致的（Dormann and Kaiser，2002；Holman et al.，2002；Zapf and Holz，2006）。

（四）个体差异

多项个体差异都对情绪劳动有预测作用，主要包括大五人格中的尽责性和宜人性、自我监控、情感特质。Diefendorff 等（2005）的研究指出，在是否愿意表达组织要求的情绪方面，可能存在着个体差异，而尽责性、宜人性和自我监控都可以用来反映个体遵从组织期望的意愿。尽责性反映了个体细心、考虑周全和负责任的程度，具有高尽责性的个体更有可能会遵从情绪表达规则，因为这是他们工作的需要。由于深层动作又被称作真诚的伪装，而表层动作被称为欺骗的伪装（Grandey，2002），那些尽责性高的个体会发自内心地愿意按照情绪表达规则来展示情绪，因而更有可能采取深层动作或表达自然情绪。因此他们预期，尽责性与深层动作和表达自然情绪呈正相关关系，和表层动作呈负相关关系。回归分析结果证明了尽责性与表层动作之间的负相关关系，但没有发现其对深层动作的显著预测作用（Diefendorff et al.，2005）。

宜人性反映了个体在多大程度上需要通过社会行为来建立和保持积极的人际关系。宜人性高的个体在面对消极情境时，会比那些宜人性低的个体感受到更强烈的情绪，并付出更多的努力去管理情绪（Tobin et al.，2000）。因为这些宜人性高的个体对保持良好社会交往的需求更强烈，他们会争取表达真诚的情绪，即更多地选择深层动作或表达自然情绪，而非表层动作。因此 Diefendorff 等（2005）预期，宜人性与表层动作负相关，与深层动作正相关，回归分析结果也支持了他们的预期。

自我监控被定义为根据特定情境关于合适的行为的规定，对自身行为的自我观察和控制（Snyder，1974）。高自我监控者能够更好地适应角色期望，而低自我监控者则往往忽视角色的需求（Kilduff and Day，1994）。Brotheridge 和 Lee（2002，2003）做了两个独立的研究，并发现自我监控与表层动作显著正相关，而与深层动作不相关。因此他们提出，高自我监控者更有可能倾向于选择表层动作的表达策略；而由于低自我监控者并没有让自身行为去适应情境的要求（即表达规则的要求），他们更可能表达真实情绪。

情感特质被定义为表达某种特定情绪（如快乐或悲伤），或者采用某种特定的方式对客体（如工作、人）进行反应的一般倾向（Lazarus，1993）。情感特质分为两种，一为积极情感特质，反映了个体感受积极情绪（如热情、积极和敏锐）的程度；二为消极情感特质，反映了个体感受厌恶的情绪（如愤怒、轻蔑、厌恶和恐惧）的程度（Watson and Tellegen，1985）。积极情感特质和消极情感特质对情绪劳动的影响不尽相同，研究表明，消极情感特质与表层动作正相关，积极情感特质与表层动作负相关，而两种情感特质与深层动作之间没有相关关系（Brotheridge and Grandey，2002；Brotheridge and Lee，2003）。Diefendorff 等（2005）的研究中，将积极情感特质操作性定义为外向性，将消极情感特质操作性定义为神经质也发现了类似的结果，即情感特质与表层动作正相关，而与深层动作不相关。

笔者认为，Diefendorff 等（2005）的研究贸然地将积极情感特质等同于外向性，而实际上如果我们进一步关注这两个概念，就会发现它们是相互区别的。外向性是大五人格中的一个维度，包括热情、合群、自信、活跃、刺激寻求和积极情绪这六个方面（Costa and McCrae，1985）。积极情绪仅是外向性的特点之一，而积极情感特质反映的是个体感受积极情绪的倾向性，外向性与积极情感特质是两个独立的概念，不能混为一谈。例如，Watson 等（2002）的研究发现外向性与积极情感特质之间的相关系数为 0.51。Judge 等（2009）的研究也发现外向性是情绪劳动与情绪耗竭之间的调节变量之一（后面在调节变量部分将详细叙述）。如果不将这两个概念进行明确区分，则容易混淆其在情绪劳动过程中所起到的作用。

二、情绪劳动的作用机制

（一）心理资源的损害

如前所述，自我调节取向指出有目标的自我控制和调节过程都是需要付出努力的，也都会消耗心理资源（Baumeister et al.，1998）。情绪劳动涉及情绪调节的过程，所以无论是深层动作和表层动作都会造成心理资源的损害。

与认知调节（即深层动作）相比，反应调节（即表层动作）需要个体付出更多的努力，也会损害更多的心理资源，如记忆受损、决策任务表现变差等（Richards and Gross，1999，2000；Zyphur et al.，2007）。在进行表层动作时，个体需要随时监控真实情绪和需要表达的情绪这两个方面，并投入相应的努力以改变情绪表达，这些有意付出的努力就消耗了心理资源（Côté，2005；Grandey，2003；Martínez-Iñigo et al.，2007）。同时，由于资源本身是有限的，而表层动作会消耗这些资源中的一部分（Zyphur et al.，2007），这就使得个体在从事其他同样涉及执行控制功能的工作任务时资源不足（Hülsheger and Schewe，2011）。

以往的研究普遍认为深层动作比表层动作需要更少的认知资源（Totterdell and Holman，2003），深层动作主要涉及重新评价的过程，而这仅在情绪刚刚被唤起的时候损耗心理资源。多项研究证明，深层动作比表层动作所投入的认知和动机资源都更少（Totterdell and Holman，2003）。然而，最近这一结论被 Liu 等（2008）质疑了，他们认为在实验室情境下发现的对情绪的压抑和再评价机制不能推广到真实情境中员工的情绪调节行为。在实验室情境下，员工仅通过观看电影片段来改变认知观点和避免消极情绪表达，他们可以仅通过否认此时情绪表达的真实性来改变认知，而在工作情境中员工则无法通过这一方式调节自己的认知，因而真实情境下的深层动作需要更高的动机、对契约的遵守及工作角色内化（即个体意识到自己确实处于该角色中），因此会消耗更多的心理资源。

（二）体验到的真实感/不真实感

Hochschild（1983）认为，人们都是希望能够表达自身真实感受（即真实感）的，然而情绪表达规则会阻碍个体表达真实的情绪体验。表层动作和深层动作在预测真实感及与真实感相关的结果变量上具有不同机制。表层动作会限制个体的真实感，因为此时员工的情绪表达和真实感受到的情绪是不一致的（Brotheridge and Lee，2002）。研究表明，对消极情绪的压抑和对积极情绪的模仿导致了低水平的自我真实感（Brotheridge and Lee，2002；Erickson and Ritter，2001；Simpson and Stroh，2004），这种真实感又和抑郁心境、压力感显著相关（Erickson and Wharton，1997；Sheldon et al.，1997）。与表层动作不同的是，深层动作所表达出来的情绪和感受到的真实情绪之间并没有差异，因此对于进行深层动作的个体来说，他们的真实感并没有受损。

（三）互动对象反应

根据社会互动取向的观点，员工的情绪表达为互动对象提供了重要的信息，并能影响他们的行为（van Kleef，2009）。表层动作和深层动作在真实性上的差异会引发顾客不同的反应。由于表层动作涉及的是不真实的情绪表达，因此也会损害和客户之间的关系，并且引发客户的消极反馈（如生气、失望、不尊重等）。如果是通过深层动作的方式来放大积极情绪，则会引发顾客友好积极的反馈（Côté，2005）。顾客知觉到真实的情绪表达，也会相应地对员工表达积极的情绪。实证研究支持了这一观点，如 Zhan 等（2016）的研究发现，表层动作与消极的顾客反应正相关，而深层动作与积极的顾客反应正相关，并且顾客的反应会反过来影响员工的情绪耗竭水平。考虑到激发顾客的积极情绪对于建立良好的客户关系、提高顾客满意度和忠诚度很有帮助（Grandey，2003；Hennig-Thurau et al.，2006），深层动作能帮助员工和顾客建立良好关系。

三、情绪劳动的结果变量

情绪劳动通过社会互动、情绪调节和自我调节等机制，对一系列个体内层面、个体层面和组织层面的结果变量产生作用，下面将分别进行阐述。

（一）个体内层面的结果变量

1. 认知结果

情绪劳动会增加员工随后的认知反刍和社会分享。Baranik 等（2017）从自我调节的角度出发，将顾客服务视作一个目标达成的过程。相应地，顾客虐待则被视为员工未能达成情绪劳动目标的标志，并会导致后续的认知反刍和/或社会分享行为。认知反刍会损害员工的幸福感，导致情绪耗竭，增多针对顾客的破坏行为，并使工作绩效变差。社会分享行为虽然也会导致情绪耗竭，但能够增强员工的幸福感。除此以外，深层动作能减轻顾客虐待对认知反刍和社会分享的效应，但表层动作不行。

另外，顾客虐待造成的认知反刍会产生具有延续性的效应，表现为员工早上的消极情绪水平更高（Wang et al.，2013）。这意味着个体未能充分利用晚间的休息补充心理资源，增大了第二天陷入情绪耗竭的可能，长此以往可能会导致恶性循环。

2. 情绪结果

积极或消极情绪是情绪劳动最直接的结果变量。Hochschild（1983）指出，表层动作和深层动作会导致情绪上的结果，也有大量研究支持了这一结论，而表层动作和深层动作在激发服务人员自身情绪方面也有不同的机制。由于表层动作仅改变了面部和肢体表达，而个体实际上感觉到的情绪并没有改变，只是被压抑了或者用表情面具掩盖了。在接下来的工作中，个体依然会感受到原来的消极情绪（Gross and John，2003）。相反地，深层动作真正地改变了内部情绪状态，将消极情绪变成了积极情绪，这就使得个体一直体验着积极情绪。也有研究者表明，积极情绪和消极情绪是相对独立的两个变量（Judge and Larsen，2001；Tellegen et al.，1999；Watson et al.，1999），因此对某一方面情绪的影响并不一定伴随着对另一种情绪的作用。Judge 等（2009）指出，由于表层动作往往伴随着生理唤醒水平的提高（Demaree et al.，2004；Gross and Levenson，1997；Robinson and Demaree，2007），而这种唤醒水平的增加往往被个体自动加工为负面的信息（Schachter and Singer，1962），因此表层动作会导致消极情绪的增加。相反地，深层动作无论是通过分散注意力、唤起对美好事件的回忆还是对当前情境的重新评价，都能够使得个体在和顾客打交道的过程中感觉更好（Joormann et al., 2007），因此预期深层动作会导致积极情绪的增加。

情绪耗竭也是情绪劳动的重要结果变量。鉴于前文情绪劳动的理论取向部分中自我调节取向一节已详细介绍情绪劳动与情绪耗竭间的关系，这里不再赘述。

（二）个体层面的结果变量

1. 压力感和幸福感

压力感和幸福感被普遍公认为是情绪劳动的结果变量，而表层动作和深层动作对压力感和幸福感的预测作用并不一致。如前所述，表层动作和深层动作的机制并不相同。

从心理资源消耗的角度来看，表层动作比深层动作消耗了更多的资源，从而增加了压力感、降低了幸福感（Côté，2005；Grandey，2003；Martínez-Iñigo et al.，2007）。从自我真实感的角度来看，表层动作降低了自我真实感，而深层动作则增加了自我真实感。由于真实感与抑郁心境、压力感显著相关（Erickson and Wharton，1997；Sheldon et al.，1997），因而可以预测表层动作与幸福感之间呈负相关关系，而深层动作则与幸福感并不相关。

从与客户之间的关系来看，表层动作损害了与客户之间的社会关系、引发了客户的消极反馈，而深层动作则能够帮助建立与客户的良好关系，以及获得他们友好积极的反馈（Côté，2005）。根据资源保存理论（Hobfoll，1989），在工作中感觉到有回报的社会关系可以属于一种资源，这种资源能够缓解个体的压力感，并能增强积极的工作态度。从这一角度看，表层动作与幸福感负相关，深层动作与幸福感正相关。

从积极情绪和消极情绪的角度来看，从事表层动作的个体实际上感觉到的情绪并没有改变，依然是原来的消极情绪，进而会损害个体的幸福感（Gross and John，2003）；而深层动作则改变了内部情绪状态，将消极情绪变成了积极情绪，根据 Fredrickson（1998）提出的情绪扩展和建设理论（broaden-and-build theory），积极情绪并不仅是在当下起作用，还能激发情绪的链式反应，使个体在未来继续维持这一高水平的幸福感（Fredrickson and Joiner，2002）。积极情绪还能引发积极的心理表征、扩大注意和认知范围，因此也帮助个体建立起更多的资源（Fredrickson，1998；Fredrickson and Joiner，2002）。实际上，深层动作就是改变个体的认知方式的一种情绪调节模式，个体倾向于以一种乐观的心态去解读周围不愉快的事件，并能在逆境中看到积极的一面。因此拥有这样应对方式的个体，无论面临怎样的压力事件都不会感受到太多的压力感（Davis et al.，1998）。由此可见，深层动作能够提高个体应对压力的能力，进而减弱压力感。

总的来看，表层动作与压力感正相关，与幸福感负相关；而深层动作正好相反，与压力感负相关，与幸福感正相关。

2. 工作满意度

工作满意度这一概念是用来测量员工对工作的评价的，并常常被用来代表企业中员工的幸福感。一些研究者认为需要对顾客表示友好会使得工作本身更加有趣，也给了员工更多表达积极情绪的机会（Ashforth and Humphrey，1993；Tolich，1993），因此情绪劳动会增加工作满意度；另一些研究者则认为，由于情绪劳动遏制了个体自由表达情绪的可能性，因此是令人不愉快的，从而会降低工作满意度（Hochschild，1983；van Maanen and Kunda，1989）。表层动作和深层动作在预测工作满意度方面是具有差异的。如前所述，表层动作中压抑真正情绪的行为是一种压力源，这会导致工作满意度的降低（Rutter and Fielding，1988）。Adelmann（1995）的研究结果也显示表达真实情绪的餐馆服务员比那些需要报告虚假情绪的服务员具有更高的工作满意度。多项研究表明，表层动作会降低工作满意度（Brotheridge and Lee，2003；Grandey，2000，2003；Totterdell and Holman，2003），而深层动作和工作满意度之间的关系还未得到证明。

3. 人际关系

如前所述，社会交互取向指出相比于表层动作，深层动作会被顾客知觉为更真实的情感表达。因此，进行深层动作的员工更可能与顾客建立良好的人际关系，这里不再赘述。

从自我调节取向的角度看，情绪劳动会消耗个体的自我调节资源，而自我调节资源的耗尽会使个体无法控制自发性的冲动，可能损害人际关系。例如，Liu等（2015）的研究发现情绪耗竭的员工更容易表现出对领导、同事和家人的替代性攻击。因此，顾客虐待的效应会溢出到员工的其他社会关系中，危害员工的人际关系。

（三）组织层面的结果变量

1. 绩效与消费者满意度

由于情绪劳动是要展现组织的良好形象，减少消费者的负面印象的，因此在同消费者打交道的时候管理情绪有助于提高服务质量，增加消费者满意度（Ashforth and Humphrey，1993）。积极的情绪表达（如微笑、友好的评论等）有助于提高柜台服务人员的工作绩效（Adelmann，1995；Tidd and Lockhard，1978），也有助于提升消费者满意度（Pugh，1998）。然而，研究者还发现，对情绪的压抑和夸大会损害被试在认知任务中的绩效表现（Baumeister et al.，1998；Richards and Gross，1999）。从资源消耗的角度来看，因为表层动作会消耗资源，而个体为了维持资源的平衡则需要采取方式来部分弥补这一资源损失（Goldberg and Grandey，2007；Zyphur et al.，2007），这就使得个体在从事其他同样涉及执行控制功能的工作任务时没有足够的资源。在考察情绪劳动和任务绩效的关系时，情绪表达是否被看作真诚的表达这一关键因素也应引起关注（Ashforth and Humphrey，1993；Hochschild，1983；Rafaeli and Sutton，1987）。如果情绪表达被看作是不真诚的，则会对服务绩效产生消极影响（Grove and Fisk，1989；Rafaeli and Sutton，1987），因为顾客往往是能够察觉和辨别真实与虚假的（Ekman and Friesen，1969）。因此，表层动作与服务绩效之间呈负相关关系。通过深层动作，服务人员表达的是他们真正感受到的情绪（Gross，1998），虽然这一过程依然需要付出努力，但是会给顾客留下真诚的印象，因此对服务的绩效是有提升作用的。

2. 离职意愿和离职行为

情绪劳动由于增加了员工压力感、降低了工作满意度，因此就短期而言，可能引发旷工现象（Grandey，2000），长期来看则可能引发离职意愿和离职行为。因为个体需要在工作中管理自身情绪这一因素会导致员工对这份工作的低评价，他们或采用情绪调节的方式来应对，或采用离开这类工作的方式来避免这一消极因素对自己的影响。离职意愿和离职行为还往往被看作情绪耗竭的结果变量，与之相结合来共同进行研究。Chau 等（2009）的研究表明，表层动作和深层动作均对员工的离职意愿有显著预测作用，并间接地影响员工的离职行为。表层动作对员工离职意愿为正向的预测作用，情绪耗竭完全中介了这一过程，这说明表层动作通过增加员工的情绪耗竭水平进而增加员工的离职意愿和离职行为；深层动作对离职意愿有负向的预测作用，说明深层动作降低了员工的离职意愿。

四、情绪劳动过程的调节变量

对情绪劳动过程中调节变量的描述大致分为个体层面和组织层面来进行。在情绪劳动过程中起到调节作用的个体变量主要包括性别、人格变量（如外向性）和情绪智力，组织变量主要包括工作自主性、社会支持等，下面分别论述。

（一）个体层面的调节变量

1. 性别

Hochschild（1983）指出，大部分的服务工作都是由女性完成的，这就使得性别因素是情绪劳动研究框架中的一个重要部分。Wharton 和 Erickson（1993）认为，女性比男性更擅长管理情绪，无论是在工作中还是在家庭中，因此她们的绩效会更好。但是，也正是由于这一擅长，她们更有可能对自己的真实情绪加以抑制，这就导致了压力感的增加。Kruml 和 Geddes（2000）的研究结果证明了，女性更有可能不按照真实感受到的方式去报告情绪。Timmers 等（1998）的研究显示，女性更倾向于维持一种友好和谐的关系，而男性则倾向于表露出自己强烈的情绪。由于在服务工作这一情境下，男性这一动机被压制了，因此他们的绩效相对于女性来说会更差。

2. 外向性

当人们的行为是和自己本身个人特质相一致时，会引发更加积极的结果变量（Little，2000；Moskowitz and Côté，1995）。从这一观点来看，外向性这一变量更有可能影响员工对情绪工作要求的反应。Bono 和 Vey（2007）认为，按照表达积极情绪的要求来调节自身行为这一做法对外向的个体是更加有利的（Fleeson et al.，2002；Lucas and Fujita，2000；McNiel and Fleeson，2006）。因为按照特质-行为一致的角度来考虑，对于那些外向的个体来说，表层动作引发的情绪唤起水平不再那么强烈（和自身特质一致），相应地，由情绪唤起导致的消极结果可能没有那么严重（Demaree et al.，2004；Gross and Levenson，1997；Robinson and Demaree，2007）。实证研究证据同样支持了这一观点（Geen，1984），并且这些外向的个体从顾客或同事那里得到的反馈也强化了他们的自我意识，即自己是外向的、友好的，这在一定程度上缓解了由情绪失调带来的负面影响。Judge 等（2009）的研究显示外向性能够调节表层动作与消极情绪和情绪耗竭之间的关系，即对于外向者来说，表层动作与消极情绪对情绪耗竭的预测作用更弱。类似地，对于外向的员工来说，深层动作应该引发更加积极的结果。由于外向者对情绪的反应性要高于内向者（Watson and Clark，1997），并对情绪线索更加敏感（Larsen and Ketelaar，1989，1991），他们在修复情绪方面的能力更强，因而需要付出的努力就更少。研究还显示外向性与自我欺骗式的强化（self-deceptive enhancement）显著相关（Pauls and Stemmler，2003），也就是说，外向的个体更容易让自己相信自己是真正感受到了所表达的情绪。结合这两个方面来看，外向性能够调节深层动作与积极情绪之间的关系，即对于外向者来说，深层动作与工作满意度和积极情绪之间的关系更强（Judge et al.，2009）。

3. 情绪智力

情绪智力是指在社会交往中意识和运用情绪信息的能力。有效的情绪调节其实就是高情绪智力的表现（Salovey et al.，1993）。高情绪智力的个体善于处理情绪事件，也更易于让别人对自己产生好印象（Goleman，1995），这在情绪工作中是一种非常必要的特质。与前类似，情绪智力高的个体调节情绪的能力更强，因此在情绪劳动时要付出的努力更少，这也就削弱了情绪劳动引发的消极结果变量。Mikolajczak 等（2007）的研究表明，高情绪智力的个体在从事情绪劳动时，体验到的工作倦怠更少。然而 Johnson 和 Spector（2007）的研究结果却没有发现情绪智力在表层动作与情绪耗竭、幸福感和工作满意度之间三个关系的任何一个中起到调节作用，因而情绪智力在情绪劳动过程中起到的作用还需进一步探究。

（二）组织层面的调节变量

1. 工作自主性

Grandey 等（2005b）的研究表明，工作自主性能够调节表层动作与工作倦怠之间的关系。工作自主性被定义为，工作在多大程度上能够让个体对工作日程安排和执行工作程序有充分的自由、独立性和判断力（Hackman and Oldham，1975）。回归分析结果显示，工作自主性在表层动作和情绪耗竭之间起到了显著的调节作用。具体来说，当员工认为他们在工作中具有充分自主性的时候，表层动作就与情绪耗竭不相关，但是当知觉到的工作自主性较低时，表层动作就能显著预测情绪耗竭。这意味着，工作自主性能够缓解情绪调节对情绪耗竭的影响。

2. 社会支持

Gross（1998）的情绪调节理论认为，情绪反应是根据环境中的情绪线索进行的，因此情绪反应可能因环境因素的不同而不同。来自同事和上司的社会支持能为员工创造出积极的工作环境（Schneider and Bowen，1985），这样的作用已经在实证研究中得到了证实。如果员工感觉到自己身处一个支持的氛围中，他们会有更高的工作满意度、更少的压力感、更低的离职意愿和更高的团队绩效（Cropanzano et al.，1997；Eisenberger et al.，1997；Howes et al.，2000）。

将社会支持氛围应用到情绪工作的情境下也会有类似的积极作用，因为在这一情境下的员工是被期望表达积极情绪的，如果他们对环境的感觉良好，会倾向于自然地保持在积极情绪状态中，此时他们在从事情绪劳动时需要的努力就更少。从资源的角度来看，社会支持被公认为一种资源，从而可以对员工因从事情绪劳动而消耗的资源加以弥补，也能够帮助员工应对工作中的压力源（Carver et al.，1989；Pennebaker，1990）。研究结果显示，在情绪工作情境下的社会支持能够保护员工免受压力的负面影响（Goolsby，1992；Pines and Aronson，1988），因此预期社会支持在情绪劳动与结果变量之间起到调节作用，削弱情绪劳动的负面影响。Abraham（1998）的研究通过发现社会支持削弱了情绪失调对工作满意度的消极影响，证明了这一观点。

第四节　国内有关情绪劳动的研究现状

　　就国内而言，情绪劳动同样是一个研究热点。国内的研究广泛关注教师、医护人员、警务人员、呼叫中心员工及销售人员等多个涉及服务工作的行业，并都取得了一定进展。例如，杨泳波等（2010）的研究采用大样本，建立起呼叫中心座席员的情绪劳动与人口学变量及职业枯竭的关系模型。莫申江和施俊琦（2017）以呼叫中心员工为样本探究了情绪劳动策略对主动破坏行为的影响，以及对政策强度感知、情感社会分享的调节作用。汪纯孝等（2007）通过关注医护人员这个群体，建立起情绪劳动的前因后果模型，指出医务人员感知的组织支持、交往公平性、服务氛围对他们表达自然情绪和深层动作行为有显著的正向影响，对他们的表面动作有显著的负向影响，并通过影响自主决策权和服务意识，间接地影响这三类情绪劳动行为。医务人员的三类情感性劳动行为会对员工的情绪耗竭和病人感知的服务质量产生不同的影响，即表面动作会降低病人感知的服务质量，深层动作会提高病人感知的服务质量。另外，国内的研究也逐渐开始探究情绪劳动的多层次模型。例如，房俨然等（2019）基于自我调节理论，探讨了员工个体内消极情绪对情绪劳动策略的影响，以及个体间水平上员工工作年限和情绪智力对该效应的跨层次调节作用。

　　国内关于情绪劳动的测量有翻译外国已有问卷（黄敏儿等，2010）和自编问卷等问卷测量方式（杨林峰等，2008），也有利用指导语诱发出情绪劳动这类实验情境的方式（马淑蕾和黄敏儿，2006）。杨林峰等（2008）通过对多个行业中的服务人员进行访谈和调查，对情绪劳动的结构维度进行了探讨。他们将对情绪劳动的测量分为 A 量表和 B 量表，A 量表分为四个因子，分别命名为多样性、专注度、规则性和严格性。他们还将这几个因子与 Morris 和 Feldman（1996）、Brotheridge 和 Lee（2003）定义的情绪劳动的各个维度进行比较，发现：多样性与已有研究大体一致；专注度的含义仅包括员工表达情绪的投入和努力程度，而并不包含强度和持久性在内；严格性类似于 Morris 和 Feldman（1996）提出的情绪表达强度这一概念；规则性则类似于 Diefendorff 等（2005）所定义的情绪表达规则这一概念。B 量表包括三个因子，分别命名为表面行为、深度行为和中性调节，这三个分维度类似于 Ashforth 和 Humphrey（1993）的维度定义，但在中性调节的题目设置上有细微差异（杨林峰等，2008）。还有部分研究者针对某一特定行业对情绪劳动的测量问卷进行了编制（吴宇驹和刘毅，2011）。

第五节 研 究 展 望

以上我们总结和回顾了情绪劳动的定义发展和相关概念、情绪劳动的前因变量和结果变量、在情绪劳动过程中涉及的中介变量和调节变量等，以及国内有关情绪劳动的研究现状。然而，目前在该领域的研究依然存在一些不足，这也为之后的研究预示了可能的方向。

第一，目前对于情绪劳动的研究大多仅关注表层动作和深层动作这两种情绪调节策略，然而这两种情绪调节策略都为有意识、需要付出努力的情绪调节方式，并不涉及当感受到的情绪与规则要求表达的情绪之间一致时所要采用的情绪调节方式（Holman et al.，2008）。这种情况被称作自动情绪调节（Ashforth and Humphrey，1993；Martínez-Iñigo et al.，2007；Zapf，2002）或表达自然情绪（Diefendorff et al.，2005）。近年来，大量研究者开始更多地关注自动情绪调节这个方面（Ashforth and Humphrey，1993；Diefendorff et al.，2005；Martínez-Iñigo et al.，2007；Zapf，2002）。然而大多是基于实验室研究的证据，并没有研究在实际工作情景中讨论自动情绪调节与绩效变量的关系，因此今后对这方面的进一步关注能极大地完善目前情绪劳动的研究框架。

第二，大部分情绪劳动领域内的研究都关注员工与顾客之间的交互关系，然而情绪劳动可能并不仅只在这一关系中存在，也可能在同事之间或上下级之间存在（Bono et al.，2007；Gardner et al.，2009）。这就为通过与其他领域相结合的方式来扩展情绪劳动的研究框架提供了可能性，如探讨情绪劳动策略与领导风格之间的关系，情绪劳动策略与领导绩效、下属满意度和工作态度之间的关系等（Hülsheger and Schewe，2011）。

第三，目前大部分的研究在研究方法上都受到一定限制，如 Hülsheger 和 Schewe 等（2011）指出，虽然目前情绪劳动与幸福感、绩效的关系普遍得到了证明，然而受到横断研究的限制，无法排除反向因果的可能，工作满意度可能也能构成情绪劳动的前因变量。之后的研究可以采用更加严密和精确的研究方法，对情绪劳动框架中变量的具体关系进行进一步的探讨。例如，Diefendorff 等（2011）的研究指出，既然感知情绪表达规则是对组织内部规范的一种认知，那么感知情绪表达规则可能是团队水平的变量，因为在一个团队内部的员工对规则的认知更加一致。因此他们采用了多水平的研究设计，同时对个体水平的表达规则和团队水平的表达规则进行考察，发现了团队水平表达规则在积极/消极情感特质与两种情绪劳动策略之间起调节作用，在团队水平表达规则较高时，积极情感特质与深层动作之间的关系更显著、消极情感特质与表层动作之间的关系更显著。管理心理学领域中研究方法的不断完善也为情绪劳动领域中对新的研究方向进行关注提供了可能。

第四，如前所述，目前的研究对情绪调节与前因变量、结果变量之间关系的探讨较多，但是缺乏对相关的预防和干预措施的探讨，而这正是实践者最需要的。研究者指出，由于深层动作的积极影响已经得到了广泛的证明，因此应进一步讨论如何训练员工重新评价消极的顾客行为或关注情境中的积极因素的能力，以更多地采用深层动作的情绪劳动方式（Grandey，2000；Hennig-Thurau et al.，2006）。同时，大部分研究者关注情绪劳动与压力感、倦怠、幸福感等个体变量之间的关系，对于其与绩效变量之间的关系的讨论并不完善。表层动作与压力感之间的显著正相关关系已经得到了广泛的证明（Bono and Vey，2005；Grandey et al.，2005b），然而表层动作有时与绩效呈正相关关系（Beal et al.，2006），有时却与绩效呈负相关关系（Grandey，2003）。如果想有效地避免表层动作的消极作用，最大化表层动作的积极影响，就应对绩效变量进行进一步细化，并讨论这一路径中可能起到作用的调节变量。

第五，现在情绪劳动框架中依然存在着很多看似矛盾的结论尚待解决，这源于我们对情绪劳动的作用机制的了解尚浅，Diefendorff 等（2011）指出虽然他们的研究发现了团队水平情绪表达规则的作用，然而却并不了解情绪表达规则的知觉是如何发展成为团队水平变量的。他们指出，只有通过追踪数据研究才能对这一问题进行进一步的解释。通过关注目前领域内的研究结果，我们也能发现对情绪劳动的讨论越来越关注心理机制这一层面，这也与 Weiss 和 Rupp（2011）提出的管理心理学领域中个体中心取向（person-centric perspective）的研究角度是相一致的。Hülsheger 和 Schewe（2011）指出，目前领域内对于情绪劳动机制进行探讨的研究少之又少，因此未来的研究者可以结合其他领域的研究手段（如生理指标、脑成像技术等），对情绪劳动的心理机制进行进一步的探讨。

参 考 文 献

房俨然，魏薇，罗萍，等. 2019. 员工负性情绪对情绪劳动策略的影响. 心理学报，51（3）：353-365.

黄敏儿，吴钟琦，唐淦琦. 2010. 服务行业员工的人格特质、情绪劳动策略与心理健康的关系. 心理学报，42（12）：1175-1189.

李红菊，许燕，张宏宇. 2007. 情绪劳动研究的回顾与展望. 中国临床心理学杂志，（4）：

409-411.

李银. 2011-10-28. 海口涨薪潮难挡"用工荒". 海口晚报.

马淑蕾, 黄敏儿. 2006. 情绪劳动: 表层动作与深层动作, 哪一种效果更好? 心理学报, 38 (2): 262-270.

莫申江, 施俊琦. 2017. 情绪劳动策略对主动破坏行为的影响. 心理学报, 49 (3): 349-358.

人民网. 2020-01-17. 人民财评: 6.1%增长! 为何中国经济风景这边独好? https://baijiahao. baidu.com/s?id=1655966061864684293&wfr=spider&for=pc.

汪纯孝, 刘义趁, 张秀娟. 2007. 医务人员情感性劳动行为的前因后果. 中山大学学报 (社会科学版), 47 (2): 111-115, 128.

吴宇驹, 刘毅. 2011. 中小学教师情绪劳动问卷的编制. 西北师大学报 (社会科学版), 48 (1): 102-108.

杨林锋, 余新年, 范庭卫. 2008. 情绪劳动结构维度初探. 内蒙古农业大学学报 (社会科学版), 10 (3): 263-265.

杨泳波, 张建新, 周明洁. 2010. 呼叫中心座席员情绪劳动方式与职业枯竭的关系. 中国临床心理学杂志, 18 (3): 377-378.

赵蕊. 2003. 国内呼叫中心市场现状与趋势分析. 数码世界, (4): 18-21.

中国产业信息网. 2019-08-26. 2018 年中国呼叫中心行业发展状况及行业投资情况分析. https://www.chyxx.com/industry/201908/775471.html.

Abraham R. 1998. Emotional dissonance in organizations: antecedents, consequences, and moderators. Genetic, Social, and General Psychology Monographs, 124 (2): 229-246.

Adelmann P K. 1989. Emotional labor and employee well-being. University of Michigan.

Adelmann P K. 1995. Emotional labor as a potential source of job stress//Sauter S L, Murphy L R. Organizational Risk Factors for Job Stress. Washington: American Psychological Association: 371-381.

Agency C I. 2013. The CIA world factbook 2009. Central Intelligence Agency.

Ashforth B E, Humphrey R H. 1993. Emotional labor in service roles: the influence of identity. Academy of Management Review, 18 (1): 88-115.

Ashforth B E, Humphrey R H. 1995. Emotion in the workplace: a reappraisal. Human Relations, 48 (2): 97-125.

Bandura A. 1986. The explanatory and predictive scope of self-efficacy theory. Journal of Social and Clinical Psychology, 4 (3): 359-373.

Bandura A. 1989. Social Functions of Thought and Action: A Social Cognitive Theory. Englewood Cliffs: Prentice Hall.

Baranik L E, Wang M, Gong Y, et al. 2017. Customer mistreatment, employee health, and job performance: cognitive rumination and social sharing as mediating mechanisms. Journal of

Management, 43（4）: 1261-1282.

Baumeister R F, Bratslavsky E, Muraven M, et al. 1998. Ego depletion: is the active self a limited resource? Journal of Personality and Social Psychology, 74（5）: 1252-1265.

Baumeister R F, Vohs K D. 2003. Self-regulation and the executive function of the self. Handbook of Self and Identity, 1: 197-217.

Beal D J, Trougakos J P, Weiss H M, et al. 2006. Episodic processes in emotional labor: perceptions of affective delivery and regulation strategies. Journal of Applied Psychology, 91（5）: 1053-1065.

Beal D J, Weiss H M, Barros E, et al. 2005. An episodic process model of affective influences on performance. Journal of Applied psychology, 90（6）: 1054-1068.

Best R G, Downey R G, Jones R G. 1997. Incumbent perceptions of emotional work requirements. The12th annual conference of the Society for Industrial and Organizational Psychology. Louis.

Birnbaum D W, Nosanchuk T A, Croll W L. 1980. Children's stereotypes about sex differences in emotionality. Sex Roles, 6（3）: 435-443.

Bono J E, Foldes H J, Vinson G, et al. 2007. Workplace emotions: the role of supervision and leadership. Journal of Applied Psychology, 92（5）: 1357-1367.

Bono J E, Vey M A. 2005. Toward understanding emotional management at work: a quantitative review of emotional labor research//Hartel C E, Zerbe W J, Ashkanasy N M. Emotions in Organizational Behavior. Mahwah: Erlbaum Publishers: 213-233.

Bono J E, Vey M A. 2007. Personality and emotional performance: extraversion, neuroticism, and self-monitoring. Journal of Occupational Health Psychology, 12（2）: 177-192.

Brotheridge C M. 1999. Unwrapping the black box: a test of why emotional labour may lead to emotional exhaustion//Miller D. Proceedings of the Administrative Sciences Association of Canada（Organizational Behaviour Division）. New Brunswick: Saint John: 11-20.

Brotheridge C M, Grandey A A. 2002. Emotional labor and burnout: comparing two perspectives of people work. Journal of Vocational Behavior, 60（1）: 17-39.

Brotheridge C M, Lee R T. 2002. Testing a conservation of resources model of the dynamics of emotional labor. Journal of Occupational Health Psychology, 7（1）: 57-67.

Brotheridge C M, Lee R T. 2003. Development and validation of the emotional labour scale. Journal of Occupational and Organizational Psychology, 76（3）: 365-379.

Butler E A, Egloff B, Wilhelm F H, et al. 2003. The social consequences of expressive suppression. Emotion, 3（1）: 48-67.

Carlson D, Ferguson M, Hunter E, et al. 2012. Abusive supervision and work-family conflict: the path through emotional labor and burnout. The Leadership Quarterly, 23（5）: 849-859.

Carver C S, Scheier M F, Weintraub J K. 1989. Assessing coping strategies: a theoretically based approach. Journal of Personality and Social Psychology, 56（2）: 267-283.

Chau S, Dahling J J, Levy P E, et al. 2009. A predictive study of emotional labor and turnover. Journal of Organizational Behavior, 30（8）: 1151-1163.

Cheung F Y, Tang C S. 2007. The influence of emotional dissonance and resources at work on job burnout among Chinese human service employees. International Journal of Stress Management, 14（1）: 72-87.

Chi N W, Grandey A A, Diamond J A, et al. 2011. Want a tip? Service performance as a function of emotion regulation and extraversion. Journal of Applied Psychology, 96（6）: 1337-1346.

Collins N L, Miller L C. 1994. Self-disclosure and liking: a meta-analytic review. Psychological Bulletin, 116（3）: 457-475.

Cordes C L, Dougherty T W. 1993. A review an integration of research on job burnout. Academy of Management Review, 18（4）: 621-656.

Costa P T, McCrae R R. 1985. The NEO Personality Inventory Manual. Odessa: Psychological Assessment Resources.

Côté S. 2005. A social interaction model of the effects of emotion regulation on work strain. Academy of Management Review, 30（3）: 509-530.

Cropanzano R, Howes J C, Grandey A A, et al. 1997. The relationship of organizational politics and support to work behaviors, attitudes, and stress. Journal of Organizational Behavior, 18（2）: 159-180.

Davis C G, Nolen-Hoeksema S, Larson J. 1998. Making sense of loss and benefiting from the experience: two construals of meaning. Journal of Personality and Social Psychology, 75（2）: 561-574.

Deaux K. 1985. Sex differences. Annual Review of Psychology, 36: 49-82.

Demaree H A, Schmeichel B J, Robinson J L, et al. 2004. Behavioural, affective, and physiological effects of negative and positive emotional exaggeration. Cognition & Emotion, 18（8）: 1079-1097.

DePaulo B M. 1992. Nonverbal behavior and self-presentation. Psychological Bulletin, 111（2）: 203-243.

Deutsch F M. 1990. Status, sex, and smiling: the effect of role on smiling in men and women. Personality and Social Psychology Bulletin, 16: 531-540.

Diefendorff J M, Croyle M H, Gosserand R H. 2005. The dimensionality and antecedents of emotional labor strategies. Journal of Vocational Behavior, 66（2）: 339-357.

Diefendorff J M, Erickson R J, Grandey A A, et al. 2011. Emotional display rules as work unit norms: a multilevel analysis of emotional labor among nurses. Journal of Occupational Health Psychology, 16（2）: 170-186.

Diefendorff J M, Gosserand R H. 2003. Understanding the emotional labor process: a control theory perspective. Journal of Organizational Behavior, 24 (8): 945-959.

Diefendorff J M, Richard E M. 2003. Antecedents and consequences of emotional display rule perceptions. Journal of Applied Psychology, 88 (2): 284-294.

Diefendorff J M, Richard E M, Croyle M H. 2006. Are emotional display rules formal job requirements? Examination of employee and supervisor perceptions. Journal of Occupational and Organizational Psychology, 79 (2): 273-298.

Diefendorff J M, Richard E M, Yang J. 2008. Linking emotion regulation strategies to affective events and negative emotions at work. Journal of Vocational behavior, 73 (3): 498-508.

Dormann C, Kaiser D M. 2002. Job conditions and customer satisfaction. European Journal of Work and Organizational Psychology, 11 (3): 257-283.

Eisenberger R, Cummings J, Armeli S, et al. 1997. Perceived organizational support, discretionary treatment, and job satisfaction. Journal of Applied Psychology, 82 (5): 812-820.

Ekman P. 1973. Cross-Culture Studies of Facial Expression. New York: Academic Press.

Ekman P. 1985. Telling Lies. New York: Norton.

Ekman P, Friesen W V. 1969. The repertoire of nonverbal behavior: categories, origins, usage, and coding. Semiotic, 1 (1): 49-98.

Ekman P, Friesen W V, O'Sullivan M. 1988. Smiles while lying. Journal of Personality and Social Psychology, 54: 414-420.

Erickson R J, Ritter C. 2001. Emotional labor, burnout, and inauthenticity: does gender matter? Social Psychology Quarterly, 64 (2): 146-163.

Erickson R J, Wharton A S. 1997. Inauthenticity and depression: assessing the consequences of interactive service work. Work and Occupations An International Sociological Journal, 24 (2): 188-213.

Fleeson W, Malanos A B, Achille N M. 2002. An intraindividual process approach to the relationship between extraversion and positive affect: is acting extraverted as "good" as being extraverted? Journal of Personality and Social Psychology, 83 (6): 1409-1422.

Fredrickson B L. 1998. What good are positive emotions? Review of General Psychology, 2 (3): 300-319.

Fredrickson B L, Joiner T. 2002. Positive emotions trigger upward spirals toward emotional well-being. Psychological Science, 13 (2): 172-175.

Gabriel A S, Diefendorff J M. 2015. Emotional labor dynamics: a momentary approach. Academy of Management Journal, 58 (6): 1804-1825.

Gardner W L, Fischer D, Hunt J G. 2009. Emotional labor and leadership: a threat to authenticity?

The Leadership Quarterly, 20（3）: 466-482.

Geen R G. 1984. Preferred stimulation levels in introverts and extroverts: effects on arousal and performance. Journal of Personality and Social Psychology, 46（6）: 1303-1312.

Goffman E. 1959. The Presentation of Self in Everyday Life. New York: Overlook Press.

Goldberg L S, Grandey A A. 2007. Display rules versus display autonomy: emotion regulation, emotional exhaustion, and task performance in a call center simulation. Journal of Occupational Health Psychology, 12（3）: 301-318.

Goleman D. 1995. Emotional Intelligence: Why It Can Matter More than IQ. New York: Bantam Books.

Goolsby J R. 1992. A theory of role stress in boundary spanning positions of marketing organizations. Journal of the Academy of Marketing Science, 20（2）: 155-164.

Gosserand R H, Diefendorff J M. 2005. Emotional display rules and emotional labor: the moderating role of commitment. Journal of Applied Psychology, 90（6）: 1256-1264.

Grandey A A. 2000. Emotion regulation in the workplace: a new way to conceptualize emotional labor. Journal of Occupational Health Psychology, 5（1）: 95-110.

Grandey A A. 2002. Emotional regulation as emotional labor: a test of a framework. Symposium presentation for the 17th annual meeting of the Society of Industrial and Organizational Psychology. Toronto.

Grandey A A. 2003. When "the show must go on": surface and deep acting as predictors of emotional exhaustion and service delivery. The Academy of Management Journal, 46: 86-96.

Grandey A A. 2015. Smiling for a wage: what emotional labor teaches us about emotion regulation. Psychological Inquiry, 26（1）: 54-60.

Grandey A A, Chi N W, Diamond J A. 2013. Show me the money! Do financial rewards for performance enhance or undermine the satisfaction from emotional labor? Personnel Psychology, 66（3）: 569-612.

Grandey A A, Fisk G M, Mattila A, et al. 2002a. Is that smile for real? Reaction to inauthenticity in service settings. Annual meeting of the Academy of Management. Denver.

Grandey A A, Fisk G M, Mattila A S, et al. 2005a. Is "service with a smile" enough? Authenticity of positive displays during service encounters. Organizational Behavior and Human Decision Processes, 96（1）: 38-55.

Grandey A A, Fisk G M, Steiner D D. 2005b. Must "service with a smile" be stressful? The moderating role of personal control for American and French employees. Journal of Applied Psychology, 90（5）: 893-904.

Grandey A A, Melloy R C. 2017. The state of the heart: emotional labor as emotion regulation reviewed and revised. Journal of Occupational Health Psychology, 22（3）: 407-422.

Grandey A A, Tam A P, Brauburger A L. 2002b. Affective states and traits in the workplace: diary and survey data from young workers. Motivation and Emotion, 26 (1): 31-55.

Gross J J. 1998. Antecedent- and response-focused emotion regulation: divergent consequences for experience, expression, and physiology. Journal of Personality and Social Psychology, 74 (1): 224-237.

Gross J J, John O P. 2003. Individual differences in two emotion regulation processes: implications for affect, relationships, and well-being. Journal of Personality and Social Psychology, 85 (2): 348-362.

Gross J J, Levenson R. 1997. Hiding feelings: the acute effects of inhibiting negative and positive emotions. Journal of Abnormal Psychology, 106 (1): 95-103.

Groth M, Hennig-Thurau T, Walsh G. 2009. Customer reactions to emotional labor: the roles of employee acting strategies and customer detection accuracy. The Academy of Management Journal, 52 (5): 958-974.

Grove S J, Fisk R P. 1989. Impression management in services marketing: a dramaturgical perspective//Giacalone R A, Rosenfeld P. Impression Management in the Organization. Hillsdale: Erlbaum: 427-438.

Hackman J R, Oldham G R. 1975. Development of the job diagnostic survey. Journal of Applied Psychology, 60 (2): 159-170.

Hawthorne D, Yurkovich N. 1994. Caring: the raison d'etre of the professional nurse. Canadian Journal of Nursing Administration, 7 (4): 35-55.

Hennig-Thurau T, Groth M, Paul M, et al. 2006. Are all smiles created equal? How emotional contagion and emotional labor affect service relationships. Journal of Marketing, 70 (3): 58-73.

Hobfoll S E. 1989. Conservation of resources: a new attempt at conceptualizing stress. American Psychologist, 44 (3): 513-524.

Hochschild A. 1979. Emotion work, feeling rules, and social structure. American Journal of Sociology, 85 (3): 551-575.

Hochschild A. 1983. The Managed Heart. Berkeley: University of California Press.

Hoffman L W. 1972. Early childhood experiences and women's achievement motives. Journal of Social Issues, 28 (2): 129-155.

Holman D, Chissick C, Totterdell P. 2002. The effects of performance monitoring on emotional labor and well-being in callcenters. Motivation and Emotion, 26 (1): 57-81.

Holman D, Martínez-Iigo D, Totterdell P. 2008. Emotional labour and employee well-being: an integrative review//Ashkanasy N M, Cooper C L. Research Companion to Emotion in Organizations. Northampton: Edward Elgar Publishing: 301-315.

Howes J C, Cropanzano R, Grandey A A, et al. 2000. Who is supporting whom? Quality team effectiveness and perceived organizational support. Journal of Quality Management, 5（2）: 207-223.

Hülsheger U R, Schewe A F. 2011. On the costs and benefits of emotional labor: a meta-analysis of three decades of research. Journal of Occupational Health Psychology, 16（3）: 361-389.

Jackson S E, Schwab R L, Schuler R S. 1986. Toward an understanding of the burnout phenomenon. Journal of Applied Psychology, 71（4）: 630-640.

Johnson H M, Spector P E. 2007. Service with a smile: do emotional intelligence, gender, and autonomy moderate the emotional labor process? Journal of Occupational Health Psychology, 12（4）: 319-333.

Joormann J, Siemer M, Gotlib I H. 2007. Mood regulation in depression: differential effects of distraction and recall of happy memories on sad mood. Journal of Abnormal Psychology, 116（3）: 484-490.

Judge T A, Larsen R J. 2001. Dispositional affect and job satisfaction: a review and theoretical extension. Organizational Behavior and Human Decision Processes, 86（1）: 67-98.

Judge T A, Woolf E F, Hurst C. 2009. Is emotional labor more difficult for some than for others? A multilevel, experience-sampling study. Personnel Psychology, 62（1）: 57-88.

Kahn W A. 1993. Caring for the caregivers: patterns of organizational caregiving. Administrative Science Quarterly, 38（4）: 539-563.

Karasek R A. 1979. Job demands, job decision latitude, and mental strain: implications for job redesign. Administrative Science Quarterly, 24（2）: 285-308.

Kilduff M, Day D V. 1994. Do chameleons get ahead? the effects of self-monitoring on managerial careers. The Academy of Management Journal, 37（4）: 1047-1060.

Kipnis D, Schmidt S M, Wilkinson I. 1980. Intraorganizational influence tactics: explorations in getting one's way. Journal of Applied Psychology, 65（4）: 440-452.

Klein H J, Wesson M J, Hollenbeck J R, et al. 1999. Goal commitment and the goal-setting process: conceptual clarification and empirical synthesis. Journal of Applied Psychology, 84（6）: 885-896.

Kruml S M, Geddes D. 2000. Exploring the dimensions of emotional labor: the heart of hochschild's work. Management Communication Quarterly, 14（1）: 8-49.

Kuenz J. 1995. Working at the rat//Fish S, Jamerson F. Inside the Mouse: Work and Play at Disney World. Durham: Duke University Press: 110-162.

LaFrance M, Banaji M. 1992. Toward a reconsideration of the gender-emotion relationship. Review of Personality and Social Psychology, 14: 178-201.

Larsen R J, Ketelaar T. 1989. Extraversion, neuroticism, and susceptibility to positive and negative mood induction procedures. Personality and Individual Differences, 10 (12): 1221-1228.

Larsen R J, Ketelaar T. 1991. Personality and susceptibility to positive and negative emotional states. Journal of Personality and Social Psychology, 61 (1): 132-140.

Lawler E E. 1973. Motivation in Work Organizations. Monterey: Brooks/Cole.

Lazarus R S. 1993. From psychological stress to the emotions: a history of changing outlooks. Annual Review of Psychology, 44 (1): 1-22.

Leary M R, Kowalski R M. 1990. Impression management: a literature review and two component model. Psychological Bulletin, 107 (1): 34-47.

Lee R T, Ashforth B E. 1993. A longitudinal study of burnout among supervisors and managers: comparisons between the Leiter and Maslach (1988) and Golembiewski et al. (1986) models. Organizational Behavior and Human Decision Processes, 54 (3): 369-398.

Leidner R. 1989. Working on People: The Routinization of Interactive Service Work. Evanston: Northwestern University.

Little B R. 2000. Free traits and personal contexts: expanding a social ecological model of well-being//Walsh W B, Craik K H, Price R H. Person-Environment Psychology: New Directions and Perspectives. 2nd ed. Mahwah: Erlbaum: 87-116.

Liu Y, Prati L M, Perrewe P L, et al. 2008. The relationship between emotional resources and emotional labor: an exploratory study. Journal of Applied Social Psychology, 38 (10): 2410-2439.

Liu Y, Song Y, Koopmann J, et al. 2017. Eating your feelings? Testing a model of employees' work-related stressors, sleep quality, and unhealthy eating. Journal of Applied Psychology, 102 (8): 1237-1258.

Liu Y, Wang M, Chang C H, et al. 2015. Work-family conflict, emotional exhaustion, and displaced aggression toward others: the moderating roles of workplace interpersonal conflict and perceived managerial family support. Journal of Applied Psychology, 100 (3): 793-808.

Locke E A. 1968. Toward a theory of task motivation and incentives. Organizational Behavior and Human Performance, 3 (2): 157-189.

Locke E A, Shaw K N, Saari L M, et al. 1981. Goal setting and task performance: 1969-1980. Psychological Bulletin, 90: 125-152.

Lucas R E, Fujita F. 2000. Factors influencing the relation between extraversion and pleasant affect. Journal of Personality and Social Psychology, 79 (6): 1039-1056.

Martínez-Iñigo D, Totterdell P, Alcover C M, et al. 2007. Emotional labour and emotional exhaustion: interpersonal and intrapersonal mechanisms. Work & Stress, 21 (1): 30-47.

Maslach C. 1982. Burnout: The Cost of Caring. Englewood Cliffs: Prentice Hall.

Maslach C, Jackson S E. 1986. Maslach Burnout Inventory. 2nd ed. Palo Alto: Consulting Psychologists Press.

Maslach C, Schaufeli W B, Leiter M P. 2001. Job burnout. Annual Review of Psychology, 52（1）: 397-422.

McNiel J M, Fleeson W. 2006. The causal effects of extraversion on positive affect and neuroticism on negative affect: manipulating state extraversion and state neuroticism in an experimental approach. Journal of Research in Personality, 40（5）: 529-550.

Middleton D R. 1989. Emotional style: the cultural ordering of emotions. Ethos, 17（2）: 187-201.

Mikolajczak M, Menil C, Luminet O. 2007. Explaining the protective effect of trait emotional intelligence regarding occupational stress: exploration of emotional labour processes. Journal of Research in Personality, 41（5）: 1107-1117.

Minnehan R F, Paine W S. 1982. Bottom lines: assessing the economic and legal consequences of burnout//Paine W S. Job Stress and Burnout: Research, Theory, and Intervention Perspective. Beverly Hills: Sage: 95-112.

Morris J A, Feldman D C. 1996. The dimensions, antecedents, and consequences of emotional labor. Academy of Management Review, 21（4）: 986-1010.

Morris J A, Feldman D C. 1997. Managing emotions in the workplace. Journal of Managerial Issues, 9（3）: 257-274.

Moskowitz D S, Côté S. 1995. Do interpersonal traits predict affect? A comparison of three models. Journal of Personality and Social Psychology, 69（5）: 915-924.

Muraven M, Baumeister R F. 2000. Self-regulation and depletion of limited resources: does self-control resemble a muscle? Psychological Bulletin, 126（2）: 247-259.

Näring G, van Droffelaar A. 2007. Incorporation of emotional labor in the demand-control-support model: the relation with emotional exhaustion and personal accomplishment in Nurses. Research on Emotion in organizations, 3: 223-238.

Pauls C A, Stemmler G. 2003. Substance and bias in social desirability responding. Personality and Individual Differences, 35（2）: 263-275.

Pennebaker J W. 1990. Opening up: The Healing Powers of Confiding in Others. New York: Morrow.

Pines A, Aronson E. 1988. Career Burnout: Causes and Cures. New York: Free Press.

Pugh D S. 1998. Why do happy employees have happy customers? Emotional contagion as anexplanatory concept in research on customer service. Paper presented at the First Conference of Emotions in Organizational Life. San Diego.

Pugliesi K. 1999. The consequences of emotional labor: effects on work stress, job satisfaction, and well-being. Motivation and Emotion, 23（2）: 125-154.

Pugliesi K, Shook S. 1997. Gender, jobs, and emotional labor in a complex organization. Social Perspectives on Emotion, 4: 283-316.

Rafaeli A. 1989. When clerks meet customers: a test of variables related to emotional expression on the job. Journal of Applied Psychology, 74（3）: 385-393.

Rafaeli A, Sutton R I. 1987. Expression of emotion as part of the work role. Academy of Management Review, 12（1）: 23-37.

Rafaeli A, Sutton R I. 1989. The expression of emotion in organizational life. Research in Organizational Behavior, 11: 1-42.

Richards J M, Gross J J. 1999. Composure at any cost? The cognitive consequences of emotion suppression. Personality and Social Psychology Bulletin, 25（8）: 1033-1044.

Richards J M, Gross J J. 2000. Emotion regulation and memory: the cognitive costs of keeping one's cool. Journal of Personality and Social Psychology, 79（3）: 410-424.

Robinson J L, Demaree H A. 2007. Physiological and cognitive effects of expressive dissonance. Brain and Cognition, 63（1）: 70-78.

Rubin R S, Tardino V M, Daus C C, et al. 2005. A reconceptualization of the emotional labor construct: on the development of an integrated theory of perceived emotional dissonance and emotional labor//Hartel C E J, Zerbe W J, Ashkanasy N M. Emotions in Organizational Behavior. Mahwah: Erlbaum: 189-211.

Rutter D R, Fielding P J. 1988. Sources of occupational stress: an examination of British prison officers. Work & Stress, 2（4）: 292-299.

Saarni C, von Salisch M. 1993. The socialization of emotional dissemblance//Lewis M, Saarni C. Lying and Deception in Everyday Life. New York: Guilford: 107-125.

Salovey P, Hsee C K, Mayer J D. 1993. Emotional intelligence and the self-regulation of affect//Wegner D M, Pennebaker J. Handbook of Mental Control. Englewood Cliffs: PrenticeHall: 258-277.

Saxton M J, Phillips J S, Blakeney R N. 1991. Antecedents and consequences of emotional exhaustion in the airline reservations service sector. Human Relations, 44（6）: 583-595.

Schachter S, Singer J. 1962. Cognitive, social, and physiological determinants of emotional state. Psychological Review, 69: 379-399.

Schaubroeck J, Jones J R. 2000. Antecedents of workplace emotional labor dimensions and moderators of their effects on physical symptoms. Journal of Organizational Behavior, 21（2）: 163-183.

Schneider B, Bowen D E. 1985. Employee and customer perceptions of service in banks: replication and extension. Journal of Applied Psychology, 70（3）: 423-433.

Schneider B, Bowen D E. 1995. Winning the Service Game. Boston: Harvard Business School Press.

Sheldon K M, Ryan R M, Rawsthorne L J, et al. 1997. Trait self and true self: cross-role variation in the Big-Five personality traits and its relations with psychological authenticity and subjective well-being. Journal of Personality and Social Psychology, 73（6）: 1380-1393.

Simpson P A, Stroh L K. 2004. Gender differences: emotional expression and feelings of personal inauthenticity. Journal of Applied Psychology, 89（4）: 715-721.

Smith P. 1991. The nursing process: raising the profile of emotional care in nurse training. Journal of Advanced Nursing, 16（1）: 74-81.

Smith P. 1992. The Emotional Labour of Nursing. Basingstoke: Macmillan.

Snyder M. 1974. Self-monitoring of expressive behavior. Journal of Personality and Social Psychology, 30（4）: 526-537.

Sutton R I. 1991. Maintaining norms about expressed emotions: the case of bill collectors. Administrative Science Quarterly, 36（2）: 245-268.

Sutton R I, Rafaeli A. 1988. Untangling the relationship between displayed emotions and organizational sales: the case of convenience stores. Academy of Management Journal, 31（3）: 461-487.

Tellegen A, Watson D, Clark L A. 1999. On the dimensional and hierarchical structure of affect. Psychological Science, 10（4）: 297-303.

Tidd K L, Lockard J S. 1978. Monetary significance of the affiliative smile: a case for reciprocal altruism. Bulletin of the Psychonometry Society, 11（6）: 344-346.

Timmers M, Fischer A H, Manstead A S R. 1998. Gender differences in motives for regulating emotions. Personality and Social Psychology Bulletin, 24（9）: 974-985.

Tobin R M, Graziano W G, Vanman E J, et al. 2000. Personality, emotional experience, and efforts to control emotions. Journal of Personality and Social Psychology, 79（4）: 656-669.

Tolich M B. 1993. Alienating and liberating emotions at work. Journal of Contemporary Ethnography, 22（3）: 361-381.

Totterdell P, Holman D. 2003. Emotion regulation in customer service roles: testing a model of emotional labor. Journal of Occupational Health Psychology, 8（1）: 55-73.

Uy M A, Lin K J, Ilies R. 2017. Is it better to give or receive? The role of help in buffering the depleting effects of surface acting. Academy of Management Journal, 60（4）: 1442-1461.

van Dijk P A, Brown A K. 2006. Emotional labour and negative job outcomes: an evaluation of the mediating role of emotional dissonance. Journal of Management and Organization, 12（2）: 101-115.

van Kleef G A. 2009. How emotions regulate social life: the emotions as social information (EASI) model. Current Directions in Psychological Science, 18（3）: 184-188.

van Maanen J, Kunda G. 1989. Real feelings: emotional expression and organizational culture//Staw B M, Cummings L L. Research in Organizational Behavior. Greenwich: JAI Press: 43-103.

Vincent R W, Krone K. 1991. The experience and expression of emotion in the workplace: a study of acorrections organization. Management Communication Quarterly, 4: 287-309.

Wang M, Liu S, Liao H, et al. 2013. Can't get it out of my mind: employee rumination after customer mistreatment and negative mood in the next morning. Journal of Applied Psychology, 98（6）: 989-1004.

Watson D, Clark L A. 1997. Extraversion and its positive emotional core//Hogan R, Johnson J, Briggs S. Handbook of Personality Psychology. San Diego: Academic Press: 767-793.

Watson D, Suls J, Haig J. 2002. Global self-esteem in relation to structural models of personality and affectivity. Journal of Personality and Social Psychology, 83（1）: 185-197.

Watson D, Tellegen A. 1985. Toward a consensual structure of mood. Psychological Bulletin, 98（2）: 219-235.

Watson D, Wiese D, Vaidya J, et al. 1999. The two general activation systems of affect: structural findings, evolutionary considerations, and psychobiological evidence. Journal of Personality and Social Psychology, 76（5）: 820-838.

Weiss H M, Rupp D E. 2011. Experiencing work: an essay on a person-centric work psychology. Industrial and Organizational Psychology, 4（1）: 83-97.

Wharton A S, Erickson R J. 1993. Managing emotions on the job and at home: understanding the consequences of multiple emotional roles. Academy of Management Review, 18（3）: 457-486.

Wichroski M A. 1994. The secretary: invisible labor in the workworld of women. Human Organization, 53（1）: 33-41.

Wright T A, Cropanzano R. 1998. Emotional exhaustion as a predictor of job performance and voluntary turnover. Journal of Applied Psychology, 83（3）: 486-493.

Zapf D. 2002. Emotion work and psychological well-being: a review of the literature and some conceptual considerations. Human Resource Management Review, 12（2）: 237-268.

Zapf D, Holz M. 2006. On the positive and negative effects of emotion work in organizations. European Journal of Work and Organizational Psychology, 15（1）: 1-28.

Zerbe W J. 2000. Emotional dissonance and employee well-being//Ashkanasy N M. Emotions in the Workplace: Research, Theory, and Practice. Westport: Quorum Books/Greenwood Publishing Group: 189-214.

Zhan Y, Wang M, Shi J. 2016. Interpersonal process of emotional labor: the role of negative and positive customer treatment. Personnel Psychology, 69（3）: 525-557.

Zyphur M J, Warren C R, Landis R S, et al. 2007. Self-regulation and performance in high-fidelity simulations: an extension of ego-depletion research. Human Performance, 20（2）: 103-118.

第十二章　员工退休的转变和调整

　　退休是个体毕生发展的重要事件之一，在近些年来越来越受到研究者的重视，本章对过去20年退休问题的理论和实证研究进行了综述。具体而言，本章从决策、适应过程、职业发展阶段和人力资源这四个方面总结了对于退休的理论概念研究。之后，我们会对退休决策、过渡型就业和退休适应这几个领域的实证研究进行归纳总结。最后，我们对今后退休问题的研究方向进行了展望。

　　退休问题涉及多个学科的领域，如心理学、社会学、人口学、经济学和组织学。因此，不管是在学术著作还是大众出版物之中，我们经常能看到对于退休问题的探讨。根据 PsycINFO 的统计，20 世纪 70 年代的学术论文中有 203 篇包含退休这个关键词，这一数字在 80 年代和 90 年代分别上升到 522 篇和 680 篇；而 2000~2021 年，这一数字猛增至 2 019 篇。因此，可以看出在心理学领域，退休问题成为一个越来越重要的课题。出现这一趋势的主要原因之一是发达国家面临的越来越快速的老龄化问题引起了研究者的重视。中国作为世界人口第一大国，同样也受到了老龄化问题的困扰。据第七次人口普查的统计，中国60岁以上的老人占人口的18.70%，超过联合国制定的老龄化社会标准（10%），其中65岁及以上的老人占人口的 13.50%，同样显著超过了联合国的老龄化社会标准（7%）。因此，老龄化问题已经非常突出，退休问题的研究对中国社会同样也具有重要的意义。

　　尽管不同研究者采取了不同的方法和形式来研究退休问题，这些研究大多将退休视为一个持续若干年的过程，而非一个单独的事件。然而，由于不同的个体会经历不同的退休相关事件，我们很难得到统一的退休过程，并且退休员工和即将退休的员工所处的组织和社会环境也是在不断变化着的，退休过程也会随之产生变化。对于退休这样一个个体差异较大且呈现动态变化的问题，心理学家可能会更好地进行研究，因为心理学家可以直接将研究重点指向退休行为上和心理上的前因变量和结果变量，以及退休过程中的心理机制（Shultz and Wang，2011）。

　　在本章中，我们会首先总结退休问题的理论研究，之后我们将关注点转向退休的实证研究。

第一节　退休的理论研究综述

在过去三十年的研究中，不同的研究者将退休作为不同的概念进行研究。在这一部分，我们对其中四种比较重要的概念进行了总结。表 12-1 展示了这些概念，以及每一个概念下对应的理论和实证研究的例子。

表 12-1　退休的概念、相关理论和研究的例子

概念	相关理论	研究的例子
退休——作为一个决策的概念	理性选择理论 映像理论	Hatcher（2003） Feldman（1994）
退休——作为一个适应过程的概念	角色理论 计划行为理论 期望理论 生命历程观点 连续性理论 角色理论	Talaga 和 Beehr（1995） Cron 等（1993） Kim（2003） Wang（2007） Kim 和 Feldman（2000） Adams 等（2002）
退休——作为一个职业发展阶段的概念	变化的职业生涯模型	Freund 和 Baltes（1998）
退休——作为一个人力资源的概念	退休者职业生涯发展模型 一般系统理论 社会背景理论	Shultz 和 Wang（2008） Birati 和 Tziner（1995） Greller 和 Stroh（2003）

一、退休——从决策的角度分析

将退休视为决策的概念，强调退休是个体的有动机的选择行为。换句话说，这一概念认为当员工决定退休时，他们会选择降低对工作的心理承诺，以及在行为上逐渐离开当前的工作环境（Adams et al.，2002；Feldman，1994；Shultz and Wang，2007）。这一概念假设当员工做出退休的决策后，他们在工作中的活动会随着时间递减，而其他活动，如家庭和社区活动会逐渐增加（Smith and Moen，2004）。尽管并不是所有的实证研究的结果都能够证实这样的观点，但是这一假设的优点在于强调了将退休决策视作个体的重大生活事件，以及说明了人们退休的一些规范性动机（Adams and Beehr，1998；Shultz et al.，1998）。

当将退休视为决策时，研究者通常采取知情决策（informed decision-making）的方法进行研究。这一方法假设员工会基于自身特点的信息和对工作环境及非工作环境的评估做出是否退休的决策。在进行决策前，他们会权衡这些因素，然后对退休带来的整体效用进行评价。将这些因素和退休决策联系起来的理

论机制包括理性选择理论（Gustman and Steinmeier，1986）、映像理论（Beach and Frederickson，1989）、角色理论（Ashforth，2001；Moen et al.，1992）、计划行为理论（Ajzen，1991）和期望理论（Vroom，1964）。这些理论阐述了上述因素是如何影响人们的退休决策的，以下分别对这些理论进行简要介绍。

理性选择理论将年老员工的经济状况及外部经济环境与他们的退休决策联系起来（Hatcher，2003；Quinn et al.，1990）。这一理论认为退休决策是人们比较已经积累的经济资源和退休后需要的经济资源之后的结果。只有当员工认为他们已有的经济资源和对未来经济状况的预测能够满足退休后的消费需求时，他们才会做出退休决策。

映像理论和角色理论将员工的人口统计学状况、工作经验、婚姻状况、行业类型、生产效率与退休决策联系到一起（Adams et al.，2002；Anson et al.，1989；Feldman，1994；Mears et al.，2004；Talaga and Beehr，1995）。总的来说，所有的这些因素会影响人们对自我的感知及对更大的社会背景下的自身角色的感知，以这些感知作为标准，人们会评价退休是否符合他们的自我形象或角色（Brougham and Walsh，2007）。如果这一比较得到积极的结果，那么员工就会决定退休。需要注意的是，这两种理论有少许差别。映像理论通常强调退休决策时的比较基准是稳定的自我形象（Feldman，1994），而角色理论则以退休后的角色变化作为个体做出决策的依据（Barnes-Farrell，2003）。因此，与映像理论相比角色理论更加聚焦于未来而非现在。

计划行为理论经常用来将员工的工作态度（如工作满意度和组织承诺）、退休态度和工作场所中对于退休决策的规范与退休决策联系起来（Adams and Beehr，1998；Cron et al.，1993；Huuhtanen and Piispa，1992；Shultz et al.，2003；Wang et al.，2008）。这一理论强调员工对退休的态度和对继续工作的态度对退休决策的重要影响，它同时强调了个体感知到的退休的社会压力（也就是规范）对于员工退休决策的影响。

期望理论经常用来解释员工的生产力、工作特征和健康状况对于退休决策的影响（Belgrave and Haug，1995；Cron et al.，1993；DeVaney and Kim，2003；Karpansalo et al.，2004；Kim，2003）。这一理论认为，当接近退休年龄的员工对获得较高的生产率和报酬的期望较低时，他们更有可能选择退休而不是继续工作。

值得注意的是，尽管将退休概念化为决策，大大丰富了退休的前因变量的研究，退休的结果变量的研究却几乎没有遵从退休决策的思路。换句话说，有关退休的结果变量的研究中，很少有将上述提到的影响退休决策的前因变量考虑进去。即使有，这些退休的前因变量与结果变量之间的关系也不是用退休决策相关的理论去解释的（Wang，2007；Zhan et al.，2009）。这一现状使我们无法弄清楚那些影响员工决定退休的原因是如何影响退休有关的行为和心理结果的。因此，同时考察退休决策的前因和结果变量有助于我们更深入地理解作为决策的退休这一概念。

作为决策的退休的概念存在一个局限性：并非所有的退休都是员工自愿的（Gallo et al.，2000；Hanisch and Hulin，1990；Shultz et al.，1998；Szinovacz and Davey，2004；van Solinge and Henkens，2007）。因此，这一概念的价值取决于退休决策在多大程度上是员工个人的选择。如果个人选择的成分不存在，那么知情决策法便不再适用。因此，退休决策的自主性可以被看作使用知情决策法研究退休决策的前因变量的前提条件。

二、退休——从适应过程的角度分析

与将退休概念化为决策相比，将退休作为适应过程为理解退休提供了更加全面的方法（Wang et al.，2009）。在这里，适应过程是指退休员工在从工作过渡到退休的这段时间对生活的各个方面逐渐适应，并对退休后的生活感到心理上舒适的过程（van Solinge and Henkens，2008；Wang，2007）。具体来说，这一概念认为退休包含了退休转换（retirement transition）和退休后生活轨迹（post-retirement trajectory）。根据这一概念，首先具有重要意义的是做出退休决策之前的退休转换过程的特点而非退休决策本身（van Solinge and Henkens，2008）。换句话说，人们可能会做出同样的退休决策，但是决策的时间长短和由该决策引起的日常活动的数量变化可能会存在较大个体差异。因此，将退休概念化为一个适应的过程强调了探讨退休决策复杂的影响机制而非简单的决策内容（Szinovacz，2003）。其次，这一概念将退休视为纵向的发展过程，可以提供对退休的更真实的描绘，以及对退休的结果变量的选择和探讨进行指导（Wang，2007）。

当使用退休的适应过程的概念时，研究者很自然地会使用能够描述纵向适应过程的理论框架来进行研究。到现在为止，与这一概念有关的最常用的理论框架有三种——生命历程观点（Elder，1995；Elder and Johnson，2003）、连续性理论（Atchley，1989，1999）和角色理论（Ashforth，2001；Moen et al.，1992）。

生命历程观点关注了退休转换在个人整个生命历程中的地位，并指出个体的个人经历和特质及过渡期间的环境会影响个体完成退休转换的方式。例如，个人历史因素包括人们如何应对曾经经历过的转换（Orel et al.，2004；Settersten，1998）、工作和休闲习惯（Morrow-Howell and Leon，1988）及工作的偏好（Appold，2004）。转换相关的个体特质包括个体的人口统计学状态、健康和经济状况及与转换相关的能力和技巧（Kim and Moen，2002；Makino，1994；Szinovacz，2003）。生命历程观点的一个普遍假设是如果个体在面对过去的生活转换事件时能够以比较灵活的方式进行处理，并且在社会环境中的融入度较低，那么个体在面对转换时可以做到较好的准备，在较合适的时间进行转换及获得较好的转换结果（George，1993；Settersten，1998；van Solinge and Henkens，2008）。

生命历程观点同时还强调生命中转换事件的经历，并指出转换之后的发展与事件发生的特定环境密不可分。这些环境包括年老员工的工作相关状态和角色（如退休前的工作态度和工作特征）（Wang，2007）及社会环境（如社会网络和家庭结构）。个体的资源根植于社会环境中，因此社会环境具有十分重要的意义。例如社会支持，一种存在于个体社会网络中的资源，常常能够帮助员工进行退休的适应（Taylor et al.，2008）。社会环境中的其他因素，如对退休的负面刻板印象可能会对退休的适应造成损害（Settersten and Hagestad，1996）。员工在生活其他方面（如婚姻生活）（Rosenkoetter and Garris，1998；Szinovacz and Davey，2004）的经验也很重要，可以在退休后为个体提供新的身份认同，以及提供退休后参与其他活动的机会（Bosse et al.，1991；Calasanti，1996；Reitzes et al.，1998）。

另外，生命历程观点提供了有关转换后生命发展轨迹的假设。生命历程理论家（Levinson，1986；D. J. Levinson and J. D. Levinson，1996；Super，1990）认为转换后的生活包含更少的责任和努力。相应地，退休员工重组他们的日常活动和时间结构的资源需求将会随着时间逐渐降低（Reitzes and Mutran，2004；van Solinge and Henkens，2008）。因此，生命历程观点预测了一条积极的退休后生活发展路线。

除了生命历程观点以外，研究者还使用其他理论来研究适应过程，如连续性理论和角色理论。具体来说，连续性理论强调人们维持生活模式的连续性的普遍趋势，以及在不被打断生活节奏的前提下进行生活事件转变的适应（Atchley，1989，1999）。因此，连续性理论将退休适应看作退休者在退休后保持和维系社会关系与生活模式的过程。在这一理论框架下研究过的变量包括退休转换期间的健康、经济状况的变化（Gallo et al.，2000；Wang，2007）、过渡型就业（Kim and Feldman，2000；Zhan et al.，2009）、退休计划（Fretz et al.，1989；Taylor-Carter et al.，1997）和工作技巧的可转移性（Spiegel and Shultz，2003）等。

角色理论强调退休过程中角色退出（role exit）和角色转换（role transition）的重要性。根据 Ashforth（2001）的观点，当个体高度卷入某一特定角色时，自我价值感便会促使个体以更高的效率执行这一角色的职责。因此，退休作为一种角色的转换过程，会减弱个体的工作角色而增强家庭和社区成员的角色（Barnes-Farrell，2003）。另外，角色理论认为角色转换既会导致积极的后果也会导致消极的后果，其作用取决于角色转换是否符合个体的价值和目标（Adams et al.，2002；Thoits，1992）。根据角色理论，影响退休转换和适应的前因变量包括角色应激源（Lin，2001）、角色认同（Taylor et al.，2007）及价值和目标（Shultz et al.，1998）。

三、退休——从职业发展阶段的角度分析

传统的职业发展理论强调组织对员工的影响，并十分关注基于组织的报酬，如职位晋升和获得养老金的资格（Feldman，2003）。然而，近年来这种观点逐渐被易变性职业模型（protean career model）所取代。这一模型强调职业生涯发展掌握在员工自己的手中，并且关注员工的个人价值和目标（Hall，2004；Hall and Mirvis，1995）。根据这一模型，在近些年的研究中，退休被认为是晚期职业发展阶段（Shultz and Wang，2008；Wang et al.，2009）。与将退休视为职业发展的终结不同，这一观点承认人们在退休生活中职业发展有可能重新延续（Shultz，2003）。对于过渡型就业和退休生活中工作行为的研究便是基于变化的职业发展模型。

在一项最近的理论研究中，Shultz 和 Wang（2008）总结了可能影响退休人员职业发展的三个层次的因素：个体层次、工作层次和组织层次。在个体层次中，与职业发展最相关的因素包括退休人员身体和认知上的衰老情况及工作经验和专业知识。具体来说，身体上的衰老会让年老员工在完成对体力要求较高的工作时产生困难，并让他们更有可能患上职业病，因为身体上的衰老经常会带来肌肉力量和免疫系统功能的降低（Jex et al.，2007）。身体上的衰老还会影响退休员工的职业目标，因为这些员工会更喜欢从事有较好的医疗保障的职业。年龄增长还会造成员工认知能力的下降，这同样应该引起组织的重视，并为他们提供合适的培训，以使这些员工能够顺利使用新的技术和设备来实现职业追求（Hedge et al.，2006）。具有较为丰富的相关工作经验和较高水平专业技能的年老员工对于雇主是有吸引力的，因为雇佣这些员工可以省下大量的培训成本，并且他们能创造比新人更好的绩效（AARP，2005；Hedge et al.，2006）。

在工作层次上，年老的员工能否跟上工作所需技术的进步和更新（Spiegel and Shultz，2003）、工作特征（Kanfer and Ackerman，2004）及工作应激源，都会影响年老员工的职业追求（Barnes-Farrell，2005；Elovainio et al.，2005；Hansson et al.，2001）。例如，年老员工可能会觉得跟进工作所需技术的更新有困难，导致他们会离开现在所从事的工作，换一个工作技能比较稳定、不需要经常更新技能的工作。另外，年老员工经常喜欢一个人工作并且喜欢在工作相关的决策过程中有较大的自主权。因此，具有较低自主性的工作对这些员工的吸引力

不大。最后，年老员工在面对工作中的应激源时，可能做出与年轻人不一样的反应（Barnes-Farrell，2005；Shultz et al.，2010）。例如，他们并不会像年轻人那样关注兼职工作的稳定性（Morrow-Howell and Leon，1988）。

在组织层次上，与年龄歧视相关的组织氛围（organizational climate）（Finkelstein and Farrell，2007；Posthuma and Campion，2009）、组织裁员（Gallo et al.，2000）及对某些类型的劳动力的需求下降等因素都会影响年老员工的职业选择（AARP，2005）。例如，组织是否给予老年员工足够的尊重，会在很大程度上影响老年员工是否直接退休的意愿。组织裁员和组织对某些类型的劳动力的需求下降同样会降低年老员工继续工作的动机。

四、退休——从人力资源的角度分析

最后是将退休视为人力资源的一部分这一概念，其强调了组织对退休的管理在帮助组织达成组织目标的过程中的重要性。这一概念不仅建议管理者重新审视组织中有关员工退休的组织政策，还要求管理者审视这些退休政策引起的组织层面的变化对员工退休决策和适应的影响（Kim and Feldman，1998）。

一般系统理论是与这一概念相联系的传统理论框架，它将组织比作生命体（Katz and Kahn，1978），在这一理论框架下，人力资源管理被视为吸引、发展和激励员工，以及保证组织有效率地运转和生存而与环境交换信息与能量的子系统（Jackson and Schuler，1995）。为了达到这一目的，退休相关的人力资源政策和福利政策，如更多的养老金（Shuey，2004）、为养老金资格设立较低门槛（Lund and Villadsen，2005）、退休后的医疗保障福利（Fronstin，1999）及终身雇佣系统（Hayes and VandenHeuvel，1994），已经被组织作为提高员工工作满意度和组织承诺的工具。另外，人力资源管理还会在维持合理人事结构、达成最佳的技能和知识的结合，以及保持合理的劳动力支出等方面为组织的战略目标服务。基于这一点，与退休相关的人力资源政策和实践，如鼓励早退休的激励政策（Birati and Tziner，1995；Feldman，2003）、分阶段退休政策（Greller and Stroh，2003；Penner et al.，2002）及工作分享（Rix，1990）等，已经被用于组织人力资源的裁减和重组。

回顾将退休视为人力资源的一部分的实证研究，我们发现这些研究的思路在一定程度上符合社会背景理论的描述。这一理论认为人力资源政策和实践受到相关社会、经济、政治和文化环境的影响（Ferris et al.，1998）。具体来说，大多数有关提前退休的研究都是在 20 世纪 90 年代展开的，这个时候许多组织致力于通过全球制造业转移和外包周边服务来提升组织的竞争力。大多将过渡型就业作为组织的新选择的研究开始于 21 世纪初，因为此时 20 世纪婴儿潮出生的人们开始进入退休年龄，导致了劳动力大量短缺（AARP，2005）。考虑到当前的经济衰退，我们将会看到针对退休的不同人力资源政策在组织中共同存在：一方面，组织会为了减少人力成本更加大力地推行鼓励提前退休的政策；另一方面，组织为了保证劳动力拥有具有竞争力的技能和经验，可能会与一些到达退休年龄的员工继续签订合同或雇佣更多的已退休员工（Greller and Stroh，2003）。总之，社会环境理论指出了关注影响员工退休的宏观环境的重要性。

在介绍完退休的四种概念及相关理论之后，我们着重介绍关于退休的三大心理模型和退休的实证研究。这些研究大都围绕如下几个主题：退休计划、退休决策、提前退休、过渡型退休及退休转换和适应。这几个过程可以按图 12-1 中的顺序进行排列，形成一个完整的退休过程。我们在这里具体讨论的实证研究包括退休计划、退休决策、过渡型退休与退休转换和适应这四个相对比较重要的主题。在每一个主题下，我们都会涉及与这一主题相关的前因变量，讨论这些变量是如何影响退休个体的行为和心理状态的。这些变量可以总结为四个层次：个人特质、工作和组织因素、家庭因素与社会经济因素，也在图 12-1 中有所展示。

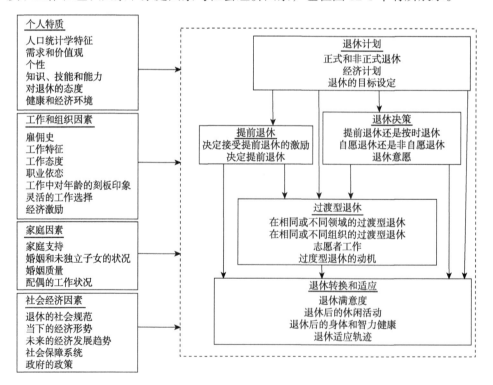

图 12-1　退休的实证研究中涉及的主题和关系的总结

第二节 关于认识退休的三大心理模型

这里我们主要探讨三种关于退休的心理模型，分别是退休的时间过程模型（temporal process model of retirement）、退休的分层次模型（multilevel model of retirement）及退休适应的资源动态模型（resource-based dynamic model for retirement adjustment）。退休的时间过程模型主要提供了一个对退休过程的启发性描述，并将退休过程描述为不断发展的三阶段过程。退休的分层次模型用以对认识和预测退休过程的前因变量提供一个系统性、结构性的方法论。退休适应的资源动态模型为认识和了解退休的结果变量提供了一个系统框架。

一、退休的时间过程模型

退休的时间过程模型阐述了在退休过程中，通常会经历三个连续的阶段：退休计划、退休决策及退休转换和适应（Shultz and Wang，2011；Wang and Shultz 2010）。退休准备和计划通常是这个过程的开始阶段，在这个阶段中人们开始设想退休可能需要做什么，并开始与朋友、家人和同事讨论这些计划。通过此过程，退休计划有助于个人对退休生活产生更准确的期望，并动员和组织资源来满足即将到来的退休中个人的需求。Taylor-Carter 等（1997）将退休计划分为财务计划和认知计划。财务计划的目标是在收入和支出之间找到平衡，使个人在退休时保持理想的生活方式，其重点是私人储蓄。McCarthy（1996）认为退休财务计划有六个步骤：收集个人财务数据、定义目标、发现问题、计划、实施计划及观察和修订计划。关于认知的退休计划，根据 Adams 和 Rau（2004）的研究，目标是解决四个关键问题：我将做什么？我如何负担得起？我住在哪里？我将与谁分享？回答这些问题需要个人收集有关当前情况的大量信息（如当前资金的数量或当前的健康状况），并使用认知技能对未来进行预测（如社区的参与或伴侣的工作状态）（Wang，2007）。

接下来，是关于退休的决策阶段。在此阶段，人们必须权衡个人随时间继续工作的价值与退休的价值，以做出是否退休的决策。一些研究人员试图将退休决策阶段进一步区分为更小的阶段。例如，Feldman 和 Beehr（2011）专注于有关退休决策的思想转变过程，并将退休决策分为三个阶段：想象可能性、评估何时该放弃工作、将具体计划付诸行动。这三个阶段描述了一个认知过程，该过程首先集思广益探讨可能的未来，然后考虑过去的工作经验，最后使用收集的信息来做出退休决策（Feldman and Beehr，2011）。

有时，个人可能还会面临是否提前退休的决定。提前退休被定义为在个人有资格获得社会保障福利和/或养老金之前退出劳动力市场（Feldman，1994；Kim and Feldman，1998）。最近，Feldman（2003）认为提前退休的身份至少应是部分主观的。换句话说，一个人是否提前退休还取决于退休年龄是否小于预期的退休年龄（Potocnik et al.，2010）。鉴于持续的技术进步和医疗保健水平的提高使人们即使在采取了提前退休激励措施后仍能工作更长的时间，用于定义提前退休的这一主观要素已变得越来越突出（Kim and Feldman，2000）。该主观定义还强调了人-环境相适应（person-environment fit）在制定提前退休决策中的作用，即不适应工作的人更可能早日退出工作岗位（Armstrong-Stassen et al.，2012；Feldman，2003；Herrbach et al.，2009）。

最后，随着个人从全职员工过渡到退休人员，他们进入了退休过渡和调整阶段，调整过程中最重要的部分涉及日常活动的变化。退休人员在进入退休后如何支配时间有很多选择，包括休闲活动、志愿工作和各种形式的有偿工作（Adams and Rau，2004）。休闲活动的特点是享受、新颖、放松、陪伴、审美欣赏和亲密，包括与朋友和家人交谈或拜访、参与俱乐部和组织活动、体育活动（如锻炼和运动）及业余爱好（如园艺和手工艺）（Dar-Nimrod et al.，2009）。志愿工作包括照顾家庭成员及正式在商业和公民组织中做义工（Dosman et al.，2006；Kaskie et al.，2008）。

退休后的有偿工作通常称为过渡工作，即定义为老年工人离开职业生涯并朝着完全撤离劳动力的方向展现的劳动力参与模式（Feldman，1994；Wang et al.，2009）。最近的研究表明，退休人员中从事过渡就业的比例很高。例如，Brown等（2010）研究显示，自称已退休的50岁及以上工人中，有20%以上的人也同时从事有偿工作，这表明退休人员从事过渡工作的比例很高。他们还发现，年龄在50岁以上的工人中，有75%希望在退休期间有带薪工作。同样，Giandrea等（2009）使用1998~2006年的健康和退休研究数据，发现1998年年龄在51~56岁的人中，有64%的人在完全退出劳动力市场之前转为过渡工作。许多财务因素可能会促使个人退休后寻求工作，如年龄增加以获得社会保障福利的资格，传统的确定性福利计划下降转而使用定额供款计划（如401k计划）及劳动力市场收入的增加（Cahill et al.，2015）。个人也可以尝试通过持续的劳动力参与来减轻和适应退休后的生活方式变化（Wang and Shultz，2010）。

过渡工作可以采取多种不同的形式。与退休前工作相比，当过渡工作的工作时间减少，过渡工作以阶段性退休的形式运作，这已被证明可以帮助退休人员轻松退休（Wang et al.，2009）。从组织的角度来看，一个人可以在退休前继续全职或兼职为退休前雇主或另一雇主工作（Zhan et al.，2015）。由于婴儿潮一代开始退休，越来越多的组织面临劳动力短缺的压力，这种基于组织的过渡性就业决定越来越受到研究关注（Wang and Shultz，2010）。因此，通过过渡工作留住退休工人可以帮助组织维持熟练和有经验的劳动力。过渡就业是指个人在职业生涯中经历的转变或过渡阶段，可以采取两种主要形式，即职业过渡工作和不同领域的过渡工作（Wang et al.，2008）。研究表明（Wang et al.，2008），对职业的心理依恋和公司为保留其熟练劳动力提供的激励措施使个人很有可能继续以职业过渡的形式工作，而改变工作条件的需求有助于跨领域就业。两种形式的过渡工作也可能是缺乏退休计划的结果（Wang et al.，2008）。

使用时间过程模型来描述和理解退休过程，可帮助研究人员进一步研究这些退休阶段之间的相互依赖性（如这些阶段如何相互影响及它们如何共同影响退休的长期调整结果）（Shultz and Wang，2011）。但是，值得注意的是这个时间过程在个体之间并不相同。在个人经历了退休决策、以退休人员的身份开始生活的大阶段中，还会经历一些较小和较短的阶段。因此，研究人员经常在研究中专注于退休过程的特定阶段，同时意识到他们只是在研究更大的退休拼图中的一小部分。此外，此过程不太可能对于所有退休人员都顺利进行。一些年纪较大的人进入退休生活时会感到矛盾、焦虑、恐惧、沮丧和深深的失落感。Brown 等（2010）、O'Rand 和 Shuey（2007）总结的研究表明，残疾人、无证件移民、经济上有需要的人、从未工作过的人及长期失业者等将以截然不同的经验和角度经历退休计划、决策与过渡和调整过程。因此，这种退休的时间过程模型更加需要检查个体在经历自己的退休过程中所面临的独特心理变化。

二、退休的分层次模型

退休的分层次模型起源于社会学的观点，即将退休视为一种多层次现象（Szinovacz，2013）。具体而言，在社会或宏观层面，退休可以被视为一种机制，反映了文化规范和社会价值及其在退休人员的各种支持系统中的体现。中观层面包括在组织中得到加强的退休政策和文化，表现为与福利、退休年龄和对老年工人及退休人员的其他支持有关的特定组织政策的显式形式，以及具有隐性形式的由组织或在工作环境中宣传的退休角色和期待。在微观层面上，退休表现为个人退出工作队伍的途径，强调退休计划、决策及退休后的活动和行为，这在很大程度上是我们先前在退休的时间过程模型中所回顾的。

根据 Szinovacz（2013）的观点，在宏观层面上，可能影响个人退休过程的环境包括退休支持系统的特征，关于退休的文化价值观和社会规范及经济和劳动力市场状况。例如，能够领取社会保障的年龄对退休计划和退休决策产生了深远的影响，因为它为员工提供了一个具体的时间表来评估其进入退休生活的可能性（Ekerdt et al.，2000）。此外，鼓励退休并将其视为自愿和理想的转变的文化价值观很可能塑造对退休的积极态度，促进退休计划和提前退休决策（Hershey et al.，2007）。同样，关于退休时间的社会规范可能会影响不同工作环境的人和不同族群的退休决策（Mermin et al.，2007）。还需要注意的是，社会保障福利中所包含的性别和家庭规范（如配偶津贴、离婚的婚姻期限要求及不承认同性恋伴侣关系）会对某些人群中与退休相关的行为产生直接影响（如老年少数族群妇女）（Angel et al.，2007）。最后，老年员工的经济背景可以在退休过程中发挥重要作用。具体而言，糟糕的经济和高失业率可能会阻止年长的工人继续留在劳动力市场，而强劲的经济和低失业率可能与退休人员退休后重返工作的可能性正相关（Munnell et al.，2008）。

在中观层面上，可能影响个人退休过程的因素包括工作环境（即组织和工作因素）和非工作生活环境（即家庭和社交环境因素）。相关的组织和工作因素可能包括与年龄和退休有关的人力资源管理、工作场所的年龄歧视、工作性质及与工作和职业有关的态度。例如，遵循理性选择方法，组织提供的养老金计划的可用性和形式（即确定的福利与确定的分配）会通过影响人们的财务资源来影响他们的退休决策（Szinovacz，2013）。此外，适应老年员工需求（如灵活的工作时间表）和应对工作场所老龄化的人力资源政策可能既能挽留老年工人，又能吸引他们在同一公司参与过渡工作（Wang and Shultz，2010）。不良的工作条件（如较高的身体和认知需求）可能会使老年工人决定退休（Shultz et al.，1998），而对工作、组织和职业的积极态度则可能促使老年工人留在劳动力市场（Zhan et al.，2015）。

可能影响个人退休过程的家庭和社交环境因素包括社会支持、婚姻和受抚养人情况及配偶的工作情况。按照生命历程的观点，个人的人生转变（如退休）与他们的重要人物紧密相关（Wang and Shultz，2010）。具体来说，家庭成员和朋友可能会通过给予他们的物质和非物质支持，提供定位点和榜样机会及可替代工作关系的理想社交环境，来影响他们的退休计划、退休决策和退休后活动（Szinovacz，2013）。此外，有些人可能会推迟退休，直到他们的孩子不再依赖他们为止，而另一些人可能会提前退休以照顾患有疾病的孙子或家属（Brown and Warner，2008）。最后，配偶的工作状况可能会影响个人的退休计划和决策，因为人们通常希望安排共同的退休时间，以简化休闲活动的计划和社会适应（Curl and Townsend，2014）。

在微观层面上，可能影响个人退休过程的因素包括个人特质（如人口统计学变量、健康和财务状况、知识和技能、性格、需求和价值）、工作经历和对退休的态度。按照生命历程的观点，个人特质和工作经历构成了人生过渡阶段的直接个人环境因素。例如，累积优势/劣势理论（O'Rand and Shuey，2007）表明，来自社会经济地位较低的群体不仅在生命早期积累较少的人力资本（如知识和技能），而且更容易受到健康问题的困扰。这些早期的不利因素往往会增加成年后的财务和健康风险，而优势则带来更多的机会。因此，一个人的退休过程很可能会受到他的个人特质和随之而来的工作经历所累积的生活经验的影响（Szinovacz and Davey，2004；van Solinge and Henkens，2007）。此外，个人对退休的态度可能是最接近退休相关行为的预测指标。根据计划的行为理论，对退休的积极态度与退休计划的积极参与正相关，并有助于退休的决定（Shultz，2003）。

三、退休适应的资源动态模型

基于资源的退休调整动态模型着重于将退休调整解释为一个纵向过程，在此过程中，退休人员的调整水平可能会随个人资源和这些资源的变化而波动（Wang et al.，2011）。因此，该模型将研究重点放在退休对退休人员的福祉产生影响的潜在机制上，而不是着眼于退休对退休人员的绝对好坏影响。因此，该模型可以用作研究退休的各种结果变量（如退休人员的财务、身体和心理健康），以及促使产生这些结果的因素的统一理论框架。

具体来说，资源可以被广泛地定义为个人必须具备的总能力，并用来实现他或她的核心需求。在对研究的不同类型资源的综述中，Wang（2007）认为这种总能力可能包括一个人的身体资源（如肌肉力量）（Jex et al.，2007）、认知资源（如处理速度和工作记忆能力）（Wang and Chen，2006）、动机资源（如自我效能感）（Dendinger et al.，2005）、财务资源（如薪金和退休金）（Damman et al.，2011）、社会资源（如社交网络和社会支持）（Kim and Feldman，2000）及情绪资源（如情绪稳定性和情感性）（Blekesaune and Skirbekk，2012）。退休人员调整的难易程度预计是个人拥有这些资源的直接结果，一方面，当人们拥有更多的资源来满足退休时所重视的需求时，他们适应退休的困难将减少；另一方面，退休人员资源的减少将对退休适应产生不利影响。

按照这种资源观点，可以将退休适应会带来的福祉变化看作资源变化的结果。换句话说，如果与参考点（如退休适应的开始）相比，退休人员的总资源没有显著变化（如由于成功地维持了以前的生活方式和活动），则他或她可能不会经历显著的福祉变化。如果退休人员的总资源与参考点相比明显减少（如由于失去了主要的收入来源），那么他或她的福祉可能会受到负面影响。此外，与参考点相比，如果一个人的退休使他或她能够投入更多的资源（如由于获得以前由压力性工作占据的认知资源）来满足被重视的需求，则他或她可能会体会到福祉的增加。因此，该理论框架具有灵活性，可以应对退休适应阶段的各种纵向模式，从而极大地丰富了退休适应纵向过程中对个体差异的理解（Wang，2007）。

此外，资源变化可以作为解释退休适应变化的机制，也可以用于考虑可能影响退休适应质量的因素（如 Wang et al.，2011）。研究人员可能会专注于研究对不同类型的资源有直接影响的前因变量。该理论为探索可能影响退休适应阶段退休人员资源的前因变量提供了一个广阔的视角，包括宏观层面（如社会规范和政府政策）、组织层面（如组织环境和人力资源管理）、工作层面（如工作条件）、家庭层面（如婚姻质量）和个人层面（如健康行为和心理弹性）。因此，采用基于资源的动态视角可能会有利于对退休适应的不同因素进行更全面、更富有成果的研究。

最后，与传统的退休适应理论（如生命历程、连续性理论和角色理论）相比，这种基于资源的动态模型还为理解连接退休适应过程中两个不同趋势的转折点提供了新的机会。例如，遵循此模型我们可以假设某些个体差异（如对于变化的开放性、退休时的目标取向及对有序性需求）可能会影响退休人员的动机资源，某些环境因素（如家庭支持、社区凝聚力和本地劳动力市场的失业率）可能会影响退休人员的财务和社会资源。相应地这些资源可以预测退休人员的福祉，首先经历负面变化而之后是正面变化的转折点会有多快到来。因为这些个体差异和环境因素都有助于退休人员获得更多资源，从而使他们更有可能从下降趋势转向上升趋势。因此，在未来的研究中，应用这种基于资源的动态观点可能会进一步加深我们对退休过程的理解。

第三节　退休相关的实证研究

一、退休计划

相对而言，关于退休计划的研究目前还比较少。Hershey 等（2007）发现，男性更加倾向于做具体退休目标（如购买汽车之家并前往阿拉斯加），而女性则表现出更一般和抽象的目标（如幸福）。Phua 和 McNally（2008）的研究表明年轻人和老年人对退休计划的态度有所不同。年轻男性为退休储蓄的可能性要小得多，而且他们在退休前计划和退休的财务计划之间做出了更大的区分，老年男性则将这两种形式的计划更加紧密地结合在一起。此外，Ekerdt 等（2000）发现，人们离退休时间越是接近，就越是会参与正式和非正式的退休计划活动。Taylor 和 Geldhauser（2007）指出，收入等级（家庭收入低于 40 000 美元）的老年员工比收入等级较高（家庭收入高于 100 000 美元）的老年员工从事非正式和正式退休计划的可能性更低。Kim 和 Moen（2002）发现在退休前阶段，退休的负面态度与退休计划的缺乏及没有搜寻退休信息有关。

此外，家庭成员可以通过参与或影响彼此的退休计划，从而在个人的退休计划过程中发挥重要作用。研究表明，伴侣经常会影响彼此的退休决定及彼此的退休财务准备（Henkens and van Solinge，2002）。Hershey 等（2007）研究了影响美国和荷兰老年员工财务规划的心理和跨文化因素。他们发现，与美国员工相比，荷兰员工较少参与退休计划活动，并且对退休计划的目标明确程度较低。这是由于大多数荷兰老年员工拥有受保证的受益养老金计划，而美国绝大多数组织现在提供的多是波动性更大且不确定的缴款计划。

二、退休决策

一些对退休决策影响最显著的预测变量都处在个体层次上。例如，员工的年龄越大便越有可能退休（Adams and Rau，2004；Kim and Feldman，2000；Wang et al.，2008），这一规律支持了生命历程观点，因为年老员工会面临身体能量和认知能力的下降，因此其继续参与工作的可能性低（Jex et al.，2007）。教育程度也被发现与退休决策有关（von Bonsdorff et al.，2009），因为教育程度较高的员工具有较多的专业知识和技能，他们在掌控自己的生活模式上有更多的余地和选择，这支持了连续性理论的观点。因此，他们有更多的机会在自己专长的领域继续工作，承担咨询或者其他对企业发展有比较直接影响的工作角色（Ekerdt et al.，2000）。

健康也会影响员工的退休决策（Jex et al.，2007；Mutchler et al.，1997；Shultz and Wang，2007）。健康问题可能会影响个体的工作效率，甚至阻碍员工继续参与工作，对他们的生活持续性造成影响。因此，身体健康的年老员工可能会选择继续工作，而身体不好的员工则更有可能做出退休决策（Barnes-Farrell，2003）。员工的经济状况也会影响退休决策（Gruber and Wise，1999；Quinn et al.，1990）。然而，研究发现经济状况和退休决策之间的关系比较复杂。例如，Wang 等（2008）发现员工的总财富并不会预测退休员工参与过渡型就业的比例。换句话说，年老员工可能因为对从事的职业抱有较高的满意感或是依恋感（Shultz，2003），或是对组织有较高的承诺度而选择继续工作（Adams and Beehr，1998），而非仅是因为处于较差的经济状况之中。

与退休决策有关的工作层面的预测变量包括工作角色的特征和员工对于工作的态度。例如，从事对体力和脑力要求较高的工作的员工（Elovainio et al.，2005；Gobeski and Beehr，2008；Hayward et al.，1989；Lin，2001；Wang，2007）及对工作不满意的员工（Shultz et al.，1998；Wang et al.，2008）更有可能选择退休。不过，也有研究发现工作满意度和退休并没有直接的联系，而与员工是否会在其他领域选择一份工作作为退休的过渡有关（Gobeski and Beehr，

2008）。另外，一些研究发现那些对工作感到疲倦的员工更有可能决定退休（Bidewell et al.，2006）。对工作的依恋和承诺则与退休决策负相关（Adams and Beehr，1998；Adams et al.，2002；Luchak et al.，2008）。Schmidt 和 Lee（2008）的一项研究则发现工作重心度和对休闲活动的承诺才是退休意愿的预测变量，而对组织的情感承诺只能预测离职意愿。

　　家庭也是影响退休决策的重要方面（Szinovacz，2003）。研究发现配偶的工作情况、配偶的支持、子女状况都与退休决策有关。配偶的工作情况不是很理想、配偶对自己退休的支持较少、有较多的子女还未经济独立时，个体做出退休决策的时间会延后（Henkens，1999；Henkens and Tazelaar，1997；Henkens and van Solinge，2002；Szinovacz et al.，2001）。然而，也有研究发现一些家庭变量，如婚姻状况和婚姻质量与退休决策并没有关系（Wang et al.，2008）。由于这部分的研究数量并不是很多，现在还不能得到统一的结论。

　　宏观的环境因素与退休决策之间的关系也得到了许多研究者的关注。这些因素包括组织政策、与退休有关的职业规范，以及在组织甚至更大的全社会范围内感受到的对退休的消极刻板印象等。例如，Settersten 和 Hagestad（1996）发现工作环境和社会中认定的合理退休年龄会对年老员工的退休计划造成压力，那些有着更远的职业发展计划的年老员工和在职业生涯中趋于稳定的年老员工，感受到了来自组织和社会的更大的压力。

三、过渡型就业

　　过渡型就业是指年老员工在从离开原有的职业到完全离开劳动力市场的过程中发生的再就业（Shultz，2003），也就是俗称的返聘。过渡型就业是一个相对较新的领域，大部分的实证研究集中在1990年之后。实证研究始于对不同人在退休后想要重新参与劳动的意愿存在越来越大的个体差异的关注，并且表明退休并不意味不再有带薪就业的意愿（Doeringer，1990；Herz，1995；Mutchler et al.，1997；Quinn，1997，1999；Ruhm，1990，1994），而是往往将过渡型就业看作退休的过渡和调整过程。此外，在这一时期，对过渡型就业预测因素的研究还处于探索阶段，主要集中在人口统计学因素（如年龄、种族、性别、教育、婚姻状况）（Ruhm，1994）和社会经济地位变量（如经济形势和失业率）（Quinn，2010）。

　　从20世纪90年代末开始，实证研究开始系统研究过渡型就业决策的前因变量。大部分研究者已经将过渡型就业看作有利于退休者向完全退休状态过渡和调整的积极就业选择（Kim and Feldman，2000）。例如，Weckerle 和 Shultz（1999）发现，退休后从事过渡型就业的老年职工对自己财政状况更加满意，认为工作的灵活性较高，并且感到退休决定是自愿的。Kim 和 Feldman（2000）发现健康状况、工作年限、有在工作的配偶，以及拥有未成年子女均和退休后过渡型就业的程度正相关。他们也发现年龄、退休工资和提前退休导致机会的减少与退休后过渡型就业程度负相关。Kim 和 DeVaney（2005）发现，退休前是个体户或拥有大学学位的个体更愿意进行过渡型就业。

Davis（2003）、von Bonsdorff 等（2009）和 Wang 等（2008）将退休概念化为职业生涯发展的一个阶段，并将过渡型就业重新归类为两种类型：相同领域的过渡型就业（即个体接受退休前同一行业的过渡型就业）和不同领域的过渡型就业。Davis（2003）发现，男性退休人员和拥有较高的创业意向的退休人员更有可能选择过渡型就业而不是完全退休，而已婚的退休人员和在组织内有较长任期的退休人员更可能选择完全退休。Davis（2003）进一步发现，年轻的退休人员和更渴望追求新事业的退休人员更可能选择从事不同领域的过渡型就业而不是完全退休。von Bonsdorff 等（2009）则发现，对想更好地发挥自身技能、较少关注利益变化的员工而言，他们更可能从事不同领域的过渡型就业而非完全退休。对工作之外较少有其他兴趣、想更好利用自身技能赚取金钱的员工而言，他们更倾向于从事同一领域的过渡型就业而非完全退休。最后，拥有较少工作之外兴趣的年轻女性雇员更愿意在同一领域进行过渡型就业而不是选择新的领域。

基于 Kim 和 Feldman（2000）及 Davis（2003）的研究，Wang 等（2008）发现：①年轻、接受更多教育、健康状况良好、工作压力小、退休前工作满意度高并且较少考虑退休的员工，更可能从事过渡型就业而不是选择完全退休；②年轻、接受更多教育、健康状况和经济状况良好、退休前工作压力小，并且较少考虑退休的员工，更可能从事不同领域的过渡型就业而不是选择完全退休；③经济状况好、退休前工作压力小并且工作满意度高的员工，更可能从事同一领域的过渡型就业。

最近几年，一些学者开始关注决定过渡工作的一些员工的心理因素。例如，Fasbender 等（2014）发现将衰老体验为社交丧失和个人成长的退休人员更有可能从事退休后的工作，而将衰老体验为个体认知的退休人员则不太可能从事退休后的工作。同时，Fasbender 等（2016）关注于工作的意义与退休后继续工作的关系。工作的社会和个人意义与退休后工作的可能性成正比。此外，认为工作具有高经济意义的退休人员，当他们主观上的经济地位较低的时候，会更加愿意在退休后继续工作。另外，Zhan 等（2009）探索了动机导向性与过渡工作的关系。交流追求与产出追求过渡工作的参与度正相关。此外，性别减缓了地位追求的影响，研究表明地位追求与男性退休人员的过渡工作参与度正相关，而不与女性退休人员的过渡工作正相关。此外，研究还表明地位追求与退休后的志愿活动负相关。

还有一些研究关注退休后的工作计划，如 Wöhrmann 等（2013）发现增加工作上的社会支持及减少体力需求都有助于员工提高退休后为之前工作的公司继续工作的意愿。运用访谈法和问卷法，Wöhrmann 等（2014）发现员工对于结果的期待与他们退休后愿意继续工作的意愿正相关，并且身边重要人物的同意会增强这种正相关关系。

相对而言，较少研究关注过渡型就业的结果变量。这些研究主要集中在将过渡型就业作为退休的过渡和调整过程，更多地用角色理论和连续性理论来解释。例如，Kim 和 Feldman（2000）发现过渡型就业和退休员工的退休满意度、生活满意度均呈正相关关系。Wang（2007）发现过渡型就业帮助退休者在退休过渡时期保持良好的心理状态。此外，Zhan 等（2009）发现从事过渡型就业的退休者患病较少，日常生活功能也下降较少。他们也发现和完全退休的退休者相比，同一职业的过渡型就业对退休者的精神健康状况更有利，而不同行业过渡型就业对退休者精神状况影响不显著。

四、退休适应

退休适应是指退休员工对退休后改变了的生活环境进行适应的过程。与退休适应有关的实证研究主要集中在两个问题上：退休对于个体有什么影响；哪些因素影响退休适应的质量。以下分别简要综述与这两方面问题有关的实证研究。

有许多研究考察了退休人员在退休后生活环境中心理舒适度的变化程度，指标包括幸福感、退休满意度、生活满意度等（Gall et al., 1997；Calasanti，1996）。近些年来对退休适应进行了更直接的测量，包括退休人员对于退休过程中困难的自我评估、退休适应消耗的时间等（van Solinge and Henkens, 2007, 2008）。然而，退休对个体的影响的研究结果出现了不一致的现象。一些研究发现退休员工相对于其他员工来说会报告更高的抑郁和孤独感、更低的生活满意度和幸福感、对退休更消极的看法和更低的活动强度（Kim and Moen，2002；Richardson and Kilty, 1991）。另一些研究则发现退休对个体有积极的影响，而没有明显的消极作用（Gall et al., 1997）。Wang（2007）的一项研究为解决这一争议提供了证据。Wang（2007）对一项纵向研究的数据使用增长混合模型（growth mixture modeling）的技术，发现在退休群体中同时存在着拥有不同退休适应过程形式的个体。约 70%的退休人员在适应过程中有较少的心理状态变化；约 25%的退休人员在退休初期会表现出心理健康水平的下降，但之后会有所恢复；约 5%的退休人员显示出了积极的心理健康变化。这项研究表明今后对于退休影响的研究需要更多地考虑个体差异，不能再使用统一的退休适应变化模式。

而对于影响退休适应的因素，大体可以划分为五个方面：个体特质、退休前工作相关的变量、家庭相关的变量、退休过渡相关的变量和退休后的活动（Wang and Shultz，2010）。个体特质包括身体健康（van Solinge and Henkens，2008）、心理健康（Kim and Moen，2002）和经济状况（Gall et al.，1997）等；退休前工作相关的变量包括工作压力（Wang，2007）、工作要求（Wang，2007）、工作挑战（van Solinge and Henkens，2008）、工作不满意（Wang，2007）、退休前的解雇（Pinquart and Schindler，2007）和工作角色认同（Quick and Moen，1998）等；家庭相关的变量包括婚姻状况（Pinquart and Schindler，2007）、配偶工作状况（Wang，2007）、婚姻质量（Wang，2007）、未经济独立的子女数量（Kim and Fledman，2000）、丧失伴侣（van Solinge and Henkens，2008）等；退休过渡相关的变量包括退休计划（Reitzes and Mutran，2004）、提前退休（Quick and Moen，1998）、因为健康原因退休（Quick and Moen，1998）、因为经济激励退休（Quick and Moen，1998）等；退休后的活动包括过渡型就业（Kim and Feldman，2000）、志愿工作（Dorfman and Kolarik，2005）、休闲活动（Dorfman and Kolarik，2005）、与社交活动有关的焦虑（van Solinge and Henkens，2008）等。这些变量的总结可以参考表 12-2，同时表 12-2 中还指出了每一个变量对退休适应过程的影响方向。总的来看，这些变量均带有资源的性质，可以归为生理资源、情感资源、认知资源、经济资源、社会资源、动机资源等类别之中（Wang et al.，2011）。总之，这些发现表明个体生活中重大的资源变化是与退休适应的质量有密切关系的。

表 12-2 影响退休适应质量的预测变量

预测变量所属的类别	预测变量	影响方向	研究的例子
个体特质	身体健康	+	van Solinge 和 Henkens（2008）
	心理健康	+	Kim 和 Moen（2002）
	经济状况	+	Gall 等（1997）
退休前工作相关的变量	工作压力	+	Wang（2007）
	工作要求	+	Wang（2007）
	工作挑战	+	van Solinge 和 Henkens（2008）
	工作不满意	+	Wang（2007）
	退休前的解雇	+	Pinquart 和 Schindler（2007）
	工作角色认同	−	Quick 和 Moen（1998）
家庭相关的变量	婚姻状况	+	Pinquart 和 Schindler（2007）
	配偶工作状况	−	Wang（2007）
	婚姻质量	+	Wang（2007）
	未经济独立的子女数量	−	Kim 和 Fledman（2000）
	丧失伴侣	−	van Solinge 和 Henkens（2008）

续表

预测变量所属的类别	预测变量	影响方向	研究的例子
退休过渡相关的变量	退休计划	+	Reitzes 和 Mutran（2004）
	提前退休	−	Quick 和 Moen（1998）
	因为健康原因退休	−	Quick 和 Moen（1998）
	因为经济激励退休	+	Quick 和 Moen（1998）
退休后的活动	过渡型就业	+	Kim 和 Feldman（2000）
	志愿工作	+	Dorfman 和 Kolarik（2005）
	休闲活动	+	Dorfman 和 Kolarik（2005）
	与社交活动有关的焦虑	−	van Solinge 和 Henkens（2008）

注："+"表示对退休适应质量有积极影响，"−"表示对退休适应质量有消极影响

第四节　退休的结果研究

一、财务健康

退休人员的财务健康可以定义为该人对自己的财务状况感到满意并能够维持有效财务功能的程度（如获得稳定的收入、足以支付其费用）（Wang，2012）。在影响退休后财务健康的各种个人特质中，财务素养是最受关注的一项。在过去的 20 年中进行的数十项有关金融知识的调查表明，个人在金融领域的知识程度和准确性与退休后的财务状况有关（Lusardi and Mitchell，2011）。影响退休后财务健康的另一个重要个人特质是一个人对退休后财务目标的了解程度。对 1 500 名新西兰人进行的调查显示，个人财务目标的明确性与其财务准备程度中度相关（Noone et al.，2010）。同样，Stawski 等（2007）发现与退休生活有关的财务目标明确可以预测人们的财务健康。

多次研究已表明，积极参与退休前财务规划会给退休人员带来更好的财务健康。具体而言，财务计划与增加退休储蓄、预算和制订长期投资计划相关（Hershey et al.，2007）。此外，那些获得额外的经济刺激措施而退休的人（如获得提前退休的鼓励方案或裁员方案）通常在进入退休后在经济上会更好（Quick and Moen，1998）。

人们的退休前工作经验与其退休后的财务健康也有关。具体而言，退休前职业道路受到更多干扰的人（如多次更换工作、经历一段时间的失业）与那些职业道路较稳定的人相比，获得社会保障或养老金的可能性较小，从而损害了他们退休后的财务健康（Glass and Kilpatrick，1998；O'Rand and Shuey，2007）。这也

是为什么女性和受教育程度较低的人在财务上通常会因退休而变得更糟糕的原因之一（Wang and Shultz, 2010）。此外，退休前的失业也给退休人员的财务状况带来风险，因为老年人通常很难找到能够提供与其下岗前相当的薪水的工作（Pinquart and Schindler, 2007）。因此，他们可能必须在进入退休之前依靠储蓄，这也会在退休后期对其造成财务压力。

受抚养人的数量和与受抚养人有关的费用通常会危及人们退休后的财务健康。退休人员的受抚养者越多、由于受抚养人而产生的费用越多，退休后的财务状况越可能受到损害（Marshall et al., 2001）。此外，对于财务状况不佳的退休人员而言，退休后工作通常会为其退休提供额外的收入，从而减轻了他们的财务困难（Quinn, 2010）。然而，由于经济困难退休人员通常会寻求过渡性的工作机会（Cahill et al., 2015），因此过渡工作与财务健康之间的因果关系仍不明朗。

二、身体健康

退休人员的身体健康可以定义为没有身体疾病（如心脏病和癌症）和功能限制（如缺乏处理日常生活和参与社交活动的能力）的程度（Jex et al., 2007; Zhan et al., 2009）。退休人员的退休前健康状况最能预测其退休后的身体健康（Zhan et al., 2009）。这与遗传和异位因素（即我们身体适应不断变化的社会和自然环境的累积成本）是主要疾病的形成原因的观点是相吻合的（Wang and Shultz, 2010）。此外，健康的行为和习惯，如运动、健康的饮食、远离毒品和酒精及对卫生的保持，对于维持退休后的身体健康很重要（Wang, 2012）。

与工作相关的体力需求已被认为是在退休中与身体健康相关的因素。从高需求的体力劳动退休的人进入退休生活后，其心血管健康状况更可能恶化，尽管随着时间的推移这种状况可能会有所改善（Tuomi et al., 1991）。退休后的健康保险也与身体健康有关，当退休人员的健康保险提供更广泛的服务范围并且产生的自付费用较低时，他们通常会享有更好的身体健康（Stanton, 2006）。此外，当退休人员享有一贯高质量的医疗保健，他们退休后的身体健康状况也更可能得到改善（Singh, 2006）。

在退休后活动中，研究表明与选择完全退休的退休人员相比，从事过渡工作和志愿工作的人的主要疾病和功能限制要更少（Cahill et al., 2015; Dave et al., 2008）。实际上，研究发现与在没有正式退休的情况下继续工作相比，从事过渡工作对个人的身体健康没有任何不同的影响（Zhan et al., 2009），这表明工作中的身体和/或认知活动有助于维持退休人员的身体健康。

三、心理健康

退休人员的心理健康状况可以定义为该人通常对自己的心理状态感到满意并享有有效的心理功能的程度（Wang，2012）。Wang（2007）利用美国健康与退休研究的全国代表性纵向数据并采用增长混合模型，发现在退休过渡和调整的 8 年期间，约 70% 的退休者经历了最低程度的心理健康变化；约 25% 的退休人员在初始过渡阶段经历了心理健康的消极变化，但随后有所改善；约 5% 的退休人员的心理健康得到了正向变化。Pinquart 和 Schindler（2007）使用了来自德国社会经济研究数据的、具有国家代表性的德国退休人员样本，进一步证实了这些发现。具体来说，在退休过渡和调整期间约 75% 的德国退休人员的生活满意度发生了微不足道的变化；约 9% 的德国退休人员在初始过渡阶段的生活满意度显著下降，但此后他们的生活满意度保持稳定或提高；约 15% 的德国退休人员的生活满意度显著提高。尽管在美国和德国退休人员中，亚群的比例并不完全相同，但两项研究都支持退休过渡和调整的多途径性质，这表明退休人员的心理健康并没有遵循统一的过渡和调整方式。

退休人员的工作角色认同也与退休人员的心理健康状况呈负相关关系（Quick and Moen，1998；Reitzes and Mutran，2004）。特别是，强烈认同自己工作角色的退休人员通常更容易在进入退休后经历心理健康的下降。此外，退休人员在退休前从事工作压力大、心理和身体需求高、工作挑战和工作满意度高的工作，他们退休后的心理健康水平就会降低（Quick and Moen，1998；van Solinge and Henkens，2008；Wang，2007）。最后，在退休前经历失业的人也更有可能在心理健康水平较低的情况下退休（Marshall et al.，2001；Pinquart and Schindler，2007）。

已婚退休人员通常比单身或寡居的退休人员享有更好的心理健康（Pinquart and Schindler，2007），但是当他们的配偶仍在工作时，这种有益的影响就消失了（Wang，2007）。拥有更幸福婚姻（Szinovacz and Davey，2004；Wang，2007）和较少的受抚养人的退休者（Kim and Feldman，2000；Marshall et al.，2001）也更有可能有更好的心理健康。最后，在退休过渡期间失去伴侣会对心理健康产生负面影响（van Solinge and Henkens，2008）。

在与退休过渡有关的因素中，退休的自愿性（Reitzes and Mutran，2004；Shultz et al.，1998；van Solinge and Henkens，2007，2008）和退休计划（Reitzes and Mutran，2004；Wang，2007）与退休人员的心理健康密切相关。比预期或计划提前退休的人更有可能在进入退休后心理健康下降（Quick and Moen，1998；Wang，2007）。此外，出于健康原因退休的人更有可能遭受心理健康的下降，而那些退休后从事休闲或其他与工作无关的活动及获得经济奖励或裁员费的人则更有可能获得更好的心理健康（Quick and Moen，1998）。

退休后活动中的过渡型就业（Kim and Feldman，2000；Wang，2007；Zhan et al.，2009）、志愿者工作（Dorfman and Kolarik，2005）和休闲活动（Dorfman and Kolarik，2005）都对退休人员的心理健康有利。此外，当退休人员出于生成原因工作（即从事教学工作并与年轻一代分享知识）时，他们更有可能体验到改善的心理健康（Dendinger et al.，2005）。最后，退休人员通过社交活动维持社会地位和联系而产生的焦虑与退休满意度负相关（van Solinge and Henkens，2007，2008）。

第五节　研　究　展　望

我们对近二十年来的退休问题的理论和实证研究进行了综述。接下来，我们将为未来该领域的研究方向提供一些建议和展望。这些建议和展望包括从人-环境匹配的角度理解退休决策和过渡型就业决策（Ostroff and Schulte，2007）、从资源的角度去理解退休转换和退休适应过程（Hobfoll，2002）及从动态的角度去理解过渡型就业的概念（Wang et al.，2009）。

回顾有关退休决策和过渡型就业决策的研究，尽管这些研究系统地考察了影响决策的不同层次（如个体、工作、组织和社会层次）的前因变量，但是这些研究使用的知情决策的研究方法并不适用于考察不同层次的变量是如何共同作用并对退休和过渡型就业决策造成影响的。将人-环境匹配框架（person-environment fit framework）融入这些研究中可以帮助填补这一空白。根据人-环境匹配理论，人和环境之间的匹配程度决定了人们如何对环境做出反应，人和环境之间较高的相容性有助于产生积极的结果（Caplan，1987）。在这一理论下，退休的决策可能会是员工的个人特点（如人格、能力、动机、健康和经济状况）与环境（包括团队、上级和组织等）之间的不匹配造成的。退休员工决定参加过渡型就业可能是个人特点与退休环境（包括休闲活动、社会网络、养老金收入和健康保险等）的不匹配。

再来看退休过渡和退休适应的文献，大都是基于各式各样的理论来进行研究的，每个理论下的研究结果可能只能解释一部分个体的行为结果（Pinquart and Schindler，2007；Wang，2007）。因此，我们需要一个具有较高普适性的理论来指导今后该领域的研究。资源理论便是一个很好的选择。对于退休员工，他们的资源包括身体资源（如肌肉力量）（McArdle et al.，2002）、认知资源（如信息处理速度和工作记忆）（Park，2000）、动机资源（如自我效能）（Bandura，1997）、经济资源（如薪水和养老金）（Taylor and Doverspike，2003；Dormann and Zapf, 2004）、社会资源（如社会网络和社会支持）（Kim and Feldman, 2000）与情感资源（如情绪）（Dormann and Zapf, 2004）等。从资源的观点来看，退休员工在转换和适应阶段的主观感受变化可以被视为资源变化的结果。当个体的资源增加时，他们会产生更加积极的心理状态；反之则会产生消极的心理状态（Gorgievski-Duijvesteijn et al., 2005）。因此，在研究退休转换和退休适应的前因变量时，研究者可以关注影响个体资源变化的变量，包括个体层次、工作层次、组织层次上的变量等。这样，研究者可以更加全面地理解不同的退休过渡和退休适应结果是如何引起的。

在有关过渡型就业的文献中，大多数研究者将过渡型就业作为一个即时的决策事件（Davis, 2003; Feldman, 1994; Kim and DeVaney, 2005; von Bonsdorff et al., 2009）。我们建议今后过渡型就业的研究应该从动态的角度进行，并将过渡型就业视为个体在退休决策之后、进入完全退休之前的一个重新进入劳动力市场的纵向过程。根据 Wang 等（2009）的研究，在 1992~1996 年退休的员工中间 50%左右的员工有至少一次过渡型就业的经验。在这些员工之中，只有 33%的员工在这 8 年中始终处于过渡型就业状态，而大多数的人（66%）在这段时间有着进入或退出过渡型就业的经历。也就是说，在不同的时间退休员工可能需要多次做出是否进行就业的决策。因此，从动态的角度研究过渡型就业有助于更加准确地把握过渡型就业决策的真实情况。

从这一部分的内容可以看出，有关退休问题的研究基本都是由国外学者实施的；而在中国，对退休问题的心理学研究还处于起步阶段，研究数量不多且主题大多集中在退休员工的异常心理上，如抑郁症（李芹英等，2009；邢凤梅等，2004）。当然，也有少数研究关注了退休员工的正常心理状态，如主观幸福感（李幼穗等，2008），但这些研究也相对比较简单，没有系统考察退休对员工心理健康的影响机制。中国有着特殊的国情，老年人数量庞大，但老年人社会保障系统却并不完善。如何帮助退休老人在合适的时间离开岗位，以较好的心态应对退休生活中的问题，最终进入理想的退休生活，这是每一位心理学工作者应该思考的问题。因此，我们希望本章的内容能为国内相关领域研究者提供一些参考。

参 考 文 献

李芹英, 孔英, 赵爽, 等. 2009. 住院离退休老干部抑郁相关因素调查及分析. 中国健康心理学杂志, 17（11）: 1321-1323.
李幼穗, 赵莹, 张艳. 2008. 退休老人的主观幸福感及其影响因素. 中国临床心理学杂志,

16（6）：591-593.

邢凤梅，李建民，田喜凤. 2004. 离退休老年人抑郁状况及其相关因素与社区护理. 中国老年学杂志，24（11）：1014-1015.

AARP. 2005. The Business Case for Workers Age 50+: Planning for Tomorrow's Talent Needs in Today's Competitive Environment. Washington: AARP.

Adams G A, Beehr T A. 1998. Turnover and retirement: a comparison of their similarities and differences. Personnel Psychology, 51（3）：643-665.

Adams G A, Prescher J, Beehr T A, et al. 2002. Applying work-role attachment theory to retirement decision-making. International Journal of Aging and Human Development, 54（2）：125-137.

Adams G A, Rau B. 2004. Job seeking among retirees seeking bridge employment. Personnel Psychology, 57（3）：719-744.

Ajzen I. 1991. The theory of planned behavior. Organizational Behavior and Human Decision Processes, 50（2）：179-211.

Angel R J, Bujak M, Zhao J, et al. 2007. Effective hydrostatic limits of pressure media for high-pressure crystallographic studies. Journal of Applied Crystallography, 40（1）：26-32.

Anson O, Antonovsky A, Sagy S, et al. 1989. Family, gender, and attitudes toward retirement. Sex Roles, 20（7/8）：355-369.

Appold S J. 2004. How much longer would men work if there were no employment dislocation? Estimates from cause-elimination work life tables. Social Science Research, 33（4）：660-680.

Armstrong-Stassen M, Schlosser F, Zinni D. 2012. Seeking resources: predicting retirees' return to their workplace. Journal of Managerial Psychology, 27（6）：615-635.

Ashforth B. 2001. Role Transitions in Organizational Life: An Identity-Based Perspective. Mahwah: Lawrence Erlbaum.

Atchley R C. 1989. A continuity theory of normal aging. The Gerontologist, 29（2）：183-190.

Atchley R C. 1999. Continuity theory, self, and social structure//Ryff C D, Marshall V W. Families and Retirement. Thousand Oaks: Sage: 145-158.

Bandura A. 1997. Self-Efficacy: The Exercise of Control. New York: Freeman.

Barnes-Farrell J L. 2003. Beyond health and wealth: attitudinal and other influences on retirement decision-making//Adams G A, Beehr T A. Retirement: Reasons, Processes, and Results. New York: Springer: 159-187.

Barnes-Farrell J L. 2005. Older workers//Barling J, Kelloway E K, Frone M. Handbook of Work Stress. Thousand Oaks: Sage: 431-454.

Beach L R, Frederickson J R. 1989. Image theory: an alternative description of audit decisions. Accounting, Organizations and Society, 14（1/2）：101-112.

Belgrave L L, Haug M R. 1995. Retirement transition and adaptation: are health and finances losing their effects? Journal of Clinical Geropsychology, 1: 43-66.

Bidewell J, Griffin B, Hesketh B. 2006. Timing of retirement: including a delay discounting perspective in retirement model. Journal of Vocational Behavior, 68 (2): 368-387.

Birati A, Tziner A. 1995. Successful promotion of early retirement: a quantitative approach. Human Resource Management Review, 5 (1): 53-62.

Blekesaune M, Skirbekk V. 2012. Can personality predict retirement behaviour? A longitudinal analysis combining survey and register data from Norway. European Journal of Ageing, 9 (3): 199-206.

Bosse R, Aldwin C M, Levenson M R, et al. 1991. How stressful is retirement? Findings from the normative aging study. Journals of Gerontology, 46 (1): 9-14.

Brougham R R, Walsh D A. 2007. Image theory, goal incompatibility, and retirement intent. International Journal of Aging and Human Development, 65 (3): 203-229.

Brown T H, Warner D F. 2008. Divergent pathways? Racial/ethnic differences in older women's labor force withdrawal. The Journals of Gerontology. Series B: Psychological Sciences and Social Sciences, 63 (3): 122-134.

Brown W M, Lafrance A, Hou F. 2010. Incomes of retirement-age and working-age Canadians: accounting for home ownership. Statistics Canada Economic Analysis Research Paper.

Cahill K E, James J B, Pitt-Catsouphes M. 2015. The impact of a randomly assigned time and place management initiative on work and retirement expectations. Work, Aging and Retirement, 1 (4): 350-368.

Calasanti T M. 1996. Gender and life satisfaction in retirement: an assessment of the male model. Journals of Gerontology, 51 (1): 18-29.

Caplan R D. 1987. Person-environment fit theory and organizations: commensurate dimensions, time perspectives, and mechanisms. Journal of Vocational Behavior, 31 (3): 248-267.

Cron W L, Jackofsky E F, Slocum J W. 1993. Job performance and attitudes of disengagement stage salespeople who are about to retire. Journal of Personal Selling and Sales Management, 13 (2): 1-13.

Curl A L, Townsend A L. 2014. A multilevel dyadic study of the impact of retirement on self-rated health: does retirement predict worse health in married couples?Research on Aging, 36 (3): 297-321.

Damman M, Henkens K, Kalmijn M. 2011. The impact of midlife educational, work, health, and family experiences on men's early retirement. The Journals of Gerontology. Series B, Psychological Sciences and Social Sciences, 66 (5): 617-627.

Dar-Nimrod I, Rawn C D, Lehman D R, et al. 2009. The maximization paradox: the costs of seeking alternatives. Personality and Individual Differences, 46 (5): 631-635.

Dave D, Rashad I, Spasojevic J. 2008. The effects of retirement on physical and mental health outcomes. Southern Economic Journal, 75（2）: 497-523.

Davis M A. 2003. Factors related to bridge employment participation among private sector early retirees. Journal of Vocational Behavior, 63（1）: 55-71.

Dendinger V M, Adams G A, Jacobson J D. 2005. Reasons for working and their relationship to retirement attitudes, job satisfaction and occupational self-efficacy of bridge employees. International Journal of Aging & Human Development, 61（1）: 21-35.

DeVaney S A, Kim H. 2003. Older self-employed workers and planning for the future. Journal of Consumer Affairs, 37（1）: 123-142.

Doeringer P B. 1990. Bridges to Retirement. Ithaca: Cornell University Press.

Dorfman L T, Kolarik D. 2005. Leisure and the retired professor: occupation matters. Educational Gerontology, 31（5）: 343-361.

Dormann C, Zapf D. 2004. Customer-related social stressors and burnout. Journal of Occupational Health Psychology, 9（1）: 61-82.

Dosman D, Fast J, Chapman S A, et al. 2006. Retirement and productive activity in later life. Journal of Family and Economic Issues, 27（3）: 401-419.

Ekerdt D J, Kosloski K, DeViney S. 2000. The normative anticipation of retirement by older workers. Research on Aging, 22（1）: 3-22.

Elder G H. 1995. The life course paradigm: social change and individual development//Moen P, Elder G H, Luscher K. Examining Lives in Contexts: Perspectives on the Ecology of Human Development. Washington: American Psychological Association: 101-139.

Elder G H, Johnson M K. 2003. The life course and aging: challenges, lessons, and new directions//Settersten R A. Invitation to the Life Course: Toward New Understandings of Later Life. Amityville: Baywood: 49-81.

Elovainio M, Forma P, Kivimaki M, et al. 2005. Job demands and job control as correlates of early retirement thoughts in Finnish social and health care employees. Work & Stress, 19（1）: 84-92.

Fasbender U, Deller J, Wang M, et al. 2014. Deciding whether to work after retirement: the role of the psychological experience of aging. Journal of Vocational Behavior, 84（3）: 215-224.

Fasbender U, Wang M, Voltmer J B, et al. 2016. The meaning of work for post-retirement employment decisions. Work, Aging and Retirement, 2（1）: 12-23.

Feldman D C. 1994. The decision to retire early: a review and conceptualization. Academy of Management Review, 19（2）: 285-311.

Feldman D C. 2003. Endgame: the design and implementation of early retirement incentive programs//Adams G A, Beehr T A. Retirement: Reasons, Processes, and Results. New

York: Springer: 83-114.

Feldman D C, Beehr T A. 2011. A three-phase model of retirement decision making. American Psychologist, 66 (3): 193-203.

Ferris G R, Arthur M M, Berkson H M, et al. 1998. Toward a social context theory of the human resource management-organization effectiveness relationship. Human Resource Management Review, 8 (3): 235-264.

Finkelstein L M, Farrell S K. 2007. An expanded view of age bias in the workplace//Shultz K S, Adams G A. Aging and Work in the 21st Century. New York: Psychology Press: 73-108.

Fretz B R, Kluge N A, Ossana S M, et al. 1989. Intervention targets for reducing preretirement anxiety and depression. Journal of Counseling Psychology, 36 (3): 301-307.

Freund A M, Baltes P B. 1998. Selection, optimization, and compensation as strategies of life management: correlations with subjective indicators of successful aging. Psychology and Aging, 13 (4): 531-543.

Fronstin P. 1999. Retirement patterns and employee benefits: do benefits matter? The Gerontologist, 39 (1): 37-47.

Gall T L, Evans D R, Howard J. 1997. The retirement adjustment process: changes in the well-being of male retirees across time. Journals of Gerontology, 52 (3): 110-117.

Gallo W T, Bradley E H, Siegel M, et al. 2000. Health effects of involuntary job loss among older workers: findings from the health and retirement survey. Journals of Gerontology, 55 (3): 131-140.

George L K. 1993. Sociological perspectives on life transitions. Annual Review of Sociology, 19 (1): 353-373.

Giandrea M D, Cahill K E, Quinn J F. 2009. Bridge jobs: a comparison across cohorts. Research on Aging, 31 (5): 549-576.

Glass J C, Kilpatrick B B. 1998. Gender comparisons of baby boomers and financial preparation for retirement. Educational Gerontology, 24 (8): 719-745.

Gobeski K T, Beehr T A. 2008. How retirees work: predictors of different types of bridge employment. Journal of Organizational Behavior, 30 (3): 401-425.

Gorgievski-Duijvesteijn M, Bakker A, Schaufeli W, et al. 2005. Finances and well-being: a dynamic equilibrium model of resources. Journal of Occupational Health Psychology, 10 (3): 210-224.

Greller M M, Stroh L K. 2003. Extending work lives: are current approaches tools or talismans?// Adams G A, Beehr T A. Retirement: Reasons, Processes, and Results. New York: Springer: 115-135.

Gruber J, Wise D A. 1999. Social security and retirement around the world. Research in Labor

Economics, 18: 1-40.

Gustman A L, Steinmeier T L. 1986. A structural retirement model. Econometrica, 54（3）: 555-584.

Hall D T. 2004. The protean career: a quarter century journey. Journal of Vocational Behavior, 65（1）: 1-13.

Hall D T, Mirvis P H. 1995. The new career contract: developing the whole person at midlife and beyond. Journal of Vocational Behavior, 47（3）: 269-289.

Hanisch K A, Hulin C L. 1990. Job attitudes and organizational withdrawal: an examination of retirement and other voluntary withdrawal behaviors. Journal of Vocational Behavior, 37（1）: 60-78.

Hansson R O, Robson S M, Limas M J. 2001. Stress and coping among older workers. Work, 17（3）: 247-256.

Hatcher C B. 2003. The economics of the retirement decision//Adams G A, Beehr T A. Retirement: Reasons, Processes, and Results. New York: Springer: 136-158.

Hayes B C, VandenHeuvel A. 1994. Attitudes toward mandatory retirement: an international comparison. International Journal of Aging and Human Development, 39（3）: 209-231.

Hayward M D, Grady W R, Hardy M A, et al. 1989. Occupational influences on retirement, disability, and death. Demography, 26（3）: 393-409.

Hedge J W, Borman W C, Lammlein S E. 2006. The Aging Workforce: Realities, Myths, and Implications for Organizations. Washington: American Psychological Association.

Henkens K. 1999. Retirement intentions and spousal support: a multi-actor approach. Journals of Gerontology, 54（2）: 63-73.

Henkens K, Tazelaar F. 1997. Explaining early retirement decisions of civil servants in the Netherlands: intentions, behavior and the discrepancy between the two. Research on Aging, 19（2）: 139-173.

Henkens K, van Solinge H. 2002. Spousal influences on the decision to retire. International Journal of Sociology, 32（2）: 55-74.

Herrbach O, Mignonac K, Vandenberghe C, et al. 2009. Perceived HRM practices, organizational commitment, and voluntary early retirement among late-career managers. Human Resource Management, 48（6）: 895-915.

Hershey D A, Jacobs-Lawson J M, McArdle J J, et al. 2007. Psychological foundations of financial planning for retirement. Journal of Adult Development, 14（1/2）: 26-36.

Herz D E. 1995. Work afterearly retirement: an increasing trend among men. Monthly Labor Review, 118（4）: 13-20.

Hobfoll S E. 2002. Social and psychological resources and adaptation. Review of General

Psychology, 6（4）: 307-324.

Huuhtanen P, Piispa M. 1992. Work and retirement attitudes of 50- to 64-year-old people at work and on pension. Scandinavian Journal of Work Environment & Health, 18（2）: 21-23.

Jackson S E, Schuler R S. 1995. Understanding human resource management in the context of organizations and their environments. Annual Review of Psychology, 46（1）: 237-264.

Jex S, Wang M, Zarubin A. 2007. Aging and occupational health//Shultz K S, Adams G A. Aging and Work in the 21st Century. New York: Psychology Press: 199-224.

Kanfer R, Ackerman P L. 2004. Aging, adult development, and work motivation. Academy of Management Review, 29（3）: 440-458.

Karpansalo M, Manninen P, Kauhanen J, et al. 2004. Perceived health as a predictor of early retirement. Scandinavian Journal of Work Environment & Health, 30（4）: 287-292.

Kaskie B, Imhof S, Cavanaugh J, et al. 2008. Civic engagement as a retirement role for aging Americans. The Gerontologist, 48（3）: 368-377.

Katz D, Kahn R L. 1978. The Social Psychology of Organizations. New York: Wiley.

Kim H, DeVaney S A. 2005. The selection of partial or full retirement by older workers. Journal of Family and Economic Issues, 26（3）: 371-394.

Kim J E, Moen P. 2002. Retirement transitions, gender, and psychological well-being: a life-course, ecological model. Journals of Gerontology, 57（3）: 212-222.

Kim S. 2003. The impact of research productivity on early retirement of university professors. Industrial Relations: A Journal of Economy Society, 42（1）: 106-125.

Kim S, Feldman D C. 1998. Healthy, wealthy, or wise: predicting actual acceptances of early retirement incentives at three points in time. Personnel Psychology, 51（3）: 623-642.

Kim S, Feldman D C. 2000. Working in retirement: the antecedents of bridge employment and its consequences for quality of life in retirement. Academy of Management Journal, 43（6）: 1195-1210.

Levinson D J. 1986. A conception of adult development. American Psychologist, 41（1）: 3-13.

Levinson D J, Levinson J D. 1996. The Seasons of a Woman's Life. New York: Knopf.

Lin T. 2001. Letter to the editor: impact of job stress on early retirement intention. International Journal of Stress Management, 8（3）: 243-247.

Luchak A A, Pohler D M, Gellatly I R. 2008. When do committed employees retire? The effects of organizational commitment on retirement plans under a defined-benefit pension plan. Human Resource Management, 47（3）: 581-599.

Lund T, Villadsen E. 2005. Who retires early and why? Determinants of early retirement pension among Danish employees 57-62 years. European Journal of Aging, 2（4）: 275-280.

Lusardi A, Mitchell O S. 2011. Financial literacy and retirement planning in the United States.

Journal of Pension Economics and Finance, 10（4）：509-525.

Makino N. 1994. Preretirement education and life planning programs in Japan. Educational Gerontology, 20（5）：503-510.

Marshall V W, Clarke P J, Ballantyne P J. 2001. Instability in the retirement transition: effects on health and well-being in a Canadian study. Research on Aging, 23（4）：379-409.

McArdle A, Vasilaki A, Jackson M. 2002. Exercise and skeletal muscle ageing: cellular and molecular mechanisms. Aging Research Reviews, 1（1）：79-93.

McCarthy S. 1996. Public pension principles: reforming Canada's retirement income system to bear the weight of an aging society. Carleton University Ottawa Doctoral Dissertation.

Mears A, Kendall T, Katona C, et al. 2004. Retirement intentions of older consultant psychiatrists. Psychiatric Bulletin, 28（4）：130-132.

Mermin G B, Johnson R W, Murphy D P. 2007. Why do boomers plan to work longer? The Journals of Gerontology. Series B: Psychological Sciences and Social Sciences, 62（5）：286-294.

Moen P, Dempster-McClain D, Williams R M. 1992. Successful aging: a life course perspective on women's multiple roles and health. American Journal of Sociology, 97（6）：1612-1638.

Morrow-Howell N, Leon J. 1988. Life-span determinants of work in retirement years. International Journal of Aging and Human Development, 27（2）：125-140.

Munnell A H, Golub-Sass F, Soto M, et al. 2008. Do households have a good sense of their retirement preparedness? Center for Retirement Research at Boston College.

Mutchler J E, Burr J A, Pienta A M, et al. 1997. Pathways to labor force exit: work transitions and work instability. Journals of Gerontology, 52（1）：4-12.

Noone J, Alpass F, Stephens C. 2010. Do men and women differ in their retirement planning? Testing a theoretical model of gendered pathways to retirement preparation. Research on Aging, 32（6）：715-738.

O'Rand A M, Shuey K M. 2007. Gender and the devolution of pension risks in the US. Current Sociology, 55（2）：287-304.

Orel N A, Ford R A, Brock C. 2004. Women's financial planning for retirement: the impact of disruptive life events. Journal of Women & Aging, 16（3/4）：39-53.

Ostroff C, Schulte M. 2007. Multiple perspectives of fit in organizations across levels of analysis// Ostroff C, Judge T. Perspectives on Organizational Fit. New York: Lawrence Erlbaum: 3-69.

Park D C. 2000. The basic mechanisms accounting for age-related decline in cognitive function//Park D C, Schwarz N. Cognitive Aging: A Primer. Philadelphia: Psychology Press: 3-22.

Penner R G, Perun P, Steuerle E. 2002. Legal and Institutional Impediments to Partial Retirement and Part-Time Work by Older Workers. Washington: Urban Institute.

Phua V, McNally J W. 2008. Men planning for retirement: changing meanings of preretirement planning. Journal of Applied Gerontology, 27（5）: 588-608.

Pinquart M, Schindler I. 2007. Changes of life satisfaction in the transition to retirement: a latent-class approach. Psychology and Aging, 22（3）: 442-455.

Posthuma R A, Campion M A. 2009. Age stereotypes in the workplace: common stereotypes, moderators, and future research directions. Journal of Management, 35（1）: 158-188.

Potonik K, Tordera N, Peiró J M. 2010. The influence of the early retirement process on satisfaction with early retirement and psychological well-being. The International Journal of Aging and Human Development, 70（3）: 251-273.

Quick H E, Moen P. 1998. Gender, employment, and retirement quality: a life course approach to the differential experiences of men and women. Journal of Occupational Health Psychology, 3（1）: 44-64.

Quinn J. 2010. Work, retirement, and the encore career: elders and the future of the American workforce. Generations, 34（3）: 45-55.

Quinn J F. 1997. Retirement trends and patterns in the 1990s: the end of an era? Public Policy and Aging Report, 8: 10-14.

Quinn J F. 1999. Retirement Patterns and Bridge Jobs in the 1990s. Washington: Employee Benefit Research Institute.

Quinn J F, Burkhauser R V, Myers D A. 1990. Passing the Torch: The Influence of Economic Incentives on Work and Retirement. Kalamazoo: W. E. Upjohn.

Reitzes D C, Mutran E J. 2004. The transition to retirement: stages and factors that influence retirement adjustment. International Journal of Aging and Human Development, 59（1）: 63-84.

Reitzes D C, Mutran E J, Fernandez M E. 1998. The decision to retire early: a career perspective. Social Science Quarterly, 79（3）: 607-619.

Richardson V, Kilty K M. 1991. Adjustment to retirement: continuity vs. discontinuity. International Journal of Aging and Human Development, 33（2）: 151-169.

Rix S E. 1990. Older Workers. Santa Barbara: ABC-CLIO.

Rosenkoetter M M, Garris J M. 1998. Psychosocial changes following retirement. Journal of Advanced Nursing, 27（5）: 966-976.

Ruhm C J. 1990. Bridge jobs and partial retirement. Journal of Labor Economics, 8（4）: 482-501.

Ruhm C J. 1994. Bridge employment and job stopping: evidence from the Harris/ Commonwealth Fund Survey. Journal of Aging & Social Policy, 6（4）: 73-99.

Schmidt J A, Lee K. 2008. Voluntary retirement and organizational turnover intentions: the differential associations with work and non-work commitment constructs. Journal of Business and Psychology, 22（4）: 297-309.

Settersten R A. 1998. Time, age, and the transition to retirement: new evidence on life-course flexibility. International Journal of Aging and Human Development, 47: 177-203.

Settersten R A, Hagestad G O. 1996. What's the latest? Cultural age deadlines for educational and work transitions. Gerontologist, 36 (5): 602-613.

Shuey K M. 2004. Worker preferences, spousal coordination, and participation in an employer-sponsored pension plan. Research on Aging, 26 (3): 287-316.

Shultz K S. 2003. Bridge employment: work after retirement//Adams G A, Beehr T A. Retirement: Reasons, Processes, and Results. New York: Springer: 214-241.

Shultz K S, Morton K R, Weckerle J R. 1998. The influence of push and pull factors on voluntary and involuntary early retirees' retirement decision and adjustment. Journal of Vocational Behavior, 53 (1): 45-57.

Shultz K S, Taylor M A, Morrison R F. 2003. Work related attitudes of naval officers before and after retirement. International Journal of Aging and Human Development, 57 (3): 259-274.

Shultz K S, Wang M. 2007. The influence of specific physical health conditions on retirement decisions. International Journal of Aging and Human Development, 65 (2): 149-161.

Shultz K S, Wang M. 2008. The changing nature of mid- and late careers//Wankel C. 21st Century Management: A Reference Handbook. Thousand Oaks: Sage: 130-138.

Shultz K S, Wang M. 2011. Psychological perspectives on the changing nature of retirement. American Psychologist, 66 (3): 170-179.

Shultz K S, Wang M, Crimmins E, et al. 2010. Age differences in the demand-control model of work stress: an examination of data from 15 European countries. Journal of Applied Gerontology, 29 (1): 21-47.

Singh S. 2006. Perceived health among women retirees. Psychological Studies, 51 (2/3): 166-170.

Smith D B, Moen P. 2004. Retirement satisfaction for retirees and their spouses: do gender and the retirement decision-making process matter? Journal of Family Issues, 25 (2): 262-285.

Spiegel P E, Shultz K S. 2003. The influence of preretirement planning and transferability of skills on naval officers' retirement satisfaction and adjustment. Military Psychology, 15 (4): 285-307.

Stanton A L. 2006. Psychosocial concerns and interventions for cancer survivors. Journal of Clinical Oncology, 24 (32): 5132-5137.

Stawski R S, Hershey D A, Jacobs-Lawson J M. 2007. Goal clarity and financial planning activities as determinants of retirement savings contributions. The International Journal of Aging and Human Development, 64 (1): 13-32.

Super D E. 1990. A life-span, life-space approach to career development//Brown D. Career Choice and Development. 2nd ed. San Francisco: Jossey-Bass: 197-261.

Szinovacz M E. 2003. Contexts and pathways: retirement as institution, process, and experience//
Adams G A, Beehr T A. Retirement: Reasons, Processes, and Results. New York: Springer: 6-52.

Szinovacz M E. 2013. A multilevel perspective for retirement research. The Oxford Handbook of Retirement, 11: 152-173.

Szinovacz M E, Davey A. 2004. Honeymoons and joint lunches: effects of retirement and spouse's employment on depressive symptoms. Journal of Gerontology, 59 (5): 233-245.

Szinovacz M E, DeViney S, Davey A. 2001. Influences of family obligations and relationships on retirement: variations by gender, race, and marital status. Journals of Gerontology, 56 (1): 20-27.

Talaga J A, Beehr T A. 1995. Are there gender differences in predicting retirement decisions? Journal of Applied Psychology, 80 (1): 16-28.

Taylor M A, Doverspike D. 2003. Retirement planning and preparation//Adams G A, Beehr T A. Retirement: Reasons, Processes, And Results. New York: Springer: 53-82.

Taylor M A, Geldhauser H A. 2007. Low-income older workers. Aging and work in the 21st century.

Taylor M A, Goldberg C, Shore L M, et al. 2008. The effects of retirement expectations and social support on post-retirement adjustment: a longitudinal analysis. Journal of Managerial Psychology, 23 (4): 458-470.

Taylor M A, Shultz K S, Spiegel P E, et al. 2007. Occupational attachment and met expectations as predictors of retirement adjustment of naval officers. Journal of Applied Social Psychology, 37 (8): 1697-1725.

Taylor-Carter M A, Cook K, Weinberg C. 1997. Planning and expectations of the retirement experience. Educational Gerontology, 23 (3): 273-288.

Thoits P A. 1992. Identify structures and psychological well-being: gender and marital status comparisons. Social Psychology Quarterly, 55 (3): 236-256.

Tuomi K, Järvinen E, Eskelinen L, et al. 1991. Effect of retirement on health and work ability among municipal employees. Scandinavian Journal of Work, Environment and Health, 17: 75-81.

van Solinge H, Henkens K. 2007. Involuntary retirement: the role of restrictive circumstances, timing, and social embeddedness. Journals of Gerontology, 62 (5): 295-303.

van Solinge H, Henkens K. 2008. Adjustment to and satisfaction with retirement: two of a kind? Psychology and Aging, 23 (2): 422-434.

von Bonsdorff M E, Shultz K S, Leskinen E, et al. 2009. The choice between retirement and bridge employment: a continuity theory and life course perspective. International Journal of Aging and Human Development, 69 (2): 79-100.

Vroom V H. 1964. Work and Motivation. New York: Wiley.

Wang M. 2007. Profiling retirees in the retirement transition and adjustment process: examining the longitudinal change patterns of retirees' psychological well-being. Journal of Applied Psychology, 92 (2): 455-474.

Wang M. 2012. Health and fiscal and psychological well-being in retirement//Hedge J W, Borman W C. The Oxford Handbook of Work and Aging. New York: Oxford University Press: 570-584.

Wang M, Adams G A, Beehr T A, et al. 2009. Bridge employment and retirement: issues and opportunities during the latter part of one's career//Baugh S G, Sullivan S E. Maintaining Focus, Energy, and Options Through the Life Span. Charlotte: Information Age: 135-162.

Wang M, Chen Y. 2006. Age differences in attitude change: influences of cognitive resources and motivation on responses to argument quantity. Psychology and Aging, 21 (3): 581-589.

Wang M, Henkens K, van Solinge H. 2011. Retirement adjustment: a review of theoretical and empirical advancements. American Psychologist, 66 (3): 204-213.

Wang M, Shultz K S. 2010. Employee retirement: a review and recommendations for future investigation. Journal of Management, 36 (1): 172-206.

Wang M, Zhan Y, Liu S, et al. 2008. Antecedents of bridge employment: a longitudinal investigation. Journal of Applied Psychology, 93 (4): 818-830.

Weckerle J R, Shultz K S. 1999. Influences on the bridge employment decision among older USA workers. Journal of Occupational and Organizational Psychology, 72 (3): 317-329.

Wöhrmann A M, Deller J, Wang M. 2013. Outcome expectations and work design characteristics in post-retirement work planning. Journal of Vocational Behavior, 83 (3): 219-228.

Wöhrmann A M, Deller J, Wang M. 2014. A mixed-method approach to post-retirement career planning. Journal of Vocational Behavior, 84 (3): 307-317.

Zhan Y, Wang M, Liu S, et al. 2009. Bridge employment and retirees' health: a longitudinal investigation. Journal of Occupational Health Psychology, 14 (4): 374-389.

Zhan Y, Wang M, Shi J. 2015. Retirees' motivational orientations and bridge employment: testing the moderating role of gender. Journal of Applied Psychology, 100 (5): 1319-1331.

第十三章 工作与老龄化

老龄化是全球面临的重大社会难题之一，对各国的经济发展和社会稳定产生了重要影响。根据联合国制定的老龄化社会标准，60 岁以上人口占总人口比重达到 10%，或 65 岁以上人口占人口总数的 7%即标志着一个国家或地区进入老龄化社会。美国人口普查局（United States Census Bureau）的统计结果显示，截至 2019 年，日本 65 岁以上的老龄人口占比为 28.2%，居于全球首位；意大利的老龄人口占比为 22.8%，居于日本之后；芬兰、葡萄牙和希腊的老龄人口占各国人口比例分别为 21.9%、21.8%和 21.8%。中国人口基数庞大，经济社会发展迅速，伴随着计划生育政策的落实，近年来我国呈现出人口生育率不断下降、人口老龄化进程不断加快的情况。中国国家统计局数据显示，截至 2020 年，中国 65 岁及以上人口达到 1.9 亿人，占总人口比重 13.5%，是全球拥有老龄人口最多的国家。预计在未来的五年中，中国将迎来老龄化加速发展期。到 2025 年，中国 65 岁以上的老龄人口预计将超过 2.1 亿人，占总人口比例将达到 15%以上。庞大的老龄人口将带来一系列的经济社会问题，如劳动力资源不足、生产力缺乏等，这无疑对中国的产业结构及经济发展产生威胁。为了应对人口老龄化和劳动力的匮乏，越来越多的国家逐渐开始推迟退休年龄。在组织中员工老龄化也逐渐引发了一些新的问题，如老龄化员工的身体健康问题、老龄化刻板印象、员工年龄多样性、老龄员工的工作-生活平衡问题及针对老龄化员工的组织管理实践等。研究如何应对这些问题，对于组织在未来社会中寻求可持续发展具有重要的理论和现实意义。

近年来，关于工作和老龄问题的相关研究逐渐引起企业管理、心理学、组织行为等领域的广泛关注。本章将对过去文献中工作与老龄化相关研究的理论和实证结果进行综述。具体而言，本章首先回顾了过去研究的组织中员工老龄化的相关定义及老龄员工所体现的生理、心理、人格特质等特征表现；其次，总结了员工老龄化所带来的组织问题；再次，回顾了老龄化研究的理论视角，还总结了企业应对老龄化问题的组织管理实践措施；最后，对未来的研究方向进行展望。

第一节 组织中员工老龄化的定义及特征表现

一、员工老龄化的定义

对于老龄化员工的定义多年来一直困扰着劳动力老龄化方面的研究者。以往的研究采用不同的方法和不同的视角来对老龄化员工进行定义，对老龄员工最普遍的定义基于具体年龄的界限，如美国就业年龄歧视法提出针对 40 岁及以上年龄的员工进行年龄相关歧视的法律保护。另一些学者根据美国劳工部的相关条例，将 55 岁及以上的在职人员称为老龄化员工。

此外，对于不同的工作环境和文化传统而言，老龄化员工的范畴也可能存在一定的差异。例如，老龄化的划分可能与不同的工种有关。随着全球老龄化的不断加剧，越来越多的国家已经开始或预计推迟员工的退休年龄。因此，单一地以某一生物年龄界限划分老龄员工和年轻员工并不合适。Rocco 等（2003）认为老龄员工的界限不应该与员工生物年龄挂钩，而应当以个体整个生命周期中的各种重要的时间节点为参考。本章我们依照 Truxillo 等（2015）的研究，将老龄化员工定义为那些接近退休年龄的员工及那些可能工作超过标准退休年龄的员工，这可能包括 50 多岁和 60 多岁的各类员工。员工的老龄化是一个持续而复杂的过程，包括了个体一系列生理、心理及性格特征等各方面的变化。

二、员工老龄化的特征表现

（一）员工老龄化的生理特征

个体的逐渐衰老伴随着各类生理状态的减退。随着年龄增长个体的视觉和听力逐渐衰退，常常出现老花眼和听力减弱障碍等老龄化病症。同样，相较于年轻人而言老年人的肌肉力量和灵活性大幅度下降，骨骼密度下降，平衡性降低。因此，老龄员工往往无法胜任那些对身体素质要求较高的繁重劳动工作，如那些对力量要求较高的搬运工作。此外，有氧代谢能力和免疫力的减弱极大幅度减少了老年人体内的白细胞数量，使得他们更容易感染疾病，也更难从繁重的工作压力及疾病中恢复过来。例如，相比较年轻员工老年员工更难适应非标准工作时长的日夜轮班制工作（Blok and de Looze，2011），因为这种不固定作息时间的工作可能会给从业者造成一定的睡眠障碍，而老龄员工则更难以克服睡眠障碍引发的各类身体压力。

除了各类生理水平的减退使得老年员工应对工作压力的能力减弱以外，随着年龄的增长，老年人的健康风险和行动不便问题显著增加（Koch et al., 2008）。Ng 和 Feldman（2013）的元分析指出了年龄与一些疾病呈现显著正相关关系，如常见的高血压、高血糖等老年疾病。尽管个体的差异表明并非所有老年人都面临这样的疾病困扰，但事实上身体机能在客观水平上的下降确实逐渐改变了员工的工作和生活方式，影响其在组织中的表现（Warr, 2001）。

（二）员工老龄化的认知和心理特征

员工在老龄化过程中会出现认知能力的减退和各种心理问题。首先，研究表明随着年龄的增长，人们的认知功能逐渐下降。例如，他们对外界的感知速度大幅降低，工作记忆水平逐渐减退等。Schaie（1994）的一项长期追踪研究发现，个体对外界的感知速度在 25 岁时开始逐渐下降，60 岁之后开始快速降低。但值得注意的是，个体的知识、技能和智慧的积累将在 60 岁左右达到巅峰，然后在晚年才逐渐下降（Salthouse, 2012）。这是由于知识和智慧的积累是一个随时间和阅历不断增长的过程。因此，对于一些需要大量知识储备和经验指导的工作，年长的工作者则可能呈现出更优异的表现（Gielnik et al., 2018）。

除了认知能力的减退和情感的变化外，老年人还面临更多的心理问题。老龄员工常常会感受到来自社会的孤立和隔离（Taylor et al., 2018）。这一心理问题的出现可能有多方面的原因：①对于老龄员工，组织的其他成员往往对他们存有一些刻板印象和一定程度的年龄歧视（Fiske and Neuberg, 1990；Walker et al., 2007）。例如，老龄员工常被组织其他员工认为其绩效表现低下，缺乏活力，对组织的变革和新事物的产生充满抵抗心态等。②老年员工与组织其他员工之间存在较大的认知和文化背景的差异（Tsui et al., 2002）。例如，老龄化的员工对于传统文化的教育更习惯于等级制度更明确的组织架构，而年轻一代则在西方文化与东方文化的双重熏陶下，更偏向开放、平等的组织交流氛围。③老龄员工与年轻员工各自倾向的沟通方式可能存在一定差异（Zacher, 2015）。例如，年轻员工更倾向于频繁浏览社交网络与朋友或同事保持联系，而老龄员工更倾向于与他人面对面沟通等。因此，如何管理企业中各种年龄阶段的员工，构造稳定的工作环境和团结的组织氛围，减少对老龄员工的偏见，也是困扰企业管理者和研究人员的一个难题。

此外，除了感知社会隔离，由于自身认知能力、记忆力水平等多方面身体机能的衰退，在工作表现上老年人表现出对新工作设备、新工作技能较为迟钝的反应能力和接受能力，这也使得老年人产生一定的焦虑、自责和挫败感等消极情绪（Dahling and Perez, 2010）。对一些特殊的工作岗位而言，老龄员工不断衰退的身体机能也给他们的日常工作带来一定的潜在风险（Truxillo et al., 2015）。

因而，部分老龄员工可能对自身工作安全存在巨大的担忧，并且承受了极大的心理压力，缺乏足够的心理安全感等。

（三）员工老龄化性格特征

尽管心理学普遍认为个体的性格特征在成年之后会趋于稳定，但是研究中也发现，纵观整个生命周期个体的性格水平会发生一定的波动（Roberts et al.，2006）。Roberts 等（2006）的元分析研究和Soto 和John（2012）的大数据样本研究显示，随着年龄的增长个体的大五人格将会产生不同变化。具体而言，责任心和宜人性两类人格特质将会随着年龄的增加而增加，而神经质和外向性则会随着年龄增长而降低，但开放性人格特质会随年龄的增长呈现出先增加后逐渐递减的趋势。因此，老龄员工在晚年工作中的性格也会相较于年轻的时候出现一定的改变。

研究还发现，随着老龄员工这些性格特征的变化，他们对于工作的感受也相应有所转变。Wille 等（2014）发现随着个体责任心的增加和神经质的降低，他们对于工作的满意度也会随之上升，反之工作满意度的高低也将影响个体人格特质的变化。这表明个体的人格特质和工作态度之间存在相互影响的关系，在理解老龄员工的性格特征和其工作感受方面具有重要的作用。

第二节　员工老龄化带来的组织问题

随着组织中老龄化人口的不断增加，一些随之而来的组织问题也逐渐凸显。例如，组织中其他员工群体对于老年员工的一些偏见和刻板印象、组织年龄多样性、老年员工如何平衡工作-生活的关系等。这些随着组织人口老龄化问题而产生的管理问题需要学者和业界深入了解和关注。

一、年龄刻板印象

刻板印象是基于人们对于某一目标社会群体成员的身份而产生的固化印象，其中不乏存在一些消极的、不准确的或扭曲的观点（Fiske and Neuberg，1990）。针对年龄的刻板印象特指对某一年龄的个体固有的偏见看法（Cuddy and Fiske，2002），这种偏见在组织环境中时常发生（Hamilton and Sherman，1994）。例如，在企业里，人们总是认为老年员工普遍学习能力较弱，绩效水平也相对较低，但在组织中的工作任期相对较长，不会轻易离职。老年员工还常常被认为是抵制组织变革的人，对于企业的创新和改变持反对态度（Posthuma and Campion，2009）。

　　避免对老年人的刻板印象及随之而来的年龄歧视与不公平对待对组织发展和企业管理者来说至关重要。第一，年龄较大的工作者往往是组织中最熟练、最有经验的员工。管理者若是长期对这部分老龄员工存在负面刻板印象，对他们产生偏见和排挤，会使得整个企业错失雇佣或留住这些老年劳动力的机会，失去他们所带来的丰富工作经验，给团队工作和组织发展造成不利影响（Posthuma and Campion，2009）。第二，对于老年人的刻板印象而导致的就业歧视问题也可能给整个组织带来巨大的负面影响。例如，在美国，联邦政府认定对于年龄的歧视属于企业违法行为，对于求职者和内部员工的年龄歧视可能会给企业带来不必要的官司，损害企业声誉，为组织长远发展埋下隐患。第三，随着全球老龄化问题日益严重，越来越多的企业正在面临或即将面临劳动力不足的严重问题。若对老龄员工存在偏见和消极的刻板印象，企业将会面临更加受限的劳动力市场，面临更少的劳动力选择。因此，越来越多的学者和管理者开始重视对年龄刻板印象和年龄歧视问题。

　　对老年员工的刻板印象主要分为以下六种类型，在表 13-1 中我们列出了具体的刻板印象及研究示例。

表 13-1　老龄化员工刻板印象类型

刻板印象类型	具体歧视内容	研究示例
低绩效水平	老年员工被认为工作能力低、动力不足、工作效率低下	Abraham 和 Hansson（1995） Ali 和 Davies（2003） Cuddy 和 Fiske（2002） Dedrick 和 Dobbins（1991）
拒绝改变	老年员工被认为不愿意参加培训，在组织中适应性低、灵活性低，更抵抗变革	Cuddy 和 Fiske（2002） Kite 和 Johnson（1988） McGoldrick 和 Arrowsmith（2001） Weiss 和 Maurer（2004）
低学习能力	老年员工被认为具有较低的学习能力和较为局限的发展前景	Dedrick 和 Dobbins（1991） Duncan（2001）
工作任期较短	老年员工被认为未来工作任期较短，因此获得的雇主培训和投资会相对较少	Greller 和 Simpson（1999）
高企业成本	企业认为雇佣老年员工会产生更高的成本，因为他们的工资水平较高，需要提供的福利也更多，并且这些员工接近退休年龄	Finkelstein 等（2000） Hedge 等（2006）
更可靠	企业认为老年员工更加真诚稳定、诚实、值得信赖，且离职率较低	Levine（1988） Chiu 等（2001）

　　低绩效水平。对于老龄员工最突出的偏见是认为他们相比较年轻员工的工作

绩效水平较低（Cuddy and Fiske，2002）。造成这种刻板印象主要可能存在以下几种原因：首先，人们通常认为相较于年轻人而言，老龄员工的心理能力和生理能力均低于年轻员工，这导致他们面对压力、处理棘手问题及胜任工作的能力较低（Duncan，2001；Kite et al.，2005）。其次，这种偏见存在的原因还可能是人们普遍认为老年人具有更不易接受新事物的特征表现（Cuddy and Fiske，2002）。例如，人们常常会认为年长的员工可能对于新事物有一定的抵触心理，他们更愿意保持稳定的现有的工作状态，而不愿意去改变工作方法、寻求进步（Dedrick and Dobbins，1991）。

尽管这类低绩效水平的刻板印象普遍存在，但在许多研究中工作绩效水平与年龄之间的关系结果并不一致。例如，Rosen 和 Jerdee（1988）的研究指出工作绩效水平是随着年龄增长而显著提升的，即使发现有绩效下降的趋势，也是在很小的范围内。在计算机领域，领导在评价员工工作绩效时发现年龄越大的员工，工作绩效水平越低。但是，当将一些个人因素（如个人经验、兴趣等）考虑进去时，年龄对工作绩效的消极影响反而不再显著。相反，研究还发现尽管计算机领域的年轻员工在处理特定任务时可能比老龄员工更快速，但准确性并不比他们高（Prenda and Stahl，2001）。因此，当考虑到工作绩效的各个方面，老龄员工并不一定会比年轻员工表现得差。

拒绝改变。老龄员工给人们造成的另一刻板印象是他们对变化和改革的抵触。对他们来说，接触新的事物和工作模式有一定的困难。他们认为这些年纪较大的员工的灵活性更低（Rosen and Jerdee，1977）、更难适应组织的变革，对组织进行的改变和创新的相关培训呈现出拒绝态度（Weiss and Maurer，2004）。就年轻员工而言，他们更能够接受改变，也能够积极参与组织的培训获得新技能和新能力，从而逐渐获得比老年人更高的工作胜任水平（Kite et al.，2005）。因此，组织也更愿意培训那些对新事物接受水平较高的年轻员工，而不愿意在老龄员工身上投入太多。

为了验证这类刻板印象所阐述的问题是否符合事实真相，Kunze 等（2013）通过对 2 981 名员工进行调查发现与刻板印象恰恰相反的结果：随着年龄的增长员工对变革的抵触越少。这一研究成果表明，在企业中并不能一概而论地认为年纪大的员工会对变革有强烈的抵触心理。尽管老龄员工由于生理认知水平和理解能力的减退，对新事物接纳的速度较慢，但是他们却拥有更丰富的经验和更宏观的视角，能够了解改变和创新对企业的重要性，并且愿意接受变革。因而，对企业而言在重视对年轻员工培训的同时也应当兼顾老龄员工的培训投入。

低学习能力。对于老龄员工的学习能力较低和发展空间不大的刻板印象也是组织中普遍存在的。由于年轻员工拥有更长的潜在任期和工作时间，身体健康水平普遍高于老年人，因此他们也将获得企业更多的发展机会。这种刻板印象会对老龄员工的发展能力和潜力产生负面影响。

为了证明这种刻板印象是否存在真实影响的研究有许多，结论也不尽相同。Broadbridge（2001）的一项关于零售组织环境下员工培训的实验研究发现，老龄员工并不需要比年轻员工更多的培训；但Kubeck等（1996）的研究认为老龄员工对培训材料的掌握程度较低，完成培训的速度较慢。但是，相比较实验环境设定，田野实验的结果却显示这种影响非常小，老龄员工确实有能力从培训中学习和提高他们的工作表现（Sterns and Doverspike，1987）。此外，还有一些研究表明，特定的培训方法可能会对老年员工更有效，如自我设定学习进度、主动参与等（Beier and Ackerman，2005）。由此，我们可以看出对于老龄员工低学习能力的刻板印象并不能够普遍代表老年人的特征。

工作任期较短。企业常常还认为老龄员工的投资回报率较低。由于他们在职业生涯中可能为雇主带来的回报时间相较于年轻员工更少，许多企业管理者认为，老龄员工临近退休，而年轻员工则拥有更长的职业生涯，这导致企业更喜欢培训年轻员工（Hutchens，1993）。

反对老龄员工这一偏见的研究指出老龄员工通常不会给雇主的投入带来低回报。相反，由于老龄员工的离职率较低，对于组织提供的培训他们往往能够在短期之内做出回报（Hedge et al.，2006）。年轻员工相较于老龄员工，灵活性更高，并且更可能离职，反而更容易对企业的投入造成损失和低回报。

高企业成本。另一个对老龄员工的偏见是认为雇佣这类员工可能会增加企业的成本，这是由于老龄员工通常需要企业提供更高的工资、更多的福利并且他们临近退休年龄（Capowski，1994）。

与其他对老龄员工的刻板印象相比，企业雇佣成本较高的这一偏见缺乏足够的证据支持。有研究指出，员工的工资随着年龄的增长逐渐升高，至50岁之后逐渐趋于平稳（Hedge et al.，2006）。但是，老龄员工普遍工资较高的原因可能取决于他们拥有比年轻人更丰富的经验和更高的工作效率。另外，老龄员工相较于年轻员工出勤率更高、也更勤快，这也可能是造成他们收入更高的原因之一（Broadbridge，2001）。由此可见，老龄员工工资更高的背后是为企业带来更多的收益，而非单纯增加企业的雇佣成本。

更可靠。对于老龄员工的刻板印象也并非全都是消极的偏见。对于企业大多数员工而言，他们会感觉到身边较为年长的同事更加可靠，这些老龄员工的工作状态更稳定，往往给人一种诚实、值得信赖的感觉。此外，忠诚、勤奋、致力于尽可能将工作做好也是这些老龄员工的特征。他们善于交际，待人也更自然真诚，并且不太可能随意离职（Broadbridge，2001；Cuddy and Fiske，2002；Posthuma and Campion，2009）。这些积极的印象能够对老龄员工在组织中的表现和与人相处产生更积极的作用，但现有对于这部分刻板印象的实证研究并不充足，未来还需更多的学者关注此方面。

在组织中对于老龄员工的偏见和刻板印象远不止于此，他们可能在工作中或多或少受到其他关于年龄的歧视、偏见或固定印象，这些印象有积极的也有消极的。许多研究指出这些基于年龄的消极偏见对老龄员工有失公正。因此，组织应当避免可能存在的对组织中老龄员工的偏见，正视老龄员工的优势和积极影响，肯定他们为组织做出的贡献，并且为更多优秀的老龄员工提供就业机会。

二、年龄多样性

员工的多样性也是企业非常关注的焦点问题之一。多样性是指单位成员之间关于某一共同属性的差异分布，如任期、宗教、种族、工作态度或薪酬等（Harrison and Klein, 2007）。在组织中，员工之间的差异性对企业发展起到至关重要的影响。一方面，员工多样性为组织带来了更丰富的知识、信息和资源，使得企业拥有更强的竞争力（Cox and Blake, 1991）；另一方面，多样性的组织结构可能会引发不同组织成员之间更多的冲突，降低团队的凝聚力，从而影响组织绩效水平（Jehn, 1997）。在组织的各种员工多样性中，基于年龄的差异性作为多样性的一种特定形式，是一种集体层面的构成结构，反映了特定社会实体（如团队、工作单位、公司或整个国家）的年龄结构。

追溯企业中员工年龄多样性的产生，主要可能存在以下几方面原因：首先，随着全球人口老龄化进程的不断加快，越来越多的企业逐渐意识到优质劳动力的不足，这给企业的发展造成严重的阻碍。因而，企业为了争取优质人才、赢得市场竞争，他们逐渐开始拓宽招聘池的宽度，考虑以往可能忽视的潜在优质人才，如拥有丰富经验的老龄员工（White et al., 2018）。其次，人口的快速老龄化问题给许多国家的养老制度体系带来巨大压力。为了应对社会人口结构的老龄化变革，许多国家已经开始实施或准备实施推迟退休年龄等政策和措施，引导更多老龄员工继续工作以减轻国家养老体系的负担（Dychtwald et al., 2004；Wang et al., 2019）。

年龄多样性对企业的发展起着至关重要的作用，以往对于年龄多样性影响的研究主要从以下几个理论视角出发。

信息/决策视角。组织中年龄多样性的积极作用相关研究通常依赖认知资源模型为理论依据，也被称为信息/决策视角（van Knippenberg and Schipper, 2007）。这一理论认为，不同年龄群体的组织成员掌握着不同的资源，而这些资源能够相互补（Boehm and Kunze, 2015）。例如，刚毕业的新晋员工拥有最新的理论知识，而年长的员工拥有更为广泛的工作经验；年轻员工习惯于频繁浏览社交网络，而年长员工更倾向通过其他传统媒体获取信息。此外，不同年龄阶段的成员可能接触到的客户群体、供应商群体及其他企业利益相关者都有较大差异。因此，年龄异质性较高的团队往往能够获取更广泛的信息，并且通过广泛的讨论和整合成为更具有创造性的组织。这类年龄异质性的团队由于其丰富的信息和资源，也能够快速应对各种外部变化，帮助企业在市场竞争取得优势地位（Jackson et al.，1995）。

相似性吸引力法则和社会认同方法。尽管年龄多样性给组织带来了积极的影响，但是许多研究也指出员工的年龄多样性也可能存在潜在的弊端。基于相似性吸引力法则指出，人们更喜欢跟与自己相似的人互动，这种相似包括人口统计学特征、态度和价值观等（Hinds et al.，2000）。这是由于人们倾向于从这种相似性中获取对方的肯定反馈。相似的个体之间具有较高的信任水平，也更容易产生沟通和协调，而不同的个体之间的沟通和合作则相对较困难。在组织年龄多样性的环境下，员工可能更愿意跟与自己年龄相仿的同事沟通交流，因为他们拥有更为相似的经历，并处于相同的职业发展阶段（Boehm and Kunze，2015）。同样，社会认同理论也证实了这一推断。当组织中形成了以年龄为基础的子群体，同一子群体内的成员会更容易相互信任、互相合作，而群体外成员却可能会受到歧视和排斥（Kunze et al.，2011）。

职业时间表和原型匹配。年龄多样性的负面影响还常用职业时间表和原型匹配两个理论来解释。职业时间表指的是在组织内存在一定的年龄标准来表明员工在何时应该达到给定的职业阶段（Lawrence，1988）。相对于按时或提前达到的员工而言，那些迟于职业时间表而未达到给定职业阶段的员工则可能面临很多与年龄相关的歧视。同样，原型匹配理论也是将某一特定工作与具体的年龄匹配，如年轻员工被认为更适合从事 IT 行业，而老年雇员更适合高级管理的角色。这两个理论揭示了组织中年龄多样性常被用来与具体的职业时间表和特定工作岗位相挂钩，而并非根据实际情况予以评估处理。这可能会引发员工之间的冲突，还可能增加员工对自己受到歧视的感知（Boehm and Kunze，2015）。

年龄断层线。断层线一词常用来形容团队内部假设的分界线，这些分界线是个体之间某些特征（多样性特征）的一致性引发的，还可能由两个或多个类别特征组合引发，会导致团队内子群体的产生（Bezrukova et al.，2009）。例如，在一个跨职能团队中，年龄和教育等特征的多样性水平可能会相互作用，以至于所有的工程师都是老年群体，而所有的市场营销专业人员都相对较年轻（Boehm and Kunze，2015）。一旦组织中存在清晰明确的强断层线，这会对员工之间的沟通和知识交换等团队过程及组织绩效结果产生不良影响。Thatcher 和 Patel（2011）对组织内断层线的相关研究进行梳理，结果显示强断层线会显著降低团队绩效水平和团队满意度，减少团队的凝聚力，增加员工之间的冲突。基于此，他们还提出年龄可能是形成断层线的原因之一，这也会危害到组织的正常运作和长远发展。

三、老龄员工的工作-生活平衡问题

如何平衡工作和生活的关系不仅是年轻员工需要面对的难题，日益增长的工作压力和不断加快的生活节奏也促使老龄员工需要不断学习如何更好地平衡工作和生活。在过去的30年中，工作和家庭关系的不断变化，包括老龄化人口增加、双收入家庭比例增加、单亲父亲/母亲员工人数增多等，这些人口和劳动力市场的变化促使企业开始不断调整员工的工作模式，更多地采用将工作和生活相融合的企业政策（Wang and Verma, 2012）。例如，企业允许员工选择灵活的上下班时间，减少工作量，提供永久的兼职职位等。随着疫情的影响深入人们生活的各个方面，许多企业开始推崇远程办公的模式，保障员工能够在拥有健康生活和安全的前提下远程完成工作任务。

对老龄员工而言，他们面临的工作和家庭环境可能更加复杂。例如，对于一些仍在工作的，年龄大约在五十至六十岁的年长员工而言，一方面面临着日益加快的工作节奏和沉重的工作压力；另一方面他们还面对着家庭中年迈的父母需要护理，刚进入社会的子女需要自己的扶持，刚出生的孙子孙女需要照顾。因此，这部分员工可能面临着严重的工作和家庭的冲突，使他们产生沉重的压力感知。许多学者和业界的管理者也逐渐认识到在工作场所中有家庭需要照顾的员工年龄普遍偏大，并且相比较年轻员工，这部分人拥有更多的工作经验，对企业也更为重要。因而许多学者倡导组织管理者应当关注这部分老龄员工所面临的工作-家庭的冲突和工作与生活的平衡问题，为其提供必要的组织支持和帮助，增加其继续留在组织内的可能性。但是，目前对组织应当提供何种具体的支持及如何对老龄员工工作与生活平衡问题进行必要的干预的相关研究很少，面临工作和生活双重压力的老龄员工的具体需求并不十分清晰。因此未来的研究可以更多地关注这部分组织成员与年轻员工的需求差异，以更好地、有针对性地为其提供组织支持。

第三节 老龄化研究的理论视角——终身发展理论

在以往对于工作中的年龄相关问题的研究中，不同的研究者从不同的理论视角对工作中的年龄问题进行研究。终身发展理论（life-span development theory）从个体整个生命周期的视角来看，将老龄化看作一个持续的、多维度的、多方向

的发展过程（Baltes，1987）。纵观整个生命发展周期，个体的不同心理特征的变化可能是某些方面的增长或减少，也可能保持不变。这些心理特征的不断变化解释了年龄塑造的个体认知水平、动机及行为过程在不同年龄阶段是如何形成差异的。

终生发展理论是组织管理领域中老龄化研究的重要理论基础。这一理论最早来源于终生发展心理学（life-span development psychology），它包含了各类涉及个体整个生命历程中各类行为的恒定和变化的研究，旨在探索个体终生发展的一般规律，了解个体间的差异性、相似性及个体可塑性的相关知识（Baltes，1987）。目前基于终身发展理论存在三类不同的研究视角，第一种是将老龄化的过程看作个体自身资源对外部环境不断匹配适应的自适应过程理论；第二种是基于自身感知而进行社会情感选择的理论；第三种是终身控制理论。

自适应过程理论视角。终生发展理论的自适应过程理论是建立在个体能够成功适应自己在身体、认知和情感方面的变化的基础上的，是一种逐渐适应外部环境的过程。在组织管理领域，这一理论视角常常用来解释个体如何减少年龄增长带来的损失，如何利用年龄相关的收益和优势（P. B. Baltes and M. M. Baltes，1993）。该理论指出整个生命周期中的自适应过程存在三种具体的行动策略，即选择、优化和补偿。这三种行动形成的自适应使得个人能够将自身现有资源和环境需求进行适应和匹配。选择策略是指人们选择某一特定目标优先于其他目标投入当前资源，而非将现有资源进行划分投入多个不同目标中去；优化策略即利用当前资源达成目标的过程；补偿策略则是寻找和实施一定的策略去减少随年龄增长带来的相关能力或资源的衰退，以保障一定的绩效水平。

终生发展理论提出的自适应过程很好地解释了随着年龄变化，员工的工作能力的提升过程（Weigl et al.，2013）、工作满意度的增长（Schmitt et al.，2012）、感知到的职业的成功及员工幸福感（Wiese et al.，2002）。同时，这种自适应过程也有助于缓解工作和家庭的压力，减少工作-家庭冲突的产生（Baltes and Heydens-Gahir，2003）。

社会情感选择视角。终身发展理论的社会情感选择理论是组织中年龄相关研究的另一重要理论基础。它指出个体对于时间的感知会诱发其对社会目标的选择和追求（Carstensen et al.，1999）。具有效用性目的的知识获取和表达社会意识的情绪调节是两种确定的社会目标类型，分别与知识和情感相关联。因此，当人们尤其是年轻人，感知到有更多、更无限的时间时，他们则更倾向于优先考虑达成与知识有关的目标，如知识获取、职业规划及未来能获得回报的能力和技能的发展提升；相反，当人们尤其是老年人，感知到时间很有限时，他们会将视角转向当下，优先考虑情感相关的社会目标，调节自己的情绪，使自身保持积极向上的精神面貌，并与他人建立积极的社会关系。

研究人员运用社会情感选择理论来解释工作场所中所发生的交互行为的不同目标和动机（de Lange et al., 2010）。此外，这一理论视角还解释了年龄与不同工作态度之间存在的潜在联系。具体而言，根据社会情感选择理论，老年员工更多地关注与情感相关的目标，这使得老年人会更多地主动忽视工作环境中的消极方面，更多地专注于积极的工作体验（Ng and Feldman, 2010）。社会情感选择理论还用于解释工作设计特征（如任务和技能多样性）对老年员工和年轻员工的工作倦怠和离职的不同影响（Zaniboni et al., 2013）。

终身控制理论视角。终身控制理论的视角与自适应视角有一些相似之处，也主要阐述了个体与外部环境逐步调整的适应匹配过程。这一理论视角指出两类控制策略：一是主要控制，指的是直接针对外部环境的行为，主要涉及改变世界以适应个人需求和欲望的行为意图，如投入时间和努力；二是次要控制，主要以内部过程为目标，用于最大限度地减少损失、维护和扩展现有的初级控制水平，如重新考量目标、改变目标等（Heckhausen and Schulz, 1995; Kooij, 2015）。

依照 Heckhausen 和 Schulz（1995）的观点，老龄化是个体整合生物潜能、生物结构、社会因素等，获得长期的一级控制潜能的境况。次要控制能够帮助个体应对失败，并且通过在整个生命过程中将资源和动机引导至选定的行动目标来达成主要控制，主要控制在功能上优先于次要控制，而次要控制则是为了保护主要控制的动机和资源。这一理论视角与自适应视角相同的一点是，个体的行为都要满足两个准则，即选择和补偿。首先对于整个生命过程中的诸多目标需要做出选择；其次，对于在执行目标的过程中产生的失败或错误需要进行补偿策略，以减少因失败带来的各类资源的损失和威胁。

在组织工作环境中，老龄化员工也通过不断进行策略调整以达到完成目标、减少损失的目的。例如，在一些特定的领域中，组织对于员工的晋升设定了严格的年龄界限，而超过年龄界限的员工想要获得特定的职位则可能需要付出更多的努力，与组织管理者和人事部门尽力沟通，或者运用控制策略调整和改变自己的目标岗位。

第四节　企业中的老龄化员工及管理实践

面对企业对优质劳动力的需求，如何从劳动力市场雇佣具有良好素质的劳动力，以及减少企业现有劳动力的不足和流失是组织面临的重要问题之一。拥有先进工作技能和丰富工作经验的老龄员工也是企业发展所需的重要资源，一方面，企业需要扩大老龄化员工的就业范围，适当增加老龄员工的雇佣量，并且能够对老龄化员工予以重视和培养；另一方面，对于组织内现有的老龄化员工和即将进入老龄化的员工，组织也需要完善管理模式，促进员工成功老龄化。

一、老龄化员工的就业

（一）老龄化领导者

领导者是团队和企业发展的关键，他们引导企业从创业逐步走向稳定，在组织中发挥重要的作用。在组织发展的各个阶段，老龄化的领导者展现出与年轻管理者不一样的优势，为企业的发展带来了丰富的资源和经验，增加了企业的竞争力。

企业创立阶段。在组织的创立阶段，年长的创业者展现出与年轻创业者完全不同的视角。纵观创业的整个过程，企业的创立过程包含了机会识别、机会评估及机会利用三个阶段。企业家必须识别机会，对机会进行评估形成创业意图以利用机会，并最终根据机会采取创业行动。因此，在创业过程中存在两个重要的转变：①从发现机会到形成创业意图的转变；②从形成创业意图到实施具体的创业行动的转变。对企业发展而言，从一个阶段进入下一阶段的转变过程需要克服不同的困难。不同年龄的创业者会给初创企业带来不同的优势。在转变过程中，一方面，年长的创业者经过多年的积累，获取了较多的人际关系资本、社会资本及经济资本，这些资本的原始积累对于创立之初的企业发展至关重要（Rogoff，2007；Singh and DeNobel，2003；Weber and Schaper，2004）；另一方面，年轻的创业者更有可能识别潜在的机遇，形成创新想法和创业意图。

Gielnik 等（2018）的研究从个体员工的终生发展理论视角出发，将创业过程与生命周期中的年龄相关特征相结合，探索了年龄如何影响创业过程中不同阶段转变的过程。研究指出，年龄对于创业过程中的两次转变的影响主要通过两个机制：未来时间视角和以往创业经验。未来时间视角描述了个体对于未来某一重要终点之前所剩时间的感知（如退休、死亡等）（Carstensen et al.，1999；Lang and Carstensen，2002）。通常，年轻人相较于老年人拥有更广阔的未来时间视角，这是由于年轻创业者认为他们在未来的职业生涯中还有很多的时间。老年创业者由于退休年龄、身体状况及寿命等多方面因素，通常会感知到职业生涯剩余时间的有效性，因而他们未来时间视角感知水平较低。但以往创业经验则会随着年龄增长而不断积累增多，因而老年创业者相比较年轻创业者会拥有更高水平的创业经验。

相较于年长的创业者而言，年轻的创业者拥有更广阔的未来时间视角，因此在发现商机后他们认为这些机会值得尝试，并且拥有大量时间来从这些机会中获得收益，更有可能形成创业意图。相比之下，老年创业者相比较年轻人的未来时间相对有限，他们认为能够实施机会并从中获益的时间也相对有限，这减少了他们追求机会形成创业意图的可能性。Reynolds 和 Curtin（2008）指出，从机会中获取回报通常需要数年的时间。因此，当未来时间有限时，那些需要花费大量时间才能获得收益和回报的行为则不太可能被老龄创业者采用。

此外，年龄不仅对创业者识别机会转变到形成创业意图的过程产生影响，对于将创业意图付诸实践形成真正的创业行为的过程也具有重要影响。具体而言，创业者随着年龄的增长，不断积累了丰富的创业经验，而先前的创业经验为他们从事创业活动提供了知识和技能等。具有更多创业经验的人更有可能知道如何开展创业活动，如获取财务资源、如何更好地开发产品或服务及建立业务等（Eesley and Roberts，2012）。这些知识和能力的掌握都是随着年龄增长而不断积累，因而相较于年轻的创业者，这些年老的创业经验丰富的企业家更容易将创业意图转变成实际创业行动，而年轻创业者由于以往创业经验的匮乏，即使拥有很高的创业积极性，却很难实现他们的创业意图。

由此，我们发现在企业的创立过程中，不同年龄的创业者给企业的发展带来了更多不同的财富。年轻创业者拥有更广阔的未来时间视野，能够识别更多的机遇，具有较高的创业积极性，能够产生创新性的创业想法。老年创业者则为企业的成立和发展带来丰富的经验，能够更准确地为企业的发展争取资源，把控进程。因此，在企业创立的初期，吸纳年长的创业者与年轻的创业者进行资源互补，能够有效地推进创业进程。

组织发展阶段。近年来，一些研究也指出，组织中年龄较大的领导与年轻的领导在思维方式和领导模式上有较大的差异，为组织的发展贡献出不同的力量。例如，年长的领导可能表现出变革行为越来越少（Walter and Scheibe，2013），而年轻领导往往能够适应快速变化的环境，并且更愿意承担未知的风险，考虑创新的工作方法（Oshagbemi，2004），这些年长的领导者也展现出更多的被动领导行为，如给予下属更多自由决策的权力（Walter and Scheibe，2013）。根据社会情感选择理论视角，年长的管理者会将视角从对未来的追求转移到当前眼下的利益和福祉，他们会在当前的事物中投入更多的努力和精力，以逐渐适应眼下变化的环境。此外，年长的管理者会更加倾向于优先考虑积极的结果而非消极结果，因而他们会减少对事件的干预而选择相信下属（Walter and Scheibe，2013）。这些表面上看似消极的管理模式在本质上却展现出了老龄领导者愿意与下属合作和进行授权的意愿，反映出他们更加注重人际关系，努力融入组织和团队环境，具有积极的影响。

此外，在快速发展的企业中，老龄化管理者相比较年轻管理者更愿意表现出更高的传承性（Bockman and Sirotnik，2008）。他们更愿意向下属或新一代领导者传授经验，提供学习和成长的机会。这主要源于相比较年轻领导者，年长的领导者将视野更多地转向与当前团队内其他成员或下属建立良好的关系、教授方法和经验，而较少关注自己的职业发展和未来规划（Zacher，2015）。

（二）老龄化员工

除了老龄管理者为企业的发展带来重要影响外，老年员工也为组织带来了宝贵的资源。一方面，他们通常已经在企业内或同行业的其他公司工作了很长时间，积累了丰富的经验，并且通过长期的人生经验获得了更加敏锐的观察力和对专业信息的洞察力（P. Moore and R. L. Moore，2014）。另一方面，老龄化的员工往往展现出更积极的态度，更愿意在组织中与同事建立良好的人际关系，这有利于增加企业的凝聚力。

近年来，越来越多的企业逐渐意识到经验丰富的老龄员工是企业优质人力资源的宝贵来源，为企业带来了丰富的经验（Kroon et al.，2016）。因此，他们也逐渐调整招聘策略，着重雇佣那些长期从事相关行业的年长专业人才。美国最大的税务公司——布洛克税务公司（H&R Block）从附属企业的资源池中擢升聘请注册年限长的会计师和税务专家。家得宝公司雇佣年长的承包商和专业商人，为企业积累了专业的知识（Cappelli and Novelli，2010）。在学术领域，学者也纷纷指出了雇佣年长员工的优势。Vasconcelos（2015）指出，员工的敬业程度似乎随着年龄的增长而增加。作为组织中的一个特殊群体，老龄化的员工往往拥有更高的满意度，他们对企业更加忠诚，对企业的认同感更高，对同事和顾客表现出更加和蔼和友善的态度。这些优良的品质对于企业，尤其是注重客户服务的企业来说具有非常重要的意义（Vasconcelos，2015）。

除了以上提出的老龄员工带来的企业优势外，一些老龄员工还可能给企业带来具有高度灵活性的劳动力。例如，一部分已经经历过退休后选择返聘或临时工作的老龄员工，他们不仅经验丰富还具有更高的灵活性。对企业而言，这些年长的返聘员工不需要组织为其缴纳相应的社会保险，也极大程度地减轻了企业的压力（Cappelli and Novelli，2010）。

二、老龄化员工的组织管理

（一）促进员工成功老龄化

随着全球人口老龄化的进程逐步加深，老龄员工占总劳动力的比重越来越大，组织员工成功老龄化是企业更好留住、管理和发展老龄员工，增加企业人力资源和市场竞争力的重要基础。因此，保障员工能够顺利过渡到老年阶段，实现组织的成功老龄化对企业具有重要意义。

成功老龄化是指主动地维持或在机体衰退后逐步适应高水平的能力和动机以继续在组织环境中工作（Kooij et al.，2020），它涵盖了那些在整个生命周期中各种能力能够保持更长时间、更长的寿命等（Hansson et al.，1997）。从生理角度来看，这些成功老龄化的人没有遭受严重的疾病，也没有经历残疾的生活，他们对生活的满意度更高并且更加长寿（Bowling，2007）；从社会心理的角度来看，这部分老年人拥有更高的适应能力，他们能够掌控自己的生活，并且拥有较高的社会能力和认知效率等（P. B. Baltes and M. M. Baltes，1993）。Rowe 和 Kahn（1997）认为个体成功老龄化包括三个部分：遭受疾病及残疾的概率较低；认知和身体功能性水平较高；积极参与生活。基于此，更多的研究者提出在工作环境中，员工更好地过渡到老龄化，促使老年员工适应年龄的变化，积极参与工作对其生活和工作具有重要影响，对企业的绩效和发展也有重要意义。

在组织中，Robson 等（2006）指出促进员工成功老龄化需要从五个重要维度出发，包括：①个体的适应与健康；②积极的人际关系；③老龄员工的职业成长；④个人安全；⑤持续关注和实现个人目标。这五个维度从社会、心理和认知三个不同视角来阐述员工老龄化进程。具体而言，第一个维度，个体的适应与健康是指员工感知自己是否有能力应对工作和健康状况变化。例如，当员工感知到他们在学习新技术等方面没有困难，并且他们愿意接受组织对于如何提升绩效而提出的建议时，他们能够在组织中展现出更好的适应性。第二个维度，积极的人际关系是指老龄员工是否能够与组织中的其他人员保持良好的社会和人际关系。建立积极的人际关系能够满足老龄员工的社会情感需求，当他们遇到工作困难或挫折时，良好的人际关系可以成为他们的重要资源，为他们提供必要的人际帮助。第三个维度，职业成长是指年迈的员工感知自己是否还有进一步上升的职业发展空间。第四个维度，个人安全是指员工对自身安全性的看法，它反映了老龄员工对于自己日常的工作环境和工作任务是否安全的感知，这一维度对于老龄员工来说至关重要。这是因为相较于年轻人，在遇到伤害时老龄员工往往需要更长的时间才能恢复（Roger and Wiatrowski，2005）。第五个维度，持续关注和实现个人目标是指老龄员工是否能够持续关注自身并为自己的职业生涯设定明确的目标。

如何应对自身的衰老进程，更好地维持和适应自己的资源和能力变化，是员工自身首先需要面对的问题。研究人员基于终生发展理论和组织情境为面临老龄化的员工提供了一些有效的调节策略。首先，P. B. Baltes 和 M. M. Baltes（1993）提出的选择、优化和补偿策略能够使个体保持相对较高的能力水平和幸福感。尽管个体衰老的趋势和资源的损失不可避免，但通过积极地选择和优化目标并且采取补偿措施，更好地利用可用资源，最大化收益、最小化损失，能够比不使用选择、优化和补偿策略的个体更成功地老龄化。

其次，Brandtstädter 和 Renner（1990）发展了同化性和调节性应对模型（assimilative and accommodative coping model）。该模型指出，在关键的生活转变时间，个体依照个人偏好选择自身的发展方向（同化性应对），并且调整自己的个人偏好，以达到和周围的情境因素保持一致（调节性应对）。研究显示，随着年龄的增长和资源及能力的衰退，个体会更加倾向于使用调节性应对来更好地进行自我调节以适应周围的环境变化。

此外，终身发展心理学指出个体的衰老过程与其周围环境的各种因素有显著的关联（Baltes，1987）。因此，促进员工成功老龄化不仅是员工个体自身需要解决的问题，也是企业及社会环境需要关注的问题。Kooij 等（2020）在研究中提出了工作场所成功老龄化的过程模型。他们将工作场所的成功老龄化看作员工通过自我调节行为来维持或回复工作中的个体-环境匹配的结果。具体而言，他们主要关注了要求-能力匹配及需求-供给匹配作为员工适应环境的过程机制，在各种内外因影响员工成功老龄化过程中起到的中介作用。在探讨影响员工适应过程并进一步决定其是否能够成功老龄化的各种内外部因素时，Kooij 等（2020）指出宏观、中观和微观三个层面因素。第一，宏观层面的因素包括了各类社会环境因素（包括国家文化、法律、行政法规、政府机构等要素）对雇主和雇员在工作中态度和行为的影响。例如，鼓励推迟退休年龄可能会影响雇主对老年员工的态度，也会引导员工对自己老年阶段的职业规划做出调整。第二，中观层面的因素包括了组织团队因素和工作因素，这可能包含组织氛围和各种人力资源实践。例如，在年龄多样性的组织氛围中，员工能够得到平等的尊重和对待，也会更加感到被信任和支持，从而更有可能调节自身以适应组织环境。第三，微观层面的个人因素，包括个体员工的人格特质（如责任心、乐观和主动性人格）、知识、技能、能力、动机（如工作中心和职业依恋）及生活方式（如营养、运动和健康习惯），这些因素都会影响员工在老龄化进程中的个体-环境匹配的适应过程，从而达到成功老龄化的目标。

（二）组织年龄多样性的管理实践

除了促进员工成功老龄化外，组织还面临着企业员工年龄多样性的管理问题。随着老龄人口的不断增加，企业逐渐出现的员工年龄多样性特征意味着在相同的组织环境中，员工的年龄分布更广，如何全面有效地管理多样性的组织成员是企业需要关注的重点之一。在这里，我们介绍五类针对年龄多样性的包容性管理实践，即年龄包容性管理（age-inclusive management）、同伴指导（peer mentoring）、参与式决策（participative decision making）、保障工作安全（ensuring job security）及反对年龄歧视的组织培训（training to counter age-related stereotypes）。

　　年龄包容性管理旨在确保组织中的成熟员工和年轻员工都能够受到组织的欢迎、接受和公平对待，而不会因为与年龄相关的刻板印象、成见、偏见及歧视而受到排斥（Parker and Andrei，2020；Wang and Fang，2020）。这种包容性的管理实践侧重于防止组织排斥、促进组织包容性，并能够最大限度确保满足不同年龄成员的归属感需求和独特性需求（Parker and Andrei，2020；Shore et al.，2011，2018）。具体而言，注重防止组织排斥的管理实践主要聚焦于就业法中明令禁止的歧视行为，如设定岗位的年龄偏好、年龄限制等。促进组织包容性的管理实践则主动确保工作场所中的多样性，以增加员工的心理安全感，保证员工的真实性（Holvino et al.，2004；Shore et al.，2018）。例如，在组织中对于劳动力多样性所带来的差异予以肯定来表现包容。

　　促进包容性管理实践的建立主要可能通过促进心理安全感的提升来实现，而良好的心理安全感能够促使员工在组织中真实地表达自我。许多组织建立包容性管理实践，提升员工心理安全的主要方式是合法化员工多样性。例如，美国苹果公司在员工手册中强调每一个员工的包容和信任，指出公司中的每个员工都是不一样的，并且这种多样性给其带来巨大优势，帮助其拓宽视野。Zanoni 和 Janssens（2007）指出，建立年龄包容性管理实践则需要从组织招聘环节开始，依据求职者的能力而不是与年龄相关的群体成员身份来招聘，由此建立由不同代际成员组成的高任务依存性团队，并且保障不同年龄段成员之间的互动和沟通。

　　年龄包容性管理实践在组织中具有重要的作用。研究表明，这类管理实践可以帮助不同年龄阶段的劳动者有效地调动自己的内部知识及社会关系。这主要源于包容年龄差异的管理层能够通过实施公平的做法，为所有年龄阶段的员工提供平等的机会，从而促进组织内的公平，建立组织包容性氛围，消除与年龄相关的成见和歧视（Dwertmann et al.，2016）。

　　同伴指导是建立于两名相似地位的同事之间的、一对一关系上的全方位发展指导和知识传递（Eby，1997；Parker et al.，2008）。这种知识的传递在两者之间是相互的，知识可能由年轻员工流向老年员工，也可能由老年员工流向年轻员工。这类管理实践有助于最大化组织中年龄多样性所带来的优势（Froidevaux et al.，2020），既达到了老年员工对于知识的代际传承目标，也满足了年轻员工对于知识的需求。

　　同伴指导的管理模式通过利用跨代际知识传递的优势来帮助组织实现集体目标，从中获益。特别是，由于不同年龄层次的员工在组织中所掌握的知识的类型具有一定差异，因此促进不同年龄层次的组织成员之间的知识转移可以使组织以更有效、更便宜的方式进行管理和知识的积累（Froidevaux et al.，2020）。以美国 Hartford 保险公司为例，公司中的年轻员工担任导师角色向组织的管理层教授社交媒体的相关知识和使用方法。他们向管理者分享自己的经验，激发其对社交媒体的兴趣和学习动力。这种自低年龄层次员工流向高级管理者的反向教学管理模式为组织的创新发展提供了有效帮助。此外，以往研究也指出这类建立在年龄多样性下的同伴指导知识传递方式增加了组织之间的信息交流，有效减少了对年长员工的歧视，增加了年轻员工与年长员工之间的合作机会。

参与式决策也称为联合决策，是指组织及其管理者鼓励员工参与组织决策的程度（Miller and Monge，1986）。参与式决策可以为员工提供对工作任务的更多控制权，并有机会参与组织决策过程中。参与式决策活动主要包括鼓励员工设定自己的工作目标，为员工提供正式或非正式渠道来表达意见，允许员工就其工作范围内做出自己的决策，积极要求员工提供与工作任务相关的意见，允许员工自己决定如何完成工作任务等（Probst，2005）。

在年龄多样性水平较高的组织中，采取参与式决策管理实践方法能够有效发挥组织不同年龄层次劳动力的全部潜力。组织通过将员工纳入工作的重新设计过程来推动组织参与式决策管理的实施，从而适应不同年龄层次员工的不同需求和偏好（Froidevaux et al.，2020；Parker and Andrei，2020）。以德国宝马汽车公司对于制造工作的重新塑造模式为例，随着老年员工加入公司，该公司对制造工厂进行了重新设计以适应年长员工的需求，如为某些工作岗位提供座椅、放大镜、进行工作轮换等。这种将员工需求纳入工作任务重设过程使该组织的生产效率提高了 7%。此外，研究表明这类参与式决策还有助于提升员工的工作满意度，增加员工组织承诺，减少员工缺勤，降低多样性年龄员工的离职意愿（Wang et al.，2013）。

保障工作安全对于组织管理年龄多样性的劳动力具有重要意义。工作安全指的是个体对其工作的稳定性和连续性的感知（Probst，2005）。对于员工而言，工作安全感较低是引发员工工作压力的重要来源之一，会严重损害员工的工作斗志和生产效率。尤其是对于年长员工而言，他们相比较年轻员工会更容易感知到较低的工作安全感（Keim et al.，2014），这主要来源于他们在工作场所中所经历的外显的和隐性的年龄歧视。为了减少这一问题的产生，组织可以采取年龄中立的管理实践方法来保障员工的工作安全，包括促进有效沟通，保障员工能够了解组织人力资源政策的相关明确信息，积极地组织监管及评估员工在工作中的心理幸福感（Keim et al.，2014）。具体而言，与同事、主管和客户分享信息并进行有效的沟通和互动，有助于建立人与人之间的信任，并能够促进员工之间的过程公平和信息公平。这有助于营造一个可预测的明确的工作环境，从而降低员工对丢失工作的担忧。此外，由于员工对工作安全感知存在日常水平的波动，因此组织和管理者有必要频繁地对员工的工作安全感进行监管，以便及时干预以帮助员工消除担忧（Schreurs et al.，2012）。

反对年龄歧视的组织培训是针对老龄化员工管理的另一重要管理实践。与年龄相关的刻板印象是基于年龄特征的过度概括和错误判断（Burke，2015），这会影响工作场所中的雇主和雇员，使得老年员工在劳动力市场上处于不利地位。例如，对老年员工的常见刻板印象认为，他们不太愿意参加组织的各类培训和职业发展规划，工作动力匮乏，不愿意做出改变，并且健康状况较差，也更容易收到工作和家庭冲突的影响（Ng and Feldman，2012）。这些刻板印象会增加雇主对雇佣老年员工的担忧，因此为了对抗这些关于年龄产生的歧视，研究人员设计并评估了工作场所中管理者的反对年龄歧视培训计划。根据Jungmann等（2020）的研究，这类培训主要包含以下要素：①介绍年龄相关的绩效和工作动机的变化；②讨论和解释年龄刻板印象带来的偏见的发展及后果，以及对工作场所中年龄差异化的评估；③鼓励受训人员（包含不同年龄层次的管理者）讨论战略决策，并指出对日常工作的实践意义。同样，针对员工的相关培训也有助于减轻工作场所中的年龄歧视问题。这类培训通常包括建立年龄意识、沟通绩效、团队建设及跨代际关系建立等，对于消除不同年龄层员工之间对于彼此年龄的刻板印象，缓解工作场所的冲突与紧张氛围具有显著作用（Burke，2015）。

第五节 研究展望

以上我们对工作场所中的员工老龄化的概念、带来的组织问题及组织应对老龄化问题的管理实践进行了综述。接下来，我们将对未来该领域的研究趋势做出一些展望和建议。

尽管老龄化问题已经给全球企业带来巨大压力，越来越多的国家步入了人口加速老龄化的进程，但是回顾工作与老龄化的相关研究，目前仍未形成一个较为完整和系统的研究体系。在社会学和人口发展学领域，老龄化问题的研究体系已相对较为完善，但在组织管理领域，工作场所中的老龄化问题到底是什么，给企业带来什么影响和弊端，企业如何应对逐渐增加的老龄员工比例，目前未能够有较为完整的研究体系。尽管在理论研究方向，对于组织员工老龄化问题有一些分散的讨论，但在实证研究中对工作和老龄化问题的讨论存在很大的空缺。

首先，当前对于工作场所老龄化问题的探讨大多是基于终生发展心理学的理论框架下进行的，这些理论视角主要来源于心理进程，但在组织环境中还需考量更多的企业管理理论框架。自适应理论视角展现了个体通过改变自身而逐渐适应外部环境的过程，在组织环境中将人–环境匹配理论与之相结合能够更好地解释组织环境中各因素对老龄员工的影响，以及员工如何通过改变自身来更好地适应自己老龄化的过程。Kooij 等（2020）综合考量宏观、中观、微观层面因素和影响员工个体的人-环境匹配过程从而决定员工的成功老龄化过程模型是这一研究思路的优秀开端。但值得注意的是,个体员工老龄化过程不仅是对外部组织环境的适应过程,还是对自身身体健康和心理状态变化的适应过程。因此,未来的研究也可以拓宽思路,将更多员工的心理过程机制引入员工的老龄化发展过程,更深入地探讨组织员工在老龄化过程中的各种行为、动机、心理、认知等,为企业管理者提供更详细的指导。

其次,当前的研究大多数聚焦于关于员工工作与老龄化问题的理论研究,基于社会学和心理学视角,学者提出了将终身发展理论、自适应理论等视角引入老龄化话题,但是在组织中对于员工老龄化的具体问题的实证研究还相对较为缺失。例如,在组织研究中有许多研究探讨员工如何平衡工作和生活以减少工作-家庭冲突,但是对于老龄化员工在此方面的特殊性并未重视,因此也并未有足够的实证研究来探索老年工作者如何在自身背负各种生活压力的同时处理好工作与生活的关系。相似地,以往对于领导者的研究也并未区分管理者的年龄差异,通常只把年龄作为控制变量,探讨不同的领导模式对团队过程和下属的影响。然而,本研究中也指出了年长的管理者表现出与年轻管理者截然不同的管理方式,而这些管理方式在不同的团队中是否能够发挥足够的效用,目前还未有研究进行探讨。因此,我们呼吁未来能够有更多的学者进行实证探索的时候将领导或员工的年龄因素纳入考虑范围,更详细地解释组织员工老龄化所带来的各种组织问题及各种问题产生的前因后果。

此外,本研究的大部分内容基于外国研究学者的理论基础和实证结果,国内对于老龄化的研究一直主要由人口学家和社会学家来完成,在组织中,对于员工老龄化问题的研究还非常匮乏。但是,中国不容忽视的老龄化现状、加速老龄化的人口发展趋势,以及逐年降低的生育率都表明,在未来的几十年中,中国将面临严重的劳动力资源短缺问题。拥有丰富工作经验、娴熟工作技能的健康的老龄员工是企业宝贵的人力资源财富。在中国情境下,组织内员工的工作与老龄化问题是未来企业必将面临和解决的问题,也应当引起学术界的广泛关注。未来国内的组织管理研究学者可以从微观层面老龄员工的组织行为、心理乃至宏观层面整个企业针对老龄化的管理实践来详细探讨企业员工的老龄化问题。

参 考 文 献

Abraham J D, Hansson R O. 1995. Successful aging at work: an applied study of selection, optimization, and compensation through impression management. Journal of Gerontology,

50（2）：94-103.

Ali H，Davies D R. 2003. The effects of age，sex and tenure on the job performance of rubber tappers. Journal of Occupational and Organizational Psychology，76（3）：381-391.

Baltes B B，Heydens-Gahir H A. 2003. Reduction of work-family conflict through the use of selection，optimization，and compensation behaviors. Journal of Applied Psychology，88（6）：1005-1018.

Baltes P B. 1987. Theoretical propositions of life-span developmental psychology：on the dynamics between growth and decline. Developmental Psychology，23（5）：611-626.

Baltes P B，Baltes M M. 1993. Successful Aging：Perspeitives from the Behavioral Sciences. Cambridge：Cambridge University Press.

Beier M，Ackerman P L. 2005. Age，ability，and the role of prior knowledge on the acquisition of new domain knowledge：promising results in a real-world learning environment. Psychology and Aging，20（2）：341-355.

Bezrukova K，Jehn K A，Zanutto E L，et al. 2009. Do workgroup faultlines help or hurt? A moderated model of faultlines，team identification，and group performance. Organization Science，20（1）：35-50.

Blok M M，de Looze M P. 2011. What is the evidence for less shift work tolerance in older workers? Ergonomics，54（3）：221-232.

Bockman S，Sirotnik B. 2008. The aging workforce：an expanded definition. Business Renaissance Quarterly，3：129-136.

Boehm S A，Kunze F. 2015. Age diversity and age climate in the workplace//Bal P M，Kooij D T AM，Rousseau D M. Aging Workers and the Employee-Employer Relationship. Cham：Springer：33-55.

Bowling A. 2007. Aspirations for older age in the 21st century：what is successful aging? International Journal of Aging and Human Development，64（3）：263-297.

Brandtstädter J，Renner G. 1990. Tenacious goal pursuit and flexible goal adjustment：explication and age-related analysis of assimilative and accommodative strategies of coping. Psychology and Aging，5（1）：58-67.

Broadbridge A. 2001. Ageism in retailing：myth or reality?//Golver I，Braine M. Ageism in Work and Employment. Burlington：Ashgate：171-192.

Burke R J. 2015. Managing an aging and multi-generational work- force：challenges and opportunities//Burke R J，Cooper C I，Antoniou A-S G. The Multi-Generational and Aging Workforce. Cheltenham：Edward Elgar：3-38.

Capowski G. 1994. Ageism：the new diversity issue. Management Review，83（10）：10-15.

Cappelli P，Novelli B. 2010. Managing the Older Worker：How to Prepare for the New

Organizational Order. Boston: Harvard Business Press.

Carstensen L L, Isaacowitz D M, Charles S T. 1999. Taking time seriously: a theory of socioemotional selectivity. American Psychologist, 54（3）: 165-181.

Chiu W C K, Chan A W, Snape E, et al. 2001. Age stereotypes and discriminatory attitudes towards older workers: an East-West comparison. Human Relations, 54（5）: 629-661.

Cox T H, Blake S. 1991. Managing cultural diversity: implications for organizational competitiveness. The Executive, 5（3）: 45-56.

Cuddy A J, Fiske S T. 2002. Doddering but dear: process, content, and function in stereotyping of older persons. Ageism: Stereotyping and Prejudice Against Older Persons, 3: 1-26.

Dahling J J, Perez L A. 2010. Older worker, different actor? Linking age and emotional labor strategies. Personality and Individual Differences, 48（5）: 574-578.

de Lange A H, van Yperen N W, van der Heijden B I, et al. 2010. Dominant achievement goals of older workers and their relationship with motivation-related outcomes. Journal of Vocational Behavior, 77（1）: 118-125.

Dedrick E J, Dobbins G H. 1991. The influence of subordinate age on managerial actions: an attributional analysis. Journal of Organizational Behavior, 12（5）: 367-377.

Duncan C. 2001. Ageism, early exit, and the rationality of age-based discrimination//Oswick C. Ageism in Work and Employment. London: Routledge: 43-64.

Dwertmann D J, Nishii L H, Knippenberg D. 2016. Disentangling the fairness & discrimination and synergy perspectives on diversity climate: moving the field forward. Journal of management, 42（5）: 1136-1168.

Dychtwald K, Erickson T, Morison B. 2004. It's time to retire retirement. Harvard Business Review, 82（3）: 48-57, 126.

Eby L T. 1997. Alternative forms of mentoring in changing organizational environments: a conceptual extension of the mentoring literature. Journal of vocational Behavior, 51（1）: 125-144.

Eesley C E, Roberts E B. 2012. Are you experienced or are you talented? When does innate talent version experience explain entrepreneurial performance? Strategic Entrepreneurship Journal, 6（3）: 207-219.

Finkelstein M, Higgins K D, Clancy M L. 2000. Justifications for ratings of old and young job applicants: an exploratory content analysis. Experimental Aging Research, 26（3）: 263-283.

Fiske S T, Neuberg S L. 1990. A continuum of impression formation, from category-based to individuating processes: influences of information and motivation on attention and interpretation. Advances in Experimental Social Psychology, 23: 1-74.

Froidevaux A, Alterman V, Wang M. 2020. Leveraging aging workforce and age diversity to achieve organizational goals: a human resource management perspective//Czaja S J, Sharit J, James J B. Current and Emerging Trends in Aging and Work. Cham: Springer: 33-58.

Gielnik M M, Zacher H, Wang M. 2018. Age in the entrepreneurial process: the role of future time perspective and prior entrepreneurial experience. Journal of Applied Psychology, 103（10）: 1067-1085.

Greller M M, Simpson P. 1999. In search of late career: a review of contemporary social science research applicable to the understanding of late career. Human Resource Management Review, 9（3）: 309-347.

Hamilton D L, Sherman J W. 1994. Stereotypes//Wyer R S, Srull T K. Handbook of Social Cognition. Hillsdale: England: 1-68.

Hansson R O, DeKoekkoek P D, Neece W M, et al. 1997. Successful aging at work: annual review, 1992-1996: the older worker and transitions to retirement. Journal of Vocational Behavior, 51（2）: 202-233.

Harrison D A, Klein K J. 2007. What's the difference? Diversity constructs as separation, variety, or disparity in organizations. Academy of Management Review, 32（4）: 1199-1228.

Haynes T L, Heckhausen J, Chipperfield J G, et al. 2009. Primary and secondary control strategies: implications for health and well-being among older adults. Journal of Social and Clinical Psychology, 28（2）: 165-197.

Heckhausen J, Schulz R. 1995. A life-span theory of control. Psychological Review, 102（2）: 284-304.

Hedge J W, Borman W C, Lammlein S E. 2006. The Aging Workforce: Realities, Myths, and Implications for Organizations. Washington: American Psychological Association.

Hinds P J, Carley K M, Krackhardt D, et al. 2000. Choosing work group members: balancing similarity, competence, and familiarity. Organizational Behavior and Human Decision Processes, 81（2）: 226-251.

Holvino E, Ferdman B M, Merrill-Sands D. 2004. Creating and sustaining diversity and inclusion in organizations: strategies and approaches//Stockdale M S, Crosby F J. The Psychology and Management of Workplace Diversity. Malden: Blackwell Publishing: 245-276.

Hutchens R M. 1993. Restricted job opportunities and the older worker//Mitchell O S. As the Workforce Ages: Costs' Benefits and Policy Challenges. Ithaca: ILR Press: 81-102.

Jackson S E, May K E, Whitney K. 1995. Understanding the dynamics of diversity in decision making teams//Guzzo R A, Salas E. Team Effectiveness and Decision Making in Organizations. San Francisco: Jossey-Bass: 204-261.

Jehn K A. 1997. Managing workteam diversity, conflict, and productivity: a new form of organizing in the twenty-first century workplace. Journal of Labor and Employment Law, 1:

473-486.

Jungmann F, Wegge J, Liebermann S C, et al. 2020. Improving team functioning and performance in age- diverse teams: evaluation of a leadership training. Work, Aging and Retirement, 6: 175-194.

Keim A C, Landis R S, Pierce C A, et al. 2014. Why do employees worry about their jobs? A meta-analytic review of predictors of job insecurity. Journal of Occupational Health Psychology, 19（3）: 269-290.

Kite M E, Johnson B T. 1988. Attitudes toward older and younger adults: a meta-analysis. Psychology and Aging, 3（3）: 233-244.

Kite M E, Stockdale G D, Whitley B E, et al. 2005. Attitudes toward younger and older adults: an updated meta-analytic review. Journal of Social Issues, 61（2）: 241-266.

Koch L, Hennessey M, Kampfe C M, et al. 2008. Aging, disability, and employment. Work, 31（3）: 337-344.

Kooij D T. 2015. Successful aging at work: the active role of employees. Work, Aging and Retirement, 1（4）: 309-319.

Kooij D T, Zacher H, Wang M, et al. 2020. Successful aging at work: a process model to guide future research and practice. Industrial and Organizational Psychology, 13（3）: 345-365.

Kroon A, van Selm M, Hoeven C, et al. 2016. Dealing with an aging workforce: locating threats and opportunities in corporate media. Educational Gerontology, 42（12）: 818-834.

Kubeck J E, Delp N D, Haslett T K, et al. 1996. Does job-related training performance decline with age? Psychology and Aging, 11（1）: 92-107.

Kunze F, Boehm S A, Bruch H. 2011. Age diversity, age discrimination climate, and performance consequences—a cross-organizational study. Journal of Organizational Behavior, 32（2）: 264-290.

Kunze F, Boehm S A, Bruch H. 2013. Age, resistance to change, and job performance. Journal of Managerial Psychology, 28（7/8）: 741-760.

Lang F R, Carstensen L L. 2002. Time counts: future time perspective, goals, and social relationships. Psychology and Aging, 17（1）: 125-139.

Lawrence B S. 1988. New wrinkles in the theory of age: demography, norms, and performance ratings. The Academy of Management Journal, 31（2）: 309-337.

Levine M L. 1988. Age discrimination: the law and its underlying policy//Dennis H. Fourteen Steps in Managing an Aging Work Force. Lexington: Heath: 25-35.

McGoldrick A E, Arrowsmith J. 2001. Discrimination by age: the organizational response//Golver I, Braine M. Ageism in Work and Employment. Burlington: Ashgate: 25-96.

Miller K I, Monge P R. 1986. Participation, satisfaction, and productivity: a meta-analytic review.

Academy of Management Journal, 29（4）: 727-753.

Moore P, Moore R L. 2014. Fundamentals of Occupational Environmental Health Nursing AAOHN Core Curriculum. Pensacola: American Association of Occupational Health Nursing.

Ng T W, Feldman D C. 2010. The relationships of age with job attitudes: a meta-analysis. Personnel Psychology, 63（3）: 677-718.

Ng T W, Feldman D C. 2012. Evaluating six common stereotypes about older workers with meta - analytical data. Personnel Psychology, 65（4）: 821-858.

Ng T W, Feldman D C. 2013. A meta-analysis of the relationships of age and tenure with innovation-related behaviour. Journal of Occupational and Organizational Psychology, 86（4）: 585-616.

Oshagbemi T. 2004. Age influences on the leadership styles and behaviour of managers. Employee Relations, 26（1）: 14-29.

Parker P, Hall D T, Kram K E. 2008. Peer coaching: a relational process for accelerating career learning. Academy of Management Learning & Education, 7（4）: 487-503.

Parker S K, Andrei D M. 2020. Include, individualize, and integrate: organizational meta-strategies for mature workers. Work, Aging and Retirement, 6（1）: 1-7.

Posthuma R A, Campion M A. 2009. Age stereotypes in the workplace: common stereotypes, moderators, and future research directions. Journal of Management, 35（1）: 158-188.

Prenda K M, Stahl S M. 2001. The truth about older workers. Business Health, 19（5）: 30-32, 35-37.

Probst T M. 2005. Countering the negative effects of job insecurity through participative decision making: lessons from the demand-control model. Journal of Occupational Health Psychology, 10（4）: 320-329.

Reynolds P D, Curtin R T. 2008. Business creation in the United States: panel study of entrepreneurial dynamics II initial assessment. Foundations and Trends in Entrepreneurship, 4（3）: 155-307.

Roberts B W, Walton K E, Viechtbauer W. 2006. Patterns of mean-level change in personality traits across the life course: a meta-analysis of longitudinal studies. Psychological Bulletin, 132（1）: 1-25.

Robson S M, Hansson R O, Abalos A, et al. 2006. Successful aging: criteria for aging well in the workplace. Journal of Career Development, 33（2）: 156-177.

Rocco T, Stein D, Lee C. 2003. An exploratory examination of the literature on age and HRD policy development. Human Resource Development Review, 2（2）: 155-180.

Roger E, Wiatrowski W J. 2005. Injuries, illness, and fatalities among older workers. Monthly Labor Review, 128: 24-30.

Rogoff E G. 2007. Opportunities for entrepreneurship in later life. Generations, 31: 90-95.

Rosen B，Jerdee T H. 1977. Too old or not too old. Harvard Business Review，55（6）：97-106.

Rosen B，Jerdee T H. 1988. Managing older workers' careers. Research In Personnel and Human Resources Management，6（1）：37-74.

Rowe J W，Kahn R L. 1997. Successful aging. The Gerontologist，37（4）：433-440.

Salthouse T. 2012. Consequences of age-related cognitive declines. Annual Review of Psychology，63（1）：201-226.

Schaie K W. 1994. The course of adult intellectual development. American Psychologist，49（4）：304-313.

Schmitt A，Zacher H，Frese M. 2012. The buffering effect of selection，optimization，and compensation strategy use on the relationship between problem solving demands and occupational well-being：a daily diary study. Journal of Occupational Health Psychology，17（2）：139-149.

Schreurs B H，van Emmerik I J，Günter H，et al. 2012. A weekly diary study on the buffering role of social support in the relationship between job insecurity and employee performance. Human Resource Management，51（2）：259-279.

Shore L M，Cleveland J N，Sanchez D. 2018. Inclusive work- places：a review and model. Human Resource Management Review，28（2）：176-189.

Shore L M，Randel A E，Chung B G，et al. 2011. Inclusion and diversity in work groups：a review and model for future research. Journal of Management，37（4）：1262-1289.

Singh G，DeNoble A. 2003. Early retirees as the next generation of entrepreneurs. Entrepreneurship Theory and Practice，27（3）：207-226.

Soto C J，John O P. 2012. Development of Big Five domains and facets in adulthood：mean-level age trends and broadly versus narrowly acting mechanisms. Journal of Personality，80（4）：881-914.

Sterns H L，Doverspike D. 1987. Training and developing the older worker：implications for human resource managers//Dennis H. Fourteen Steps in Managing an Aging Workforce. Lexington：Heath：97-110.

Taylor H O，Taylor R J，Nguyen A W，et al. 2018. Social isolation，depression，and psychological distress among older adults. Journal of Aging and Health，30（2）：229-246.

Thatcher S，Patel P C. 2011. Demographic faultlines：a meta-analysis of the literature. Journal of Applied Psychology，96（6）：1119-1139.

Truxillo D M，Cadiz D M，Hammer L B. 2015. Supporting the aging workforce：a review and recommendations for workplace intervention research. Annual Review of Organizational Psychology and Organizational Behavior，2（1）：351-381.

Tsui A S，Porter L W，Egan T D. 2002. When both similarities and dissimilarities matter：extending the concept of relational demography. Human Relations, 55 (8): 899-929.

van Knippenberg D, Schippers M C. 2007. Work group diversity. Annual Review of Psychology, 58: 515-541.

Vasconcelos A F. 2015. Older workers: some critical societal and organizational challenges. Journal of Management Development, 34 (3): 352-372.

Walker H, Grant D, Meadows M, et al. 2007. Women's experiences and perceptions of age discrimination in employment: implications for research and policy. Social Policy and Society, 6 (1): 37-48.

Walter F, Scheibe S. 2013. A literature review and emotion-based model of age and leadership: new directions for the trait approach. The Leadership Quarterly, 24 (6): 882-901.

Wang H, Huang J, Yang Q. 2019. Assessing the financial sustainability of the pension plan in China: the role of fertility policy adjustment and retirement delay. Sustainability, 11 (3): 883.

Wang J, Verma A. 2012. Explaining organizational responsiveness to work-life balance issues: the role of business strategy and high-performance work systems. Human Resource Management, 51 (3): 407-432.

Wang M, Fang Y. 2020. Age diversity in the workplace: facilitating opportunities with organizational practices. Public Policy & Aging Report, 30: 119-123.

Wang M, Olson D A, Shultz K S. 2013. Mid and Late Career Issues: Psycho-Social Dynamics and Perspectives. New York: Routledge.

Warr P. 2001. Age and work behaviour: physical attributes, cognitive abilities, knowledge, personality traits and motives. International Review of Industrial and Organizational Psychology, 16: 1-36.

Weber P, Schaper M. 2004. Understanding the grey entrepreneur. Journal of Enterprising Culture, 12 (2): 147-164.

Weigl M, Müller A, Hornung S, et al. 2013. The moderating effects of job control and selection, optimization, and compensation strategies on the age-work ability relationship. Journal of Organizational Behavior, 34 (5): 607-628.

Weiss E M, Maurer T J. 2004. Age discrimination in personnel decisions: a reexamination. Journal of Applied Social Psychology, 34 (8): 1551-1562.

White M S, Burns C, Conlon H A. 2018. The impact of an aging population in the workplace. Workplace Health & Safety, 66 (10): 493-498.

Wiese B S, Freund A M, Baltes P B. 2002. Subjective career success and emotional well-being: longitudinal predictive power of selection, optimization, and compensation. Journal of Vocational Behavior, 60 (3): 321-335.

Wille B, Hofmans J, Feys M, et al. 2014. Maturation of work attitudes: correlated change with Big Five personality traits and reciprocal effects over 15 years. Journal of Organizational Behavior, 35 (4): 507-529.

Zacher H. 2015. Successful aging at work. Work, Aging and Retirement, 1 (1): 4-25.

Zaniboni S, Truxillo D M, Fraccaroli F. 2013. Differential effects of task variety and skill variety on burnout and turnover intentions for older and younger workers. European Journal of Work and Organizational Psychology, 22 (3): 306-317.

Zanoni P, Janssens M. 2007. Minority employees engaging with (diversity) management: an analysis of control, agency, and micro-emancipation. Journal of Management Studies, 44 (8): 1371-1397.

第十四章　求职和求职干预

绝大多数的成年人在一生中都将经历一次或数次求职。无论是初出校门尝试体验职场生活的应届毕业生，还是失业后计划再就业的下岗职工，抑或是雄心勃勃渴望另谋高就的在职者，都渴望通过求职获得一份满意的工作。求职与就业的意义也绝不仅在于获得经济收入。一份好的工作为个体提供了社交的舞台、个人发展的机会、同一性、认同和实现自我价值的方式（van Hooft et al.，2020）。

鉴于求职的重要性和困难性，近年来越来越多的研究者将目光聚焦于求职领域。因此，本章对该领域进行了梳理。首先，本章介绍常被用于考察求职行为的理论框架——动机自我调节观（motivational self-regulatory perspective）。其次，本章依次介绍求职行为的整合模型、求职干预的理论取向和关键举措，以及最近国内相关研究的进展。最后，本章讨论对未来研究的展望。

第一节　求职的动机自我调节观

求职被定义为花费时间和精力来获取劳动力市场信息并创造就业机会的行为（Boswell，2006）。根据动机理论和自我调节理论，求职是一个目标导向的自我调节过程。在此过程中，个体调节认知、情感和行为以促使自己发现、追求并获得工作机会（van Hooft et al.，2020）。求职行为则是这个动态的、周而复始的自我调节过程的结果（Kanfer et al.，2001）。具体而言，和其他自我调节行为一样，求职是一种有目的的、依赖于个人意志的行动模式。求职始于对就业目标的认同、承诺和追求。在就业目标的驱使下，个体利用时间、精力、人脉等多种个人资源进行搜索工作岗位、投递简历和参与工作面试等一系列求职活动（Blau，1993；Schwab et al.，1987）。在此过程中，个体需要根据目标和求职的进展对求职行为进行自我调节，如修改求职目标或改进求职策略，直至就业目标的达成。

求职需要个体自己经营和管理，这对求职者的自我调节能力提出了较高的要求。求职的过程往往是漫长且充满竞争的。例如，求职者必须不断就是否修改或如何修改求职目标、求职策略而进行决策，必须合理地计划、组织并执行求职行为以适应求职目标和求职策略（van Hooft et al.，2020）。另外，求职者不得不面对求职中的不确定性、经济条件、消极反馈等因素带来的压力。因此，自我调节在求职过程中扮演了重要的角色。只有良好的自我调节才能使个体在长期的、充满压力的求职过程中维持高水平的求职动机，走向求职的成功。

第二节　求职的整合模型

如图 14-1 是 van Hooft 等（2020）对包含 378 个求职独立样本进行元分析后提出的求职整合模型。该模型分为前因、过程和结果三类变量，下文将分别介绍。

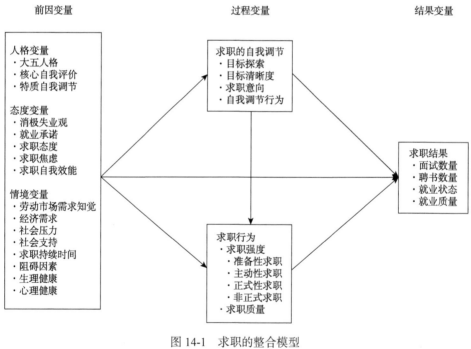

图 14-1　求职的整合模型

资料来源：van Hooft 等（2020）

一、求职的前因变量

求职过程的前因变量包括三类，分别是人格变量、态度变量和情境变量，下面将逐一介绍。

（一）人格变量

首先是大五人格对求职的影响。高外向性的个体更善于社交并具有活力，高开放性的个体更具有适应性并愿意尝试使用新方法进行求职，高尽责性的个体更具有组织性并能够坚持不懈地追求目标，高宜人性的个体能从社会网络中获得更多的社会支持，因此这四类人格与求职投入呈正相关关系。然而高神经质的个体会将过多心理资源用于应对压力和焦虑，导致在求职中的投入较低。除大五人格外，核心自我评价较高者有更高的自尊，并对自己应对挫折和困难的能力更有信心（Brown et al., 2007）。特质自我调节较高者能够在变化的、不确定性的情境中保持目标指向行为（Karoly, 1993）。因此，核心自我评价和特质自我调节均有利于求职过程和求职结果。

（二）态度变量

求职相关的态度变量包括消极失业观、就业承诺、求职态度、求职焦虑和求职自我效能。消极失业观是指求职者对失业的消极评价和消极情感，如知觉到的失业对幸福感、职业生涯、日常生活、与亲友间关系的破坏作用。就业承诺是指求职者对就业工作的重要性和中心地位的评价（Kanfer et al., 2001）。求职态度是指求职者对求职行为工具性或情感性的评价（van Hooft et al., 2004）。工具性维度是指求职者认为求职行为是具有重要意义的，而情感性维度是指求职者认为求职活动是愉快而有趣的。求职焦虑是指个体体验到的求职行为具有压力或威胁性的程度。高求职压力者在想到不得不找工作时就感到紧张不安，并总是担心自己在求职过程中的表现（McCarthy and Goffin, 2004）。求职自我效能是指个体对成功完成求职活动的信心（Kanfer and Hulin, 1985），其中涉及求职活动的多个方面，如任务相关的自我效能（在面试中留下好印象）（Ellis and Taylor, 1983）和人际社交相关的自我效能（愿意常向朋友咨询求职相关信息）（Wanberg et al., 2000）。值得强调的是，求职自我效能应该和就业自我效能（求职者有多大的信心能成功就业）相区分。Liu 等（2014a）指出，根据目标层级的观点，就业和求职是目标-手段的关系。求职自我效能可促进求职行为（社会认知理论），而就业自我效能会减少求职行为（控制理论）。总之，根据动机理论和自我调节理论，高消极失业观、高就业承诺、积极的求职态度、低求职焦虑和高求职自我效能都能够增强求职者的求职动机，提高求职者设定的求职目标并促使求职者为达到目标而付出更多努力，进而促进求职活动的展开和求职结果的获得。

（三）情境变量

求职的行为和结果也受到诸多情境变量的影响。首先是求职者对劳动市场需求的知觉。对就业市场持积极态度的求职者会有更强的求职动机（Feather，1992；Leana and Feldman，1988；Wanberg，1997）。其次是经济需求。Froidevaux 等（2020）基于资源保存理论指出，经济压力对求职结果的影响存在两条作用相反的路径。他们使用大学毕业生为样本证实了自己的假设，一方面，经济压力会占用求职者本可用于求职的资源，导致更高的求职压力，损害求职结果；另一方面，经济压力促使大学生在学习期间做更多的兼职，从而积累了工作经验，有利于毕业后的求职。另外，求职过程中的一些阻碍因素，如缺乏辗转于相应机构的交通工具会影响求职。最后，社会压力、社会支持、求职持续时间、个体的身心健康水平对求职过程和求职结果也有影响（van Hooft et al.，2020）。

二、求职的过程变量

（一）求职的自我调节

求职自我调节包括以下三个部分：目标确立（goal establishment）、求职意向（job-search intentions）的形成和自我调节行为。

目标确立包括目标探索和目标清晰度。目标探索是指通过探索就业市场环境、内省和自我评价来获得职业相关信息，为设定求职目标打下基础（Stumpf et al.，1983；Werbel，2000；Zikic and Saks，2009）。目标清晰度是指求职者在多大程度上具体指明了渴望的职业和工作类型（Côté et al.，2006；Wanberg et al.，2002）。目标设定理论认为，具体而清晰的求职目标是自我调节的重要前提。它使求职者保持时间和精力的投入，并在现状和理想状态间存在差异的时候及时调整自己的求职行为。因此，目标探索和目标清晰度能够提高求职强度和求职行为的质量，进而增加求职成功的可能性。

求职意向的形成是指求职者将求职目标转化成具体的求职计划，即求职者在求职活动上付出的努力程度。自动化的认知过程在常规性行为中占主导作用，但诸如求职这样的复杂和新颖性的行为需要个体有意识地形成自己的意向和计划来指导自己在模糊的、迅速变化的情境中行为处事的方式（Ouellette and Wood，1998）。因此，求职意向能预测更高的求职行为强度和更好的求职行为质量。

自我调节行为是求职者通过控制自身的想法、注意、动机和情感来维持自己求职活动的行为和策略（Wanberg et al.，2012）。求职中的自我调节行为多种多样，如在求职前预先考虑在求职过程中可能遇到的困难并且思考应对的计划，以减小实际困难对求职者情绪和动机的影响（Vuori and Vinokur，2005）。另外，求职者可以提前计划求职行为的细节，如时间、地点和方式使求职活动变得自动化，这样维持求职活动所需要的认知控制资源也更少（van Hooft et al.，2004）。求职者也可以采用多种元认知活动，如监控进展、分析过往求职表现、思考可能的改进方案从求职过程中积累经验。因此，自我调节行为促使求职者向求职目标迈进，带来更好的求职结果。

（二）求职行为

求职行为可以从求职强度和质量两个维度进行评价。求职强度是指个体在询问工作信息、与中介沟通、提交个人简历等求职活动上花费的时间和精力。求职质量是指求职活动完成的完备性，或者说求职活动在多大程度上以系统的方式开展，并且获得了良好的行为结果，如达到雇主要求的简历和申请信件（van Hooft et al.，2013）。

求职强度可以按照阶段和正式性两方面进行刻画。按照阶段划分，求职包括准备性求职和主动性求职两个阶段（Blau，1994）。在准备性求职阶段，求职者通过多方面渠道收集潜在的工作选项信息；在主动性求职阶段，求职者通过自己的努力获得工作机会，并在获得的聘书中做出选择。按照求职正式性划分，求职可分为正式和非正式两种。正式性求职包括使用如互联网、报纸、校园招聘和中介等公共资源进行求职，而非正式性求职涉及个人资源等使用，如与朋友、亲戚联系。阶段理论认为，主动性求职阶段的求职强度对求职结果的影响比准备性阶段的更大。另外研究表明相比于正式性求职，大多数求职者倾向于通过个人人际网络获得工作相关的信息（Franzen and Hangartner，2006）。

除了求职强度，研究者也开始强调求职质量的重要性。例如，Koen 等（2010）认为采用有效的工作搜索方法比单纯地在工作搜索上下死功夫更为重要。另外，van Hooft 等（2013）强调求职者要根据潜在雇主的特征调节自己的求职行为，如向不同的雇主呈现不同的简历，表现不同的面试行为。

三、求职的结果变量

早期的研究主要以就业状态作为衡量求职结果的唯一变量。近期的研究纳入了更多反映求职成功的指标，包括收到面试的数量、收到聘书的数量及就业的质量。但无论采用何种指标，求职行为与求职结果之间都存在着密切的联系。在求职上付出时间和精力，并且保证求职行为质量的求职者能收集到更准确的工作信息和更多的工作岗位选项，并且在面试中获得更好的表现，进而求职成功（van Hooft et al.，2020）。

第三节　求　职　干　预

近年来，变化多端的就业市场让失业成为一种常态（Wanberg，2012）。鉴于就业对个体的重要性，越来越多的研究开始着眼于求职干预（Audhoe et al.，2010）。因此，本节以 Liu 等（2014b）的元分析研究为基础框架介绍了求职干预的理论取向和干预实践中的关键举措。

一、求职干预的理论取向

求职干预的理论指导主要包括行为学习理论、计划行为理论、社会认知理论和应对理论。下面将分别介绍。

（一）行为学习理论

行为学习理论认为，成功的工作搜索依赖于掌握一系列关键行为，如搜索岗位、建立人际网络、书写简历（Blau，1994；Wanberg et al.，2000）。具体地，该理论强调掌握这些关键行为依赖于三个重要的方面。一是正式而直接的指导。相比于文字材料提供的间接指导，训练师或咨询师的强化、监督和指导能让求职者更有效地学习并调整求职行为。二是及时的反馈。反馈使求职者能够关注目前求职状态和特定目标的差距并试图减小这样的差距（Kluger and DeNisi，1996），对行为的调整和技能的培养至关重要。三是社会情境（Bandura and McDonald，1963）。社会情境能为求职者提供支持和鼓励，促成其行为的改善。

行为学习理论指出求职干预应该针对特定的求职行为。相应地，行为学习理论指导下的求职干预项目（Azrin and Philip，1979；Azrin et al.，1980）会由职业咨询师带领求职者做出一系列求职行为，如套辞、海投、咨询适合自己的岗位、共同书写并修改简历、模拟求职面试中的语言和肢体表达等。通过与咨询师的面对面交流，求职者能及时获得反馈，提升自己的求职技能。另外，求职者彼此之间能提供工具性和情感性的支持，如交流潜在的工作岗位并相互鼓励，从而提高整个团队的求职成功率。

（二）计划行为理论

计划行为理论认为求职者的求职表现最主要依赖于其求职意向，而这种意向又与三方面因素有关：对求职行为的态度、对求职相关规范的主观感知和知觉到的个人控制感（Liu et al., 2014b）。对求职行为的态度是指求职者对在求职上花费时间精力的情感和认知评价。例如，某求职者会认为在网络上提交简历是愚蠢的行为，而另一个求职者可能认为这十分有效。毫无疑问，对某种求职行为的态度会决定求职者是否做出该行为。对求职相关规范的主观感知是指求职者感知到的身边的人对他们求职的期望。求职者若感觉到亲人、朋友希望其获得一份工作，会在求职上付出更多精力。知觉到的个人控制感是指求职相关的自我效能，即求职者能在多大程度上做出积极有效的求职行为。控制感强的求职者相信求职行为能有所收获，因此在求职上投入更多精力。

计划行为理论指导的干预也从以下三方面进行。首先，干预项目向求职者提供信息使其相信在求职行为上付出时间精力是有益的，改变他们对求职行为的消极看法。其次，干预项目会联系求职者重要的亲人和朋友，鼓励其向求职者传达他们的期待，以提高求职者的主观规范感知，将家人和朋友纳入求职干预能有效提高求职成功率（Song et al., 2006）。最后，干预项目会提升求职者的自我效能，研究发现这能够增加求职行为的频率（van Ryn and Vinokur, 1992）。

（三）社会认知理论

社会认知理论认为环境、行为和人的主体特征这三方面因素是相互影响的，即三元交互决定论（Bandura, 1986）。因此，求职干预对求职行为的影响在一定程度上取决于求职者的主体特征。社会认知理论也强调目标设定的重要性（Bandura, 1991）。目标设定使个体将精力聚焦于目标，积极关注目标的进展并根据进展调节求职行为，进而增加求职成功的可能性。

社会认知理论将自我效能作为求职行为的关键机制（Bandura, 1986, 1991；Latham, 2001）。高自我效能的求职者会设定更高的求职目标，并且对这些目标有更高水平的承诺，这使得他们有更强的求职动机，并在遇到困难时坚持下来。自我效能包含四种来源：过去的成功经历、观察他人成功经历产生的替代学习、恐惧唤起相关的消极生理体验和他人的说服。因此，通过鼓励求职者观察、模仿和实践求职行为，并通过言语说服求职者让他们认可自己的求职能力，能够提高求职者的自我效能和求职动机。

（四）应对理论

当环境要求超出个体所能时，个体会感知到压力。个体会将情境评价为威胁性的或是挑战性的，并选择不同的应对策略（Lazarus, 1991；Lazarus and Folkman, 1984）。一方面，求职者如果将失业评价为威胁性的，则会感到焦虑、抑郁，并表现出其他生理症状。求职者会通过避免相关的情境来减轻消极情绪体验，即使用情绪指向的逃避策略（Liu et al., 2009）。这会导致求职动机的降低和拖延，进而减小求职成功的概率。另一方面，求职者如果将失业评价为挑战，则更可能积极地调动个人资源去控制、解决问题，提高求职成功的概率。

在应对理论的指导下，求职压力的管理和社会支持的获取成为干预项目的重点。如果求职者认为求职及其结果富有威胁性，则会感到焦虑导致求职表现恶化（如更差的面试表现）（McCarthy and Goffin，2004）。因此，干预项目需要教授求职者应对压力的技巧来降低焦虑。此外，干预项目需要为求职者争取社会支持（enlisting social support），如经济上的援助和社交网络的建立，帮助求职者积累资源应对压力。研究表明，社会支持能够有效减少个体在应对压力时不健康的应对方式（Wang et al.，2010，2013）。

二、求职干预的关键举措

个体在某项任务上的行为表现的有效性和自我调节由两类资源决定：任务相关的知识技能和任务动机（Karoly，1993；Latham and Locke，1991；Maier，1955）。将该观点应用于求职，我们会发现个体在求职过程中的困难也往往源于缺乏求职相关的技能或促使其采取求职活动的动机资源。因此，求职干预也从能力和动机两方面展开，其中提升求职能力的干预成分包括传授工作搜索技能（teaching job search skills）和促进自我展示（improving self-presentation），提升求职动机的干预成分包括提高自我效能（boosting self-efficacy）、鼓励主动性（encouraging proactivity）、促进目标设定（promoting goal setting）、争取社会支持（enlisting social support）和管理压力（stress management）。Liu 等（2014b）的元分析结果表明，这些干预成分都能显著提高求职的有效性，并且当干预项目同时关注求职能力和求职动机时，干预的效果最好。

（一）传授工作搜索技能

工作搜索技能的教授包括如何利用分类广告、报纸、网络、社交网络获得工作机会，并通过电话询问工作信息。干预项目会使用讲授、角色榜样、视频展示等方式教授求职者这些工作搜索技能，并且让求职者在咨询师的监督下实践这些技能。研究表明，工作搜索技能训练让求职者能找到更多的空缺职位、联系更多的雇主、提交更多的工作申请，进而提高求职成功的概率（Ugland，1977）。

（二）促进自我展示

通过教授求职者如何在简历中运用具体实例展示自己工作相关的技能和能力，指导求职者采用什么样的衣着、姿势进行面谈，并使求职者在模拟情境中锻炼面试技能，使其能够更好地向雇主展现自己的优势。一方面，在撰写简历时，求职者常常会忽略重要的与求职相关的个人特质，或者未能突出他们的积极特质（Azrin et al.，1975）。因此，干预项目需要提醒求职者在展示自己时突出自己的工作相关技能和个性特征。另一方面，鉴于面试在人事选拔中的关键作用（Macan，2009；Schmidt and Rader，1999），教授求职者如何在面试中突出自己的能力并与雇主建立良好的人际关系也具有重要意义。研究表明，面试技能和焦虑管理训练能有效地改善求职者的面试表现（Hall et al.，2011；McCarthy and Goffin，2004），进而提高求职成功率。

（三）提高自我效能

通过让求职者实践亲身求职行为，观察角色榜样替代学习，并采用积极的自我陈述，使求职者拥有更高的求职自我效能。例如，在 Eden 和 Aviram（1993）的干预中，求职者首先观看了成功求职行为的案例，接着对案例的行为进行了讨论和角色扮演，并得到了彼此提供的反馈。通过成功地实践求职行为，求职者的自我效能得到提升。另外，也有干预项目强调将消极的自我陈述转换为积极的自我陈述，如"其他的求职者看上去比我年轻"转换为"我具有更丰富的工作经验"（Brown et al.，2010；Millman and Latham，2001；Yanar et al.，2009）。高自我效能的求职者有更高的求职成功率。研究发现求职者的自我效能与求职行为、收到聘书的数量和就业状况正相关（Kanfer et al.，2001）。

（四）鼓励主动性

鼓励主动性的举措包括鼓励求职者考虑多种岗位，通过套辞寻求工作机会，向组织提供要求之外的个人信息，询问雇主是否有工作机会，或者他是否认识其他雇主有工作机会可以提供。通过积极主动地探索可能的工作机会，求职者能够发掘很多本不在考虑范围内，但符合其能力和需求的工作岗位，而不是被动地接受现有的情况或是将自己局限于熟悉的工作岗位或类型中（Azrin et al.，1975；Brooks et al.，2001）。研究表明，主动性的求职行为能够提高求职成功率（Schmit et al.，1993）。

（五）促进目标设定

促进目标设定的举措包括鼓励求职者设定清晰的职业目标（期望的职位、工作类型和薪酬水平），教授求职者如何设定具体的求职行为目标（如在下一周打一定数量的电话或投出一定数量的简历）。研究表明，清晰的求职目标能够增加求职者做出关注招聘广告、去企业实地考察、建立社交网络、联系中介、与雇主沟通和提交申请等求职行为的频率，进而提高求职成功的概率（van Hoye and

Saks，2008）。

（六）争取社会支持

争取社会支持是指让求职者的家人和朋友也参与求职过程中，为求职者提供社会支持。干预项目会通过信件等方式向求职者的家人朋友说明他们能在哪些方面帮助求职者，如提供情感上的鼓励和安排交通、照料家务等实质性的支持，针对简历和面试的建议等（Azrin et al.，1980；Gray，1983；Reynolds et al.，2010）。研究表明，求职者配偶对求职的积极态度和期望会影响求职者的求职态度（Vinokur and Caplan，1987）。另外，咨询师会组建讨论小组促进求职者之间的互动，如分享工作机会并彼此鼓励（Braddy and Gray，1987），这些举措能增强求职者的自我效能并帮助求职者获得更多的工作机会。

（七）管理压力

在求职的过程中，找不到合适的工作机会、前途的不确定性、遇到的困难和阻碍、拒信都是常见的压力源。因此，干预项目需要教授求职者如何管理求职压力。首先，求职者在咨询师的带领下对可能遇到的挫折进行预期，并提出替代性的计划和应对手段（Vinokur and Schul，1997）。例如，当申请没有回音时，求职者应拨打电话问询跟进；当被雇主认为缺乏相关工作经历时，求职者应额外向其说明自己具有哪些与工作匹配的技能。其次，咨询师会引导求职者对消极反馈进行积极的归因，如将挫折认为是暂时的、求职者能从失败中获取经验等，并鼓励求职者始终保持学习的心态，研究表明这能够降低求职过程中的紧张和焦虑（Cianci et al.，2010；Vinokur and Schul，1997）。最后，表达性写作（Spera et al.，1994）也被用于求职干预中，通过表达真实的情绪、想法和感受，求职者的身心压力得到了缓解。

第四节　国内有关求职的研究现状

近年来，求职也得到了我国研究者的广泛关注。首先，个人特征对求职的影响是研究的一个重点。例如，杨林会等（2019）探究了心理控制源这个人格变量对求职行为的影响。杨林会等（2019）认为，内控者相信结果取决于自身的行为和努力，因此更愿意在求职行为上付出精力以取得好的求职结果。研究结果证实了他们的假设，该研究还发现此效应被职业成熟度中介。

其次，国内研究者也考察了情境变量和态度变量的作用。例如，张淑华等

（2008）在中国情境下探究了失业人员的求职行为及其前因变量。结果表明，求职者对劳动市场需求的知觉、经济需求和社会支持等情境变量对求职行为没有显著影响，而求职自我效能和就业承诺这两个态度变量与求职行为正相关，且该关系被求职意向中介。研究者尝试用中国的"面子文化"解释社会支持对求职行为的零效应：求职者因为面子不愿意打扰朋友。但其他情境变量不影响求职行为的原因仍不明确，需要后续研究进一步验证和解释。盛子桐和施俊琦（2012）利用自我调节理论剖析了求职自我效能对积极求职行为的条件性影响。具体而言，情绪调节能力差的求职者更可能会受到低自我效能的负面影响，但对于情绪调节能力强的求职者而言，自我效能的影响较小甚至不存在，研究结果证实了这样的假设。

再次，谢义忠和何俊萍（2015）关注了求职过程中的压力和心理健康。通过对 343 名大学毕业生三轮数据的收集，他们发现就业能力会通过增强挑战性认知评价（即将求职视为挑战）降低就业不安全感，从而促进心理健康，其中的就业能力是一个整合性的构念，包括了劳动市场、学校/专业声誉和求职者自信等多方面的因素。

最后，也有研究者致力于求职相关测量工具的开发。例如，罗峥等（2010）使用访谈、问卷调查、专家咨询等方法调查了影响大学生成功就业的因素，并凭此开发了大学生就业能力量表，其中包括团队合作、职业动机、专业技能、实践经验等九个因素，整合了个人特质、环境因素、个体对环境的适应和交互等多方面的内容。该量表为后续研究和实践中就业能力的测量做出了贡献。

第五节　研究展望

本节对求职模型的完善和求职干预两方面的研究前景进行讨论。对于求职模型的完善，van Hooft 等（2020）指出，在变量的操作化和测量方面，后续的研究应该更关注求职质量、求职自我调节活动等求职指标而不是仅局限于求职强度。另外，后续的研究也应该根据最新的求职活动发展趋势更新 Blau（1994）的求职强度量表，如纳入求职者在网上求职平台或社交媒体上的求职行为。在研究设计方面，后续研究应该关注变量测量的时间间隔。van Hooft 等（2020）的元分析发现，相比于同时测量求职行为和求职结果，当求职行为和求职结果的测量存在一定时间间隔时，二者的关系更为紧密。这是由于二者的测量过度接近时，求职活动还未能转化成实际的结果，如收到面试的邀请。但是如果二者的测量时间间隔过远，求职结果会更多地受到其他额外因素的影响。因此，后期研究应该选择合适的测量间隔时间，或者选择多次测量考察前因变量、求职行为和求职结果之间的动态变化关系。

对于求职干预，后续研究可以考察求职干预对不同求职者的效果是否存在差异。Liu 等（2014b）元分析表明求职干预对年轻或年长的求职者的效果要优于对中年求职者的效果。他们认为这是由于年轻求职者缺乏相关的技能和经验，而年长求职者对于新近的求职过程了解不足。因此，求职干预的内容对于年轻或年长的求职者而言往往更为有益、更能够发挥其作用。后续研究可以进一步考察对不同性别、种族、教育水平的求职者而言，求职干预的效果是否存在差异。此外，求职干预应尝试关注求职过程中刻板印象（雇主根据求职者的社会经济特征做出有偏的选择）的影响。例如，男性护士和女性管理者常常在求职过程中遇到更多困难（Eagly and Karau，2002；Kmec，2008）。后续的研究可以考察求职干预能否教授求职者有效地应对刻板印象，并使此类求职者从干预中获得更多的帮助。

目前大多数研究考察求职干预采用的是面对面的方式。然而，由于基于网络的干预训练更为经济且受到更多求职者的偏爱（Robertson，2003），目前有大量的求职干预以这种形式开展。在线上技术的帮助下，求职者能够选择更适合自己的求职干预模块，而咨询师也能通过建立线上社区促进求职者之间的相互支持和交流（Liu et al.，2014b）。因此，后续的研究应该关注线上求职干预的效应。

最后，除了 Liu 等（2014b）总结的两类干预方法（提升求职能力或求职动机），还存在其他类型的干预方式，如通过降低失业保障或强制要求失业个体进行一定的求职活动来增加失业的损失，进而促进求职行为（Graversen and van Ours，2008）。此类干预的有效性已经得到证实（Klepinger et al.，2002）。后续的研究可以考察其作用机制及可能带来的负面影响，如过高的求职压力和心理健康的损害、求职质量的下降等，或者考察此类干预和常规干预方法相结合的效果。

参 考 文 献

国家统计局. 2021-02-28. 中华人民共和国 2020 年国民经济和社会发展统计公报. https://www.gov.
　　cn/xinwen/2021-02/28/content_5589283.htm.
罗峥，方平，付俊杰，等. 2010. 大学生就业能力的结构初探. 心理学探新，30（1）：74-77.
盛子桐，施俊琦. 2012. 求职自我效能对求职行动的影响：情绪调节能力的调节作用. 北京大学
　　学报（自然科学版），48（3）：507-512.
谢义忠，何俊萍. 2015. 大学毕业生就业能力、求职认知评价、就业不安全感对心理健康预测作
　　用的追踪研究. 心理科学，38（6）：1432-1437.

杨林会，张瑾，王滔. 2019. 聋人大学生心理控制源对求职行为的影响：职业成熟度的中介作用. 心理科学，42（5）：1209-1216.

张淑华，郑久华，时勘. 2008. 失业人员求职行为的影响因素及作用机制——基于沈阳市的一项研究. 心理学报，40（5）：604-610.

Audhoe S S，Hoving J L，Sluiter J K，et al. 2010. Vocational interventions for unemployed：effects on work participation and mental distress. A systematic review. Journal of Occupational Rehabilitation，20（1）：1-13.

Azrin N H，Flores T，Kaplan S J. 1975. Job-finding club：a group-assisted program for obtaining employment. Behaviour Research and Therapy，13（1）：17-27.

Azrin N H，Philip R A. 1979. The job club method for the job handicapped：a comparative outcome study. Rehabilitation Counseling Bulletin，13（2）：144-155.

Azrin N H，Philip R A，Thienes-Hontos P，et al. 1980. Comparative evaluation of the job club program with welfare recipients. Journal of Vocational Behavior，16（2）：133-145.

Bandura A. 1986. Social Foundations of Thought and Action：A Social Cognitive Theory. Englewood Cliffs：Prentice-Hall.

Bandura A. 1991. Social cognitive theory of self-regulation. Organizational Behavior and Human Decision Processes，50（2）：248-287.

Bandura A，McDonald F J. 1963. Influence of social reinforcement and the behavior of models in shaping children's moral judgment. The Journal of Abnormal and Social Psychology，67（3）：274-281.

Blau G. 1993. Further exploring the relationship between job search and voluntary individual turnover. Personnel Psychology，46（2）：313-330.

Blau G. 1994. Testing a two-dimensional measure of jobsearch behavior. Organizational Behavior and Human Decision Processes，59（2）：288-312.

Boswell W R. 2006. Job search//Rogelberg S G. Encyclopedia of Industrial/Organizational Psychology. Thousand Oaks：Sage：414-416.

Braddy B A，Gray D O. 1987. Employment services for older job seekers：a comparison of two client-centered approaches. Gerontologist，27（5）：565-568.

Brooks F，Nackerud L，Risler E. 2001. Evaluation of a job-finding club for TANF recipients：psychosocial impacts. Research on Social Work Practice，11（1）：79-82.

Brown D J，Ferris D L，Heller D，et al. 2007. Antecedents and consequences of the frequency of upward and downward social comparisons at work. Organizational Behavior and Human Decision Processes，102（1）：59-75.

Brown T，Hillier T-L，Warren A M. 2010. Youth employability training：two experiments. Career Development International，15（2）：166-187.

Bureau of Labor Statistics. 2021. The Employment Situation—February 2021.

Cianci A M, Klein H J, Seijts G H. 2010. The effect of negative feedback on tension and subsequent performance: the main and interactive effects of goal content and conscientiousness. Journal of Applied Psychology, 95（4）: 618-630.

Côté S, Saks A M, Zikic J. 2006. Trait affect and job search outcomes. Journal of Vocational Behavior, 68（2）: 233-252.

Eagly A H, Karau S J. 2002. Role congruity theory of prejudice toward female leaders. Psychological Review, 109（3）: 573-598.

Eden D, Aviram A. 1993. Self-efficacy training to speed reemployment: helping people to help themselves. Journal of Applied Psychology, 78（3）: 352-360.

Ellis R A, Taylor M S. 1983. Role of self-esteem within the job search process. Journal of Applied Psychology, 68（4）: 632-640.

Feather N T. 1992. Expectancy-value theory and unemployment effects. Journal of Occupational and Organizational Psychology, 65（4）: 315-330.

Franzen A, Hangartner D. 2006. Social networks and labour market outcomes: the non-monetary benefits of social capital. European Sociological Review, 22（4）: 353-368.

Froidevaux A, Koopmann J, Wang M, et al. 2020. Is student loan debt good or bad for full-time employment upon graduation from college? Journal of Applied Psychology, 105（11）: 1246-1261.

Graversen B K, van Ours J C. 2008. How to help unemployed find jobs quickly: experimental evidence from a mandatory activation program. Journal of Public Economics, 92（10）: 2020-2035.

Gray D. 1983. A job club for older job seekers: an experimental evaluation. Journal of Gerontology, 38（3）: 363-368.

Hall N C, Jackson Gradt S E, Goetz T, et al. 2011. Attributional retraining, self-esteem, and the job interview: benefits and risks for college student employment. The Journal of Experimental Education, 79（3）: 318-339.

Kanfer R, Hulin C L. 1985. Individual differences in successful job searches following lay‐off. Personnel Psychology, 38（4）: 835-847.

Kanfer R, Wanberg C R, Kantrowitz T M. 2001. Job search and employment: a personality-motivational analysis and meta-analytic review. Journal of Applied psychology, 86（5）: 837-855.

Karoly P. 1993. Mechanisms of self-regulation: a systems view. Annual Review of Psychology, 44（1）: 23-52.

Klepinger D H, Johnson T R, Joesch J M. 2002. Effects of unemployment insurance work-search requirements: the Maryland experiment. Industrial & Labor Relations Review, 56（1）: 3-22.

Kluger A N, DeNisi A. 1996. The effects of feedback interventions on performance: a historical review, a meta-analysis, and a preliminary feedback intervention theory. Psychological Bulletin, 119（2）: 254-284.

Kmec J A. 2008. The process of sex segregation in a gender-typed field: the case of male nurses. Sociological Perspectives, 51（2）: 259-279.

Koen J, Klehe U C, van Vianen A E, et al. 2010. Job-search strategies and reemployment quality: the impact of career adaptability. Journal of Vocational Behavior, 77（1）: 126-139.

Latham G P. 2001. The importance of understanding and changing employee outcome expectancies for gaining commitment to an organizational goal. Personnel Psychology, 54（3）: 707-716.

Latham G P, Locke E A. 1991. Self-regulation through goal setting. Organizational Behavior and Human Decision Processes, 50（2）: 212-247.

Lazarus R S. 1991. Progress on a cognitive-motivational-relational theory of emotion. American Psychologist, 46（8）: 819-834.

Lazarus R S, Folkman S. 1984. Stress, Appraisal, and Coping. New York: Springer.

Leana C R, Feldman D C. 1988. Individual responses to job loss: perceptions, reactions, and coping behaviors. Journal of Management, 14（3）: 375-389.

Liu S, Huang J L, Wang M. 2014b. Effectiveness of job search interventions: a meta-analytic review. Psychological Bulletin, 140（4）: 1009-1041.

Liu S, Wang M, Liao H, et al. 2014a. Self-regulation during job-search: the opposing effects of employment self-efficacy and job search behavior self-efficacy. Journal of Applied Psychology, 99（6）: 1159-1172.

Liu S, Wang M, Zhan Y, et al. 2009. Daily work stress and alcohol use: testing the cross-level moderation effects of neuroticism and job involvement. Personnel Psychology, 62（3）: 575-597.

Macan T. 2009. The employment interview: a review of current studies and directions for future research. Human Resource Management Review, 19（3）: 203-218.

Maier N R F. 1955. Psychology in Industry. 2nd ed. Oxford: Houghton Mifflin.

McCarthy J, Goffin R. 2004. Measuring job interview anxiety: beyond weak knees and sweaty palms. Personnel Psychology, 57（3）: 607-637.

Millman Z, Latham G P. 2001. Increasing reemployment through training in verbal self-guidance// Erez M, Kleinbeck U, Thierry H. Work Motivation in the Context of a Globalizing Economy. London: Psychology Press: 87-97.

Ouellette J A, Wood W. 1998. Habit and intention in everyday life: the multiple processes by which past behavior predicts future behavior. Psychological Bulletin, 124（1）: 54-74.

Reynolds C, Barry M M, Nic Gabhainn S. 2010. Evaluating the impact of the winning new jobs programme on the re-employment and mental health of a mixed profile of unemployed people. International Journal of Mental Health Promotion, 12（2）: 32-41.

Robertson S L. 2003. Making it happen: enhancing job search skills through Internet-based training. The Pennsylvania State University ProQuest Dissertations.

Şahin A, Tasci M, Yan J. 2020. The unemployment cost of COVID-19: how high and how long? Economic Commentary.

Schmidt F L, Rader M. 1999. Exploring the boundary conditions for interview validity: meta-analytic validity findings for a new interview type. Personnel Psychology, 52（2）: 445-464.

Schmit M J, Amel E L, Ryan A M. 1993. Self-reported assertive job-seeking behaviors of minimally educated job hunters. Personnel Psychology, 46（1）: 105-124.

Schwab D P, Rynes S L, Aldag R J. 1987. Theories and research on job search and choice. Research in Personnel and Human Resources Management, 5: 129-166.

Song Z, Wanberg C, Niu X, et al. 2006. Action-state orientation and the theory of planned behavior: a study of job search in China. Journal of Vocational Behavior, 68（3）: 490-503.

Spera S P, Buhrfeind E D, Pennebaker J W. 1994. Expressive writing and coping with job loss. The Academy of Management Journal, 37（3）: 722-733.

Stumpf S A, Colarelli S M, Hartman K. 1983. Development of the career exploration survey（CES）. Journal of Vocational Behavior, 22（2）: 191-226.

Ugland R P. 1977. Job seeker's aids: a systematic approach for organizing employer contacts. Rehabilitation Counseling Bulletin, 21: 107-115.

van Hooft E A, Born M P, Taris T W, et al. 2004. Job search and the theory of planned behavior: minority-majority group differences in The Netherlands. Journal of Vocational Behavior, 65（3）: 366-390.

van Hooft E A, Born M P, Taris T W, et al. 2005. Bridging the gap between intentions and behavior: implementation intentions, action control, and procrastination. Journal of Vocational Behavior, 66（2）: 238-256.

van Hooft E A, Kammeyer-Mueller J D, Wanberg C R, et al. 2020. Job search and employment success: a quantitative review and future research agenda. Journal of Applied Psychology, 106（5）: 674-713.

van Hooft E A, Wanberg C R, van Hoye G. 2013. Moving beyond job search quantity: towards a conceptualization and self-regulatory framework of job search quality. Organizational Psychology Review, 3（1）: 3-40.

van Hoye G, Saks A M. 2008. Job search as goal-directed behavior: objectives and methods. Journal of Vocational Behavior, 73（3）：358-367.

van Ryn M, Vinokur A D. 1992. How did it work? An examination of the mechanisms through which an intervention for the unemployed promoted job-search behavior. American Journal of Community Psychology, 20（5）：577-597.

Vinokur A D, Caplan R D. 1987. Attitudes and social support：determinants of job-seeking behavior and well-being among the unemployed. Journal of Applied Social Psychology, 17（12）：1007-1024.

Vinokur A D, Schul Y. 1997. Mastery and inoculation against setbacks as active ingredients in the JOBS intervention for the unemployed. Journal of Consulting and Clinical Psychology, 65（5）：867-877.

Vuori J, Vinokur A D. 2005. Job-search preparedness as a mediator of the effects of the Työhön job search intervention on re-employment and mental health. Journal of Organizational Behavior, 26（3）：275-291.

Wanberg C R. 1997. Antecedents and outcomes of coping behaviors among unemployed and reemployed individuals. Journal of Applied Psychology, 82（5）：731-744.

Wanberg C R. 2012. The individual experience of unemployment. Annual Review of Psychology, 63（1）：369-396.

Wanberg C R, Gavin M B, Bunce L W. 1999. Perceived fairness of layoffs among individuals who have been laid off：a longitudinal study. Personnel Psychology, 52（1）：59-84.

Wanberg C R, Hough L M, Song Z. 2002. Predictive validity of a multidisciplinary model of reemployment success. Journal of Applied Psychology, 87（6）：1100-1120.

Wanberg C R, Kanfer R, Banas J T. 2000. Predictors and outcomes of networking intensity among unemployed job seekers. Journal of Applied Psychology, 85（4）：491-503.

Wanberg C R, Zhu J, Kanfer R, et al. 2012. After the pink slip：applying dynamic motivation frameworks to the job search experience. Academy of Management Journal, 55（2）：261-284.

Wang M, Liu S, Liao H, et al. 2013. Can't get it out of my mind：employee rumination after customer mistreatment and negative mood in the next morning. Journal of Applied Psychology, 98（6）：989-1004.

Wang M, Liu S, Zhan Y, et al. 2010. Daily work-family conflict and alcohol use：testing the cross-level moderation effects of peer drinking norms and social support. Journal of Applied Psychology, 95（2）：377-386.

Werbel J D. 2000. Relationships among career exploration, job search intensity, and job search effectiveness in graduating college students. Journal of Vocational Behavior, 57（3）：379-394.

Yanar B, Budworth M, Latham G P. 2009. The effect of verbal self-guidance training for overcoming employment barriers: a study of Turkish women. Applied Psychology, 58: 586-601.

Zikic J, Saks A M. 2009. Job search and social cognitive theory: the role of career-relevant activities. Journal of Vocational Behavior, 74 (1): 117-127.

第十五章　新员工组织社会化

对于劳动者而言，工作变动变得越来越普遍。美国劳工统计局（U.S. Bureau of Labor Statistics）于2021年发布的报告表明，婴儿潮一代的劳动力在职业生涯中平均会经历11.3次工作变动，而千禧一代的工作变动则更为频繁。频繁的工作变动要求劳动者能迅速适应新的工作，实现从一个外来者到组织内部人士的蜕变，而促成有效的社会化过程也是企业战略的重中之重。有效的社会化可以使企业的利润增长提高2.5倍，利润率提高2倍（Strack et al.，2012）。因此，近年来无论是学界还是企业界对新员工社会化（newcomer socialization）的兴趣都在不断增加。

本章对新员工组织社会化相关的理论发展和实证研究结果进行了综述。特别地，本章先对组织社会化进行了概述，进而阐述了组织社会化研究常采取的四种理论取向，接着基于 Wang 等（2015）提出的模型综述了现有的研究成果，随后介绍了国内相关研究现状，最后提出了未来研究的方向。

第一节　新员工组织社会化概述

组织社会化是新员工从一个局外人转变为组织内部人的过程（Bauer et al.，2007）。在这个过程中，新员工会习得与工作有关的知识和技能，与组织中的其他成员发展关系，并对新组织的文化、流程和人员进行深入了解（Ellis et al.，2014）。组织社会化的过程需要新员工和组织双方的积极参与，其中组织鼓励新员工接受和适应组织文化和既定的行事规范，而新员工主动寻求信息适应环境（Reichers，1987）。

组织社会化对新员工和组织既构成了机遇也构成了挑战，对双方均具有重要意义。对于新员工来说，开始一份新工作代表了一种过渡，新员工将进入陌生的环境中，他们对组织的一些初始期望经常会受到实际经历的挑战（Louis，1980）。期望破灭造成的现实冲击可能产生压力和紧张，对生理、心理和行为产生不良影响，如生产效率低下、行为退缩、焦虑、出现人际冲突甚至身体疾病（Ganster and Rosen，2013；Halbesleben and Buckley，2004；Kammeyer-Mueller et al.，2005）。因此，新员工希望通过有效的学习和社会化过程来减少新环境下的焦虑和压力。对于组织来说，高质量的社会化意味着新员工能够更好地适应组织，将时间和精力充分运用于他们的工作角色和工作任务，并产生良好的工作绩效（Bauer et al.，2007；Wang et al.，2011）。通过有效的组织社会化培训和留住优秀员工，组织得以充分开发雇佣来的人力资本，将人力资本转化为生产力，获得可维持的竞争优势。因此，组织社会化对组织也至关重要。

　　组织社会化最直接的结果是角色清晰度、自我效能、社会接受和组织知识学习。角色清晰度是指个体对工作角色和职责的理解；自我效能是指个体认为自己有能力调动认知资源以获得特定的结果的信念；社会接受度是指个体感到融入和被其工作小组接受的程度；组织知识学习是指对组织知识的掌握程度（Bauer and Erdogan，2014；Wang et al.，2015）。这些因素对于员工的绩效、工作态度等远端结果变量有着重要影响。

　　接下来，本章将介绍组织行为学研究中常用于考察组织社会化的理论视角。除此以外，本章基于 Wang 等（2015）的模型整合了组织情境和新员工个人两方面因素在组织社会化中的关系和作用。

第二节　新员工组织社会化的理论视角

一、组织社会化策略

　　组织社会化研究的第一个视角着眼于组织层面采取的社会化策略（socialization tactics）。van Maanen 和 Schein（1979）对比了不同类型组织所采用的组织社会化策略，将组织社会化策略分为六个维度。Jones（1986）则认为六个维度可以用一个高阶因子概括，其一端被称为制度化社会化（institutionalized socialization，即集体的、正式的、连续的、固定的和授权的社会化策略），另一端被称为个性化社会化（individualized socialization，即个体的、非正式的、随机的、变量的、分离的和剥离的社会化策略）。一些研究表明，制度化社会化通过鼓励新员工接受既定的角色，能够减少工作中的不确定性（Ashforth et al.，1998；Cable and Parsons，2001；Kim et al.，2005）。相反，个性化社会化能促进新员工的角色创新，并鼓励新员工质疑组织现状（Allen and Meyer，1990；Mignerey et al.，1995）。组织采取的社会化策略会影响新员工知觉到的组织氛围和社会情境。制度化社会化鼓励服从和遵守规则，让新员工能更多地了解组织目标和政治，而个性化社会化的作用则相反。

二、不确定性降低理论

不确定性降低理论（uncertainty reduction theory）是组织社会化研究的第二个理论视角。该理论认为，新员工进入组织后会经历高水平的不确定性。新员工有着强烈的动机去降低不确定性，以使工作环境变得更可预测、更可理解和更可控。不确定性降低的关键是通过各种沟通渠道收集信息，如和上级或同事等组织内成员进行社会互动。在不确定性降低的过程中，新员工会积累更多有关组织的知识，掌握工作要求的技能，进而获得更好的绩效表现、更高的工作满意度，也更有可能留在组织中（Morrison，1993a）。因此，组织社会化的关键内容是降低员工的不确定性。

根据不确定性降低理论，组织的社会化策略和新员工的主动性行为是组织社会化的基础，因为它们都能够降低不确定性。例如，Mignerey 等（1995）发现社会化策略能为员工提供获取信息和反馈的渠道，以降低高度的不确定性。Saks（1996）发现，入职培训的数量和质量都能预测新员工的焦虑水平，并进而影响工作相关的结果变量。Miller 和 Jablin（1991）则指出新员工信息寻求行为的基础是降低不确定性的动机。

三、社会认知理论

组织社会化研究的第三个理论视角是 Bandura（1997）的社会认知理论和自我效能理论。根据社会认知理论，人的行为和社会心理功能可以用行为、认知和环境事件的三重相互作用来解释（Bandura，1997）。研究发现，社会认知的三个方面与组织社会化具有重要关联：观察学习、目标系统和自我调节机制（Wood and Bandura，1989）。自我效能是个体对自己是否能完成某一任务或行为的信念。自我效能理论认为，自己的亲身经历、他人的替代性经验、言语的说服和生理情感状态都会影响自我效能（Bandura，1997）。这为如何有效地建立起新员工的自我效能提供了理论基础。

现有研究支持了观察学习和自我效能在新员工社会化中的作用。例如，Liu 等（2020）发现同事与客户的过量饮酒行为会促使新员工做出更多的相同行为，而领导、同事对新员工的指导和新员工以往的工作经验能够减弱这一效应。Ostroff 和 Kozlowski（1992）发现，组织新成员通过观察角色榜样如领导和同事积累工作相关经验，并逐渐建立起对任务和角色的掌握感。

四、意义建构理论

组织社会化研究的第四个理论视角是意义建构理论（cognitive and sense making theory）。Louis（1980）认为，社会化过程中新员工会遇到期望之外的事件。对新员工而言，尝试通过信息收集来理解这些事件，或者说建构这些事件的意义对社会化具有重要作用。意义建构是指组织新成员通过与组织其他成员的互动进行归因，改变认知图式而赋予环境线索解释和意义，以获得稳定感和可预测感的认知过程（Louis，1980；Reichers，1987；Schwandt，2005）。Katz（1980）认为，新员工会通过社会互动来构建对组织现实和角色认同的理解。在新员工解释环境线索时，他们尝试识别出不同因素之间的模式和关系，进而发展出对前因后果的内隐认知模型。

Liu 等（2015）基于意义建构理论探究了组织内规范对新员工认知和行为的影响。他们以中国的销售与客户服务人员为样本，发现同事和客户的饮酒规范会影响新员工对于饮酒行为的理解。换句话说，当饮酒是一种组织规范时，新员工会认为饮酒对绩效具有重要作用，更多地为了绩效而饮酒，最终更可能导致重度饮酒和酒精滥用。

第三节 新员工组织社会化模型

图 15-1 是新员工组织社会化模型，它包括组织情境、新员工个体的社会化内容和社会化过程及近端和远端的适应结果四个部分。

Wang 等（2015）将与新员工组织社会化相关的情境变量分为三类：组织正式举措（formal organizational practices）、组织氛围（organizational climate）和社会化媒介（socialization agent）。组织正式举措包括组织社会化策略和人力资源举措，代表了由组织确定的客观情境。组织氛围是指现有员工对组织的普遍看法和知觉，代表了组织举措影响下的主观情境。社会化媒介包括领导、同事和客户，他们与新员工产生直接的互动，并为新员工提供资源帮助其社会化。社会化媒介代表了组织内成员对彼此的知觉和社会互动。从最宽泛的组织到团队的氛围再到个体的社会互动对象，这三类情境变量具有层级结构，会产生自上而下的影响。例如，组织正式举措会影响组织氛围，而组织氛围会影响社会化媒介。

对新员工而言，组织社会化分为社会化内容和社会化过程两个成分。社会化内容是指新员工在转变为一个合格的组织内成员的过程中所需要学习的东西，分为组织历史、组织目标与价值观、组织行话、组织政治、组织内的人和工作熟练

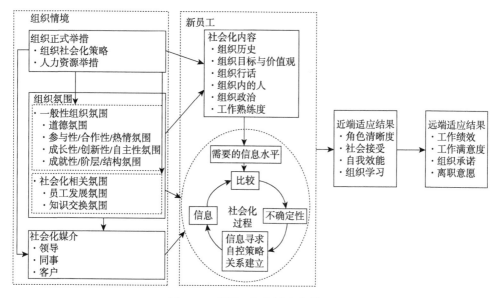

图 15-1　新员工组织社会化模型

度六类。社会化过程是指新员工获取社会化相关知识和信息的途径和方法。社会化过程依赖于新员工的主动性行为，包括信息寻求、自控策略和关系建立。具体而言，新员工面临组织中的不确定性时，会通过一系列的主动性行为获取信息。之后，新员工会比较获得的信息和社会化内容要求的信息，比较的结果又影响不确定性的知觉，有效的信息使得新员工在社会化的不同内容领域（如组织目标和价值观、组织政治等）的不确定性减少，形成一个反馈环路。

　　组织正式举措和一般性组织氛围决定了社会化的内容，而社会化相关氛围和社会化媒介会影响社会化过程。社会化内容和过程会进而影响员工的近端适应结果，如角色清晰度、社会接受、自我效能和组织学习，并最终影响远端适应结果，如工作绩效、工作满意度、组织承诺和离职意愿。

一、组织情境

（一）组织正式举措

　　组织正式举措是组织为帮助新员工成功适应新的工作环境而明确采取的政策和方案（Bauer et al., 2007）。组织社会化策略和人力资源举措是两种代表性的组织正式举措。鉴于前文已介绍组织社会化策略，接下来着重介绍人力资源举措。

　　根据 Noe 等（2008）的系统观，人力资源举措的三个主要组成部分是招聘选拔体系、绩效管理和晋升体系及奖励薪酬体系。这些人力资源举措都与新员工社会化有关。招聘选拔体系向员工表达了组织对员工知识、技能、能力和个性特征的要求和期望。绩效管理和晋升体系向员工传达了成功社会化所需要的组织相关知识，如哪些行为是被重视和鼓励的，哪些行为是被禁止的，以及他们应该与哪些组织成员互动以更快地获得资源。奖励薪酬体系则能激励新员工做出符合组织期望的行为。

（二）组织氛围

组织氛围使新员工了解现有员工对组织的普遍看法，也会影响新员工的社会化。Ostroff 等（2012）指出，氛围是员工对组织举措、政策、程序、惯例和奖励的知觉。Ostroff（1993）将组织氛围分为情感、认知和工具性三方面。情感方面的氛围描述组织中的人际和社会关系，如参与性氛围和合作性气氛。认知方面的氛围代表心理参与、自我知识和工作活动的发展，如成长性氛围、创新性氛围和自主性氛围。工具性方面的氛围涉及工作过程和任务参与，包括成就性氛围及组织的等级制度与结构。另外，道德氛围，即对合乎伦理的行为的知觉及组织中应该如何处理道德问题的共同看法（Victor and Cullen，1988）也会影响社会化。道德氛围让员工知晓哪些行为是组织鼓励的，哪些行为是被组织禁止的。

除了以上这些一般化的氛围，也有一些与新员工适应紧密相关的特定氛围，如员工发展氛围和知识交换氛围。员工发展氛围鼓励领导和同事帮助新员工发展自己的知识和技能。知识交换氛围则鼓励组织成员之间的知识交换和创造。对新员工而言，向组织内其他成员询问信息具有一定的风险，因为这样的行为可能被解释为过分的依赖或无知（Ashford et al.，2003；Bolino et al.，2010）。员工发展氛围和知识交换氛围能降低新员工感知到的这种风险，鼓励新员工去积极主动地了解组织相关知识，促进新员工社会化。

（三）社会化媒介

社会化媒介是第三类组织情境，包括领导、同事和客户。社会化媒介能够为新员工提供有形的经济物质资源与无形的信息和心理资源。第一，领导可以为新员工提供社会化信息（Morrison，1993a），向新员工传达工作角色期望（Bauer and Green，1998），解释工作中的非正式政治过程（Ostroff and Kozlowski，1992）。另外，领导将决定新员工能获得的经济和物质资源，如决定如何分配金钱奖励和对工作至关重要的设备和材料（Ashforth et al.，2007）。

第二，同事能为新员工提供工作团队相关的知识和信息以促进新员工的团体整合（Kammeyer-Mueller and Wanberg，2003），并向新员工传达一些微妙的、未被领导者觉察到的价值观、规范和期望。新员工会通过观察同事的行为学习与工作相关的知识，如 Scott 和 Myers（2005）通过访谈和观察发现新消防员会观察经验丰富的老消防员经常使用的情绪管理策略，凭此了解情绪调节对工作的影响。

第三，客户可以为新员工提供关于产品和服务的直接反馈，使新员工明确客户对自己的角色期望，并敦促新员工快速学习，从而促进新员工的社会化。例如，Sutton 和 Rafaeli（1988）发现服务业员工会通过观察顾客的行为理解顾客的偏好，进而预测什么样的服务行为能带来更多回报，如收到小费。

（四）组织情境变量的层级结构

高层的组织情境会自上而下地影响低层的组织情境。首先，组织正式举措会塑造一般性组织氛围。例如，研究发现，高层管理人员对机会平等和家庭友好型举措的支持与相应的组织氛围正相关（Ngo et al.，2009）。此外，Collins 和 Smith（2006）的研究表明人力资源举措能影响成长创新型组织氛围。另外，组织正式举措也会影响社会化相关氛围。例如，组织可通过开放性沟通、关注信息和互动公平、提供组织支持等举措来创造知识分享氛围（A. Cabrera and E. F. Cabrera，2002；Robertson and Hammersley，2000）。

其次，组织正式举措也会影响领导和同事构成的社会化媒介，进而影响新员工社会化。例如，制度化社会化策略鼓励领导和同事为新员工提供物质支持和心理支持。在这样的环境中，新员工能感觉到自己是被公司重视和尊重的。根据互惠规范，新员工会更主动地适应新环境以作为回报。人力资源举措也可以激励领导和同事帮助新员工适应环境。例如，360 度多源评估实践（即收集主管、同事、下属和客户等不同来源的信息作为绩效评估的标准）（London and Smither，1995）将领导及同事的绩效和奖励与他们对新员工的反馈联系起来，这种人力资源实践能激励领导和同事为新员工树立榜样和提供帮助。

最后，组织氛围会影响社会化媒介。Schneider 等（2000）提出，个体的组织行为倾向于与组织氛围保持一致，因此适应性氛围会促使领导和同事帮助新员工社会化。员工发展氛围促使领导和同事为新员工提供不同类型的信息和建设性的反馈，并与新员工建立密切关系。知识交换氛围鼓励领导和同事与新员工共享信息和机会。此外，频繁的沟通为新员工提供了与领导、同事之间的互动机会，有利于新员工的关系建立。

二、社会化内容和社会化过程

如前所述，社会化内容是指新员工在社会化过程中需要学习的内容，包括组织历史、组织目标与价值观、组织行话、组织政治、组织内的人和工作熟练度六类（Chao et al.，1994）。组织历史是指组织的传统、习俗、故事和仪式，以及特定组织成员的个人背景。组织目标与价值观是指特定的组织目标、规范和价值观。工作熟练度涉及工作技能、知识和角色等与工作绩效密切相关的因素。组织行话代表专业术语和组织特有的缩略语和俚语。组织政治是组织内正式和非正式的工作关系和权力结构信息。组织内的人是指与组织成员的工作关系。组织情境决定新员工具体的社会化内容。例如，一个在以成长和创新为导向的组织中工作的新员工将学习与新产品或服务开发相关的行话，而一个在相反环境中工作的新员工将学习与已建立的产品和服务相关的行话（Wang et al.，2015）。

社会化过程是指新员工如何获取他们适应期所需的信息和知识，其一个重要成分是新员工的主动性行为。这包含信息寻求、自控策略和关系建立三个方面（Miller and Jablin，1991；Wang et al.，2011）。第一，由学习新环境的动机所驱动的信息寻求行为是新员工重要的社会化过程之一。它与角色清晰度、社会接受等近端变量、工作绩效和工作满意度等远端变量紧密相关（Ashford and Black，1996；Bauer et al.，2007）。第二，自控策略对新员工的社会化也很重要。例如，新员工能通过工作变动协商（job-change negotiating）创造更适合他们的偏好、技能和能力的工作任务。因此，这一策略可以增加新员工和工作的匹配程度，从而促进新员工学习与工作和组织相关的知识，并提高其工作满意度及积极性（Ashford and Black，1996）。另一种自控策略是印象管理。新员工通过印象管理控制他人对其的信念和归因（Leary and Kowalski，1990）。印象管理能增强新成员的自尊，促进其发展符合他人期望的身份认同，进而促进他们的社会化过程（Rosenberg，1979）。第三，关系建立是社会化过程的重要组成部分（Ashford and Black，1996）。关系建立强调新员工的社会关系，目标可能包括组织内部人士，如领导和同事，也可能是组织外部人士，如客户和顾客。关系建立旨在寻求互动机会，这能为新员工带来社交网络和社会支持（Morrison，1993b；Nelson and Quick，1991）。

通过信息寻求、自控策略和关系建立等主动性行为，新员工能获得与组织和工作相关的信息，但不是所有信息都是新员工所需要的。因此，新员工会比较获得的信息和自己期望获得的信息，而期望获得的信息是由社会化内容决定的。如果获得的信息符合期望，新员工的不确定性会降低；相反，如果获得的信息与要求的社会化内容无关，不确定性不会减少并会继续驱动主动性行为。

三、组织情境对社会化的影响

（一）对社会化内容的影响

组织正式实践影响社会化内容。一方面，制度化或个性化的组织社会化策略会影响组织内的人、组织历史、组织行话、组织目标与价值观和工作熟练度等社会化内容。在制度化社会化策略下，新员工的社会化经历是集体而正式的，因此新员工习得的组织历史、组织行话、组织目标与价值观也倾向于正式而统一。相反，在制度化社会化策略下，新员工更可能定义他们自己的绩效标准，树立创新的目标，形成他们自己对组织历史的理解和叙述，并且有更多的机会塑造组织成员的行话（Jones，1986）。另一方面，人力资源举措也会影响社会化内容。选拔标准和绩效评估标准决定了新员工的职位需要什么样的工作知识、技能、能力和个性（Bowen et al.，1991；Hackman and Oldham，1975）。晋升和薪酬体系则在很大程度上决定了价值观、任务要求、工作关系和组织内部权力结构等社会化内容。

组织氛围也会影响社会化内容。组织氛围向新员工传达了集体价值观和目标，反映了组织及其成员的历史。此外，每个组织可能有独特的行话来描述组织氛围，组织氛围也能反映组织的政治结构。例如，参与性/合作性的氛围可以向新员工传达组织中正式和非正式权力结构的水平。此外，创新性和成就性氛围包含有关绩效期望的信息，反映了组织对工作熟练度的要求。

（二）对社会化过程的影响

社会化相关氛围和社会化媒介会通过影响员工的主动性行为而影响社会化过程。员工发展氛围鼓励和支持个人学习和成长（van Dam et al.，2008），根据互惠原则，该氛围下的员工会更渴望通过主动性行为来回报组织。因此，员工会投入更多的时间和精力寻求信息并和组织内部成员建立关系。此外，员工发展氛围下新员工知觉到的主动性行为的潜在风险更小，更相信能通过自己的努力创造适合自身发展的环境，因此会有更多的自控策略，如工作变动协商。知识交换氛围也可以促进新员工的主动性行为。一个友好的知识交换氛围能够促进员工之间的实际知识共享行为，帮助新员工更有效地寻找有关工作角色的信息。此外，知识交换氛围也鼓励组织成员之间的沟通和互动，能为新员工提供更多与组织其他成员建立关系的机会。

社会化媒介也能影响员工的主动性行为。第一，领导、同事和客户都能主动与新员工互动并表达对他们的角色期望，这种积极主动的态度会向新员工发出信号，告诉新员工可以向他们寻求信息。第二，通过明确表达他们的期望，领导、同事和客户可以激励新员工使用自控策略，以减少自身行为和他人期望的差异（Tsui et al.，1995）。第三，领导、同事和客户对新员工的支持行为能使新员工有更高的满意度和接受感（Bauer and Green，1998；Seers et al.，1983），这反过来又会激励新来者与他们建立关系。

四、社会化的近端结果变量

信息寻求对新员工的角色清晰度、社会接受、组织学习和自我效能具有积极作用。第一，信息寻求提高角色清晰度，能为新员工带来参考信息，使新员工明确地理解工作角色的要求，知道需要做什么来履行自己的工作责任。因此，信息寻求提升新员工的角色清晰度（Feldman，1976）。第二，信息寻求促进社会接受。信息寻求能促进新员工对组织文化、社会规范及组织内成员之间关系的理解，这使得新员工知道哪些行为和态度是被组织接受的，哪些又是不被接受的，并能够调节自己的行为以适应规范和期望（Morrison，1993b），促进自己的社会接受。另外，有关组织内部成员之间人际关系的信息能够帮助新员工更好地把握社交行为，促进社会整合。第三，信息寻求有助于组织学习。新员工能通过信息寻求行为了解自己不确定的内容，并且鉴于该过程是新员工主动发起的，新员工能选择适合自己的学习方式和速度，使得学习过程更为有效（Ashforth et al.，2007）。另外，当新员工表现出信息寻求行为后，领导也会更主动地向其提供社会化相关的任务和关系信息（Ellis et al.，2017）。第四，信息寻求带来的评估和反馈会影响自我效能。Song 等（2017）的研究考察了新员工入职后 4 个月内，主动性行为的变化趋势及其与社会化结果的关系。该研究发现在控制了初始工作相关自我效能后，信息寻求行为的初始水平和变化趋势均与工作相关自我效能负相关。这可能是因为信息虽然能促进新员工的学习和角色清晰度（Ashford and Cummings，1985），但也会威胁自我和自尊（Morrison，2002）。此外，信息寻求可能会带来现实冲击，当新员工接受与期待不符的负面信息后（如自己缺乏工作相关的技能和知识），自我效能可能会降低。因此，信息寻求对社会化结果的影响是复杂的，还需要进一步研究其中涉及的多种机制。

自控策略也能带来积极的社会化结果。工作变动协商能帮助新员工调整工作内容和工作方法，使得它们与新员工的能力和技能相匹配（Ashford and Black，1996）。这降低了组织学习的困难并提高了学习的效率，同时也提高了新员工的自我效能和角色清晰度。印象管理能促进新员工的社会接受。印象管理使新员工做出符合组织规范的行为，提高自己和组织内其他成员的相似性，使自己更容易被认可和接受。例如，研究发现讨好行为能够使新员工显得更讨喜并且容易和人相处，因此领导会更注意新员工，与他们相处更长的时间以增进彼此的了解（Gross et al.，2020）。另外，印象管理也能促进组织学习并提高自我效能。例如，自我提升行为能凸显新员工的优势和潜能（Turnley and Bolino，2001），会让领导认为新员工具有较强的个人能力，因此领导会对其寄予厚望，给予更多建设性的批评意见（Gross et al.，2020）。因此，新员工会有更多的学习机会，并更相信自己能够胜任工作。

关系建立对新员工的社会接受、角色清晰度和组织学习具有积极意义。关系建立促进了新员工和组织成员的社会交换，使新员工发展出良好的社会交换关系，有利于其社会接受。关系建立也能增加新员工获得组织信息的机会并提高信息的质量。具体而言，良好的社会交换关系一方面使得新员工收到更多组织内成员提供的信息（Ellis et al.，2017）；另一方面这些信息也具有更高的质量和建设性。此外，建立人际关系本身就是一种内隐的学习新环境中人际、行话、政治和价值观的方式（Wang et al.，2015）。相反，和组织内部成员关系紧张或产生冲突则会导致新员工不愿向他人寻求信息，导致较差的任务掌握和工作绩效（Nifadkar and Bauer，2016）。因此，关系建立能促进员工的组织学习和角色清晰度。

五、社会化的远端结果变量

首先，工作绩效是组织社会化的重要结果变量。第一，角色期望明确的员工会有更高的工作绩效，因为新员工越了解工作本身和工作的角色期望，就越有可能满足这些期望，并在工作中取得出色的绩效（Ashford and Black，1996）。第二，社会接受程度高的新员工会有更高的绩效，因为他们与同事形成的关系可能是促进他们工作绩效的社会资本。这些新员工能在与他人的互动中发展工作技能，学习适当的角色行为（Reichers，1987），因此社会接受应该与绩效正相关。第三，组织学习能提高新员工的工作熟练度和掌握度，进而带来良好的绩效。第四，自我效能作为动机因素之一，能激励新员工设定并争取更高的工作目标，进而提升绩效。

其次，工作满意度和组织承诺是组织社会化重要的态度结果变量。它们也与角色清晰度、社会接受、自我效能和组织学习紧密相关。其一，角色模糊与高度的压力和工作倦怠有关，是员工不满意感的重要来源。不确定性常常预测较低的工作满意度（Louis，1980），那些对自己的角色要求不清楚的员工可能对组织不满意、不忠诚（Bauer et al.，2007），但角色清晰度未必能带来积极的工作态度。针对信息寻求与工作满意度和情感承诺之间的关系，不同研究得到了矛盾的结果（Morrison，1993b；Song et al.，2017），这是因为信息寻求可能导致员工发现实际的工作条件低于预期。其二，社会接受能提升工作满意度。工作满意度通常来自我们如何体验工作及我们与他人的关系。例如，研究发现与领导建立关系的初始水平和变化趋势均与情感承诺正相关（Song et al.，2017）。另外，高水平的社会接受和社会整合能为新员工在遇到危机和困难时提供社会支持以维护满意度（Nelson and Quick，1991）。其三，自我效能和组织学习良好的新员工会因他们能胜任工作的关键方面而感到自信，因此会更满意且忠于组织（Bauer et al., 2007)。

最后，离职意愿也是组织社会化的关键指标。那些能理解角色要求、具有丰富的组织知识、感觉自己有能力完成工作任务并与同事建立良好关系的新员工会对组织产生更强烈的依恋，从而更不愿离开工作岗位。当新员工成功地适应了自己的角色和工作环境后，其离职的可能就大大降低（Bauer et al., 2007）。相反，若社会化过程未能成功降低新员工的不确定性，就可能出现过早的离职（Wanous, 1980）。

第四节　国内新员工组织社会化的研究现状

在国内，新员工组织社会化也是一个研究热点，其中涉及的研究主题广泛而新颖。例如，以往的研究和组织实践强调要强化新员工对组织身份的认同，而胡巧婷等（2020）则关注了新员工的自我表达。他们将工作重塑视作一种自我表达，发现工作重塑会提升工作投入，进而提升工作绩效和创造力。另外，他们发现领导成员交换能促进工作重塑，且该效应受个体传统性的调节。姚琦等（2007）考察了新员工入职期望的动态变化。他们在新员工进入企业时和进入企业 1、3、6 个月后测量入职期望（包括工作、团队和企业期望），发现新员工的入职期望持续下降，其中工作期望呈现线性下降，而团队和企业期望的下降速度逐渐放缓，并且三类入职期望的初始水平和下降速度均正相关。褚福磊等（2018）讨论了新员工资质过剩对其工作态度的影响。他们指出，新员工的资质过剩感不仅取决于员工的能力和工作的要求，还取决于员工感知到的领导和同事的资质过剩水平。如果领导（或同事）和新员工的资质过剩水平相仿，新员工知觉到领导（或同事）和自己的匹配程度就会更高，体验到的资质过剩感也更低。另外，他们指出和组织内成员的社会交换关系能通过降低相对剥夺感缓解资质过剩的消极效应。

国内有很多研究着眼于文化差异和中国情境下组织社会化的特殊性。赵国祥等（2007）考察了中国情境下新员工的组织社会化内容。通过因素分析，他们发现了中国情境下社会化内容具有组织文化、工作胜任、人际关系和组织政治四个维度。这不同于西方研究者提出的社会化内容的六维度（组织历史、组织目标与价值观、组织行话、组织政治、组织内的人和工作熟练度）（Chao et al., 1994）。特别地，中国情境下缺乏组织目标和组织行话这两个维度。赵国祥等（2007）指出这是因为，一方面我国加工和制造业占据主导，而这些组织的员工不需要高精端的技术性行话；另一方面我国多数企业没有清晰明确的目标发展愿景。不过毫无疑问，由于该研究仅使用了来自22个企业的样本，这样的结果还需要后续验证。

　　也有研究者关注了中国情境下新员工的主动性行为及其分类。Wang 和 Kim（2013）提出，工作变动协商这一主动性行为在中国文化下会被认为是对上级的质疑和挑战，不利于新员工与上级建立关系，因此会较少被使用。相反，中国的员工注重人际关系建立（guanxi developing），即通过工作之外的行为和活动建立非正式的人际关系。毛凯贤和李超平（2015）对中国新员工的主动性行为进行了总结，提出了包括角色定位（包括信息寻求、反馈寻求和角色模仿）、关系构建（包括一般社会化、人际网络建立、与上级建立关系和维持良好人际关系）、自我提升（积极构想、工作变动协商和提供信息/建议）三类行为的理论框架。

　　张燕红等（2018）则分析了文化因素对关系建立行为的影响。特别地，他们指出上级的权力距离会调节上级绩效预期对关系建立行为的作用。根据互惠的观点，上级对新员工的高期望会促使新员工在工作中更积极主动，但高权力距离的上级倾向于和下属划清层级关系，新员工会觉得他们难以接近，这限制了新员工主动与上级建立关系。

第五节　研究展望

一、新员工与社会化媒介的互动

　　新员工社会化是一个多方参与的动态过程，主动性社会化策略在很大程度上依赖于新员工和其他组织成员的互动（Griffin et al., 2000）。在这个过程中，新员工的行为会影响社会化媒介，最终反作用于新员工。因此，探究社会化媒介对新员工的主动性行为的响应具有重要意义。例如，研究发现新员工的印象管理能促进领导为其社会化提供更多帮助（Gross et al., 2020）；新员工与任务或社交相关的信息寻求也会促使领导为其提供更多相应的任务或社交信息。由此可见，有潜力并且积极主动的新员工能够争取到更多来自领导的社会化的支持。另外，研究发现新员工与上级建立关系行为的增加与领导成员交换关系正相关，但与上级建立关系的初始水平不存在该效应（Song et al., 2017），这说明和领导发展关系是一个长期的过程。未来的研究可以进一步探究社会化媒介对新员工社会化策略的响应。特别地，同事会如何响应主动性行为？是倾向于和主动的新员工发展良好的交换关系形成战略同盟还是将其视为潜在的威胁或竞争对手（Ng and Wang, 2019）？新员工与社会化媒介的个性特征、目标和价值观又具有什么样的调节作用?

二、社会化内容的调节作用

未来的研究可以在区分社会化内容和社会化过程的基础上同时考虑二者的影响。目前的研究主要集中在单纯地考察社会化过程对社会化结果的影响（Ashford and Black，1996；Kim et al.，2005），鲜有研究探究社会化内容和社会化过程对社会化的交互作用，而这是值得关注的。因为社会化内容包含多个方面和领域，而社会化过程的效应可能受到具体的社会化内容的调节。特别地，负面的社会化内容可能带来消极的结果。例如，当新员工"学习"和"理解"了公司的饮酒文化后，会形成诸如"饮酒是产生良好工作绩效的必要条件"这样的认知，表现出更多的重度饮酒行为。虽然这种行为有助于处于特定组织或岗位的员工获得更高的绩效，但也与更高的工作和家庭冲突及离职风险有关（Liu et al.，2015，2020）。因此，与其他组织行为过程一样，新员工社会化也是需要权衡利弊的，而社会化内容在其中扮演了重要角色。

三、多目标与社会化过程

新员工在组织社会化的过程中具有多个目标，如学习组织相关知识、减少不确定性（Falcione and Wilson，1988；Louis，1980）、达到组织对绩效的期望（Bauer et al.，2007）、建立良好的人际关系并取得社会接受（Saks and Gruman，2012）等，个体时间精力的有限性使得其必须赋予不同的目标以不同的优先级。因此，组织社会化包含了选择目标和争取目标的动态自我调节过程，而目标多重性使得这一过程变得更为复杂。新员工会如何赋予这些目标权重，进而表现出相应的主动性行为模式（如更重视关系建立还是信息寻求）？这样的动机和行为模式是如何随时间变化的？变化模式又有哪些预测因素？这些问题值得未来研究考察。

四、社会化情境的层级

进一步探究不同层级水平的社会化情境之间的关系，能够更好地帮助我们理解情境变量对新员工社会化的潜在机制。目前的研究主要探究的是情境变量和社会化过程之间的关系（Gruman et al.，2006），但很少探究组织正式举措这样的高层情境变量如何通过低层情境变量作用于社会化过程。探索这样的潜在机制能让我们对组织情境对社会化的影响有更深入的认识。

参 考 文 献

褚福磊，王蕊，高中华. 2018. 新员工资质过剩动态变化及作用机制：组织社会化视角. 心理科学进展，26（12）：2101-2112.

胡巧婷，王海江，龙立荣. 2020. 新员工工作重塑会带来积极的结果吗?领导成员交换与个体传统性的作用. 心理学报，52（5）：659-668.

毛凯贤，李超平. 2015. 新员工主动行为及其在组织社会化中的作用. 心理科学进展，23（12）：2167-2176.

姚琦，马华维，李强. 2007. 对新员工入职期望变化的一项纵向研究. 心理学报，39（6）：1122-1130.

张燕红，李永周，周勇，等. 2018. 关系资源视角的新员工组织社会化过程机制. 心理科学进展，26（4）：584-598.

赵国祥，王明辉，凌文辁. 2007. 企业员工组织社会化内容的结构维度. 心理学报，39（6）：1102-1110.

Allen N J，Meyer J P. 1990. Organizational socialization tactics：a longitudinal analysis of links to newcomers' commitment and role orientation. The Academy of Management Journal，33（4）：847-858.

Ashforth B E，Saks A M，Lee R T. 1998. Socialization and newcomer adjustment：the role of organizational context. Human Relations，51（7）：897-926.

Ashforth B E，Sluss D M，Saks A M. 2007. Socialization tactics，proactive behavior，and newcomer learning：integrating socialization models. Journal of Vocational Behavior，70（3）：447-462.

Ashford S J，Black J S. 1996. Proactivity during organizational entry：the role of desire for control. Journal of Applied Psychology，81（2）：199-214.

Ashford S J，Blatt R，VandeWalle D. 2003. Reflections on the looking glass：a review of research on feedback-seeking behavior in organizations. Journal of Management，29（6）：773-799.

Ashford S J，Cummings L L. 1985. Proactive feedback seeking：the instrumental use of the information environment. Journal of Occupational and Psychology，58（1）：67-79.

Bandura A. 1997. Self-Efficacy：The Exercise of Control. New York：W. H. Freeman and Company.

Bauer T N，Bodner T，Erdogan B，et al. 2007. Newcomer adjustment during organizational socialization：a meta-analytic review of antecedents，outcomes，and methods. Journal of

Applied Psychology, 92（3）：707-721.

Bauer T N, Erdogan B. 2014. Delineating and reviewing the role of newcomer capital in organizational socialization. Annual Review of Organizational Psychology and Organizational Behavior, 1（1）：439-457.

Bauer T N, Green S G. 1998. Testing the combined effects of newcomer information seeking and manager behavior on socialization. Journal of Applied Psychology, 83（1）：72-83.

Bolino M, Valcea S, Harvey J. 2010. Employee, manage thyself: the potentially negative implications of expecting employees to behave proactively. Journal of Occupational and Organizational Psychology, 83（2）：325-345.

Bowen D E, Ledford G E, Nathan B R. 1991. Hiring for the organization, not the job. Academy of Management Perspectives, 5（4）：35-51.

Cable D M, Parsons C K. 2001. Socialization tactics and person-organization fit. Personnel Psychology, 54（1）：1-23.

Cabrera A, Cabrera E F. 2002. Knowledge-sharing dilemmas. Organization Studies, 23（5）：687-710.

Chao G T, O'Leary-Kelly A M, Wolf S, et al. 1994. Organizational socialization: its content and consequences. Journal of Applied Psychology, 79（5）：730-743.

Collins C J, Smith K G. 2006. Knowledge exchange and combination: the role of human resource practices in the performance of high-technology firms. Academy of Management Journal, 49（3）：544-560.

Ellis A M, Bauer T N, Erdogan B. 2014. New employee organizational socialization: adjusting to new roles, colleagues, and organizations//Grusec J E, Hastings P D. Handbook of Socialization: Theory and Research. New York: The Guilford Press: 301-322.

Ellis A M, Nifadkar S S, Bauer T N, et al. 2017. Newcomer adjustment: examining the role of managers' perception of newcomer proactive behavior during organizational socialization. Journal of Applied Psychology, 102（6）：993-1001.

Falcione R L, Wilson C E. 1988. Socialization processes in organizations//Goldhaber G M, Barnett G A. Handbook of Organizational Communication. Norwood: Ablex: 151-169.

Feldman D C. 1976. A contingency theory of socialization. Administrative Science Quarterly, 21: 433-452.

Ganster D C, Rosen C C. 2013. Work stress and employee health: a multidisciplinary review. Journal of Management, 39（5）：1085-1122.

Griffin A E, Colella A, Goparaju S. 2000. Newcomer and organizational socialization tactics: an interactionist perspective. Human Resource Management Review, 10（4）：453-474.

Gross C, Debus M E, Liu Y, et al. 2020. I am nice and capable! How and when newcomers' self-presentation to their supervisors affects socialization outcomes. Journal of Applied Psychology, 106（7）: 1067-1079.

Gruman J A, Saks A M, Zweig D I. 2006. Organizational socialization tactics and newcomer proactive behaviors: an integrative study. Journal of Vocational Behavior, 69（1）: 90-104.

Hackman J R, Oldham G R. 1975. Development of the job diagnostic survey. Journal of Applied Psychology, 60（2）: 159-170.

Halbesleben J R, Buckley M R. 2004. Burnout in organizational life. Journal of Management, 30（6）: 859-879.

Jones G R. 1986. Socialization tactics, self-efficacy, and newcomers' adjustments to organizations. Academy of Management Journal, 29（2）: 262-279.

Kammeyer-Mueller J D, Wanberg C R. 2003. Unwrapping the organizational entry process: disentangling multiple antecedents and their pathways to adjustment. Journal of Applied Psychology, 88（5）: 779-794.

Kammeyer-Mueller J D, Wanberg C R, Glomb T M, et al. 2005. The role of temporal shifts in turnover processes: it's about time. Journal of Applied Psychology, 90（4）: 644-658.

Katz R. 1980. Time and work: toward an integrative perspective//Staw B M, Cummings L L. Research in Organizational Behavior. Greenwich: JAI Press: 81-127.

Kim T Y, Cable D M, Kim S P. 2005. Socialization tactics, employee proactivity, and person-organization fit. Journal of Applied Psychology, 90（2）: 232-241.

Leary M R, Kowalski R M. 1990. Impression management: a literature review and two-component model. Psychological Bulletin, 107（1）: 34-47.

Liu S, Bamberger P, Wang M, et al. 2020. When onboarding becomes risky: extending social learning theory to explain newcomers' adoption of heavy drinking with clients. Human Relations, 73（5）: 682-710.

Liu S, Wang M, Bamberger P, et al. 2015. The dark side of socialization: a longitudinal investigation of newcomer alcohol use. Academy of Management Journal, 58（2）: 334-355.

London M, Smither J W. 1995. Can multi-source feedback change perceptions of goal accomplishment, self-evaluations, and performance-related outcomes? Theory-based applications and directions for research. Personnel Psychology, 48（4）: 803-839.

Louis M R. 1980. Surprise and sense making: what newcomers experience in entering unfamiliar organizational settings. Administrative Science Quarterly, 25（2）: 226-251.

Meyer J P, Allen N J, Gellatly I R. 1990. Affective and continuance commitment to the organization: evaluation of measures and analysis of concurrent and time-lagged relations. Journal of Applied Psychology, 75（6）: 710-720.

Mignerey J T, Rubin R B, Gorden W I. 1995. Organizational entry: an investigation of newcomer communication behavior and uncertainty. Communication Research, 22（1）: 54-85.

Miller V D, Jablin F M. 1991. Information seeking during organizational entry: influences, tactics, and a model of the process. Academy of Management Review, 16（1）: 92-120.

Morrison E W. 1993a. Newcomer information seeking: exploring types, modes, sources, and outcomes. Academy of Management Journal, 36（3）: 557-589.

Morrison E W. 1993b. Longitudinal study of the effects of information seeking on newcomer socialization. Journal of Applied Psychology, 78（2）: 173-183.

Morrison E W. 2002. Newcomers' relationships: the role of social network ties during socialization. Academy of Management Journal, 45（6）: 1149-1160.

Nelson D L, Quick J C. 1991. Social support and newcomer adjustment in organizations: attachment theory at work? Journal of Organizational Behavior, 12（6）: 543-554.

Ng T W, Wang M. 2019. An actor-partner interdependence model of employees' and coworkers' innovative behavior, psychological detachment, and strain reactions. Personnel Psychology, 72（3）: 445-476.

Ngo H Y, Foley S, Loi R. 2009. Family friendly work practices, organizational climate, and firm performance: a study of multinational corporations in Hong Kong. Journal of Organizational Behavior, 30（5）: 665-680.

Nifadkar S S, Bauer T N. 2016. Breach of belongingness: newcomer relationship conflict, information, and task-related outcomes during organizational socialization. Journal of Applied Psychology, 101（1）: 1-13.

Noe R A, Hollenbeck J R, Gerhart B, et al. 2008. Human Resource Management. 6th ed. New York: McGraw-Hill Irvin.

Ostroff C. 1993. The effects of climate and personal influences on individual behavior and attitudes in organizations. Organizational Behavior and Human Decision Processes, 56（1）: 56-90.

Ostroff C, Kinicki A J, Muhammad R S. 2012. Organizational culture and climate//Weiner I B, Schmitt N W, Highhouse S. Handbook of Psychology: Industrial and Organizational Psychology. Hoboken: John Wiley Sons: 643-676.

Ostroff C, Kozlowski S W. 1992. Organizational socialization as a learning process: the role of information acquisition. Personnel Psychology, 45（4）: 849-874.

Reichers A E. 1987. An interactionist perspective on newcomer socialization rates. Academy of Management Review, 12（2）: 278-287.

Robertson M, Hammersley G O M. 2000. Knowledge management practices within a knowledge - intensive firm: the significance of the people management dimension. Journal of European Industrial Training, 24（2-4）: 241-253.

Rosenberg M J. 1979. Conceiving the Self. New York: Basic Books.

Saks A M. 1996. The relationship between the amount and helpfulness of entry training and work outcomes. Human Relations, 49（4）：429-451.

Saks A M, Gruman J A. 2012. Getting newcomers on board: a review of socialization practices and introduction to socialization resources theory. The Oxford Handbook of Organizational Socialization. Oxford, 3: 27-55.

Schneider B, Smith D B, Goldstein H W. 2000. Attraction-Selection-Attrition: Toward a Person-Environment Psychology of Organizations. Mahwah: Lawrence Erlbaum Associates.

Schwandt D R. 2005. When managers become philosophers: integrating learning with sensemaking. Academy of Management Learning & Education, 4（2）：176-192.

Scott C, Myers K K. 2005. The socialization of emotion: learning emotion management at the fire station. Journal of Applied Communication Research, 33（1）：67-92.

Seers A, McGee G W, Serey T T, et al. 1983. The interaction of job stress and social support: a strong inference investigation. Academy of Management Journal, 26（2）：273-284.

Song Y, Liu Y, Shi J, et al. 2017. Use of proactive socialization tactics and socialization outcomes: a latent growth modeling approach to understanding newcomer socialization process. Academy of Management Discoveries, 3（1）：42-63.

Strack R, Caye J M, van der Linden C, et al. 2012. From Capability to Profitability: Realizing the Value of People Management. Boston: Boston Consulting Group.

Sutton R I, Rafaeli A. 1988. Untangling the relationship between displayed emotions and organizational sales: the case of convenience stores. Academy of Management Journal, 31（3）：461-487.

Tsui A S, Ashford S J, Clair L S, et al. 1995. Dealing with discrepant expectations: response strategies and managerial effectiveness. Academy of Management Journal, 38（6）：1515-1543.

Turnley W H, Bolino M C. 2001. Achieving desired images while avoiding undesired images: exploring the role of self-monitoring in impression management. Journal of Applied Psychology, 86（2）：351-360.

van Dam K, Oreg S, Schyns B. 2008. Daily work contexts and resistance to organizational change: the role of leader-member exchange, development climate, and change process characteristics. Applied Psychology, 57（2）：313-334.

van Maanen J, Schein E H. 1979. Toward a theory of organizational socialization//Staw B M, Sutton R I, Suffon R L. Research in Organizational Behavior. Greenwich: JAI Press: 209-264.

Victor B, Cullen J B. 1988. The organizational bases of ethical work climates. Administrative Science Quarterly, 33（1）：101-125.

Wang J, Kim T Y. 2013. Proactive socialization behavior in China: the mediating role of perceived insider status and the moderating role of supervisors' traditionality. Journal of Organizational Behavior, 34（3）: 389-406.

Wang M, Kammeyer-Mueller J, Liu Y, et al. 2015. Context, socialization, and newcomer learning. Organizational Psychology Review, 5（1）: 3-25.

Wang M O, Zhan Y, Mccune E, et al. 2011. Understanding newcomers' adaptability and work-related outcomes: testing the mediating roles of perceived p-e fit variables. Personnel Psychology, 64（1）: 163-189.

Wanous J P. 1980. The entry of newcomers into organizations. Michigan State Univ East Lansing Dept of Psychology.

Wood R, Bandura A. 1989. Social cognitive theory of organizational management. Academy of Management Review, 14（3）: 361-384.

第十六章　领导力发展与脱轨

领导力是管理学研究中的重要主题，如果用纵向时间的视角看待领导力，如何培养与发展领导力及如何避免领导力脱轨是领导力领域最重要的话题之一。根据 Dinh 等（2014）的文献梳理，在管理学 10 种顶级期刊 2000~2012 年发表的 752 个领导力研究中，有 57 个研究以领导力的发展为主题。一方面，随着近年来研究的深入，领导力发展研究的主题逐渐从变革型领导和魅力型领导向其他类型的领导力扩展，在领导力发展的前因研究中，研究者采取的研究路径也从个体特征视角向行为视角和社会交换视角扩展，同时还有越来越多的研究者关注成年员工在青少年阶段中的领导力经历对成年后领导力发展的影响，进一步扩大了研究的深度和宽度。另一方面，对领导不再能满足角色要求的领导力脱轨研究也在近年取得了新的研究成果，同样地，研究者的关注重点由脱轨的领导个体特征前因向行为类、社会交换类前因扩展，同时还有很多研究者关注领导力脱轨的性别差异，为性别研究提供了重要的视角补充。本章将对领导力发展与脱轨的研究现状和研究前景进行介绍。

第一节　领导力发展

领导力发展并不是一个新概念，随着管理学对领导力发展研究的不断深入，其内涵也在发生变化，McCauley 等（1998）将领导力发展定义为组织增加其内部成员用于参与领导活动所必要的资源的活动，即将领导力的发展视为个体拥有的特定资源的积累，并且认为组织是这种资源的最重要来源；而在特征视角下，领导力发展被视作个体随着领导技能的获得而对领导工作胜任程度的进步（Day and Dragoni，2015），并且这种能力与个体特征有相关关系。在这两种定义下，不论提高领导力的主体是组织还是个体本身，领导力均被视为个体所拥有的客观的能力和资源，衡量了个体能够担任领导职务的程度。近年来许多研究者将领导力发展视为能力与身份认同的结合，即认为领导力不仅有关个体是否有能力胜任领导角色，还有关个体是否对领导者的身份有强烈的认同，是否将领导这一角色视为个体自我定义的一部分。身份是个体被自己和他人赋予的含义，这些含义可能基于一个较为稳定的社会角色（Stryker and Burke，2000），如正式的领导职位，也可能基于个体所展现出来或别人认为他所具有的特征，即领导自身是否认为他具备领导应有的特征（Ibarra and Barbulescu，2010），需要个体了解一个领导做什么、自己是否满足这个身份的要求及评价自己的领导经历是否有效。能力与身份认同的提升组成领导力发展的观点得到了质性研究的支持。Benjamin 和 O'reilly（2011）对 MBA 学生在毕业后遇到的领导力挑战进行了质性的调查研究，通过采访 55 名 MBA 毕业生，总结了四大类新任的领导可能面临的挑战：管理和激励下属、管理与同事和上级的关系、发展自己的领导意识、处理相关的挫折与失败。这些挑战中，一二四类属于作为领导的能力范畴，而第三类则包含与领导身份认同相关的挑战，如理解个人能力和努力不再能让你成功、寻求解决问题的方法而不是仅提出问题等都包含心态与角色认同的转变，因此能力的提升和角色认同的转变均是领导力发展的组成部分。

从一个个体贡献者到领导身份的转变是新任领导要经历的重大心理变化，也是个体职业生涯要面临的挑战之一，Maurer 和 London（2018）认为这种转变基于动机与能力这两种特征机制，即领导力的发展是在个体的动机和能力方面从个体贡献者身份所需要的水平向领导所需要的水平发展，然而他认为领导力的发展并不是单纯的加法，个体不仅需要新的能力和动机，还需要抛弃部分作为个体贡献者的动机和能力，如个体工作中熟悉的目标、工作任务的优先级、看待工作挑战的层级和角度等。这种转变被他形容为创意性的毁灭，即以过去个体贡献者的知识、技能和观点为基础，抛弃与新的领导身份不相适应的部分，提高领导自我效能，提高学习和实践领导技能的内在激励，建立新的领导角色。他将身份转变分为三个层级：递增的角色转换、显著的角色转换和突破的角色转换。在递增的角色转换中，个体保持了原有的个体贡献者的工作身份，只是将他们的工作技能和工作动机进行了较低程度的延展，如在原有的工作任务中加入了团队导向的工作。在显著的角色转换中，个体要将新的领导技能和工作目标设立为主要的发展领域，在能力层面，个体要学习如何用重要的领导技巧管理下属（如规划工作任务、分工、激励员工、解决团队问题等）；在领导动机层面，要将原有的个体贡献工作动机转换为领导贡献动机，如把成功视为共享目标的达成而不是自己个体目标的实现，将过去熟悉的个体创造的成就感转移为带领团队集体取得创新进展的成就感。在这一阶段，个体贡献者的身份与领导者的身份是混同在一起的，然而一者在加强而另一者在衰弱，在个体主动培养领导身份及压抑个体贡献者身份的过程中，逐渐达到下一个转换层级。在突破的角色转换中，个体会建立一套全新的工作目标、优先级和心理模型，他们赖以生存的职业技能、习惯的工作目标、方向会经历深刻而重大的变化。他们会学着从领导他人的经历中获得良好的工作表现和职业成功，以及收获个人的满足感和成就感，他们将完全摆脱个体贡献者熟悉的工作逻辑，从以解决单个问题为工作核心到站在更高的战略层次思考工作任务。三种层级的身份转换往往与领导者所面临的情景要求和组织支持相呼应，一般来说，级别越高的领导位置，领导身份相对于个体贡献者的身份对他们的工作需求就越为核心，因而他们需要的角色转换程度就越高。这种转换的过程并非只有个体参与，组织也发挥着至关重要的作用，个体在培养新的角色身份时需要足够的资源支持和合适的激励去克服对新身份的不确定性、学习必要的技能、摆脱过去的思维方式。个体从组织中得到的激励和资源是不同的，当个体需要将领导作为自我定义的一部分时，他们从组织中得到的支持有些与自我身份相一致，而另一些则相违背。那些基于个体贡献者的工作任务和目标的组织帮助、奖励是不能帮助个体建立领导力的，而如果组织能对于新任领导提供领导力训练、支持，并鼓励他们践行领导技能，用领导团队的工作表现来衡量他们的业绩，则会有效地激励他们提高成为领导的动机和能力。

　　Day 和 Dragoni（2015）建议研究者使用动态技能理论（dynamic skill theory）和构建发展（constructive development）或自我发展理论（ego development theory）来解释领导能力与领导自我意识的发展。动态技能理论关注在具体情境中按照有序方式行事的能力，该理论认为在任何领域或情境中，人们的行动分为三个层级：自动的（即技能过于熟练以至于只需要非常少或几乎没有有意识的注意力、努力或控制就能实现）；职能的（即技能不需要其他人的支持但是需要有意识的努力才能实现）；最优的（即技能需要其他人的大力支持才能实现，代表了个体最顶峰的表现）；构建的（即技能需要一个能力更强的人共同完成才能实现）。不同的技能层级表明个体对该技能掌握的稳定度，这表明在某些层级上个体对领导技能的掌握不是稳定上升的，而是水平会出现反复，较慢的增长表明个体可能正稳定地处于某一个层级，而剧烈的波动则表明个体可能在向下一个层级学习发展。因此领导力发展的组织介入要根据个体具体的领导力水平和稳定性进行调整，给予不同个体不同程度、不同技能种类的支持。构建发展或自我发展理论认为个体的发展与对自我和周围环境关系的理解相关，个体一开始把自己视为受环境支配的，之后不断地挑战并改变这一假设，把自己的观点和他人的观点区别开，把自己的看法和一般假设区别开，最终掌握自己的身份和意识形态。虽然并非发展程度越高，领导有效性越高，但是个体自身在所处环境中的作用依然深刻影响了个体对待工作挑战的方式、与他人相处的方式及自我身份和自我意识的构建。该理论给领导力发展研究的启示是，领导身份并不仅是一个关于我是谁的问题，还是一个有关我与世界（环境、其他人）有什么关系的问题。

能力的提升和角色认同并非分开、孤立的两部分。Miscenko 等（2017）根据身份理论，提出领导技能上的提升与领导身份认同的提升是正相关的，二者随着领导力发展过程互相促进。身份构建观点认为对一个新角色的适应需要首先在不同的可能性中进行选择，即建立身份并非单方向的、积极的构建，由于个体对身份的不确定性，构建的过程很有可能是反复的，甚至会出现负面的构建，在这些不同的尝试中个体逐渐明确新身份的界限、要求，能够建立一个稳定、一致的领导身份。这个过程中，学习领导技能和建立领导身份认同是一个相辅相成、互为因果的螺旋形关系，个体在实践领导力技能的过程中得到了关于他们自己领导角色的认可和验证，因而进一步将领导行为和领导身份联系起来。这将会增强个体作为一个领导的自我认知，而领导的自我身份的加强又会促使个体做出与角色相一致的行为，如实践领导力技能，从而提高他们担任领导职务的能力。然而，这种过程并非一定是积极的螺旋向上的，有可能是负面的螺旋向下的。如果个人在做出领导力行为时没有得到积极正面的反馈，则会降低他们对自己领导力能力的效能感，降低领导角色在自我定义中的重要性，并在以后的工作、人际交往中减少领导力行为的频率，使得领导力技能和领导身份认同随时间形成负面循环。使用潜增长曲线模型和潜变化分数作为主要分析方法，他们分析了七次领导力测量的数据，结果表明领导身份认同的增长是一条 J 形曲线，即在早期可能会因为对角色的不确定性和不熟悉性造成向下的波动，而在领导力发展一定时期后，则会因为对角色的不断熟练而迅速提高。他们还发现领导身份认同的变化与领导力技能随时间的变化是相关的，验证了他们关于螺旋形发展模型的假设。

Murphy 和 Johnson（2011）则认为领导能力和领导身份是领导力发展的不同层面，如图 16-1 所示，领导力发展过程是领导力的最底层，是领导身份与能力的不可见的基础，这一过程包括工作和家庭生活中与领导力相关的各种经历、训练与人际交往。处于领导力发展中间一层的是领导身份认同与自我约束，这一层是心理与认知状态，是较不可见的一层，但仍然会在行为上有所表现。之所以将自我约束也放在这一层，是因为与领导身份认同一样，自我约束也是影响、引导个体行为的重要因素，并且与领导身份认同协同作用于个体的领导行为，当领导身份认同被激活时，自我约束影响了个体选择以与身份一致的方式参与任务过程的程度，并且自我约束还驱动个体努力成为他们想成为的人（Banaji and Prentice，1994），提高个体参与领导行为的动力并按照领导角色准则来规范他们的行为。领导能力则是领导力发展最可见的表层表现，是中下两层的行为结果，当个体高频率地参与领导力发展过程，提高自己的领导身份认同并具有较高的自我约束时，就很可能展现出较高的领导才能。

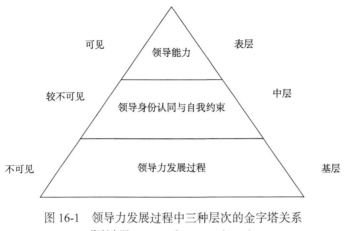

图 16-1　领导力发展过程中三种层次的金字塔关系

资料来源：Murphy 和 Johnson（2011）

Dragoni 等（2014）从个体结果的角度使用两个指标来衡量领导力的提高：关于自己的新领导角色的知识的获取、花费在领导他人上的时间，前者是认知结果，后者是行为结果。这两种指标虽然与能力、身份认同二分法不完全一致，但是并不矛盾。领导能力的提升的重要表现之一就是相关角色知识的获取，这些相关知识包括对任务的理解、对组织内权威结构的了解和对其他利益相关者（如下属、客户、供应商等）的了解。拥有更多的角色知识、了解领导角色的社会期待和行为规范有利于提高个体的角色明确、培养个体对领导身份的认同，在有了一定的身份认同和对领导的工作任务有相关了解之后，个体才会有精力在领导他人这件领导的工作核心任务上投入更多时间资源。因此，无论采取什么视角，能力与角色认同都是领导力发展中无法忽视的组成部分。

正是因为领导力发展的多维度性和复杂性，研究者不断研究着该领域不同的问题，从个体角度出发，研究过的问题包括拥有什么个体特征的员工更容易发展出领导力、个人特征与组织经历对领导力发展的交互作用等；从组织角度出发，研究过的问题包括什么领导力训练能够帮助个体培养更高的领导力等。研究者使用了不同理论从个体与组织、特征与行为、基因与环境等多个角度对领导力的发展进行解读，将领导力的发展塑造为一个多层次、多因素、变化方向灵活的过程。多种理论已经被用于解释领导力发展的前因，特征理论关注如性格、智力等个体特征与领导工作需求之间的契合度，用个体特征来预测领导力发展。社会交互理论与社会身份理论更加重视个体与周围的其他个体之间的交互对他们社会身份的塑造、确认与改变，如青少年与父母、同学之间的互动，组织中个体与同事、领导的互动等。

一、个体特征、经历与领导力发展

　　Dinh 等（2014）的文献梳理发现特征视角一直是领导力研究中的重要理论视角，个体固有的、稳定的特征引导了个体的行为和认知，并对他们的领导力发展产生了重要影响。为了厘清个体特征对领导力的影响机制，Chan 和 Drasgow（2001）提出了领导动机的概念，即影响个体在参与领导力训练、承担领导角色和责任及在领导中付出的努力、坚持程度的个体差异，他们将领导动机分为三个维度：情感领导动机，即个体对领导他人这一经历的喜爱；社会规范领导动机，即出于责任感的领导动机；非算计性的领导动机，即相对于领导收益不计较领导成本的领导动机。他们认为领导动机是中介个体特征作为远端前因影响领导力的近端前因，性格、能力等个体特征影响了自我领导力效能，领导力效能进一步影响了个体愿意承担领导职务、完成领导任务的动机，因此中介了个体特征对领导动机的影响，形成了链式中介。他们将一般认知能力、大五人格、个人主义、集体主义、价值作为个体特征前因，发现大五人格与动机之间既存在直接关系也存在间接关系，而个人主义、集体主义、价值与领导动机的三个维度主要存在直接关系，部分支持了他们关于个体特征影响领导力路径的假设。除了性格与目标导向外，一般认知能力、智力等与个体能力相关的特征和领导力之间的关系也长期受到关注，智力越高的人越容易在任务中表现出色，迅速学习所需要的知识和技能，因而能够承担更为复杂的领导工作，获得领导者职位，Judge 等（2004）的元分析研究表明智力与领导力发展存在一定的关系（$r = 0.27$），但是程度并没有人们一般所认为的那样大。

　　个体特征不仅对领导力发展有直接影响，由于个体特征影响了个体看待工作经历的方式、抓住学习机会的能力和学习的主动性等主观意识与行为，还调节了环境、工作任务特征等前因对领导力发展的影响。Dragoni 等（2009）研究了个体学习目标导向对管理性工作任务质量与领导力发展之间的关系的调节作用。管理性工作任务的质量是一个备受关注的影响领导力发展的多维度环境变量，包含了所有能够给个体提供学习新技能、行为和观点的机会的任务特征。在这个研究中，他们使用了 McCauley 等（1994）提出的管理性工作任务的十个质量维度，大致可以分为六大类：不熟悉性，指经理需要承担新的工作职责、完成新的工作任务的程度；需要创造和管理工作场所中的变化，包括应对工作变化或制定创新性的工作战略；需要解决普通雇员的问题；需要应对高强度的责任和压力；具有任务宽度和深度；需要从高层领导和外部资源中争取支持。满足这些特征的工作任务可以帮助个体锻炼领导能力，因为在完成这些任务的过程中个体不断突破原有的个体贡献者的工作思路和工作范畴，提升完成领导任务所需要的知识和技能，他们从实证研究中发现任务的发展性质量的确与任务完成后个体的能力之间存在正向的相关性，并且这种相关性超越了时间能解释的范畴。然而，不同的个体在完成具有同样质量的工作任务中，由于目标导向不同，从任务中学习领导技能的程度也不同，他们发现有更强的学习导向的经理，能够基于这些任务取得更多的能力提升。同时他们还发现有更强的学习导向的经理本身也会频率更高地参与这些高质量任务，这是由于高质量任务的成长性更符合学习导向高的经理的个人目标，因而对他们更具有吸引力。他们的研究说明了个体特征与工作经历在领导力发展的过程中不仅有交互作用，还有紧密相关的因果关系，不可割裂。Kwok 等（2020）也关注了个体对领导力培训效果的调节作用，却得出了完全不同的结论。他们比较了两种领导力发展的基础理论在解释领导力效能和领导身份认同变化中的作用，这两种理论分别是发展意愿（即对改变的开放程度）主导领导力发展和发展需求（即改变的空间）主导领导力发展。他们提出，如果发展意愿主导了个体的领导力发展，则学习目标导向会对个体的领导力发展有更大的作用，因为学习目标导向高的个体在领导力训练项目中会更努力地学习培训内容，反思个人经历及利用培训中的挑战和机会提高个人能力；而如果发展需求主导了个体的领导力发展，则领导动机低的个体会在培训中获得更大的提升，尤其是情感性领导动机低的个体，由于他们平时不愿意承担领导职务，对领导工作兴趣较低，相关经历较少，因此他们的领导力效能初始值较低，在培训过程中对领导身份取得更多了解并学习到更多领导技能后，领导力能得到较大的提升。他们通过潜增长模型发现发展需求理论得到验证，情感性的领导动机低的个体在培训过后领导力提升较大，而学习目标导向则并没有在领导力发展的过程中有显著影响。现有研究中存在的矛盾还未得到一致的解释，需要研究者在未来或是给出一种观点能压倒另一种观点的证据，或是找出能整合二者的理论和边界调节。

领导是天生的还是培养的是一个长期争辩的话题，正如在很多其他社会学科对基因与环境作用的讨论中，先天的基因与后天的培养对领导力发展的作用对比受到很多学者的关注。双胞胎样本非常适合研究此类问题，同卵双胞胎具有相同的基因特征和类似的家庭环境特征，而异卵双胞胎则仅具有类似的家庭特征，双胞胎之间的差异可以帮助研究者分离基因与环境中的影响。Arvey 等（2006）使用了男双胞胎样本检验基因因素对个体担任领导力位置的影响，结果表明 30%的方差来源于基因因素，双胞胎之间不共享的环境因素解释了剩下的方差，而双胞胎之间共享的环境因素发挥的作用非常有限。

类似研究存在明显的问题是环境或经历中究竟具体包括哪些因素是模糊的和未被检验过的，为了对这些因素进行更为细致的检验，Arvey 等（2007）又进一步使用了问卷调查的方法对 178 对异卵双胞胎和 214 对同卵双胞胎的数据进行检验，他们同样使用对正式领导角色担任作为衡量领导力发展的因变量，在问卷中他们进一步细化了经历的类别，并且提供了充分的理论依据证明这些经历对领导力发展可能存在的影响。这些经历包括：教育经历，过去的研究表明过去的教育经历占未来的管理成功有正向相关关系（Bray et al.，1974；Howard，1986；Wakabayashi and Graen，1984）；宗教经历，宗教为个体提供了对行为和经历做出解释的机制，有可能提高个体对领导身份的认同，Bass 和 Avolio（1993）发现那些被认为有更高的变革型领导力的领导在青少年时期有更多的宗教经历；父母与其他家庭成员，父母与家人在领导力发展过程中扮演了非常重要的身份，Popper 和 Mayseless（2003）发现家长影响了孩子对变革型领导的行为的身份认同，这样的家长可以帮助孩子提高他们领导他人的自我效能，帮助他们塑造有关领导力的价值和目标；失败经历，惨痛的失败经历对于个体内心有深刻的影响，如果能成功地从失败中获得提升，则会对他人有更多的同理心（Bennis and Thomas，2002）；未预料到的机会，成功抓住机会的经历可以有效地提高个体未来把握和创造机会的能力；同龄人群体，同龄人关系中的相互承诺与责任为个体领导力的发展提供了独特的价值；好的导师，在质性研究中，成功的领导经常在访谈中提到他们职业发展过程中所遇到的导师（Standford-Blair and Dickmann，2005）；（并非直接认识的）榜样，即便有些正面的榜样与个体之间没有直接接触，依然可以为个体提供激励和目标（Lindsey et al.，1991）；培训和发展经历，关于领导力的培训可以有效地提高个体的领导能力和领导身份认同，Reichard 和 Avolio（2005）的元分析发现领导力训练对于包括参与型、指导型、交易型、变革型等多种领导力的提升均有显著作用；工作中的挑战，工作职责中与领导职责相关的且富有挑战性的组成部分可以有效锻炼个体的领导能力，提高他们面对领导职务时的自我效能。通过对比双胞胎数据他们发现，32%的领导力方差来源于遗传因素，家庭经历和工作经历对领导力均有影响，但是当遗传因素被控制时，仅有工作经历与领导力的相关性是显著的。他们的研究结果也很好地验证了哪些经历对领导力的发展具有影响，细化了领导力发展前因的行为、经历类因素。

二、人际互动与领导力发展

从资源视角来看，领导力的发展作为一种资源的积累，个体必然要从环境中获得外部资源，而领导与同事的支持则是重要的资源来源。Dragoni 等（2014）通过长达 10 个月的四次追踪调查检验了上级领导的支持对正在转换角色的新领导的影响，他们发现当上级领导做出有效的领导行为给新领导提供表率时，新领导能够获得更高水平自我认知的角色知识，即对于新角色——领导的工作任务、行为规范有更清晰的认识。同时，上级领导所能给予新领导的不仅是表率作用，上级领导可以通过告诉新领导工作信息的方式帮助他们了解领导角色要求，上级领导的"做"和"说"这两种行动对新领导的领导力发展有正向的交互作用，能够加速他们的角色转变，使他们在领导他人上分配更多工作时间。

同时，从身份理论的视角来看，互动中来自他人的确认与否认，对个体的领导身份形成有重要的作用。个体存在于组织当中，在与同事、下属和领导人际交往中，个体不断地确认或否认自己的领导身份，发展或退化自己的领导能力，因此人际互动与领导力发展紧密相关。Ibarra 和 Barbulescu（2010）认为人们在人际互动中选取的叙述方式深刻地影响了角色身份塑造，他们提出了一个有关叙述与反馈反复相互影响的模型，在角色转换的过程中，由于新的角色需要新的技能、行为、态度和人际交往模式，这些变化可能对一个人的自我定义产生深远影响，自我叙述是帮助个人跨越这些改变的很好的策略，故事可以帮助个体表述自我，将过去的角色和新角色相连接，并且让其他人也认识并接受这些变化，因此持续地改变叙述视角以改变角色身份对于转换角色是至关重要的。在重建身份的过程中，叙述的真实性和可信度影响了个体的叙述和角色转变是否被他人所接受，如果叙述的真实性或可信度受到怀疑，个体就要对叙述进行更改和增减。应用到个体转换到领导身份的情境中，个体也要为自己领导身份的构建提供足够真实可信的故事证明自己的领导能力和领导职务的合法性，使下属、同事接受自己的领导身份，在得到他人对叙述的反馈后及时进行调整，并保持叙述的相对稳定性直到自己的领导角色被自己内化并得到他人的认可。

Yammarino 和 Dansereau（2008）也认为领导与下属之间的互动影响了领导身份的建立，因为领导身份不仅是一个正式的职务，还有关下属是否认可领导者的角色，双方是否能就领导–被领导者关系建立共识并形成稳定的互动联结是很重要的。就层级而言，不同的领导风格建立的是不同层级的联结，当领导采用的是平均领导风格，即对团队中的所有人采取同样的互动方式时，他与团队建立了领导–团队联结；当领导将团队划分成不同的部分，并对每一个部分采取不同的互动方式时，建立了领导团队内联结；当领导采取针对不同团队成员采取个体化的互动方式时，建立了领导–成员联结。当领导采用的领导方式与团队成员实际的组成情况不一致时，可能会影响联结建立的效率。例如，当团队内的成员已经形成明显的小群体时，领导采取平均领导风格就不能很好地得到小群体的认可。除了领导力的层级外，领导与下属之间对领导方式的看法是否一致也深刻地影响了领导力的建立和发展，DeRue 和 Ashford（2010）认为稳定的领导身份需要一方宣布，得到另一方的认可，如果双方无法就领导方式达成一致意见，则会给领导身份带来不确定性。等级领导力（hierarchy leadership）和共享领导力（shared leadership）是两种不同的领导–下属联结，当下属和领导对于工作场景中适用的领导力方式达成共识，即双方均认为领导力是有严格等级的或均认为是共享的时，可以通过互动成功地建立相应的领导和下属身份。然而当双方对领导方式的认识存在差异时，领导结构难以顺利建立，如领导试图通过等级领导力的方式与下属互动时，即一旦获得领导地位，在今后所有的互动中都占据主导地位，认为领导力是共享的下属则会拒绝这种互动方式，使得领导身份处于一种不稳定的状态（图 16-2）。因此在团队中，尤其是正式领导身份不明确的团队中，团队成员对于领导方式的看法一致对于稳定的领导身份形成很有必要。

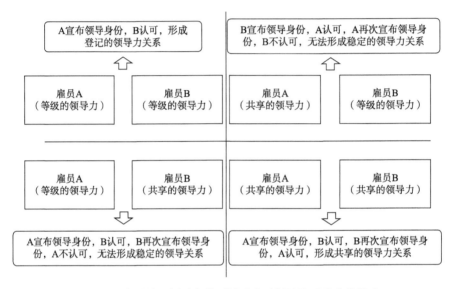

图 16-2　雇员关于领导力的不同看法对领导关系形成的影响
资料来源：DeRue 和 Ashford（2010）

三、青少年经历与领导力发展

青少年领导力的发展受到越来越多的关注。学校是童年和青少年时期获得组织经历的主要场所，并且对于个体来说是成年前最为重要的组织经历来源。青少年时期是非常重要的发展领导力的时间段，这段时间的领导力培养可以有效地提高个体的自尊，为成年以后的领导力发展奠定基础。从发展心理学的角度来说，家庭结构和父母对孩子的领导力有着深刻的影响，这一影响会持续终生。Hannah 等（2008）甚至认为在童年和青少年时期培养领导力比在成年时期培养领导力更为容易，因为一个人的行为、性格和技能在童年时期更容易被影响和改变，因此关注童年和青少年的领导力发展是很有必要的。Reitan 和 Stenberg（2019）对 1953~1985 年的个体跟踪数据进行研究，他们发现童年时期的领导力对成年后评定的军官评价指数有显著的影响，童年时期的领导力由在学校里学生的选举活动组织者评选测量，军官评价指数则是这些个体在服兵役期间由上级认定的适合晋升为军官的程度，一定程度上衡量了成年后的领导力。除了童年展现出的领导力外，认知能力、身高、力量等个体特征是决定性的因素，社会阶层、自我约束能力、父母的帮助、课外活动的参与等因素也对该评价指数有中等到强的正向影响。

正如管理性工作任务的质量会影响成年雇员的领导力发展，青少年时期的经历和训练也对青少年的领导力发展有重要的作用。Murphy 和 Johnson（2011）关注了成年前有哪些经历和任务可以帮助青少年培养领导力，以及这些任务需要什么样的技能，而这些任务和经历又通过什么机制培养个体的领导力。在梳理了相关文献后，他们提出了运动、教育与实践是培养领导力最为重要的青少年活动。在体育活动中，青少年可以培养自主性，对培养领导动机有积极影响，特别是集体体育活动中的人际沟通、专注于任务、与他人一起制定目标、克服困难、面对失败和挫折等经历有助于青少年培养领导能力，而体育运动所追求的竞争性、自我中心等特征与领导角色的社会要求相符合。学校为学生提供了很多领导职务和领导机会供学生发展领导力，课堂中的小组讨论、集体作业等团队工作情景也为学生提供了非正式领导力的实践机会，因此青少年在教育经历中的表现与领导力的发展相关。除了教育和体育外，青少年还可能经历其他领导力实践机会，如在家庭中领导弟弟妹妹、在社区服务中锻炼领导力等，反复地练习可以提高领导能力。

虽然童年的领导力对成年后的领导力有正向的影响，成年人的领导力培养策略却不一定适用于青少年的领导力培养，除了青少年的心理条件与人际交往条件的特殊性以外，还有一个原因是青少年受到家庭尤其是父母的影响很大。Liu 等（2019）检验了父母的包办式抚养给青少年领导发展带来的负面影响，父母的过度保护和过高要求会降低孩子的自尊和自我效能，让青少年没有足够的自信承担挑战性的工作，无法积极主动地处理人际关系，让他们难以担任领导者工作，或在他人面前表现出非正式的领导力。研究使用了父母评价、老师评价和同学对领导职务的提名这三种指标来衡量青少年的领导力，发现自尊和领导自我效能链式中介了包办式抚养对领导力发展的负面影响。Murphy（2011）发现权威的父母相比于独裁的父母更能培养出有领导力的孩子，权威的父母有限制地鼓励孩子自主发展，给予孩子鼓励和支持的同时要求孩子遵循社会规则，培养孩子的自尊心和自我约束能力，对领导力的发展产生积极影响；独裁的父母则对孩子干预过多，并且采用惩罚来约束孩子，会降低孩子的自尊和自我效能，妨碍领导力的发展。

除了父母的教育方式外，家庭的社会经济状况也是影响青少年领导力发展的重要环境因素，家庭环境对基因因素对领导力发展的影响有调节作用，然而调节的具体方向如何研究中却存在争论，如有证据表明富裕且支持的家庭环境会增强基因对智力的影响（Harden et al., 2007; Rowe et al., 1999; Turkheimer et al.,

2003）；相反，其他研究发现资源充裕的环境对特定基因影响有削弱作用，在苦难的环境中基因的作用更大（Gottesman，1991；Plomin and Rutter，1998；Rende and Plomin，1992）。Zhang 等（2009）使用男性双胞胎数据，发现在资源更丰富的家庭中，即社会经济地位更高的家庭、父母支持更高、与父母冲突水平更低的家庭，基因对领导力的影响更低，而那些在社会经济地位更低的家庭成长的双胞胎的领导职务受到基因的影响更大。

领导力的发展是一个长期的过程，领导动机、领导力效能、领导身份认同这些心理因素在童年就开始出现个体差异，这些差异一直延续到成年，长期跟踪的纵向研究能为这一过程的机制提供很多启示。然而，跨越较长的时间线的数据很难收集，给此类研究造成了较大的阻碍。Riggio 和 Mumford（2011）总结了几个成熟的、已经被运用于相关研究的数据集以供未来的研究者参考，包括：美国劳动部的 1979 年青少年全国跟踪调查，该调查追踪了 1957~1964 年出生的年轻人，调查中包含了有关领导职务的变量可供研究者使用；西点学员数据库，数据收集了从 2001 年起的学员数据，包含了他们在校的评估和毕业后的发展；富勒顿追踪调查，该研究项目始于 1979 年，追踪了 130 名一岁儿童及其家庭的状况，在四岁以前每半年展开一次调查，四岁以后每年展开一次调查直到他们满 17 周岁，该数据库也包含了大量可以为领导力发展研究所用的变量。

四、培训与领导力发展

私人组织和公有单位对领导力培养的大量投入催生了许多领导力培训项目。Day 和 Haipin（2001）对这些项目进行了梳理，他们认为培训项目应该考虑领导力培养的三个原则：谁应该参与领导力培训；什么内容是最有效的；培训应该发生在组织的哪一层级。虽然高层领导对公司的影响更为深刻，领导力培训不应只覆盖极少数员工，尤其是在共享领导力越发普遍、组织层级越发扁平的情况下，员工掌握领导力技能对于公司发掘领导潜能、提高团队效率有积极作用。领导力培训的内容应该与组织面临的关键事项紧密相关，确保组织的领导者能顺利运用领导技能解决组织问题。领导力培训不应仅包含最高管理层，每个层级的领导都有其作用，上层领导把握了组织变革的方向和发展战略，并且他们的行为还会随着渗透效应影响中下层领导，而下层领导与员工直接接触，其领导风格对员工的表现有直接影响，因此领导力培训应覆盖全组织的各个级别。在组织内较为成功的领导力发展项目往往包含了多种内容，如正式的领导力发展培训、多维度的领导表现反馈、高层领导对中下层领导的培养、能培养个体领导力的管理性工作任务、导师制、帮助领导反思学习等做法。他们认为这些做法之间还存在相互关系，组织需要以合理的方式长期安排在领导力发展过程中。

　　还有一些研究验证了具体类型培训的效果。例如，DeRue 等（2012）从经验学习理论的角度提出当人们反思他们的经历并从这些经历中发展出新的心理模型、知识和技能时，个人就会经历成长并提高他们在未来的表现，工作和生活中的经历往往是含义模糊的，要理解这些经历需要个体系统地处理多个事件中的复杂信息，并非简单的过程。他们检验了事后回顾（after-event review）训练对提高个体经历性领导力发展的影响。事后回顾是个体系统地分析他们的行为，以及评价自己对表现成果的贡献的学习过程，可以提高个体对具体经历的理解认知，引导个体反思并获得领导能力的提升。他们在 MBA 项目中较为重要的四个经历（包括团队活动、实习等）中间穿插事后回顾的训练，发现参加该训练的 MBA 学生比不参加训练的学生在四个经历结束后领导力有显著的提升。这种以准实验形式检验的具体培训有极强的实践意义，为领导力发展项目的制定提供了具体的、有说服力的理论建议，未来的研究者可以借鉴这一实验范式。

第二节　领导力脱轨

　　当一个被期待并且被认为能在组织中取得更高成就的经理被开除、降职或停滞在预期的表现以下，那么就可以认为出现了领导力脱轨的现象（Lombardo and McCauley，1988）。脱轨的领导可能表现为保持过去让他们成功的那些行为或策略而忽视情况、任务的变化，使得这些习惯现在成了阻碍他们提升的绊脚石，或是无法适应他们现在的角色的工作要求（Lombardo and Eichinger，1989），也可能表现为因为外部冲击或个人经历改变了原来那些使他们成功的行为，使得他们不再能完成工作要求。领导力脱轨可能对领导自身、下属及组织内其他成员的工作结果带来严重的负面影响，最终对组织造成伤害（Bunker et al.，2002；Finkin，1991；Gillespie et al.，2001）。

　　Gentry 和 Shanock（2008）总结了领导力脱轨可能有五个原因与领导自身行为和特征上的弱点有关：一是人际关系，如组织内的孤立，或是被认为是专制、冷漠、傲慢的领导，van Velsor 和 Leslie（1995）也认为以对下属过于严苛、利用他人实现自己的野心为代表的人际问题是领导脱轨的首要原因，人际关系阻碍了领导的核心工作——领导他人，降低了领导的工作效率和同事、员工的工作动力；二是无法领导团队，如无法很好地处理团队中的冲突，无法有效地安排团队中的人事工作；三是难以适应变化，如难以适应新的上级领导、新的工作任务等；四是无法达到商业目标，如过于有野心而无法循序渐进，致使工作表现无法达标；五是职能导向过窄，如过于醉心于升迁、无法处理现有职能以外的工作等。通常情况下，这些脱轨行为并非单个出现，而是相互联系的，如与团队内下属的人际关系问题会影响领导团队的效率，而无法建设和领导团队通常会导致无法达到商业目标的脱轨行为等。

　　领导力脱轨并不完全由领导自身造成，而是领导自身、下属及领导所处的情景与环境变化三者之间的交互（Inyang，2013）。具体而言，领导力脱轨研究的理论视角总结为两大类，第一类是人格特征视角，这类研究将领导力脱轨的主要原因视为领导力自身的适应不良的性格在环境的催化下产生的不良后果；第二类是组织视角，这类研究关注组织场景和下属行为对领导力脱轨的深刻影响，类似合并和收购等场景的组织事件的发生给领导的工作带来较大的变化，而当下属缺乏自尊、参与权力博弈、偶像化领导或需求未得到满足时，可能与领导之间形成恶性的人际关系使得领导力脱轨。

一、人际互动与领导力脱轨

　　人际问题是领导力脱轨最重要的原因之一，存在人际问题的领导被视作专制的，让下属感到恐惧，不愿与人沟通，并拒绝与他人合作。根据社会交换理论，脱轨行为可能会在不同级别的领导之间向下传递。上级领导的某些行为会让中级经理感受到不公平，破坏良性的社会交换，降低中级经理对组织和对组织中的其他个体的责任感，从而做出脱轨行为。中级经理也可能出于转移恶意的目的将自己从上级处感受到的不公平待遇转移到下属身上，破坏自己与下属之间的人际关系，从而表现为领导力脱轨。Gentry 和 Shanock（2008）发现中级经理与上级管理层关系的有效性与中级经理安抚他人的能力正相关，进一步减少经理所表现出来的可能的领导力脱轨行为。与上级关系的有效性反映了社会交换关系的高质量，经理所感受到的公正对待会提高他们对组织的责任感，对工作和组织的积极感情，将良性的社会交换关系通过安抚传递给下属，这种良性的关系性领导行为有助于有效地领导员工，完成工作职责的要求。正如所有的领导力行为一样，领导力脱轨的测量也可能会存在误差，因此他们使用了上级评价、自我评价等多种评价方式来测量领导力脱轨行为，提高结论的可信度。

二、性别与领导力脱轨

　　女性在领导群体中比例较低的现象长久以来受到学者和管理界的关注，研究者从不同的角度对这一现象进行解释。Stroh 等（1992）比较了多个理论对这一现象的解释，如人力资源理论认为，女性没有对自己的人力资源进行合适的投资，如女性相比于男性在教育上投入不足；家庭权力理论认为女性由于收入较低，在家庭中经常要为丈夫的工作做出牺牲，如随丈夫工作变动搬家而离职，因此造成职业进展滞后；自我选择理论认为由于传统的女性刻板印象和社会要求，女性主动选择了那些职业发展较慢、晋升机会较少的工作。最后一种假设是男性和女性的职业发展差异是由行业之间的差异造成的，然而他们发现以上理论均不成立，他们检验了来自 20 家福布斯 500 强企业的经理，发现即便女性在获得较高教育、与丈夫收入相当、不随意离职、接受工作调动的情况下，她们与男性同事相比，收入和晋升机会仍然处于劣势。Joshi 等（2015）的元分析研究也发现即便男性和女性在工作表现上得到的评价并无差别，他们所得到的晋升机会仍然存在显著差异。

　　传统的理论视角无法完全解释女性在领导力发展上的劣势，这引发了其他学者对性别在另一个领导力层面——领导力脱轨上的影响的关注。根据 Eagly 和 Karau（2002）的角色一致理论，社会对于男性和女性的角色期许是不同的，男性角色的社会期待与领导角色相一致，要求他们表现得强硬、重视自我、自信，而社会对女性角色的期待则是要求她们温和、支持他人、合群，与领导角色相违背，因此男性更容易被认为有更高的领导力。即便女性展现出了与领导角色一致的形象，她们也会因为自己违反了社会对女性形象的期待而受到负面评价——即便她们是有效的（Heilman and Okimoto，2007；Rudman and Phelan，2008）。第二个理论来自 Biernat（2003）的标准迁移模型，他认为对男性和女性做出的同一个行为，人们可能会采用不同的标准来评价，如女性员工之间的工作冲突会被认为比男性之间的工作冲突更加严重（Sheppard and Aquino，2013）。基于以上理论，Bono 等（2017）提出男性和女性之间对领导职务担任的差异不仅在于晋升的过程，还在于成为经理之后上级对他们的评价有差异，由于女性的社会角色定位更加强调合群性，女性领导在出现人际关系的问题时会更容易被上级领导认为有脱轨的可能性，即更容易被认为不能满足领导职务的需要，因此在女性领导出现人际问题时上级领导更可能停止对她们的支持（包括导师行为和赞助行为），而上级的支持是女性领导获得进一步晋升的重要社会资源，失去这一资源后女性领导很可能难以完成领导工作中的挑战，形成皮格马利翁效应，即上级领导关于她们会脱轨的预言变成现实。通过一系列实地研究和实验，该研究发现女性经理做出无效的人际行为的频率比男性经理低，然而这些无效人际行为对她们的影响却更为严重。即与男性经理相比，女性经理的无效人际行为更容易使其被上级领导认为有脱轨的可能性，进而降低上级领导对女性经理职业发展的支持。

第三节 研究展望

领导力的发展与脱轨本身是具有时间发展视角的话题，然而很多研究所覆盖的时间跨度较短，不足以解释发展与脱轨的过程，或者因为时间较短而使得结论可应用的范围存在局限，如 Kwok 等（2020）的研究没有对训练项目结束后领导力的持续发展进行跟踪，读者可能会质疑他们的结论在训练结束一段时间后是否还能成立。在针对领导力训练效果的研究中，过短的时间跨度可能会掩盖训练的持续影响，某些领导力培训的影响可能要过一段时间才能在工作中表现出来，而某些训练则会有短期的效果，某些训练的影响可能随着时间的推移而增强，而某些训练的影响可能会随着时间的推移而消失，探究这些影响的模式均需要研究者更长期的追踪和观察。

领导力培训计划虽然被广泛地研究过，有研究者指出该领域的研究普遍存在内部效度较低的问题（Martin et al., 2020），Martin 等（2020）认为，领导力训练研究中内生性问题没有得到很好的解决，以至于因果关系难以得到强有力的验证，使得领导力训练的效果受到质疑。例如，受到样本局限，部分领导力训练研究是单组实验，缺乏对照，而有实验组与对照组的领导力研究训练往往是准实验或自然实验，分组难以做到完全随机，研究者应当考虑不同组别的特征是否对结果产生影响，即是否存在选择效应（selection effect），选择效应的存在甚至可能产生反向因果关系（即领导力高、对发展领导力意愿强烈的个体参与了领导力培训）。在领导力脱轨的研究中，同样存在类似的问题，如 Williams 等（2013）对自我伤害行为（个体对自己造成伤害的反生产行为，如拖延、过度担心等）对领导力脱轨影响的研究，使用的样本为上级领导指认的没有达到预想的发展潜力的员工即脱轨者，并由上级汇报他们的自我伤害行为和人际问题，这种缺乏对照和跨时间设计的研究很难得出可信的因果关系。

如何避免领导力脱轨仍然是一个较少被研究的领域，尽管有一些研究给出了原则性的建议，如 Inyang（2013）提出了五个避免脱轨的策略，包括上级领导指导、领导力训练、提高领导的自我认识、有效管理和反馈过程等，然而具体的策略及其效果却很少被实证检验证实过。领导力的脱轨也是一个包含不同阶段的过程，组织对领导脱轨的应对包含脱轨前的预防和脱轨过程中的干预。由于领导力的脱轨是领导自身、下属与组织环境的共同作用，脱轨的负面影响也普遍作用于下属和组织内的其他成员上，因此预防和干预应综合考虑组织内的多方面因素。

领导力脱轨的定义与组织对领导的期待和角色要求相关，因此领导力脱轨的表现和原因会随组织环境和商业环境的变化而产生变化，虽然人际问题、无法领导团队、无法达到商业目标、无法适应变化等脱轨表现在不同的时间、文化中稳定存在。但是随着组织环境变得更加不确定、市场更加全球化，脱轨的领导的表现现在有什么新变化是研究者需要关注的。在 van Velsor 和 Leslie（1995）的研究中，他们发现与以前相比，高级管理人员对成功的领导的定义、领导脱轨的表现的描述产生了变化，如在他们的研究中对前任上级的过度依赖已经较少被提及，然而这在以前的研究中是非常重要的脱轨原因，并且他们还指出尽管无法有效领导团队是一个不变的主题，领导团队的内涵已经发生了很大的变化，以前无法领导团队主要是指团队内的人事安排无效率，而现在更多地包含无法有效激励团队成员工作。随着科技发展和组织结构的变化，感兴趣的研究者可以继续探索领导力脱轨这一现象在当下发生的变化。同时，不同的文化环境和商业环境对领导的社会期待也是不同的，van Velsor 和 Leslie（1995）比较了欧洲和美国的领导力脱轨原因，没有发现特别显著的区别，可能是因为欧美的文化环境和商业环境比较相似，而在其他社会文化更为偏向集体主义的国家，领导所面临的角色期待可能有所不同，因而脱轨的前因也有所区别，这类问题也有待研究者的进一步探索。

参 考 文 献

Arvey R D，Rotundo M，Johnson W，et al. 2006. The determinants of leadership role occupancy： genetic and personality factors. The Leadership Quarterly，17（1）：1-20.

Arvey R D，Zhang Z，Avolio B J，et al. 2007. Developmental and genetic determinants of leadership role occupancy among women. Journal of Applied Psychology，92（3）：693-706.

Banaji M R，Prentice D A. 1994. The self in social contexts. Annual Review of Psychology，45（1）： 297-332.

Bass B，Avolio B J. 1993. Improving Organizational Effectiveness through Transformational Leadership. New York：Sage.

Benjamin B，O'reilly C. 2011. Becoming a leader：early career challenges faced by MBA graduates. Academy of Management Learning & Education，10（3）：452-472.

Bennis W G，Thomas R J. 2002. Crucibles of leadership. Harvard Business Review，80（9）： 39-45，124.

Biernat M. 2003. Toward a broader view of social stereotyping. American Psychologist，58（12）： 1019-1027.

Bono J E，Braddy P W，Liu Y，et al. 2017. Dropped on the way to the top：gender and managerial derailment. Personnel Psychology, 70（4）: 729-768.

Bray D W, Campbell R J, Grant D L. 1974. Formative Years in Business: A Long-Term AT&T Study of Managerial Lives. New York: Wiley-Interscience.

Bunker K A, Kram K E, Ting S. 2002. The young and the clueless. Harvard Business Review, 80（12）: 80-87, 133.

Chan K Y, Drasgow F. 2001. Toward a theory of individual differences and leadership: understanding the motivation to lead. Journal of Applied Psychology, 86（3）: 481-498.

Day D V, Dragoni L. 2015. Leadership development: an outcome-oriented review based on time and levels of analyses. Annual Review of Organizational Psychology and Organizational Behavior, 2（1）: 133-156.

Day D V, Haipin S M. 2001. Leadership development: a review of industry best practices. Fort Leavenworth: Army Research Institute.

Day D V, Sin H P. 2011. Longitudinal tests of an integrative model of leader development: charting and understanding developmental trajectories. The Leadership Quarterly, 22（3）: 545-560.

DeRue D S, Ashford S J. 2010. Who will lead and who will follow? A social process of leadership identity construction in organizations. Academy of Management Review, 35（4）: 627-647.

DeRue D S, Nahrgang J D, Hollenbeck J R, et al. 2012. A quasi-experimental study of after-event reviews and leadership development. Journal of Applied Psychology, 97（5）: 997-1015.

Dinh J E, Lord R G, Gardner W L, et al. 2014. Leadership theory and research in the new millennium: current theoretical trends and changing perspectives. The Leadership Quarterly, 25（1）: 36-62.

Dragoni L, Park H, Soltis J, et al. 2014. Show and tell: how supervisors facilitate leader development among transitioning leaders. Journal of Applied Psychology, 99（1）: 66-86.

Dragoni L, Tesluk P E, Russell J E, et al. 2009. Understanding managerial development: integrating developmental assignments, learning orientation, and access to developmental opportunities in predicting managerial competencies. Academy of Management Journal, 52（4）: 731-743.

Eagly A H, Karau S J. 2002. Role congruity theory of prejudice toward female leaders. Psychological Review, 109（3）: 573-598.

Finkin E F. 1991. Techniques for making people more productive. Journal of Business Strategy, 12（2）: 53-56.

Gentry W A, Shanock L R. 2008. Views of managerial derailment from above and below: the importance of a good relationship with upper management and putting people at ease. Journal of Applied Social Psychology, 38（10）: 2469-2494.

Gillespie N A, Walsh M, Winefield A H, et al. 2001. Occupational stress in universities: staff perceptions of the causes, consequences, and moderators of stress. Work and Stress, 15（1）: 53-72.

Gottesman I I. 1991. Schizophrenia Genesis: The Origins of Madness. New York: W. H. Freeman.

Hannah S T, Avolio B J, Luthans F, et al. 2008. Leadership efficacy: review and future directions. The Leadership Quarterly, 19（6）: 669-692.

Harden K P, Turkheimer E, Loehlin J C. 2007. Genotype by environment interaction in adolescents' cognitive aptitude. Behavior Genetics, 37（2）: 273-283.

Heilman M E, Okimoto T G. 2007. Why are women penalized for success at male tasks? The implied communality deficit. Journal of Applied Psychology, 92（1）: 81-92.

Howard A. 1986. College experiences and managerial performance. Journal of Applied Psychology, 71（3）: 530-552.

Ibarra H, Barbulescu R. 2010. Identity as narrative: prevalence, effectiveness, and consequences of narrative identity work in macro work role transitions. Academy of Management Review, 35（1）: 135-154.

Inyang B J. 2013. Exploring the concept of leadership derailment: defining new research agenda. International Journal of Business and Management, 8（16）: 78.

Joshi A, Son J, Roh H. 2015. When can women close the gap? A meta-analytic test of sex differences in performance and rewards. Academy of Management Journal, 58（5）: 1516-1545.

Judge T A, Colbert A E, Ilies R. 2004. Intelligence and leadership: a quantitative review and test of theoretical propositions. Journal of Applied Psychology, 89（3）: 542-552.

Kwok N, Shen W, Brown D J. 2020. I can, I am: differential predictors of leader efficacy and identity trajectories in leader development. The Leadership Quarterly, 32（5）: 101422.

Lindsey E H, Homes V, McCall M W. 1991. Key events in executives' lives. Greensboro: Greensboro Center for Creative Leadership.

Liu Z, Riggio R E, Day D V, et al. 2019. Leader development begins at home: overparenting harms adolescent leader emergence. Journal of Applied Psychology, 104（10）: 1226-1242.

Lombardo M M, Eichinger R. 1989. Preventing Derailment: What to do Before It's too Late. Greensboro: Center for Creative Leadership.

Lombardo M M, McCauley C D. 1988. The Dynamics of Management Derailment. Greensboro: Center for Creative Leadership.

Martin R, Hughes D J, Epitropaki O, et al. 2020. In pursuit of causality in leadership training research: a review and pragmatic recommendations. The Leadership Quarterly, 32（5）: 101375.

Maurer T J, London M. 2018. From individual contributor to leader: a role identity shift framework for leader development within innovative organizations. Journal of Management, 44 (4) : 1426-1452.

McCauley C D, Moxley R S, Velsor E. 1998. The Center for Creative Leadership Handbook of Leadership Development. San Fransciso: Jossey-Bass.

McCauley C D, Ruderman M N, Ohlott P J, et al. 1994. Assessing the developmental components of managerial jobs. Journal of Applied Psychology, 79 (4) : 544-560.

Miscenko D, Guenter H, Day D V. 2017. Am I a leader? Examining leader identity development over time. The Leadership Quarterly, 28 (5) : 605-620.

Murphy S E. 2011. Providing a foundation of leadership development//Murphy S E, Reichard R J. Early Development and Leadership: Building the Next Generation of Leaders. New York: Routledge: 3-37.

Murphy S E, Johnson S K. 2011. The benefits of a long-lens approach to leader development: understanding the seeds of leadership. The Leadership Quarterly, 22 (3) : 459-470.

Plomin R, Rutter M. 1998. Child development, molecular genetics, and what to do with genes once they are found. Child Development, 69 (4) : 1223-1242.

Popper M, Mayseless O. 2003. Back to basics: applying a parenting perspective to transformational leadership. The Leadership Quarterly, 14 (1) : 41-65.

Reichard R J, Avolio B J. 2005. Where are we? The status of leadership intervention research: a meta-analytic summary//Gardner W L, Avolio B J, Walumbwa F O. Authentic Leadership Theory and Practice: Origins, Effects and Development. Amsterdam: JAI Press: 203-226.

Reitan T, Stenberg S Å. 2019. From classroom to conscription. Leadership emergence in childhood and early adulthood. The Leadership Quarterly, 30 (3) : 298-319.

Rende R, Plomin R. 1992. Diathesis-stress models of psychopathology: a quantitative genetic perspective. Applied and Preventive Psychology, 1 (4) : 177-182.

Riggio R E, Mumford M D. 2011. Introduction to the special issue: longitudinal studies of leadership development. The Leadership Quarterly, 22 (3) : 453-456.

Rowe D C, Jacobson K C, van den Oord E J C G. 1999. Genetic and environmental influences on vocabulary IQ: parental education level as moderator. Child Development, 70 (5) : 1151-1162.

Rudman L A, Phelan J E. 2008. Backlash effects for disconfirming gender stereotypes in organizations. Research in Organizational Behavior, 28: 61-79.

Sheppard L D, Aquino K. 2013. Much ado about nothing? Observers' problematization of women's same-sex conflict at work. Academy of Management Perspectives, 27 (1) : 52-62.

Standford-Blair N, Dickmann M H. 2005. Leading Coherently: Reflection from Leaders around the World. Thousand Oaks: Sage.

Stroh L K, Brett J M, Reilly A H. 1992. All the right stuff: a comparison of female and male managers' career progression. Journal of Applied Psychology, 77（3）: 251-260.

Stryker S, Burke P J. 2000. The past, present, and future of an identity theory. Social Psychology Quarterly, 63（4）: 284-297.

Turkheimer E, Haley A, Waldron M, et al. 2003. Socioeconomic status modifies heritability of IQ in young children. Psychological Science, 14（6）: 623-628.

van Velsor E, Leslie J B. 1995. Why executives derail: perspectives across time and cultures. Academy of Management Perspectives, 9（4）: 62-72.

Wakabayashi M, Graen G B. 1984. The Japanese career progress study: a 7-year follow-up. Journal of Applied Psychology, 69（4）: 603-614.

Williams F I, Campbell C, McCartney W, et al. 2013. Leader derailment: the impact of self - defeating behaviors. Leadership Organization Development Journal, 34（1）: 85-97.

Yammarino F J, Dansereau F. 2008. Multi-level nature of and multi-level approaches to leadership. The Leadership Quarterly, 19（2）: 135-141.

Zhang Z, Ilies R, Arvey R D. 2009. Beyond genetic explanations for leadership: the moderating role of the social environment. Organizational Behavior and Human Decision Processes, 110（2）: 118-128.

第十七章　工　作　团　队

现代公司组织中，工作团队越来越成为完成工作任务和执行工作职能的主流组织形式。管理学领域对工作团队的研究已经走过了约一百年的历史，过去的半个多世纪也见证了管理学对工作团队的研究兴趣随着工作团队的普及而显著增长。工作团队的研究分支众多，成果庞杂，本章将主要基于由投入-中介-输出模型（input-mediation-outcome，IMO）改进的团队构念框架（Mathieu et al.，2017），以团队工作有效性为中心构念，梳理近年来的工作团队研究成果。除了团队构念框架所涉及的传统研究领域以外，近年来还出现了一些新兴的团队研究方向，如基于社会网分析（social network analysis）视角研究工作团队的团队内外关系、团队干预的方式与效果及团队动态系统的理论基础和研究方法等。本章会对这些新兴的研究领域进行介绍，以期启发读者对未来研究的思考。

第一节　工作团队与团队有效性

一、工作团队的概念

工作团队在研究历史中有很多不同的定义。Kozlowski 等（1996）认为工作团队有下列六个特征：①由多个个体组成；②从事工作任务相关的职能；③个体之间相互联系；④展现出一定的相互依赖性；⑤有一个或多个共享目标；⑥存在于一个更大的组织环境中。Kozlowski 和 Ilgen（2006）的定义与之类似，但是他们认为团队成员还需要承担不同的角色和责任。从定义中可以看出，团队中的个体特征、团队中个体彼此的联系及团队中个体与团队的关系对团队的存在和职能的开展具有重大意义，学界对团队的认知也是由研究个体开始的。McGrath（1997）认为早期的团队研究分为三个阶段，第一个阶段是个体导向的阶段，大部分研究关注团队中个体的行为，而团队的存在只是为个体提供了社会影响的环境。始于 20 世纪 50 年代的第二个阶段被称为团队导向阶段，这个阶段中的研究把个体看作团队的组成部分，主要关注团队层面的集体意识与行为。第三个阶段则从麦格拉斯（McGrath）本人及其同事的研究开始，被称作任务应变理论，认为团队的特质、行为对团队的工作效果的影响基于环境设定的不同而变化，将研究的重点向环境、工作任务等调节变量转移。Mathieu 等（2017）梳理了近百年来 *Journal of Applied Psychology* 所发表的团队研究，他们认为现有的大多数研究综合了前述三种学派的视角。

二、团队有效性

团队作为由个体组成的执行工作任务的单位，与其他工作和组织特征一样，最受学界和管理者关注的问题是团队是否能更好地执行工作职能，带来良好的个人、团队和组织影响，即团队有效性的问题。团队有效性是一个多层次、多维度的概念。基于团队的基本特征和基本职能，Mathieu 和 Gilson（2012）将团队有效性分为两个宽泛的大类：①由团队交互产生的可见的产出或产品；②对团队成员造成的影响。可见的产出又可分为三类成果：①产量，即团队产出的数量；②效率，即相对于某标准而言的产量，如单位原材料生产的产出；③质量，即产出的价值，如团队决策的质量、产品的合格率等。不同的工作任务对这类可见的有效性的要求侧重也是不一样的，但是它们都可以作为衡量有效性的标准。

团队对团队成员造成的影响相比于可见的产出更难以量化，但同样吸引了大量研究目光。团队不仅是会对个体造成社会影响的外在环境，团队过程和成员互动还会对团队成员的经历和心理状态产生集体层面的影响。因此这一部分团队有效性的研究变量既包含了个体层面的诸如个体工作态度、学习行为、组织公民行为的结果变量，也包含了团队层面的心理安全、凝聚力、共享心理模型等结果变量。

这两类团队有效性既可以作为不同的结果变量同时检验，在相当一部分研究当中，对团队成员造成的影响还作为中介机制解释了团队结构等前因对产出的影响，两者有相当密切的关系。Mathieu 等（2019）指出，不论是可见的产出还是对成员的影响，对有效性进行测量时考虑有效性的时效是非常有必要的。可见的产出的改变往往需要一定时间的积累，而对成员造成的某些影响相比于其他团队有效性结果在时效性上则更为短暂，因此与团队有效性相关的研究在研究设计与测量中必须考虑时效问题。

第二节　投入-中介-输出模型与团队构念框架

投入-中介-输出模型是解释团队过程与团队有效性的经典理论模型，其前身为投入-过程-结果（input-process-outcome）模型，最先由 Hackman 和 Morris（1975）提出。投入是指影响团队成员互动和行为的主要前因，如团队成员特征、工作任务特征、组织环境等，结果则包括前述的所有团队有效性变量，Hackman 和 Morris（1975）认为连接投入和结果的过程主要是团队成员之间有关工作任务的互动。在经过约 20 年的发展后，许多学者认识到将特征转化为团队有效性的中间过程并不一定是行为类的互动，还有可能是心理状态、团队集体认知等其他中介机制，因此将投入-过程-结果中的过程一词更改为更为宽泛的中介。Mathieu 等（2017）基于投入-中介-输出模型，提出了一个更完整的、更加契合时间变化视角的构念框架，以此来分析以团队有效性为中心的团队研究（图 17-1）。团队研究的第一类变量和第二类变量分别是组成特征和结构特征，它们构成了投入-中介-输出模型中的主要投入部分。第三类变量是中介机制，对应了投入-中介-输出的中介过程。除此之外，构念模型中还包含了团队所面临的外部环境特征，如组织结构与文化、外部领导力及多团队系统特征，这些变量调节了由团队投入转为结果的过程。团队有效性连接了团队研究领域的大多数重要变量，是许多模型的结果变量。本节将分别介绍该框架的各个部分具有代表性的变量与研究方向，以及相关的重要理论。

一、组成特征

组成特征主要指团队内个人特征的组成，对组成特征的研究主要分为对团队内个人特征的平均值的研究及对特征分布的研究，常见的衡量分布的概念包括多样性与断层。长期以来，研究者提出了多种不同的模型来描述个体特征如何影响团队表现，传统视角认为任务类型，即工作过程如何获得产出的方式，决定了个体特征如何影响总体表现。Barrick 等（1998）总结了四种任务类型：累加型任务，即任务完成需要团队资源的总和（如移动重物），则个人特征的总和更为重要；互补型任务，即要求个人的投入平均后实现团队成果（如做出团队平均预测），则个人特征的平均值更重要；交集型任务，即每个成员需要完成一定最低限度的任务才能得到团队结果（如流水线工作），最低的个人特征可能会影响结果；并集型任务，即只需要某一个成员完成特定水平的工作就能获得团队结果

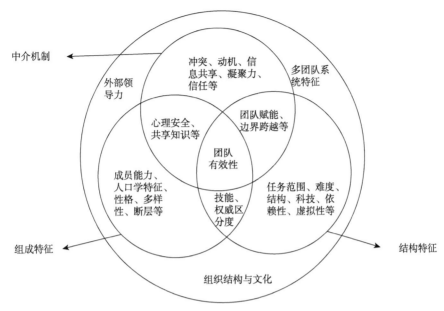

图 17-1　团队研究的构念框架

资料来源：Mathieu 等（2017）

（如解题型任务），最高的个人特征会影响结果。这些任务并非严格区分的，如某些互补性任务也要求每个成员至少有一定的产出，即同时也是交集型任务。

Mathieu 等（2014）将组成特征影响团队有效性的方式分为四种模型：第一种模型是传统的人员–职务匹配模型，这种模型并不考虑团队情景和成员关系，认为如果每一个位置上都是能力、性格等特征最为匹配工作需求的员工，团队有效性最强；第二种模型基于第一种融入了关于团队协作的考虑，即考虑了各个位置的员工与团队工作相关的能力对团队有效性的影响；第三种模型是团队侧写模型，即关注团队成员个人特征的分布情况，多样性、断层等概念就是基于这样一种模型；第四种模型是相对贡献模型，这种模型是对第三种模型的改进，认为即便在相同分布的情况下，不同的成员对团队有效性的影响是不同的，需考虑成员在团队中扮演的角色。将个人特征聚合到团队水平作为变量的研究主要基于前两种模型，暗含的假设是团队中每个角色对该特征的需求相同，并且特征的分布不会显著影响特征对团队有效性的影响，而关注特征分布的研究则主要基于后两种模型。

（一）平均水平

传统的投入–过程–结果模型中，个体特征的团队平均水平是重要的投入变量，在不考虑团队成员之间互动、依赖性等关系的情况下，基于组成模型，一些在个体层面被证明对工作表现有影响的变量也在团队层面被检验其对团队表现的影响。Barrick 等（1998）基于这一模型，检验了包括一般心理能力与大五人格在内的个体特征对团队表现的影响，他们发现一般心理能力更高、更外向、情绪更为稳定的团队得到的领导评价的团队生命力（team validity）更强，并且他们还发现团队凝聚力（team cohesion）可以部分中介外向性和情绪稳定性对团队表现的影响。Gonzalez-Mulé 等（2014）也发现较高的外向平均水平与团队中的帮助行为正相关，并且这种积极影响是通过团队内的合作规范中介的。

（二）多样性

多样性是指团队成员在某一个共同特征上的分布差异。个人特征多样性与团队表现的关系在现有研究中并没有一致的结果，Srikanth 等（2016）将多样性对团队表现的影响总结为一个双过程的模型，一方面多样性带来了社会分类与冲突，相似的团队成员之间具有互相吸引，因此多样性较强的团队中更不容易建立信任与合作，给团队带来消极影响；另一方面基于信息多样性和认知资源视角，个人特征的多样性增加了团队的资源、信息储备。鉴于多样性和团队有效性之间的关系在结果上存在矛盾，Harrison 和 Klein（2007）提出多样性并不能一概而论，而是具有多种类型，不同的多样性对团队表现有不同影响。他们认为多样性有三种类型：数值多样性、种类多样性、集中多样性（表 17-1）。数值多样性是指团队成员在某一连续变量上数值的差别，如年龄、工龄、性格等，可以由方差等衡量。种类多样性是指团队成员在某特征上具有种类上的区别，如在专业背景、技能种类上的多样性，可以由种类数等衡量。集中多样性衡量的是团队成员在某一特征、资源上的集中化程度，可以由某一团队成员的资源占比等衡量。集中多样性与数值多样性的区别在于集中多样性衡量的是某一个团队成员（如某资源最多的成员）和其他所有成员之间的区别而非团队成员之间整体的分布。Harrison 和 Klein（2007）认为，一些多样性概念从定义上可体现出多种特征。因此，在具体研究中，使用哪种类型需要研究者依据研究问题与理论适用性来加以决定。如果研究者的理论是特征多样性增加了团队内的信息多样性（Cox and Blake，1991），可以有效避免单一信息导致团队迷思而降低团队决策质量，那么更适合使用种类多样性的操作化定义。如果研究者的理论更侧重于不同水平的特征造成团队内部认知不一致，引发冲突和小团体，则更适合使用数值多样性的操作化定义。如果研究者的理论偏向于讨论资源的集中性对团队效率的影响，或者公平问题，则集中多样性的操作化定义更为合适。

表 17-1 团队内多样性的种类和特性

多样性类型	含义和特征	最大值的分布形态	例子	可能的结果	理论
数值多样性	团队成员在某一连续变量上数值的差别	两极分布,一半成员分布在最高值,一半成员分布在最低值	观点、看法、价值	团队凝聚力下降、人际冲突增加	相似吸引、社会分类、吸引-选择-退出模型等
种类多样性	团队成员在某特征上具有种类上的区别,如专业背景、技能种类	均等分布,成员平均分布在每个种类中	专业、背景、社会网络关系、行业经历	创造力提升、决策质量提升、任务冲突增加、团队灵活性上升	信息处理、必要多样性、多样性-选择-留任模型等
集中多样性	团队成员在某一特征、资源上的相对集中化程度、不平等程度	正偏态分布,一个成员在最大值,而其他所有成员在最低值	收入、地位、优待、权威、社会权力	更多团队内竞争、越轨行为、团队成员投入减少	分配不公平、地位等级、社会分层等

资料来源:Harrison和Klein(2007)

Bell 等(2011)针对人口学特征多样性的元分析研究发现,基于数值多样性的组织工龄多样性与团队表现关系不显著,种族和性别种类多样性与团队表现显著负相关,不论操作化定义为哪种多样性,年龄多样性与团队表现关系均不显著。他们认为当工龄被视为连续变量时,其增长一般来说对团队表现是有利的,因此多样性不能带来有利影响,这一论证也得到了实证检验的支持,工龄的团队平均值与团队效率显著正相关。同时作者还认为工龄如果被视为种类,则不同的工龄可能意味着更多样的认知资源,可能对团队表现有积极影响,然而现在还没有此类研究。关于多样性对团队表现的影响的矛盾的另一种解释是多样性对团队表现的影响并非线性的,Hoisl 等(2017)对高度竞争环境中的研发团队进行了研究,他们发现研发团队成员经验的多样性与表现的关系呈倒 U 形,即在多样性水平较低时,多样性的增加为团队提供了较多样性的认知资源,而随着团队多样性的进一步提高,团队协调问题逐步会显露,妨碍团队合作。

(三)断层

断层是一种特殊的多样性,它基于某一种或多种特征,将一个团队分割成两个子团体,子团体内部个体特征较为相似,而与其他子团体较为不同。基于自我分类理论、社会身份理论和相似吸引理论,子团体内的成员对自己所处的小团体具有更强的身份认同,团体内与团体外的区别会造成团队内的交流与合作障碍(Thatcher and Patel,2011),断层影响的强度主要取决于断层的强度及小团体界限是否被团队成员认知到。断层的强度是指一个团队能清楚地被分为两个子团体的程度,一般通过计算团队总的特征方差能被两个子团体的组间方差解释的最大百分比来衡量。Thatcher 和 Patel（2011）的元分析发现，断层强度与任务冲突（$r = 0.11$）和关系冲突（$r = 0.08$）之间均存在显著的正向关系，与团队凝聚力之间存在显著的负相关关系（$r = -0.22$），对团队表现（$r = -0.66$）和成员满意度（$r = -0.42$）均有中等程度的显著负向相关。Bezrukova 等（2016）使用跨层模型，对 30 个棒球队的团队内断层进行分析，他们发现团队层面的断层强度和组织层面的断层强度与团队表现、组织表现分别负相关，在团队层面上，由于团队内部指向性矛盾使不同子团体的区别更为明显，增强了对合作与沟通的负面效果，而团队外部指向性矛盾则可以提高团队凝聚力，使小团体成员一致对外，减少断层对团队表现的负面影响。

但是，断层也并非总带来负面影响，Ellis 等（2013）认为团队内出现与任务相关的断层时，团队成员会因为意见不同而增加反思重构（reflective reframing），即团队成员根据其他人的意见对自己已知的知识产生新的想法，从而提升团队内部的认知资源。他们的实证研究发现，在完成创造性较强的任务时，在一部分人制定了明确且困难的目标而另一部分人制定了尽力而为（do-your-best）目标的团队中，出现了更高水平的反思重构并提高了团队表现。

二、结构特征

结构特征主要可以包含团队的任务特征、团队固有的内部结构与团队工作场景的特征。任务特征包括任务范围与复杂度，内部结构包括依赖性、凝聚力等，而团队工作场景的特征则包括虚拟性、团队突发事件等（Mathieu et al., 2017）。

（一）任务复杂度

任务复杂度包括三个维度：组成复杂度，即完成任务所需要的技能和信息；协调要求，即任务所需要的不同行动之间的依赖性；动态复杂性，即在不同的时间阶段所需要完成的任务不同。任务复杂度对许多团队过程的影响具有调节作用，Vashdi 等（2013）发现由于复杂任务对团队成员知识储备和协调能力的要求更高，外科团队的学习经历在任务复杂度更高的情境中对手术时间的影响更强，在任务复杂度更高的情景中，帮助行为和工作任务分担对学习经历的影响的中介效应也更强。

（二）虚拟团队

随着通信科技的不断发展和灵活的工作地点被很多组织采用，虚拟性在实践和研究中都成为重要的团队结构特征。虽然虚拟团队为组织提供了更为灵活的工作安排，但是它给团队带来的不可预测性、干扰等负面影响也被研究者广泛关注。Hoch 和 Kozlowski（2014）认为由于虚拟团队的不稳定性，团队结构的设计提供的稳定和清晰的工作安排对于团队更为重要，他们发现团队虚拟性增强了结构支持与团队表现之间的积极关系。虚拟团队造成负面影响的另一个原因是可能的搭便车行为，由于团队成员之间的距离较远而难以监督，团队成员更有可能出现反生产工作行为，如搭便车。Perry 等（2016）发现搭便车行为中介了虚拟性与团队表现之间的负面行为，并且在虚拟团队中家庭责任较重的个体搭便车行为较多。Gilson 等（2015）通过对过去十年的虚拟团队研究进行梳理，总结出未来虚拟团队的研究方向。他们指出虽然对虚拟团队的研究越来越多采取实地研究的方式，然而研究者选取的样本主要是知识密集型工作者，并且忽略了员工之间的代际差异，随着互联网时代长大的员工进入工作场所，他们对待虚拟团队的工作方式和通信科技会有不一样的态度，现有研究中关于员工对科技接受的难度可能会被高估。Gilson 等（2015）还指出，随着科技的迅速发展，虚拟团队使用的新兴科技会大大超出目前研究中主要考虑的范围，如虚拟现实技术、社交媒体等。目前的虚拟团队研究主要是短期的，或者相关性研究，忽略了长期虚拟团队工作场景可能会给员工造成的诸如隔离、孤单等问题。

（三）突发事件

团队中主要面临的突发事件包括人事变动、目标变动、组织框架变动等，团队往往需要通过协调团队内的资源与人际关系、改变团队过程和团队状态以适应突发事件。突发事件中成员离职是研究者较为关注的话题，离职事件会干扰团队的正常行动，对原有工作的重新安排、对新成员的适应会耗竭团队资源，因而会带来更低的团队表现（Hancock et al., 2013）。Hale 等（2016）对离职事件进行了长达 12 个月的研究，他们发现离职给团队带来的影响可以分为两个过程，第一个过程是干扰，这一阶段中团队表现会突然下降，然后会进入第二个阶段：恢复，即随着时间团队表现缓慢回升。团队领导的离职相比普通成员的离职，会使得团队恢复过程更为缓慢，因为他们在团队中的角色更不可替代。

三、中介机制

在 Mathieu 等（2017）最初关于构念框架的描述中，中介过程主要分为两大类：团队过程与团队状态。Marks 等（2001）认为团队过程包括三种类别：过渡、行动与人际交往。过渡阶段中，团队成员对过去的表现进行反思并计划未来的工作；行动阶段中，团队成员完成工作任务，执行团队职能；人际交往则出现于工作的任何阶段，包括冲突管理、沟通、建立团队成员之间的信任等。Marks

等（2001）将团队状态定义为不断变化的认知、激励、情感状态，这些状态受到团队情景、团队投入、过程和结果的影响并随之变化。团队状态常常也存在于个人层面，然而团队状态与团队成员的个人状态是不同的，如Chen等（2011）在激励上所做的区分，团队中的个人激励主要包括个人参与团队事务的积极性、工作积极性、给予反馈的积极性及头脑风暴的贡献等，而团队状态则包括如士气、团队效能、团队赋权等概念。很多时候团队状态与其直接对应的个人状态概念的团队聚合值反映了不同的概念，如个人效能的团队聚合值并不能反映团队效能，而反映了团队中各成员个人效能的均值。团队效能与个人效能的团队聚合值所针对的对象是不同的，在测量时研究者应该注意甄别。

（一）团队冲突

团队冲突是研究最为广泛的团队过程之一。团队冲突一般被分为关系冲突与任务冲突。Jehn（1995）将关系冲突定义为团队成员之间由于人际不和谐产生的争端，通常会引发团队气氛的紧张、成员之间的恶意；任务冲突描述的是团队成员之间由于决策内容和视角、观点、想法不一致造成的争论。一般认为任务冲突对团队表现有正向影响，促进不同观点交流，避免群体迷思，提高决策质量；关系冲突则破坏团队合作与信任，经常与负面情绪、退出行为相联系（Xia et al.，2009），降低团队表现。在 Chun 和 Choi（2014）有关三种冲突的研究中，他们将冲突区分为任务冲突、关系冲突和地位冲突（status conflict），地位冲突是指团队成员因为团队内地位、权力竞争的争端。他们发现团队成员的不同种类的需求构成和冲突之间有显著相关性，团队成员对成就的需求的平均水平与任务冲突正相关，而需求的方差则与任务冲突负相关；对人际关系的需求的平均水平与关系冲突负相关，需求对地位冲突没有显著影响。三种冲突同时考虑时，任务冲突与团队表现正相关，而关系冲突与团队表现负相关。

由于冲突与团队表现之间关系的复杂性，冲突对团队表现影响的调节变量也是一个广受关注的话题。DeChurch 等（2013）认为现有研究对冲突的影响侧重于团队的冲突状态（conflict states），即团队成员对团队内部任务冲突或关系冲突的激烈程度的共识，是一个较为静态的概念，然而冲突是动态变化的，冲突对团队表现的影响不仅与冲突类型、强度有关，还与团队成员在冲突过程（conflict process）中的互动有关，即团队成员如何讨论、处理冲突（也被称作冲突管理），冲突互动影响了团队成员对冲突的看法，进而影响了团队表现。通过元分析他们发现，在控制冲突状态的情况下冲突过程解释了13%的团队表现方差，因而他们呼吁更多的学者通过冲突过程视角研究冲突的影响，为管理实践提供更多冲突处理建议。

（二）团队信任

团队信任是研究最为充分的团队状态之一，信任衡量了团队成员基于对其他人的积极期望而为彼此承担风险、接受团队脆弱性的意愿，是重要的团队内关系。de Jong 等（2016）的元分析显示团队内信任与团队表现有中等程度的正相关（ r = 0.30），即便在控制了团队对领导的信任、过去的团队表现之后，信任与团队表现之间的正向关系依然在认知信任和情感信任上显著。除了团队内信任的平均水平，de Jong 和 Dirks（2012）基于社会交换理论，认为高质量的社会交换不仅要求高平均水平的信任，还需要双方的信任对称，他们发现团队内信任的不对称性减弱了团队内信任与团队表现之间的正向关系。

（三）团队情绪

社会功能理论认为团队成员的情感状态的聚合是一种人际关系的协调形式，这种团队情绪会带来良好的人际关系。由外部事件引发的成员共享的负面情绪可能通过将团队成员的注意力引向外部威胁而提高团队生存能力。Knight 和 Eisenkraft（2015）发现不论情绪来源和团队时间稳定性，团队积极情绪对社会整合和团队任务表现均具有积极影响，而当负面情绪来源于外部事件，有利于提高团队社会整合和任务表现，而来源于团队内部的负面情绪会降低社会整合与任务表现。

（四）团队心理模型

团队心理模型（team mental model）指团队成员与其他成员共享的心理模型概念化（Mohammed et al., 2010），即衡量了团队成员是否存在相似的认知、处理信息的过程是否一致、是否能做出一致的判断和决策。Fisher 等（2012）认为团队心理模型相似性促进了团队成员之间的非明示的合作，即不需要明示的沟通就可以在任务中根据彼此的状况和任务需求进行动态的调整，以及有效整合团队成员的行为。他们还发现团队的合群性性格平均值与团队心理模型正相关，而种族多样性则与团队心理模型相似性负相关。

（五）交互记忆

工作团队的交互记忆（transactive memory）是指团队中知识储备、知识专业化，团队成员关于前述交互记忆的共识和这种交互记忆的准确性（Wegner, 1986）。从定义中就可看出，交互记忆有多个维度，既包含团队中个体知识储备的集合，也包含团队成员关于彼此知识的认知。Moreland（1999）指出团队成员关于彼此知识的认知包含三个维度，准确性、一致性和复杂性。Austin（2003）

认为交互记忆有助于提升团队中团队成员对彼此的专业知识认可（expertise recognition），当团队成员对彼此的专长有准确的认知时，他们可以在团队决策制定中更好地吸收不同的信息，做出更好的分工安排和其他团队决策。在交互记忆的研究中，研究者经常面临的一个实操性问题是无法准确列举团队成员在工作中所需要的技能和知识，因而交互记忆的测量可能无法反映团队成员真实的知识储备和对彼此的认知，为了解决这个问题，Austin（2003）结合了质性的采访与量化的调查方法，首先通过采访组织中在多个团队工作过的员工，要求他们列举出重要的技能，然后再要求团队成员指认他们团队中谁在各项专长上最为擅长。团队任务知识储备由团队成员的自我专长评价取平均值而得，而认知准确性则是通过比较团队成员的自我评价和他人评价而得。Austin（2003）基于在一个大型体育用品公司的历时五个月的多轮调查，发现无论是有关任务的交互记忆还是有关团队外部关系的交互记忆，对于团队工作表现都有积极影响，包括团队目标表现、外部团队评价及内部团队评价。

（六）团队凝聚力

团队凝聚力与团队表现具有显著正向关系，团队凝聚力和团队表现之间的正向影响是相互的，过去表现好的团队会使团队成员感受到对团队的积极感情及对集体成就的自豪感，而团队凝聚力可以促进团队合作，提高团队成员面临失败时的激励，提高团队表现。Mathieu 等（2014）的研究表明，互为因果的循环正向影响的确存在，凝聚力对团队表现的影响显著强于团队表现对凝聚力的影响，并且凝聚力对团队表现影响的效应量随着团队成员在一起工作的时间变长而逐渐增强，而团队表现对凝聚力的影响在时间上是稳定的。

（七）团队边界跨越

团队边界跨越（boundary spanning）是指团队建立和管理团队在组织中（如与其他团队或部门）或跨组织（如与供应商、消费者）的外部联结的努力。Marrone（2010）将团队边界跨越行为分为三类：代表团队类，为了团队决策说服其他团队、索要团队资源等；协调类，与其他团队协调工作活动以完成集体工作；信息搜寻类，即团队在外部搜寻特殊的信息、专长活动。从社会资本的角度看，团队边界跨越有助于团队建立外部联结，吸收外部可供团队使用的资源和信息，积累团队社会资本；从工作需求的角度看，团队边界跨越可能增加团队工作需求，增加团队内协调资源、调整决策的难度。Mortensen 和 Haas（2018）基于边界跨越进一步提出了团队边界模糊，即团队并不具有完全固定的边界，包括三个维度：团队的流动性即团队中工作的个人随时间因为工作任务或环境变化而加入或退出；团队交叉即团队成员同时在其他团队工作的情况；团队分散性即团队成员在地理位置上的分散。他们建议不要将边界跨越看作少数成员的行为，而看作对团队作为动态组合的重构。在处于动态的边界变化中，成员需要经历和管理他们对不同团队的承诺，包括他们如何理解、处理不同团队的工作需求和规范。边界模糊可能造成团队成员对成员身份的不确定性和关于团队界限的争论而降低团队效率，学习过程也可能变得片段化而非传统的稳定的 S 曲线，需要研究者进行跨时段的动态研究。

（八）团队赋能

团队赋能的研究基于两类理论，工作特征理论与自我效能理论，前者基于工作设计和任务特征将团队赋能构建为结构特征，而后者基于团队或个人的自我控制感将团队赋能构建为心理状态，因而团队赋能分为结构赋能与心理赋能两类。由于赋能天然是多层构念，Maynard 等（2012）呼吁未来研究者关注团队、个人赋能对团队表现、个人表现的跨层影响。Seibert 等（2011）的元分析发现，团队赋能与团队表现之间存在显著正相关关系（$r = 0.36$），并且无论是团队赋能还是个人赋能在团队和个人层级对结果变量的影响是稳定显著的，进一步说明了赋能的影响在多层次上的可推广性。Ou 等（2014）也在实证研究中验证了这种跨层影响，他们发现高管团队中 CEO 的赋能行为可以通过高管团队的团队整合对中层经理对组织中赋能文化的看法产生积极影响，进一步影响他们个人的工作投入、情感承诺和工作表现。

（九）团队-成员交换

团队-成员交换来自领导成员交换，代表了个人认为的他自己和其他团队成员互动关系的质量，这个概念的出现强调了不仅员工与领导之间的社会交换会影响员工的行为表现，团队作为重要的社会环境与工作环境，员工与其他团队成员的社会交换同样重要，影响了员工感受到的信任与社会支持、信息和资源在团队内部的流动及团队成员对团队身份的认同。Banks 等（2014）通过元分析回归发现，对于组织承诺和工作满意度两个结果变量，团队-成员交换解释了更多领导成员交换不能解释的方差，而对于工作表现和离职意向，团队-成员交换则不能解释更多方差。

四、团队的外部环境

（一）外部领导力

社会交换理论、公正理论、社会学习理论及许多关于领导力的研究都预测了外部领导力对团队过程和团队表现的影响，领导力是团队表现的前因中被研究得最为充分的因素之一。Luciano 等（2014）研究了被同一领导管理的多个团队，通过跨层模型他们发现平均外部领导力（领导在所有团队中展现出的领导行为）和相对外部领导力（一个团队得到的相对于其他团队的领导行为）均对团队赋能有积极因素，并且团队赋能中介了外部领导力对团队表现的积极影响。Ou 等（2014）在对高管团队的研究中也发现 CEO 的谦卑有助于 CEO 在团队中的赋能行为，这种行为能进一步提高高管团队的团队整合。

（二）多团队系统

多团队系统的产生是由于团队面临的任务和问题越来越复杂，而团队的效率随着团队人数增加到一定程度后会因为协调问题、搭便车问题而效率下降，因此实践中特别是军队中经常使用由两个或多个互相之间存在依赖性的子团队组成的团队系统来执行任务（Mathieu et al.，2001）。多团队系统形成的方式通常是，首先由相互之间依赖性最强的角色组成子团队，而由于每个子团队都至少和另外一个子团队共享投入、过程或产出，这些子团队组成到一起形成一个多团队系统，每个子团队有独特的技能、专长和任务（Davison et al.，2012）。协调多团队系统的方式与协调子团队内部的方式存在很大区别，因此部分在单独团队表现中成立的结论在多系统团队中是不成立的。例如，围绕团队联结者而开展的协调活动在普通团队之间往往能为团队提供外部资源，而在子团队之间此类协调，只有在围绕对解决该任务最为关键的子团队开展时才对团队表现有正向影响（Davison et al.，2012）。基于目前关于多团队系统研究较为分散的情况，Luciano 等（2018）提供了一个以两个关键性特征为基础的理论框架：差异化与动态性，差异化描述了多团队系统中的子团队在某一时间点的区分度，而动态性描述了多团队系统随时间变化的可变性和不稳定性，差异化使得多团队系统中的子团队边界更加稳定和明晰，而动态性则会给系统的结构带来不稳定的因素，这两个关键特征影响了子团队之间的团队过程和团队状态，如团队的情感动机、归属需求和认知动机，并进一步影响团队中的个体，感兴趣的研究者可以沿此方向进行进一步的探索。

第三节　团队构念框架的调节

一、作为调节变量的结构特征

依赖性是结构特征中较为重要的调节变量，它决定了团队成员的互动对团队结果的影响强度甚至方向，团队依赖性有三个维度：水平依赖性（horizontal interdependence），即团队成员的行动和表现影响彼此的行动和表现；垂直依赖性（vertical interdependence），即团队成员并非等级森严而是相对平等的程度；奖励依赖性（reward interdependence），即团队成员基于团队表现而非个人表现得到公司奖励的程度。社会依赖理论认为，合作性的互动能促进集体目标实现，阻碍性的互动会允许某些成员在实现自我目标的同时伤害其他团队成员，团队层面的结构和社会特征如依赖性能促进合作性的互动而减少阻碍性的互动，继而放大良好关系的影响，减弱不良关系的影响。在 de Jong 等（2016）关于团队信任的元分析中，他们发现能够影响团队依赖性的调节变量显著调节了信任对团队表现的正向影响。任务依赖性、团队权威区分度、技能区分度均增强了信任与团队表现的关系。但是依赖性也并非总是带来积极的调节作用，Hambrick 等（2015）认为高度依赖任务中，团队成员彼此互动更多，既会使彼此的不同和争议更为突出，因此会增强团队多样性与团队成员离职之间的正向关系，也会使彼此不同的知识与技能充分沟通分享，因此会增强团队多样性与公司表现之间的正向关系。他们在高管团队中验证了前述三种依赖性对团队成员工龄多样性影响的调节作用。

团队文化与气氛也调节了一些中介过程与团队特征对团队有效性的影响。心理安全指的是团队成员共有的关于团队内可以安全地承担人际风险的想法，描述了团队成员关于团队不会因为某个成员表达意见而羞辱、拒绝或惩罚他的认知（Edmondson，1999），Bradley 等（2012）认为团队心理安全可以避免任务冲突给人际关系造成的负面影响，在学生样本中他们发现团队心理安全氛围调节了任务冲突与团队表现之间的关系，在心理安全氛围比较高的团队中，任务冲突与团队表现之间有积极影响。团队内权力距离也是重要的团队内环境，影响了团队内成员的互动模式和文化氛围。Hu 和 Judge（2017）认为团队权力距离形容了团队内的普通成员是否遵循权力服从的规则，根据支配补偿理论（dominance complementarity theory），团队内有效的人际关系需要团队内存在主导与服从的互补，即成员行为与领导性格互补时团队互动更为有效，与假设一致的是，他们发现在权力距离比较高的团队中，领导外向性、勤奋才对团队表现有积极影响，在权力距离比较低的团队中，领导合群性才对团队表现有积极影响。

二、作为调节变量的外部特征

团队作为组织内完成工作任务的基础单位，嵌入在组织的框架结构与文化氛围之中。基于匹配理论的视角，部分研究者探索了团队文化与组织文化的契合对团队的影响。例如，Bezrukova 等（2012）发现如果团队文化和组织文化对于结果有一样的强调，那么原本信息断层与团队表现之间的负面关系就会被调节为正向关系，这是因为在团队与组织文化相契合的情况下，团队对于共同的目标和任务完成没有不确定性，团队能够整合内部不同的信息将资源投入任务完成而不是内部冲突中。

第四节 社会网视角下的工作团队

社会网分析是新兴的研究视角，为研究团队内的人际关系和资源流动提供了新的理论基础和测量方法。例如，Carter 等（2015）用社会网络的方法重新审视了领导力研究，提出领导力可以是非正式的、关系性的，如在建议关系网中中心度较高的成员，即便不具备正式领导职务，也在团队内拥有较高社会资本和人际资源，具有非正式领导力，同样的用社会网分析的视角审视团队理论，也可以从关系与互动的角度重新定义多种团队构念。Park 等（2020）的文献综述发现近十五年来使用社会网络或社会资本视角的研究在团队研究中的比例呈现上升趋势，说明这种视角已经引起了团队研究者的重视。社会网分析的层面包括节点，即团队中的成员或多系统团队中的团队；联结，即节点之间的关系，工作团队中有很多类型的联结，最常见的包括工作联结和友谊联结，工作联结是指主要在完成个人工作任务时形成和维护的联结，而友谊联结是指团队成员根据非正式的社交、共同的个人兴趣和高频率的互动建立起的与工作无直接关系的联结（Parise and Rollag，2010），由于这两种联结的性质不同，两种网络对团队的影响也不同，经常被研究者同时考虑和比较；网络，即团队成员与联结组成的整体或包括团队和团队间关系的多团队系统。

一、节点层面的构念

最常见的节点层面的构念是节点的中心度，在 Park 等（2020）的文献梳理中他们发现 31%的研究是节点层面的。中心度衡量了一个节点在网络中对于互动的重要性及接触到网络中资源的能力。常见的中心度测量方法包括三种：入度中心度（indegree centrality），即有多少由其他节点指向该节点的联结；出度中心度（outdegree centrality），即有多少由该节点指向其他节点的联结；中介中心度（betweenness centrality），即该节点位于其他节点之间最短通道上的程度；特征向量中心度（eigenvector centrality），即该节点与其他连接较多的节点相联结的程度。中心度较高的个体一般来说是网络中资源从一个部分到另一个部分的中转站，传递了信息与资源，对团队的职能履行发挥了更为重要的作用，社会资本理论认为，中心度衡量了个人在团队中获取资源、施加影响的能力，也对个人的权力和地位有深刻影响（Park et al., 2020）。个人的中心度很可能与团队内的正式职位有关，如团队领导或其他重要职务的个人有正式的权威和权力，更容易掌握团队中的社会资源，因而更有可能在团队网络（team network）中有更为中心的位置（Venkataramani et al., 2016），但是中心度与正式权力也并非完全重合。Venkataramani 等（2016）认为网络连接带来的资源使员工的建言行为不太可能受到惩罚，并且提高了团队资源根据他们所提的建议进行倾斜的可能性，因此中心度对建言行为有积极影响。他们发现在正式的工作流网络中处于中心位置的成员更容易提出想法和建议，这种正向关系在他们同时也处于团队躲避网络的中心位置时被削弱；当团队中的领导处于团队友谊网络的中心位置时这种正向关系会被增强，当领导处于团队逃避网络的中心位置时这种正向关系会被削弱。

二、联结层面的构念

联结层面的构念包括联结的强度、结构对等性与第三方聚合（third-party cohesion）（Park et al., 2020）。联结强度是最经常被研究的网络变量之一，往往用连接两端的节点互动的频率、情感亲密程度、连接存在的时间长度来衡量。结构对等性是指两个节点与同样的节点之间存在入度和出度联结的程度。第三方聚合是指两个节点都与某个第三方节点存在联结。联结与节点相似之间存在互为因果的关系，联结的存在增加了双方的沟通、信任与合作，如 Wei 等（2011）发现节点在建议网络之间的距离（即两节点之间要经过多少节点才能联结）越远，双方就越难以传递知识，反之距离较近的节点更容易互相影响彼此的价值、观念。联结还会让双方的社会网逐渐重叠，增强双方的结构相等性，而被嵌入在相同的第三方关系中又会使双方进一步被相同的社会规范约束、接受同样的社会影响，提高双方相似性。同类吸引，或相似吸引，认为相似的个体之间存在相互吸引的趋势，多个研究也证实了人口学特征或观念上的相似性对个体间联结的形成具有积极影响。Valenti 和 Rockett（2008）发现少数种族的成员由于人口学特征上与大部分团队成员的差异而较少与组内成员建立建议联结。Kalish 等（2015）也发现团队成员更倾向于与自己压力水平相同的成员建立联结。Park 等（2020）认为联结的形成目前还是一个探索较少的领域，对联结与相似性之间的因果关系还没有得出明确的结论，需要未来的研究者探讨更为细致的模型与动态的研究方法。

三、网络层面的构念

常见的网络层面的构念包括密度与中心化程度。密度衡量了一个网络整体的联结性,由存在的联结的数量占可能存在的联结数量的最大值的比例表示。中心化程度衡量了网络中联结围绕某一个节点的程度,由中心度的极差占可能的差距最大值的比例计算得出。

一般来说,网络密度对团队表现有积极作用。Parise 和 Rollag(2010)认为团队中之前存在的工作关系密度可以通过促进团队中的非明示合作、提前建立的信任和承诺及对先前负面关系的避免而提高团队表现;友谊关系则可以通过帮助成员更愿意参与健康的任务冲突讨论、提高对团队决策的认同、对不确定的工作环境的信任而提高团队表现。他们在实证研究中发现,不仅之前存在的工作和友谊关系与更高的初始团队表现正向相关,而且之前存在的工作网络密度还增强了新的工作网络密度与初始工作表现之间的正向关系。Ou 等(2014)发现非正式社交联结与团队表现之间存在倒 U 形关系,在社交联结整体水平较低的情况下,联结密度的提高能提高团队内社会资本的整合,社会资本是指团队内团队或个体拥有的来自网络关系中的事实存在和可能存在的资源,因此社会资本的整合能提高团队表现,而在团队内联结密度达到一定程度后,联结密度的进一步提高则会阻碍团队内新的想法的产生,降低团队表现。Wang 和 Cotton(2018)也发现战略性角色的组织经历联结与团队表现之间也存在倒 U 形关系,战略性角色的竞争经历联结与团队表现之间存在倒 U 形关系,而支持性角色的组织经历联结与团队表现之间存在正 U 形关系,因此团队网络联结密度和团队表现之间的关系需要考虑联结性质、团队组成结构。

团队网络的中心化的影响取决于联结的性质、团队特征与任务性质。一方面,更为中心化的团队结构能提高团队处理复杂信息的能力和效率;另一方面,过于中心化的网络结构会阻碍团队成员彼此之间交流沟通的频率,降低团队表现(Tröster et al.,2014)。例如,Huang 和 Cummings(2011)发现团队中知识交换网络的中心化对团队表现有负面影响,并且这种影响在多样性更强的团队中更强。Argote 等(2018)发现完全中心化的沟通网络可能缓解团队内成员的离职对团队表现的负面影响,因为对团队内协调准则还不太熟悉的新成员在沟通网络内是可以被忽略的。因此现在研究中关于中心化对团队表现的影响还没有统一的结论,团队网络层次的研究模型要具体考虑团队特征,而现在还有许多边界条件,如任务复杂性还没有得到充分的研究(Park et al.,2020)。Tröster 等(2014)事实上也对中心化的影响做出了倒 U 形影响曲线的假设,但是可能是由于中心化的范围较小,他们发现影响是积极的,未来研究者可以在中心化范围更大的研究环境中进行检验。

第五节　研究展望

一、动态的工作团队

由于工作任务和组织环境更为复杂化和动态化，工作团队比之前更加需要面对和处理突发的改变，如人事变动、团队目标变化和组织结构变革，因此用动态的理论视角和方法研究工作团队是很重要的。Leenders 等（2016）总结了现有团队过程研究中的四种挑战：假设团队过程的影响是随时间不变的，许多有关自变量影响因变量的理论并不明确指出该效应是否贯穿团队全过程还是在特定阶段会有所不同；假设团队过程在不同成员之间没有不同；在跨时间研究设计中，重复测量之间所间隔的时间长度没有明确的理论支持，使得重复测量可能无法得到有效的变化；团队过程研究所依赖的理论基本没有考虑时间的影响，其中三种研究挑战均要求研究者采用动态的、与时间相关的视角审视工作团队的相关问题。Hollenbeck 等（2012）也提出时间稳定性是一个非常重要的团队特征，与技能差异化、权威差异化共同组成了三个能区分团队的主要特征。短期团队与长期团队在团队特征和团队过程上都有明显的区别，然而团队的时间稳定性在相关性研究中却难以考虑到，需要采用时间跨度更长的研究设计与动态的理论视角。另外，现有研究关于某些问题的回答存在矛盾，动态研究可以帮助研究者发现现实中更为复杂的变量关系，解决这些问题。

尽管动态的团队研究现在数量还相对较少，但已经有部分学者将动态视角运用于具体研究中。例如，Ben-Menahem 等（2016）通过半结构的采访和案例分析解决了促进团队知识分享是需要正式的团队分享结构还是团队成员间非正式的互动模式的矛盾观点，他们分阶段研究了药物研发团队在早期药物研发时期的知识分享，发现正式和非正式的知识合作在时间上存在互为因果相辅相成的关系。当任务需要的知识领域、团队成员的专业背景之间的依赖性是动态变换、不可预测时，团队成员会自己设计自我管理的子团队来处理不同专业之间的依赖性，这种团队结构会帮助团队成员协调合作，以此为基础的非正式互动又会帮助他们发现新的依赖性，从而促使团队对已有的团队结构进行调整以取得更好的协调效果。他们通过动态研究和质性研究的丰富细节发现正式结构和非正式互动均能促进知识交换和协作，并且还存在彼此影响的正向循环。

不少研究者也为量化的动态研究提供了建议。Leenders 等（2016）建议利用关系性事件（relational event）作为团队分析的合理单元，关系性事件指的是团队成员之间在某一个特定时间点的互动，将某一个时间点发生的关系性事件看作前面事件的函数，以此发掘团队内互动的动态关系。Luciano 等（2018）提出动态模型大致可以分为四类：发展类模型，即早些时候发生的现象铺垫了后续的发展，可以沿着事件顺序追踪和分析；阶段类模型，即成员在不同的时刻朝着同一个目标努力而做出的不同行为，这些行为有一定的周期性；事件类模型，事件即外部环境中对内部过程和状态产生影响的刺激；共生模型，即多个动态模型同时共存的情况。例如，在Martínez-Moreno 等（2012）的研究中，探索了团队早期任务冲突对后期关系冲突的影响作用，这就是典型的发展类模型。对于动态研究的研究设计，Luciano 等（2018）建议采用新兴的测量科技，如可穿戴的传感器，积累团队成员的行为数据流和生理反应相关数据流，也可以使用计算机辅助的文本分析手段积累语言数据流。Mukhopadhyay（2015）总结了检测个体活动的可穿戴设备，为研究者积累动态数据提供了区别于问卷调查的数据收集方式。动态的团队研究不仅可能要求研究者使用区别于传统的技术手段，而且还要有更长时间的研究跨度。Parker（2003）在精益生产影响的研究中，运用了准实验的研究设计，对精益生产小组中团队成员的工作表现和身心健康进行了长达三年的追踪，他们发现尽管管理实践非常青睐于精益生产小组的短期收益，在长期中这种工作设计造成了更大的压力，降低了员工的组织承诺、自我效能，提高了员工与工作相关的抑郁症状。

二、团队干预

在经历了百余年有关工作团队的有效性机制研究的积累后，部分研究者开始关注如何运用现有理论进行团队干预或团队训练以提高团队有效性。Hughes 等（2016）对医疗团队中的团队训练有效性进行了元分析，他们发现团队训练有效增加了团队表现的四个维度：反应、学习、交接和结果，效应大小在 0.37~0.89，并且团队训练的积极影响对于不同的成员组成、训练策略和工作特征是稳定显著的，他们还发现团队训练对团队表现的影响存在链式因果关系：训练经由提高学习、交接影响工作结果，由此他们呼吁学界和管理实践重视团队训练的作用。

冲突作为影响团队有效性的重要因素，也有可能产生积极的作用，因此团队中的冲突管理是团队干预的重要话题。过去的研究中，冲突管理行为被描述为团队成员个体的稳定特征（如威胁或协商），或者一般行为倾向（如逃避、容忍、协商或竞争性倾向）（Hollenbeck et al.，2012），而近年来学界更为强调如何站在团队层面有效管理冲突。研究指出冲突管理的关键是避免所有类型的冲突由任务相关变为人际相关而产生消极影响，具体的干预建议包括重塑公平、建立有效的团队过程、提高资源使用效率、建立良好的工作关系及重视团队中不同团体对决策的满意度。Behfar 等（2008）对 57 名表现良好的 MBA 学生自管理团队的质性研究发现，高表现团队处理团队冲突有三个共同特征：关注人际互动的内容而非互动产生的形式；明确讨论任务分工和决策背后的原因；将工作分配给相关专长的团队成员而非采用自愿、默认或方便的形式分工。通过开放式的采访和问卷调查他们还发现这些表现良好的团队积极地预期而非躲避解决团队冲突的需求，并且倡导团队成员工参与制定团队冲突解决策略的过程。

提高团队学习效果的团队训练也受到了研究者的关注，行动后回顾（after-action review）是指通过系统的回顾将团队中最近发生的事件转变为一个学习机会，在回顾中团队成员将反思和讨论事件实际结果和预想结果之间的区别，实际行动和最佳行动之间的差距，以及对未来工作的启发。行动后回顾将为团队成员提供反馈，帮助他们制定目标，提高他们的学习动机。Villado 和 Arthur（2013）通过对实验组和对照组的比较发现施行了行动后回顾的队伍比没有施行的队伍有更高的团队表现、团队效能、沟通水平和凝聚力。

三、社会网视角的新方向

社会网视角下的团队研究也有一些新兴的有待进一步研究的方向。区别于传统的仅研究单一类型网络的研究，部分研究者开始关注团队内的多路网络（multiplex network），即包含了多种联结的团队。团队网络并非单一的或割裂的，团队内的某些联结之间有很强的共生、共变关系，一些联结的存在还影响了另外一些联结对团队表现的影响，因此多路网络比单一网络捕捉了团队互动的更多细节。Crawford 和 LePine（2013）研究了任务网络（task network）和团队网络的多路网络，任务网络是指团队内工作流的流向，当一个成员的工作是另一个成员工作的投入时，工作流联结由前者指向后者；团队网络则是团队内的友谊关系网，多路联结即两者之间既存在工作流关系，也存在友谊关系。他们发现任务网络和团队网络的多路联结闭合在较低水平下，能促使团队成员集中精力和与他们任务合作关系最为密切的团队成员互动，促进团队内的信任和合作。但是当多路联结闭合持续提升时，团队成员被嵌入在过于紧密的网络中，会失去他们产生新想法和采取行动的自由。同时他们还发现，在团队网络较为分散即人际关系集中化程度较低时，任务网络中心化能带来更高的团队有效性。

社会网络研究方向也需要视角更加动态、时间跨度更长的研究来解决网络结构与节点特征的演变问题。Tasselli 等（2015）总结社会网络研究中主要有三种研究视角：个体模型、网络结构模型与共变模型。个体模型认为团队成员通过他们的个体特征和认知、互动塑造了团队网络，而网络结构模型认为网络通过结构组成而影响成员，共变模型则认为团队成员与网络结构互相影响、共同变化。

Tasselli 等（2015）认为个体模型和网络结构模型着眼的时间跨度均太窄而无法刻画网络演变的全貌，因此他们呼吁未来研究者能够多着眼于网络与成员之间的相互影响，为团队中社会网络的演变与影响提供更为细致的模型。

参 考 文 献

Argote L, Aven B L, Kush J. 2018. The effects of communication networks and turnover on transactive memory and group performance. Organization Science, 29（2）: 191-206.

Austin J R. 2003. Transactive memory in organizational groups: the effects of content, consensus, specialization, and accuracy on group performance. Journal of Applied Psychology, 88（5）: 866-878.

Banks G C, Batchelor J H, Seers A, et al. 2014. What does team-member exchange bring to the party? A meta-analytic review of team and leader social exchange. Journal of Organizational Behavior, 35（2）: 273-295.

Barrick M R, Stewart G L, Neubert M J, et al. 1998. Relating member ability and personality to work-team processes and team effectiveness. Journal of Applied Psychology, 83（3）: 377-391.

Behfar K J, Peterson R S, Mannix E A, et al. 2008. The critical role of conflict resolution in teams: a close look at the links between conflict type, conflict management strategies, and team outcomes. Journal of Applied Psychology, 93（1）: 170-188.

Bell S T, Villado A J, Lukasik M A, et al. 2011. Getting specific about demographic diversity variable and team performance relationships: a meta-analysis. Journal of Management, 37（3）: 709-743.

Ben-Menahem S M, von Krogh G, Erden Z, et al. 2016. Coordinating knowledge creation in multidisciplinary teams: evidence from early-stage drug discovery. Academy of Management Journal, 59（4）: 1308-1338.

Bezrukova K, Spell C S, Caldwell D, et al. 2016. A multilevel perspective on faultlines: differentiating the effects between group- and organizational-level faultlines. Journal of Applied Psychology, 101（1）: 86-107.

Bezrukova K, Thatcher S M B, Jehn K A, et al. 2012. The effects of alignments: examining group faultlines, organizational cultures, and performance. Journal of Applied Psychology, 97（1）: 77-92.

Bradley B H, Postlethwaite B E, Klotz A C, et al. 2012. Reaping the benefits of task conflict in teams: the critical role of team psychological safety climate. Journal of Applied Psychology, 97 (1): 151-158.

Carter D R, DeChurch L A, Braun M T, et al. 2015. Social network approaches to leadership: an integrative conceptual review. Journal of Applied Psychology, 100 (3): 597-622.

Chen G, Sharma P N, Edinger S K, et al. 2011. Motivating and demotivating forces in teams: cross-level influences of empowering leadership and relationship conflict. Journal of Applied Psychology, 96 (3): 541-557.

Chun J S, Choi J N. 2014. Members' needs, intragroup conflict, and group performance. Journal of Applied Psychology, 99 (3): 437-450.

Cox H, Blake S. 1991. Managing cultural diversity: implications for organizational competitiveness. The Executive, 5 (3): 45-56.

Crawford E R, LePine J A. 2013. A configural theory of team processes: accounting for the structure of taskwork and teamwork. Academy of Management Review, 38 (1): 32-48.

Davison R B, Hollenbeck J R, Barnes C M, et al. 2012. Coordinated action in multiteam systems. Journal of Applied Psychology, 97 (4): 808-824.

DeChurch L A, Mesmer-Magnus J R, Doty D. 2013. Moving beyond relationship and task conflict: toward a process-state perspective. Journal of Applied Psychology, 98 (4): 559-578.

de Jong B A, Dirks K T. 2012. Beyond shared perceptions of trust and monitoring in teams: implications of asymmetry and dissensus. Journal of Applied Psychology, 97 (2): 391-406.

de Jong B A, Dirks K T, Gillespie N. 2016. Trust and team performance: a meta-analysis of main effects, moderators, and covariates. Journal of Applied Psychology, 101 (8): 1134-1150.

Edmondson A. 1999. Psychological safety and learning behavior in work teams. Administrative Science Quarterly, 44 (2): 350-383.

Ellis A P J, Mai K M, Christian J S. 2013. Examining the asymmetrical effects of goal faultlines in groups: a categorization-elaboration approach. Journal of Applied Psychology, 98 (6): 948-961.

Fisher D M, Bell S T, Dierdorff E C, et al. 2012. Facet personality and surface-level diversity as team mental model antecedents: implications for implicit coordination. Journal of Applied Psychology, 97 (4): 825-841.

Gilson L L, Maynard M T, Young N C, et al. 2015. Virtual teams research: 10 years, 10 themes, and 10 opportunities. Journal of Management, 41 (5): 1313-1337.

Gonzalez-Mulé E, DeGeest D S, McCormick B W, et al. 2014. Can we get some cooperation around here? The mediating role of group norms on the relationship between team personality and individual helping behaviors. Journal of Applied Psychology, 99 (5): 988-999.

Hackman J R, Morris C G. 1975. Group tasks, group interaction processes, and group performance effectiveness: a review and proposed integration. Advances in Experimental Social Psychology, 8: 45-99.

Hale D, Ployhart R E, Shepherd W. 2016. A two-phase longitudinal model of a turnover event: disruption, recovery rates, and moderators of collective performance. Academy of Management Journal, 59 (3): 906-929.

Hambrick D C, Humphrey S E, Gupta A. 2015. Structural interdependence within top management teams: a key moderator of upper echelons predictions. Strategic Management Journal, 36 (3): 449-461.

Hancock J I, Allen D G, Bosco F A, et al. 2013. Meta-analytic review of employee turnover as a predictor of firm performance. Journal of Management, 39 (3): 573-603.

Harrison D A, Klein K J. 2007. What's the difference? Diversity constructs as separation, variety, or disparity in organizations. Academy of Management Review, 32 (4): 1199-1228.

Hoch J E, Kozlowski S W J. 2014. Leading virtual teams: hierarchical leadership, structural supports, and shared team leadership. Journal of Applied Psychology, 99 (3): 390-403.

Hoisl K, Gruber M, Conti A. 2017. R&D team diversity and performance in hypercompetitive environments. Strategic Management Journal, 38 (7): 1455-1477.

Hollenbeck J R, Beersma B, Schouten M E. 2012. Beyond team types and taxonomies: a dimensional scaling conceptualization for team description. Academy of Management Review, 37 (1): 82-106.

Hu J, Judge T A. 2017. Leader-team complementarity: exploring the interactive effects of leader personality traits and team power distance values on team processes and performance. Journal of Applied Psychology, 102 (6): 935-955.

Huang S, Cummings J N. 2011. When critical knowledge is most critical: centralization in knowledge-intensive teams. Small Group Research, 42 (6): 669-699.

Hughes A M, Gregory M E, Joseph D L, et al. 2016. Saving lives: a meta-analysis of team training in healthcare. Journal of Applied Psychology, 101 (9): 1266-1304.

Jehn K A. 1995. A multi-method examination of the benefits and detriments of intragroup conflict. Administrative Science Quarterly, 40 (2): 256-282.

Kalish Y, Luria G, Toker S, et al. 2015. Till stress do us part: on the interplay between perceived stress and communication network dynamics. Journal of Applied Psychology, 100 (6): 1737-1751.

Knight A, Eisenkraft N. 2015. Positive is usually good, negative is not always bad: the effects of group affect on social integration and task performance. Journal of Applied Psychology, 100 (4): 1214-1227.

Kozlowski S W J, Gully S M, Salas E, et al. 1996. Team leadership and development: theory, principles, and guidelines for training leaders and teams. Advances in Interdisciplinary Studies of Work Teams: Team Leadership, 3: 253-291.

Kozlowski S W J, Ilgen D R. 2006. Enhancing the effectiveness of work groups and teams. Psychological Science in the Public Interest, 7（3）: 77-124.

Leenders R T A J, Contractor N S, DeChurch L A. 2016. Once upon a time: understanding team processes as relational event networks. Organizational Psychology Review, 6（1）: 92-115.

Luciano M M, DeChurch L A, Mathieu J E. 2018. Multiteam systems: a structural framework and meso-theory of system functioning. Journal of Management, 44（3）: 1065-1096.

Luciano M M, Mathieu J E, Ruddy T M. 2014. Leading multiple teams: average and relative external leadership influences on team empowerment and effectiveness. Journal of Applied Psychology, 99（2）: 322-331.

Marks M A, Mathieu J E, Zaccaro S J. 2001. A temporally based framework and taxonomy of team processes. Academy of Management Review, 26（3）: 356-376.

Marrone J A. 2010. Team boundary spanning: a multilevel review of past research and proposals for the future. Journal of Management, 36（4）: 911-940.

Martínez-Moreno E, Zornoza A, González-Navarro P, et al. 2012. Investigating face-to-face and virtual teamwork over time: when does early task conflict trigger relationship conflict? Group Dynamics: Theory, Research, and Practice, 16（3）: 159-171.

Mathieu J E, Gallagher P T, Domingo M A, et al. 2019. Embracing complexity: reviewing the past decade of team effectiveness research. Annual Review of Organizational Psychology and Organizational Behavior, 6: 17-46.

Mathieu J E, Gilson L. 2012. Criteria issues and team effectiveness//Kozlowski S W J. The Oxford Handbook of Organizational Psychology. New York: Oxford University Press: 910-930.

Mathieu J E, Hollenbeck J R, van Knippenberg D, et al. 2017. A century of work teams in the Journal of Applied Psychology. Journal of Applied Psychology, 102（3）: 452-467.

Mathieu J E, Marks M A, Zaccaro S J. 2001. Multiteam systems//Anderson N, Ones D, Sinangil H K, et al. Handbook of Industrial, Work and Organizational Psychology. Thousand Oaks: Sage: 289-313.

Mathieu J E, Tannenbaum S I, Donsbach J S, et al. 2014. A review and integration of team composition models: moving toward a dynamic and temporal framework. Journal of Management, 40（1）: 130-160.

Maynard M T, Gilson L L, Mathieu J E. 2012. Empowerment—fad or fab? A multilevel review of the past two decades of research. Journal of Management, 38（4）: 1231-1281.

McGrath J E. 1997. Small group research, that once and future field: an interpretation of the past with an eye to the future. Group Dynamics: Theory, Research, and Practice, 1（1）: 7-27.

Mohammed S, Ferzandi L, Hamilton K. 2010. Metaphor no more: a 15-year review of the team mental model construct. Journal of Management, 36（4）: 876-910.

Moreland R L. 1999. Transactive memory: learning who knows what in work groups and organizations//Thompson L L, Levine J M, Messick D M. Shared Cognition in Organizations: The Management of Knowledge. Mahwah: Erlbaum: 3-31.

Mortensen M, Haas M. 2018. Perspective—rethinking teams: from bounded membership to dynamic participation. Organization Science, 29（2）: 341-355.

Mukhopadhyay C. 2015. Wearable sensors for human activity monitoring: a review. IEEE Sensors Journal, 15（3）: 1321-1330.

Oh S, Chung M, Labianca G. 2004. Group social capital and group effectiveness: the role of informal socializing ties. Academy of Management Journal, 47（6）: 860-875.

Ou A Y, Tsui A S, Kinicki A J, et al. 2014. Humble chief executive officers' connections to top management team integration and middle managers' responses. Administrative Science Quarterly, 59（1）: 34-72.

Parise S, Rollag K. 2010. Emergent network structure and initial group performance: the moderating role of pre-existing relationships. Journal of Organizational Behavior, 31（6）: 877-897.

Park S, Grosser T J, Mathieu J E. 2020. A network conceptualization of team conflict. Academy of Management Review, 45（2）: 352-375.

Parker S K. 2003. Longitudinal effects of lean production on employee outcomes and the mediating role of work characteristics. Journal of Applied Psychology, 88（4）: 620-634.

Perry S J, Lorinkova N M, Hunter E M, et al. 2016. When does virtuality really "work"? Examining the role of work-family and virtuality in social loafing. Journal of Management, 42（2）: 449-479.

Seibert S E, Wang G, Courtright S H. 2011. Antecedents and consequences of psychological and team empowerment in organizations: a meta-analytic review. Journal of Applied Psychology, 96（5）: 981-1003.

Srikanth K, Harvey S, Peterson R. 2016. A dynamic perspective on diverse teams: moving from the dual-process model to a dynamic coordination-based model of diverse team performance. The Academy of Management Annals, 10（1）: 453-493.

Tasselli S, Kilduff M, Menges J I. 2015. The microfoundations of organizational social networks: a review and an agenda for future research. Journal of Management, 41（5）: 1361-1387.

Thatcher S M B, Patel P C. 2011. Demographic faultlines: a meta-analysis of the literature. Journal of Applied Psychology, 96（6）: 1119-1139.

Tröster C, Mehra A, van Knippenberg D. 2014. Structuring for team success: the interactive effects of network structure and cultural diversity on team potency and performance. Organizational Behavior and Human Decision Processes, 124（2）: 245-255.

Valenti M A, Rockett T. 2008. The effects of demographic differences on forming intragroup relationships. Small Group Research, 39（2）: 179-202.

Vashdi D R, Bamberger P A, Erez M. 2013. Can surgical teams ever learn? The role of coordination, complexity, and transitivity in action team learning. Academy of Management Journal, 56（4）: 945-971.

Venkataramani V, Zhou L, Wang M, et al. 2016. Social networks and employee voice: the influence of team members' and team leaders' social network positions on employee voice. Organizational Behavior and Human Decision Processes, 132: 37-48.

Villado A J, Arthur W. 2013. The comparative effect of subjective and objective after-action reviews on team performance on a complex task. Journal of Applied Psychology, 98（3）: 514-528.

Wang L, Cotton R. 2018. Beyond moneyball to social capital inside and out: the value of differentiated workforce experience ties to performance. Human Resource Management, 57（3）: 761-780.

Wegner D M. 1986. Transactive memory: a contemporary analysis of the group mind//Mullen B, Goethals G R. Theories of Group Behavior. New York: Springer: 185-208.

Wei J, Zheng W, Zhang M. 2011. Social capital and knowledge transfer: a multi-level analysis. Human Relations, 64（11）: 1401-1423.

Xia L, Yuan Y C, Gay G. 2009. Exploring negative group dynamics: adversarial network, personality, and performance in project groups. Management Communication Quarterly, 23（1）: 32-62.

第十八章　如何推进管理心理学的研究

从前面这些章节的介绍中，读者已经了解了管理心理学领域近十年来的最新研究成果。我们分别从个人特质学说、社会交换理论、资源和自我调控理论及态度和情感理论这些方面介绍了这个领域的最新研究成果。读者可以注意到，这些方面的研究成果有很大的应用价值。从企业的角度来讲，这些研究成果与企业的日常管理都是密切相关的，我们可以在企业的招聘制度、培训制度、组织架构和企业文化的建设中运用这些最新的研究成果。从学者研究的角度来讲，这些研究成果拓宽了管理心理学研究的领域，为今后的研究提供了新的思路。

在本书的最后一章，我们主要来探讨一下目前在管理心理学这个领域中还存在什么样的困难和问题，以及在今后的研究中应该如何克服和解决这样的问题，为今后的研究方向提供一些可参考的意见。当然，需要注意的是，我们的观点和建议主要来源于个人对于管理心理学领域的研究实践，同时也将我们在担任相关学术期刊审稿人和编辑过程中积累的经验纳入其中（由于我们的一个主要研究领域是退休，因此在本章中会使用一些退休研究来说明我们的观点）。本章写作的主要意图是希望能够抛砖引玉，激发管理心理学领域的研究者能够在今后的研究中更多地关注类似的问题，从而进一步提高科研成果的质量。

第一节　管理心理学所面临的挑战

尽管前面已经介绍了很多的研究主题，每一个主题中都有非常丰富的研究成果。但是管理心理学的研究还是面临着很大的挑战，主要来自以下三个方面：①不同学科之间缺乏沟通；②急需积累因果推论方面的知识；③忽视研究的情境。对这些挑战的全面理解，将有助于我们提高管理心理学研究的质量及更好地将理论应用于实践。

一、不同学科之间缺乏沟通

很多研究题目都是交叉学科研究的课题，如在情绪劳动的研究中，我们可能经常会使用临床与咨询心理学中的概念。当然，还有一些研究题目不仅局限于心理学的领域，就像退休这个主题就吸引了来自经济学、老年病学、社会学、心理学、公共健康、管理学（Wang and Shultz, 2010）等许多不同研究领域的学者。每个领域又存在多个不同的分支，如在管理领域，人力资源管理、组织行为学、组织理论、战略管理等分支的学者都可以将退休视为相关的研究课题，并以他们独特的视角和范式开展研究。

交叉学科的性质对于知识的产生不无裨益，能够激发更多的研究想法，促进研究取向的多样性。事实上，对于很多管理心理学的主题而言，研究视角、研究问题和研究方法的多样性是必要且有效的。此外，交叉学科性质使得研究能更好地覆盖具有实践意义的课题，从而有利于科研与实践的相互转化与相互借鉴。然而，如果这些涉及的学科之间缺乏沟通，那么交叉学科研究的优势将难以得到充分的认识与重视。

不同学科之间缺乏沟通可能会导致研究中存在很多的问题。第一，不同学科可能使用不同的术语来描述相同的构念。例如，通常经济学家所指的幸福，在心理学中的相应术语是满意度或主观幸福感（subjective well-being）。因此，当经济学家出于政策的需要而在国家水平上研究幸福时，他们所研究的内容实际上是心理学家在很多年前就已经开始研究的，而且已经获得丰富成果的问题，如幸福感研究中的校准幅度、文化偏见和归因谬误问题（Judge and Kammeyer-Muller, 2011）。然而，由于术语的区别，大多数经济学家没有意识到心理学中这一广泛的研究领域，使得他们做了很多的重复工作。在退休的研究领域同样存在着类似的问题。例如，关于退休后再就业的研究，研究者使用过过渡型就业、职业重演（encore career）、退休工作（retirement job）等术语来描述退休后的就业状况（Brown et al., 2010; Quinn, 2010; Wang et al., 2008）。尽管这些概念指代的是同样的现象（即退休后的工作），但是在不同的研究中使用的术语却是不同的。这样后来的研究者在进行文献检索的时候必然会遇到很大的困难，难免会遗漏一些重要的文献。

Block（1995）评论了人格研究中的术语多样性问题，并指出这种术语多样性所反映出的学者为研究带来新鲜观点的愿望值得称赞，而创新思维必然有利于产生全新的研究前提、研究手段、研究流程和研究结果。然而，术语多样性是有成本的，如 Block（1995）所言，无用的概念冗余是对时间的浪费，这使得学者的研究经常以重复地发现相同的效应告终。在现在检索电子文献的年代，术语可以说是变得更加重要——选择了错误的搜索关键词（或错误的数据库）甚至可能导致学者在阅读相关文献前，就对某一课题得出错误的结论。这些问题对大多数科研学科都提出了重大挑战，但对于涉及交叉学科的研究（关于退休的研究就是一个典型的例子）而言，这一问题显得尤为重要，如果不及时进行处理，将会阻碍科学进步的速度及科学知识向实践转化的速度。另外，某一领域的概念界定不清使得研究该领域不同学科的研究者之间，以及研究者与从业人员之间的沟通受到严峻挑战。

第二，学科之间缺乏沟通，使得我们难以结合不同的研究视角对感兴趣的现象进行全面了解。一方面，在研究退休适应时，心理学领域的研究者经常采用压力的视角，强调退休是一项关键的生活过渡事件，并关注成功者如何应对退休适应过程中的压力。另一方面，经济学家在研究退休适应时，多采取资源-消费的视角（Gourinchas and Parker，2002），并关注成功者如何维持所拥有的资源与消费需求之间的平衡。不难看出，资源与消费的不平衡可能是退休人员压力的重要来源，然而在以往的研究中，这两种观点的结合仅限于研究退休适应期间，退休人员的经济状况的变化如何影响其心理幸福感的变化（Wang，2007）。如果研究者可以进一步结合这两种观点，将资源-消费的视角运用到更广的范围中，研究退休人员在社会情感生活方面的资源-消费不平衡现象，考察这一现象对退休适应过程中压力体验的影响，将会获得更多的研究成果。这样一来，资源-消费的观点并不只限于解释退休的经济适应，而且可以通过解释压力的诱因来丰富退休的压力视角。显然，学科之间研究视角的扩展与相互启发有赖于研究者的交流。

第三，学科之间缺乏沟通也可能导致方法论难以达成一致。众所周知，不同的学科在研究方法上有不同的操作规范。例如，在调查研究中，经济学家和公共卫生研究者往往更重视抽样的方法，他们可以有效地处理调查结果中的抽样误差。但是，他们往往忽视了测量误差，而是认为测量工具具有较高的信效度，且能够有效、准确地测量到他们所要测量的理论结构。心理学家则对测量误差更加重视，他们更加关注用来测量理论结构的测量工具是否具有良好的信效度。然而，心理学家在实证研究中往往使用小样本和方便抽样的方法，从而导致他们研究结果的普遍性受到质疑（Hanges and Wang，2012）。在今后的管理心理学研究中，研究者如果能够同时控制抽样误差和测量误差，得到的研究结论必然会更加可靠。因此，提高多学科之间的沟通，可以帮助我们认识到各学科在研究方法上的优势和弱点，从而发展出更优的研究取向，以实现跨学科研究的利益最大化。

第四，多学科之间的研究缺乏沟通，也可能使研究者对某种特定的研究方法带有一定的偏见。例如，定性的研究方法往往被认为过于主观，缺乏因果关系推论的科学性（Schonfeld and Mazzola，2013）。然而，如果得到严格和正确地使用，定性研究方法也在以下方面具有优势：①可以为定量研究工具的发展做准备；②可以促进理论的发展和假设的产生；③可以发现新的研究现象；④可以对难以量化的结果进行解释；⑤可以深入了解干预成功或失败的原因；⑥可以对所观察现象背后的复杂的动态过程进行描述（Schonfeld and Mazzola，2013）。因此，来自不同学科的研究者，就各自选择的方法论背后的原因和逻辑进行沟通是很重要的。这样一来，从某个特定方法论中产生的知识，就不会被其他的研究领域所忽视，也有利于不同领域间知识的积累。

二、急需积累因果推论方面的知识

我们大家都知道，如果希望将研究的成果运用于企业的实践，如果希望根据研究的结果来采取相应的干预措施，如果希望根据研究的成果来制定国家政策，我们都需要解决一个问题——变量之间的因果推论。

解决变量之间因果推论的问题有两种不同的方法。首先，我们可以采用实验室实验的方式来研究变量之间的关系，因此在现在的管理心理学研究中，确实有一部分的研究是采用这样的研究范式的，如我们在前面提到的信任和公正的研究，就可以采用实验室情境模拟的范式。但是管理心理学领域中有很大一部分主题是没有办法采用实验室实验的研究范式的，就像我们在前面章节中介绍的退休的概念、感知到的组织支持的概念和领导成员交换的概念等。因此对于这样的一些研究主题，我们只能采用实地调查的研究范式来进行研究，我们必须在研究设计和数据分析上付出更多的努力。

在研究设计方面，之前绝大多数的管理心理学的研究都采用了横断研究的设计。尽管横断设计能够建立变量之间的相关关系，我们却很难基于其研究结果做出正确的因果推论。为理解变量之间的因果关系，我们要明确变量在时间序列上的变化，因此今后管理心理学的研究应更多地采用纵向设计。具体来说，我们可以控制结果变量的基线水平，来估计预测源与结果变量之间的时间滞后效应（Hanges and Wang，2012），从而最终提高研究的内部效度。通过上述的数据收集的方法，我们也可以直接来考察倒置的因果关系存在的可能性。使用纵向设计的另一个优点是它能够提供变量在个体内的变化趋势，从而揭示时间是如何对这样的个体内变量产生影响的（Wang，2007）。就像我们现在有很多有关压力的研究，都是采用日志追踪式的研究范式，考察每一个员工每天的压力变化的情况（Liu et al.，2009；Wang et al.，2010，2011）。因为在管理心理学的研究中，有很多变量并不是稳定的特质，对于同一个个体而言，这样的变量有可能会随时间发生较大的波动，因此在研究中必须要对此加以考量。

此外，使用纵向设计还应注意，在研究中研究者是否忽略了理论上的相关变量（Antonakis et al., 2010）。通常情况下，使用相关性研究设计（即使用一个变量来预测另一个变量）时，有三种类型的变量可能影响因果推论：①存在同时影响预测源和结果变量的因素；②预测源和结果变量之间的内在机制（即中介变量）；③预测源和结果变量之间的重要边界条件（即调节变量）。

关于第一种类型的遗漏变量，当预测源和结果变量同时受一些共同因素的影响时，研究设计可能存在内生性问题。换句话说，预测源和结果变量之间关系的预测和估计受到了没有进行控制的其他变量的影响，所以最后的研究结果是有偏的。解决这样的问题，一般有两种方法。其一，研究人员在开始研究之前，应该全面阅读相关的文献，控制那些能够对结果变量造成显著影响的变量。在控制了这些变量的基础上，再去考察自变量对于因变量的影响。然而，在现实的社会科学研究中，控制所有的变异来源是不可行的，因而在某些研究中学者也会采用第二种方法。其二，可以引入工具变量（instrumental variable）的概念（如两阶最小二乘回归）来控制其他的相关变量。有兴趣的读者可以参考 Antonakis 等（2010）及 Foster 和 McLanahan（1996）有关如何使用工具变量的方法来解决内生性问题的详细介绍，这在经济学中属于标准做法，但在其他社会科学学科如心理学、管理学中还不常用。

忽视中介变量的存在，常常导致研究中的理论机制与实际操作之间存在差异。例如，在退休的研究中研究者可能会认为，老年工人更有可能提早退休，因为他们经常在工作场所受到年龄歧视。因此，当测试工人的年龄与提早退休的观点之间的联系时，直接测量他们在工作场所感受到的年龄歧视，可以验证是否支持这一理论假设。如果不把年龄歧视作为中介变量进行直接测量，即使工人的年龄与提早退休的决定之间具有很强的相关关系，那么因果机制仍然不明确。因此在管理心理学的研究中，对于中介作用的关注实际上就是对于理论模型的验证。我们看到的自变量和因变量之间存在的相关关系，有可能是通过几条不同的路径得到的，我们可以就两者之间的关系提出自己的理论假设，但是如果需要验证这样的理论假设是否成立，就要从中选择合适的中介变量进行模型的验证。只有在了解了自变量对因变量的作用机制之后，我们才能够对结果变量进行干预。

在建立因果关系时，边界条件往往解释因果关系对何种个体起作用，在什么时候起作用，以及在什么情况下因果关系会增强或减弱的问题（Whetten, 1989）。因此，调节变量往往成为全面理解一定的因果关系的必要条件。因此，在研究中忽略调节作用可能会导致错误的统计模型的产生（Antonakis et al., 2010），也可能会造成因果关系中的理论差异的遗漏（Wang and Hanges, 2011）。例如，之前退休领域的大部分研究都忽略了退休人群中可能存在很大的异质性这个可能。换句话说，退休人群可能由多个亚群体组成，这些亚群体具有不同的退休过程路径（Wang, 2007）。Pinquart 和 Schindler（2007）及 Wang

（2007）都提出，这种异质性不能简单归结为人口统计学变量的差异，因此难以通过传统的对多个观察组数据的比较的方法来充分获得。退休的研究者可能需要使用潜变量的方法来确定未观察到的调节变量（Wang and Bodner，2007；Wang and Chan，2011；Wang and Hanges，2011）。

最后，管理心理学的领域已经存在了大量的实证研究，也有不少的研究采用了元分析的方法定量地总结和回顾了以往的研究结果。在进行相关的研究之前，对这些元分析的结果进行仔细整理是非常有必要的。元分析可以帮助我们理解因果效应量的分布，消除抽样和测量误差，以及获得可能的调节变量。我们也可以通过其他研究者元分析研究的结果，了解相关主题的研究现状，能够避免在进行新的研究时遗漏掉重要的控制变量。同时，我们也建议各学科的研究人员都在研究中提供基本的统计信息（平均数、标准差和相关系数表），以便今后的研究者进一步进行元分析的研究。

三、忽视研究的情境

管理心理学中的第三个挑战就是缺乏对研究情境的考虑。我们先用退休的研究作为例子，如果不考虑退休发生的情境就很难完全理解退休过程。具体来说，我们可以在三个层次上确立与退休相关的政策、措施和行为的情境结构。在宏观层面，这个情境包括文化，人口的结构如人口的年龄构成、生育率、结婚及离婚率，以及经济总体状况和劳动力市场等。中观层面是指本地和区域环境，包括基础设施建设及经济和劳动力市场的情况等。微观层面的结构包括个体所在的组织、家庭和社会网络等。

我们再来看看有关情绪劳动的研究，这样的研究题目一共可以从四个研究水平来进行考虑——事件水平、个体内水平、个体间水平和团队水平。我们在前面的章节中已经详细说明了情绪劳动的相关概念和研究现状，我们可以发现在有一些实验室的研究中，考察的就是事件水平的情绪劳动，即每一个工作事件对员工产生的影响。情绪劳动这种工作特性决定了这样的研究范式是很重要的，因为从事这种工作的个体，每天需要运用自己的情绪进行简单重复劳动，其每天的工作是由每一次的服务构成的。因此如果要最为清晰地了解员工，就需要考察每一个工作事件对他们的影响。

在此基础上，我们可以追踪每一个从事情绪劳动的员工每一天的工作情况，考察每一天的工作压力事件对员工造成的具体影响，同时还能够了解员工工作结果的波动情况，这是个体内水平的研究。

然后，我们还可以考察不同个性特点或其他的个体差异对员工情绪劳动的结果产生的影响，我们就可能发现某些员工的工作结果变量波动比较大，有些员工的工作结果变量波动比较小，这是个体间水平的研究。

我们还可以考察整个团队的氛围，团队成员之间的关系及团队成员与领导之间的关系对员工的情绪劳动造成的影响，这是团队水平的研究。

如果能够通过这四个水平的测量对员工的情绪劳动进行研究，研究者就能够客观全面地了解情绪劳动的工作特点及内在机制。但是，读者从前面情绪劳动那一章的介绍中可以看到，现在的很多研究最多只能涉及其中的两个水平（个体内水平和个体间水平），偶尔有个别的研究能够同时涉及三个水平（加上一个团队水平）（Wang et al., 2011），这主要是因为数据收集的难度造成的。

最后应当指出，当研究人员能够直接检验情境的影响时（如具有来自多个国家或组织的数据），需要特别注意理论发展和统计程序。从理论上讲，选择一个在逻辑上容纳多层次情境的理论观点尤为重要，因为这使得我们可以灵活地探讨不同情境水平下因素之间的交互作用。从统计上讲，这样的数据就需要具备多层次模型的统计方法了。

第二节　推进管理心理学研究的方法

从前面的介绍中，读者应该已经了解在管理心理学的领域，我们现在面临的巨大挑战是什么，下面我们就来介绍如何应对这样的挑战，从而进一步推进管理心理学的研究。

研究者如果希望能够进行一个好的研究，应该遵循一般的研究规律：从现有的文献或现实生活中发现有趣的研究现象，找出现有研究中存在的问题和理论分歧，寻找合理的理论解释来填补理论上的分歧，确定合适的测量方法来考察研究中的变量，最后使用合理的统计分析方法对数据结果进行统计分析。

我们有时候会发现，一些经验不是很丰富的研究者会采用数据驱动的方法实施研究，也就是先收集相关的数据资料，然后根据数据资料计算出来的结果，寻找合适的理论解释。这样的做法是不可取的。首先，从经济的角度来讲，研究者没有办法保证能够找到相应的理论来对数据结果进行合理的解释，这样先期的数据收集工作就可能作废了。其次，正如我们前面已经提到的，如果找到了相应的理论解释，研究者有可能会发现遗漏了重要的变量，这会使得研究的价值大大降低。

因此，我们建议研究者采用下面的五个研究步骤来展开研究工作。

一、确立研究问题

管理心理学的研究者在确定所要研究的问题时，不仅要考虑该问题是否有足够的实践意义和理论意义，也要考虑该研究问题是否新颖。这时，应进行跨学科的文献检索，来了解该问题相关研究的发展和不同学科研究者的研究取向。这样，多学科之间缺乏沟通的问题可以得到有效解决。此外，研究者可以查阅跨文化和跨学科的文献来更深入地了解研究问题，从而在研究的一开始就能形成研究问题的情境。这一步的理想结果是，就我们所感兴趣的研究现象形成一个比较全面的知识基础，从而使未解的研究问题浮出水面。

二、明确研究的贡献

在研究者确定了潜在的研究问题之后，他们需要决定如何通过解答这些研究问题来为该领域做出贡献。换句话说，虽然解答这些研究问题能产生新的知识和见解，研究者还需要确保填补具体的知识空白是对该领域有意义的。因此，这些新的知识不是孤立的，而是能够促进未来的科研工作。

研究要有所贡献，可以遵循以下四种典型方法。第一种理论贡献的方法是检验与发展已有理论和成果，这是科学研究中最可行的方法。通常的研究取向有两种，即分析与综合。首先，如果一个理论是完善的，那么当应用该理论能够解释未知的现象时，就可以证明该理论的普遍性，当产生与该理论不一致的结果时则能够激励研究者对理论进行完善和修订。其次，如果一个理论缺乏必要的细节，如缺乏对内在机制或边界条件的清晰说明，那么检验该理论潜在的内在机制或边界条件可以帮助我们完善该理论。这两种取向都会导致产生新的实证研究结果，如发现鲜为人知的现象、发现新的理论或二者兼而有之。应当指出，采取这些方法进行研究时，相关的贡献是在前人研究基础之上的增值贡献（Hollenbeck，2008）。

第二种理论贡献的方法是通过研究新的结构或现象来发展新的理论。Locke（2007）指出，这种类型的研究往往结合以下组成部分：①对新的现象进行观测并得到大量相关数据；②在观测和数据的基础上，建立有效的概念来描述现象；③确立该概念相关的因果机制，并将这些机制整合为一个整体（即建立理论）。我们举一个退休领域中这类研究的例子。Feldman（1994）为理解提早退休现象而建立的决策模型就是这样一个开创性的工作。在该研究中，他首先回顾了提前退休是老龄职工中一个稳定和有意义的趋势。然后，他明确了退休的概念，即退休区别于职业生涯早期阶段的工作变化和一般的人员流动，具有退出劳动的内在意图。基于这个概念，他进一步发展出决策树框架，找出了一组可能影响老龄职工提前退休决策的因素，并提出一套理论假设来描述决策树的结构。由于这种类型的研究通常解决尚未得到系统的定义和检验的问题，因而研究的成功完成会对该领域带来巨大贡献，并能为今后的研究开启大门。

第三种理论贡献的方法是，针对某一具体研究问题进行经验总结和理论建构，既可以是定性分析，也可以是定量分析（如元分析）。分析的关键是要总结以前的研究结果对于特定研究问题的共同点和矛盾。通常，这些研究结果的共性形成有关研究问题的理论的基本前提。同时，研究结果不一致的方面往往是未来的研究需要进一步完善的地方，如有关理论的具体化及边界条件的确定。在退休研究中，Wang 和 Shultz（2010）首先提出了退休的概念化分类（即退休是一种决策，是一个适应过程，是一个职业生涯的发展阶段，是人力资源管理的一部分），然后总结了用于研究每类退休概念的理论机制的共性。这种类型的研究通常能够提供现有研究成果和未来研究方向的系统总结，因而对于该领域具有重大影响。

第四种理论贡献的方法是整合现有的理论及协调不一致的研究结果。这通常被称为创造共识做出的贡献（Hollenbeck，2008）。具体来说，共识产生于研究者在某一问题上缺乏共识时（如以往的研究结果之间存在矛盾），通过提供新的经验见解，争论得到明确，冲突得到解决，因而产生了共识。这种类型的研究通常在论文的开端就某一问题开展一个独立的小综述，在对相关文献的总结中明确所研究问题的定位和所研究现象的重要性。然后，介绍之前的相关研究中研究结果不一致的现象，需要通过理论解释或经验解释来协调这些不一致的结果。鉴于这种类型研究的共识创造性质，它常常能够解决重要研究问题的争论，从而推动该领域的进步。对于这种研究类型例子，有兴趣的读者可以参考 Wang（2007）的研究。

总而言之，系统研究范式的第二步的目的是清晰地解释为什么解答已选择的研究问题能推动该领域的进步。研究者应明确他们研究的目的是做出何种贡献，这将帮助他们更好地对研究进行定位及将研究与已有文献相结合。

三、关键构念的概念化

在研究者明确了他们的研究所要做的贡献之后，他们需要将所要研究的关键构念概念化。这有利于解决之前所讲到的研究面临的挑战。第一，鉴于定义研究主题的复杂性，考虑来自不同研究领域的观点和特定研究问题的含义是很有必要的。第二，关键构念形成清晰合理的概念，可以帮助来自不同学科的研究者就现象的解释进行沟通，并选择相应的理论产生的假说。因此，它可以减少理论框架与关键构念操作化之间潜在的割裂。第三，在关键构念的概念化过程中，研究者还应定义特定的样本特征（如人口统计学变量和职业）、企业环境变量（如企业文化）和社会制度等具体研究情境下的关键构念，这就把研究情境纳入了研究的理论发展阶段，而不必在事后审查其适用性。

实质上，本研究步骤的目标是确保关键构念的定义与理论框架和研究情境之间在逻辑上相符合，因此它有利于之后研究结果的解释及将研究结果应用于实践。

四、建立理论框架

在这一步中，研究者应选择最能解释研究问题的理论。有时，一个理论可能不足以支持有关研究问题的假设。当研究范围较大或研究结构复杂时，就需要研究者使用多个理论共同进行解释；当研究者致力于对已研究过的问题建立新的理论观点时，这一点显得尤为必要。在这种情况下需要证明，对于同一研究问题，新的理论观点的解释力必须优于之前的理论观点的解释力，这样的新理论才有存在的必要。

选择最合适的理论来形成理论框架也是避免遗漏变量问题的重要方面。这是因为，每个理论的独特因果机制是由特定的一批变量解释的。因此，最合适的理论不仅具有表明内在机制的过程变量，还有利于确定边界条件。通过使用这些理论，可以产生所要研究的问题的详细因果机制。

选择了建立理论框架的理论之后，研究者需要收集相关的实证研究的证据来推导已经建立起来的理论框架（在一般的论文中，都是以理论假设的形式出现的），推导在这个理论框架中变量与变量之间的因果关系。证据的质量取决于它们在多大程度上能够对建立研究变量之间的因果关系做出贡献。例如，实验设计的实证研究的证据应该优于基于横断设计的相关研究的证据。同样，已经获得了实证研究数据支持的理论应该优于尚未得到实证支持的理论。在此阶段，同样需要关注理论框架中预期关系可能存在的其他解释，并生成可验证的假设来排除这些不同的解释。

五、研究设计与数据分析

在此步骤中，研究者应做好研究设计来建立因果推论。通常情况下，很多的管理心理学的主题难以在实验室情境中进行操纵，因而在自然情境中采取纵向设计和准实验设计是不错的选择。此外，研究者要严格控制实验程序，以避免威胁到因果关系推论的问题，如有偏抽样、测量误差及共同方法偏差等。有偏抽样通常体现在被试不是随机分组的情况下（如在比较老龄职工和离退休人员身体状况

时，他们的就业状况实际是不等价的）。解决这个问题的一个办法是采用
Heckman（1979）两步法，在研究设计中纳入辅助变量的方法来解决。测量误差
通常是由研究设计中存在不能得到完全测量的变量或没有在分析中考虑测量误差
变异造成的。这个问题可以采用统计建模的方法，即在分析数据时考虑测量误差
（结构方程模型）（Bollen，1989），或通过刚才提到的两阶最小二乘回归来解
决。共同方法偏差是指由于同样的数据来源或评分者、同样的测量环境、项目语
境及项目本身特征所造成的预测变量与效标变量之间的人为的共变性，共同方法
偏差会歪曲对变量之间关系的估计。Podsakoff 等（2003）为尽可能地减小共同方
法偏差提供了一些实验设计和数据分析的建议，有兴趣的读者可参阅该文献进行
全面了解。

考虑到具体的研究情境、样本的特征、企业的环境和不同社会制度可能影响
研究的理论机制，因此研究者应该阐明他们研究结果所针对的目标人群。为了解
决这个问题，研究人员可以使用重复研究的方法，在不同的样本中交叉验证他们
的研究结果。此外，在数据分析中也有大量的统计程序来确保正确测量方法的使
用（如信度分析、探索性和验证性因素分析），也存在着很多的统计分析方法来
确保没有内生性问题会危害研究结果的因果推论[如联立方程模型（simultaneous
equation models）、断点回归模型（regression discontinuity models）、动态模型和
嵌套数据模型（dynamic modeling and nested data modeling）]（Antonakis et al.，
2010；Hanges and Wang，2012）。我们的目标是最大限度地利用现有的统计程序
来消除威胁因果推论的因素。

第三节　思索：管理心理学研究的收获

在本书的各个章节中，分别指出了每一个研究主题中存在的一些具体问题，
也为读者指出了这个领域的未来研究方向。在本书的最后，将与大家分享管理心
理学领域的研究为我们带来的收获，并希望因此可以吸引更多的人参与该领域未
来的研究。

首先，我们要强调管理心理学的研究领域，实际上是一个科研—实践模式的
研究领域。换句话说，我们研究的大部分问题都是实践中出现的问题，这些问题
可能涉及社会经济层面、组织层面、家庭层面或个人层面，我们的研究结果很可
能解释这些问题并最终影响我们的日常生活。也就是说，我们从实践中发现问
题，在科研中找到问题的答案，最终将科研的成果又运用到实践中，这种科研与
实践之间的相辅相成的关系使得我们的研究具有重大现实意义，同时研究结果又

能在实践中得到不断的反馈。因此，研究者应该有很强的内源性动机去进行相关的研究。

其次，读者应该有一个清晰的认识，很多研究的主题从根本上来说是与其特定的社会、经济和政策环境交织在一起的。随着时间的推移，很多环境会发生变化，研究的问题也就会出现相应的改变。例如，在退休的研究中，技术创新、社会保障制度改革、医疗改革及提前退休措施的激励所带来的经济蓬勃发展，进而使研究问题发生改变（Wang and Shultz，2010）。在 20 世纪 90 年代末和 21 世纪初，出现了一个明显的工人提早退休的趋势，使研究者开始大量研究提前退休问题。然而，由于近期经济不景气，这种趋势已经发生逆转，越来越多适龄退休人员选择继续从事劳动而推迟自己的退休生活。正因为如此，过渡性就业开始成为重点研究课题。此外，由于环境的变化，在不同的时间点同样的现象很可能会受到不同因素的影响，这有利于解决这些问题的理论和方法的创新，进而推动了理论的进步。

最后，读者应该认识到研究没有固定的范式，我们应该鼓励价值观与思路的多样性。同样的一个研究主题，我们可以使用某一个理论模型来进行解释，也可以尝试着使用其他的理论模型进行解释。在前面介绍的情绪劳动的研究中体现得最为明显，有些研究是使用目标设定理论来进行解释，有些研究是使用控制理论来进行解释的，还有一些研究是使用资源保存的理论来进行解释的。关键就在于，使用哪一种理论模型能够更好地解释变量之间的因果关系，从而让我们认清其中的作用机制。

参 考 文 献

Adams G，Rau B. 2004. Job seeking among retirees seeking bridge employment. Personnel Psychology，57（3）：719-744.

Adams G A，Prescher J，Beehr T A，et al. 2002. Applying work-role attachment theory to retirement decision-making. International Journal of Aging and Human Development，54（2）：125-137.

Alley D，Crimmins E M. 2007. The demography of aging and work//Shultz K S，Adams G A. Aging and Work in the 21st Century. Mahwah：Lawrence Erlbaum Associates：7-23.

Antonakis J，Bendahan S，Jacquart P，et al. 2010. On making causal claims：a review and recommendations. The Leadership Quarterly，21（6）：1086-1120.

Beehr T A，Adams G A. 2003. Concluding observations and future endeavors//Adams G E，Beehr T A. Retirement：Reasons，Processes，and Outcomes. New York：Springer：293-298.

Block J. 1995. A contrarian view of the five-factor approach to personality description. Psychological Bulletin, 117（2）：187-215.

Bollen K A. 1989. Structural Equations with Latent Variables. New York：Wiley.

Brown M, Auman K, Pitt-Catsouphes M, et al. 2010. Working in Retirement：A 21st Century Phenomenon. New York：Families and Work Institute.

Denton F, Spencer B. 2009. What is retirement? A review and assessment of alternative concepts and measures. Canadian Journal on Aging, 28（1）：63-76.

Ekerdt D J. 2010. Frontiers of research on work and retirement. Journal of Gerontology, 65（1）：69-80.

Feldman D C. 1994. The decision to retire early：a review and conceptualization. Academy of Management Review, 19（2）：285-311.

Foster E M, McLanahan S. 1996. An illustration of the use of instrumental variables：do neighborhood conditions affect a young person's change of finishing high school? Psychological Methods, 1（3）：249-260.

Gobeski K T, Beehr T A. 2008. How retirees work：predictors of different types of bridge employment. Journal of Organizational Behavior, 30（3）：401-425.

Gourinchas P, Parker J. 2002. Consumption over the life cycle. Econometrica, 70（1）：47-89.

Hackman J R, Oldham G R. 1976. Motivation through the design of work：test of a theory. Organizational Behavior and Human Performance, 16（2）：250-279.

Hackman J R, Oldham G R. 1980. Work Redesign. Reading：Addison-Wesley.

Hanges P, Wang M. 2012. Seeking the Holy Grail in organizational science：uncovering causality through research design//Kozlowski S W J. The Oxford Handbook of Industrial and Organizational Psychology. New York：Oxford University Press：79-116.

Heckman J J. 1979. Sample selection bias as a specification error. Econometrica, 47：153-161.

Hollenbeck J R. 2008. The role of editing in knowledge development：consensus shifting and consensus creation//Baruch Y, Konrad A M, Aguinus H, et al. Opening the Black Box of Editorship. London：Palgrawe Macmilan：16-26.

Judge T A, Kammeyer-Mueller J D. 2011. Happiness as a societal value. Academy of Management Perspectives, 25（1）：30-41.

Liu S, Wang M, Zhan Y, et al. 2009. Daily work stress and alcohol use：testing the cross-level moderation effects of neuroticism and job involvement? Personnel Psychology, 62（3）：575-597.

Locke E A. 2007. The case for inductive theory building. Journal of Management, 33（6）：867-890.

Pfeffer J. 1993. Barriers to the advance of organizational science：paradigm development as a dependent variable. Academy of Management Review, 18（4）: 599-620.

Pinquart M, Schindler I. 2007. Changes of life satisfaction in the transition to retirement: a latent-class approach. Psychology and Aging, 22（3）: 442-455.

Podsakoff P M, MacKenzie S B, Lee J-Y, et al. 2003. Common method biases in behavioral research: a critical review of the literature and recommended remedies. Journal of Applied Psychology, 88（5）: 879-903.

Quinn J F. 2010. Work, retirement, and the encore career: elders and the future of the American workforce. Generations, 34（3）: 45-55.

Schonfeld I S, Mazzola J J. 2013. Strengths and limitations of qualitative approaches to research in occupational health psychology//Sinclair R, Wang M, Tetrick L. Research Methods in Occupational Health Psychology. New York: Psychology Press: 268-289.

Shultz K S, Wang M. 2008. The changing nature of mid and late careers//Wankel C. 21st Century Management: A Reference Handbook. Thousand Oaks: Sage: 130-138.

Shultz K S, Wang M. 2011. Psychological perspectives on the changing nature of retirement. American Psychologist, 66（3）: 170-179.

Szinovacz M E. 2003. Contexts and pathways: retirement as institution, process, and experience// Adams G E, Beehr T A. Retirement: Reasons, Processes, and Outcomes. New York: Springer: 6-52.

van Solinge H, Henkens K. 2007. Involuntary retirement: the role of restrictive circumstances, timing, and social embeddedness. Journals of Gerontology, 62（5）: 295-303.

van Solinge H, Henkens K. 2008. Adjustment to and satisfaction with retirement: two of a kind? Psychology and Aging, 23: 422-434.

Wang M. 2007. Profiling retirees in the retirement transition and adjustment process: examining the longitudinal change patterns of retirees' psychological well-being. Journal of Applied Psychology, 92（2）: 455-474.

Wang M, Adams G A, Beehr T A, et al. 2009. Bridge employment and retirement: issues and opportunities during the latter part of one's career//Baugh S G, Sullivan S E. Maintaining Focus, Energy, and Options through the Life Span. Charlotte: Information Age Publishing: 135-162.

Wang M, Bodner T E. 2007. Growth mixture modeling: identifying and predicting unobserved subpopulations with longitudinal data. Organizational Research Methods, 10（4）: 635-656.

Wang M, Chan D. 2011. Mixture latent Markov modeling: identifying and predicting unobserved heterogeneity in longitudinal qualitative status change. Organizational Research Methods, 14（3）: 411-431.

Wang M, Hanges P. 2011. Latent class procedures: applications to organizational research.

Organizational Research Methods, 14（1）: 24-31.

Wang M, Liao H, Zhan Y, et al. 2011. Daily customer mistreatment and employee sabotage against customers: examining emotion and resource perspectives. Academy of Management Journal, 54（2）: 312-334.

Wang M, Liu S, Zhan Y, et al. 2010. Daily work-family conflict and alcohol use: testing the cross-level moderation effects of peer drinking norms and social support. Journal of Applied Psychology, 95（2）: 377-386.

Wang M, Shultz K S. 2010. Employee retirement: a review and recommendations for future investigations. Journal of Management, 36（1）: 172-206.

Wang M, Zhan Y, Liu S, et al. 2008. Antecedents of bridge employment: a longitudinal investigation. Journal of Applied Psychology, 93（4）: 818-830.

Whetten D A. 1989. What constitutes a theoretical contribution? Academy of Management Review, 14（4）: 490-495.

Zhan Y, Wang M, Liu S, et al. 2009. Bridge employment and retirees' health: a longitudinal investigation. Journal of Occupational Health Psychology, 14（4）: 374-389.